COLLECTION FOLIO

Ludmila Oulitskaïa

Le chapiteau vert

Traduit du russe
par Sophie Benech

Gallimard

Titre original :

ZELIONY CHATIOR

Зелёный шатёр

Ludmila Oulitskaïa est née en 1943, dans l'Oural. Généticienne de formation, elle a écrit plusieurs pièces de théâtre et des scénarios de films. Depuis les années 1980, elle se consacre exclusivement à l'écriture. Elle est aujourd'hui considérée comme l'autrice russe contemporaine la plus importante. Traduite dans le monde entier, son œuvre est publiée en français aux Éditions Gallimard. Dans son recueil de textes autobiographiques, *À conserver précieusement* (2017), elle endosse une nouvelle fois son rôle de critique résolue du gouvernement russe actuel. Depuis *Sonietchka* (prix Médicis étranger 1996), *De joyeuses funérailles* (1999) ou encore son grand roman *Le chapiteau vert* (2014), elle a conquis un large lectorat en France grâce à son regard plein d'humanité et à son immense talent de narratrice. Fervente opposante au Kremlin, Ludmila Oulitskaïa a quitté la Russie en 2022 et vit désormais à Berlin.

« Que les erreurs de notre temps ne vous soulagent pas. Ses erreurs morales ne nous donnent pas encore raison, son inhumanité ne suffit pas pour que, n'étant pas d'accord avec lui, l'on devienne par là un homme. »

BORIS PASTERNAK à VARLAM CHALAMOV
9 juillet 1952

Prologue

Tamara était assise devant une assiette d'œufs brouillés liquides et mangeait en terminant son rêve.

D'un geste d'une extrême douceur, sa mère Raïssa Ilinitchna passait un peigne édenté à travers ses cheveux en tâchant de ne pas trop tirer sur cette feutrine vivante.

La radio déversait une musique solennelle mais pas très forte, la grand-mère dormait derrière la cloison. Puis la musique s'arrêta. La pause était un peu longue, cela avait quelque chose de bizarre. Et une voix bien connue retentit :

« *Attention ! Ici Moscou ! Voici un communiqué du gouvernement diffusé par toutes les stations radio d'Union soviétique...* »

Le peigne s'immobilisa dans les cheveux de Tamara. Elle se réveilla brusquement, avala une bouchée d'œuf et déclara de sa voix un peu enrouée du matin :

« Ça doit être un rhume de rien du tout, maman ! Et il faut tout de suite qu'ils... »

Elle ne put finir sa phrase car Raïssa Ilinitchna tira brusquement de toutes ses forces sur le peigne, la tête de Tamara fut brutalement projetée en arrière et ses dents claquèrent.

« Chut ! » siffla Raïssa Ilinitchna d'une voix étranglée.

Sur le seuil se tenait la grand-mère revêtue d'un peignoir aussi ancien que la Muraille de Chine. Elle écouta le communiqué d'un air radieux et dit :

« Ma petite Raïssa, tu vas nous acheter des sucreries chez Elisseïev ! D'ailleurs c'est Pourim aujourd'hui. J'ai comme l'impression que Samech a crevé. »

À l'époque, Tamara ne savait pas ce qu'était Pourim, pourquoi il fallait acheter des sucreries, et encore moins qui était ce Samech qui venait de crever. D'ailleurs comment aurait-elle pu savoir que dans leur famille, comme chez les conspirateurs, on désignait depuislongtemps Staline et Lénine par les initiales de leurs surnoms, « S » et « L », et qui plus est dans une langue antique et secrète : Samech et Lamed[1].

Entre-temps, la voix chère à tout le pays avait annoncé que la maladie n'avait rien d'un rhume.

*

Galia avait déjà enfilé son uniforme et cherchait son tablier. Où avait-elle bien pu le mettre ? Elle regarda sous le divan : il ne serait pas allé se fourrer là ?

Soudain, sa mère jaillit de la cuisine, un couteau dans une main et une pomme de terre dans l'autre. Elle poussait de tels hurlements que Galia crut qu'elle s'était coupée. Mais on ne voyait pas de sang.

Son père, toujours de mauvaise humeur le matin, extirpa sa tête de l'oreiller.

« Qu'est-ce que tu as à gueuler comme ça dès l'aube, Nina ? »

1. Les vrais noms de Lénine et Staline étaient respectivement Oulianov et Djougachvili. *(Toutes les notes sont de la traductrice.)*

Mais sa mère hurlait de plus en plus fort, c'était à peine si l'on distinguait des mots parmi ses braillements entrecoupés.

« Il est mort ! Et tu restes là à dormir, pauvre idiot ! Debout ! Staline est mort !

— Ils l'ont annoncé ? »

Son père redressa sa grosse tête avec une touffe de cheveux collée sur le front.

« Ils ont dit qu'il était malade. Mais il est mort, j'en mettrais ma main au feu ! Il est mort ! Je le sens ! »

Et ce furent de nouveau des hurlements inarticulés parmi lesquels surgissait une question dramatique :

« Oï ! Oï ! Oï ! Que va-t-il se passer maintenant ? Que va-t-il nous arriver à tous ? Qu'allons-nous devenir ? »

Le père fit une grimace et déclara brutalement :

« Qu'est-ce que tu as à brailler comme ça, espèce de gourde ? Ça ne va pas être pire ! »

Galia avait fini par retrouver son tablier, il était effectivement allé se fourrer sous le divan.

« Tant pis s'il est froissé, je ne vais pas le repasser ! » décida-t-elle.

*

Au matin, la fièvre d'Olga tomba et elle s'endormit d'un bon sommeil, sans sueur ni quinte de toux. Et elle dormit presque jusqu'au déjeuner. Elle se réveilla parce que sa mère était entrée dans sa chambre en déclarant d'une voix forte et solennelle :

« Lève-toi, Olga ! Il est arrivé un malheur. »

Sans ouvrir les yeux, se réfugiant encore au creux de son oreiller dans l'espoir que c'était un rêve, mais sentant déjà une horrible pulsation au fond de sa gorge, Olga se dit : « C'est la guerre ! Les fascistes nous ont attaqués ! Nous sommes en guerre ! »

« Debout, Olga ! »

Quelle horreur ! Des hordes de fascistes piétinaient notre terre sacrée, tout le monde allait partir sur le front, mais on ne voudrait pas d'elle...

« Staline est mort ! »

Son cœur palpitait encore dans sa gorge, mais elle n'ouvrait pas les yeux. Dieu merci, on n'était pas en guerre ! Quand la guerre éclaterait, elle serait déjà grande et, à ce moment-là, on la prendrait... Elle enfouit sa tête sous la couverture et balbutia dans son sommeil : « À ce moment-là, on me prendra... » Et elle se rendormit sur cette pensée agréable.

Sa mère la laissa tranquille.

Les années d'école sont merveilleuses…

Il est intéressant de suivre la trajectoire des forces qui conduisent à la rencontre inévitable de gens prédestinés les uns aux autres. Parfois, ces rencontres semblent se produire sans efforts particuliers de la part du destin, sans intrigue ingénieusement amenée, conformément au cours naturel des choses, disons, ces personnes habitent dans le même immeuble ou fréquentent la même école.

Les trois garçons avaient fait leur scolarité ensemble. Ilya et Sania, dès la première classe du primaire. Micha, lui, était arrivé plus tard. Dans la hiérarchie qui se met en place d'elle-même à l'intérieur de chaque troupeau, ils occupaient tous les trois la position la plus basse, et ce grâce à une inaptitude totale tant à la bagarre qu'à la cruauté. Ilya était grand et maigre, ses mains et ses pieds dépassaient exagérément de ses manches et de ses pantalons trop courts. Sans compter que le moindre clou, le moindre bout de ferraille lui arrachaient obligatoirement un lambeau de ses vêtements. Sa mère, la solitaire et morne Maria Fiodorovna, n'en pouvait plus d'y poser des pièces difformes de ses mains non moins difformes. L'art de la couture n'était pas son fort. Ilya, toujours plus mal habillé que les autres gamins eux aussi mal habillés, passait son temps à faire le pitre et l'amuseur public, il transformait sa pauvreté en spectacle, ce qui était une noble façon de la surmonter.

La situation de Sania était bien pire. Son blouson à fermeture éclair, ses cils de demoiselle, l'agaçante joliesse de son visage et les serviettes en toile dans lesquelles était enveloppé son sandwich fait maison, tout cela suscitait l'envie et l'hostilité de ses condisciples. En plus, il faisait du piano, et beaucoup l'avaient vu, tenant sa grand-mère d'une main et ses partitions de l'autre, remonter la rue Tchernychevski, ancienne et future rue de l'Intercession[1], en direction de l'école de musique Igoumnov, parfois même durant ses fréquentes maladies, sans gravité mais interminables. Sa grand-mère, tout en profil, projetait ses jambes fines vers l'avant comme un cheval de cirque, et sa tête oscillait au rythme de son allure. Sania marchait sur le côté et légèrement en retrait, ainsi qu'il sied à un groom.

À l'école de musique, ce n'était pas comme à l'école communale, Sania faisait l'admiration de tous. Dès la deuxième année, il jouait à l'examen des morceaux de Grieg dont les cinquième année étaient loin de tous pouvoir venir à bout. La petite taille de l'interprète contribuait elle aussi à susciter l'attendrissement : à huit ans, on le prenait pour un élève de maternelle et à douze, pour un petit de huit ans. À l'école, c'était justement la raison pour laquelle il avait été surnommé « le Nain ». Et là, pas le moindre attendrissement, uniquement des moqueries pleines de méchanceté. Sania évitait délibérément Ilya, non tant à cause de sa causticité instinctive qui, même si elle l'atteignait de

1. Les noms de rues, places et quartiers de Moscou ont été traduits. On trouvera en fin d'ouvrage un glossaire avec les noms en russe.

temps en temps, n'était pas particulièrement dirigée contre lui, qu'en raison de l'humiliante différence de taille.

Ce fut Micha qui rapprocha Ilya et Sania, lorsqu'il apparut en classe de sixième, au grand ravissement de tout le monde. Il constituait une cible idéale pour tous ceux qui voulaient bien s'en donner la peine : c'était le rouquin classique. Un crâne rasé avec un toupet d'or rouge chatoyant, de transparentes oreilles cramoisies en chou-fleur plantées au mauvais endroit, un peu trop près des joues, un teint pâle et des taches de rousseur, même ses yeux avaient une nuance orangée. Pour couronner le tout, il portait des lunettes et il était juif.

Micha se fit tabasser dès le 1er septembre dans les toilettes, pendant la récréation, pas très fort et à titre pédagogique. Et même pas par Mouryguine et Moutioukine en personne (ils ne s'étaient pas abaissés à cela), mais par leurs sous-fifres et leurs lèche-bottes. Il avait stoïquement enduré sa dose de coups et, quand il avait ouvert son cartable pour y prendre un mouchoir afin d'essuyer sa morve qui coulait, il en avait surgi un petit chat. On le lui avait confisqué et on s'était mis à se le lancer de main en main. Ilya, qui était arrivé à ce moment-là (c'était le plus grand de la classe), avait intercepté le chaton au-dessus la tête des joueurs de volley-ball, et la sonnerie était venue interrompre cette intéressante occupation.

En entrant dans la classe, Ilya refila le chaton à Sania qui passait par là, et celui-ci le cacha dans son cartable.

À la récréation suivante, les principaux ennemis du genre humain, dont les noms, Mouryguine et Moutioukine, allaient servir de fondement à un futur jeu linguistique, et qui méritent d'être mentionnés pour de multiples raisons, cherchèrent un peu le chaton, mais eurent tôt fait de l'oublier. Après la quatrième heure de cours, on libéra tout le monde et les élèves, avec force glapissements et hurlements, se ruèrent hors de l'école en abandonnant les trois garçons à leur sort dans la classe déserte décorée d'asters multicolores.

Sania sortit le chaton à moitié asphyxié et le donna à Ilya. Celui-ci le remit à Micha. Sania sourit à Ilya, Ilya à Micha, et Micha à Sania.

« J'ai écrit un poème sur lui, dit timidement Micha. Le voici :

C'était le plus beau des petits chats,
Et la mort n'était qu'à deux pas,
Mais Ilya lui a sauvé la vie,
Dès lors il est avec nous aujourd'hui.

— Pas mal. Évidemment ce n'est pas du Pouchkine ! commenta Ilya.

— On ne peut pas dire "dès lors aujourd'hui" », fit remarquer Sania, et Micha, faisant son autocritique, en convint.

« Oui, c'est vrai. "Et le voilà avec nous aujourd'hui." Ça sonne mieux sans "dès lors" ! »

Micha raconta en détail comment le matin, sur le chemin de l'école, il avait littéralement arraché le pauvre chaton de la gueule d'un chien qui s'apprêtait à le dévorer. Mais il ne pouvait pas le ramener chez lui car il ne savait pas encore comment allait réagir sa tante, chez laquelle il habitait depuis le lundi précédent.

Sania caressa le dos du chaton et soupira :

« Je ne peux pas le prendre, on a un chat à la maison. Il n'apprécierait pas du tout.

— Bon, je le prends ! »

Et Ilya se saisit négligemment du chaton.

« Tu n'auras pas de problèmes chez toi ? » demanda Sania.

Ilya eut un petit sourire.

« Chez moi, on fait ce que je dis ! Ma mère et moi, on a de bonnes relations. Elle m'écoute. »

« Lui, au moins, c'est un grand ! se dit Sania avec tristesse. Moi, jamais je ne serai comme ça, je ne me vois même pas dire : "Ma mère et moi, on a de bonnes relations." C'est normal, je suis "un petit chéri à sa maman". Et pourtant elle m'écoute. Et grand-mère aussi. Ça, pour m'écouter, elles m'écoutent ! Mais ce n'est pas la même chose. »

Il regardait les mains osseuses d'Ilya, tout écorchées, couvertes de taches jaunes et sombres. De longs doigts, avec des doigts pareils, on pouvait prendre deux octaves. Entre-temps, Micha avait installé le chaton sur sa tête, sur le toupet rouge et duveteux généreusement laissé « en réserve » la veille par le coiffeur des Portes de l'Intercession. Le chaton glissait, et Micha n'arrêtait pas de le remettre sur le haut de son crâne.

Ils sortirent de l'école tous les trois. Ils nourrirent le chaton avec de la glace fondue. Sania avait de l'argent, assez pour quatre glaces. Il s'avéra par la suite qu'il avait presque toujours de l'argent... C'était la première fois de sa vie qu'il mangeait une glace dans la rue, directement dans l'emballage. Lorsque sa grand-mère achetait de la glace, on la rapportait à la maison, on la disposait en petits tas ramollis dans des coupelles en verre avec un pied, et on versait dessus de la confiture de cerises – uniquement comme ça !

Ilya parla avec animation de l'appareil photo qu'il s'achèterait avec le premier argent qu'il gagnerait et, par la même occasion, leur exposa ses plans sur la façon de gagner cet argent.

Sania leur révéla de but en blanc son secret : il avait de petites mains, pas du tout des mains de pianiste et, pour un interprète, c'est un gros défaut.

Micha, qui était à l'essai dans une nouvelle branche de sa tribu, la troisième en sept ans, informa ces garçons pour ainsi dire inconnus qu'il arrivait au bout de sa parentèle et que, si cette tante ne le gardait pas, il allait devoir retourner à l'orphelinat.

Cette nouvelle tante, Guénia, était une femme de santé fragile. Elle ne souffrait d'aucune maladie précise, disait elle-même d'un ton navré et pénétré : « Je suis malade de partout », et se plaignait sans arrêt de douleurs dans les jambes, dans le dos, dans la poitrine et dans les reins. Sans compter qu'elle avait une fille infirme, ce qui avait également une fâcheuse incidence sur sa santé. Tout travail lui était pénible, et la famille avait fini par décider de caser ce neveu orphelin chez elle et de se cotiser pour lui verser l'argent de son entretien. Qu'on le veuille ou non, Micha était quand même le fils de leur frère mort à la guerre.

Les garçons se promenèrent au hasard, ils bavardèrent, bavardèrent, puis s'arrêtèrent près de la Yaouza et se turent. Ils avaient ressenti en même temps à quel point c'était bien : la confiance, l'amitié, l'égalité... Il n'était pas question de supériorité entre eux, bien au contraire, chacun présentait le même intérêt pour les deux autres. Ils ignoraient encore tout de Sacha et de Nika, et du serment sur le mont des Moineaux[1], même Sania, qui lisait beaucoup, n'avait pas encore ouvert Herzen. Et puis ces lieux putrides

1. Allusion au serment prêté par Alexandre Herzen et son ami Nikolaï Ogarev, qui, dans leur adolescence, s'étaient juré de poursuivre l'œuvre des décembristes que l'on venait d'arrêter.

– la place Khitrovka, le quartier des Potiers et celui des Chaudronniers – étaient considérés depuis des siècles comme le cloaque de la ville et ne se prêtaient guère aux serments romantiques. Mais il s'était produit quelque chose d'important. Un attachement aussi solide entre des êtres ne peut naître que dans l'adolescence. Le crochet s'enfonce alors en plein cœur, et le fil qui unit des gens liés par une amitié d'enfance dure toute la vie, sans jamais se rompre.

Au bout d'un certain temps, au terme de longues discussions et après avoir rejeté « la Trinité » et « le Trio », cette union des cœurs serait pompeusement baptisée « le Trianon[1] ». Ils ignoraient tout du démantèlement de l'Autriche-Hongrie, le mot fut choisi pour sa beauté.

Vingt ans plus tard, ce Trianon ressurgirait lors d'un pénible entretien qu'Ilya aurait avec un collaborateur du KGB d'un rang élevé mais d'un grade jamais clairement établi, portant le nom pas tout à fait authentifié d'Anatoli Alexandrovitch Tchibikov. Même les esprits les plus tordus de toute la bande de kagébistes luttant contre les dissidents de ces années-là n'oseraient faire passer le Trianon pour une organisation de jeunesse antisoviétique.

Il faut rendre justice à Ilya : dès l'apparition de son premier appareil photo, il s'employa à constituer de véritables archives photographiques qui ont été entièrement conservées jusqu'à nos jours. Il est vrai que, sur le premier dossier datant des années d'école, figure un autre nom, non moins énigmatique que celui de Trianon : les Lurs.

Si bien que ce qui réunit les garçons (et la chose serait plus tard étayée par des documents), ce fut, non un idéal grandiose de liberté pour lequel il faut soit

1. Traité du 4 juin 1920 entérinant la fin de l'Autriche-Hongrie.

sacrifier sa vie séance tenante, soit, ce qui est plus ennuyeux, vouer toute son existence, année après année, au service d'un peuple ingrat, ainsi que cela s'était produit pour Sacha et Nika quelque cent ans plus tôt, mais un chaton souffreteux qui ne devait pas survivre au choc de ce 1er septembre 1951. La pauvre bête mourut deux jours plus tard dans les bras d'Ilya et fut enterrée secrètement, mais en grande pompe, sous un banc de la cour du numéro 22 de la rue de l'Intercession (à l'époque rue Tchernychevski, un homme qui a lui aussi consacré toute sa vie à de nobles idées). Cette maison avait été surnommée autrefois « la commode », mais parmi ses habitants d'aujourd'hui, rares sont les gens susceptibles d'en avoir entendu parler.

Le chaton reposait sous un banc où le jeune Pouchkine était supposé s'être assis un jour en compagnie de ses cousines qu'il divertissait par des épigrammes bien tournées. La grand-mère de Sania ne cessait de le rappeler : la maison dans laquelle ils habitaient avait connu des temps meilleurs.

Chose surprenante, assez rapidement, au bout de deux semaines ou un mois, il se produisit un changement dans la classe. Micha ne s'en rendit pas compte, bien sûr, comment aurait-il pu savoir ce qu'il en était auparavant, c'était un nouveau. Mais Sania et Ilya le perçurent. Ils se trouvaient toujours en bas de l'échelle, mais à présent ils n'étaient plus chacun de leur côté, ils formaient une communauté. C'est ainsi qu'ils devinrent une minorité reconnue en vertu de ce même signe distinctif indéterminé qui les empêchait de se fondre dans la masse générale de ce petit univers. Deux meneurs, Moutioukine et Mouryguine, tenaient tout le monde sous leur coupe et quand ils se disputaient, la classe se divisait elle aussi en deux camps adverses auxquels les proscrits n'adhéraient jamais, du reste on ne les y aurait pas admis. Cela donnait alors lieu à de joyeuses et féroces empoignades, avec ou sans saignements de nez, et tout le monde les oubliait. Ensuite, une fois que Moutioukine et Mouryguine étaient réconciliés, on remarquait de nouveau ces hurluberlus dépareillés et asociaux. Cela ne coûtait pas grand-chose de leur flanquer une raclée, mais il était bien plus intéressant de les maintenir dans l'angoisse et la peur en leur rappelant constamment qui commandait ici : un Juif à lunettes, un musicien et un bouffon, ou bien des « gars normaux » comme Moutioukine et Mouryguine.

À partir de la sixième, avec l'entrée dans le secondaire, au lieu d'avoir pour toutes les matières, depuis la grammaire jusqu'à l'arithmétique, la seule et unique Natalia Ivanovna, une bonne pâte qui avait réussi à apprendre l'alphabet même à Moutioukine et à Mouryguine, qu'elle appelait affectueusement Tolienka et Slavotchka, on vit apparaître des professeurs – de mathématiques, de russe, de botanique, d'histoire, d'allemand et de géographie.

Chacun de ces professeurs était obnubilé par sa matière, ils donnaient beaucoup de devoirs à faire à la maison, et les « gars normaux » étaient manifestement dépassés. Ilya, qui n'avait rien d'un élève brillant en primaire, fit des progrès au contact de ses nouveaux amis et, à la fin du premier trimestre, c'est-à-dire vers le Nouvel An, il s'avéra que les binoclards et les gringalets de bas étage étaient sacrément bons en classe, alors que Moutioukine et Mouryguine avaient du mal à suivre. Le conflit, que les adultes auraient qualifié de social, s'intensifia et acquit un caractère plus conscient, du moins en ce qui concernait la « minorité » opprimée. C'est à cette époque qu'Ilya introduisit un terme qui resta en usage dans leur bande pendant de longues années, « les moutiouks et les mourygs ». C'était presque un synonyme du fameux *homo sovieticus*, datant d'une époque plus tardive, mais son charme tenait à son caractère artisanal.

Les moutiouks et les mourygs étaient particulièrement agacés par Micha, c'était lui qui en bavait le plus, mais, fort de son expérience des orphelinats, il supportait facilement ces raclées scolaires et ne se plaignait jamais, il s'ébrouait, ramassait son bonnet et décampait sous les quolibets de ses ennemis. Ilya, lui, faisait très bien le pitre, aussi parvenait-il souvent à désarçonner ses adversaires par des moqueries ou à les surprendre par des trouvailles inattendues. Sania était le plus sensible. Ce fut d'ailleurs justement cette sensibilité indécente qui finit par lui servir de protection. Un jour, alors qu'il se lavait les mains à un lavabo dans les toilettes de l'école (quelque chose entre un parlement et un repaire de voyous), Moutioukine fut pris d'une profonde aversion pour cette occupation innocente et l'invita à se laver également la figure. Sania s'exécuta, par esprit de conciliation, mais aussi par lâcheté. Moutioukine prit alors une serpillière et lui essuya le visage avec. À ce moment-là, ils étaient déjà entourés par un cercle de curieux : on s'attendait à une partie de rigolade. Mais la rigolade tourna court. Sania se mit à trembler, il blêmit et tomba sans connaissance sur le carrelage. Le pitoyable adversaire avait subi une défaite, bien sûr, mais cela n'avait rien de satisfaisant. Il gisait par terre dans une posture bizarre, le corps arc-bouté. Mouryguine lui flanqua un léger coup de pied dans les côtes, juste pour vérifier pourquoi il ne bougeait plus. Il s'adressa à lui d'un ton tout à fait débonnaire :

« Hé, Sania, qu'est-ce que t'as ? »

Moutioukine, lui, considérait Sania inerte d'un air ahuri.

Mais Sania n'ouvrait pas les yeux, en dépit de ces

bourrades encourageantes. C'est alors que Micha entra dans les toilettes. Il considéra un instant cette scène muette et fonça chercher le médecin de l'école. Une bouffée d'ammoniaque ramena Sania à la vie, et le prof de gym le porta jusqu'à l'infirmerie. Le médecin prit sa tension.

« Comment te sens-tu ? » demanda-t-elle.

Il répondit qu'il se sentait parfaitement bien, le souvenir de ce qui s'était passé ne lui était pas revenu immédiatement. Mais quand il se souvint de la serpillière crasseuse qu'on lui avait passée sur le visage, il fut pris de nausées. Il réclama du savon et se lava méticuleusement. Le médecin voulait appeler ses parents. Sania eut toutes les peines du monde à l'en dissuader. De toute façon, sa mère était à son travail, et il voulait éviter toute contrariété à sa grand-mère. Ilya se proposa pour raccompagner chez lui son ami mal en point, et le médecin leur donna un mot les dispensant des cours suivants.

À dater de ce jour, bizarrement, le statut de Sania monta d'un cran. Il est vrai qu'on le traitait à présent de « Nain épileptique », mais on avait cessé de s'en prendre à lui : si jamais il tombait de nouveau dans les pommes ?

Le 31 décembre, l'école ferma, et ce fut le début des vacances d'hiver – onze jours de bonheur. Micha garderait le souvenir de chacune de ces journées une par une. Pour le Nouvel An, il reçut un cadeau fabuleux. À la suite de pourparlers secrets avec son fils, après avoir reçu l'assurance qu'il ne s'y opposait pas et que sa descendance renonçait à cette part de l'héritage familial, la tante Guénia avait donné à Micha des patins à glace.

C'étaient des hybrides américains tombés depuis longtemps en désuétude, quelque chose entre des

Snegourki et des Gaga, avec une double lame et un bout ébréché. Les patins étaient fixés sur des chaussures éculées autrefois rouges par de gros rivets en forme d'étoile. Sur la plaque métallique entre les lames et les chaussures, on pouvait lire « Einstein », ainsi qu'une série de chiffres et de lettres incompréhensibles. Si les chaussures avaient été fortement endommagées par le propriétaire précédent, les lames, elles, étincelaient, comme neuves.

Tante Guénia considérait ces patins comme des reliques de famille. Dans d'autres familles, c'est ainsi que l'on considère les diamants de la grand-mère.

Des diamants figuraient également dans l'histoire de ces patins, mais de façon indirecte. En 1919, le frère aîné de tante Guénia, Samuel, avait été envoyé aux États-Unis par Lénine lui-même afin d'organiser le parti communiste américain. Samuel avait tiré orgueil de cette mission durant tout le reste de sa vie et avait raconté son voyage en détail à ses proches parents et amis, ce qui représentait plusieurs centaines de personnes, jusqu'à son arrestation en 1937. Il avait été condamné à dix ans sans droit de correspondance et avait disparu pour toujours, mais son histoire grandiose était devenue une légende familiale.

En juillet 1919, Samuel s'était rendu de Moscou à New York par des chemins détournés, en passant par l'Europe du Nord, et avait débarqué sur le quai en tant que marin venu de Hollande sur un cargo. Il avait descendu la passerelle en faisant claquer les semelles de ses chaussures fabriquées par un cordonnier du Kremlin, avec un diamant d'une valeur énorme emmuré dans l'un des talons. Il s'était acquitté de sa tâche : il avait inauguré, au nom du Komintern, le premier congrès clandestin du parti communiste.

Il était rentré au bout de quelques mois et avait présenté un rapport sur l'accomplissement de sa mission au camarade Lénine en personne.

Ses modestes indemnités de déplacement, une fois déduits les douze dollars dépensés pour la nourriture, étaient passées en cadeaux. Il avait rapporté à sa femme une robe en lainage rouge avec des fraises tricotées sur le col et les épaules, ainsi que des escarpins rouges de trois pointures trop petits. Les patins étaient le troisième cadeau américain, et le plus coûteux, qui se trouvait dans ses bagages, ils avaient été achetés en prévision de la croissance de son fils encore bébé, qui était mort peu après.

Samuel aurait mieux fait de se les acheter pour lui. Lui qui avait tant rêvé, quand il était petit, s'avancer au milieu de la patinoire et, penché sur la glace onctueuse, glisser en passant devant tous ses ennemis, devant les dames avec des manchons, devant les lycéennes et les demoiselles parmi lesquelles il y aurait obligatoirement Maroussia Halpérine... Les patins étaient restés longtemps dans une malle à attendre l'arrivée d'un nouvel héritier. Mais Samuel n'avait pas eu d'autre enfant et, après avoir passé dix ans sous le boisseau, les patins avaient fini par revenir au fils de Guénia, sa sœur cadette.

À présent, vingt autres années plus tard, ils se retrouvaient entre les mains (ou plutôt aux pieds) d'un autre descendant de l'héroïque Samuel.

C'est sur ce cadeau inattendu dépassant toutes les idées qu'il pouvait se faire du bonheur que se termina pour Micha le premier jour des vacances. Et rien ne laissait prévoir le malheur que ce cadeau allait bientôt entraîner...

Le soir du Nouvel An, la nombreuse parentèle de tante Guénia se réunit autour d'une table qui, avec l'autorisation des voisins, avait été dressée dans la vaste cuisine communautaire, et non dans la pièce de quatorze mètres carrés où elle vivait avec Minna, sa fille célibataire et pas très réussie sur le plan endocrinien, et, depuis quelque temps, avec Micha. Tante Guénia avait cuisiné une chère abondante, il y avait à la fois du poulet et du poisson. Pendant la nuit qui suivit ce festin mémorable, Micha composa un poème décrivant les inoubliables impressions de cette journée :

Ces patins sont mille fois plus beaux
Que tout ce que j'ai vu de ma vie,
Plus beaux que le soleil et l'eau,
Plus beaux que le feu et la nuit.
Et comme il est admirable,
Celui qui les porte à ses pieds !
Sur la table du festin,
Que de mets incomparables,
On ne peut que souhaiter à chacun
Tous les succès imaginables.

À la place de « que de mets incomparables », il avait d'abord mis « trône une superbe truite », mais il n'avait pas réussi à trouver de rime, à part « cuite ».

Toute la semaine, Micha se leva avant l'aube. Il sortait dans la cour, patinait tout seul dans le petit square arrosé d'eau faisant office de patinoire, et s'en allait dès l'arrivée des garçons du voisinage qui se réveillaient tard pendant les vacances. Il ne tenait pas très bien sur ses patins et avait peur de ne pouvoir les repousser en cas d'attaque.

Les patins furent bien sûr l'événement numéro un de ces vacances. L'événement numéro deux fut la grand-mère de Sania, Anna Alexandrovna. Elle emmena les garçons dans des musées.

Ce ne fut pas seulement un choc pour Micha, qui était constitué par nature pour moitié de curiosité, de passion et de soif de connaissances scientifiques et autres, et pour moitié d'une ferveur créatrice indéterminée. Ces visites dans des musées produisirent une profonde impression même sur Ilya qui, en apparence, ne se distinguait pas par ses aspirations artistiques et était plutôt porté sur la technique. Seul Sania, le possesseur de cette fantastique grand-mère, passait de salle en salle en familier des lieux, et donnait de temps à autre la réplique non à ses amis, mais à sa grand-mère. Il s'ensuivait donc que dans les musées aussi, comme au Conservatoire, il était chez lui.

Micha tomba amoureux d'Anna Alexandrovna. Pour la vie, jusqu'à sa mort à elle. Anna Alexandrovna, de son côté, voyait en lui un futur représentant de cette race d'hommes qui lui avait toujours plu. Le garçon était roux, il était poète et, cette semaine-là, il boitillait même un peu pour avoir trop patiné sur ses nouveaux patins, exactement comme ce poète presque génial[1] dont elle avait été secrètement amoureuse à l'âge de treize ans… L'archétype en question, qui avait connu un grand succès au début du XXe siècle et qui, en ces temps lointains, était un homme mûr paré d'une auréole de combattant et presque de martyr, n'avait pas remarqué cette demoiselle enamourée, mais il avait laissé une profonde empreinte sur on ne sait quel dessous freudien de son psychisme. Durant toute sa longue vie, ce furent des hommes comme lui qui lui plurent, des roux émotifs à la personnalité rayonnante.

1. Constantin Balmont (1867-1942), poète symboliste russe qui émigra et mourut en France.

Elle souriait en le regardant : oui, ce petit était bien de cette race-là, mais il y avait entre eux un décalage dans le temps. Et il lui était agréable de surprendre ses regards admiratifs.

Si bien que, sans le savoir, Micha connaissait un amour partagé. À dater de cet hiver-là, il devint un hôte assidu de la maison des Steklov. Dans cette grande pièce avec ses quatre fenêtres, dont l'une était coupée en deux par une cloison, et son plafond très haut bordé d'une corniche, elle aussi coupée en deux, nichaient des livres fabuleux, dont certains étaient même en langues étrangères. Et il y avait, toujours sur le pied de guerre, un piano avec de la musique tapie à l'intérieur. De temps en temps flottaient des effluves insolites mais ensorcelants – de vrai café, d'encaustique et de parfum.

« C'était sans doute exactement comme ça chez mes parents ! » se disait Micha. Il n'avait gardé aucun souvenir d'eux : sa mère était morte pendant le bombardement du dernier train parti de Kiev en direction de l'Est le 18 septembre 1941, alors que les Allemands approchaient de Podol. Quant à son père, il avait péri sur le front sans avoir jamais su que sa femme était morte et que son fils avait eu la vie sauve.

En réalité, la maison des parents de Micha ne ressemblait pas du tout à celle de Sania Steklov, et c'est seulement à l'âge de vingt ans qu'il vit pour la première fois des photos d'eux ayant réchappé par miracle à la guerre. Elles représentaient des gens pauvres et laids qui le déçurent énormément : une mère avec un sourire artificiel sur des petites lèvres sombres et un énorme buste arrogant, un père corpulent et court sur pattes à l'air extraordinairement suffisant. Derrière eux se dressaient çà et là des fragments d'un mode de vie qui n'évoquaient en rien le morceau du petit salon de l'ancienne demeure des

Apraxine-Troubetskoï dans lequel habitait la famille de Sania.

Vers la fin des vacances, le 9 janvier, on fêtait l'anniversaire de Sania. Avant cela, il y avait Noël, mais seuls des adultes y étaient invités. Il s'écoulerait encore plusieurs années avant que les amis ne soient conviés le 7 janvier[1]. Mais du coup, pour l'anniversaire de Sania, il restait toujours des friandises de Noël, des pommes, des cerises et même des zestes d'orange confits, qu'Anna Alexandrovna préparait comme personne au monde. Autre chose encore : on pliait le paravent, on approchait de la porte la table de la salle à manger, et on dressait entre les deux fenêtres un grand sapin décoré de petits jouets fantastiques sortis d'un carton entreposé toute l'année en haut d'un placard.

On organisait toujours de magnifiques festivités pour Sania. Il y avait même des filles. Cette fois-là, c'étaient Lisa et Sonia, deux élèves de l'école de musique, et Tamara, la petite-fille d'une amie de sa grand-mère, accompagnée de sa camarade Olga, mais elles étaient toutes petites, des élèves de primaire, et ne suscitaient aucun intérêt chez les garçons. D'ailleurs même cette amie de sa grand-mère était plutôt falote et assez quelconque. En revanche, le grand-père de Lisa, Vassili Innokentiévitch, était superbe avec son uniforme militaire et ses moustaches, environné d'une odeur complexe d'eau de Cologne, de médecine et de guerre. Il s'amusait à vouvoyer sa petite-fille, alors qu'il s'adressait à Anna Alexandrovna en l'appelant « Niouta[2] » et en la tutoyant. Ils étaient cousins germains, si bien que

1. Date du Noël russe orthodoxe.

2. Diminutif très familier d'Anna, seules des personnes très proches peuvent s'adresser ainsi à une dame âgée.

Lisa était en fait une cousine de Sania à on ne sait trop quel degré. On entendait même ici et là des *mon cousin* et *ma cousine* d'avant la révolution, sortis sans doute, eux aussi, du carton rangé en haut du placard.

Anna Alexandrovna appelait les filles « mesdemoiselles » et les garçons « jeunes gens », et Micha, déconcerté par ces mondanités, avait été complètement désorienté, il ne s'était rasséréné que lorsque Ilya lui avait adressé un clin d'œil de loin : ne t'en fais pas, ils ne vont pas nous manger !

Anna Alexandrovna avait tout organisé de façon inoubliable. Il y eut d'abord un spectacle de marionnettes, avec un vrai paravent, un Pétrouchka, un Vania et une énorme Rose. Ils se bagarraient et se chamaillaient de façon cocasse dans une langue étrangère.

Puis on joua un peu à des jeux de vocabulaire. Les petites Tamara et Olga ne le cédaient en rien aux adultes, et s'avérèrent très en avance sur leur âge. Anna Alexandrovna fit asseoir les enfants autour de la table ovale, tandis que les adultes prenaient un thé subsidiaire derrière l'armoire. Vassili Innokentiévitch était installé dans un fauteuil et fumait une cigarette russe. Une fois le spectacle d'amateurs terminé, Anna Alexandrovna sortit une grosse cigarette du porte-cigarettes en argent posé sur un guéridon devant Vassili, l'alluma, et fut aussitôt prise d'une quinte de toux.

« Ces cigarettes sont affreusement fortes, Basile !

— C'est bien pour cette raison que je n'en propose à personne, Niouta.

— Pfff ! fit Anna Alexandrovna en chassant la fumée odorante devant son visage. Mais d'où les sors-tu ?

— J'achète le tabac en vrac, et Lisa me les bourre. »

Mais c'était loin d'être la fin des festivités. Après la

représentation, il y eut un goûter dont Micha devait se souvenir toute sa vie, depuis le cocktail au champagne de fabrication maison jusqu'aux ronds de serviette en ivoire dans lesquels étaient glissées des serviettes de table en tissu blanc et raide.

Ilya et Micha échangeaient des regards. C'était l'un de ces moments où Sania existait indépendamment d'eux, quelque part là-haut, tandis qu'ils se retrouvaient tous les deux ensemble, séparés de lui et un peu en dessous. Une amitié à trois, comme toute relation triangulaire, n'est pas chose facile. Elle se heurte à des obstacles et à des tentations : la jalousie, l'envie, parfois même la lâcheté, une lâcheté minuscule et fort excusable, mais c'est quand même de la lâcheté. La lâcheté peut-elle être justifiée par un amour follement grand ? Par une jalousie et une souffrance follement grandes ? Pour s'y retrouver là-dedans, il leur serait donné à tous les trois une époque exceptionnellement favorable, et une vie entière, plus ou moins longue pour chacun d'eux.

Ce soir-là, non seulement Micha, réservé de nature, mais même le déluré Ilya se sentaient un peu humiliés par la magnificence de cette demeure. Sania, qui était surtout accaparé par une Lisa au visage tout en longueur et aux cheveux dénoués retenus par un bandeau bleu, eut l'intuition de quelque chose. Il appela Micha, ils chuchotèrent longuement tous les deux, puis allèrent trouver Anna Alexandrovna. Au bout d'un moment, ils annoncèrent qu'ils allaient proposer une charade. Sania retourna une chaise d'allure bizarre qui se transforma en un petit escabeau et grimpa dessus, si bien qu'il dépassait de beaucoup Micha, qui se tenait, lui, sur l'échelon le plus bas. Tout en se bousculant, en se donnant des coups de coude et en se tirant les oreilles, ils déclamèrent à deux voix, avec force grognements et divers bruits incompréhensibles, le semblant de poème suivant :

Mon premier est le même pour les deux,
c'est un mot échangé dans un pré par deux respectables créatures.
Mon deuxième est pour l'un le cliquetis d'un train
et pour l'autre un bruit peu convenable
qu'on fait après avoir mangé.
Mon troisième, encore le même pour les deux,
est une préposition en anglais.
Mon tout est le nom de deux individus
censés appartenir à l'espèce humaine.

Les invités riaient mais, bien entendu, aucun ne pouvait trouver la réponse. Il n'y avait dans l'assistance qu'une seule personne capable de résoudre cette devinette linguistique : Ilya. Et il se montra à la hauteur. Après avoir laissé aux autres le temps de se convaincre qu'ils n'étaient pas de taille à découvrir la solution, il déclara non sans fierté :

« Je sais ! Ces animaux se nomment Moutioukine et Mouryguine ! »

Pour être honnête, ils n'avaient pas le droit de proposer cette charade car aucun des invités n'avait jamais entendu parler de Mouryguine et de Moutioukine, mais personne ne leur en tint rigueur. On s'amusait bien, que fallait-il de plus ?

Mais à l'intérieur de la petite bande, il s'était produit un retournement. En prenant part à l'élaboration de cette charade, Micha s'était hissé à la hauteur de Sania, quant à Ilya, il les avait même dépassés : c'était lui qui avait deviné, il avait su mener le jeu jusqu'au bout. Celui-ci aurait été considéré comme un fiasco si personne n'avait trouvé la réponse. Chapeau, Ilya !

Les garçons se prirent par les épaules, et Vassili Innokentiévitch les photographia tous les trois. Ce fut leur première photo ensemble.

L'appareil de Vassili Innokentiévitch était un trophée de guerre et il était superbe, ça, Ilya l'avait remarqué. Il avait aussi remarqué les épaulettes de colonel avec des serpents. Un médecin militaire…

Le 10 janvier, Anna Alexandrovna emmena les garçons à un concert de piano salle Tchaïkovski, écouter du Mozart. Ilya s'ennuya ferme, il s'endormit même un instant. Micha, lui, était en proie à une intense excitation, cette musique provoqua en lui une exaltation et un trouble si violents qu'il fut même incapable de lui consacrer un poème. Quant à Sania, il fut très affecté, il était au bord des larmes. Et Anna Alexandrovna savait pourquoi : il aurait aimé jouer Mozart comme ça…

Le 11, ils retournèrent en classe et, dès le premier jour, ils se firent tous les trois tabasser dans la cour de l'école avec un autre élève, Igor Tchetvérikov. Cela débuta par une innocente bataille de boules de neige, et se termina par une énorme défaite : Micha avait un œil au beurre noir et ses lunettes étaient cassées, Ilya avait la lèvre fendue. Le plus vexant, c'est que les assaillants n'étaient que deux, alors qu'eux, ils étaient quatre. Sania, comme à son habitude, était resté un peu à l'écart, plutôt par délicatesse que par lâcheté. Mouryguine et Moutioukine suscitaient chez lui autant de dégoût que l'inoubliable serpillière qu'on lui avait passée sur le visage. Les adversaires ne lui prêtaient d'ailleurs aucune attention, ils étaient bien plus intéressés par Micha le rouquin, qui avait lancé une boule de neige dure comme de la pierre en plein sur le nez de Mouryguine. Ilya était en train de cracher du sang près de la palissade, Tchetvérikov se demandait si ce n'était pas le moment de filer sans demander son reste, et Micha, adossé à un mur, attendait ses adversaires de pied ferme, ses poings rouges brandis devant son visage. Il avait de gros poings, d'une taille presque adulte.

C'est alors que Moutioukine sortit un couteau pliant ressemblant à un canif manifestement destiné à tailler de très grosses plumes, dont il fit surgir une lame fine, et il se dirigea d'une démarche chaloupée droit sur Micha et ses poings ridicules. Sania poussa un cri perçant, s'élança, exécuta deux bonds disgracieux, et saisit le couteau par la lame. Le sang jaillit à une vitesse invraisemblable, Sania leva la main, et un jet rouge éclaboussa le visage de Moutioukine. Ce dernier poussa un hurlement comme si c'était lui qui avait reçu un coup de couteau, et partit en courant à toutes jambes, accompagné de Mouryguine. Mais personne ne songeait à la victoire. Micha ne voyait pas très bien ce qui se passait, il n'avait plus ses lunettes. Tchetvérikov se précipita un peu tard sur les talons de Mouryguine, bien que cette poursuite fût totalement dénuée de sens. Ilya banda la main de Sania avec son écharpe, mais le sang giclait comme d'un robinet.

« Cours prévenir Anna Alexandrovna, vite ! cria-t-il à Micha. Et toi, viens, on va à l'infirmerie. »

Sania avait perdu conscience, soit à cause de la peur, soit à cause de l'hémorragie. Il fut amené à l'Institut Sklifossovski vingt-cinq minutes plus tard. On stoppa rapidement l'hémorragie et on recousit la plaie. Au bout d'une semaine, il s'avéra qu'il ne pouvait plus déplier le quatrième et le cinquième doigt. Un professeur venu l'examiner démaillota sa petite main, se réjouit de constater que la cicatrisation était en bonne voie, et déclara que ce satané canif avait tranché le ligament transverse profond de la paume, il était d'ailleurs très étonné de voir qu'il n'y avait que deux doigts qui ne se dépliaient pas, et non quatre.

« Est-il possible de traiter cela ? Par des massages, des électrochocs, ou d'autres nouvelles méthodes de rééducation ? demanda Anna Alexandrovna au professeur, qui la considéra avec respect.

— Bien entendu. Dès que tout sera complètement cicatrisé. La mobilité pourra être partiellement rétablie. Mais vous savez, les tendons, ce ne sont pas des muscles.

— Et pour ce qui est de jouer d'un instrument de musique ? »

Le professeur sourit d'un air compatissant.

« C'est peu probable. »

Il ne savait pas qu'il venait de signer une condamnation. Anna Alexandrovna n'en dit rien à Sania et, après sa sortie de l'hôpital, ils se rendirent pendant six mois à des séances de rééducation.

Tout de suite après l'opération, la directrice de l'école s'était précipitée au chevet de Sania, elle avait eu vent de l'histoire du couteau et était terrifiée. Au cours de l'interrogatoire de Larissa Stépanovna, Sania se comporta avec réserve et fermeté, il répéta à cinq reprises qu'il avait trouvé le canif dans la cour de l'école, qu'il avait appuyé sur le bouton et que la lame, en jaillissant, lui avait entaillé la paume. Quant à savoir à qui appartenait le couteau, il n'en avait aucune idée. La « pièce à conviction » avait été retrouvée le lendemain de l'accident. Le couteau était posé au beau milieu d'un îlot de neige imbibé de sang, comme dans un film. On l'avait apporté à la directrice, et il avait été rangé dans le tiroir du haut de son bureau.

La tante Guénia se lamenta longuement sur les lunettes cassées de Micha, Ilya se fit un peu gronder par sa mère pour son tempérament bagarreur, quant à Igor Tchetvérikov, il réussit à cacher l'incident à ses parents.

À dater de ce jour, sans devenir un membre à part entière du Trianon, il fut considéré comme un sympathisant. La suite des événements, qui, il est vrai, allaient s'étaler sur un quart de siècle, devait confirmer que tout ici-bas obéit à certaines lois : ce n'était pas pour rien que des petits voyous d'une perspicacité surnaturelle avaient flanqué une raclée à ce futur dissident.

Quand l'affaire de cette rixe qui avait secoué toute l'école fut enfin étouffée grâce aux efforts de la directrice, on se désintéressa pour un temps de Moutioukine et de Mouryguine. Ils s'étaient brouillés et se bagarraient désormais entre eux. La classe s'était divisée en deux camps, et tout le monde menait une vie passionnante, avec agents secrets, transfuges, pourparlers et escarmouches. La majorité était animée d'un esprit guerrier, tandis que la minorité, elle, avait relâché sa garde et se la coulait douce.

Sania retourna en classe au bout de trois semaines avec une main bandée, il vint à l'école pendant quelques jours, puis attrapa une angine et ne réapparut plus jusqu'à la fin du trimestre. Ilya et Micha allaient le voir presque tous les jours pour lui apporter les cours. Anna Alexandrovna leur servait du thé avec un gâteau aux pommes dénommé *pie*. Ce fut le premier mot d'anglais qu'apprit Micha. Sania, lui, faisait de l'anglais et du français depuis son enfance. À l'école, ils avaient à présent des cours d'allemand, cette langue épouvantable. Et en ce qui concerne l'allemand, Anna Alexandrovna se montrait d'une exigence inattendue, elle avait entrepris de donner des cours supplémentaires à Sania, en conviant ses amis à lui tenir compagnie. Ilya se défilait, mais

Micha courait à ces leçons comme à une fête. Anna Alexandrovna lui fit aussi cadeau d'un vieux manuel d'anglais pour débutants.

« Travaille, Micha ! Avec tes capacités, tu vas y arriver tout seul. Je te donnerai quelques cours pour mettre ta prononciation au point. »

C'est ainsi que pleuvaient sur la tête de Micha de généreux cadeaux tombés d'une table seigneuriale.

Sania, lui, se trouvait dans un état bizarre. Ses deux derniers doigts légèrement repliés vers l'intérieur ne le gênaient en rien, cela ne se remarquait même pas car, d'habitude, personne n'étire jamais complètement les doigts, on les garde toujours un peu pliés. Mais cela signifiait un changement radical dans sa vie, dans ses projets. Il passait des journées entières à écouter de la musique, et en retirait un plaisir comme il n'en avait jamais connu auparavant : l'idée de ne pas être capable de jouer comme les grands musiciens ne le tourmentait plus. Il n'était plus rongé par l'ulcère du doute concernant ses talents. Lisa était la seule à comprendre.

« Maintenant, tu es plus libre que ceux qui essaient de devenir musiciens. Je t'envie un peu...

— Et moi, je t'envie toi ! » avouait Sania.

Ils allaient écouter de la musique ensemble au Conservatoire, Anna Alexandrovna avec Sania, et Lisa avec son grand-père ; ils étaient accompagnés tantôt par des amies de sa grand-mère, tantôt par un vague neveu ou une cousine quelconque. Parfois, s'il parvenait à se libérer de son travail, le père de Lisa, Alexeï Vassiliévitch, se joignait à eux. Il était chirurgien, comme Vassili Innokentiévitch, et on voyait alors à quel point l'air de famille était prononcé : des visages tout en longueur, de grands fronts, des nez fins avec une courbure caucasienne. D'ailleurs, à l'époque, on avait l'impression que tous ceux qui fréquentaient le Conservatoire avaient des liens de parenté ou en tout cas qu'ils se connaissaient tous entre eux. C'était une petite population bien particulière perdue dans l'énorme foule de la ville, une sorte d'ordre religieux, de caste fermée, peut-être même une société secrète...

Au début de l'année, il se produisit un grand nombre d'événements.

Le père d'Ilya, Issaï Sémionovitch, arriva de Leningrad. Il venait une ou deux fois par an, toujours avec des cadeaux. L'année précédente, il avait apporté un cadeau magnifique, une boîte à compas allemande, mais sa beauté mise à part, elle n'était d'aucune utilité. Cette fois, ce fut un appareil photo FED-S datant d'avant-guerre, fabriqué à la main par des gamins de la commune de travail Dzerjinski, qui était la copie exacte d'un Leica allemand. Issaï Sémionovitch tenait beaucoup à ce vieil appareil, il avait été correspondant pendant la guerre et l'avait trimbalé avec lui durant presque trois ans. Il en faisait à présent cadeau à son fils unique, né d'un amour de jeunesse avec une Macha[1] assez terne et plus très jeune. Cette Macha ne nourrissait aucune prétention et ne revendiquait rien, elle aimait son fils d'un amour discret, se réjouissant qu'Issaï ne l'ait pas abandonné et qu'il envoie de l'argent de temps en temps, tantôt de grosses sommes, tantôt rien du tout pendant de longues périodes. Elle se refusait avec constance aux caresses de son ancien amant, ce qui ne faisait qu'entretenir l'intérêt qu'il lui portait. Elle souriait, lui servait du pâté en croûte, lui préparait un lit avec des draps amidonnés et craquants, et allait dormir sur le divan tête-bêche avec son fils.

1. Diminutif de Maria.

Issaï était de plus en plus émerveillé, et pensait de plus en plus à elle.

Cela lui faisait un peu mal au cœur de se séparer de son appareil photo, mais il avait surmonté son attachement pour cet objet fidèle et utile – le sentiment de culpabilité envers ce fils délaissé l'avait emporté. Il avait d'autres appareils chez lui, et de bien meilleurs. Il avait aussi une famille avec deux filles qu'il aimait, et qui ne s'intéressaient absolument pas à la technique de la photographie. Alors que ce gamin, lui, avait tout simplement sauté de joie devant ce cadeau, et le père en éprouva du dépit envers cette vie dans laquelle les choses ne s'étaient pas arrangées comme il l'aurait fallu. Au lieu de la douce Macha dont la fadeur n'était pas sans laisser transparaître une certaine grâce, il se retrouvait avec une Sima criarde et grossière. Il n'arrivait même plus à se souvenir aujourd'hui comment et pourquoi il avait bien pu se transformer ainsi en un mari à la botte de sa femme.

Il expliqua à son fils ce qu'était une *camera obscura*, comment il suffisait d'une boîte sombre avec un petit orifice et d'une plaque enduite d'une substance photosensible pour prendre une photo, pour suspendre un instant de vie. Maria Fiodorovna, assise à côté d'eux la joue dans la main, souriait à son minuscule bonheur. Elle avait juste besoin d'une seule petite graine, comme une mésange... Issaï le voyait bien, et il voyait aussi combien Ilya avait l'esprit vif, combien il était adroit de ses mains... Il lui ressemblait, oui, oui, il lui ressemblait ! Et il repartit avec la ferme intention de s'arranger pour voir son fils plus souvent. Et puis, il y avait Macha, Macha qui l'attirait à présent bien davantage qu'en cet été 1938, quand il l'avait prise moins par une inclination consciente que pour s'acquitter des obligations d'un homme jeune en possession de tous ses moyens. Il était trop tard pour changer de vie. Il pouvait néanmoins faire quelque chose : avouer enfin à Sima qu'il avait un rejeton d'avant-guerre qu'il serait bien de recevoir à la maison, de présenter à ses sœurs cadettes... Mais ce fut la dernière entrevue du père et du fils. Deux mois plus tard, Issaï Sémionovitch mourait d'un infarctus après avoir perdu son travail aux studios Lenfilm.

Lors de cette dernière fois, il passa quarante-huit heures chez eux. Après son départ, Macha, comme d'habitude, pleura en cachette pendant quelques jours, puis s'arrêta. La vie d'Ilya se divisait nettement en deux moitiés : avant le FED, et après. Cette petite machine ingénieuse éveilla peu à peu un talent enfoui dans des profondeurs. Déjà avant cela, il faisait collection de tout ce qui lui tombait sous les yeux. Dès le cours élémentaire, il avait rassemblé une collection de plumes, ensuite il y avait eu les étiquettes de boîtes d'allumettes et les timbres. Mais ce n'étaient là que des petits riens transitoires. Maintenant, alors qu'il avait acquis la maîtrise du processus technique, depuis le temps de pose jusqu'au tirage sur papier, il s'était mis à collectionner des instants de vie. Une authentique passion de collectionneur était née, qui ne devait jamais s'éteindre.

À la fin de ses études secondaires, il avait accumulé de véritables archives photographiques assez bien tenues : chaque photo portait au verso une inscription au crayon indiquant la date, le lieu, le nom des personnages, et tous les négatifs étaient rangés dans des enveloppes. L'appareil photo transforma aussi son existence car il comprit vite que, en plus de l'appareil lui-même, il fallait une multitude de choses qui coûtaient très cher. Il se mit à réfléchir sérieusement, et se découvrit alors encore un autre talent – celui d'entrepreneur. Il ne demanda jamais d'argent à sa mère, il apprit à s'en procurer tout seul. Sa première initiative de ce printemps-là fut les billes. Il était le meilleur de toute l'école à ce jeu et, par la suite, il y en eut bien d'autres. Cela lui assurait des revenus.

Sania Steklov n'approuvait pas cette course après l'argent, mais Ilya se contentait de hausser les épaules.

« Tu sais combien ça coûte, un paquet de papier photo de 18 sur 24 ? Et du révélateur ? Où tu veux que je trouve l'argent ? »

Et Sania ne disait plus rien. Il savait que l'argent, cela se trouvait chez sa mère et sa grand-mère, et il devinait que ce n'était pas la meilleure façon de s'en procurer.

Ce vieil appareil photo fit d'Ilya un photographe. Il ne tarda pas à comprendre qu'il lui fallait son propre laboratoire. D'ordinaire, les photographes amateurs installent ce genre de laboratoire dans une salle de bains, où l'on dispose d'eau courante pour rincer les pellicules. Mais dans leur appartement communautaire, il n'y avait pas de salle de bains. Il y avait un cagibi, dans lequel trois familles entreposaient des cuvettes, des lessiveuses, et autres objets indispensables. Ce cagibi était contigu aux toilettes où passaient des canalisations, si bien qu'Ilya se mit aussitôt à réfléchir à la façon de se brancher sur les tuyaux d'arrivée et d'écoulement d'eau. Quant aux voisins, qui avaient eux aussi des droits sur le cagibi, il n'y songea pas tout de suite.

À part Ilya et sa mère, l'appartement était habité par Olga Matveïevna, une petite vieille solitaire et inoffensive, et par Grania Lochkaréva, une veuve avec trois enfants. Maria Fiodorovna emmenait souvent les deux plus jeunes au jardin d'enfants où elle travaillait. Et, de façon générale, elle aidait beaucoup cette Grania.

Bref, elle demanda à ses voisines, et celles-ci ne dirent pas non, elles enlevèrent leurs lessiveuses du cagibi. Maintenant, c'était à Ilya de se débrouiller. Il eut encore le temps d'écrire à son père une lettre requérant son aide pour installer un labo photo. Son père fut très ému et lui envoya cent cinquante roubles accompagnés de deux lignes écrites sur le mandat : « Je viendrai pour les fêtes de mai, on s'en occupera. » Ce fut sa dernière lettre. Il ne vécut pas jusqu'au mois de mai.

L'eau ne fut pas raccordée tout de suite, seulement au bout d'un an et demi, mais Ilya avait désormais son petit coin à lui, dans lequel il passait beaucoup de temps. Il y avait transporté une armoire trouvée sur une décharge, dans laquelle il avait disposé son attirail photographique.

La classe de sixième dura une éternité. Les garçons étaient dans leur treizième année et se remplissaient peu à peu de testostérone, les plus précoces avaient déjà des poils qui leur poussaient aux endroits les plus intimes et des boutons d'acné qui bourgeonnaient sur le front, cela les démangeait de partout, ils avaient des courbatures, des douleurs, les bagarres et les disputes étaient plus fréquentes, et il leur venait des envies de se toucher pour soulager cette langueur indéfinie de leur chair.

Micha se défoulait avec ses patins. Grâce à ses entraînements secrets du matin, il était devenu très fort en patinage. Et il s'était pris de passion pour la lecture. Déjà avant, il dévorait tout ce qui lui tombait sous la main, mais Anna Alexandrovna lui donnait à présent des livres magnifiques : Dickens, Jack London...

À neuf heures pile, tante Guénia émettait un ronflement d'une puissance chevaline, après quoi elle ronflait discrètement et avec régularité jusqu'au matin. Minna se couchait encore plus tôt et, après s'être affairée un instant, s'endormait très vite. Micha se faufilait alors dans la cuisine et se gavait de lecture sous l'ampoule communautaire. Il ne se fit pas prendre une seule fois. Tout en triturant ses boutons d'acné bien durs, il se plongeait dans des livres pour adolescents qui n'avaient rien à voir avec l'effervescence de son corps.

Sania semblait en retard sur ses camarades, et pas seulement du point de vue taille. Un front tout lisse, une collerette bien propre – un adorable petit garçon. Mais lui aussi était travaillé par le processus de la puberté. Il avait annoncé à sa mère et à sa grand-mère qu'il n'irait plus à la rééducation, il était clair pour tout le monde que sa main ne se redresserait pas et qu'il ne serait jamais musicien. Sa mère et sa grand-mère étaient toutes les deux des musiciennes d'intérieur, elles avaient toutes les deux rêvé d'une carrière musicale mais avaient dû abandonner leurs études – l'époque n'avait rien de musical avec ses trompettes hurlantes, ses timbales tonitruantes, et ses hymnes martiaux déguisés en chansons des rues.

Sania était ce que ces deux femmes solitaires avaient de meilleur dans la vie. Il promettait de devenir musicien, et tout se déroulait à merveille : un professeur remarquable, un bel avenir qui s'annonçait… Mais maintenant, après cet accident avec le couteau, il avait cessé d'aller à l'école de musique. Anna Alexandrovna et Nadiejda Borissovna s'étaient préparées à une conversation sérieuse. Anna Alexandrovna déclara qu'étant donné ses dons musicaux, il ne devait pas rompre aussi définitivement avec la musique. Il n'en ferait pas son métier, mais rien ne l'empêchait de travailler le piano à la maison, il y a un charme particulier dans la musique que l'on pratique chez soi. Sania se buta un peu et refusa, mais au bout de deux semaines, il accepta. Il se mit à travailler à la maison avec une amie de sa grand-mère, Evguénia Danilovna.

Il jouait sur son cher piano en bouleau de Carélie de ses petites mains estropiées dénuées d'avenir. Et il défaillait aux valses de Chopin comme ses camarades au contact des filles du quartier que l'on arrive à frôler dans la confusion des jeux et des courses folles. Il lisait, il jouait du piano et, parfois, il faisait ce que les garçons de son âge ne font qu'à titre de punition : il se promenait avec sa grand-mère sur les boulevards avoisinants.

Evguénia Danilovna le fit travailler à domicile pendant deux ans, puis ces cours s'arrêtèrent. En partie à cause de Lisa. Ses progrès étaient si immenses et ceux de Sania si insignifiants qu'il commença à se dérober.

Anna Alexandrovna était professeur de russe, mais un professeur d'un genre particulier : elle enseignait le russe à des étrangers.

Et quels étrangers ! Des jeunes gens de la Chine communiste venus faire leurs études à l'Académie militaire. C'était le huitième ou le neuvième métier qu'elle exerçait depuis le lycée et, cette fois, tout lui convenait parfaitement, aussi bien la façon dont la traitaient ses supérieurs que le petit nombre d'heures de travail et l'excellent salaire assorti de divers avantages et privilèges, y compris la superbe maison de repos de l'armée dans laquelle elle avait le droit de séjourner gratuitement une fois par an.

Nadiejda Borissovna, la mère de Sania, était radiologue. Une profession rare et dangereuse pour la santé, mais avec des journées de travail réduites et du lait gratuit en guise de fortifiant. Bien que leur famille pût être considérée comme heureuse, leur vie n'était pas simple. La mère et la fille avaient accumulé trop de frustrations cachées. Toutes les deux étaient célibataires, ayant perdu aussi bien les hommes qui avaient été leurs maris que ceux qui ne l'avaient pas été. Mais personne ne posait la question indélicate de savoir où étaient passés ces maris. Ceux qui devaient le savoir étaient au courant. Et on les laissait tranquilles, merci bien.

Micha passait beaucoup de temps chez les Steklov. Sania promenait ses doigts sur les touches du clavier et elles lui répondaient. On avait l'impression que des pourparlers se déroulaient entre le garçon et son instrument, mais, tout en devinant que ce qui se passait recelait un sens caché, Micha n'était pas capable de le comprendre jusqu'au bout.

Assis dans un coin, il feuilletait un livre en attendant l'arrivée d'Anna Alexandrovna pour discuter. Elle posait devant lui un biscuit tout simple, une tasse de thé au lait, et s'asseyait avec une cigarette qui était là moins pour être fumée que pour être tenue entre deux doigts gracieusement tendus. Parfois, Sania quittait son instrument et venait s'asseoir au bord d'une chaise. Mais sa présence les dérangeait un peu. Micha avait rapidement dépassé le stade de Dickens, et Anna Alexandrovna, sans hésiter une seconde, lui proposa Pouchkine.

« Mais je l'ai déjà lu ! protesta Micha.

— C'est comme les Évangiles, cela se lit toute la vie.

— Alors vous feriez mieux de me donner les Évangiles, Anna Alexandrovna, je ne les ai jamais lus. »

Anna Alexandrovna éclata de rire et secoua la tête.

« Je vais me faire tuer par ta famille ! Mais pour être honnête, il est impossible de comprendre la littérature européenne sans connaître les Évangiles. Et je ne parle pas de la littérature russe ! Sania, mon ami, va nous chercher les Évangiles. En russe.

— Niouta ! rétorqua familièrement ce dernier. Dis donc, mais c'est du détournement de mineur, ça ! »

Il n'en apporta pas moins un livre avec une reliure noire.

Il fut entendu que Micha lirait les Évangiles sur place et qu'il n'en parlerait à personne. Que de richesses ne possédait-il pas à présent ! Une maison avec un lit de camp bien à lui, une tante Guénia avec de la soupe, une Minna dodue et débile qui n'arrêtait pas de le frôler tantôt de la hanche, tantôt de son énorme buste, ses amis Sania et Ilya, Anna Alexandrovna, des patins, les livres...

À la mi-mars, le dégel commença, la patinoire fondit, et Micha, ainsi que le lui avait appris Marlène[1], enduisit ses patins d'huile de vidange pour les protéger. Mais c'était un peu tôt, il y eut une nouvelle vague de froid, la patinoire gela de nouveau, et il ressortit ses patins. Il était clair que l'hiver touchait à sa fin. À présent, il se rendait dans la cour même après le déjeuner. Tant et si bien que tout le monde finit par voir son trésor. Personne ne possédait des patins pareils, les autres fixaient tous des bouts de ferraille sous leurs bottes de feutre, Micha était le seul à avoir de vrais patins, avec des chaussures. La nouvelle se répandit comme une traînée de poudre dans tout le quartier. Au bout de deux jours, Mouryguine vint jeter un coup d'œil dessus. Il resta un instant à les regarder, puis s'en alla. Le lendemain, en revenant de la patinoire, Micha se retrouva plaqué contre un mur par Mouryguine et Moutioukine dans l'entrée de son immeuble.

1. Prénom masculin formé à partir des noms Marx et Lénine.

C'était on ne peut plus clair : les patins leur avaient tapé dans l'œil.

« Allez, enlève-les ! » exigea Moutioukine.

Mouryguine lui tordit les bras, Moutioukine lui flanqua un coup sous le genou, et Micha s'effondra. Ils le dépouillèrent des patins avec dextérité et partirent en courant. Micha se lança à leurs trousses à toutes jambes, en chaussettes de laine. Il les rattrapa près du porche et s'agrippa à Mouryguine. Celui-ci lança les patins à Moutioukine qui fonça avec dans la rue de l'Intercession. Tout en poussant des hurlements, Micha se rua à la poursuite de ses patins en direction des Portes de l'Intercession. Ils allaient bien sûr vers le jardin Milioutine, où se trouvait la patinoire.

Un tramway débouchait lentement du boulevard des Étangs-Purs. Micha était sur le point de rattraper Moutioukine, celui-ci lança les patins à Mouryguine, mais ce dernier les rata et ils tombèrent entre les rails. Les trois garçons se précipitèrent dessus. Le tramway poussa un cri épouvantable, couina, s'étrangla avec un bruit de sonnette et crissa. Micha était tombé. Lorsqu'il ouvrit les yeux, les patins se trouvaient sous son nez. Il ne voyait pas Moutioukine. Un tas informe fumait devant le tramway. Des bouts de tissu, du sang, une jambe tordue. C'était ce qui restait de Mouryguine. Une foule hurlante accourait de toutes parts. Des tramways grelottaient derrière. Micha se releva, il prit ses patins… non, son patin, il n'y en avait qu'un. Et il rentra chez lui tête basse. Il marchait pieds nus sur la terre glacée, ses chaussettes avaient disparu Dieu sait où, mais il ne s'en rendait pas compte. Arrivé devant son immeuble, il lança le patin en direction de la patinoire et, claquant des dents, pénétra dans l'entrée dont il était sorti en courant exactement cinq minutes plus tôt.

Il ramassa ses chaussures, les enfila à même ses pieds nus, et se précipita chez Anna Alexandrovna. Elle l'écouta sans rien dire, et lui servit une assiette de soupe aux champignons qu'elle posa devant lui.

Micha mangea la soupe, et Anna Alexandrovna remporta l'assiette sale dans la cuisine.

« Ce n'était pas ce que je voulais, je te le jure ! murmura Micha à Sania.

— Qui pourrait bien vouloir une chose pareille ? » répondit Sania en secouant la tête.

L'affreux crissement du tramway a tout détruit,
Il a changé le monde et l'a anéanti,
Tout ce qui fut, qui sera et qui est...
Mais Mouryguine, lui, a bien existé.

Ce poème fut composé par Micha le jour des funérailles. Slava Mouryguine fut enterré en présence de toute l'école, comme un héros national. Le proviseur et deux élèves de terminale déposèrent sur sa tombe une couronne achetée avec l'argent d'une collecte. L'inscription était en lettres dorées sur fond rouge.

Micha, le témoin et, selon lui, le responsable de cette mort, n'en finissait pas de revivre cet instant, ce concours de circonstances fulgurant : les patins projetés dans les airs, le hurlement métallique du tramway et ce tas informe sous les roues à la place du sale gosse insignifiant qui, une seconde plus tôt, galopait dans la rue en grimaçant. Micha était submergé par une pitié d'une taille gigantesque qui recouvrait tout, sa tête, son cœur, son corps, et c'était une pitié pour tous les êtres humains, les bons comme les mauvais, simplement parce qu'ils étaient mous et sans défense, fragiles, et que tous, au contact de bouts de ferraille stupides, avaient des os qui se brisaient instantanément, des crânes qui se fracassaient, du sang qui coulait, et il n'en restait plus qu'un petit tas informe. Pauvre, pauvre Mouryguine !

Personne n'a gardé de photo de classe de l'année 1952, à part Ilya. Toutes les photos de ses archives sont de lui, ce sont des photos d'auteur, seules les deux premières ont été prises par quelqu'un d'autre.

L'une est celle qui a été faite par Vassili Innokentiévitch à l'anniversaire de Sania. La seconde est l'œuvre d'un photographe professionnel, on y voit des gamins mal nourris de l'après-guerre alignés sur quatre rangs. Ceux du bas sont assis, ceux du haut sont debout sur des chaises, ils sont entourés de gros épis, de drapeaux plissés et de gerbes papuleuses, un cadre décoratif servant d'infrastructure, et tout ce menu fretin au crâne rasé avec, au centre, une enseignante aux yeux de grenouille, n'est qu'une superstructure perchée sur les chaises d'une salle de réunion. Mouryguine et Moutioukine sont debout l'un à côté de l'autre, à gauche, dans la rangée du haut. Mouryguine regarde ailleurs – un petit gamin au crâne rasé, insignifiant et inoffensif. Steklov ne figure pas sur cette photo, il était malade. Micha se trouve en bas, dans le coin. Au centre, la professeur principale, la prof de russe, dont tout le monde a oublié le nom parce qu'elle est partie définitivement en congé maternité à la fin de la sixième.

Moutioukine redoubla sa sixième et, par la suite, tout le monde le perdit de vue. Il poursuivit sa carrière dans une école technique, puis dans la zone d'un camp. Mouryguine, lui, n'existait plus nulle part.

Un nouveau professeur

En cinquième, la prof de russe dont personne n'a retenu le nom fut remplacée par un nouveau professeur principal, Victor Iouliévitch Schengueli, qui enseignait la littérature.

Toute l'école l'avait remarqué dès le premier jour : il marchait dans le couloir d'un pas vif, la manche droite de son veston gris à rayures était épinglée un peu au-dessous du coude et sa moitié de bras se balançait légèrement. Il tenait dans sa main gauche un porte-documents de l'ancien régime qui avait l'air beaucoup plus vieux que lui, avec deux fermoirs en cuivre. On lui trouva un surnom dès la première semaine : la Main.

Il était plutôt jeune, avec un beau visage, presque comme un acteur de cinéma, mais d'une mobilité excessive : tantôt il souriait à on ne sait trop quoi, tantôt il plissait le front, ou bien son nez et ses lèvres tressautaient. D'une invraisemblable courtoisie, il vouvoyait tout le monde, ce qui ne l'empêchait pas d'être incroyablement caustique.

Pour commencer, il avait dit à Ilya, alors que ce dernier passait entre les rangées de pupitres de sa démarche mal assurée : « Qu'est-ce que vous avez à vous dandiner comme ça ? » Et Ilya l'avait immédiatement pris en grippe. Puis il avait ouvert le registre et avait fait l'appel. Arrivé à Svinine (il y avait un élève qui avait le malheur de s'appeler comme ça[1]), il fit une pause, examina avec attention ce Svinine au visage menu, et déclara avec une intonation bizarre, dont on ne savait si elle exprimait le respect ou l'ironie : « Un beau nom ! » La classe s'empressa de s'esclaffer, et Senka Svinine devint écarlate. Le maître leva un sourcil perplexe.

« Pourquoi riez-vous ? C'est un nom respectable ! Il y a une très ancienne famille de boyards qui porte ce nom. Pierre Ier avait envoyé un Svinine, je ne me souviens plus de son prénom, faire des études en Hollande. Vous n'avez pas lu *Le Prince Sérébriany*, d'Alexis Tolstoï ? Svinine y est mentionné. Un livre extrêmement intéressant, d'ailleurs… »

Au bout de trois mois, tous, y compris Ilya, Senka Svinine et surtout Micha, buvaient ses paroles, décortiquaient chacune de ses phrases, et fronçaient les sourcils et les lèvres exactement comme lui.

Et puis la Main récitait des vers. Il commençait chacun de ses cours en déclamant un poème tandis que tout le monde s'asseyait et sortait ses cahiers, et il ne disait jamais qui en était l'auteur. Il les choisissait selon des critères fantaisistes, c'était tantôt « *La voile blanche solitaire…* » archiconnue, tantôt quelque chose d'incompréhensible, mais de facile à mémoriser : « *L'air est bleu comme le baluchon de linge d'un malade qui sort de l'hôpital…* », ou encore un galimatias complètement abracadabrant :

Il gelait, et l'on jouait Tristan.
Dans l'orchestre chantait une mer blessée,
Contrée verte sous une vapeur bleue.

1. *Svinina* signifie « viande de porc ».

Un cœur qui s'arrête follement.
Nul n'avait vu entrer dans le théâtre,
Ni prendre place dans la loge,
Une dame aussi belle qu'une toile de Brioullov.
Le genre de femme qui hante les romans,
On en voit de pareilles aussi sur les écrans,
C'est pour elles qu'on vole et qu'on commet des crimes,
On guette leurs calèches et, pour elles,
On s'empoisonne dans les greniers[1]...

Si ce genre de vers laissait les autres insensibles, Micha, lui, en avait le sang qui lui montait au visage. Et Victor Iouliévitch le surveillait du coin de l'œil. Il était presque le seul à avaler la poésie comme une cuillerée de confiture. Sania, pour sa part, souriait avec indulgence aux faiblesses de leur maître : certains de ces poèmes étaient ceux que sa grand-mère lui récitait. Les autres élèves pardonnaient cette passion à leur professeur. Pour eux, la poésie était une affaire de femmes, un signe de faiblesse chez un soldat.

Mais il lui arrivait parfois de dire des poèmes qui avaient un rapport direct avec le cours. Quand ils avaient commencé à étudier *Tarass Boulba*, il était entré dans la classe en récitant des vers qui parlaient manifestement de Gogol :

Toi qui n'as fait que passer ici-bas,
Esprit fantasque et mystérieux,
Toi si moqueur et si narquois,
Au front pensif et douloureux.

1. La première citation est le premier vers d'un célèbre poème de Lermontov, la deuxième est tirée du poème « Le printemps » de Pasternak, et le troisième est le début d'un poème de Mikhaïl Kouzmine (1872-1936). *(Les traductions des poèmes, sauf indications contraires, sont de la traductrice.)*

Toi notre Hamlet, tout de rires et de larmes,
Un rire qui se voit et des pleurs cachés,
Toi pour qui le succès est un drame,
Comme l'est pour d'autres d'échouer.

De la gloire qui te veut du bien,
Martyr et adorateur,
Forçat de la vie, pèlerin,
Dans les combats, l'orage au cœur.

Toi qui es par l'esprit un ascète accablé,
Et par la plume Aristophane,
Médecin et fléau acharné
De nos faiblesses et des plaies de nos âmes[1] *!*

Il avait un poème sous la main pour toutes les occasions de la vie, absolument toutes !

« Nous étudions la littérature ! déclarait-il sans arrêt, comme si c'était une nouvelle toute fraîche. La littérature est ce que l'humanité possède de meilleur. Et la poésie est le cœur de la littérature, la concentration suprême de ce qu'il y a de meilleur au monde et dans l'homme. C'est la seule et unique nourriture de l'âme. Et il dépend de vous de grandir pour devenir des hommes, ou de rester au stade animal. »

Plus tard, lorsqu'il les connut tous par leur prénom et qu'il les eut répartis à leurs tables à sa façon, pas comme sur la photo de classe annuelle ni par ordre alphabétique, mais selon des critères à lui, une fois qu'ils furent tous devenus plus intimes grâce à des conversations sur le rusé Ulysse, sur les mystérieuses chroniques de Pimène, sur le malheureux fils de Tarass Boulba, sur Alexis Berestov, si loyal et si niais,

1. Premières strophes d'un poème de Piotr Viazemski (1792-1878) consacré à Gogol.

et cette petite futée d'Akoulina au teint mat[1] (rien qui ne figurât au programme scolaire, soit dit en passant), les garçons commencèrent à l'interroger sur la guerre : c'était comment ? Et on avait tout de suite compris que si Victor Iouliévitch aimait la littérature, il n'aimait pas la guerre. Quel homme bizarre ! À l'époque, toute la population masculine qui était trop jeune pour avoir tiré sur les fascistes adorait la guerre.

« La guerre est la chose la plus infâme que les hommes aient jamais inventée ! » disait le maître, et il coupait court à toutes les questions qui se bousculaient sur les lèvres des garçons : où s'était-il battu ? Quelles décorations avait-il reçues ? Comment avait-il été blessé ? Combien de fascistes avait-il tués ?

Un jour, il leur avait raconté :

« J'étais en deuxième année de fac quand la guerre a éclaté. Tous les garçons sont allés s'engager immédiatement et ont été envoyés sur le front. Dans mon groupe, je suis le seul à être resté en vie. Les autres sont tous morts. Et deux jeunes filles ont péri. C'est pourquoi je suis contre la guerre, à tour de bras ! »

Il avait levé son bras gauche en l'air, et la moitié du droit avait tressauté sans parvenir à se dresser.

Le mercredi, ils avaient russe en dernière heure et, une fois le cours terminé, Victor Iouliévitch proposait :

« On va faire un tour ? »

La première de ces promenades eut lieu en octobre. Six élèves y allèrent. Ilya était pressé de rentrer chez lui, comme toujours, et Sania avait manqué ce jour-là, ce qu'il faisait souvent avec l'autorisation de sa grand-mère, si bien que le seul représentant de la bande était Micha. Et il répéta presque mot pour mot à ses amis toutes les histoires fantastiques qu'il avait

1. Héros de « La demoiselle paysanne », de Pouchkine.

entendues de la bouche de leur professeur sur le chemin entre l'école et le passage Coudé. Victor Iouliévitch leur avait parlé de Pouchkine. Mais d'une façon telle qu'on se demandait s'ils n'avaient pas fait leurs études ensemble. Figurez-vous que Pouchkine était un joueur de cartes invétéré ! Et qu'il faisait une cour effrénée aux dames ! Autrement dit, c'était tout simplement un coureur de jupons. Et en plus, il adorait la bagarre, il ne laissait jamais rien passer, il était toujours prêt à faire des scandales, à se mettre en pétard, à se battre en duel...

« Eh oui ! avait dit tristement Victor Iouliévitch. C'est à cause de ce comportement qu'on le considérait comme un bretteur. »

Personne n'avait demandé ce que signifiait ce mot inconnu, c'était assez clair comme ça : il aimait la bagarre.

Ensuite, il les avait emmenés devant une maison délabrée, au premier tournant que faisait le passage Coudé après la rue Kirov, et avait dit en la leur montrant d'un geste de la main gauche :

« Bon, maintenant, imaginez la scène. Il n'y a pas d'asphalte, bien sûr, la chaussée est pavée, et voilà une calèche qui arrive de là-bas, de la rue des Bouchers. Enfin, pas une calèche, plutôt un fiacre avec un cocher. Pouchkine venait à Moscou en visite ou pour affaires, il avait ici une multitude de parents et d'amis, mais il n'a jamais eu de maison dans cette ville, ni d'équipage. Si on ne tient pas compte de l'appartement qu'il a loué quelque temps sur l'Arbat[1] après son mariage, ensuite il est parti pour Pétersbourg. Il n'aimait pas Moscou, il disait qu'ici, "il y a trop de mémères"... Imaginez une dame qui passe par là cent ans après la mort de Pouchkine, on est

1. Vieille rue de Moscou.

après la révolution. Et tout à coup, un équipage surgit de la rue des Bouchers, clip-clap, clip-clap ! Il s'arrête ici même, et voilà Pouchkine qui saute de voiture ! Ses bottes claquent sur les pavés... Et il entre dans cette maison. La dame en a eu le souffle coupé ! Et aussitôt, tout a disparu, les pavés, le fiacre, le cocher et ses chevaux... Le bruit a couru que cette maison était hantée. Était-ce vraiment le cas, on ne pourra jamais le savoir maintenant. Mais ce qui s'est produit ici en octobre 1826, dans cette maison où habitait alors le poète Vénédiktov, ça, cela a été confirmé par de nombreux témoins : c'est dans le grand salon de cette demeure que Pouchkine a lu sa tragédie *Boris Godounov*. Il y avait une quarantaine d'invités, et presque la moitié d'entre eux en ont parlé tout de suite après dans des lettres à des parents, ou bien des années plus tard, dans leurs Mémoires. Vous avez tous lu *Boris Godounov*, non ? Qui peut m'en résumer le contenu ? »

Micha levait toujours la main d'habitude, mais là, brusquement, il avait oublié de quoi il s'agissait, et il ne voulait pas se couvrir de honte.

Les autres gardaient un silence discret. Finalement, Igor Tchetvérikov avança sans grande assurance :

« C'est lui qui a tué le tsarévitch, le faux Dimitri.

— Félicitations, Igor ! La science historique est une chose assez confuse. En fait, il existe deux versions. D'après l'une, Boris Godounov a tué le tsarévitch Dimitri. D'après la seconde, il ne l'a pas tué et, de façon générale, c'était quelqu'un de bien. Votre version, celle du meurtre d'une autre personne, le faux Dimitri, bouleverse toutes les idées que se font les historiens. Ne vous inquiétez pas, l'histoire, ce n'est pas de l'algèbre. On ne peut pas la qualifier de science exacte. En un certain sens, la littérature l'est davantage. Ce que dit un grand écrivain devient une vérité historique. Les historiens de la guerre ont trouvé chez Tolstoï une multitude d'erreurs dans sa description de la bataille de Borodino, et pourtant le monde entier la voit quand même telle que Tolstoï l'a décrite dans *Guerre et Paix*. Pouchkine non plus ne se trouvait pas dans l'arrière-cour du palais de la mère du petit tsarévitch, Maria Nagaïa, là où a eu lieu (ou n'a pas eu lieu !) l'assassinat de Dimitri. C'est la même chose en ce qui concerne Mozart. Vous avez lu les *Petites tragédies* [1], j'espère ?

— Oui, bien sûr ! Le génie et le mal sont incompatibles ! hasarda Micha.

— C'est aussi mon avis. Eh bien, pour ce qui est de Salieri, il n'a jamais été établi avec certitude qu'il a vraiment empoisonné Mozart. Ce n'est qu'une hypothèse historique. Mais l'œuvre de Pouchkine, c'est un fait, vous comprenez ! Un fait immense de la littérature russe. Les historiens peuvent bien trouver des preuves que Salieri n'a pas empoisonné Mozart, de toute façon, ils ne peuvent pas discuter avec les *Petites tragédies*. Pouchkine a exprimé une idée sublime : le génie et le mal sont incompatibles chez une même personne. »

Le soir tombait, Victor Iouliévitch avait pris congé des garçons, et ils étaient rentrés chez eux, de part et d'autre de Kitaï-Gorod.

Cette première excursion sur des hauts lieux de la littérature russe servit de prototype à un club qui, à la fin de l'année, s'était donné un nom, les Lurs – les Amateurs de Lettres Russes [2].

1. Allusion à *Mozart et Salieri*, de Pouchkine.

2. *Lioubitelеï Rousskoï Sloviesnosti*. Clin d'œil à la Société des amateurs de lettres russes (*Obchtchestvo Lioubitelеï Rossiskoï Sloviesnosti*), qui exista de 1811 à 1930 auprès de l'université de Moscou et publia entre autres le fameux dictionnaire russe de Dahl.

Lorsqu'il sut comment les choses s'étaient passées la première fois, Ilya ne manqua plus jamais une seule de ces « sorties d'après nature », comme Victor Iouliévitch appelait leurs vagabondages littéraires du mercredi. C'était lui qui rédigeait les comptes rendus des réunions du club, il en était le secrétaire, et un secrétaire tout à fait responsable. Les procès-verbaux des Lurs étaient rangés avec ses photos à l'intérieur d'une armoire, dans son cher cagibi.

Au fur et à mesure qu'ils se familiarisaient avec la littérature russe du XIXe siècle, les Lurs apprenaient certains détails sur la carrière militaire de leur professeur.

Victor Iouliévitch, le nez et les joues secoués de tics (une commotion, maintenant, ils le savaient), leur raconta comment il s'était présenté avec ses condisciples au bureau de recrutement le lendemain de la déclaration de guerre.

On l'avait envoyé dans une école d'artilleurs à Toula. Les garçons étaient intéressés par des choses concrètes : les combats, la retraite, l'offensive, la blessure… Quelles armes avaient-ils ? Quelle sorte d'obus ? Et les Allemands ?

Le professeur répondait avec laconisme. Ces souvenirs étaient pénibles.

L'entraînement à l'école de Toula s'était déroulé à la vitesse grand V, mais l'attaque allemande avait été encore plus rapide. À la fin du mois d'octobre, les Allemands étaient devant Toula. Les élèves officiers avaient été affectés à la défense de la ville, chacun s'était vu confier une section de la milice populaire, et les postes de tir étaient tenus par des élèves commandants et des miliciens-troupiers. Tout cela aurait pu faire penser à des adultes jouant à la guerre si, en douze heures, ils n'avaient tous été complètement anéantis par les tirs allemands. Victor avait été sauvé par sa bonne éducation, une chose qui, de façon générale, n'a jamais sauvé personne dans ce genre de circonstances. Il avait donné l'ordre à un soldat, dont il avait oublié le nom, d'aller chercher une caisse de munitions. Le milicien, un homme bouffi et plus très jeune, avait injurié son commandant : « Non, mais pour qui tu te prends, espèce de petit chef ? J'ai cinquante ans, et toi dix-huit ! T'as qu'à la porter toi-même, ta caisse ! »

Le commandant, qui avait déjà dix-neuf ans, n'avait rien dit et était allé chercher les munitions lui-même. Cent mètres les mains vides à l'aller et, au retour, cent mètres avec une caisse de cinquante kilos. Quand il était arrivé, à bout de souffle, il n'avait pas retrouvé son peloton d'artilleurs : un énorme cratère fumait à la place du canon installé dans les règles de l'art. Il n'y avait plus personne en vie.

Et il n'y avait personne à enterrer, l'obus était tombé en plein sur eux. L'élève officier s'était assis sur la caisse sans penser à rien, mais avec le sentiment de ne plus être que de la terre brûlée, de la ferraille incandescente et fracassée, du sang bouillonnant et des bouts de tissus calcinés. Puis, abandonnant la caisse désormais inutile, il était parti au milieu des sifflements et des explosions qu'il n'entendait plus.

Une fois le siège de Toula terminé, l'école fut transférée à Tomsk, du moins ceux qui étaient restés en vie après la bataille. Pendant longtemps, il fit des rêves sur ce peloton anéanti, et le type bouffi l'injuriait d'un air sombre, pas du tout à cause de la caisse de munitions, mais à cause d'autre chose de bien plus important. Victor était revenu là-dessus en pensée des milliers de fois : quelle était la bonne façon d'agir ? Car s'il avait poussé une gueulante, comme aurait dû le faire un commandant, c'est le type bouffi qui serait resté en vie...

Il avait décidé qu'il ne pouvait pas être commandant. Uniquement simple soldat. Il avait fait une demande pour être affecté à l'armée active. Cela lui fut refusé, il restait un mois et demi avant la fin de sa formation. Une petite infraction, voilà ce qu'il lui fallait. Pour qu'on ne le traduise pas devant un tribunal et qu'on ne l'envoie pas dans un bataillon disciplinaire, mais qu'on se contente de l'expédier sur le front en tant que simple soldat, sans lui décerner le grade d'officier.

Et il avait trouvé un délit de la taille parfaite. La veille de l'attribution des grades, il avait fait le mur, avait pris une cuite en ville, s'était glissé dans le dortoir des filles et avait passé la nuit dans le coin rouge[1] avec une demoiselle qui, au petit matin, à sa demande, avait dénoncé le futur officier en vadrouille à la patrouille militaire. Et tout avait marché comme sur des roulettes : il avait passé dix jours au cachot, puis avait été envoyé dans l'armée active en tant que simple soldat. C'est ainsi que, jusqu'à la fin de la guerre (qui se termina pour lui en 44, après sa blessure), il n'eut pas une seule fois à donner des ordres. Uniquement à les exécuter. La tâche était toujours la même : aller d'un point A à un point B en restant en vie. Il y avait aussi une multitude de petits-soucis : manger, boire, dormir, éviter les ampoules aux pieds, et essayer de se laver. Quand on lui en donnait l'ordre, il tirait. Non, ça, il n'en parlait pas. Sur ce point, il ne disait rien.

« Et où avez-vous été blessé ? demandaient les garçons.

— En Pologne, pendant une offensive. J'ai été amputé. »

1. C'est-à-dire la pièce où se trouvaient les bustes de Lénine et de Staline.

Ce qui s'était passé ensuite, il ne le racontait pas à ses élèves. Comment il avait appris à écrire de la main gauche, d'une écriture ronde et penchée non dénuée d'élégance. Il s'aidait un peu du moignon de son bras droit, et il ne mettait pas sa prothèse en celluloïd rose. Il avait appris à enfiler adroitement son sac à dos, il commençait par tendre la sangle sur son moignon avec la main gauche, et la glissait ensuite dans la boucle. Après sa sortie de l'hôpital, il était revenu à Moscou. Entre-temps, l'institut dans lequel il faisait ses études avant la guerre avait été démantelé, et ce qui en restait avait été intégré à la faculté de lettres. Il s'était présenté là-bas vêtu d'un manteau militaire qui gardait encore l'odeur de la guerre, et chaussé de bottes d'officier auxquelles il n'avait pas droit.

Ah, l'université de la rue des Mousses ! Quel bonheur cela avait été ! Pendant trois années entières, il s'était reconstitué une santé tout seul, il s'était nettoyé le sang avec Pouchkine, Tolstoï, Herzen...

En 1948, peu avant la fin de ses études, on lui avait proposé de soutenir un doctorat. Le directeur de thèse était remarquable, un médiéviste et un grand connaisseur de la littérature européenne, et le thème intéressant, avec une tonalité romano-germanique : les liens de Pouchkine avec cette même littérature étrangère. Victor Iouliévitch avait hésité. Il avait aussi envie d'enseigner à des enfants, il lui semblait maintenant savoir ce qu'il fallait leur apprendre. Ah, choisir, toujours choisir...

Où donc était cette voix qui vous souffle quoi faire dans les moments décisifs ? Mais aucune voix n'avait été nécessaire, le directeur de cette thèse jamais défendue avait été flanqué dehors pour adulation de l'Occident et cosmopolitisme, et arrêté peu de temps après.

Victor Iouliévitch n'avait pas passé son doctorat. Il avait reçu une affectation dans une école secondaire, dans le village de Kalinovo, district de Vologda, en tant que professeur de russe.

On lui avait attribué un logement dans l'école. Une pièce avec un poêle qui se chargeait dans l'entrée. Le bois était fourni. Dans le magasin du village, on vendait des crabes d'Extrême-Orient et des berlingots, un vin exécrable et de la vodka. Le pain était livré deux fois par semaine, les queues se formaient dès le petit matin et le magasin ouvrait à neuf heures, au moment où se terminait son premier cours de la journée. Se conformant à une coutume ancestrale des campagnes, les mères lui apportaient tantôt des œufs, tantôt du fromage blanc, tantôt une tourte rustique dotée d'une caractéristique surprenante : elle était incroyablement délicieuse quand elle était tiède, et absolument immangeable quand elle avait refroidi... Cette rémunération en nature des prêtres, des médecins et des enseignants existe depuis la nuit des temps. Il partageait ces offrandes avec la femme de ménage Marfoucha, une veuve excentrique et peu sociable, mais il buvait en solitaire. Ni beaucoup ni peu : une bouteille tous les soirs. Avant de s'endormir, il lisait le seul auteur dont il ne se lassait jamais.

Outre la littérature, il devait aussi enseigner la géographie et l'histoire. Les cours de maths et de physique étaient assurés par le directeur de l'école, ainsi que les sciences sociales qui, si elles avaient changé de nom, restaient toujours l'histoire du Parti. Les autres matières, la biologie et l'allemand, étaient enseignées par une Finlandaise de Pétersbourg en relégation. Outre sa nationalité, son curriculum vitae comportait encore une autre tache : avant la guerre, elle avait travaillé avec l'académicien Vavilov, un adepte non repenti de Weismann et de Morgan[1].

Tout était misérable à Kalinovo, la seule chose que l'on trouvait à profusion, c'était une nature timide et encore intacte. Et puis il y avait les gens, ils étaient meilleurs que ceux des villes, eux non plus n'étaient presque pas touchés par la corruption morale des cités.

La fréquentation de ces petits campagnards avait dissipé les illusions de ses années d'études. Ce qu'il y a de bon et d'éternel était toujours là, bien sûr, mais le matériau dont était constituée leur vie quotidienne était si grossier! Ces fillettes emmitouflées dans des foulards reprisés qui, avant de venir à l'école, avaient déjà dû s'occuper du bétail ainsi que de leurs frères et sœurs plus jeunes, ces garçons se coltinant l'été le pénible travail de la terre à la place des hommes, avaient-ils vraiment besoin de tous ces trésors culturels ? D'étudier le ventre vide, et de perdre leur temps à acquérir des connaissances dont ils n'auraient jamais besoin, dans aucune circonstance ?

Leur enfance était finie depuis longtemps, ils étaient tous des paysans et des paysannes en herbe, et même ceux que leurs mères laissaient volontiers aller à l'école (une incontestable minorité) semblaient gênés de se livrer à ces occupations futiles au lieu de faire un vrai travail sérieux. Et le jeune professeur éprouvait lui aussi un certain embarras. C'est

1. N. Vavilov (1887-1943) est un botaniste et un généticien soviétique victime de l'engouement de Staline pour les théories de Lyssenko, qui défendait la thèse selon laquelle les caractères acquis peuvent se transmettre de façon héréditaire, ce qui va à l'encontre des découvertes de Thomas Morgan (1866-1945), généticien américain lauréat du prix Nobel de médecine en 1933, et d'August Weismann (1834-1914), un biologiste allemand. Cette campagne meurtrière contre les tenants des théories de Weismann sont à l'origine du retard pris par la génétique soviétique.

vrai, n'était-il pas en train de les détourner des nécessités vitales de l'existence au nom d'un luxe inutile ? Qu'avaient-ils à faire de Radichtchev ? De Gogol ? Et, au bout du compte, de Pouchkine ? Leur apprendre à lire et à écrire, et les laisser rentrer chez eux le plus vite possible pour travailler... D'ailleurs eux-mêmes ne demandaient que cela.

C'était à cette époque qu'il s'était mis à réfléchir sur le phénomène de l'enfance. À quel moment elle commence, la question ne se pose pas. Mais quand finit-elle ? Où se trouve la limite à partir de laquelle un être humain devient adulte ? Il était clair que l'enfance des petits campagnards prenait fin plus tôt que celle des citadins.

Ce village du Nord avait toujours vécu au bord de la famine mais, après la guerre, tout le monde s'était retrouvé dans une misère noire, les femmes et les enfants travaillaient. Sur la trentaine d'hommes du village partis au front, il en était revenu deux, l'un sans jambes, l'autre avec la tuberculose, et ce dernier était mort au bout d'un an. Les enfants, ces petits paysans-écoliers, avaient commencé à travailler très tôt, on leur avait volé leur enfance.

Du reste, à quoi bon revenir là-dessus ? Aux uns on avait volé leur enfance, aux autres leur jeunesse, et aux troisièmes leur liberté. Victor Iouliévitch, lui, n'avait perdu qu'une petite bagatelle de rien du tout : un titre de docteur.

Après avoir purgé trois années de semi-relégation (c'était dans cette région que, du temps des tsars, on envoyait les jeunes gens dans son genre, les petits malins qui avaient le sens de leur dignité) et amené ses élèves jusqu'au brevet, Victor Iouliévitch retourna à Moscou, chez sa mère, passage des Bolcheviks, dans l'immeuble avec un chevalier à l'intérieur d'une niche au-dessus de la porte.

Par miracle, la première place d'enseignant de russe qu'on lui proposa était à dix minutes de chez lui, non loin de la bibliothèque d'Histoire qui, pour lui qui se languissait de culture livresque, possédait bien plus d'attrait que les théâtres et les musées de la capitale.

Il avait tenté de renouer des liens datant de l'université et cherché à reprendre contact avec certaines personnes. Il avait revu Léna Kourtser, qui avait travaillé toute la guerre comme interprète pour l'armée, mais ils n'avaient pas réussi à avoir une conversation à cœur ouvert. Il avait retrouvé encore deux autres camarades de fac et, là non plus, cela n'avait abouti à rien. L'époque était au silence et n'incitait pas à la franchise. Les gens ne commencèrent à parler que quelques années plus tard. Sur ses trois camarades d'université qui avaient survécu à la guerre, l'un était devenu fonctionnaire du Parti, le deuxième enseignait dans une école. Leurs relations se limitèrent à boire une bouteille ensemble, puis s'étiolèrent. Quant au troisième, Stass Komarnitski, il était hors d'atteinte, il se trouvait dans un camp à cause d'une histoire drôle, ou pour simple bavardage. Le seul de ses amis dont la fréquentation lui procurât du plaisir était Micha Kolesnik, un ancien voisin. Ils formaient tous les deux un joyeux petit duo de l'après-guerre : Micha-n'a-qu'une-jambe et Victor-le-manchot. Ils s'étaient baptisés eux-mêmes « Trois-bras-trois-jambes ».

Entre-temps, Micha était devenu biologiste et avait épousé une gentille fille, elle aussi du même immeuble, mais plus jeune.

Elle était médecin, travaillait dans un hôpital municipal, et avait très envie de marier Victor. Elle essayait tout le temps de lui fourrer une de ses collègues célibataires dans les pattes. Mais Victor n'avait aucune intention de se marier. À son retour de Kalinovo, il était tombé amoureux de deux jolies filles à la fois. Il avait rencontré l'une à la bibliothèque, et l'autre lui était tombée dessus toute seule, dans un musée où il avait emmené sa classe. Micha lui disait en riant : « T'as de la chance que les filles s'y mettent à deux avec toi, Vika, s'il n'y en avait qu'une, elle te passerait sûrement la corde au cou... »

Mais la véritable corde qu'il avait au cou, c'était son travail. Les relations avec des garçons de treize ans étaient ce qui l'intéressait le plus au monde. Ceux-là n'avaient rien à voir avec leurs congénères de la campagne. Ces gamins moscovites ne labouraient pas, ne semaient pas, ne réparaient pas des harnais, ils ne connaissaient pas le poids de la responsabilité d'une famille paysanne.

C'étaient des enfants normaux, ils chahutaient pendant les cours, se lançaient des boulettes de papier mâché, s'aspergeaient d'eau, se cachaient leurs cartables et leurs manuels, refusaient de prêter leurs affaires, se bagarraient et se bousculaient comme de jeunes chiots, et puis, brusquement, ils se calmaient et posaient de vraies questions. Eux, à la différence des petits paysans de leur âge, avaient quand même une enfance dont ils étaient irrémédiablement en train de sortir. Outre les boutons d'acné, il y avait aussi d'autres indices de leur croissance, liés à une activité nerveuse supérieure : ils posaient « les questions maudites », ils étaient tourmentés par l'injustice du monde, ils écoutaient des poèmes ; il y en avait même deux ou trois, dans la classe, qui écrivaient quelque chose ressemblant à des vers. Micha Melamid fut le premier à apporter à son professeur une feuille de papier bien propre avec des phrases rimées.

« Je vois, je vois... », fit Victor Iouliévitch à voix

haute, et il sourit en se disant en son for intérieur : « Les petits Juifs sont particulièrement sensibles à la littérature russe ! »

La moitié de la classe ne comprenait pas très bien ce que le professeur de lettres leur voulait. L'autre moitié le suivait comme son ombre. Victor Iouliévitch s'efforçait de les traiter tous de la même façon, mais il avait ses chouchous : ce Micha émotif, dont l'intégrité frisait la bêtise, le remuant Ilya doué pour des tas de choses, et Sania, si réservé et si raffiné. L'inséparable trio.

Lui-même avait fait partie jadis d'un trio de ce genre, et il pensait souvent à ses deux meilleurs amis de l'institut, Génia et Mark, qui avaient été tués dès les premières semaines de la guerre. Pas encore sortis de l'enfance, remplis d'un romantisme de pacotille, avec aux lèvres des poésies puériles... « *Brigantine ! Brigantine*[1] ! ». Que seraient-ils devenus aujourd'hui ? Ce Micha roux avait l'air d'être leur petit frèreet, si on y regardait attentivement, on pressentait déjà un destin tourmenté. Non, non, il n'y avait là aucune ambition prophétique, juste de l'inquiétude...

Pour l'instant, on était en 1953, le mois de mars n'était pas encore là, et la campagne antisémite battait son plein[2]. En ces temps sordides, le huitième de sang juif de Victor Iouliévitch gémissait et s'horrifiait, tandis que son quart de sang géorgien souffrait et mourait de honte.

1. Célèbre chanson de pirates sur des vers de Pavel Kogan.

2. La mort de Staline sera annoncée le 5 mars 1953, interrompant cette campagne antisémite, connue sous le nom d'affaire des Blouses blanches, qui s'en prenait aux médecins juifs soupçonnés de tuer des patients russes, et donnait lieu à une véritable psychose de masse. Rappelons que Staline, de son vrai nom Djougachvili, était géorgien.

Victor Iouliévitch était un sang-mêlé, il portait un nom géorgien et était répertorié comme russe[1], mais son sang russe n'était pas très abondant. Son grand-père géorgien avait épousé une Allemande, ils avaient fait leurs études ensemble en Suisse et avaient donné naissance là-bas à son père, Ioulius. La généalogie de Xénia Nicolaïevna, la mère de Victor, n'était pas moins exotique. Son père était le produit d'un Polonais déporté et d'une jeune fille juive ayant compté parmi les premières femmes médecins, il avait épousé une fille de pope, et c'était ce sang de prêtre qui constituait sa part proprement russe.

Il avait hérité de son grand-père géorgien le sens de la musique, et de sa grand-mère allemande, qui avait soigneusement dissimulé ses origines et avait eu la prévoyance de se déclarer suisse dès son arrivée à Tiflis en 1912, un esprit rationnel et une excellente mémoire. Son arrière-grand-père juif lui avait légué une abondante chevelure et une ossature délicate, et sa grand-mère de Vologda des yeux clairs de nordique.

Xénia Nicolaïevna, la mère de Victor, était devenue veuve très tôt. Seule descendante encore en vie de deux familles qui s'étaient éteintes pendant la révolution, elle époussetait soigneusement ses bibliothèques, bataillait contre les mites et arrosait les soucis orange qui fleurissaient presque toute l'année sur le rebord de sa fenêtre.

Il ne lui restait plus que deux choses qu'elle aimait dans la vie : s'occuper de son fils et peindre des foulards en soie pour un artel d'invalides. Elle savait aussi faire des boulettes de viande et du pain perdu. Lorsque son fils Vika était revenu du front (c'était elle

1. Chaque citoyen soviétique faisait enregistrer sa « nationalité » (juif, géorgien, russe, tatar, etc.) qui figurait ensuite toute sa vie sur sa carte d'identité.

qui, quand il était petit, lui avait donné ce diminutif un peu féminin, et il lui était resté, il s'était « implanté »), elle avait vite appris à faire pour lui tout ce qu'il est malcommode de faire d'une main. Elle lui coupait ses tartines, les beurrait (quand il y avait du beurre), et lui préparait sa mousse à raser le matin.

S'il y avait bien une chose dont Victor Iouliévitch était totalement dénué, c'était la fierté d'appartenir à un peuple quel qu'il soit, il se sentait à la fois un paria et un « sang bleu », et ces temps judéophages lui répugnaient surtout pour des raisons esthétiques : des gens laids habillés de vêtements laids se conduisaient de façon laide. La vie au-delà des limites de l'espace livresque avait quelque chose d'insultant, alors que dans les livres palpitaient une pensée vivante, de l'émotion, un savoir… Le décalage était insupportable, et il s'immergeait de plus en plus dans la littérature. Seuls les enfants auxquels il enseignait le réconciliaient avec cette réalité écœurante.

Et il y avait aussi les femmes. Il aimait les belles femmes. Elles passaient dans sa vie, brièvement et allègrement, la plupart du temps successivement, parfois simultanément, et elles lui semblaient toutes aussi merveilleuses les unes que les autres.

Il faut dire que lui aussi, les femmes l'aimaient bien. Il était beau, et son défaut physique avait même quelque chose d'attirant, ce qu'il avait mis du temps à comprendre. Si les jolies femmes étaient d'accord pour aimer cet invalide, ce n'était pas seulement pour la raison évidente qu'après la guerre le nombre d'hommes était insuffisant pour assurer la reproduction, comme aurait dit un vétérinaire. Il était particulièrement attirant parce qu'elles supposaient, à tort, que lui, au moins, avec son infirmité, allait leur appartenir pleinement et sans partage.

Elles se trompaient. Il n'avait aucunement l'intention de donner à qui que ce soit des droits sur sa personne, ce qu'impliquaient confusément des liens matrimoniaux.

Bounine, Kouprine et Tchékhov, avec sa *Dame au petit chien*, ont ouvert dans la littérature russe un champ inexploré avant le début du XXe siècle, celui de l'amour « non sublime », des soudaines bouffées de désir, de l'adultère et des liaisons – tout ce que le XIXe siècle qualifiait de « sale ».

Pas un seul de ces écrivains ne connaissait le problème principal de notre génération de l'après-guerre, un problème territorial, qui concernait tout autant les tenants de l'amour sublime que les amants aux aspirations les plus primitives. Où ? Où peut-on donner des rendez-vous amoureux quand on vit dans la même pièce que sa mère, dans une ville sans hôtel pour y amener une dame avec laquelle on souhaite partager un « coup de soleil[1] » ? Même une cabane où l'on puisse s'isoler était une chose introuvable. On ne pouvait faire ça que l'été, dans la nature, mais les étés sont si courts sous nos climats...

Amener une jeune fille chez soi, derrière le rideau en tapisserie qui sépare la moitié masculine de la pièce, celle du fils, de la moitié féminine, celle de la mère, c'était impossible. Louer une chambre pour un rendez-vous, c'était déplaisant et puis cela coûtait cher, demander la clé de son appartement à un ami célibataire, c'était tout de même un peu gênant... L'extrême délicatesse de Victor Iouliévitch servait de gardienne à sa moralité.

D'ailleurs il avait de la chance, toutes ses amies disposaient d'une surface habitable. Lidotcha, une divorcée qu'il fréquentait régulièrement, pourvue d'un

1. C'est ainsi que Bounine qualifiait les accès de passion et de désir.

superbe cou et d'une magnifique poitrine, vivait seule dans une pièce ; ensuite était apparue Tania-la-travestie, une toute petite femme montée sur ressorts qui sautillait même dans la rue. Son mari travaillait comme acteur quelque part à Saratov, et elle louait une pièce rue de la Rencontre, à une distance pratique à pied. Il y avait aussi Vérotchka, une traductrice de français, une fille intelligente et cultivée, avec laquelle il se rendait dans la datcha vide de ses parents.

Pas une seule de ces femmes ne mettait les pieds chez lui, Xénia Nicolaïevna ne supportait pas les étrangères. La mère et le fils vivaient en paix tous les deux, et Victor Iouliévitch n'envisageait pas le moindre changement.

Le matin du 2 mars, ils prenaient un petit déjeuner constitué de pain perdu, tout mou à l'intérieur et un peu trop grillé à l'extérieur. Xénia Nicolaïevna avait découpé les tranches en morceaux commodes à manger pour Vika. Ces menues attentions de rien du tout, parfois complètement inutiles, la ramenaient au temps où Vika était un petit garçon, où elle était jeune et belle, et où son mari était vivant.

Le thé était très fort, comme l'aimait son défunt mari. Ce paisible repas fut interrompu par un communiqué officiel sur la maladie de Staline. Xénia Nicolaïevna leva les bras au ciel, et un tic secoua le visage de Victor. Il garda le silence un instant, puis dit :

« Il a cassé sa pipe. C'est sûr. Ils vont nous raconter des craques pendant une semaine, et puis ils l'annonceront.

— Non, ce n'est pas possible !

— Et pourquoi pas ? C'est déjà arrivé. Quand Alexandre Ier est mort à Taganrog, un courrier est allé porter la nouvelle à Pétersbourg et, après le passage de ce courrier par Moscou, Golitsyne a donné l'ordre de publier des bulletins sur la santé du souverain. Pendant une semaine, des sergents de ville les ont distribués chez les gens.

— Qu'est-ce que tu racontes ? Où es-tu allé chercher ça ?

— Eh bien, je suis d'abord tombé sur des notes du prince Kropotkine à propos de ces bulletins, et puis j'ai trouvé les bulletins eux-mêmes au musée d'Histoire. Mettez un masque, madame, et feignez la tristesse ! Il va y avoir des changements.

— J'ai peur, Vika... murmura-t-elle.

— Ne t'en fais pas. Cela ne pourra pas être pire. »

Et il se rendit à l'école. Dans la salle des professeurs régnait un silence lourd et angoissé. Si quelqu'un parlait, c'était en chuchotant. Il dit bonjour, prit le registre et alla retrouver ses garçons.

En ouvrant la porte de la classe, il se mit à réciter, au milieu d'un brouhaha qui s'apaisait peu à peu :

... Rien n'est plus beau, dit l'un, qu'une imposante armée ;
L'autre : rien n'est plus beau qu'une escadre en plein vent.
Rien n'est plus beau pour moi que le cœur de l'aimée.
Chacun fait son choix et risque, en le suivant,
Des enfants, des parents, un nom, des biens quittés ;
Hélène pour Pâris fit brûler des cités.
Le doux bruit de tes pas, ton beau visage tendre,
J'aimerais mieux le voir, j'aimerais mieux l'entendre
Que le char du Grand Roi et sa garde d'honneur.
Hélas ! Nul être humain n'a longtemps son bonheur,
Mais cet étroit lien que l'Amour a lié,
Mieux vaut le regretter que l'avoir oublié[1]*...*

1. Sappho, *Ode à Anaktoria*, adaptation de Marguerite Yourcenar, Gallimard, 1979.

« Alors, qui peut me dire ce qu'est le lyrisme ? » demanda le maître lorsque les couvercles des pupitres eurent cessé de claquer.

La classe s'immobilisa. Victor Iouliévitch savourait cet instant – il avait appris à susciter ce silence gorgé de pensée.

« C'est ce qui parle d'amour, lança un risque-tout.

— Très juste, mais la réponse est incomplète. La poésie lyrique parle de toutes les émotions humaines, de la vie intérieure de l'homme. Et de l'amour aussi, bien entendu. Mais également du chagrin, de la solitude, de la séparation avec une personne aimée. Ou même avec autre chose qu'une personne... Il existe un poème très célèbre, écrit lui aussi avant notre ère, sur la mort d'un moineau. Je ne plaisante pas...

Pleurez, Vénus, jeunes amours et vous,
Cœurs attachés à quelque douce amie,
Je vous appelle aujourd'hui, venez tous,
Pleurer la mort du moineau de Lesbie.
C'était l'objet de ses tendres ébats,
Elle l'aimait plus que sa propre vie.
Posé tantôt sur son sein, sur son bras,
Jamais enfant ne connut mieux sa mère.
De-ça, de-là, souvent il voltigeait,
Mais ayant peur de perdre une caresse,
Au moindre signe, en chantant il venait
Se repercher au doigt de sa maîtresse.
Il vole, hélas, vers ces lieux funèbres,
Où dès qu'on entre, on demeure toujours,
Pays affreux où règnent les ténèbres[1].

1. Catulle, « Élégie sur la mort du moineau de Lesbie », traduction d'après François Noël.

« Cela aussi, c'est un exemple de poème lyrique…

« Nous avons déjà parlé d'Homère ensemble, nous avons lu des passages de *L'Iliade*, nous connaissons Ulysse. Et nous savons déjà ce qu'est une épopée. Les chercheurs considèrent que les œuvres épiques sont apparues avant la poésie lyrique. Le premier poème que je vous ai récité, écrit au VIIe siècle avant notre ère, évoque Hélène. Avez-vous deviné qu'il s'agit de cette Hélène qui, selon la légende, est à l'origine de la guerre de Troie ? C'est à elle que l'auteur compare sa bien-aimée. Cette belle Hélène, la femme du roi Ménélas enlevée par Pâris, nous la trouvons même chez des poètes contemporains. Elle a migré de l'épopée à la poésie lyrique en tant que symbole de la beauté féminine qui subjugue le cœur des hommes.

« En des temps très anciens, alors que la culture commençait à peine à apparaître, la parole était beaucoup plus étroitement associée à la musique. On récitait des vers à voix haute en s'accompagnant d'un instrument de musique qui s'appelait une lyre. C'est de là que vient le mot "lyrique". En deux mille cinq cents ans, beaucoup de choses ont changé. Aujourd'hui, il est rare que l'on récite des vers avec un accompagnement musical, mais en revanche, d'autres genres sont apparus, dans lesquels les mots et la musique sont indissociables… Allez, donnez-moi des exemples… »

La sonnerie retentit, mais ils restaient tous là, sans bouger, comme grisés par ses paroles. Pourquoi les pupitres ne claquaient-ils pas, pourquoi ne bondissaient-ils pas de leurs places en hurlant, pourquoi ne se ruaient-ils pas vers la sortie en se bousculant à la porte, vite, vite, dehors ! dans le couloir, dans le vestiaire, dans la rue…

Pourquoi l'écoutaient-ils ? Pourquoi trouvait-il lui-même si intéressant de meubler leurs cerveaux de quelque chose dont ils n'avaient aucun besoin ? Il était bouleversé par la sensation d'exercer sur eux un pouvoir très subtil : ils étaient en train d'apprendre à penser et à sentir sous ses yeux. Quelle oasis au milieu de cette laideur si ennuyeuse !

Trois jours plus tard, on annonça la mort de Staline, et Victor Iouliévitch éprouva un sentiment de satisfaction un peu futile : il avait deviné avant tout le monde. Il appartenait d'ailleurs à la minorité absolue qui n'avait aucune intention de pleurer cette perte immense. Dans le temps, ses parents l'envoyaient chaque année passer l'été en Géorgie, et ils étaient allés tous ensemble à Tbilissi pour la dernière fois peu avant la mort de son père, en 1933. Il savait à quel point sa famille géorgienne méprisait, craignait et détestait Djougachvili.

Un tyran était mort. Un titan était mort. Une créature d'une race très ancienne, venue d'un monde souterrain, terrifiante, un monstre à cent bras et cent têtes. Avec des moustaches.

À l'école, les cours avaient été annulés, et les écoliers furent rassemblés pour un meeting. Victor Iouliévitch emmena ses élèves de cinquième en rangs deux par deux jusqu'au troisième étage. Micha, qui tournicotait autour de lui avec un bout de papier, lui fourra entre les mains une page de cahier couverte de grosses lettres violettes. Il avait écrit un poème.

Les mots « La mort de Staline » étaient enserrés dans un cadre.

Pleurez, gens d'ici et gens du monde entier,
Pleurez, médecins, dactylos et gens de tous métiers.
Notre Staline est mort, et jamais plus ici
N'existera un homme tel que lui.

« Salut à toi, Catulle ! » se dit Victor Ioulievitch en souriant intérieurement, et il demanda à voix basse :

« Bon, pour les médecins, je comprends, mais pourquoi les dactylos ?

— Eh bien, ma tante Guénia a été dactylo. On pourrait dire aussi les secrétaires, rectifia Micha en passant. Je peux le lire à voix haute ? »

Cette ardeur militante n'allait rien donner de bon…

« Non, Micha, je ne vous le conseille pas. Je vous le déconseille même catégoriquement. »

Micha voulut reprendre sa feuille, mais le maître la plia adroitement en deux en l'appuyant contre sa poitrine.

« Puis-je le garder en souvenir ?

— Bien sûr ! » répondit Micha, rayonnant.

La salle était remplie à craquer. La radio diffusait du Beethoven. Les enseignantes éplorées étaient alignées près du buste en plâtre. Le drapeau de l'école en velours ponceau se répandait en plis sur le sol. Victor Ioulievitch, un peu à l'écart, affichait une expression décente. Coincé contre le rebord d'une fenêtre par ses camarades, Boria Rakhmanov, un élève de troisième, souffrait en silence. Le rebord qui lui rentrait dans le flanc droit lui faisait très mal, mais il ne pouvait pas bouger. C'était une pâle répétition de ce qui allait lui arriver trois jours plus tard.

Après une réunion solennelle avec sanglots d'envergure nationale (les enseignants avaient donné l'exemple d'un chagrin sincère, et les enfants avaient enchaîné sur cette note tragique), ils furent renvoyés dans leurs classes et on les fit asseoir à leurs places. La directrice essayait de joindre le département de l'Instruction publique afin de savoir s'il fallait suspendre les cours et pour combien de jours. Mais la ligne était toujours occupée. C'est seulement vers une heure de l'après-midi qu'on l'informa qu'il fallait renvoyer les élèves chez eux pour cause de deuil, et que la reprise des cours serait annoncée par un communiqué.

Victor Iouliévitch laissa partir ses élèves en leur recommandant de rester chez eux et de ne pas traîner dans les rues, mieux encore, de lire un bon bouquin.

Sania Steklov suivit le conseil de son professeur avec plaisir. Il était, semble-t-il, le seul à avoir chez lui les *Œuvres complètes* de Tolstoï et, pendant les quatre journées de deuil, il engloutit les quatre tomes de *Guerre et Paix*, même si, pour être franc, il ne fit que feuilleter certaines pages. Après avoir lu le premier tome, il le donna à Micha, mais ce dernier ne l'ouvrit même pas, il avait bien d'autres chats à fouetter : sa tante Guénia s'était effondrée avec une crise cardiaque, et Minna avait mal au ventre, comme toujours dans les circonstances difficiles. Il passa trois jours à s'acquitter des tâches que lui confiait toutes les cinq minutes sa tante à qui le chagrin faisait perdre la tête de façon un peu exagérée.

Ilya, lui, se fichait pas mal des recommandations de son professeur comme des prières de sa mère. Le sentiment palpitant d'être en train de vivre des événements d'une importance capitale l'incitait à sortir dans la rue. Le matin du 7 mars, muni de son appareil photo, il quitta la maison très tôt, dans l'état d'esprit d'un chasseur savourant d'avance une excellente chasse.

Pendant trois jours, Victor Iouliévitch ne mit pas les pieds dehors et empêcha sa mère de sortir. Ils n'avaient plus de pain, mais il lui disait :

« Du pain, du pain… On n'a même pas de vodka ! »

De fait, le soir du 5 mars, il avait bu toute la bouteille que sa mère gardait en réserve. Il avait décidé de ne pas sortir tant que le Guide n'aurait pas été transporté ailleurs et enterré.

Il revêtit un pyjama rayé, fit provision d'une pile de

livres, et s'allongea sur son divan derrière la tenture en tapisserie. Le bonheur absolu.

La levée de corps eut lieu le 9 mars à dix heures dans la salle des Colonnes[1]. De petits bonshommes en épais manteaux à col d'astrakan, les dirigeants de l'État, portèrent eux-mêmes le cercueil.

Ce fut le moment où Victor sortit acheter du pain et de la vodka. Il n'y avait presque personne dans les rues. Des camions étaient encore garés le long des trottoirs, et tout cela faisait penser à un paysage après un raz-de-marée : des chaussures et des chapkas piétinées, des porte-documents à jamais séparés de leurs propriétaires, des lampadaires renversés, des vitres cassées aux fenêtres des rez-de-chaussée. Sous le porche de son immeuble, le mur était couvert de sang. Un chien piétiné gisait près de l'entrée. Il songea à Pouchkine...

Le malheureux
Par des rues familières court
En des lieux familiers. Autour,
Il ne reconnaît rien. Spectacle affreux !

Il se récita mentalement *Le Cavalier de bronze* jusqu'à la fin :

Sur le seuil on retrouva
Mon malheureux héros.
Son cadavre froid fut aussitôt
Enterré comme il se doit...

1. C'est dans cette salle grandiose de la Maison des syndicats, un palais destiné autrefois à l'Assemblée de la noblesse, située rue Dmitrovka, que se déroulent les cérémonies solennelles. Le cercueil de Staline y fut exposé pendant plusieurs jours.

Et là, justement, assez loin de chez lui, il trouva dans une ruelle une petite boutique ouverte. Un escalier menait à un demi-sous-sol.

Quelques femmes bavardaient à voix basse avec la vendeuse et se turent dès qu'il entra. « On dirait qu'elles étaient en train de parler de moi ! » songea Victor Iouliévitch en souriant.

L'une d'elles le reconnut et s'empressa de lui demander :

« Victor Iouriévitch, mais c'est quoi, ce malheur, hein ? Il y en a qui disent que c'est les Juifs qui ont organisé cette bousculade. Vous êtes peut-être au courant de quelque chose ? »

C'était la mère d'un élève de terminale, mais il ne se souvenait pas exactement duquel. Les femmes simples l'appelaient souvent « Iouriévitch », et cela l'agaçait. Mais cette fois, il fut soudain submergé par une étrange indulgence qui ne lui ressemblait guère.

« Non, chère madame, je n'ai rien entendu de pareil. Aujourd'hui, nous allons tous boire un verre ou deux pour le salut de son âme, et nous allons continuer à vivre comme avant. Qu'est-ce que les Juifs ont à voir là-dedans ? Ce sont des gens comme nous. Deux bouteilles de vodka, s'il vous plaît, un pain blanc, et une moitié de pain noir. Ah, et puis deux paquets de raviolis… »

Il prit ses achats, paya et sortit, laissant les femmes en proie à un certain désarroi : peut-être que ce n'étaient pas les Juifs qui avaient fait ça, mais d'autres gens… On était entouré d'ennemis, ils étaient partout. Le monde entier nous enviait, ils avaient tous peur de nous. Et leur conversation prit une tournure nettement plus fière.

Sa mère et lui étaient assis à la table tavelée de brûlures, une carafe posée entre eux. Xénia Nicolaïevna avait apporté de la cuisine les raviolis, trop cuits, comme d'habitude. Elle avait posé la casserole sur un dessous-de-plat. Victor venait de servir deux verres de vodka quand on sonna à la porte. Trois coups. C'était pour les Schengueli.

Il alla ouvrir. Sur le seuil se tenait une apparition : coiffée d'une chapka en fourrure recouverte d'un châle en dentelle noire, vêtue d'un manteau d'homme avec un col en raton et enrobée d'une odeur de naphtaline et de pipi de chat surgie d'un lointain passé, se trouvait Nino, la cousine de son défunt père, une beauté au long nez, une cantatrice, une couturière et une religieuse avortée, dont émanaient des bouffées de chaleur et de rire.

« Toi ? Ça alors ! »

Il l'avait vue pour la dernière fois vingt ans auparavant. Il avait alors habité dans sa maison de Tbilissi, qui figurait dans ses souvenirs d'enfance accompagnée de points de suspicion : cette maison avait-elle vraiment existé, ou l'avait-il rêvée ? Mais c'était bien Nino, cette chère, chère Nino, elle n'avait même pas tellement vieilli…

« Vika, mon garçon, tu n'as pas changé du tout ! Je t'aurais reconnu entre mille !

— Seigneur, Nino, mais qu'est-ce que tu fais là ? D'où sors-tu ?

— Fais-moi entrer, ne me laisse pas sur le pas de la porte ! »

Ils s'embrassaient, se prenaient par la tête, reculaient pour mieux se regarder, et recommençaient à s'embrasser. Xénia Nicolaïevna se tenait dans l'embrasure de la porte, l'air abasourdi : qui donc Vika embrassait-il comme ça ?

Mon Dieu ! Nino ! Leur famille géorgienne, les cousines adorées de son défunt mari, surgies du passé, d'un lointain passé…

« Ça alors ! Mais entre donc ! Viens manger quelque chose, vite ! Mais d'abord, va te laver les mains.

— Cela va de soi ! Quand on revient du cimetière, il faut toujours se laver les mains ! »

Cet accent géorgien, encore plus prononcé qu'avant, et cette voix qui riait, qui jubilait…

Elle alla se laver les mains, puis passa aux toilettes, et se relava les mains. Xénia Nicolaïevna avait déjà mis un troisième couvert sur la table. Des assiettes anciennes, ébréchées et fêlées.

Victor remplit les verres de vodka.

« Pour commencer, buvons à notre délivrance ! C'est comme avoir passé quarante années dans le désert. Il a crevé ! Et on s'en est sorti ! » dit-elle, enfreignant une règle qui est toujours observée en Géorgie : à table, une femme ne parle jamais la première, surtout une invitée.

Ils avalèrent leur vodka. Nino détacha un quart de ravioli avec sa fourchette et l'introduisit délicatement entre ses lèvres presque fermées. Et Victor se souvint que c'était elle qui lui avait appris à manger et à boire, à entrer dans une pièce, à s'asseoir, à dire bonjour. Il l'avait complètement oublié. Et il se comportait toujours exactement comme elle le lui avait appris, alors que le souvenir de ces leçons avait disparu.

« Mais quel vent t'amène ici, Nino ? »

Elle s'appuya contre le dossier de sa chaise, croisa les mains derrière la nuque, et éclata d'un rire de jeune fille. Puis elle effaça son sourire, enleva le fichu en dentelle noire qui lui couvrait les épaules, secoua la tête, se mit debout, leva au ciel ses superbes bras qui n'avaient pas pris une ride, et poussa un hurlement prolongé qui fusa vers le haut. Le son amorça ensuite une descente vers le bas, et il ne contenait presque aucune parole, parce que c'était une lamentation funèbre, une lamentation de deuil très ancienne qui n'avait pas besoin de mots, dans laquelle il y avait à la fois du chagrin, de la douleur et une joie triomphante.

Nino mit fin à cette tirade antique et sans paroles et se remit à rire aux éclats.

« La pauvre, elle est ivre ! » se dit Xénia Nicolaïevna.

Quand elle eut fini de rire, Nino leur raconta une histoire qui allait devenir pour des années l'histoire préférée de tous ses proches.

Le 5 mars, alors que la mort de Staline n'avait pas encore été annoncée, deux agents du NKVD étaient venus la chercher chez elle. Ils voulaient aussi embarquer sa sœur Manana, mais elle était partie à Koutaïssi la semaine précédente et n'était pas à la maison.

Sa mère avait rassemblé ses affaires en pleurant et en chuchotant :

« Il ne nous laissera donc jamais en paix, ce démon ! »

En la voyant préparer une valise, l'agent avait compris et avait dit :

« Votre fille sera de retour dans trois jours, peut-être cinq. Je vous en donne ma parole. »

« Tu te souviens de maman, Vika ? Xénia, elle, s'en souvient, bien sûr ! Elle a quatre-vingt-dix ans. Déjà quand elle était jeune, elle n'avait pas froid aux yeux, alors maintenant, de quoi pourrait-elle bien avoir peur ? "Oh, ta parole est d'or ! Mais tes mains, elles, sont de fer !" "Vous avez tort de le prendre mal, Lamara Noïevna, a dit l'un de ces scélérats. Votre fille se voit accorder un immense honneur." On m'a amenée au comité municipal du Parti. Ah çà, pour un immense honneur ! Des lumières allumées partout, une foule de gens qui couraient en tous sens dans les couloirs, on se serait cru sur la Roustavéli un jour de fête. On m'a fait entrer dans une salle. Elle était remplie de femmes de toutes sortes, il y en avait de très rustiques, mais il y avait aussi Vériko, Tamara, et les sœurs Ménabdé, des chanteuses.

« Deux hommes sont arrivés, l'un a commencé par dire que voilà, c'est une grande perte pour le monde entier, le peuple est inconsolable, un deuil national… J'ai pensé : c'est pour me dire ça qu'on m'a amenée ici ? Ensuite, l'autre a déclaré : "Nous vous avons rassemblées parce que, selon l'ancienne coutume géorgienne, ce sont les femmes qui doivent pleurer nos chers défunts. Il n'y a que les femmes qui peuvent le faire. Nous vous avons réunies afin que vous nous chantiez de belles lamentations funèbres." Vika, Xénia… C'est tout juste si je ne me suis pas mise à chanter : "Que Dieu se lève et que ses ennemis se dispersent[1]…" "Nous vous connaissons bien, toutes autant que vous êtes, a repris cette taupe chauve, nous savons que vous chantez aux funérailles, vous connaissez les lamentations géorgiennes. Moscou nous a fait savoir que les dirigeants veulent que vous pleuriez notre grand Guide." Je ne les connais pas du tout, ces lamentations, j'ai chanté à beaucoup de services funèbres, mais les chrétiens ne chantent pas ces lamentations païennes. Ce sont des hurlements, pas des chants. Bon, me suis-je dit, j'irai quand même. Je ne vais pas me priver d'un tel plaisir !

« Je ne peux pas vous dire combien de femmes nous étions. Beaucoup, un avion entier. Certaines pleuraient, d'autres étaient fières, mais elles tremblaient toutes de peur. Je dois avouer que je n'avais jamais pris l'avion, et que je ne l'aurais fait pour rien au monde – uniquement pour une occasion comme celle-là !

« Nous avons atterri de nuit, et des cars nous ont

1. Premier verset du psaume 67 et début d'un chant liturgique pascal de l'Église orthodoxe.

emmenées en dehors de la ville, dans une sorte d'hôtel. On ne nous a pas laissées dormir, un Géorgien est arrivé et nous a rassemblées. Il a dit qu'il était musicien. Et qu'il allait nous diriger. Un visage familier, je l'avais déjà vu quelque part... Je n'arrêtais pas de le regarder, alors il m'a fait signe d'approcher et m'a chuchoté à l'oreille : "Je suis le frère de Mikeladzé [1]." Oh, ce monstre, que de gens il a assassinés !

« Bref, on s'est lamentées pendant un jour, on s'est lamentées pendant une nuit, et puis encore un jour... J'en avais assez ! C'étaient des répétitions.

« Et le soir du 8, on nous a informées que nos lamentations étaient annulées. Pourquoi en avaient-ils voulu, pourquoi n'en avaient-ils plus voulu, ça, le diable seul le sait ! Ils ont embarqué toutes les femmes dans des cars pour les emmener je ne sais où. Moi, j'étais couchée sur mon lit, je criais, j'avais une crise ! Des douleurs épouvantables. Je m'étais dit : non, je ne partirai pas sans t'avoir vu ! Un de leurs chefs m'a dit : "Après, il faudra que tu payes ton billet toi-même." Et moi, je criais, j'avais mal ! D'accord, je l'achèterai, ce billet !

« Vas-y, sers-nous encore de la vodka, Vika ! C'est la première fois de ma vie que j'en bois, la première fois de ma vie que je mens, et la première fois de ma vie qu'on enterre un grand criminel !

— Moins fort, Nino, moins fort... », dit Xénia Nicolaïevna en lui touchant l'épaule.

Nino hocha la tête et posa ses belles mains sur ses lèvres. De sa main gauche, Victor lui prit la main droite et la baisa. Quelque chose avait changé. Pour le mieux...

1. Evguéni Mikeladzé (1903-1937), chef d'orchestre géorgien victime des répressions staliniennes.

Les enfants du sous-sol

Ilya courait un peu partout en essayant de comprendre dans quelle direction allait cette manifestation sans précédent. Il constata qu'elle avait un grand nombre de queues, l'une d'elles commençait, ou finissait, près de la gare de Biélorussie, et une deuxième quelque part au confluent des trois boulevards, le boulevard Saint-Pierre, celui de la Résurrection et le boulevard des Fleurs. Il se balada dans les parages un moment, comprit qu'il n'avait pas assez de pellicule et, une fois la nuit tombée, se fraya un chemin jusqu'à chez lui, non sans mal. À un endroit, près de la Poste centrale, il fut obligé d'escalader une palissade. Personne, pas même les miliciens du quartier, ne connaissait la géographie de ces lieux aussi bien que les gamins du coin. Ils avaient joué ici pendant des années aux cosaques et aux bandits, ils connaissaient par cœur toutes les cours communiquant entre elles, toutes les entrées, et même les plaques d'égout. Beaucoup d'appartements donnaient sur des escaliers de service et, une fois franchie la porte principale, on pouvait sonner chez un camarade de classe, se faufiler le long d'un immense couloir, et ressortir par la porte de service dans une autre cour ou même dans une autre rue.

Le matin du 7 mars, il chargea son appareil et, dès que sa mère fut partie au travail, il sortit dans la rue. La foule était encore plus dense que la veille. La rue de la Petite-Russie était à présent bloquée à la hauteur de la place non seulement par des trolleys, mais aussi par une seconde rangée de camions. On pouvait accéder à la salle des Colonnes depuis la place Pouchkine, mais par la rue Pouchkine et non par la rue Gorki. Plus tard, on laisserait la foule emprunter la rue Neglinka.

Les trois boulevards avoisinants étaient remplis d'une masse compacte de gens mais, vers midi, cela se dégagea brusquement, la foule comprimée de toutes parts s'ébranla et se mit à courir. On avait ouvert des voies de dégagement, des ruelles latérales, et les gens s'y engouffraient. Personne n'a jamais tiré au clair qui avait régulé ces guets-apens, qui avait organisé ces embuscades et ces dérivations dans lesquelles les gens se sont entassés, mais au bout du compte, ils finirent par s'infiltrer tant bien que mal à travers des cours communicantes et des entrées d'immeubles ouvertes, s'écoulant et se répandant comme de l'eau qui sort par tous les trous.

Les rues étaient bloquées par de puissants camions Studebaker, il y avait une multitude de soldats et de miliciens, et Ilya se faufilait entre les véhicules en serrant son appareil contre son ventre. Il se glissa sous l'un d'eux et, en ressortant, tomba sur Boria Rakhmanov, un élève de troisième. Boria était bien décidé à se frayer un chemin jusqu'à la salle des Colonnes. Mais ce qui intéressait le plus Ilya dans toute cette pagaille, c'était la pagaille elle-même.

Pendant les manifestations du 1er Mai et du 7 Novembre, il se produisait toujours quelque chose d'analogue dans le centre, avec des défilés, des cordons et des barrages. Les garçons du quartier connaissaient depuis longtemps cette cohue des jours de fête et ne laissaient jamais passer une occasion d'y prendre part. Mais cette fois, il se passait quelque chose de véritablement grandiose. Ilya mourait d'envie de grimper quelque part au-dessus de la foule afin de prendre au moins une photo d'en haut. Il proposa à Boria de monter avec lui sur un toit qu'il connaissait bien, mais celui-ci refusa.

« Pauvre idiot ! se dit Ilya. En passant par les toits, j'arriverai à la salle des Colonnes avant lui. »

Il décida de prendre la ruelle aux Orties. Mais la foule s'ébranla juste à ce moment-là, et il fut entraîné du côté de la Neglinka tandis que Boria était emporté dans une autre direction. Le garçon surgit une dernière fois. Ilya aperçut son visage écarlate et sa bouche grande ouverte. Il criait quelque chose, mais on n'entendait rien. L'air était rempli d'un bourdonnement étrange, il y avait dedans comme une plainte, des hurlements, et quelque chose qui ressemblait à un chant. Et pour la première fois depuis deux jours, Ilya se sentit mal à l'aise.

Il fallait arriver jusqu'à un porche qu'il connaissait. Là, dans la cour, il y avait une remise et, depuis son toit, on pouvait facilement accéder à celui de la maison voisine, un immeuble de trois étages. Ilya fit une tentative pour s'élancer en direction du porche, et comprit que les gens s'efforçaient de rester le plus loin possible des immeubles, à l'intérieur du flot humain, de peur d'être écrasés contre les trolleybus alignés les uns derrière les autres. Certains se débattaient, coincés contre leurs flancs métalliques, et plusieurs personnes gisaient par terre inertes, les autres leur marchaient dessus. Pour atteindre le trottoir, Ilya dut se faufiler entre des corps – ils n'étaient pas morts, tout de même ? Non, c'était impossible… Il n'y avait pas d'autre chemin. Il comprenait qu'il devait sans tarder se réfugier sous la protection d'un ventre de trolley, sinon il allait se faire écraser contre un mur. Il n'arrêtait pas de penser à Fédia, comme il appelait tendrement son appareil photo : surtout, ne pas abîmer l'objectif ! Il dégagea avec ses pieds un petit espace près des roues et plongea dedans. Là, sous le trolley, il faisait sombre et c'était terriblement encombré. Il rampa parmi des corps mous enchevêtrés couverts de vêtements épais, dans une moiteur nauséabonde. Quelqu'un gémissait. En ressortant, il tomba littéralement dans les bras d'un gros militaire au visage tremblotant et dégoulinant. Un petit garçon de cinq ans, livide et inconscient, ballottait inerte sur son épaule.

« Où tu vas ?

— J'habite ici.

— File chez toi, et ne mets plus le nez dehors ! »

Le militaire le poussa en direction du porche, et Ilya se glissa dans la cour. La remise était bien là, et il y avait un bac à ordures en bois juste à côté. Ilya grimpa dessus et, de là, sur le toit de la remise. Il était venu ici deux ans plutôt, la dernière fois qu'il avait joué aux cosaques et aux bandits. Il y avait là des prises commodes grâce auxquelles on pouvait facilement accéder au toit de « la maison bariolée », en briques rouges et blanches, du moins si la vitre de la fenêtre du troisième étage était toujours cassée.

Ilya avait une veine étonnante ce jour-là, il était sorti vivant de cette foule mortelle, et maintenant la chance lui souriait de nouveau, la vitre était cassée.

Il connut encore un moment de terreur quand il grimpa sur le rebord de la fenêtre et que celui-ci se mit soudain à bouger comme s'il allait tomber dans la rue. Mais il ne se détacha pas, et Ilya sauta sain et sauf à l'intérieur. Là, une surprise l'attendait : le grenier était fermé par un nouveau cadenas en acier avec des pitons si énormes qu'il était impossible de les faire sauter sans outils. Mais la maison était construite de façon bizarre, les fenêtres de l'escalier donnaient sur deux côtés, au deuxième étage sur la cour, au premier et au troisième sur la rue. Ilya monta au troisième et, là, il vit la rue. On aurait dit un fleuve noir. Vues d'en haut, les têtes ressemblaient à des touffes de fourrure, elles ondulaient comme le pelage d'une bête monstrueuse. Ilya sortit son appareil, tout en comprenant que cela ne donnerait rien d'aussi loin, mais il se dit qu'il reprendrait une autre photo depuis le premier étage. Au premier, il réussit à ouvrir la fenêtre, et ce qui s'engouffra, montant d'en bas, n'était pas un hurlement, mais une sorte de lamentation régulière traversée tantôt par un cri perçant, tantôt par des plaintes déchirantes. D'ici, la foule ne ressemblait plus à un pelage. Les têtes, pareilles à des cailloux sombres collés les uns aux autres, oscillaient de façon assez rythmée, mais sans avancer. Une sorte de chaussée monstrueuse formée de pavés vivants se trémoussait en dansant sur place.

Il prit quelques photos et décida que, du troisième, c'était quand même plus pittoresque. Il avait déjà oublié la terreur qu'il avait ressentie quelques instants plus tôt.

Une bonne femme ivre en peignoir rouge sortit alors d'un appartement et se mit à brailler :

« Qu'est-ce que tu fous là ? T'as vraiment rien d'autre à faire ? »

Et elle ponctua ses paroles d'un chapelet compliqué d'obscénités qui le laissèrent pantois. Il fut assez intelligent pour ne pas tenter de lui répondre. Il montra sa bouche et fit mine de se frotter les oreilles – je suis sourd-muet – et la bonne femme disparut après avoir craché le plus naturellement du monde.

Au troisième étage, Ilya arriva presque au bout de

sa pellicule et commença à réfléchir à la façon de rentrer chez lui au plus vite. Il comprenait parfaitement qu'il était impossible de prendre le chemin habituel – remonter le boulevard de la Résurrection depuis la place des Tuyaux, puis traverser la rue de la Rencontre pour rejoindre le boulevard des Étangs-Purs. Mais il lui semblait que s'il arrivait à traverser la place et à passer de l'autre côté, il serait plus facile d'avancer. Il ne savait pas que, le long du boulevard de la Résurrection, la foule progressait en sens inverse et que sa rencontre, sur la place des Tuyaux, avec une autre foule qui venait du boulevard Saint-Pierre provoquait là-bas un tourbillon mortel.

Mais il n'avait pas l'intention de rester ici jusqu'à la fin des temps, sans compter qu'à la maison, sa mère devait sûrement s'inquiéter et pleurer. Il s'attarda encore un instant sur le rebord de la fenêtre en se demandant s'il devait garder en réserve le reste de sa pellicule ou bien prendre encore quelques autres photos maintenant, car la lumière était en train de baisser. Puis il en eut assez d'attendre sans rien faire, et décida de s'en aller par n'importe quel moyen.

Sortir de la cour était encore plus difficile que d'y entrer. Mais il avait tout calculé : il sonna à un appartement du rez-de-chaussée et supplia un vieux monsieur de le laisser emprunter l'autre porte. Le vieux secoua la tête et bredouilla que la porte principale était fermée, mais que l'on pouvait passer par la chaufferie.

« Ce vieux, lui, n'a pas besoin de faire semblant, il est vraiment sourd-muet ! » se dit en pouffant Ilya, qui savait apprécier les coïncidences en tout genre. La cour était déserte, il n'y avait pas un chat, mais on entendait de l'autre côté du mur la rumeur sourde et puissante de la foule comprimée. Il repéra immédiatement la chaufferie, elle était fermée à clé. Il en fit le tour, grimpa sur le toit puis de là sur le mur, et sauta en bas, sur un trottoir désert isolé des gens par un cordon. Maintenant, il allait falloir franchir un barrage de soldats pour se fondre dans la foule. Il se rapprocha du carrefour et, se faufilant entre deux militaires, arriva sur la chaussée noire de monde. Et il comprit tout de suite qu'il avait commis une erreur, il aurait mieux fait de rester sous le porche. Il fut aussitôt aspiré avec une force prodigieuse comme par une vague qui reflue au bord de la mer. Devant lui se dressait le poteau d'un feu de signalisation.

Et là, pour la première fois, Ilya eut vraiment peur, et plus seulement pour Fédia, qui risquait de se briser en mille morceaux contre le poteau. Il pensa à ce qui allait arriver à son crâne. Il ne pouvait même pas bouger ses mains, qui protégeaient l'appareil des chocs. Fédia lui rentrait dans le ventre, mais ce n'était pas de la douleur qu'il ressentait, c'était une affreuse tristesse. Il fut emporté vers le poteau, puis celui-ci se retrouva un peu sa gauche. Coincé contre lui, il y avait un homme au visage broyé. Il était mort, mais restait debout. Il ne pouvait pas tomber.

À cet instant précis, le sol bascula et s'ouvrit sous ses pieds. Ilya dégringola dans une bouche d'égout dont la plaque avait cédé sous le piétinement de la foule. Il eut de la chance, il tomba sur un écheveau d'étoupe oublié par des égoutiers. Sur la gauche se trouvait une grille légèrement déboîtée d'un côté. Il tira dessus et elle s'ouvrit. Il s'enfonça dans ce terrier et, sans réfléchir, referma la grille derrière lui. Ce geste instinctif lui sauva la vie. Au bout de quelques instants, les gens qui étaient tombés après lui avaient rempli la bouche d'égout à ras bord et, comme il se trouvait dessous, il aurait été irrémédiablement écrasé. Les corps des gens tombés étaient tellement tassés que les milliers de personnes qui leur marchaient dessus ne sentaient même pas qu'elles foulaient de la chair humaine. De l'autre côté de la grille s'élevaient des gémissements.

Pendant ce temps, là-haut, une terrible lame de fond invisible avait soudain emporté tout le monde, se brisant contre les murs, contre les barrières, contre le flanc des camions et la file des trolleys. On avait ouvert une voie de passage vers les profondeurs du quartier verrouillé, et les gens avaient cru qu'il était enfin possible de gagner un endroit où prendrait fin cette cohue qui leur broyait les os. Mais Ilya ne vit pas cela. Il ne voyait rien du tout. Il se trouvait dans des ténèbres absolues.

Il resta allongé au fond de ce terrier obscur pendant assez longtemps, puis il examina les murs à tâtons. Il découvrit une grosse canalisation qui descendait légèrement. Il rampa un certain temps le long du tuyau, puis la canalisation amorça un tournant. Maintenant, il avait l'impression de remonter. Son appareil photo enveloppé dans sa chapka était glissé dans la ceinture de son pantalon. Il s'endormit un instant et, quand il fut réveillé par un froid mordant, il ne réalisa pas tout de suite ce qu'il faisait dans ce trou. Il leva la tête et vit, à deux mètres au-dessus de lui, une grille rectangulaire assez grande. On ne pouvait pas dire qu'il y avait de la lumière là-haut, mais l'obscurité n'était pas aussi épaisse. Il avait très soif. Cela sentait affreusement mauvais, pas une odeur d'égout, une odeur de fer rouillé et de rats. Même s'il ne vit jamais aucun rat. Sans doute étaient-ils eux aussi en train de foncer vers la salle des Colonnes en un troupeau compact.

Il fallait sortir d'ici. Sur la voûte des murs menant à la grille étaient fixés de gros crampons, et il grimpa. Il arriva en haut sans difficulté, mais se rendit compte que la grille était soudée à son cadre, il n'y avait aucun moyen de sortir. Il redescendit, se roula en boule et se rendormit. Quand il se réveilla, la lumière qui venait d'en haut était plus vive. Il continua à avancer le long de la canalisation qui devenait de plus en plus large.

Au bout d'une cinquantaine de mètres, il vit une autre grille. Il trouva tout de suite les crampons et grimpa. Celle-là n'était pas soudée, elle n'était pas très bien fixée, mais elle était fermée de l'extérieur. Ilya poursuivit son chemin. Les grilles surgissaient de façon régulière, tous les cinquante mètres. Il en passa huit et examina chacune d'elles, presque toutes étaient soudées, seules deux d'entre elles étaient fermées de l'extérieur. Ensuite, il s'embrouilla dans ses comptes. Il s'endormit plusieurs fois d'épuisement, puis il se réveillait et se remettait à ramper. Trois ou quatre grilles d'affilée donnaient sur les pieds de la foule, aucune lumière ne filtrait, mais on entendait un horrible bourdonnement, et il devinait qu'ici il ne fallait même pas essayer de sortir. L'une de ces grilles était déboîtée, et la moitié d'un homme mort y était suspendue.

Il n'avait aucune idée de la direction qu'il prenait, mais il savait que ces canalisations étaient le seul chemin à suivre et qu'il devait avancer, même s'il ne comprenait pas où cela le menait.

Il ignorait combien de temps s'était écoulé quand il vit une grille d'où venait une lumière jaune éclatante. Il se hissa sur les crampons branlants et appuya dessus. Elle s'ouvrit facilement. Il sortit et se rendit compte qu'il se trouvait sous un lampadaire, dans la cour de la maison où habitait Sania. Il eut tout juste la force de se traîner jusqu'à la porte des Steklov et de sonner.

Ce fut Anna Alexandrovna qui ouvrit.

Ilya s'effondra immédiatement. Les mains pressées contre son ventre où, protégé par la ceinture de son pantalon, se trouvait Fédia, auquel il avait sauvé la vie.

Il était onze heures du soir, le 7 mars. Anna Alexandrovna fit ce qu'elle put : elle le déshabilla, le porta dans la salle de bains avec l'aide d'un voisin, et attendit qu'il ouvre les yeux. Puis elle le lava avec une grande éponge déchirée en contournant soigneusement ses écorchures. Il avait le corps couvert de bleus et son ventre n'était plus qu'une ecchymose. Elle fut étonnée de constater que ce gamin maigrichon à la frimousse enfantine était aussi bien armé pour sa vie d'homme. Il sortit lui-même de la baignoire, se traîna jusqu'au divan, et s'écroula. On lui enfila une chemise de nuit de femme, on le recouvrit d'un plaid, on lui donna du thé fort et sucré, puis on le fit asseoir en lui calant le dos avec un gros coussin et on lui servit de la soupe. Il s'endormit.

Les Steklov s'assirent sans rien dire autour de la table.

« Tu sais, Niouta, je crois que beaucoup de gens sont morts aujourd'hui, chuchota Sania à sa grand-mère.

— Probablement… »

Puis Sania resta à côté de son ami endormi en attendant qu'il se réveille pour lui raconter ce qui se passait dehors. Le sentiment qu'il éprouvait envers Ilya était intense et complexe : il était fier de lui, il l'enviait un peu d'être ce que lui n'était pas, mais il sentait qu'il n'avait aucun désir de lui ressembler. Il comprenait aussi qu'Ilya était déjà un homme, ce dont témoignait non seulement le petit buisson qui lui poussait sous le nez, mais aussi cette traînée de poils qui descendait le long de son ventre jusqu'à un membre d'adulte qui n'était pas fait uniquement pour pisser. Jamais il n'avait vu d'homme nu avant cela, personne ne l'emmenait aux bains publics.

Jamais non plus il n'avait vu de femme nue. Pour quelle raison deux dames distinguées comme sa mère et sa grand-mère se seraient-elles déshabillées devant un petit garçon ? Mais pour ce qui était des femmes, Sania devinait de quoi il retournait : une poitrine sous une robe et un petit nid de poils sombres au bas du ventre. La vue d'un homme nu, de son ami et camarade de classe Ilya, lui avait causé un choc bien plus grand. Il avait senti avec acuité qu'il n'était pas comme ça, et qu'il ne le serait jamais. Les tableaux de femmes nues (il en avait vu beaucoup dans les musées et les livres d'art) ne suscitaient pas en lui autant de trouble et d'embarras que la nudité masculine – cette force brute le faisait défaillir.

Il avait presque terminé *Guerre et Paix*, et les ombres féminines ne l'avaient absolument pas ému, ni Natacha avec son exaltation stupide, ni la princesse Lisa avec sa lèvre trop courte, ni la princesse Maria, déclarée laide d'avance, alors que les hommes, en revanche… Ils étaient magnifiques, avec leur force, leur grandeur d'âme, leur intelligence, leur noblesse et leur sens de l'honneur. À présent, en examinant le visage d'Ilya, il se demandait auquel de ces hommes magnifiques il ressemblait. Pas au sec et noble Bolkonski, ni au gros Bezoukhov si intelligent, ni à ce cher et merveilleux Pétia Rostov, ni à Nicolas, bien sûr… Plutôt à Dolokhov.

Maria Fiodorovna, la mère d'Ilya, passa deux jours assise sur une chaise devant la porte d'entrée. Ils n'avaient pas encore le téléphone à l'époque, et Anna Alexandrovna ne pouvait pas l'informer que son fils était vivant. Sortir dans la rue était bien trop terrifiant. De toute façon, à cause des cordons de soldats et de miliciens, il était impossible de traverser les voies de tramways au croisement du boulevard des Étangs-Purs et de la rue de la Petite-Russie.

L'épouvante planait sur la capitale, une épouvante

très ancienne que l'on ne connaît que par la mythologie grecque, elle recouvrait la ville et l'inondait de ses eaux noires, une épouvante comme on n'en éprouve que dans les rêves, dans ces cauchemars d'enfant qui montent des tréfonds de l'âme. Une sorte de magma souterrain s'était déversé à la surface, menaçant toute vie humaine.

Les parents de Boria Rakhmanov attendaient, eux aussi, tétanisés. Ils n'arrivaient pas à joindre la milice, ni les hôpitaux, ni les morgues. Toutes les lignes étaient occupées.

Ils ne retrouveraient leur fils qu'au bout de quatre jours, parmi les corps allongés sur la neige près de la morgue saturée de Lefortovo. Ils le reconnaîtraient grâce à l'étiquette de la blanchisserie sur sa chemise. Galina Rakhmanova ne lavait pas les chemises blanches elle-même, elle les portait dans une blanchisserie. Il y avait aussi un autre numéro inscrit à l'encre violette sur la main de son fils mort. Le 1421.

Ces gens morts écrasés furent enterrés discrètement, en cachette. Personne ne les avait comptés, et seul le numéro sur la main de Boria témoignait du fait qu'ils étaient au moins mille cinq cents.

Personne ne déposa de couronne de la part de l'école sur la tombe de Boria. D'ailleurs, durant ces journées, il n'y avait plus aucune fleur, elles avaient toutes servi pour le Guide. Il y eut encore quelqu'un d'autre qui mourut durant ces journées terribles, d'une mort privée, dans son lit : le compositeur Serge Prokofiev. Mais cela n'intéressait personne.

Sur toutes les photos qu'Ilya avait prises, seules deux étaient réussies. Comme il s'en était douté, il n'y avait pas assez de lumière. Mais il n'en existait pas d'autres, à part les photographies officielles du cercueil dans la salle des Colonnes publiées dans tous les journaux.

Les Lurs

Tous les mercredis, Victor Iouliévitch entraînait à travers Moscou les Amateurs de Lettres Russes, les Lurs, comme ils s'appelaient eux-mêmes. Soufflant dans sa petite flûte, il les emmenait hors d'une époque misérable et malade, les transportant dans un univers où fonctionnait la pensée, où vivaient la liberté, la musique et les arts de toutes sortes. Voilà, c'était ici que tout cela habitait ! Derrière ces fenêtres.

Ces vagabondages dans les hauts lieux littéraires de Moscou avaient un caractère délicieusement chaotique. Dans l'ancienne ruelle Hendrikov, ils pénétraient à l'intérieur de la cour de l'immeuble où, croyaient-ils à tort, Maïakovski s'était suicidé, puis ils descendaient la rue Dzerjinski, ancienne Loubianka, jusqu'aux Portes de la Rencontre. Les nouveaux noms des rues de Moscou écorchaient les oreilles de Victor Iouliévitch et, devant ses élèves, il les appelait toujours par leurs anciens noms.

Ils suivaient les boulevards jusqu'à la place Pouchkine, où le maître leur montrait la maison de Famoussov[1], et ils faisaient le tour des adresses fré-

1. Hôtel particulier des Rimski-Korsakov, que fréquentèrent entre autres Pouchkine et Griboïedov. La légende veut qu'elle ait

quentées par Pouchkine : la maison de Viazemski, celle de Nachtchokine, celle où se trouvaient les cours de danse de Ioguel. C'était ici que le poète avait vu pour la première fois la jeune Nathalie [1].

« Le boulevard de Tver est le plus ancien de tous les boulevards. Il fut un temps où on l'appelait tout simplement le Boulevard. Il était le seul. On parle de "la ceinture des boulevards", mais en fait, il n'y a pas de ceinture et il n'y en a jamais eu, c'est une demi-ceinture. Elle vient buter contre le fleuve. Tous les boulevards ont été construits sur l'emplacement de l'enceinte en pierre de la Ville Blanche. »

À partir de la place Pouchkine, ils choisissaient un itinéraire qu'ils n'avaient pas encore emprunté. Ils prenaient la ruelle de l'Évangéliste pour rejoindre le passage des Trois-Étangs et voir la maison où avait vécu Marina Tsvétaïeva, ou bien ils suivaient les boulevards de Tver et de Saint-Nikita en direction de l'Arbat, traversaient la Petite-Moltchanovka près de la maison de Lermontov et, passant par la place aux Chiens, arrivaient devant le dernier appartement de Scriabine. Il avait joué ici, et il existait encore des gens qui avaient assisté à ses concerts privés. Les garçons posaient des questions. Les noms se gravaient dans leur mémoire. Ils déambulaient à travers la ville sans plan préconçu, et on ne pouvait rien imaginer de plus merveilleux que ces vagabondages.

À cause de ces excursions, Victor Iouliévitch passait beaucoup de temps en bibliothèque à farfouiller dans de vieux bouquins en quête de détails curieux.

---

servi de modèle à celle qui est décrite par Griboïedov dans sa pièce *Le Malheur d'avoir trop d'esprit*, et dont le propriétaire se nomme Famoussov.

1. La future femme de Pouchkine, qui allait jouer dans la vie du poète un rôle fatal, puisque c'est à cause d'elle qu'il provoqua Georges d'Anthès en duel.

À la bibliothèque d'Histoire, il avait découvert un filon constitué de souvenirs manuscrits, d'albums et de correspondances. À en juger par les fiches de lecture, certains de ces ouvrages n'avaient jamais été consultés. Il apprit un grand nombre de choses inattendues et précieuses. Il était frappé par le fait que beaucoup de gens du XIXe siècle qui existaient indépendamment les uns des autres, et même presque tous, avaient des liens de parenté. Plusieurs clans étaient étroitement enchevêtrés et leur univers se présentait comme une famille aux multiples ramifications. Dans des correspondances publiées avant la révolution figuraient constamment des témoignages de ces imbrications étonnantes, et toutes ces relations, avec les brouilles, les scandales et les mésalliances, apparaissaient dans les romans de Tolstoï transfigurées en quelque chose de bien plus important qu'une chronique familiale. Une Bible russe, voilà ce qui venait à l'esprit de Victor Iouliévitch.

Comme Gulliver au pays des Lilliputiens, il était attaché par chacun de ses cheveux au terreau de la culture russe, et ces fils s'étiraient de lui jusqu'à ses élèves, qui y prenaient goût et s'habituaient à cette nourriture livresque, poussiéreuse et éphémère.

Dans la rue Gorki, en passant avec sa bande de garçons devant Elisseïev, la meilleure épicerie de la capitale, il leur parlait de Zinaïda Volkonskaïa, qui avait été propriétaire de cette maison aux allures de palais avant qu'elle ne subisse des transformations.

« Il y avait ici un salon littéraire célèbre dans tout Moscou, où se retrouvait le beau monde de la capitale. Des écrivains y étaient invités, des peintres, des musiciens, des professeurs. Même Pouchkine l'a fréquenté. Il n'y a pas longtemps, j'ai trouvé à la bibliothèque un document intéressant : une dénonciation du colonel Bibikov datée de 1826, dans laquelle il est écrit noir sur blanc : “Je surveille autant que possible l’écrivain P. Les maisons qu’il fréquente le plus souvent sont celles de la princesse Zinaïda Volkonskaïa, celle du prince Viazemski, celle de l’ex-ministre Dmitriev, et celle du procureur Jikhariov. Les conversations tournent principalement autour de la littérature.” Vous comprenez ce que cela veut dire ? »

Ilya fut le premier à réagir.

« Ce n’est pas difficile à comprendre ! Il était surveillé.

— Exactement ! Parce que de tout temps, il y a des gens pour qui “tourner autour de la littérature” est ce qu’il y a de plus intéressant au monde. Comme nous ! dit le professeur en riant. Et il y a des colonels Bibikov qui sont chargés de les surveiller. Eh oui, c’est comme ça… »

Apparemment, il n’avait rien dit de particulier, mais il frôlait tout le temps une certaine limite. Il savait depuis longtemps que le passé n’est pas mieux que le présent. Et puis d’ailleurs… Quelle que soit l’époque, il faut lui échapper, s’en arracher, ne pas se laisser dévorer par elle.

« La littérature est la seule chose qui aide l’homme à survivre et à se réconcilier avec son temps ! » enseignait Victor Iouliévitch à ses élèves.

Et tous s’empressaient d’acquiescer.

Seul Sania avait des doutes. Et la musique ?

Quand il s’immergeait dans Mozart ou Chopin, il devinait qu’à côté de la littérature, il existait encore une autre dimension, d’une tout autre nature, dans laquelle l’accompagnaient tantôt sa grand-mère, tantôt Lisa, tantôt son professeur Evguénia Danilovna. Tant que sa main avait été valide, c’était là-bas qu’il s’évadait chaque jour, loin du temps de l’école. Et maintenant aussi, malgré ses doigts recroquevillés, il n’avait pas quitté la musique, il en écoutait sans arrêt, et il faisait un peu de piano. Mais comment peut-on jouer correctement avec deux doigts en moins ? Il ne se faisait aucune illusion.

Pour Micha, ces périples littéraires étaient à la fois une façon d'échapper à une tante Guénia abrutissante avec sa petite existence mesquine, et un envol dans des hauteurs célestes peuplées d'hommes pleins de noblesse et de dames ravissantes.

Ilya non plus ne manquait pas une seule de ces promenades dans Moscou. Il avait une tâche à remplir : il documentait tout ce qui se passait et établissait des comptes rendus illustrés de photographies. Ces comptes rendus étaient conservés en partie chez Victor Iouliévitch et en partie chez lui, dans son cagibi.

Il s'écoulerait une quinzaine d'années avant qu'un descendant abâtardi du colonel Bibikov, le colonel Tchibikov (notre immortel Gogol ricane chaque fois que surgit ce genre d'écho entre les noms), ne mette la main sur ces archives, et encore une cinquantaine d'années avant que l'institut d'Études sur l'Europe centrale et orientale d'une petite ville allemande portant un nom fabuleux n'enregistre ces archives sous un numéro à sept chiffres avec un trait oblique au milieu, et celui qui s'en chargerait serait lui aussi un Lurs et un élève de Victor Iouliévitch, mais de la promotion suivante.

En se retrouvant au contact de ces petits Moscovites après son école de village, Victor Iouliévitch avait recommencé à réfléchir sur l'enfance. Mais il manquait de connaissances, aussi s'était-il attelé à la lecture d'ouvrages spécialisés.

Il avait réussi à dénicher des livres à demi interdits sur la psychologie de l'enfance, depuis Freud, qui dormait sur les étagères des grandes bibliothèques, jusqu'à Vygotski [1], qui en avait été retiré pour être relégué dans les réserves spéciales. Il trouva presque tous les travaux publiés par ce dernier chez une ancienne camarade de classe, dont la grand-mère avait été licenciée à l'époque des répressions touchant la pédologie. Elle avait appris à tricoter des chandails, ce qui lui avait permis de vivoter, mais avait gardé toutes les publications de Vygotski comme un trésor. Elle ne les donnait à lire qu'à des gens triés sur le volet et encore, sans les laisser sortir de chez elle. Victor Iouliévitch venait le dimanche matin et restait jusqu'au soir, s'interrompant à plusieurs reprises pour les incontournables thés moscovites.

Tout cela était fort intéressant, mais un peu trop savant. Des choses qui vont de soi – comme le fait bien connu qu'à l'adolescence, les garçons cessent de respecter leurs parents, deviennent irritables, se disputent, éprouvent une intense curiosité sexuelle, et que tout cela découle de la tempête hormonale qui se produit dans leur organisme –, ces choses étaient présentées comme des découvertes, et les explications et interprétations de l'auteur lui semblaient parfois des spéculations peu probantes.

Il n'arrivait pas à trouver ce qu'il cherchait. Il était tombé sur une expression très importante chez Tolstoï, qui appelait cette période douloureuse « le désert de l'adolescence ». C'était ce qui se rapprochait le plus de ce qu'il observait chez ses élèves dégingandés et hirsutes. À un certain moment, on avait l'impression qu'ils perdaient tout ce qu'ils avaient

1. Lev Vygotski (1896-1934), psychologue russe auteur d'ouvrages sur la psychologie, le développement et la pédagogie. Il introduisit entre autres le concept des « zones de développement », insistant sur l'importance capitale des pédagogues.

accumulé jusque-là, comme si leur vie recommençait à zéro. Et visiblement, tous n'arrivaient pas à sortir de ce désert, un assez grand nombre d'entre eux y restaient pour toujours.

Le seul interlocuteur, ou presque, de Victor Iouliévitch était Micha Kolesnik, son ancien voisin et ami d'enfance, un invalide de guerre, un biologiste et un philosophe en chambre à l'esprit audacieux. Il écoutait avec attention, mais comme il ne supportait pas la lenteur, il interrompait son ami en bougonnant : « Plus vite, plus vite, j'ai déjà compris... » Et il faisait des remarques bizarres qu'on ne comprenait pas tout de suite, de sempiternelles transpositions dans le domaine de la biologie. Victor Iouliévitch s'était peu à peu habitué à la tournure d'esprit insolite de son interlocuteur, et se laissait gagner par les idées sur l'universalité du savoir auxquelles l'amenait son ami boiteux. C'était Micha qui avait initié ce lettré nourri d'humanités aux principes de l'évolution, aux contradictions du lamarkisme et du darwinisme, et même à des phénomènes aussi techniques et fréquents que la métamorphose, la néoténie[1] et l'héritage chromosomique.

À présent, en réfléchissant sur ses garçons en pleine croissance, il devinait combien les processus qui se déroulaient en eux étaient proches de la métamorphose qui se produit chez les insectes.

Quand ils sont des bébés dénués de pensée, des larves humaines, ils consomment n'importe quelle nourriture, ils la sucent, ils la mâchent, ils avalent toutes les impressions d'affilée, puis ils se transforment en chrysalides et, à l'intérieur de ces chrysalides, tout se met en place selon un ordre donné, tout

1. En biologie, persistance permanente ou temporaire des formes larvaires au cours du développement d'un organisme.

se combine comme il se doit, les réflexes sont mis au point, les habitudes inculquées, les représentations fondamentales du monde assimilées. Mais combien de chrysalides meurent sans être parvenues à la phase finale, sans jamais faire craquer leur cocon ni laisser sortir le papillon qui est en elles ! *Anima, anima,* chère petite âme… Multicolore, voltigeante, éphémère – et magnifique. Combien de ces créatures restent à jamais des larves et vivent jusqu'à leur mort sans se douter qu'elles n'ont jamais atteint l'âge adulte !

Chez Vygotski, il était question de la distinction entre le processus de la formation des habitudes et celui du développement des intérêts. Mais Victor Iouliévitch, lui, voyait un autre tableau : il observait les ailes qui se déployaient chez ses élèves, et sur lesquelles s'imprimaient des dessins dotés de sens. Mais pourquoi certains, comme les insectes, subissaient-ils une métamorphose en passant par le cycle complet du développement, et d'autres non ?

Victor Iouliévitch percevait physiquement les instants où les téguments écailleux des chrysalides craquaient, il entendait le frémissement et le bruissement des ailes, et cela le remplissait de bonheur, comme une sage-femme qui accueille un enfant.

Seulement, Dieu sait pourquoi, cette métamorphose ne se produisait pas chez tous, loin de là, plutôt chez une minorité de ses élèves. En quoi consistait ce processus ? L'éveil du sens moral ? Oui, bien sûr. Mais, pour on ne sait quelle raison, cela se produisait chez certains et pas chez d'autres. Il existait un mystérieux mode de ce passage : un rite, un rituel ? Peut-être que l'espèce de l'*Homo sapiens*, de l'homme raisonnable, connaît un phénomène qui ressemble à la néoténie que l'on observe chez les vers de terre, les insectes, les amphibies – lorsque la capacité de reproduction apparaît non chez des sujets adultes, mais déjà au stade larvaire ? Des créatures n'ayant pas atteint l'âge adulte engendrent alors des larves semblables à elles-mêmes, sans jamais devenir adultes ?

« Bien évidemment, ce n'est là qu'une métaphore. Je comprends que physiologiquement, mes petits avortons sont des créatures parfaitement adultes. Des imagos, en quelque sorte[1]... », disait-il à Kolesnik pour se justifier.

Mais ce dernier comprenait vite et n'avait pas besoin d'explications. Il levait ses épais sourcils arrondis et disait avec un étonnement feint, en insistant sur les r :

« Dis donc, mon frrère littérrairre, tu es devenu sacrrément intelligent ces cinq dernières années ! Et peux-tu me donner, dans ce cas précis, la définition de l'imago, autrement dit du sujet "adulte" ? Quels sont les critères de l'âge adulte ? »

Victor Iouliévitch devenait songeur.

« Ce n'est pas seulement la faculté de reproduction. Le sens de la responsabilité de ses actes, peut-être ? L'indépendance ? Le degré de conscience ?

— Ce sont des critères qualitatifs, et non quantitatifs ! faisait remarquer Kolesnik. Non, mais regarde à quoi tu arrives : l'initiation est quelque chose d'indéterminé, quant au sens des responsabilités, comment veux-tu le mesurer ? Alors selon toi, une larve humaine se transforme en imago en passant par un processus d'initiation ? »

Victor Iouliévitch s'obstinait :

« Enfin, Micha, tu reconnais toi-même que nous vivons dans une société de larves, de gens qui n'ont pas grandi, d'adolescents déguisés en adultes !

1. L'imago est la forme adulte et définitive d'un insecte sexué à métamorphoses complètes ou incomplètes, dont le développement se déroule en plusieurs phases, généralement – l'œuf, la larve, l'imago.

— Il y a du vrai là-dedans. Je vais y réfléchir..., promettait Kolesnik. Tu poses une question purement anthropologique, or l'anthropologie moderne est en pleine stagnation, voilà le problème ! Mais on discerne effectivement un élément de néoténie... »

Victor Iouliévitch avait lu des tonnes de livres. Il n'arrêtait pas de chercher si le rituel de passage de l'enfance à l'âge adulte auquel il pensait n'avait pas été pratiqué un jour, quelque part.

Des descriptions de ce genre de passages, il y en avait à foison, liés à la maturité sexuelle, au changement de statut social, à l'admission dans une communauté d'élite – de guerriers, de sorciers ou de chamans –, mais lui, ce qu'il cherchait, c'était comment un adolescent passe d'un seul coup de l'état de sauvage et de brute épaisse à un état « civilisé », à une vie adulte dotée de sens moral. Bien sûr, on pouvait considérer comme un rituel de ce genre la remise de diplômes des universités européennes à des messieurs cultivés attifés de toges et de couvre-chefs ridicules. Mais n'étaient-ce pas eux, ces médecins, ces psychologues et ces ingénieurs si cultivés, qui avaient ensuite mis au point le système le plus rationnel qui soit d'extermination et d'exploitation des hommes sous le Troisième Reich ? La quantité de connaissances digérées ne garantit pas la maturité morale. Non, cela non plus ne faisait pas l'affaire.

Si elles ne fournissaient pas de réponses directes à ses questions, ces lectures n'en portaient pas moins des fruits. À présent, il devinait dans les règles et les habitudes de la vie soviétique contemporaine des rituels de passage très anciens, émasculés, portés jusqu'à l'absurde et dénaturés au point d'en être méconnaissables. Même l'admission chez les pionniers, accompagnée d'un serment et de nouveaux vêtements, était la parodie d'un mystère très ancien. Il est vrai que ce n'étaient pas les vêtements blancs tout neufs des premiers chrétiens ni les tabliers des francs-maçons, juste un chiffon rouge en forme de triangle noué autour du cou. Mais c'était proche, très proche...

Après avoir lu une montagne de livres, il revint aux classiques russes, une source dans laquelle il avait une confiance absolue. Il relut *Enfance, adolescence, jeunesse*, de Tolstoï, *Passé et pensées*, de Herzen, *Les Années d'enfance du petit-fils Bagrov*, d'Aksakov. À cela vinrent s'ajouter *Les Notes d'un révolutionnaire*, de Kropotkine et la trilogie de Maxime Gorki, qui sortaient des limites de l'Âge d'or : la souffrance qu'éprouve une âme d'enfant devant la totale injustice du monde et sa cruauté, la façon dont elle s'éveille à la sympathie et à la compassion.

Il accompagna ses protégés le long du chemin emprunté par Nikolenka Irténiev, Pétia Kropotkine, Sacha Herzen, et même Aliocha Pechkov[1], les faisant passer par l'état d'orphelin, par les offenses, la cruauté et la solitude, afin qu'ils acquièrent des choses qu'il estimait fondamentales : la conscience du bien et du mal, la compréhension du fait que l'amour est la valeur suprême.

Ils répondaient à son appel, ils apprirent à trouver tout seuls ces épisodes cruciaux : les pages de Garine sur Tioma descendant dans les ténèbres d'un puits gluant comme au fond des enfers pour chercher un chien tombé dedans[2], celles qui parlent de la peur que

1. Nicolaï Irténiev est le héros d'*Enfance, adolescence, jeunesse*. Alexeï Pechkov est le vrai nom de Gorki. L'auteur cite ces personnages et ces auteurs en utilisant leur diminutif, insistant sur le fait qu'il s'agit ici d'enfants.

2. Le héros de *L'Enfance de Tioma*, de Garine-Mikhaïlovski (1852-1906).

l'on surmonte, du chat tué par le concierge sous les yeux du jeune Aliocha Pechkov, et plus loin, plus loin encore… jusqu'au châtiment infligé aux décembristes, qui avait tant bouleversé le jeune Sacha Herzen. Se produisait-il une sorte de transformation dans leur conscience ? Ou non ?

Contraint de rester dans les cadres du programme scolaire, il cherchait sans arrêt ce qu'il appelait « la stratégie de l'éveil. »

Il leur donnait tout ce qu'il possédait lui-même. Des choses simples, au fond : le sens de l'honneur et de la justice, le mépris de la bassesse et de la cupidité. Et il finissait par les amener à ce qu'il considérait comme le sommet absolu de la littérature russe classique, il leur ouvrait la porte d'une pièce où un adolescent de quinze ans, tenté par l'envergure et la solidité d'une carte de géographie, était en train de fixer une queue de cerf-volant au cap de Bonne-Espérance. M. Beaupré dormait d'un sommeil d'ivrogne, et le père flanquait dehors l'*outchitel* peu scrupuleux, à la grande joie du serf Savélitch[1].

Et Pétroucha Griniov, surmontant d'atroces épreuves, conservait son honneur et sa dignité qui lui devenaient plus chers que la vie.

Mais il y avait quand même quelque chose de bizarre dans cette magnifique littérature : elle était entièrement écrite par des hommes à propos de petits garçons. Et pour des petits garçons. Cela parlait d'honneur, de courage, de devoir. Comme si l'enfance des Russes était exclusivement masculine… Où donc était l'enfance des filles ? Quel rôle insignifiant elles avaient ! Natacha Rostov danse et chante à merveille,

1. Une des premières scènes de *La Fille du capitaine*, de Pouchkine, dont le héros s'appelle Piotr Griniov, désigné ici par son diminutif enfantin, Pétroucha.

Kitty fait du patin à glace, Macha Mironova repousse les assauts d'un scélérat[1]. Toutes les jeunes cousines et leurs amies dont sont amoureux les garçons sont réputées pour leurs frisettes et leurs volants. Les autres sont de malheureuses victimes, depuis Anna Karénine et Katioucha Maslov jusqu'à Sonia Marmeladov[2]. C'était curieux, vraiment très curieux. Comment les choses se passaient-elles pour les filles ? N'étaient-elles donc que des objets d'intérêt pour les hommes ? Et où était leur enfance ? Connaissaient-elles le bouleversement intérieur qui se produit chez les garçons ? Se pouvait-il que ce soit juste quelque chose de physiologique ? De biologique ?

En septembre 1954 eut lieu un événement formidable : la mixité fut instituée dans les écoles. Et des filles apparurent sur les photos d'Ilya.

Tout le monde perdit la tête, à commencer par les enseignantes chevronnées habituées à leurs garçons, qui voyaient dans la présence des filles un grand danger moral.

Ces filles perturbaient énormément tout le monde. Non tant les filles en elles-mêmes que l'élément féminin fascinant et un peu effrayant qu'elles incarnaient. Les membres du Trianon ne les évoquaient presque pas dans leurs conversations, sans doute à cause de Sania, qui ne supportait pas « ce qui n'était pas convenable », une expression qui recouvrait une multitude de choses diverses : la saleté physique, les obscénités, le mensonge, la curiosité. Ilya qui, en compagnie d'autres personnes, aurait été capable de se permettre

1. Les deux premières sont des personnages de *Guerre et Paix*, la troisième est l'héroïne de *La Fille du capitaine*.

2. Katia Maslov est un personnage de *Résurrection*, de Tolstoï, et Sonia Marmeladov de *Crime et Châtiment*, de Dostoïevski.

des propos grossiers et des plaisanteries salaces, se refrénait en présence de Sania. Parler des filles entre eux, cela ne se faisait pas, justement parce qu'elles étaient un sujet de conversation constant et vaguement malpropre parmi leurs camarades de classe. Et au-dessus des trois garçons planait un nuage de silence délibéré, le pressentiment avant l'heure d'une règle qu'ils ne connaissaient pas encore : les hommes qui se respectent ne discutent pas des femmes entre eux.

Le menu fretin de l'école (les cours préparatoires et les cours élémentaires) ne ressentait aucune tension, mais les plus grands étaient dans tous leurs états. Une fille en soi leur faisait perdre les pédales. Une fille était par essence quelque chose d'indécent. Les filles portaient des bas retenus par des élastiques, parfois, l'ourlet de leurs robes d'uniforme se soulevait et on apercevait du rose, du bleu ciel, de la peau nue. Même la plus laide d'entre elles cachait cette fameuse poitrine sous son tablier noir. Non que les garçons eussent ignoré tout cela auparavant. Ils étaient au courant, bien sûr, mais maintenant, c'était si proche que c'en était insupportable. Et les cours de gymnastique ! Elles avaient leur vestiaire à elles, un vestiaire de filles, dans lequel elles se déshabillaient. Peut-être même qu'elles se mettaient toutes nues.

L'excitation flottait dans l'air comme de la poussière pendant des travaux. Tous émettaient un courant électrique, tous frissonnaient d'une fièvre amoureuse.

Les garçons s'étaient aussi métamorphosés extérieurement. Ils portaient maintenant un uniforme qui ressemblait à une tenue de gymnastique : une tunique et une chemise gorge-de-pigeon. On leur achetait à tous des habits trop grands en prévision de leur croissance, et Sania Steklov était le seul à qui son uniforme allait bien, sa grand-mère lui en avait acheté un à sa taille. Bien qu'il eût un peu grandi pendant l'été, il ne devait jamais rattraper Ilya et Micha. Et pourtant, chose bizarre, c'était justement ce minuscule Sania qui avait du succès auprès des filles. Les petits mots voltigeaient à travers la classe comme des abeilles dangereuses mais porteuses de miel, il ne leur manquait que le bourdonnement.

Vers le Nouvel An, des sympathies et des antipathies s'étaient installées, les premiers couples d'amoureux s'étaient même déjà formés. Ceux qui n'avaient pas encore rencontré de succès dans la conquête d'un individu de sexe opposé fondaient de grands espoirs sur la soirée du Nouvel An.

Au milieu du mois de décembre, tous les plans s'écroulèrent : la rougeole fit son apparition dans l'école. Elle avait commencé dans les petites classes, puis était passée chez les plus grands et, à la fin du mois, une quarantaine stricte fut déclarée. Il était même défendu de se promener entre les étages et d'utiliser la cantine. Plus d'un tiers de la seconde A était contaminé. Sania s'attendait à tomber malade d'un jour à l'autre et examinait son visage dans le miroir tous les matins, mais il ne constatait aucune éruption.

On ne laissait sortir les élèves de leur classe que pour aller aux toilettes. Durant la pause de midi, l'infirmière et la dame de la cantine leur apportaient des pirojki, de la salade et du thé sucré dans une bouilloire. Au début, c'était amusant, mais ils en eurent vite assez. Le plus contrariant, dans cette histoire d'épidémie, était l'annulation de la soirée du Nouvel An. Le premier trimestre se termina dans la morosité, et ils se quittèrent pour les vacances d'hiver. Le 31 décembre, Sania finit quand même par tomber malade, privant ainsi ses amis d'une autre fête à laquelle ils tenaient beaucoup, celle de son anniversaire.

Ces vacances ennuyeuses furent égayées par Victor Iouliévitch. D'habitude, pendant les congés, les rencontres des Lurs n'avaient pas lieu, mais cette année-là, ils se retrouvèrent presque un jour sur deux. En tout cas, Ilya avait gardé de nombreuses photos prises justement pendant ces journées. Ces excursions réunissaient beaucoup de monde, tous ceux qui n'avaient pas attrapé la rougeole. Ils se promenaient pendant trois heures, puis allaient prendre le thé chez Victor Iouliévitch. C'est sur ces photos que l'on voit apparaître Katia Zouïeva et Ania Philimonova, les premières filles à avoir rejoint leur club jusqu'alors masculin.

Katia a encore des nattes qui pendent sur le col de son manteau, avec des rubans noirs au bout, et Philimonova porte un bonnet de ski rabattu sur les sourcils, elle ressemble à un petit garçon, avec des boutons d'acné sur le front. Voilà ce qu'elle cachait sous son bonnet ! avait deviné Ilya. Il fut aussi le premier à remarquer que Katia était amoureuse de leur professeur.

À l'école, elle portait des nattes relevées en une couronne assez laide, mais quand elle venait aux "séances" des Lurs (c'est ainsi qu'ils appelaient les réunions qui se tenaient non dans la rue, mais chez Victor Iouliévitch), elle laissait flotter librement sa crinière et devenait incroyablement belle. Elle s'asseyait toujours à la même place à la table ronde, le menton au creux de sa paume, et ses cheveux lui couvraient presque entièrement le visage. Micha essayait toujours de se pencher pour la voir. Elle lui plaisait beaucoup, surtout en dehors de l'école. À part elle, il y avait aussi la petite Roza Galeïeva qui lui plaisait, une élève de quatrième, et Zoïa Krym, qui était dans l'autre seconde.

Chaque fois que Iouliévitch s'adressait à Katia, le visage de la jeune fille rougissait de façon comique, et si fort que seul son nez restait blanc. Elle était renfermée et peu loquace. Même avec Ania, sa meilleure amie, elle ne partageait pas son grand secret : elle était follement amoureuse de leur professeur, elle avait eu le coup de foudre dès le 1er septembre, quand elle l'avait vu dans la cour de l'école devant les élèves solennellement alignés, entouré de ses garçons, parlant avec animation et riant aux éclats.

Elle lui courait après comme une écolière et le suivait de loin jusqu'à chez lui. Parfois, le soir, elle s'approchait de l'entrée de son immeuble, mais pas une seule fois elle ne le croisa dans la rue. Elle avait décidé de rejoindre leur club, mais ne s'y résolut que lorsqu'elle eut réussi à entraîner Ania, qui était bien plus intéressée par le volley-ball.

Vers le printemps, il se produisit un événement que Katia raconterait à son mari deux ans plus tard. On lui avait procuré une place pour *Guerre et Paix*, l'opéra de Prokofiev. Tout Moscou voulait voir ce spectacle, et sa grand-mère lui avait donné le seul et unique billet obtenu grâce à son vaste réseau de relations. Après le premier acte, elle alla faire un tour au buffet, à titre instructif. C'était la cohue, les gens se bousculaient dans un brouhaha, et la queue était très longue. Victor Iouliévitch était assis à une table à côté de la porte. Auprès de lui se trouvait une belle femme de type oriental. Il y avait un bouquet de fleurs sur la table. Ils bavardaient. Puis il posa la main gauche sur l'épaule de la femme, et Katia eut un véritable haut-le-cœur. Elle rentra chez elle sans avoir vu la fin du spectacle. Et dit à sa grand-mère qu'elle avait été prise d'un terrible mal de tête.

Une semaine plus tard, elle guetta Victor Iouliévitch dans l'entrée de son immeuble et lui déclara qu'elle l'aimait. Elle avait très peur qu'il se moque d'elle. Mais il n'en fut rien. Il posa la main sur son épaule, comme il l'avait fait avec l'Orientale, et lui dit avec le plus grand sérieux qu'il l'avait deviné, mais qu'il ne savait pas quoi faire de cela.

« Rien du tout. Simplement, j'ai l'impression de mourir quand je pense à la femme avec laquelle vous étiez au théâtre. Vous allez l'épouser ?

— Non, Katia. Je ne vais pas l'épouser. Elle est déjà mariée, répondit-il d'un air grave.

— Alors vous allez m'épouser moi ! »

Et elle partit en courant.

« Quand vous aurez fini vos études ! » lui cria Victor Iouliévitch.

La porte d'entrée claqua. Il secoua la tête en souriant et, sortant un porte-cigarettes en fer, en retira adroitement une cigarette. Il savait faire beaucoup de chose d'une seule main. Il fit claquer son briquet et alluma la cigarette. Et il resta debout là, à fumer en souriant. Lorsqu'il avait perdu son bras, il avait pris aussitôt la décision de ne jamais se marier, de ne jamais se mettre dans la position humiliante de dépendre d'une femme, et cela faisait plus de dix ans qu'il réussissait à éviter le mariage et s'enfuyait, lâchement et résolument, tantôt avec brusquerie, tantôt avec délicatesse, au moment où commençait à se profiler la perspective d'une vie conjugale.

Mais cette fois, il souriait. Cette petite fille était délicieuse avec son amour à la fois passionné et enfantin, et il n'émanait d'elle aucun danger. Il ne pouvait pas lui venir à l'idée alors qu'il allait effectivement l'épouser dès qu'elle aurait terminé ses études secondaires.

Les élèves de seconde passèrent toute l'année suivante plongés dans le XIXe siècle. De loin, il paraissait très attirant. Comme dans le salon de Zinaïda

Volkonskaïa, les conversations « tournaient » généralement autour de la littérature. Et de l'histoire. Comme dans les rapports du colonel Bibikov.

Ils étaient tous fascinés par les décembristes, le cœur de l'histoire russe et sa plus belle légende. Ilya se constitua même sa propre galerie de portraits des décembristes (encore un autre embryon de collection abandonnée par la suite au gré du destin), il photographiait des tableaux dans des livres, s'entraînant ainsi avec succès à l'art de la reproduction. Un jour, en examinant l'album artisanal de son ami, Sania posa le doigt sur un moustachu plutôt hirsute et dit simplement, comme si c'était là quelque chose d'insignifiant et de banal :

« Ce Lounine était le frère d'une de mes arrière-grands-mères. Grand-mère dit qu'il était sans peur et sans reproche. On a deux décembristes dans la famille. L'autre, c'est l'arrière-arrière-grand-père de mon grand-père Steklov... Vous n'avez qu'à demander à Niouta, elle vous racontera. Elle a même des lettres d'eux. »

Micha et Ilya restèrent pétrifiés. Quoi ? Et ils foncèrent aussitôt trouver Anna Alexandrovna.

Celle-ci écarta sa main munie d'une cigarette et fronça un sourcil.

« Oui, ils étaient de la famille. »

Comme tous les gens de sa génération, elle évitait de parler du passé, même un passé aussi lointain. Ils la bombardèrent de questions, à tout hasard. Elle répondait avec laconisme. Oui, Mikhaïl Lounine était le frère de son arrière-grand-mère. Et Stépane Steklov, le défunt mari de la mère de Sania, était un descendant de Sergueï Troubetskoï. Le fils de ce Troubetskoï habitait rue Saint-Nikita. Il y avait une multitude de Troubetskoï, c'était une immense famille. Cette maison leur avait appartenu pendant presque cent ans. Le premier propriétaire était Dmitri

Troubetskoï, mais c'était une autre branche, pas celle du décembriste. Elle-même n'avait aucun lien de sang avec les Troubetskoï, mais Sania, lui, descendait d'eux par sa mère…

Là, Micha s'indigna.

« Et tu ne nous avais rien dit !

— Je ne vois pas pourquoi je devrais en faire tout un plat ! minauda Sania.

— T'es gonflé ! N'importe qui en serait fier ! » Micha considérait Sania d'un regard transformé. « Non, mais tu te rends compte ! C'est d'eux que parle le poème "Au fond des mines sibériennes[1]…" »

Une admiration si attendrie se lisait sur sa bouille de rouquin que Sania le remit vertement à sa place. Se penchant vers son ami, il lui dit à l'oreille tout doucement, pour qu'Anna Alexandrovna n'entende pas :

Au fond des mines sibériennes,
Deux moujiks sont en train de chier.
Leur souffrance n'est pas vaine,
Leur merde servira de fumier.

Anna Alexandrovna l'avait gavé de ces histoires depuis son enfance, et ses racines terrestres le laissaient froid.

Ilya, qui avait entendu ou deviné, éclata de son rire qui n'en finissait pas : le visage offusqué de Micha lui paraissait terriblement drôle. Frémissant de ses longs cils d'enfant, Micha dit d'une voix tremblante :

« Comment peux-tu ! Comment oses-tu ! Je pourrais te provoquer en duel pour ça… »

1. Premier vers d'un poème de Pouchkine dédié aux décembristes. « Au fond des mines sibériennes / Restez, frères, fiers et forts ! / Votre souffrance n'est pas vaine / Et noble est votre sombre effort. » Traduction de A. Markowicz, in *Le Soleil d'Alexandre*.

Anna Alexandrovna regardait cette scène avec ravissement. Son favori roux, dont les ancêtres n'auraient même pas été autorisés à franchir le seuil d'une demeure aristocratique, s'apprêtait à provoquer son petit-fils en duel !

« Vous n'êtes que de jeunes idiots, même si vous avez déjà de la moustache ! Sania, va donc mettre de l'eau à chauffer. »

Sania se rendit docilement dans la cuisine, et Anna Alexandrovna alla fouiller dans le buffet. Ce jour-là, il n'y avait là rien de particulier, juste des biscuits et des crackers. Mais quand on ouvrait le haut de ce buffet, il s'en échappait toujours une odeur de vanille et de quelque chose d'autre, quelque chose d'avant la révolution, et cela plaisait beaucoup à Micha.

Ils prirent le thé en silence. Micha et Ilya se taisaient, digérant cette découverte : des gens qu'ils connaissaient bien et depuis longtemps avaient une parenté aussi noble ! Ils se sentaient même en cet instant en contact direct avec la grande Histoire.

« Il faut tous les prendre en photo ! décida Ilya. Anna Alexandrovna, Nadejda Borissovna, et Sania. Pour que la collection soit complète. Je vais commencer par Anna Alexandrovna, elle va sans doute mourir bientôt. »

Il réfléchissait déjà à la façon de faire un vrai portrait, avec le nez busqué, le chignon retenu par une grosse barrette marron, les frisettes de cheveux blancs qui retombaient derrière les longues oreilles sur le cou ridé… Il faudrait que tout cela soit bien visible. Et il imaginait la façon dont elle devrait tourner la tête pour que figurent sur la photo sa joue creuse et sa longue oreille au lobe orné d'un diamant.

Micha croquait les biscuits en se demandant s'il serait convenable de s'informer auprès d'Anna Alexandrovna de la raison pour laquelle le prince

Troubetskoï ne s'était pas rendu place du Sénat, trahissant ainsi ses camarades [1]. Mais il n'osa pas.

Entre-temps, Anna Alexandrovna s'était levée et avait disparu derrière le paravent. La porte d'une armoire grinça, et elle revint avec une boîte volumineuse recouverte d'une tapisserie dorée qu'elle posa sur la table. Elle en sortit un livre précieux, *Les Notes des décembristes*, édité à Londres en 1862 dans l'Imprimerie Libre de Herzen.

« Voilà. Allez vous laver les mains, essuyez bien vos nez, et tournez les pages avec précaution. Et ne croyez pas tout ce qu'on raconte ni tout ce qu'on écrit sur les décembristes. » On aurait dit qu'elle avait entendu la question que Micha n'avait pas formulée. « Notre histoire à nous, les Russes, est exécrable, cela ne fait aucun doute, mais ces temps-là n'ont pas été les pires, il y avait de la place pour la noblesse, la dignité et le sens de l'honneur. Vous avez les mains propres ? »

Micha enleva le chat de ses genoux et le posa respectueusement sur un coussin, puis il fonça se laver les mains dans la salle de bains afin de toucher dignement cet objet rare. Quand il revint, il ouvrit le livre au hasard et lut à voix haute :

« "C'est une pénible pensée que d'être l'obligé d'un homme dont on avait si piètre opinion."

— Allez, donne-moi ça...! » Anna Alexandrovna parcourut la page des yeux et sourit d'un air triomphant. « C'est justement ce dont je vous parlais ! Sergueï Troubetskoï a écrit cela après son interrogatoire. Il a été arrêté dans la nuit du 14 au 15 décembre, et c'est le tsar Nicolas Ier en personne qui l'a interrogé. Le souve-

1. Sergueï Troubetskoï, l'un des principaux conjurés, devait se présenter devant le Sénat tandis que ses camarades s'emparaient de certains points stratégiques. Au dernier moment, comprenant que tout était perdu d'avance, il décida de ne pas y aller.

rain était horrifié qu'un prince, un descendant de la dynastie lituanienne des Guédiminovitch, autrement dit une lignée encore plus illustre que celle des Romanov, ait pu “se commettre avec cette canaille”. À la fin de l'entretien, il lui a dit : “Écrivez à votre femme que votre vie ne court aucun danger.” Ce qui veut dire que le tsar avait pris sa décision avant l'enquête ! Mais Troubetskoï, lui, savait que sa faute était immense, et il a tout pris sur lui, même le projet de l'assassinat du tsar, auquel il était résolument hostile.

— Victor Ioulièvitch dit que tous les décembristes ont avoué, qu'ils ont tout raconté honnêtement parce qu'ils pensaient que le tsar les comprendrait et qu'il changerait de politique, précisa Micha. Il avait très envie de se faire bien voir d'une aussi noble assemblée.

— Oui, ils ont dit la vérité. Troubetskoï s'est amèrement repenti pendant les interrogatoires, mais il n'a dit du mal de personne. Ils ne s'abaissaient pas à mentir. Pour ce qui est de Sergueï Troubetskoï, on sait, d'après de nombreux souvenirs, qu'il était aimé et respecté par les déportés en Sibérie. En fait, pour autant que je sache, il n'y a eu qu'un seul traître parmi les décembristes, le capitaine Maïboroda. Il avait fait un rapport trois semaines plus tôt sur ce qui se tramait. Je ne peux pas le dire avec certitude, il y en avait peut-être encore un ou deux. Mais plus de trois cents personnes étaient impliquées dans cette affaire ! Vous pouvez compter vous-mêmes... Les procès-verbaux des interrogatoires ont été publiés. À l'époque, la délation n'était pas à la mode, voilà tout ! dit-elle en mettant l'accent sur le début de la phrase, mais Ilya fut le seul à le remarquer. Je dois dire que cette histoire a un petit parfum d'Évangile. Maïboroda s'est pendu. Au bout d'un certain nombre d'années, mais...

— Comme Judas ! » s'exclama Micha, révélant ainsi sa connaissance de l'histoire sainte.

Anna Alexandrovna éclata de rire.

« Bravo, Micha ! Quel homme cultivé ! »

Cet encouragement l'enhardit.

« Anna Alexandrovna, lequel des décembristes était le plus... » Il s'interrompit. Il avait failli dire « le plus gentil », mais c'était trop puéril. « ... le plus aimé ? ».

Anna Alexandrovna feuilleta le livre. Il y avait plusieurs reproductions glissées à l'intérieur. Elle sortit un portrait découpé quelque part, sur un papier jauni.

« Lui. Mikhaïl Sergueïevitch Lounine. »

Les garçons se penchèrent sur le portrait. Ils avaient déjà vu ce visage dans la collection d'Ilya. Mais ici, il était jeune, avec de somptueuses oreilles et des lèvres bien pleines, tandis que là-bas, il avait vingt ans de plus.

« Regarde, il a des décorations, tu vois, là, cette croix, et encore autre chose à côté, je ne vois pas ce que c'est... fit remarquée Ilya.

— Il avait pris part à la campagne de 1812. Pour ce qui est des décorations, je sais seulement qu'on les a jetées au feu publiquement quand il a été condamné... » Anna Alexandrovna sourit. « Mais il n'a pas cessé d'être un héros pour autant !

— Quels salauds ! s'écria Micha. Jeter au feu des décorations de guerre !

— Oui. Il ne se trouvait pas à Pétersbourg quand l'insurrection a eu lieu. On l'a fait venir de Varsovie. Il avait été l'un des fondateurs de la Société secrète du Nord[1], mais entre-temps, il avait pris ses distances avec les conspirateurs. Il estimait qu'ils n'agissaient

1. Société secrète fondée en 1822, qui réunissait des officiers et de jeunes aristocrates souhaitant l'instauration d'une monarchie parlementaire.

pas de façon assez déterminée. Lounine avait projeté d'assassiner le tsar, mais les autres ne l'avaient pas soutenu. Et Troubetskoï, choisi par la suite comme "dictateur", était contre le régicide.

— Si Lounine était arrivé à les convaincre, la révolution d'Octobre se serait produite cent ans plus tôt ! »

Les yeux de Micha s'écarquillèrent et lui sortirent légèrement des orbites sous l'effet de l'excitation. Tout le monde éclata de rire.

« Voyons, Micha, ce n'aurait pas été la révolution d'Octobre ! dit Anna Alexandrovna afin de refroidir un peu son ardeur.

— Oui, c'est vrai, je n'y avais pas pensé ! Et qu'est-il arrivé ensuite à Lounine ?

— Après avoir purgé sa peine au bagne, il a été de nouveau arrêté, cette fois à cause de ses lettres[1]. Il y a également un article analysant les dénonciations présentées à l'empereur par la Commission secrète. Cela a été publié. Il a été arrêté une seconde fois à cause de cela, on l'a renvoyé en prison et il y est mort. Le bruit a couru que ce n'était pas de mort naturelle. Il est probable qu'il a été tué sur ordre de l'empereur.

— Quelle bassesse ! » s'exclama Micha.

Il mit plusieurs jours à se remettre de la mort de Lounine et écrivit un poème, « La mort d'un héros ».

C'était la page la plus belle, la plus héroïque de l'histoire russe, et c'est d'après elle que, sous l'égide de Victor Iouliévitch, les jeunes gens poursuivaient l'entraînement de leur esprit et de leur cœur.

Dans une dissertation écrite par Micha Melamid

1. Mikhaïl Lounine (1787-1845) écrivait à sa sœur de longues lettres consacrées à la politique, qui étaient lues et discutées par des intellectuels et d'anciens décembristes à Irkoutsk. Il fut dénoncé par un fonctionnaire.

figurait la citation suivante tirée de Herzen : « ... J'ai assisté à ce *Te Deum*, et là, devant l'autel souillé par une prière ensanglantée, j'ai fait le serment de venger les condamnés, et je me suis voué à la lutte contre ce trône, contre cet autel, contre ces canons. Je ne les ai pas vengés ; la garde et le trône, l'autel et les canons, tout est encore là ; mais trente ans plus tard, je suis toujours fidèle à ce vœu que je n'ai pas trahi une seule fois. »

Ensuite, Micha écrivait lui-même : « Et ils n'ont toujours pas été vengés jusqu'à ce jour. »

Le maître fut très ému par la dissertation de Micha. Son protégé avait mis le doigt sur cette ligne de passage, la crise morale d'un jeune garçon de son âge ayant vécu quelque cent ans plus tôt.

Oui, la vie était plus vaste, bien sûr, que ces connaissances bouleversantes sur les décembristes. Il y avait en particulier le Nouvel An qui approchait, la plus grande des fêtes, la seule qui ne soit pas une institution, une fête sans drapeaux rouges et tout à fait humaine, avec son sapin réhabilité, ses beuveries légitimes (pour les adultes !), ses cadeaux et ses surprises.

Cette année-là, il n'y eut aucune épidémie, et tous attendaient la soirée du réveillon avec une immense impatience. Deux semaines avant la fête prévue pour le 30 décembre, l'effervescence régnait dans l'école. Tous les projets amoureux étaient sur le point de s'accomplir.

C'était la première soirée avec des filles, et elles arrivèrent non en uniforme, mais revêtues de leurs plus beaux atours, avec des robes et des chandails, colorées comme des papillons, certaines les cheveux défaits. Les enseignantes aussi étaient sur leur trente et un. Victor Iouliévitch remarqua, non sans un certain attendrissement, que l'excitation de la fête avait gagné tout le monde sans exception. Même la directrice Larissa Stépanovna avait chaussé des souliers à talons et épinglé à son col une broche en forme de papillon aux ailes déployées, une créature qui n'avait absolument rien à voir avec elle.

Les élèves des grandes classes, ayant l'intention de tirer parti de tout l'arsenal des distractions autorisées, avaient passé tant de temps à préparer méticuleusement cette soirée que les plans n'avaient cessé de se modifier durant tout le mois de décembre. On avait d'abord pensé à un bal costumé, puis on s'était ravisé, le bal ne serait pas costumé, mais agrémenté de spectacles d'amateurs bien préparés. Il avait même été question de faire venir un véritable orchestre, mais cela s'était avéré au-dessus de leurs moyens. Peut-être des sketchs comiques ou, au contraire, un programme culturel, avec Schubert interprété par Natacha Mirzoïan et des lectures de poèmes ? Ou alors une pièce de théâtre ?

Comme toujours quand il y a pléthore d'idées, on avait fini par prendre un peu de tout, et chacun avait fait quelque chose de son côté. Ceux qui voulaient venir avec un déguisement de carnaval avaient mis quelque chose de saugrenu et de cocasse. Conformément à un plan longuement mûri, Katia Zouïeva arriva costumée en postière, avec une sacoche de contrôleuse censée représenter celle d'un facteur. Elle avait sur la poitrine un carton couleur bronze avec le chiffre 5 figurant une plaque en cuivre, mais à la place de la casquette bleue, elle était coiffée d'un tricorne en papier journal. Pour ceux qui n'auraient décidément pas compris, elle avait sur le dos un carton bleu avec le mot « POSTE » écrit en blanc. Son amie Ania Philimonova, elle, s'était attifée en tsigane : une jupe multicolore, des anneaux dans les oreilles, un collier de sa fabrication, et un grand châle que sa mère était allée chercher au fond d'une malle, et auquel elle lui avait dit de faire attention parce qu'il était ancien. Elle avait entre les mains un jeu de cartes dont elle comptait se servir pour dire la bonne aventure aux amateurs. Mais elle n'osa pas se lancer. Au début, elle ne voulait pas se déguiser du tout, mais Katia avait tout fait pour la convaincre, elle avait besoin de soutien.

On avait également prévu un montage poétique et une pyramide humaine en forme de sapin, pour laquelle s'était entraînée toute la section de gymnastique au grand complet. Douze personnes, grimpées les unes sur les autres, devaient figurer un sapin décoré de jouets.

Itkine, le professeur de techno boiteux, avait revêtu son veston des plaquettes de ses décorations et, pour la première fois, Andreï Ivanovitch, le prof de gym, arriva habillé non de son habituel blouson bleu à fermeture éclair, mais d'un pull blanc. Tous les deux embaumaient l'eau de Cologne, Troïna pour le prof de techno et Chypre pour le prof de gym. On mit des disques avec de vieilles chansons sur lesquelles seuls des ours savants auraient pu danser dans un cirque. Lorsque retentirent les premières notes du fox-trot *Rio-Rita*, les pieds des filles commencèrent à gigoter, mais personne ne se décida à s'avancer au milieu de la salle jusqu'à ce que le prof de gym invite la cheftaine des pionnières. Ils dansèrent cette *Rio-Rita* tout seuls, sous les regards réprobateurs des élèves plus âgés. Tassia Smolkina, une fille de seconde qui avait la tête sur les épaules et faisait partie du comité des komsomols, sauva la situation en organisant plusieurs jeux de groupe : « Passe, passe, passera ! », « Il court, il court, le furet » pour les plus jeunes, et « La poste » pour ceux qui avait fondé des espoirs amoureux sur ce bal.

La postière Katia Zouïeva distribua les numéros et tout le monde se mit à écrire des petits mots. Katia allait et venait dans la salle en portant les lettres. Victor Iouliévitch, debout près de la fenêtre, guettait le moment propice pour se faufiler dans la salle des professeurs afin de fumer une cigarette. Il se dirigeait vers la sortie quand la postière l'arrêta et lui remit deux lettres à la fois. Il les fourra dans sa poche. Sur un papier sans adresse d'expéditeur, il était écrit : « Je vous aime. » Sur l'autre, envoyé par le numéro 56 : « Aimez-vous la prose de Pasternak ? »

Victor Iouliévitch descendit dans la salle des professeurs où deux jeunes institutrices de primaire, l'une très jolie et l'autre pas tellement, chuchotaient en pouffant, exactement comme des filles de troisième. Il était clair qu'elles aussi, elles attendaient de cette fête des petites joies toutes féminines – la modeste part de bonheur qui leur revenait.

Victor Iouliévitch déchira le mot d'amour et jeta les morceaux dans le cendrier. Les filles des grandes classes se divisaient en deux camps, les unes étaient en adoration devant lui, les autres, moins nombreuses, préféraient le prof de gym. Il déplia le second mot. Il était écrit au crayon noir, d'une écriture de fille, ronde et très pâle. Relevant le défi, il écrivit une réponse : « Oui, à part *L'Enfance de Luvers* », la plia, inscrivit l'adresse « 56 », et se mit à réfléchir. Il lui avait semblé qu'il n'y avait rien sur l'enfance des filles dans la littérature russe. Comment avait-il pu oublier ce roman de jeunesse de Pasternak ? Il l'avait lu avant la guerre, alors qu'il n'était encore qu'un gamin et, à l'époque, il ne lui avait pas plu à cause de son côté brouillon et fluctuant, de sa construction insaisissable et de sa volubilité. Mais c'était, semble-t-il, le seul livre de la littérature russe qui parlait de l'enfance d'une fille. Comment avait-il pu lui échapper ? Il y avait là tout ce qui le préoccupait aujourd'hui : l'éveil de la conscience, la catastrophe psychologique vécue par une petite fille qui n'avait pas été prévenue de l'énorme événement physiologique qui se préparait, et la première rencontre avec la mort. Il eut envie de le relire tout de suite, à l'instant même. La prose de Pasternak ne figurait pas dans sa bibliothèque. Il lui faudrait sans doute chercher à la bibliothèque Lénine...

Victor Iouliévitch retourna dans la salle et remit le petit mot à Katia-la-postière qui accourait à sa rencontre. Il avait manqué la pyramide humaine et Schubert. La musique était retombée à zéro, une valse venait de se terminer. Tous regagnaient leurs places le long des murs en traînant des pieds. C'est alors qu'au beau milieu d'un silence poussiéreux, le bruit d'une claque retentit avec une netteté inattendue. Tout le monde se retourna. Un couple assez grand était debout en plein centre de la salle : Ania Philimonova dans son ridicule accoutrement de tsigane, et Ioura Bourkine. Ania serrait contre sa poitrine le châle qu'elle avait enlevé. Ioura pressait sa main contre sa joue sur laquelle fleurissait la marque laissée par la paume de volleyballeuse de sa cavalière au caractère bien trempé.

Une scène digne de Gogol. Mais personne ne baissait le rideau. Tous restaient figés sur place, attendant le développement de l'intrigue. Et le dénouement arriva : Ioura retira la main de sa joue, leva légèrement le bras, et asséna à sa partenaire une gifle qui claqua comme un baiser.

Un « Aaaah ! » général retentit, Katia se précipita vers son amie, et tout se mit en branle, tout le monde s'agita. Ania, rouge comme une tomate, éclata en sanglots sur l'épaule de Katia. Parmi les sanglots jaillissait une plainte hoquetée d'une petite voix de basse.

« Il… Il s'est mouché dans mon châle ! »

Ioura s'était éclipsé. Katia regarda autour d'elle.

« Il n'y a donc personne ici pour défendre son honneur… ! »

Elle était livide et folle de rage, on voyait qu'elle était prête à mettre elle-même l'offenseur en pièces. Dire qu'ils avaient passé toute l'année à parler d'hommes d'honneur et de belles dames !

Micha fonça comme une flèche hors de la salle. Il rattrapa Ioura dans les toilettes pour hommes. Ce dernier, les mains tremblantes, était en train de fumer une cigarette qu'il avait piquée la veille à son père. En général, il ne fumait pas, cela lui donnait mal au cœur. Il n'arrêtait pas d'essayer depuis la cinquième et n'y arrivait pas. Mais fumer lui plaisait en soi et, en cet instant précis, il sentait que cela ne lui donnerait pas mal au cœur.

Micha lui arracha la cigarette des mains, la cassa en deux, la jeta dans un coin et, froidement, tranquillement, d'une voix empreinte de mépris, il déclara :

« Un duel ! Ceci est une provocation en duel ! »

Il avait envie de le vouvoyer, mais c'était déjà assez ridicule comme ça. Et le tutoyer, cela ne convenait pas non plus.

« Non, mais tu débloques, Micha ? C'est une idiote, elle ne comprend pas la plaisanterie ! Cette espèce de tsigane à la noix ! Un duel ? Tu rigoles !

— On ne peut pas se tirer dessus, on n'a pas de pistolets. Ni aucune arme, de toute façon. On se va se battre à coups de poing, mais dans les règles de l'art !

— T'as perdu la boule, Micha ?

— Et en plus, tu es un lâche ! Il ne te suffit pas d'être un grossier personnage…, dit Micha d'un ton navré.

— Bon, d'accord, si c'est ce que tu veux ! accepta Ioura, conciliant, mais sans grand enthousiasme. Quand ?

— Ce soir.

— Mais il est déjà neuf heures et demie ! »

Micha mit en œuvre toutes ses facultés d'organisateur, et le duel eut lieu une heure plus tard, dans le jardin Milioutine.

Les élèves de première avaient essayé de dissuader Ioura, ceux de seconde Micha. Les règles du duel furent improvisées en chemin.

Ioura se lamenta pendant tout le trajet.

« Mais qu'est-ce que tu as besoin qu'on se tape sur la gueule, Micha ? Il faut que je rentre chez moi, mon père va me sonner les cloches, et ma mère doit déjà être à l'école. »

Mais Micha était inflexible.

« Je veux un duel ! Jusqu'au premier sang ! »

Ilya et Sania échangeaient des regards et des clins d'œil, ils rigolaient même discrètement. Sania chuchota : « Un vrai petit Jésus, ma parole ! »

Ilya était le second de Micha, et Vassia Egorotchkine celui de Ioura. Il y avait beaucoup de neige dans le jardin et les seconds la tassèrent avec leurs pieds afin de dégager un emplacement pour le combat. Sania proposa aux duellistes de mettre des gants en cuir, mais personne n'avait sur lui quelque chose d'aussi luxueux. Dieu sait pourquoi, il était convaincu qu'on ne pouvait pas se battre à mains nues.

« Les Grecs de l'Antiquité s'enroulaient des lanières en cuir autour des mains ! »

Où avait-il pris cela ? Mais il en parlait avec assurance. Des ceintures, il y en avait autant qu'on en voulait. Les seconds enlevèrent les leurs, les nouèrent bout à bout, et les posèrent sur la neige en guise de barrière. À présent, les duellistes devaient marcher l'un vers l'autre en comptant, et commencer à « trois ».

Les adversaires s'enroulèrent leurs ceintures autour des mains, la boucle à l'intérieur. C'était très malcommode.

« Si on faisait ça sans ceintures ? » proposa Ioura, plein d'espoir.

Micha ne daigna pas répondre.

Ilya proposa à Bourkine de présenter des excuses. Micha rejeta cette proposition par un argument pertinent.

« C'est à la dame qu'il faut présenter des excuses ! »

Ioura accepta avec joie.

« Pas de problème ! Tout de suite si vous voulez ! »

La conciliation fut écartée en raison de l'absence de la dame en question.

Micha enleva ses lunettes et les remit à Sania. Ils se débarrassèrent de leurs manteaux.

« Peut-être que ça suffit comme ça ? chuchota Sania.

— Tiens-moi ça ! » aboya soudain Micha, tout échauffé.

Ilya se mit à compter. À trois, ils se rejoignirent.

Ils se faisaient face, Ioura, massif, et Micha, plus frêle, mais plus hargneux. Micha sautilla sur place et frappa Ioura au visage avec ses deux poings en même temps, maladroitement et sans lui faire aucun mal.

Ioura commença enfin à s'énerver. Il lui flanqua un seul et unique coup en plein dans le nez. Le premier sang gicla aussitôt. Sania poussa un gémissement, comme si c'était lui qui avait été frappé, et sortit un mouchoir propre. Le coup avait été moins violent que précis. À dater de ce jour, le nez de Micha fut légèrement dévié sur le côté. Il lui fit mal pendant longtemps. Sans doute était-ce quand même une fracture.

On pouvait considérer que le duel avait eu lieu.

Au même moment, tandis que les élèves rentraient chez eux, les deux jeunes institutrices buvaient un dernier petit verre avec le prof de gym, en tout bien tout honneur. Dans le vestiaire, il ne restait plus que la préposée et la femme de ménage qui dormait là de temps en temps, quand son mari avait trop bu. Katia Zouïeva, débarrassée de son tricorne en papier journal et revêtue d'un manteau marron dont les manches et le bas avaient été rallongés avec des bandes de gros drap noir, attendait Victor Iouliévitch, assise sur la chaise du vestiaire.

Quand il arriva, elle lui tendit un petit mot.

« Une lettre pour vous. »

Il la regarda d'un air interloqué, le jeu lui était déjà sorti de la tête.

« Aaah, merci ! »

Et il le mit distraitement dans la poche de son manteau.

Il retrouva le bout de papier le lendemain matin. « Je peux vous donner son nouveau roman. Vous le voulez ? Katia. »

Il ne comprit pas tout de suite de quoi il s'agissait.

Le 3 janvier, Katia lui téléphona et, remplissant encore un peu son rôle de postière, lui apporta un manuscrit tapé à la machine.

Le nouveau roman de Pasternak s'intitulait *Le Docteur Jivago*. Dès les premières pages, celles qui précèdent les funérailles de Maria Jivago, Victor Iouliévitch fut bouleversé. C'était le prolongement de cette littérature russe qui lui semblait pleinement aboutie, parfaite et universelle. Et voilà que cette littérature avait produit encore un rejet, moderne celui-là. Chaque phrase de ce nouveau roman parlait toujours de la même chose : des épreuves traversées par l'âme humaine à l'intérieur des limites du monde d'ici-bas, de la croissance intérieure d'un homme, de la mort physique et de la victoire morale, bref, « de la création et du don des miracles » de la vie [1].

Il passa toutes les vacances plongé dans le roman de Pasternak. Il était sous le charme des poèmes si maladroitement et si arbitrairement accrochés à la fin du roman, des poèmes authentiquement pasternakiens, et en même temps nouveaux par leur simplicité. Visiblement, c'était là cette « extrême simplicité [2] » dont le poète rêvait depuis longtemps...

Une fois qu'il l'eut terminé, il le relut depuis le début. Il y trouvait toujours de nouveaux trésors de la pensée, des sentiments et de la parole, mais il en remarquait en même temps les faiblesses, et ces faiblesses aussi lui étaient sympathiques. Elles incitaient à des réflexions. Cette Lara schématique qui n'arrêtait pas de commettre des actes témoignant de sa bêtise et de son égoïsme ne lui plaisait pas. Mais en revanche, comme elle plaisait à l'auteur !

Victor Iouliévitch s'était demandé si cette accumulation de hasards, de coïncidences et de rencontres inattendues était bien nécessaire, jusqu'au moment où il comprit que tout se rejoignait miraculeusement dans la scène de la mort de Iouri Jivago, dans le mouvement parallèle du tramway où se trouve Jivago mourant, et celui de Mlle Fleury qui se dirige tranquillement dans la même direction, vers la délivrance : l'un quitte la terre des vivants, l'autre celle de son esclavage.

1. Dernier vers du poème de Pasternak « Août », qui se trouve à la fin du *Docteur Jivago*.

2. Tiré d'un poème du recueil *Seconde naissance*, « Les vagues », daté de 1931. « Près du futur de notre vie / À toute chose apparentée / Comment éviter l'hérésie / De l'extrême simplicité. » Traduction de Michel Aucouturier, La Pléiade.

« Un magnifique post-scriptum à la littérature russe classique ! » conclut Victor Iouliévitch.

Le dernier jour des vacances, le 9 janvier, il appela Katia. Ils se retrouvèrent près du magasin Tissus, rue des Greniers-à-Sel. Il remercia la jeune fille pour l'immense bonheur qu'elle lui avait procuré.

« Dès que j'ai lu ce roman, j'ai compris qu'il y avait une personne à qui je devais le donner. »

Après quoi elle lui raconta une chose qu'en aucun cas il ne lui aurait demandée : d'où venait le manuscrit.

« Ma grand-mère est une amie de Boris Pasternak presque depuis toujours. C'est elle qui a tapé son roman. C'est son exemplaire à elle. »

Victor Iouliévitch posa une main brûlante sur cette bouche trop bavarde.

« Ne dites jamais cela à personne ! Et moi, vous ne me l'avez jamais dit. »

Sa paume était pressée contre ses lèvres qui remuaient légèrement, comme si elles chuchotaient quelque chose.

Elle venait d'avoir dix-sept ans. Elle sortait à peine de l'enfance et avait encore des manières de petite fille. Un long cou rose sortait de son manteau. Elle n'avait pas d'écharpe. Elle portait un bonnet d'enfant, une cagoule avec des rubans noués sous le menton. Dans ses yeux marron clair, il y avait du dépit et des larmes.

« Je n'en ai parlé à personne, uniquement à vous... Je savais que cela vous plairait. J'avais raison, non ?

— C'est peu dire, Katia, c'est peu dire ! Des livres comme celui-là changent une vie. Je vous en serai reconnaissant jusqu'à la tombe.

— C'est vrai ? »

Ses cils papillonnèrent et ses yeux étincelèrent.

Seigneur, mais c'était Natacha Rostov ! Natacha Rostov tout craché !

Il en eut le souffle coupé.

Ils se marièrent lorsque Katia eut terminé ses études secondaires. Les premiers à l'apprendre furent bien sûr les Lurs. Ils étaient ravis. Vers le mois de septembre, le ventre de Katia, déjà perceptible pour un œil attentif, suscita chez eux un ravissement subsidiaire.

Cet événement les rapprocha tellement de leur maître qu'après les séances du club, il leur arrivait de vider ensemble une bonne bouteille de vin géorgien, chose qui ne manquait jamais chez Victor Iouliévitch. Ils se mirent même à l'appeler Vika, et plus seulement derrière son dos. Il ne s'y opposait pas, tout en continuant à s'en tenir dans leurs relations à un vouvoiement respectueux et désuet.

Les séances du club des Amateurs de Lettres Russes se déroulaient toujours chez sa mère Xénia Nicolaïevna, mais Victor Iouliévitch vivait à présent dans l'appartement d'un cousin de Katia qui était parti dans le Nord et avait laissé à leur disposition son appartement près du métro Biélorousskaïa, dans un immeuble de cheminots, avec vue sur les voies de chemin de fer et accompagnement sonore de jour comme de nuit : « Le train en provenance de… » « Le train à destination de… ».

Le dernier bal

Victor Iouliévitch vivait ses plus belles années : un travail qui le passionnait, l'admiration de ses élèves, un mariage provisoirement heureux. Il connaissait même une certaine aisance, car il donnait maintenant des cours particuliers à titre privé deux soirs par semaine.

Il travaillait énormément, mais les Lurs continuaient à se réunir chez lui le mercredi. La promotion de 1957 était sa préférée, il avait été leur professeur principal depuis la cinquième, il connaissait leurs familles, leurs parents et grands-parents, leurs frères et sœurs... La différence d'âge d'une quinzaine d'années commençait déjà à s'estomper, les garçons devenaient des hommes, d'ailleurs le mariage de leur professeur avec une fille de leur âge réduisait la distance.

La fin de l'année 1956 fut marquée par la naissance de sa fille. Le 1er décembre, à huit mois, Katia donna naissance à une petite fille, une puce de deux kilos très bien proportionnée. On l'appela Xénia en l'honneur de sa grand-mère. Mais même cet acte diplomatique ne put colmater la blessure infligée au cœur de Xénia Nicolaïevna par le mariage de son fils. Elle n'admettait pas l'idée qu'une autre femme allait préparer son petit déjeuner à Vika, bavarder avec lui le soir, attendre son retour de l'école et le réveiller le matin. Elle éprouvait en outre une aversion particulière pour Katia. Une réaction chimique du sang, les relations entre une belle-mère et sa bru. Elle estimait que cette mineure avait séduit et suborné son fils, qu'elle l'avait embobiné, bref, qu'elle lui avait forcé la main.

L'équipe pédagogique était sur ce point d'un avis différent. La salle des professeurs avait bien failli exploser sous la pression des rumeurs, des commérages et des cancans qui, dans le cercle des enseignants ou plutôt des enseignantes, étaient particulièrement méchants et ignobles. Et lorsque sa fille était née, toute l'équipe pédagogique avait été transportée d'une joie abjecte. Véra Lvovna, la prof de maths, avait démontré preuve à l'appui, en comptant sur ses doigts, quel mois exactement du dernier trimestre Zouïeva avait dû tomber enceinte pour accoucher en décembre.

Rybkina, la responsable du Parti, qui était également proviseur, prit conseil auprès des instances supérieures, tant celles du département de l'Instruction publique que celles du comité régional du Parti, sur la conduite à tenir envers cet enseignant-criminel, car on était bel et bien en présence d'un détournement de mineure. D'un autre côté, durant les mois qui venaient de s'écouler, la mineure était devenue majeure, et l'auteur de cette infraction au code pénal l'avait épousée. Mais on n'allait tout de même pas laisser cela impuni, non ?

Les enseignants se taisaient d'un commun accord et d'un air pincé quand Victor Iouliévitch entrait dans la salle des professeurs. La triade sacro-sainte de la direction de l'école – la directrice, la responsable du Parti et la déléguée syndicale – avait d'abord voulu réunir un conseil pédagogique à ce propos.

Mais Larissa Stépanovna avait préféré opérer un sondage préventif auprès de ses supérieurs. Des rapports furent rédigés à l'intention du département de l'Instruction publique et du comité régional du Parti.

C'est précisément pendant ce dernier hiver à l'école que Victor Iouliévitch commença à écrire le livre auquel il se préparait depuis plusieurs années. Le titre était déjà trouvé : *Enfance russe*. Quant à la question du genre littéraire, un recueil d'essais ou une monographie, elle ne le préoccupait pas outre mesure.

Il ne prétendait pas faire de découverte, mais comprenait parfaitement que ses centres d'intérêt relevaient de plusieurs disciplines : la psychologie du développement, la pédagogie et l'anthropologie au sens le plus large du terme. De plus, la logique de son raisonnement suivait plutôt les lois en vigueur chez les médecins et les biologistes. Là, c'était l'influence de son ami Kolesnik qui se faisait sentir.

Il décrivait, telle qu'il se la représentait, la « zone » de l'éveil moral chez l'adolescent qui, normalement, est une étape tout aussi obligée que la poussée des dents et l'émission des sons, ou les premiers pas que l'enfant accomplit vers la fin de la première année. Autrement dit, toute cette routine bouleversante des étapes successives de l'évolution d'un être humain qu'il était en train d'observer à présent chez lui.

Ainsi l'on commence : à deux ans
Tout est mélodie effrénée,
Les mots sifflants et gazouillants
Viennent à la troisième année[1].

1. Pasternak, *Thèmes et variations*, traduction de Vardan Tchimichkian, La Pléiade.

Ce modèle poétique de Pasternak était pour lui plus convaincant que tous les calculs de la psychologie du développement. La maturation morale lui semblait être une particularité de l'être humain aussi conforme aux lois naturelles que la maturation biologique qui se déroule en parallèle. Mais cet éveil se produit de façons diverses, et cette « zone » varie énormément selon les dispositions individuelles et encore quelques autres facteurs. D'après lui, l'éveil moral, ou « l'initiation morale », a lieu chez les garçons entre onze et quatorze ans, généralement à l'occasion de circonstances particulières et fâcheuses, comme un malheur ou des problèmes familiaux, une humiliation, personnelle ou touchant des proches, la perte d'un parent. Bref, un événement qui bouleverse l'âme et l'éveille. Chacun possède son « point névralgique », et c'est précisément à partir de là que s'enclenche cette révolution intime de la personnalité. Selon Victor Iouliévitch, dans ce processus, la présence d'un « initiateur » était presque indispensable – un maître, un précepteur, un ami plus âgé, et, si c'était quelqu'un de la famille, ce devait être un parent assez éloigné. Comme pour un baptême. Dans des conditions normales, quand il n'y a pas danger mortel, il est rare que les parents biologiques soient parrains et marraines. Dans certains cas exceptionnels, ce rôle d'initiateur pouvait même être rempli par un livre rencontré au bon moment.

Ensuite, après une étude exhaustive de ce phénomène, l'auteur décrivait quelques cas d'initiation de ce genre puisés dans la littérature russe classique, il étudiait la maturation des adolescents modernes, analysait les raisons d'une maturation si tardive et, c'était là le plus important, notait une tendance catastrophique à « éviter l'initiation ».

Il lui venait aussi à l'esprit que c'était justement à cet âge qu'avait lieu le rite de la confirmation chez les luthériens et les anglicans, autrement dit la réaffirmation de la foi et son acceptation consciente ; les garçons juifs, eux, font leur bar-mitsva, qui marque l'admission dans la société des adultes, et les musulmans pratiquent la circoncision. Il s'avérait donc que les communautés religieuses accordaient une importance particulière à ce passage de l'enfance à l'état adulte, alors que le monde athée avait complètement perdu ce mécanisme capital. On ne pouvait tout de même pas considérer sérieusement comme tel l'entrée aux pionniers ou aux komsomols.

Une société descend en dessous du minimum moral quand le nombre de ceux qui n'ont pas connu ce processus d'initiation morale au cours de leur adolescence dépasse la moitié de la population – tel était le point de vue auquel en était arrivé Victor Iouliévitch à l'époque.

De sérieux différends s'étaient élevés entre lui et le défunt Vygotski en ce qui concerne la formation et le renouvellement des intérêts culturels, mais cela n'avait pas grande importance, la psychologie du développement ayant été « verrouillée » en même temps que la cybernétique et la génétique[1]. En fait, il ne nourrissait aucun espoir de publier un jour son futur livre. Mais quelle importance pouvaient bien avoir ces aspects pratiques, alors que la vie passait à une vitesse folle et qu'elle contenait tout ce dont on pouvait rêver : la création, une jeune épouse délicieuse avec le fameux lange taché de jaune[2], un

1. Trois disciplines dans lesquelles Staline avait frappé d'interdit certaines recherches.

2. Allusion à un passage de l'épilogue de *Guerre et Paix*, dans lequel on retrouve Natacha Rostov transformée en mère de famille ayant renoncé aux futilités de la vie mondaine pour se consacrer à ses enfants. « Elle tenait à la société de ces gens chez qui, échevelée, en robe de chambre, elle pouvait à grands pas venir de la chambre

minuscule bébé avec de minuscules doigts merveilleux, de minuscules lèvres, de minuscules yeux merveilleux, un petit animal qui s'humanisait de jour en jour, et des disciples dont l'admiration le transportait sur des hauteurs inimaginables. Il dormait en souriant et se réveillait en souriant.

Pendant ce temps, le pays poursuivait sa vie aberrante. Après une scène de ménage invisible devant le cercueil de Djougachvili et une lutte secrète pour le pouvoir, après le retour des camps des premiers milliers de prisonniers et de déportés, après l'inexplicable XXe congrès du Parti auquel personne ne s'attendait, ce fut le début puis la fin des événements de Hongrie.

Victor Iouliévitch, absorbé par son nouvel état, suivait les événements du coin de l'œil. La partie « intérieure » de sa vie était à cette époque plus importante que la partie « extérieure ».

En septembre, dès les premiers jours de la rentrée des classes, la cheftaine des pionnières Tassia Vorobiéva, une étudiante sympathique qui suivait les cours du soir d'un institut pédagogique et avec laquelle Victor Iouliévitch s'entendait très bien, lui remit une liasse de papiers presque illisibles, une copie carbone du rapport de Khrouchtchev au XXe congrès du Parti. Bien qu'il se fût déjà écoulé six mois depuis qu'il avait été présenté, il n'avait toujours pas été publié. Ce rapport frileux et à moitié véridique était diffusé uniquement dans les hautes sphères du Parti, les simples communistes en avaient été informés lors de réunions à huis-clos, par ouï-

---

d'enfants et leur montrer avec un visage joyeux un lange taché de jaune et non plus de vert, et se sentir rassurée en les entendant dire que l'enfant allait maintenant beaucoup mieux. » Traduction de Boris de Schloezer, Gallimard.

dire. Le texte portait la mention « À usage interne », il n'était pas pour les simples mortels. Toujours la même fantasmagorie soviétique. Un rapport secret destiné à une partie du peuple qui devait la dissimuler à l'autre partie. Un État mentalement dérangé.

Victor Iouliévitch lut avec attention ce texte dont on parlait tant. Intéressant, très intéressant. L'histoire s'accomplissait sous leurs yeux. Le tyran était tombé et, au bout de trois ans, la meute osait élever la voix contre lui. Où donc étaient tous ces petits malins avant ? Le document, capital par ses retombées, était terrible et en même temps révélateur du vrai visage des dirigeants du Parti. Et ce rapport tapé à la machine qui passait de main en main devint le premier produit clandestin d'un samizdat qui, ces années-là, n'avait pas encore trouvé son nom.

Si des copies du rapport Khrouchtchev circulaient dans Moscou, l'heure du manuscrit du *Docteur Jivago* n'avait pas encore sonné. En revanche, les poèmes tirés du roman étaient déjà en circulation.

« C'est bizarre ! songeait Victor Iouliévitch. On se passe de main en main des poèmes recopiés, comme du temps de Pouchkine. Quels changements ! Pour un peu, ils vont arrêter de mettre les gens en prison ! »

Le peuple tétanisé par la peur revenait à la vie, il chuchotait avec plus d'audace, il captait les voix « ennemies », tapait à la machine, recopiait, reproduisait. Le samizdat commença à se répandre à travers le pays. Ces lectures clandestines ne s'étaient pas encore imposées comme le nouveau phénomène de société qu'elles allaient devenir durant les décennies suivantes, mais on entendait déjà la nuit, entre les mains de lecteurs avides, le froissement de ces feuillets recopiés par d'intrépides casse-cou.

Khrouchtchev avait tout chamboulé avec sa dénonciation du culte de Staline, et la limpide clarté d'autrefois était remplacée par quelque chose d'incompréhensible. Tout le monde retenait son souffle. Le sort du professeur de lettres qui avait épousé son élève et produit un enfant pas tout à fait dans les temps restait toujours en suspens, en dépit des efforts déployés par la direction de l'école.

L'affaire finit quand même par être examinée. Le département de l'Instruction publique se montra plus strict que le comité régional du Parti. La décision de le licencier fut prise, mais on s'avisa qu'il devait d'abord « amener » ses élèves jusqu'à la fin de l'année scolaire. Pour ne pas l'affoler, on résolut de ne pas lui annoncer pour l'instant le licenciement prévu ; d'ailleurs s'il partait au milieu de l'année, qui allait le remplacer ? Des rumeurs vagues et déplaisantes ne cessaient de parvenir aux oreilles de Victor Iouliévitch mais, à ce moment-là, il avait déjà décidé lui-même de s'en aller à la fin de l'année scolaire.

Au printemps 1957, le club des Amateurs de Lettres Russes se transforma en groupe de révision, les trois quarts de la classe préparaient les examens d'entrée en faculté de lettres. Micha assistait régulièrement à ces séances de travail, bien qu'il fût premier de la classe en russe. Il savait qu'on ne prenait pas les Juifs en faculté de lettres, mais il savait aussi que c'était la seule chose qu'il voulait faire.

Pour le taquiner, son grand cousin Marlène lui proposait de l'aider à intégrer l'Institut de pisciculture, assurant que, pour un Juif, le poisson était une profession bien plus convenable que la littérature russe, ce qui mettait Micha hors de lui.

Au printemps, la rumeur selon laquelle Victor Iouliévitch allait être renvoyé de l'école était parvenue aux oreilles des élèves de terminale. On racontait que les professeurs avaient rédigé une sorte de pétition contre lui, et que c'était lié à son mariage avec une ancienne élève. Garçons et filles étaient prêts à écrire n'importe où pour défendre leur maître bien-aimé. Il eut le plus grand mal à les convaincre qu'il avait l'intention de quitter l'école de son propre chef, et que cela faisait longtemps qu'il avait envie de se consacrer à la recherche et d'écrire. Ils étaient quand même bien placés pour comprendre à quel point il en avait assez de ces cahiers à corriger, de ces bonnes femmes de l'école, de ces formations politiques et de toutes ces cochonneries. C'était uniquement à cause d'eux, ses chers Lurs, qu'il n'avait pas démissionné tout de suite après son mariage.

« D'autant que j'ai bien préparé ma relève ! ajouta-t-il. Vous savez vous-mêmes combien de professeurs de lettres va donner notre école d'ici quelques années. »

C'était vrai. Depuis qu'il enseignait dans cette école, la moitié de chaque classe de terminale faisait des études de lettres, à l'université ou dans des instituts pédagogiques. Les filles les moins douées entraient dans des écoles de bibliothécaires ou d'archivistes, ou bien à l'Institut de la culture. Toute une armée d'élèves, pas très grande, mais vaillante, avait été formée à l'art peu répandu de lire Pouchkine et Tolstoï. Victor Iouliévitch était convaincu que ses protégés avaient ainsi reçu un vaccin suffisant pour résister aux horreurs sordides et écrasantes de notre existence, comme dit Gorki. Là, peut-être qu'il se trompait.

Les Lurs étaient bien plus préoccupés par les préparatifs de la soirée de fin d'études que par les derniers examens. Un spectacle grandiose était prévu. On avait annoncé qu'aucun alcool ne serait autorisé. D'un côté, cette interdiction pouvait être aisément contournée et, de l'autre, personne ne s'en souciait outre mesure. L'important, et tout le monde le comprenait, c'est que ces adieux à l'école étaient des adieux à Victor Iouliévitch, et des adieux doubles, puisque ce dernier quittait lui-même l'école en même temps que sa classe, ce dont il les avait déjà informés.

Les jeunes gens gardaient le secret sur leurs préparatifs, mais Victor Iouliévitch subodorait l'ampleur de l'événement qui s'annonçait. Il avait entendu dire que plusieurs garçons, au lieu de se consacrer à la révision intensive des examens, passaient leurs journées et leurs nuits dans l'atelier du sculpteur Lozovski, le père de Volodia Lozovski, où ils étaient en train de fabriquer quelque chose de monumental.

Ilya faisait des agrandissements de photos et mettait au point un spectacle d'ombres projetées sur un mur. C'était une scénographie originale, personne n'avait jamais imaginé une chose pareille.

Micha, ayant mis ses manuels de côté, écrivait une pièce en vers. Il y avait dedans un bon million de personnages, depuis Aristophane jusqu'à l'Ivan des contes populaires, en passant par Homère et Ehrenbourg.

Une fois les examens passés avec succès, le jour du bal de fin d'études arriva enfin. Cette célébration annuelle avait des règles bien établies. Les filles se faisaient faire des robes, et même des robes blanches. Elles s'érigeaient sur la tête des coiffures compliquées, se mettaient du rimmel sur les cils et, ce jour-là, même les bas en capron étaient autorisés.

C'était la répétition générale d'un futur premier bal qui, pour la plupart d'entre eux, n'aurait jamais lieu, la promesse mensongère de la grande fête imminente de la vie qui ne viendrait jamais non plus, et la fin de l'école qui, pour tous sans exception, était un événement joyeux, mais se parait ce jour-là de couleurs faussement tristes.

Les parents étaient assis sur des chaises alignées en rangs serrés, principalement des mères, elles aussi sur leur trente et un et non moins émues que leurs enfants.

Alors que l'installation compliquée du public était presque terminée, il se produisit un incident désagréable. Deux élèves de première, Maximov et Tarassov, s'étaient faufilés parmi la foule des terminales dans l'intention de s'emparer, de façon totalement frauduleuse, d'un morceau de cette fête à laquelle ils n'avaient pas droit. On les fit sortir honteusement et ils s'en allèrent mortifiés. On supposait qu'ils avaient quitté l'établissement.

La partie solennelle des festivités commença. Les diplômes de fin d'études furent remis et les discours prononcés. Puis ce fut la distribution des médailles, il y en avait quatre cette année-là, trois d'argent et une d'or. La médaille d'or revenait à Natacha Mirzoïan, une beauté orientale et une lèche-cul. Les médailles d'argent étaient décernées à Polouïanova, Gorchkova, et Schteinfield, surnommé le Remercieur, sobriquet qui lui avait été donné dès les petites classes pour une particularité de langage : au lieu du « merci » d'usage courant, mais rarement utilisé, il disait toujours : « Je vous remercie ! »

Le Trianon, lui, n'avait pas atteint ces sommets. Ils travaillaient tous convenablement, mais n'avaient jamais été premiers de la classe.

Après cette cérémonie solennelle, il y eut un temps mort. Selon le plan, le spectacle aurait dû commencer mais, pour une dizaine de raisons diverses et variées, il n'était pas au point, il fallait encore au minimum une quarantaine de minutes pour en rassembler les morceaux épars. On mit de la musique. Mais l'humeur n'était pas encore aux danses, et tout le monde déambulait d'un pas qui n'avait rien de musical. Dans la classe voisine, on cousait en vitesse les dernières fleurs sur les couronnes, on se maquillait, et on finissait d'apprendre son texte.

Victor Iouliévitch était en train de bavarder avec un parent d'élève près d'une fenêtre quand il remarqua à la porte Andreï Ivanovitch qui lui faisait des signes de la main : venez !

Il s'avérait que Maximov et Tarassov, qui avaient été bannis de la salle, n'avaient pas du tout quitté l'école, bien au contraire, ils s'étaient réfugiés au grenier, où ils avaient vidé une bouteille de porto. Ils s'étaient fait prendre la main dans le sac, et avaient été conduits dans le bureau de la directrice. Ils étaient tous les deux complètement ivres, cela se voyait même à l'œil nu.

Victor Iouliévitch entra, et la directrice le prit à partie de façon théâtrale :

« Venez donc admirer nos chers petits élèves ! »

Ces derniers faisaient si piteuse mine qu'ils avaient manifestement davantage besoin d'un réconfort que d'une punition.

Victor Iouliévitch prit la bouteille vide sur le bureau de la directrice et la tourna pour examiner l'étiquette.

« Oui, cela mérite une réprimande. C'est une épouvantable cochonnerie. »

La directrice entonna son solo :

« Bon, alors voilà. Vos parents vont venir vous chercher, et nous allons avoir une petite discussion. Mais si vous ne dites pas avec qui vous étiez en train de vous livrer à la débauche dans ce grenier, vous serez renvoyés de l'école ! »

Il n'y avait personne d'autre avec eux, mais Larissa Stépanovna s'était mis en tête qu'ils étaient toute une bande.

« Qu'est-ce que tu as à me regarder de cet air insolent, Tarassov ? Et cela te concerne toi aussi, Maximov ! Allez, donnez-moi les noms de vos complices. Et ne croyez pas que vous allez réussir à les protéger et qu'ils s'en tireront comme ça ! Nous finirons bien par les trouver. Vous ne faites qu'aggraver votre cas !

— Oui, ce n'est pas bien ! déclara Victor Iouliévitch d'un air pincé. Où avez-vous trouvé ça ?

— Au Gastronome n° 100, s'empressa de répondre Maximov.

— Et chez vous aussi, on boit ce genre de choses ?

— Ma mère ne boit jamais », mentit Maximov.

Cette explication vaseuse se prolongea jusqu'au moment où le père de Tarassov, un lieutenant-colonel du ministère de l'Intérieur, arriva dans une voiture de fonction. Larissa Stépanovna lui exposa les faits. Il resta immobile, en proie à une fureur croissante.

« Nous allons régler ça ! dit le lieutenant-colonel d'un air noir, et il était clair que le garçon allait en prendre pour son grade.

— Et ta mère à toi, quand va-t-elle arriver ? » demanda Larissa Stépanovna à Maximov.

Visiblement, elle aussi en avait assez de cette discussion stérile qui s'éternisait, d'autant que sa place était en ce moment dans la salle.

« Ma mère est partie chez ma tante à Kalouga. »

Le visage de la directrice reflétait le travail laborieux de sa pensée.

Victor Iouliévitch posa sa main gauche sur l'épaule de Maximov.

« Je le prends sous ma responsabilité. Je le reconduirai chez lui dès que le spectacle sera terminé. Mieux vaut ne pas courir de risques inutiles, il ne manquerait plus qu'il se fasse embarquer par la milice !

— Bon, allez-y ! dit Larissa Stépanovna d'un air découragé. Et ne reviens pas à l'école sans ta mère, Maximov ! »

Cette remarque n'avait absolument aucun sens,

étant donné que les cours étaient terminés et qu'il y avait trois mois de vacances avant le début de la prochaine année scolaire.

Victor Iouliévitch ramena le malheureux Maximov dans la salle et lui montra une chaise.

« Restez tranquillement assis, Maximov, et ne vous faites pas remarquer. »

Maximov hocha la tête avec reconnaissance. Sa mère n'était pas du tout partie à Kalouga, son chéri avait débarqué d'Alexandrov et ils étaient en train de picoler à la maison.

En préparant le spectacle, Micha s'était employé à mettre en vers rimés toutes ses vastes connaissances dans le domaine littéraire. Les futurs acteurs avaient abordé l'œuvre de Micha dans un esprit tout aussi créatif, ils avaient également de quoi étoffer ce chef-d'œuvre, si bien que le scénario avait fini par atteindre deux cents pages.

Quinze jours avant la soirée, en pleine préparation des examens, alors que tous potassaient leur algèbre et leur chimie, Ilya s'était emparé du livret de Micha, l'avait découpé en petits morceaux, avait secoué tout ça, et cela avait donné une intrigue qui, si on ne voyait pas très bien au début où elle menait, avait fini par devenir le périple cocasse d'une bande d'imbéciles portant leurs noms véritables, prêts à se jeter la tête la première dans des déboires dont ils se sortaient uniquement grâce à l'intervention de forces supérieures incarnées par Victor Iouliévitch sous divers avatars, depuis Zeus jusqu'à un milicien en faction.

Victor Iouliévitch était joué par Senka Svinine, le meilleur comédien de la classe. Il s'apprêtait d'ailleurs à entrer dans une école de théâtre. On lui avait bidouillé un masque en papier mâché assez réussi représentant le maître, et il n'avait pas enfilé sa manche droite, qui avait été roulée jusqu'au coude et épinglée.

Tout cela était d'une bêtise hallucinante mais aussi follement drôle. La statue de Zeus tombait en se brisant en mille morceaux, et du tas de tessons sortait en s'ébrouant Svinine-Schengueli ; Alexandre Pouchkine cherchait un objet qu'il avait égaré, on finissait par comprendre qu'il s'agissait d'une jolie jambe, et une cinquantaine de jambes de mannequin passaient en flottant sur la scène, la pointe du pied dressée vers le plafond ; le fusil de Tchékhov, figuré par mitraillette en bois pour enfant de maternelle, tombait aux mains des chasseurs de Tourguéniev, et tirait sur une mouette en chiffon qui tombait au beau milieu de la scène avec un cri épouvantable...

Et toute cette fantasmagorie tournait bien évidemment autour de leur cher Victor Iouliévitch.

Sania Steklov, coiffé d'une perruque bouclée et revêtu d'un peignoir en velours, était assis au piano et, par son accompagnement, conférait un peu d'éclat aux passages où le texte n'était pas particulièrement brillant.

Puis ils chantèrent en chœur un hymne, toujours composé, bien entendu, par le même Micha, qu'il serait impardonnable de ne pas citer ici :

Pourvu d'yeux et de mains par milliers,
De la mort il nous a tous sauvés
Au moins une fois. Voilà pourquoi,
Maître, ce soir vous avez droit
À cette longue histoire fleurie.
Grâce à vous nous savons aujourd'hui
Que dans nos veines à tous
Coule du sang et non du kvas.

Sachez que toute notre classe
Toujours viendra à la rescousse,
Si un jour vous nous appelez.
Et jusqu'au bout du monde
Nous sommes tous prêts à voler
Pour vous, dans la seconde !

Lorsque la chanson se termina, il n'y avait plus un seul enseignant dans la pièce. Ils s'étaient tous retirés dans la salle des professeurs et s'indignaient à voix basse : quelle insulte ! Et, pour cette raison, ils n'assistèrent pas à la scène finale de la représentation : les élèves se mirent en cercle pour discuter de ce qu'ils pourraient bien offrir en cadeau d'adieu à leur maître bien-aimé. Plusieurs suggestions plus ou moins cocasses furent émises. On décida qu'il fallait lui offrir ce qu'il y avait de mieux, que ce devait être un cadeau de prix et qui ne s'use pas, autrement dit, rien qui se mange ou qui se boive. Et aussi qu'il soit utile. Et qu'il lui fasse plaisir ! En fin de compte, une énorme caisse de la taille d'un homme fut traînée sur scène, on enleva la paroi de devant, et une sculpture en plâtre apparut, une svelte jeune fille en tunique. Elle resta figée assez naturellement dans une pose antique, comme il se doit, jusqu'au moment où elle reçut un ordre :

« En avant, marche ! »

La statue s'anima. C'était Katia Zouïeva-Schengueli recouverte de peinture blanche. Il faut dire qu'ils avaient mis longtemps à la convaincre de jouer ce rôle.

Elle traversa la salle et, sous les applaudissements, alla s'asseoir aux pieds de Victor Iouliévitch.

On sortit de la salle les chaises inutiles et on dressa des tables. Aucun enseignant n'était visible. Victor

Iouliévitch se rendit dans la salle des professeurs pour tenter de « casser » la grève de l'équipe pédagogique.

On l'attendait. Larissa Stépanovna s'avança.

« Au nom de l'équipe des professeurs, Victor Iouliévitch, commença solennellement la directrice, nous sommes dans l'obligation de vous informer... »

Mais Victor Iouliévitch avait tout de suite compris ce qu'on allait lui dire. Et il fit la première chose qui lui vint à l'esprit. Il prit dans sa poche son étui à lunettes, sortit ses lunettes démodées à monture métallique, les chaussa sur son long nez bien dessiné, s'approcha de Larissa Stépanovna, se pencha sur la fameuse broche-papillon épinglée à son col blanc, et dit d'une voix attendrie :

« Comme c'est joli ! Quel adorable petit cochon !

— Dehors ! Sortez immédiatement ! » murmura Larissa Stépanovna d'une voix rauque.

« Une voix écarlate de colère », se dit le professeur de lettres.

De la musique venait de la salle.

« Pourquoi vous mettez-vous dans des états pareils ? Venez donc boire de la limonade et danser ! Les élèves vous attendent ! »

Il souriait de son charmant sourire tout en se disant : « Je suis un beau salaud ! Je n'aurais pas dû les humilier comme ça. Cette pauvre Larissa Stépanovna a le coin des lèvres qui tombe, comme une petite fille à qui on a fait de la peine ! Pour un peu, elle va se mettre à pleurer... Ah, quels sales gosses... Mais qu'est-ce que je peux faire maintenant ? Je ne vais quand même pas leur demander pardon ! »

La notification de son licenciement se trouvait sur le bureau de Larissa Stépanovna. Elle avait l'intention de la lui remettre à la fin de la soirée. C'était le moment. D'une main tremblante, elle tâtonna pour trouver le papier fatidique.

« Vous êtes licencié ! »

On frappa à la porte. Les Lurs étaient à la recherche de leur professeur. Pour être tout à fait franc, eux aussi avaient préparé quelque chose. Pas du mauvais porto, mais un excellent vin géorgien.

L'amitié entre les peuples

On était en 1957. Moscou frémissait d'excitation avant le Festival international de la Jeunesse et des Étudiants qui était sur le point de débuter. Ceux qui venaient de terminer l'école secondaire préparaient les examens d'entrée des instituts. En passant du statut de simples jeunes gens à celui d'étudiants, ils auraient droit, en plus des bienfaits de l'éducation, à un sursis pour leur service militaire. Ils bûchaient tous du matin au soir et, chaque jour, Victor Iouliévitch faisait travailler des candidats. Il avait annexé à ses élèves privés quelques-uns de ses protégés, à titre gratuit.

L'armée n'était pas une menace pour le Trianon. Ilya possédait un don exceptionnel : il avait les pieds plats. Micha, lui, était myope, et Sania, avec ses doigts recroquevillés, n'était pas non plus apte à tirer à la mitraillette. Bref, ils avaient tous de petites déficiences qui les exemptaient du service militaire. Ilya travaillait avec nonchalance et Sania, qui, sur les conseils de sa mère et de sa grand-mère, se présentait à l'Institut des langues étrangères, ne travaillait pas du tout. Vautré sur le divan, il écoutait de la musique, il lisait des livres, et même des livres étrangers. La situation la pire était celle de Micha. On ne prenait pas les

Juifs en faculté de lettres, or il avait décidé, définitivement et une bonne fois pour toutes, qu'il irait uniquement là. De plus, il était le seul à songer sérieusement à obtenir une bourse. L'aide familiale ne lui avait été promise que jusqu'à la fin de l'école. Bien sûr, au pire, il pourrait suivre les cours du soir, mais il avait tellement envie de mener une vraie vie d'étudiant !

« Je ne comprends pas votre passion pour les études de lettres ! C'est une chose de lire des livres, de comprendre ce qui est écrit et d'en tirer du plaisir, mais pourquoi faire d'un plaisir un métier ? »

Ilya méprisait les lettres et avait pris sa décision tout seul : il entrerait au LIKI, l'Institut des techniques du cinéma, à Leningrad.

Il s'était découvert là-bas un oncle qui l'avait contacté peu après la mort de son père et lui avait proposé de venir habiter chez lui avant les examens. Dès qu'il avait obtenu son diplôme de fin d'études, Ilya était aussitôt parti pour Leningrad. Il avait accumulé, par des moyens illicites, l'énorme somme de mille cinq cents roubles, trois fois le salaire de sa mère. En plus de passer les examens de l'institut, il avait l'intention de faire une bringue à tout casser.

Cette année-là, à cause du festival de Moscou, les dates des examens d'entrée dans les établissements d'études supérieures avaient été reportées ou avancées, afin que les candidats ne soient pas regroupés dans la capitale et ne gênent pas les festivités.

L'Institut du cinéma plut énormément à Ilya. Son oncle Efim Sémionovitch lui raconta que son père avait travaillé là jusqu'à la guerre, et qu'il restait encore quelques personnes qui se souvenaient de lui. Il se mit à donner divers coups de fil, mais malheureusement, ceux qui se souvenaient d'Issaï Sémionovitch n'étaient plus là, et ceux qui étaient là ne s'en souvenaient pas.

Ilya s'enfuit de Leningrad lorsqu'il apprit que le début des examens d'entrée à l'institut tombait justement le jour de l'ouverture du festival. Il ne pouvait pas rater ce grand événement ! Il prit son appareil photo et retourna à Moscou en serrant dans sa main son passeport, qu'il présenta cinq fois entre l'instant où il acheta son billet à la caisse de la gare, à Leningrad, et celui où il arriva dans sa maison natale. À des miliciens, à des contrôleurs, à des membres du service d'ordre, et à des gens qui souhaitaient simplement jeter un coup d'œil sur ses papiers. Seuls les Moscovites étaient autorisés à pénétrer dans Moscou.

Il alla voir Micha. Ce dernier avait quand même fini par devenir étudiant. Bon, c'est vrai, il s'était présenté non à la faculté de lettres de l'université, mais dans un modeste institut pédagogique où, d'après les statistiques (comme dit la plaisanterie bien connue), pour huit filles, il y a deux garçons dont l'un qui louche et l'autre qui boite. Les jeunes gens ambitieux et sans tares ne se bousculaient pas aux portes des instituts pédagogiques.

Micha avait été admis facilement. L'avantage présenté par son sexe, ainsi que son excellent niveau, avaient contrebalancé sa nationalité défectueuse. Mais son triomphe avait été gâché : le jour où il avait trouvé son nom sur la liste des admis, la pauvre Minna, qu'il n'était pas allé voir une seule fois à l'hôpital, était morte d'une pneumonie. Elle avait des pneumonies trois fois par an, et il était impossible de prévoir que cette fois, celle-ci lui serait fatale.

Il se retrouvait maintenant tout seul avec un terrible secret, et la pénible impression que ce honteux fardeau pèserait sur lui jusqu'à la fin de ses jours. Cette Minna mentalement arriérée était amoureuse de lui et, petit à petit, il s'était laissé entraîner dans d'étranges relations sexuelles, on ne pouvait pas appeler cela autrement, même s'il était tout aussi impossible de qualifier ce qui se passait entre eux de sexe au plein sens du mot. Minna le guettait dans le coude aveugle du couloir près des toilettes, le coinçait dans un recoin, et pressait contre lui les parties tièdes et molles de sa personne, jusqu'au moment où il se dégageait avec une grande facilité, tout rouge, tremblant, et pleinement satisfait. Chaque fois, il était prêt à se tuer après ces horribles frottements, il se jurait que la prochaine fois, il la repousserait et s'enfuirait, mais il n'arrivait jamais à le faire. Elle était caressante, douce, couverte par endroits de poils troublants, elle avait d'énormes difficultés d'élocution, et cette dernière qualité excluait toute divulgation de leur secret.

Le sentiment de culpabilité et le dégoût le rendaient littéralement malade, et la pensée du suicide couvait constamment à l'arrière-plan de sa conscience. À l'époque, on ne parlait pas encore d'inconscient.

Ilya trouva Micha dans cet état déplorable. Il ne lui posa aucune question, mais l'entraîna dehors pour lui changer les idées.

Moscou était d'une propreté inhabituelle et relativement désert. L'ouverture du festival avait lieu le lendemain. La ville était sillonnée en tous sens par des colonnes de voitures, des camions ouverts et fermés, des autobus démodés, des ZIS et des PAZ, ainsi que des cars hongrois Icarus.

Il y avait partout des drapeaux et d'énormes fleurs en papier, et les filles portaient cet été-là de larges jupes bariolées bouffant sur d'épais jupons pareils à des parapluies, elles avaient toutes la taille serrée par de larges ceintures et les cheveux crêpés sur le haut du crâne.

Après avoir triomphé de deux barrages pas très sérieux, les garçons arrivèrent sur le square du Bolchoï. Il y avait là pas mal de monde. Ilya montra à Micha deux filles à l'air perdu et pas particulièrement jolies : si on les draguait ?

« Oh, arrête ! fit Micha, outré, et il se détourna pour continuer son chemin.

— Excuse-moi, Micha, excuse-moi, je suis une vraie brute ! Tu veux qu'on aille prendre une bonne cuite, hein ? Allez, on va au National ! »

Pour on ne sait quelle raison, ils réussirent à s'introduire dans le café National. Peut-être le portier était-il allé se soulager en oubliant de mettre le loquet, à moins qu'il n'ait compté sur l'effet dissuasif de la pancarte : « Fermé pour inventaire ».

« On va boire du cognac ! » dit Ilya avec fermeté, et il en commanda aussitôt une carafe au garçon interloqué.

Ils avalèrent leur cognac en l'accompagnant de deux gâteaux, puis recommandèrent la même chose. Entre la première et la deuxième tournée, Micha commença à se sentir beaucoup mieux. C'est alors qu'un jeune homme qui avait l'air russe, avec un appareil photo Hasselblad en bandoulière, s'approcha d'eux et leur demanda s'il pouvait s'asseoir à leur table.

« Bien sûr ! » répondit Micha en lui avançant une chaise.

La conversation s'engagea immédiatement. Le garçon s'appelait Pétia[1], mais ce n'était pas un Pétia ordinaire, c'était un Pierre Zand belge d'origine russe, étudiant à l'université de Bruxelles. Ils vidèrent la seconde carafe, cette fois à trois, et partirent se balader dans Moscou. Sur le conseil d'Ilya, Pierre avait laissé son appareil photo à l'hôtel.

Ils se promenèrent dans le centre, et on n'aurait pu imaginer meilleur touriste que Pierre. Il reconnaissait des endroits où il n'avait jamais mis les pieds et cela, grâce aux souvenirs revivifiés de ses

1. Diminutif de Piotr, Pierre.

parents et de sa grand-mère, ainsi qu'à une remarquable connaissance de la littérature russe.

Pour ce Pierre habité par la nostalgie de la Russie, les anciens Lurs étaient les meilleurs des guides. Dans le passage des Trois-Étangs, Ilya s'arrêta devant une petite maison en bois et déclara :

« Marina Tsvétaïeva a vécu quelque part ici. »

Pierre, déjà liquéfié d'attendrissement, faillit fondre en larmes.

« Maman l'a bien connue à Paris. Elle n'est pas publiée chez vous...

— Elle n'est peut-être pas publiée, mais on la connaît quand même ! dit Micha.

Certains sont de pierre et d'autre d'argile,
Moi je m'argente et je scintille !
Ma tâche, c'est de trahir, mon nom c'est Marina,
Je suis un nuage d'écume marine.

« Il est vrai que je préfère Anna Akhmatova. Ilya, lui, sa passion, c'est les futuristes. »

Peu importaient les préférences de chacun, ce qui était stupéfiant, c'était que devant eux se trouvait une personne bien vivante, qui avait presque leur âge, et dont la mère avait connu Marina Tsvétaïeva. Ce Pierre était le représentant d'un immense pays qui n'existait plus depuis longtemps et qui avait émigré à l'étranger. Pendant qu'ils se promenaient, il leur parla de sa famille et de cette Russie d'autrefois qui semblait à ses interlocuteurs aussi irréelle que Bruxelles ou Paris. Mais avec quelle fureur, avec quelle violence Pétia détestait les bolcheviks !

C'était la première fois que Micha et Ilya, qui avaient pas mal débattu des défauts du socialisme, rencontraient quelqu'un qui ne parlait pas du tout des défauts du régime communiste – il le définissait comme absolument diabolique, sinistre et sanguinaire par essence, et ne voyait aucune différence fondamentale entre le communisme et le fascisme. D'une façon qui les dépassait, Pétia dissociait l'amour de la Russie et la haine de son système.

Ils ne se quittèrent pratiquement pas pendant deux semaines. Grâce à Pierre, ils se faufilèrent dans un autobus belge et assistèrent à l'ouverture du festival dans le stade Loujniki, où des sportifs, au nombre de trois mille et des poussières, tantôt s'épanouissaient en une seule et même fleur, tantôt s'alignaient en ordre géométrique. Leurs bras, leurs jambes et leurs têtes se levaient et se baissaient à l'unisson, et le spectacle était à couper le souffle.

« C'était comme ça aux parades d'Hitler ! chuchota Pierre. Les films de Leni Riefenstahl faisaient le tour du monde à l'époque. La force immense de l'hypnose de masse… Mais je dois dire que c'est impressionnant ! Et vraiment super ! » soupirait-il en faisant cliqueter son appareil photo. Ilya ne chômait pas non plus.

Puis il y eut un concert de jazz, une retraite aux flambeaux, des gymnastes dans de l'eau, sans parler des innombrables chansons et danses interprétées par les ensembles de l'armée soviétique, de la flotte, de l'industrie, du commerce, des syndicats de cuisiniers et de coiffeurs.

Pierre ne s'intéressait absolument pas aux Égyptiens qui scandaient « Nasser ! Nasser ! », ni aux citoyens noirs de la république indépendante du Ghana, ni aux Israéliens, qui remportaient eux aussi un énorme succès, surtout auprès des Soviétiques marqués par le stigmate du cinquième point[1]. Pierre s'intéressait uniquement à la Russie.

1. Le cinquième point, ou cinquième paragraphe, dans les passeports, précisait la « nationalité ». Il s'agit bien entendu des Juifs.

Le troisième jour du festival, ils furent rejoints par Sania, ressuscité après l'une de ses angines récurrentes, et ils passèrent deux semaines entières à courir partout, à prendre du bon temps et à faire la fête, si bien que Micha en oublia presque complètement Minna.

Ilya, lui, ne pensa pas une seule fois à l'Institut de cinéma où il n'entrerait jamais, et Sania mit provisoirement de côté ses tourments relatifs à l'écroulement de sa carrière musicale. Tous s'étaient pris d'affection pour Pétia, Pierre, Piertchik, et aucun d'eux ne pouvait imaginer quelle influence leur ami étranger allait avoir sur leurs destins.

En fait, Pierre avait été envoyé au festival en tant que représentant d'un journal pour la jeunesse, avec comme mission de prendre une série de photos sur la vie à Moscou. Et il fit de magnifiques photos de la ville, en grande partie grâce à ses nouveaux amis. Il photographia une boulangerie au moment où on livrait du pain frais, le port fluvial avec ses grues et ses dockers, des jardins d'enfants, des cours avec des cordes à linge et des remises, des jeunes filles lisant dans le métro, des vieilles femmes faisant la queue, des moujiks en train de boire et de s'embrasser – tout un océan de joie.

Disons tout de suite, en anticipant un peu sur les événements, que ces photographies seraient mises au rebut par le rédacteur du journal. Il les trouva artificielles et y vit de la propagande communiste. Pierre, à qui l'on ne pouvait reprocher des sympathies pour le régime communiste, accusa le rédacteur de parti pris, et ils se brouillèrent.

La veille du départ, ils se rendirent tous ensemble au Parc de la Culture pour boire une bière. Il y avait là un bar à bières tchèque absolument fantastique qui se donnait des allures de restaurant. La file d'attente s'étalait autour du bar comme de la mousse autour d'une chope, et ils se mirent docilement à faire la queue, ils n'étaient pas pressés. Un vague parent de Pierre devait les retrouver là, un cousin plus ou moins éloigné de sa mère qui travaillait à Moscou, à l'ambassade de France. L'attente n'avait rien d'ennuyeux, il se produisait tout le temps quelque chose de distrayant. Ce fut d'abord une bande de gens en patins à roulettes qui passa, puis défilèrent des joueurs de cornemuse écossais, des Mexicains avec des castagnettes, et des Ukrainiennes en costume.

Sania et Micha restaient dans la queue, tandis que Pierre et Ilya n'arrêtaient pas de s'éloigner pour faire des photos intéressantes. Ils réussirent à prendre une bagarre sensationnelle entre un petit nègre robuste et un Écossais en kilt à carreaux d'un clan vert et blanc inconnu. Les combattants étaient entourés par une foule de spectateurs qui les encourageaient :

« Vas-y, flanque une raclée à ce sale nègre !

— Casse-lui la gueule, à ce pédé ! »

Bref, le peuple se divertissait de façon tout à fait antique, comme aux combats de gladiateurs. La bataille se déroulait aux sons de la musique omniprésente de Soloviov-Sedoï – tout Moscou chantait *Les Soirs de Moscou*[1]. Le nègre asséna un coup fracassant, et l'Écossais en jupe s'effondra.

La musique avait changé : « *La jeunesse entonne la chanson de l'amitié, de l'amitié... Que personne ne pourra jamais tuer, jamais tuer...* »

L'Écossais remua. « *Jamais tuer... Jamais tuer...* », déversait le haut-parleur.

Deux heures plus tard, alors que les garçons péné-

1. Cette chanson, dont la musique fut composée en 1955 par Soloviov-Sedoï, et qui fut reprise en français sous le titre *Le Temps du muguet*, devint célèbre à l'occasion de ce festival. Elle fut par la suite le générique musical de Radio Moscou.

traient dans le bar, ils furent rejoints par l'oncle de Pierre, un Français prénommé Nicolaï et portant un nom russe, Orlov. C'était un homme d'âge mûr, rose et rondouillard, il faisait penser au petit cochon Nif-Nif et parlait avec des tournures pétersbourgeoises depuis longtemps passées de mode dans la langue soviétique. Il portait de drôles de vêtements, un chapeau de paille et une chemise ukrainienne à col brodé, comme Khrouchtchev. Il était impossible de soupçonner en lui un étranger. Avec sa sacoche râpée, il ressemblait à un comptable de province.

Pierre se tordit de rire en le voyant :

« Eh ben, dis donc, quelle mascarade ! »

Il avait une idée derrière la tête en les présentant : rester en contact avec ses amis par son intermédiaire.

Ils n'avaient aucune confiance dans la poste. Ils échangèrent leurs numéros de téléphone. Bien évidemment, on ne pouvait l'appeler que d'une cabine publique, et ils convinrent de se retrouver toujours ici, au même endroit, près du bar tchèque, afin de ne pas discuter d'un lieu de rendez-vous au téléphone.

Une relation criminelle avec un ressortissant étranger venait de se mettre en place.

La fameuse bière tchèque était blonde et servie dans des chopes couvertes de buée, preuve qu'elle était à la bonne température. Il est vrai qu'elle se trouvait sur les autres tables et qu'au moment où leur bande parvint enfin à pénétrer dans la salle, justement, il n'y en avait plus. Il n'y avait plus de saucisses non plus, les serveurs apportaient de la bière Jigoulevskoïe et des biscuits salés inconnus. À la table voisine, on réduisait en charpie des voblas[1]

1. Poisson très bon marché. Les Russes boivent généralement la bière accompagnée de poisson fumé.

introduits en contrebande, et on rajoutait de la vodka dans la bière – sous la table.

Cela donnait envie de prendre des photos mais, premièrement, c'était un peu risqué et, deuxièmement, il n'y avait pas assez de lumière.

La bière tchèque ayant réapparu de façon mystérieuse, ils furent bien obligés de boire encore deux chopes. Ils sortirent de là éméchés et très gais. En cadeau d'adieu, Pierre offrit à Ilya son Hasselblad. Ou plutôt, il commença par proposer un échange, mais Ilya fut incapable de donner son Fédia.

« C'est un cadeau de mon père. Ce n'est pas juste un objet, il fait partie de ma vie. »

Pierre enleva alors de son cou la courroie mate et striée, et dit :

« Je comprends. Prends-le. »

L'oncle Orlov leur avait fait cadeau de sa sacoche de comptable. Elle était lourde, remplie de livres. Près du métro, ils se séparèrent et partirent dans trois directions différentes. Ilya et Pierre avaient décidé de se balader dans le centre, et Orlov s'en alla lui aussi à pied, il habitait sur la place d'Octobre.

C'était Micha qui portait la sacoche d'Orlov pleine de livres. Il prit le métro avec Sania. Les réjouissances se poursuivaient, bien que le festival fût officiellement clos. Des foules de joyeux fêtards ivres, un peu fatigués par deux semaines de festivités, profitaient à fond de cette dernière soirée.

Les étrangers qui avaient temporairement embelli le paysage moscovite n'étaient plus très nombreux. Ils devaient être en train de faire leurs valises, de dormir, de se livrer aux derniers échanges de marchandises, de vendre le reste de leurs devises, et de finir d'embrasser des jeunes filles soviétiques qui goûtaient pour la première fois aux délices de l'amour avec un

Autrichien, un Suédois, ou un citoyen de la république indépendante du Ghana.

C'était le triomphe de l'amitié entre les peuples. Finalement, en dépit de tout ce qu'on avait inculqué aux Soviétiques depuis des années, les étrangers étaient des gens très gentils – pas un seul capitaliste, rien que des communistes et des sympathisants. Comme Picasso avec sa colombe et Federico Fellini le progressiste.

Sania et Micha passèrent la moitié de la nuit à parler de l'amélioration des mœurs en Russie, assis sur un banc dans la cour de la « maison-commode » de la rue Tchernychevski. Ils firent l'éloge de Khrouchtchev, qui avait « ouvert » le rideau de fer. Puis ils en vinrent à des sujets plus personnels. Micha relata à Sania ce qu'il n'avait pas exposé de façon tout à fait claire à ce joyeux luron d'Ilya, il lui parla de la pauvre Minna, de leurs relations impures, et de cet arrière-goût pénible dont il ne pourrait apparemment pas se débarrasser jusqu'à sa mort.

Sania hochait la tête sans rien dire. Il s'était toujours représenté ce mystère entre les hommes et les femmes comme quelque chose de sale, de répugnant et d'attirant à la fois. Il était impossible d'en atteindre l'essence, les mots manquaient pour ça.

Ils se désolèrent un peu, émirent quelques sons inarticulés, et se séparèrent.

Des bribes de chansons leur parvenaient encore de la rue : « *Pas un bruit dans le jardin, tout s'endort jusqu'au matin… Ah ! si vous saviez combien me sont chers les soirs de Moscou…* »

Micha avait oublié sous le banc la sacoche de comptable pleine de livres. Sania n'y avait pas pensé non plus.

Après avoir avalé en vitesse un petit verre pour faire passer sa gueule de bois, Fiodor, le balayeur chanté par Iouli Kim[1], sortit balayer la cour. Il trouva la sacoche, elle ne contenait rien d'intéressant. Juste des bouquins. Il les remit à l'occasion au milicien du quartier.

Cet Orlov rondouillard était considéré par les parents de son ex-femme comme un parfait imbécile, et sa nomination à un poste de diplomate en Russie les avait mis dans tous leurs états : il était le premier, depuis 1918, à franchir la frontière de leur patrie en sens inverse.

La sacoche contenait un cadeau magnifique : six numéros du *Messager de l'ACER*[2] et une traduction en russe de *1984*, le roman d'Orwell, parue aux éditions Possev. Le fait que les garçons liraient ce livre avec cinq ans de retard et à l'état de photocopie n'était qu'un demi-malheur. Le malheur, c'était que dans un compartiment de la sacoche se trouvait une lettre de Macha, l'ex-épouse d'Orlov. Elle avait été envoyée par la valise diplomatique, le nom d'Orlov figurait sur l'enveloppe, et le retrouver ne demandait aucun effort.

Le festival était terminé. Les jeunes filles enceintes d'étudiants noirs n'avaient pas encore eu le temps de découvrir leur grossesse que les ennuis d'Orlov avaient déjà commencé. Heureusement, il ne fut pas arrêté, mais on l'expulsa du pays aussi sec. Ce fut la

1. Iouli Kim, compositeur et interprète de chansons, fait partie d'une pléiade de bardes très populaires dans les années 60, 70 et 80, au même titre que Galitch, Vyssotski ou Okoudjava.

2. Revue publiée par l'ACER (Mouvement chrétien, ou Action chrétienne des étudiants russes), association fondée en Europe en 1923 par les plus grands intellectuels chrétiens de l'émigration russe, qui a tenu une place importante dans la vie culturelle de l'émigration. La revue et les éditions Possev, citées plus bas, étaient farouchement antisoviétiques.

fin de sa carrière diplomatique. Son ex-femme et ses beaux-parents reçurent ainsi la confirmation que Nicolaï était vraiment un parfait imbécile incapable de quoi que ce soit.

En revanche, les garçons, eux, n'eurent à souffrir de rien.

Le chapiteau vert

Olga, un petit bulbe rose et jaune bien compact à la peau fine et soyeuse, sans tavelures ni plissures, plaisait autant aux hommes et aux femmes qu'aux chiens et aux chats. Et on ne comprenait pas comment cette fille si saine et si gaie, tout en fossettes rieuses, avait pu être engendrée par des parents maussades et plus très jeunes, des carriéristes, des membres du Parti, ayant secrètement rendu de grands services au pouvoir et ostensiblement comblés de ses faveurs – décorations, automobiles personnelles, datcha dans un village de généraux et colis alimentaires dans des sacs en papier kraft marron et des boîtes en carton, livrés directement chez eux par des réseaux de distribution internes.

Ce qui était encore plus surprenant et encore plus incompréhensible, c'est qu'elle emmagasinait avec confiance tout ce qu'ils disaient de bien, et ne remarquait absolument pas tout ce qu'ils faisaient de mal. Elle était devenue en grandissant une personne intègre avec des principes, elle faisait toujours passer les intérêts communs avant ses intérêts personnels, elle avait intégré aussi bien la haine des riches (d'ailleurs où étaient-ils ?) que le respect envers les travailleurs, comme par exemple Faïna Ivanovna, leur femme de ménage, Nicolaï Ignatiévitch, le chauffeur de la Volga noire de son père, et Evguéni Borissovitch, celui de la Volga grise de sa mère.

Comme il était facile et amusant d'être une gentille petite Soviétique ! Le camp de pionniers d'Artek[1], avec ses nuits bleues et ses foulards rouges, se conjuguait à merveille avec les colis spéciaux de nourriture, et les voitures personnelles de ses parents qui la conduisaient à la datcha tous les samedis, avec l'égalité et la fraternité. Elle ne se sentait coupable de rien envers personne, et aimait d'un amour joyeux et serein Lénine-Staline-Khrouchtchev-Brejnev, sa Patrie et le Parti. Elle était moralement fiable, comme il était écrit dans son dossier lorsqu'elle entra aux komsomols en classe de quatrième, et son niveau d'instruction politique était très élevé.

Son père, Afanassi Mikhaïlovitch, travaillait dans le génie militaire, et sa mère était rédactrice d'une revue, une revue pas vraiment littéraire, plutôt orientée vers l'éducation.

Antonina Naoumovna (elle venait d'une famille orthodoxe qui donnait des noms de saints aux enfants, et pas du tout d'une famille juive) était diplômée de l'Institut de philosophie et de littérature de Moscou, si bien qu'elle était pratiquement écrivain. Et sur décision de ses parents, Olga fut destinée à des études de lettres.

La première année d'université ne laissait rien augurer d'inquiétant : la jeune fille se lança de bon cœur dans les activités sociales, elle fut élue au bureau des komsomols, travailla à merveille et avec zèle, et se trouva un fiancé, un jeune homme très bien. Un gars

1. C'était dans ce camp de pionniers « modèle » qu'étaient envoyés les enfants des membres de la nomenklatura et des communistes étrangers.

qui avait la tête sur les épaules, d'une famille de militaires, et pas un littéraire, il était étudiant à l'Institut d'aviation. En dernière année. Vova plaisait beaucoup à Antonina Naoumovna : il avait une large carrure, une belle taille, une vague de cheveux blonds qui lui balayait le front, il s'habillait correctement (un pull décoré d'élans tricotés main), et l'hiver, il portait un blouson d'aviateur en cuir, la tenue qui faisait rêver dans les années trente, ce qui en imposait énormément à Antonina Naoumovna.

Le mariage d'Olga fut célébré à la fin de sa première année d'université, au début du mois de juin, parce que « mariage de mai porte malheur », comme disait leur femme de ménage Faïna Ivanovna, un puits de sagesse populaire.

Vova emménagea chez le général, dans la chambre d'Olga. Il y avait à la maison tout ce qu'il fallait pour loger une personne supplémentaire, on acheta juste un nouveau lit, plus large. Et, bizarrement, ce fut le général lui-même qui s'en chargea. Olga avait catégoriquement refusé d'aller faire un achat aussi équivoque, et Antonina Naoumovna était complètement débordée à cause d'un énième congrès d'enseignants ou de médecins soviétiques. S'étant rappelé qu'il avait vu un magasin de meubles sur le quai de Smolensk, Afanassi Mikhaïlovitch avait dit à sa femme qu'il l'achèterait lui-même. Et il était passé là-bas après son travail. En fait, c'était un magasin d'antiquités. Le général se promena longuement parmi des meubles de tous les temps et de tous les peuples, et se souvint de son grand-père ébéniste. Il n'avait pas pensé à lui depuis cinquante ans, et là, brusquement, au milieu d'étagères en bambou branlantes, de bureaux monumentaux avec des compartiments secrets, et d'un sous-bois blanc à dorures constitué de chaises et de fauteuils Empire, voilà que ressuscitait le petit vieillard maigre avec ses énormes mains brunes et noires, et des yeux perçants au fond des poches molles et aqueuses de ses cernes. L'odeur de l'atelier de son grand-père lui revint, une odeur d'alcool, de térébenthine et de vernis, épaisse, presque comestible... Et aussi comment il lui avait appris, quand il était gamin, à poncer, à raboter, à polir.

Afanassi Mikhaïlovitch se promena longtemps dans le magasin, ayant oublié pourquoi il était venu, puis la mémoire lui revint et il acheta un lit à deux places en bouleau madré, ouvrage d'un serf à l'imagination fertile, sans penser une seconde aux jeunes komsomols amateurs de camping et de nuits à la belle étoile qui allaient maintenant devoir œuvrer pour l'avenir entre des colonnes torsadées, entourés de quatre chérubins.

Le lit produisit effectivement une forte impression par sa totale absence de grâce et son allure pompeuse, mais ne freina en rien les élans conjugaux. Son petit-fils Kostia[1] vint au monde très exactement dix mois lunaires après le jour du mariage.

Quant au général, il prit dès lors l'habitude de fréquenter le magasin d'antiquités et, au grand étonnement d'Antonina Naoumovna, se mit à remplacer peu à peu leur bon vieux mobilier stalinien par des meubles tarabiscotés très anciens, et en plus, il les restaurait lui-même.

Afanassi Mikhaïlovitch avait dix ans de plus que sa femme, elle sentait déjà depuis longtemps en lui les prémices de la vieillesse et considérait à présent cette nouvelle passion comme une lubie de vieillard, du reste inoffensive. Il s'était installé un atelier à la datcha et partait volontiers bricoler là-bas, perdant de plus en plus son allure martiale et cette vision poli-

1. Diminutif de Constantin.

tique à long terme que sa femme appréciait tant chez lui.

Antonina Naoumovna n'avait pas été enchantée de voir un enfant arriver aussi vite. Olga n'avait pas encore dix-neuf ans quand elle ramena de la maternité un paquet enveloppé d'une couverture en soie bleue. Le paquet en question s'avéra exemplaire, le portrait tout craché de ses parents : il mangeait, dormait et faisait caca à heures fixes, souriait à tout le monde et laissait Olga se consacrer à la philologie, si bien qu'elle n'eut même pas à prendre de congé maternité pour s'occuper de son enfant jusqu'à ce qu'il soit en âge de marcher.

Faïna Ivanovna, qui travaillait dans la famille depuis les années d'après-guerre et avait élevé Olga dès sa plus tendre enfance, avait eu l'intention de partir à la naissance de l'enfant pour aller dans une autre famille de deux personnes où il y avait moins de travail, et qui tentait de la débaucher depuis longtemps. Mais le petit Kostia ensorcela si bien son vieux cœur qu'elle prit soin de lui jusqu'à sa mort.

Vers la fin de ses études, qui se déroulaient parfaitement bien, il se produisit un événement qui détruisit cette belle entente familiale. À l'université, cette Olga si pure était soumise à une influence délétère, et lorsque l'un de ses professeurs secrètement antisoviétique, un ennemi du peuple, cela va de soi, fut envoyé en prison pour un pamphlet publié à l'étranger[1], elle signa une lettre pour sa défense avec quelques-uns de ses camarades de classe, de jeunes crétins sortis du droit chemin. Et elle fut renvoyée de l'université avec

1. Il s'agit de Siniavski, et le procès dont il sera question plus bas est le sien et celui de son ami Daniel. Les deux hommes furent condamnés en février 1966 à cinq années de camp, et Siniavski finit par émigrer en France, où il enseigna à l'université.

les autres signataires. Antonina Naoumovna se repentit d'avoir mis sa fille à l'université, mais il était trop tard. S'il avait su à quoi mènerait cette respectable éducation, le martial Afanassi Mikhaïlovitch aurait sûrement pensé à la phrase : « Celui qui augmente sa science augmente sa douleur. » Mais il ne connaissait pas l'Ecclésiaste, aussi, lorsque cette instruction universitaire nocive influa sur le destin de sa fille de façon si dramatique, il déclara avec amertume à sa femme Antonina :

« Tu vois ce que cela a donné, ton université ! Je te l'avais bien dit, il faut rester simple, plus proche du peuple. Ça lui a complètement tourneboulé la cervelle, à cette petite... Si on lui avait fait faire des études d'ingénieur, elle ne se serait pas mis toutes ces turpitudes dans la tête... On ne l'a pas assez surveillée. »

Sur ce point, Afanassi Mikhaïlovitch n'avait peut-être pas tort. Depuis la nuit des temps, il se produit dans les universités une fermentation intellectuelle que le général réprouvait, non par devoir envers le Parti, mais par inclination naturelle.

« Il faut toujours qu'ils coupent les cheveux en quatre ! » disait-il avec colère chaque fois qu'il se heurtait à quelque chose qu'il ne comprenait pas. Et il était de plus en plus fréquent qu'il ne comprenne pas sa fille. Même les choses simples, elle s'était mise à en parler de façon hermétique, comme si elle voulait en mettre plein la vue à son propre père. Son gendre, il faut lui rendre cette justice, ne partageait pas les façons de voir d'Olga. Les époux se disputaient de temps en temps, sur des questions politiques, étant donné qu'ils n'avaient pas d'autres problèmes : ils étaient logés-blanchis-nourris, avec une nounou, une datcha et des colis alimentaires... Tant et si bien que, peu après qu'Olga eut été renvoyée de l'université, Vova partit en claquant la porte et retourna vivre chez sa mère.

Si Olga avait écouté ses parents, si elle s'était repentie publiquement, qu'elle avait versé quelques larmes et écrit la déclaration qu'on exigeait d'elle, les choses ne seraient pas allées jusqu'au renvoi. Mais, comme nous l'avons dit, c'était une personne intègre avec des principes (ses parents lui avaient inculqué cela depuis l'enfance), et elle refusa catégoriquement de faire amende honorable, de reconnaître son erreur, et de stigmatiser la conduite de ce professeur scélérat, qui était son directeur de maîtrise.

L'arrestation du professeur avait eu lieu début septembre. Olga avait été convoquée pour un premier interrogatoire à la fin du mois, et l'honnête jeune fille avait dit la vérité, rien que la vérité. Comment aurait-elle pu faire autrement ? Et sa vérité, c'était que le professeur était un chercheur brillant, qu'il se montrait critique envers beaucoup d'aspects de la vie soviétique, que ses critiques étaient justes, et qu'elle, son élève, partageait entièrement ses opinions sur la littérature et sur la vie. Sa déposition ne porta guère préjudice à l'intéressé, quant aux erreurs de la fille, c'était à ses parents d'en répondre. Afanassi Mikhaïlovitch fut convoqué dans un endroit secret pour un entretien musclé, on le malmena un peu, et il prit sa retraite quelque temps après. Il s'installa dans sa datcha. Au fond de son cœur, il était même content de ce changement. Il se sentait bien à la campagne, il s'exerçait là-bas à pratiquer un vieux métier de famille et, s'il en voulait toujours secrètement à sa fille, il ne laissait pas les émotions provoquées par ces ennuis familiaux lui gâcher la vie ni faire monter sa tension. Il avait autre chose dans son existence, un exutoire.

Antonina Naoumovna, elle, avait pris les devants. Avant même que sa direction ne s'avisât de lui passer un savon pour avoir mal élevé sa fille, elle publia dans sa revue un article furibond à propos du livre diffamatoire de l'ex-professeur, et offrit ses services comme accusateur public dans un procès politique contre cette canaille. Depuis, ses rapports avec sa fille s'étaient complètement détériorés.

Olga vivait à la maison comme une étrangère. Elle ne racontait rien, arrivait, repartait, tantôt elle allait se promener avec Kostia, tantôt elle disparaissait pendant un jour ou deux. Le procès du professeur et de son ami qui avait fait passer le manuscrit en Occident, un écrivain prêt à tout, lui aussi, débuta en février. Olga se rendait au tribunal de Krasnaïa Presnia et se retrouvait parmi une foule de jeunes gens, des hommes et femmes avec des têtes d'intellectuels et des airs insolents. On aurait dit qu'ils se connaissaient tous entre eux. De temps en temps, un homme sortait une bouteille de sa serviette ou bien une flasque de sa poche et les faisait passer à la ronde. Dans ces moments-là, Olga se sentait seule et malheureuse : on ne lui en proposait pas. Un jour, elle entra dans un café près du tribunal, moins pour manger quelque chose que pour se réchauffer, et se retrouva à la même table que cette bande. Dès qu'elle leur eut raconté qu'elle avait fait sa maîtrise sous la direction de l'accusé et avait été renvoyée de l'université pour cette raison, ils la reconnurent comme l'une des leurs.

Un jeune homme de haute taille qu'elle avait déjà remarqué dans la foule (en dépit du froid glacial, il ne portait pas de chapka et ses boucles étaient couvertes de neige, de temps en temps, il sortait un appareil photo ou fourrait un papier dans les mains de quelqu'un, une fois, on l'avait embarqué dans un car devant tout le monde et on l'avait emmené), ce jeune homme si gai, donc, lui proposa un peu de vodka de contrebande, juste sous la pancarte spécifiant qu'il était strictement interdit d'apporter et de consommer des boissons alcooliques, et elle en but presque un demi-verre.

Et là, ce fut le bonheur absolu. Il y avait une odeur de raviolis trop cuits et de pelisses mouillées, avec des relents de chlore et d'alcool frelaté, quelque chose de dangereux et d'insolent, et Olga sentit qu'elle était admise dans le parti de ceux qui sympathisaient avec les accusés. Ce sentiment ressemblait à la joie collective de son enfance, celle des réunions de pionniers, des feux de camp qui crépitent sous un ciel d'un bleu électrique, des équipées de komsomols partant récolter les pommes de terre et des chansons qu'ils chantaient dans le train, seulement il était clair que toutes ces émotions puériles n'avaient été que le substitut ou le présage de cette communauté véritable de gens intelligents, importants et intrépides. Ils avaient l'air de loyaux camarades, ils se tapaient sur l'épaule, éclataient parfois de rire, mais la plupart du temps, ils se chuchotaient des choses d'un air mystérieux. Le plus attirant, à cette table, était le grand garçon bouclé. Il s'appelait Ilya. C'était lui qui servait à boire.

Si bien que sa famille continua à vivre comme par le passé, tandis qu'Olga, elle, menait une existence entièrement nouvelle. Le procès se termina, les antisoviétiques écopèrent de la condamnation qu'ils méritaient, ils s'en allèrent purger leur peine, et le cercle des gens qui s'étaient attroupés dans la cour du tribunal se resserra.

Le mot « dissident » ne s'était pas encore implanté dans la langue russe, l'expression « génération des années soixante » n'était pour l'instant associée qu'aux disciples de Tchernychevski [1], mais les cerveaux intelligents étaient déjà infectés par des pensées

1. Elle désigna par la suite la génération du dégel khrouchtchevien.

aussi discrètes que des vers et aussi dangereuses que des bacilles. Ilya les exposait à Olga sous une forme accessible, dans les intervalles entre des étreintes qui avaient lieu dans la pièce de la rue Arkhipov, où il avait vécu avec sa mère avant son mariage et dont il n'avait jamais vraiment déménagé après. Il y amenait Olga de temps à autre, uniquement le matin, car sa mère travaillait de huit heures à treize heures comme infirmière dans un jardin d'enfants.

Ilya connaissait bien le professeur envoyé dans un camp, et il connaissait aussi presque tous les gens qui s'étaient retrouvés dans la cour du tribunal, mais en plus de cela, de façon générale, il savait absolument tout, et particulièrement ce qui était écrit dans les notes en petits caractères. On avait même l'impression que plus les caractères étaient petits, plus cela l'intéressait. Il en savait surtout beaucoup sur ce qui ne figure pas dans les ouvrages universitaires. Il puisait ses connaissances dans les bibliothèques où il avait passé énormément de temps pendant ses années d'école et après. À la grande surprise d'Olga, cet Ilya follement cultivé n'avait pas fait d'études supérieures, juste des études secondaires, il ne voulait pas travailler pour l'État et, afin de ne pas faire l'objet de poursuites de la part des autorités, il était officiellement employé comme secrétaire par un académicien.

Les amours d'Olga et d'Ilya se déroulaient principalement à pied, en promenades à travers un Moscou secret qu'il connaissait bien. Parfois, il s'arrêtait devant une petite maison de guingois avec un perron de travers et déclarait : « C'est une maison d'avant l'incendie, elle était fréquentée par Viazemski... C'est ici que Mandelstam descendait, chez son frère... Voilà la pharmacie dans laquelle Éléna Sergueïevna, la femme de Boulgakov, venait chercher des médicaments pour son mari... »

Mais ce qu'il connaissait le mieux, c'étaient les futuristes, toute l'avant-garde russe. Ils passaient des heures devant les éventaires des librairies d'occasion où il connaissait aussi tout le monde et où tout le monde le connaissait, à feuilleter des plaquettes imprimées sur un papier poreux et grisâtre. Parfois il les achetait, parfois il se contentait d'un claquement de langue. Un jour, il obligea Olga à courir chez elle emprunter cent roubles à ses parents pour acheter une édition rare de Khlebnikov.

Une année passa ainsi, et ils n'en finissaient pas de se promener dans des ruelles ou de boire avec les amis d'Ilya qui étaient tous plus singuliers les uns que les autres : il y avait un musicologue, un jockey, un troisième était conservateur d'un parc naturel et ils allaient lui rendre visite sur l'Oka, un autre était un authentique prêtre. Le plus gentil était un rouquin qui enseignait à des enfants sourds-muets. Avant cela, jamais Olga n'aurait pensé qu'il existait sur terre autant de gens intéressants, et tellement différents, avec chacun sa philosophie, sa religion… Il y avait même un bouddhiste ! Et elle lisait. C'était comme faire de nouvelles études universitaires, mais bien plus passionnantes, et puis les livres qu'Ilya lui donnait à lire étaient soit anciens, soit importés, ils venaient de l'étranger. Un jour, il demanda à Olga de lui traduire une petite brochure catholique en français sur les miracles de Lourdes.

Ils étaient si bien ensemble, c'était si intéressant, qu'Olga avait du mal à imaginer qu'Ilya avait une femme qu'il allait retrouver tard dans la nuit. Puis il y eut des changements dans sa vie familiale, il lui disait de moins en moins souvent qu'il devait aller dans le quartier de Timiriazev, jusqu'au jour où il retourna définitivement vivre chez sa mère, dans l'appartement communautaire. Et Olga fit la connaissance de la discrète Maria Fiodorovna.

Au fur et à mesure qu'elle s'éloignait de ses parents, Vova, lui, faisait de plus en plus partie de la famille. Il venait tous les dimanches, recevait des mains de Faïna Ivanovna son fils équipé pour sortir, le promenait, et le ramenait pour le déjeuner. Il lui donnait à manger lui-même, le couchait, puis déjeunait avec ses beaux-parents, chaque fois sur invitation spéciale, après avoir un peu refusé et bien fait comprendre que ce repas dominical (pas vraiment un repas de fête mais presque) n'était pas du tout ce qui l'intéressait, que ce qui l'attirait, ce n'étaient pas les pirojki boursouflés et insuffisamment salés de Faïna Ivanovna, mais uniquement les relations familiales en soi.

Olga n'était jamais là le dimanche et généralement on ne parlait pas d'elle, le point sensible était le même pour tout le monde, avec les mêmes relents d'insulte, de perplexité et d'une trahison totalement inexplicable. Le mari délaissé était en outre fortement démangé par son jeune amour-propre masculin. Il faut dire à son honneur qu'il ne prit sa première maîtresse qu'au bout de deux ans, quand Olga demanda le divorce. Jusque-là, il s'était senti un homme marié en voyage d'affaires pour un temps indéfini, il observait une fidélité absurde et payait une pension alimentaire de quarante roubles que personne ne lui demandait. Il avait toujours l'impression qu'Olga allait retrouver la raison et qu'ils allaient recommencer à vivre en bonne entente, en reprenant les choses à l'endroit où leur vie de couple avait dérapé.

Lorsqu'elle apprit qu'Olga demandait le divorce, Antonina Naoumovna se retrancha dans une fureur muette. Elle savait se maîtriser, ses passions bouillonnaient dans les profondeurs secrètes de son organisme. Plus elle se maîtrisait, plus ses mâchoires se contractaient et plus ses yeux ternes lui sortaient des orbites. Elle ne disait pas un mot à Olga et ne lâchait jamais la vapeur à la maison, elle savait se défouler à la rédaction. Ses collaboratrices tremblaient de peur, l'une d'elles donna sa démission tellement elle était terrorisée, et une secrétaire qui lui était dévouée corps et âme fit un léger infarctus.

Depuis qu'il avait pris sa retraite, Afanassi Mikhaïlovitch savourait tranquillement sa petite vie toute simple. Il ne possédait pas la subtilité émotionnelle de sa femme et n'était pas pressé de rayer aussi résolument sa fille de sa vie, il l'avait juste mise de côté, et ne souffrait pas avec autant de véhémence qu'Antonina Naoumovna.

Visiblement, Olga avait senti la faiblesse de son père, car c'est à lui, et non à sa mère, qu'elle parla en premier des changements survenus dans sa vie. Mais il y avait aussi là un calcul que l'on ne comprit que plus tard.

À la mi-février, elle se rendit à la datcha. En autobus, comme les simples mortels. Un jour de semaine, ni le matin ni le soir, dans l'après-midi. On venait justement d'apporter de la nourriture du sanatorium de l'armée voisin, une livraison à domicile, un repas constitué de trois plats et d'une excellente brioche sucrée de fabrication locale. Afanassi Mikhaïlovitch était en train de se débattre avec les récipients quand Olga arriva. Il fut tout content car il ne l'avait pas vue depuis longtemps, et la querelle familiale s'était un peu estompée avec le temps. Elle était gaie, tout à fait comme autrefois, mangea sans la moindre hésitation la moitié du repas paternel et but même un petit verre en apéritif pour lui tenir compagnie. Après le repas, elle se pelotonna dans un fauteuil en cuir avec une petite plaque en aluminium sur la nuque. Il y avait encore à la datcha les vestiges d'un mobilier de fonction que le général avait acheté à sa direction pour une bouchée de pain en même temps que la datcha et, en souvenir de son enfance, Olga avait choisi ce monstre familier et non une des vieilleries en bois restaurées par son père, dénuées de tendresse et de vertu soporifique, provenant toujours du même magasin d'antiquités.

« Papounet ! dit-elle en l'appelant par le nom qu'elle lui donnait enfant. Je voudrais vivre à la datcha avec toi. J'amènerais Kostia... Hein ? Qu'est-ce que tu en dis ? »

Afanassi Mikhaïlovitch fut ravi et ne sentit aucune anguille sous roche.

« Tu peux venir habiter ici autant que tu voudras, ce n'est pas la peine de demander ! Mais comment vas-tu faire pour ton travail ? Sans voiture, cela va être difficile... »

Les moyens de transport pour se rendre à Moscou étaient compliqués : jusqu'à Nakhabino, un autobus qui passait non d'après un horaire mais selon son inspiration, et de là, un train de banlieue jusqu'à la gare de Riga.

« Je m'en fiche ! dit Olga en riant. Je ne travaille pas, je fais des études. »

Afanassi Mikhaïlovitch se réjouit. Sa femme ne lui avait pas dit qu'Olga avait repris ses études. Mais le malentendu fut immédiatement dissipé : elle n'était plus à l'université, elle suivait des cours du soir de la ville de Moscou, elle apprenait l'espagnol, on ne sait trop pourquoi. Ces cours n'avaient pas lieu tous les jours, et uniquement le soir. Elle n'avait aucune intention de réintégrer l'université.

Afanassi Mikhaïlovitch réfléchissait lentement, il se demandait pourquoi sa fille s'était brusquement mis en tête de changer de vie, comment sa femme voyait cela, et s'il ne fallait pas prendre conseil auprès de cette dernière avant d'accepter. Et là, Olga mit elle-même les choses au point :

« Peut-être que mon ami viendra un peu vivre ici, lui aussi. »

Le vieux général s'en étrangla d'indignation. Elle avait divorcé sans rien demander à personne, et maintenant qu'elle avait pris un amant, elle voulait l'amener à la maison, elle attendait son accord et sa permission ! Mais, après avoir gardé le silence un moment, il haussa les épaules.

« Tu peux vivre avec qui tu voudras, cela ne me regarde pas... »

Il se rembrunit, termina en vitesse la boulette de viande fournie par l'État, et partit suivre son traitement thérapeutique de l'après-midi – une sieste.

Quelques jours plus tard, une vieille Pobiéda pénétrait sur l'immense terrain du général. Il en jaillit Kostia en pelisse de mouton doré, un gros chiot avec la même fourrure de mouton doré, Olga avec une pile de livres dans les bras, et un grand jeune homme hirsute avec des skis. Les fenêtres de l'atelier dans lequel Afanassi Mikhaïlovitch se débattait avec ses morceaux de bois donnaient de l'autre côté, et il ne les vit pas s'approcher du perron en se bousculant, en tombant et en semant sur la neige des moufles et des livres. Ayant entendu la sonnette, il descendit ouvrir la porte, et vit quelque chose qui, après la solitude de la datcha, lui parut être toute une foule de gens. Kostia piaillait, le chien aboyait, Olga riait avec exagération, et au-dessus d'eux se dressait de toute sa taille un grand homme maigre et dégingandé dans lequel était tapie (le général à la retraite le comprit immédiatement) la racine de tous les maux.

Cette racine s'appelait Ilya Brianski. Il tendit une main osseuse dénuée de chair, dégageant une odeur de tabac bon marché et d'un réactif chimique familier, ainsi qu'une secrète hostilité. Olga aussi dégageait quelque chose de nouveau, quelque chose d'insolent et d'étranger. Seuls son petit-fils Kostia et le chiot bâtard avaient l'air familiers. Mais Afanassi Mikhaïlovitch ne se lança pas dans l'analyse de ses impressions. Il embrassa sa fille et son petit-fils, et se retira au premier étage pour s'y s'adonner à ses travaux manuels. Les odeurs de vernis, de colle à bois et de sciure lui étaient plus salutaires que la valériane. Prenant son papier de verre le plus fin, il se mit à frotter le flanc d'un fauteuil pour le débarrasser d'un vernis outrageant, et sa main savourait la douceur lisse et biscornue de la volute qui supportait l'accoudoir.

D'en bas montaient des éclats de voix, des gloussements, des fous rires qui se muaient en gémissements et en piaillements – des bruits parfaitement incongrus dans cette demeure tranquille et guindée.

Non, mais quelle impudence ! Elle débarquait avec son amant et son petit garçon, comme si de rien n'était !

Ils se mirent à vivre des existences parallèles, Afanassi Mikhaïlovitch sur les victuailles du sanatorium de l'armée et selon son régime habituel – lever à sept heures, thé à huit heures, sieste à onze heures. Tandis que la famille d'Olga, elle, menait une vie de patachon. Ils se faisaient parfois cuire un petit quelque chose, mais la plupart du temps, ils se nourrissaient de sandwichs, la porte du réfrigérateur claquait toute la journée, ils se levaient et se couchaient non à heures fixes, mais n'importe quand, ils partaient se promener ou bien prenaient le thé en pleine nuit, dormaient à des heures indues, piquaient des fous rires et faisaient cliqueter leur machine à écrire presque jusqu'au matin. Et ils n'avaient pas non plus un travail normal, ils s'en allaient tantôt le matin, tantôt au beau milieu de la journée. Olga partait à ses cours à quatre heures et revenait par le dernier autobus. Ilya allait la chercher. Parfois avec Kostia. Non, mais quelle idée de trimbaler un enfant dehors en pleine nuit, par un froid pareil !

Il est vrai qu'ils ne laissaient jamais Kostia seul, ils partaient à tour de rôle. Et s'ils s'absentaient pour la nuit, ils faisaient venir Faïna Ivanovna. En deux mois, ils ne demandèrent qu'une seule fois à Afanassi Mikhaïlovitch de surveiller le petit garçon. Il l'avait pris avec lui dans son atelier, et l'enfant l'avait aidé toute la journée. Il s'était bien débrouillé.

Tous les samedis, Antonina Naoumovna arrivait dans sa Volga grise avec un gâteau et des victuailles. Elle organisait un repas dominical en famille. Le nouveau petit ami de sa fille ne se montra pas en sa présence pendant longtemps, quand le week-end arrivait, il n'était jamais là. Ils ne se croisèrent qu'au début du mois d'avril. Toutes les préventions d'Antonina Naoumovna s'avérèrent justifiées : il ne lui plut pas. D'ailleurs il n'avait rien pour plaire. À part ses cheveux bouclés. Sinon – un visage émacié avec la peau qui lui collait aux os, un nez en bec de corbeau, des lèvres charnues et rouges, comme s'il avait la fièvre. Et puis il était mal fichu : des épaules étroites, des jambes toutes maigres, on avait l'impression qu'il allait se casser en deux, un pantalon trop serré tout gonflé par-devant, pour ça, c'était bien rempli… Alors qu'il était tout chétif ! Pfff !

Elle le salua d'un signe de tête, les lèvres pincées.

« Je me présente. Antonina Naoumovna.

— Ilya.

— Et votre patronyme ?

— Ilya Issaïevitch Brianski », dit-il en insistant lourdement.

« Brianski, bon, d'accord, se dit Antonina Naoumovna, grande spécialiste en ressources humaines, mais Issaïevitch ! Il n'y a que les prêtres et les Juifs qui portent des noms de prophètes... Et aussi les vieux-croyants. » Elle connaissait bien la question, elle avait passé sa vie à se justifier.

Mais que lui fallait-il donc, à sa fille ? Dire qu'à la place de Vova, un garçon si bien bâti et un excellent mari, elle s'était trouvé ce grand escogriffe dégingandé ! Et, ce qui était très déplaisant, le petit Kostia ne le quittait pas des yeux, il lui grimpait dessus comme sur un arbre sec.

À table, toute cette petite famille n'arrêtait pas de pouffer. Antonina Naoumovna remarqua qu'Ilya avait lancé une boulette de pain dans l'assiette de Kostia, et que celui-ci, comme par mégarde, lui mettait une pincée de sel dans sa nourriture. Et Olga qui restait là, à cligner des yeux en souriant d'un air idiot ! Le petit ami avala deux parts de gâteau. Il lécha la crème dessus, comme un chat. Et il termina la part de Kostia. Il aimait bien le sucré. Et il avait sucé sa cuillère... C'était dégoûtant ! Afanassi Mikhaïlovitch avait vraiment eu tort de les laisser vivre ici. Ils n'avaient qu'à se débrouiller tout seuls ! Les choses étaient bien trop faciles pour eux. Et son regard se voila d'une larme sèche et mauvaise.

Les malheureux parents d'Olga ne pouvaient même pas imaginer quelles étaient les occupations du grand escogriffe, ce que tapait la nuit la machine à écrire, et où il se rendait quand il quittait leur somptueuse datcha. Olga, elle, était au courant, c'était elle qui tapait à la machine cette littérature antisoviétique sur du papier pelure. Il est vrai qu'elle ne s'attaquait pas aux gros formats, elle n'était pas assez rapide ni assez qualifiée. Elle tapait des poèmes, surtout Ossip Mandelstam et Iossif Brodsky (elle considérait cela comme son « activité militante »), et les gros livres, elle les confiait pour de l'argent à des personnes plus compétentes, tantôt à Galia Poloukhina, une camarade d'école, tantôt à Véra Léonidovna, une professionnelle.

Ilya allait de temps en temps faire relier les feuillets chez son ami Arthur, et parfois, il les distribuait comme ça, à l'état brut. Arthur confectionnait de merveilleuses petites plaquettes de poèmes avec des reliures en toile. Les livres religieux, il les reliait dans un matériau de qualité conforme à leur contenu, en faux cuir ou en calicot. Mais traiter avec lui n'était pas simple, il ne respectait pas les délais ni les engagements. Ilya gagnait sa vie avec le samizdat. À la différence de la majorité des autres « gutenbergs » de son temps, il ne souffrait pas de l'excès de délicatesse des intellectuels et voulait recevoir, pour le temps qu'il y passait, une rétribution convenable qu'il utilisait dignement, pour assouvir ses passions de photographe et de collectionneur.

Mon Dieu, que de vers ! Que de poèmes ! Jamais la Russie n'a connu une époque pareille, ni avant ni après. La poésie remplissait le vide sans air, elle se transformait elle-même en air. C'était peut-être « de l'air dérobé », comme a dit Mandelstam. La plus haute reconnaissance, pour un poète, ce n'était pas le prix Nobel, mais le bruissement de ces feuillets recopiés à la machine et à la main, avec des fautes et des coquilles, presque illisibles : Tsvétaïeva, Akhmatova, Mandelstam, Pasternak, Soljénitsyne et, pour finir, Brodsky.

« Victor Iouliévitch Schengueli, notre ancien prof de lettres, voilà qui il faut que tu rencontres ! Il te plaira beaucoup. Il est vrai qu'il n'enseigne plus depuis longtemps. Il est salarié dans un musée quelconque. L'important, c'est de ne pas se faire remarquer. »

Le pouvoir soviétique persécutait les gens sans travail, rangeant parmi eux ceux qu'il empêchait lui-même de travailler. Le parasite Iossif Brodsky avait déjà été libéré de sa relégation dans le village de Norenskaïa, et rien ne laissait présager que cinquante ans plus tard, une salle à la mémoire de l'ancien relégué serait inaugurée dans la bibliothèque locale, et qu'une demoiselle usée entre deux âges y organiserait des visites sur le thème « Brodsky à Norenskaïa ».

Olga s'était lancée dans la traduction, d'abord un peu, puis, progressivement, avec de plus en plus d'assurance. Son français lui venait de l'université, et à l'espagnol des cours du soir était venu s'ajouter l'italien, qui était entré tout seul pendant les trajets dans le train de banlieue entre Moscou et la datcha. Elle s'était fait des relations, on lui proposait parfois de traduire des films, et elle s'en sortait très bien. Elle avait aussi d'autres petits boulots qui rapportaient de l'argent – des comptes rendus, des brevets. Ces revenus, d'abord plutôt maigres, étaient devenus assez consistants. Mais tout cela n'était pas officiel. Officiellement, elle avait un poste de secrétaire, comme Ilya. C'était un paravent que beaucoup utilisaient.

Après la mort de son ex-beau-père, quelqu'un d'autre avait embauché Ilya comme secrétaire. C'était lui qui avait trouvé un vieux professeur pour employer Olga. Et ils faisaient tous les deux partie d'un mystérieux comité syndical qui semblait avoir été inventé spécialement pour échapper aux autorités soviétiques.

À la datcha, Ilya s'était installé un laboratoire photo dans le cagibi à côté de la salle de bains. Comme du temps où il était à l'école, il s'était branché sur les canalisations des toilettes et se livrait à ses opérations chimiques pendant la nuit. Afanassi Mikhaïlovitch n'avait rien remarqué, il se lavait le samedi et les autres jours, il ne mettait pas les pieds dans la salle de bains ni dans le cagibi attenant.

Comme ces années de vie commune furent heureuses ! Ilya avait divorcé de sa première femme. Olga et lui s'étaient mariés discrètement, sans le crier sur les toits, et elle lui était dévouée corps et âme. Tout ce qu'il disait, tout ce qu'il faisait était fascinant et nouveau : le samizdat, les photos, les voyages... C'était un amoureux autant de la Russie du Nord que de l'Asie centrale, et il partait souvent en vadrouille. De temps en temps, il emmenait Olga et Kostia avec lui.

Une fois, ils allèrent dans la région de Vologda, à Biélozersk, à Férapontovo, et Kostia se souvenait de ce périple comme d'un voyage enchanté. Tout ce qui s'était passé, chaque journée, chaque heure, était imprimé dans sa mémoire comme sur la pellicule d'un film que l'on peut regarder encore et encore : la partie de pêche à bord d'une barque, la nuit passée dans le foin, la fois où ils avaient grimpé sur des échafaudages dans un monastère, et il avait failli basculer dans le vide mais Ilya l'avait rattrapé par sa veste, et cette histoire follement drôle de l'abeille qu'il s'était fourrée dans la bouche avec un morceau de gâteau rustique à la confiture, et Ilya était allé chercher le bout de gâteau au fond de sa gorge, puis avait adroitement extrait le dard de sa lèvre.

Olga, elle, se souvenait d'autre chose : des fresques de Dionisi en train de disparaître, du monastère à l'abandon, de la paresseuse et somnolente nature nordique dans laquelle, dès le premier coucher de soleil en mica translucide, elle avait reconnu sa véritable patrie.

C'est précisément à ce moment-là, dans les environs de Vologda que, déçue par les idéaux de ses parents, par ses parents eux-mêmes, par le gouvernement et les autorités du pays dans lequel elle était née, par le pays lui-même avec son mode de vie cruel et inhumain, elle avait soudain éprouvé un amour neuf et lancinant pour cette humble et pauvre région du Nord dont son père était originaire. Elle sentait sa gorge se serrer lorsque le soleil, qui se couchait tard, s'enfonçait dans un grand lac et que le ciel pourpre devenait peu à peu argenté, tandis que tout s'argentait autour d'elle, les champs, l'eau, l'air... Cette nuance d'un vert argenté fut elle aussi une des découvertes de ce voyage, c'était Ilya qui l'avait remarquée le premier et la lui avait montrée.

Ces années-là, le général s'était définitivement installé dans son atelier et n'en sortait presque jamais. Sa femme avait peur de perdre son poste, mais dans sa revue, personne ne la poussait dehors : elle était une grosse pointure de la vie littéraire communiste, quelqu'un de presque éminent.

Lorsque Kostia entra à l'école, ils déménagèrent dans l'appartement de Moscou, et Antonina Naoumovna se mit à passer de plus en plus souvent la nuit à la datcha. Sa voiture personnelle faisait l'aller-retour pour l'emmener et la ramener presque deux fois par jour.

Au cours de leur dixième année de mariage, quelque chose s'enraya.

Ilya devint nerveux et buté. La merveilleuse gaieté si enjouée qui le caractérisait fut remplacée par des humeurs sombres. Au début de l'année 1980, il annonça à Olga qu'ils devaient quitter le pays. Cela faisait longtemps qu'ils en parlaient, mais de façon assez abstraite. Et là, brusquement, de but en blanc, il était terriblement pressé de s'en aller.

« Je vais demander une invitation pour toute la famille. Si tu ne veux pas émigrer, il faut qu'on divorce.

— Si, si, je veux bien ! Mais réfléchis un peu. Vova ne voudra jamais laisser partir Kostia. Rien que pour m'embêter. Il va bientôt avoir dix-huit ans, et à ce moment-là, il n'aura plus besoin de l'autorisation de son père. »

Olga avait l'impression qu'Ilya faisait un caprice pour rien du tout. Ils n'étaient pas partis il y a dix ans, qu'est-ce que cela avait soudain de si urgent ?

Ilya insistait, il la bousculait. Olga eut une entrevue avec son ex-mari. Qui ne donna absolument rien. Vova se comporta comme une brute épaisse et hargneuse. C'était même étonnant de voir quel gros porc insensible il était devenu. Il opposa un refus ferme et définitif, et en plus il l'injuria.

Olga suppliait Ilya d'attendre un an. Il était comme pris de frénésie : partir, partir le plus vite possible ! De fait, il était très nerveux. Des rumeurs déplaisantes s'accumulaient autour de son nom, et il craignait qu'elles ne parviennent aux oreilles d'Olga. De façon brutale, sans entrer dans les détails, il déclara que, puisqu'elle ne pouvait partir avec lui à cause de Kostia, ils devaient divorcer de toute urgence.

Pour Olga, c'était une catastrophe, mais une catastrophe bizarre, qui n'avait rien d'obligatoire, en quelque sorte... C'est vrai, on ne comprenait pas très bien pourquoi Ilya était tout à coup si pressé. Il suffisait d'attendre un an, et ils pourraient partir avec Kostia. Ils avaient des tas d'amis qui avaient déjà émigré un peu partout. On n'avait pas besoin de se dépêcher comme ça.

Le point de non-retour fut atteint, et ils entamèrent la procédure de divorce. Commença alors une lune de miel, mais à l'envers. La perspective d'une séparation d'un an, peut-être deux, lui donnait de l'acuité, une exquise douceur et de l'amertume. Même Kostia était gagné par ce sentiment mélangé. C'était un adolescent, il se trouvait à l'âge où on prend ses distances, semble-t-il, mais lui aussi s'accrochait à Ilya, cherchant constamment à s'immiscer dans leur solitude à deux.

Dans ces conditions extrêmes, leur amour se déchaîna et connut de telles flambées nocturnes que les dernières frontières s'écroulèrent, il y eut de terribles aveux, des promesses sous serment furent prononcées ainsi que des vœux impossibles à remplir, comme s'ils avaient eu quinze ans et non près de quarante. Ils se jurèrent que si des obstacles surgissaient, ils consacreraient le reste de leur vie à tout faire pour se retrouver.

Le mécanisme du départ fut enclenché. Et le processus aboutit avec une rapidité inhabituelle. Deux semaines après avoir déposé sa demande, Ilya reçut l'autorisation de partir. Il allait emprunter un itinéraire bien connu : Vienne, et ensuite, partout. L'Amérique avait été suggérée comme destination finale. Un endroit lointain.

La soirée d'adieu eut lieu chez des amis, l'appartement moscovite du général ne convenant pas pour de multiples raisons.

Ces adieux furent tumultueux, avec des hauts et des bas, quelque chose entre un enterrement et un anniversaire. En un certain sens, c'était à la fois l'un et l'autre.

À l'aéroport de Chérémétiévo, parmi la foule de gens nerveux et suants quittant leur pays pour toujours chargés d'enfants, de vieillards et de bagages volumineux, Ilya se distinguait par son air serein et une absence totale de bagage. Sa collection de livres avait été expédiée d'avance à l'étranger par la valise diplomatique grâce à un ami travaillant dans une ambassade. Ce même ami avait également fait sortir du pays les négatifs de ses archives photographiques. Il est probable que le colonel Tchibikov n'en avait pas été informé.

Bien des détails sont restés à jamais obscurs. Par exemple, pourquoi le colonel Tchibikov, qui était déjà général à l'époque, l'avait-il aidé à émigrer, et quels étaient ses plans concernant Ilya ? Son travail à Radio Liberté était-il le couronnement de son évasion vers la liberté, ou bien le prolongement d'un jeu ambigu dans lequel il s'est trouvé empêtré jusqu'à sa mort ?

Il est probable que personne ne le saura jamais.

Ilya disparut dans un trou noir béant entre deux douaniers. Il avait autour du cou son appareil photo bringuebalant, sans pellicule (les douaniers l'avaient sortie et exposée à la lumière), et sur l'épaule un petit sac à dos à moitié vide contenant du linge de rechange et le manuel d'anglais qu'il trimbalait partout depuis deux ans.

La nuit qui suivit son départ, Olga eut une hémorragie et fut transportée à l'hôpital en ambulance. Sa maladie avait commencé bien avant, évidemment, mais c'est ce jour-là qu'elle se manifesta.

La première année sans Ilya s'écoula entre les lettres et les crises. Olga avait terriblement maigri, elle avait perdu l'appétit et mangeait avec dégoût, une cuillerée de flocons d'avoine trois fois par jour. Ses vieilles copines avaient rameuté leurs troupes afin de l'entourer d'amitié compatissante. Antonina Naoumovna plaignait Olga, elle aussi, et plus elle la plaignait, plus elle détestait son ancien gendre.

Entre-temps, Ilya était déjà arrivé en Amérique, où tout s'avéra bien pire que ce qu'il avait imaginé. Et en plus, l'Allemand qui avait sorti du pays la collection de littérature d'avant-garde qu'il avait rassemblée presque depuis l'école faisait traîner les choses et ne lui rendait rien. La valeur des livres, d'après les catalogues des ventes aux enchères, était bien plus importante qu'il ne l'avait pensé.

Les lettres d'Ilya étaient rares, mais extrêmement intéressantes. Olga vivait d'une lettre à l'autre. Elle-même lui écrivait beaucoup, sans tenir compte des lubies de la poste. Pour chaque lettre qu'elle recevait de lui, elle en envoyait une dizaine.

Au bout d'un an, elle subit un coup terrible. Des amis communs lui rapportèrent qu'Ilya s'était marié. Elle lui écrivit une lettre furieuse. Et reçut une réponse tendre et contrite : oui, il s'était marié, l'homme est faible, c'était pratiquement un mariage fictif, il ne vivait pas avec sa femme étant donné qu'elle habitait à Paris, et il fallait bien qu'elle, Olga, comprenne qu'ici, en Amérique, sa situation ne s'arrangeait pas du tout, et qu'il devait tenter sa chance en Europe. Ce mariage avec une Française russe allait lui en donner la possibilité. Il n'avait pas d'autre solution pour l'instant.

Et une légère incursion du côté du passé-avenir : tout cela était provisoire, il y était obligé, notre bonheur est encore devant nous… Et un reproche tout aussi léger : tu aurais pu laisser Kostia pendant un an, on l'aurait fait venir ensuite…

Olga devint folle de jalousie. Qui était cette femme, comment était-elle, d'où sortait-elle ? Elle apprit son nom par des relations. Elle était née à Kiev, avait épousé un Français, avait vécu des années en France, puis était devenue veuve. Il était clair qu'elle n'était plus toute jeune. On n'en savait pas plus. Olga ne fit ni une ni deux, elle se rendit à Kiev. Ce n'étaient pas les amis communs qui manquaient. Et elle qui était d'une droiture innée, elle se mit brusquement et sans crier gare à mentir à qui mieux mieux aux Kiéviens. Et on lui raconta tout. Elle réussit même à extorquer une photo des mariés à une amie un peu gourde de la nouvelle femme d'Ilya : une grosse mémère entre deux âges posait sa main grassouillette sur l'épaule d'un Ilya souriant, et tout cela dans une mairie parisienne. Cette main devint la principale pièce à conviction.

Elle mena une enquête approfondie, apprit une multitude de détails et rentra chez elle, croulant sous une masse d'informations contradictoires, persuadée qu'Ilya lui mentait et que ce mariage n'avait rien de fictif.

À Moscou, elle fut immédiatement hospitalisée. De nouveau, une hémorragie. On l'opéra in extremis et on lui enleva une grande partie de l'estomac. Mais l'ulcère le plus grave se trouvait dans sa trousse de toilette – la fameuse photo en couleurs revêtue d'un sachet en plastique. Désormais, elle ne parlait plus que de l'infamie de son ex-mari. En se réveillant de l'anesthésie, elle dit à son amie Tamara, qui avait entrepris de s'occuper d'elle et se trouvait à son chevet :

« Tu as vu les fleurs sur la photo ? C'est un bouquet énorme, non ? »

On lui avait enlevé une partie de l'estomac, mais pour ce qui était de la blessure saignante de son cœur, là, les médecins n'y pouvaient rien.

Olga exigeait à présent que le monde entier prenne son parti dans ce conflit. Un conflit particulièrement intéressant en ceci qu'il n'y avait pas d'autre parti : son mari divorcé et émigré avait épousé on ne sait qui à l'autre bout de la terre. Les promesses, les vœux et les serments d'un amour éternel, ce n'est pas un parti, juste des mots.

Entre-temps, son fils Kostia s'apprêtait à lui porter encore un autre coup. Il était tombé amoureux d'une fille avec laquelle il était entré à l'institut, d'un amour éternel, pour le restant de sa vie. Ce qu'il y a de plus invraisemblable, et en même temps de tout à fait banal, c'est qu'aujourd'hui, Kostia vit toujours dans l'appartement du général avec cette Léna et leurs enfants devenus grands.

Olga exigeait de Kostia de la sympathie et de la compassion. Et Kostia, l'être qui lui était le plus proche au monde, s'insurgea violemment, il ne voulait pas manifester de compassion et qui plus est, il n'avait l'intention de prendre le parti de personne. Il aimait sa mère, mais il aimait aussi Ilya, et ne souhaitait pas écouter les sempiternels griefs d'Olga à l'encontre de son beau-père. Olga lui en voulut à mort. Pinçant entre deux doigts son pull en tricot noir sur son épaule, elle tira dessus et siffla :

« C'est un pull d'Ilya ? Ça ne lui a pas coûté cher de t'acheter… »

Ilya envoyait de temps en temps des colis au nom de Kostia. Outre les vêtements, ils contenaient des objets de nature indéfinie « pour la maison » tacitement destinés à Olga. Celle-ci remettait à sa mère d'un air dégoûté de monstrueux ouvre-boîtes, des nappes à carreaux écossais en toile cirée, et autres cochonneries bon marché.

Antonina Naoumovna aimait beaucoup tous les menus gadgets ménagers venant de l'étranger, mais elle savait remettre à leur place les infidèles en tout genre.

« En Russie, toute la puissance, toute l'intelligence de nos chercheurs est consacrée à la conception de fusées spatiales et de centrales nucléaires, mais eux, ils s'occupent de fabriquer des ouvre-boîtes ! Qu'est-ce que tu veux… ! Ils sont bien, leurs ouvre-boîtes, il n'y a pas à dire… »

Elle était la seule personne heureuse dans cette histoire. Elle fêtait sa victoire. Olga ne pouvait même pas la regarder, elle était consumée par la haine.

Kostia évitait de répondre, il ne voulait pas entendre dire du mal d'Ilya. Et encore moins des ouvre-boîtes étrangers. À cette époque, il était absorbé par ses propres émotions : l'incomparable Léna était enceinte de trois mois, et il n'arrivait pas à en détacher les yeux. Il avait pour l'amour le même don que sa mère.

Olga rassemblait un dossier sur Ilya. Maintenant, Dieu sait pourquoi, elle avait besoin d'accumuler rétrospectivement des preuves que son mari était un sale type dans tous les domaines. Elle se mit à fréquenter sa discrète belle-mère, qui ne suscitait guère d'intérêt chez elle autrefois, des cousines d'Ilya, ses amis d'enfance, et tous ceux qui figuraient dans son ancien carnet d'adresses. Elle découvrit qu'en classe de quatrième, Ilya avait été renvoyé de l'école pour avoir volé un objectif dans l'atelier de photo de la Maison des pionniers, il avait même été répertorié dans les fichiers de la milice. Une fois, on l'avait surpris à falsifier des documents, oh, rien de très important, juste une carte de lecteur de la bibliothèque d'Histoire. Mais c'était de la malhonnêteté, non ? Elle apprit aussi des choses sur son premier mariage. Que l'enfant qu'il avait abandonné était malade, et qu'il n'avait jamais aidé sa première famille. Que son ex-femme était une personne discrète et pas très futée, mais que durant toute leur vie commune, c'était elle qui l'avait entretenu.

« Évidemment ! » se dit Olga, presque avec joie, quand de lointains parents au énième degré lui racontèrent toutes ces horreurs. Puisque même avec elle, Olga, il s'était comporté en parasite et en exploiteur : pendant qu'elle travaillait comme une folle et qu'elle gagnait pas mal d'argent, lui, il passait son temps dans les bibliothèques, à faire des photos, ou alors il se baladait à vélo, il voyageait, et tout ça, à ses frais à elle ! Enfin, il gagnait un peu d'argent avec ses photos et ses livres, mais il ne rapportait jamais un kopeck à la maison, il dépensait tout pour ses petits plaisirs. Et le pouvoir soviétique n'avait rien à voir là-dedans, c'était tout simplement sa façon de vivre, celle d'un parasite !

Son amie Tamara fut la première à deviner qu'Olga était en train de devenir folle. On aurait dit qu'un démon avait pris possession de cette femme noble et généreuse. Quand elle parlait d'Ilya, le timbre de sa voix, sa manière de s'exprimer, même son vocabulaire changeaient. L'ancienne Olga ne connaissait pas ce genre de mots. Tamara hésita longtemps, et finit par déclarer à son amie qu'elle devait lutter contre sa folie, et que si elle n'arrivait pas à dire non à cette jalousie déchaînée, elle allait se retrouver dans un asile psychiatrique.

Seulement Olga était quelqu'un de très éloquent, elle savait convaincre tout le monde que ce n'était pas une question de maladie et de jalousie, mais de vérité et de justice, et tant qu'elle parlait, tout semblait logique et probant. Il suffisait néanmoins de passer la porte pour voir de nouveau dans ses élucubrations le fruit de la démence qui la consumait. Tant sa force de persuasion était grande. Kostia était le seul à ne pas y succomber. Il aimait toujours autant Ilya, et n'avait aucune intention de le condamner pour d'innommables infamies.

D'ailleurs à quoi bon parler de Kostia ? Il appartenait tout entier, en bloc et intégralement, à une petite jeune fille fragile avec des envies autour des ongles. Et l'émigration était bien la dernière chose à laquelle il pensait, sa vie à lui était ici, une vie toute tracée.

« Pars si tu veux, maman. Sans moi. »

Olga lui fit en particulier une énorme scène le jour où elle découvrit dans son tiroir un paquet de lettres qu'Ilya lui avait envoyées non à leur adresse, mais à la poste restante. Le bureau de poste se trouvait au rez-de-chaussée de leur immeuble. Elle avait commencé par les lire en maîtrisant le tremblement de ses mains et de ses jambes. De longues lettres magnifiquement écrites, les impressions d'une personne ayant quitté l'Union soviétique pour la première fois. Sa première lettre de Vienne parlait à peu près de la même chose que celle qu'il lui avait envoyée à elle : de la confrontation avec un mirage qu'il faut dépasser, de l'incrédulité face à une réalité si profondément différente de celle à laquelle les yeux, le nez et le goût sont habitués depuis toujours. Dans une autre lettre, écrite la veille de son départ pour l'Amérique, elle lut une phrase qui la blessa profondément : « La survie ici, en Occident, est directement liée à la faculté de se détacher complètement de tout ce que l'on a vécu là-bas, en Russie. » À présent, elle se comptait elle aussi au nombre des choses dont il fallait se détacher pour survivre. Puis venaient les lettres envoyées de New York, et là, beaucoup étaient des doublons de celles qu'il lui avait écrites à elle. Sur la tragique incompatibilité des cultures américaine et russe, sur la superficialité de la culture américaine, non au sens général et banal, mais au sens premier du terme, ce qui relève de la superficie, de la surface – la surface bien lavée des corps humains, les vêtements qui sentent la lessive et la teinturerie, l'asphalte étincelant de propreté... Ici, l'emballage, tout ce qui enveloppe et recouvre, était tout aussi important que le contenu. Il avait passé une journée entière à chercher quelque chose à photographier et avait fini par trouver, en plein centre de Harlem, un énorme dépotoir avec des gravats et d'autres déchets, ordinaires et humains, sur lequel se détachait un nègre souriant et édenté vêtu d'un tee-shirt blanc comme neige, un banjo entre les mains. La dernière lettre d'Amérique était triste et étrange. Il écrivait à Kostia, qui n'était encore qu'un adolescent : « Seule une mue totale, l'acquisition d'une nouvelle surface, d'une nouvelle peau avec de nouveaux récepteurs, permet de survivre ici. Chose bizarre, cela ne concerne pas le contenu, ce qui est à l'intérieur. Ses pensées, celles qui sont les plus originales et s'accordent le moins avec leur vie difficilement compréhensible, on peut les garder pour soi. Cela n'intéresse personne. Mais pour s'introduire dans cette société, il faut observer des rituels de communication assez simples. Le stupide ballet de la vie occidentale. J'y suis prêt, bien que cela m'oblige à une série de décisions pénibles. »

Pour Olga, ces lettres étaient terriblement révélatrices. Elle se dit même qu'il lui aurait été plus facile de supporter cette rupture si Ilya était tombé amoureux d'une jolie fille, jeune et intelligente. Mais elle se ravisa aussitôt : non, soyons honnête, cela aurait été tout aussi pénible. Au bout du compte, quelle importance, la raison pour laquelle il l'avait abandonnée, que ce soit pour un nouvel amour ou par intérêt. Dans les deux cas, c'était épouvantable. Jamais elle ne soupçonna la véritable raison de son départ. Par amour, par confiance, par candeur.

Olga reprochait à son fils de l'avoir trahie, tout en étant consciente de l'injustice de ses exigences, mais elle lui confisqua les lettres. Kostia ne dit rien.

Lui aussi, il plaignait sa mère, mais il ne pouvait pas abonder dans son sens. Et surtout, il n'admettait pas qu'elle ait fouillé dans le tiroir de son bureau au fond duquel, outre les lettres, se trouvaient des préservatifs. C'était cela qui le gênait et le rendait furieux. Il ne comprenait pas que sa mère, embourbée jusqu'au cou dans sa jalousie, n'avait pas prêté la moindre attention à ces petits sachets en papier.

Entre-temps, elle avait découvert que la cousine germaine d'une amie d'université habitait à Paris et connaissait bien cette Oxana de Kiev. Elle reçut par elle de nouvelles informations confirmant ses soupçons. Ce mariage n'avait rien de fictif ! Oxana, cette vieille peau, était amoureuse d'Ilya, elle avait même échangé son deux-pièces contre un trois-pièces dans l'attente de son jeune époux...

Tamara la conjurait de changer de disque : arrache-le de ton cœur et jette-le, ça ne peut pas continuer comme ça ! Il n'est plus là, considère-le comme mort. Vis ta vie. Olga se contentait de hausser les épaules.

Afanassi Mikhaïlovitch mourut moins d'un an après le départ d'Ilya. Il fut enterré dans le cimetière de Vagankovo, à un bon emplacement, là où reposaient des hauts gradés, mais sans salves d'honneur. Personne ne se souvenait du général qu'il avait été. Pourtant, pendant la guerre, il avait parcouru toute l'Europe à pied et avait terminé à Vienne comme lieutenant-colonel. Il n'avait pas fait la guerre dans les états-majors. Il avait construit des ponts, organisé des traversées de rivières.

Olga remarqua à peine la mort de son père.

Elle enrageait en pensant que maintenant, elle allait se retrouver dans cet appartement de fonction avec sa mère bientôt à la retraite, avec son fils et sa jolie Léna. Et elle, qu'est-ce qu'elle avait, dans la vie ?

Quelle idiote, non mais quelle idiote ! Elle aurait dû partir avec Ilya ! Maintenant, tout était sali, souillé, piétiné. Et c'était cela, le plus difficile à accepter. Si elle était partie à l'époque, toute sa vie aurait tourné autrement.

Au fur et à mesure que ses plaintes tumultueuses et ses griefs contre son ex-mari se solidifiaient en formules toutes faites, sa colère ardente se transformait en une haine non moins ardente. Elle ne cessait de maigrir et de jaunir, elle ressemblait maintenant à un bulbe desséché, elle avait des maux de ventre, et à cela venaient s'ajouter d'autres symptômes déplaisants.

Pendant ce temps, Ilya se frayait un chemin en Occident, mais cela ne donnait toujours rien. Sa correspondance avec Kostia s'était interrompue après qu'Olga eut fait suivre à sa femme Oxana une lettre dans laquelle il lui parlait à elle, Olga, de la nécessité de contracter un mariage fictif pour assurer matériellement son existence, et de leur amour éternel et sans fin.

Deux ans après le départ d'Ilya, on lui diagnostiqua un cancer. Elle fut traitée dans un institut d'oncologie, elle allait de plus en plus mal, les médecins avaient fait comprendre à son amie Tamara que le processus était irréversible et qu'il fallait se préparer au pire. Antonina Naoumovna avait cessé de lui rendre visite à l'hôpital. Elle redoutait plus que tout de voir sa fille mourir sous ses yeux.

Tamara, une chrétienne de fraîche date, essayait de faire pour le mieux et tentait par tous les moyens de montrer à Olga le chemin de l'acceptation et de l'amour. Mais cela ne donnait aucun résultat, Olga n'éprouvait pas le moindre intérêt pour l'Église, elle refusait de voir un prêtre, cela lui faisait même peur quand Tamara abordait le sujet. Elle mettait tous ses malheurs et sa maladie mortelle sur le dos d'Ilya. À cette époque, il était enfin sorti de la pauvreté et de l'anonymat, il avait déménagé à Munich, avait été engagé à Radio Liberté, et parlait sur les ondes à l'intention de la Russie. Olga ne manquait pas une seule de ses émissions. La nuit, elle allumait son transistor et, captant sa voix venant de Munich à travers les brouillages, elle l'écoutait, tétanisée. Que pouvait-elle bien ressentir ?

En voyant son visage plein d'amertume, Tamara décida d'écrire à Ilya qu'Olga était mourante, que Dieu attend de nous tous le pardon et l'amour, et que c'était à lui de faire le premier pas.

Cette lettre n'apprit rien de nouveau à Ilya car il correspondait avec Kostia et était au courant de tous ces tristes événements. Il n'était pas insensible. Il mit longtemps à rédiger sa lettre, il pesa chacune de ses phrases, en y réfléchissant longuement et en les adaptant à l'état d'Olga.

C'était la fin du mois de décembre, beaucoup de malades sortaient de l'hôpital pour le Nouvel An, et certains rentraient chez eux pendant quelques jours. Tamara était allée trouver le médecin traitant pour lui demander de laisser Olga passer le réveillon chez elle.

« Sous ma responsabilité ! » insista-t-elle.

Le médecin l'avait considérée avec attention et avait répondu :

« Bon, Tamara Nicolaïevna, nous allons la laisser sortir. Si elle vit jusque-là. »

C'est à ce moment-là qu'arriva la lettre d'Ilya. Ce n'était pas une lettre, c'était un chef-d'œuvre. Il célébrait leur passé qu'il décrivait comme les plus beaux jours de sa vie, se repentait de ses péchés, lui demandait pardon et évoquait, non sans un certain excès de sentimentalisme, mais de façon très convaincante, leurs inévitables retrouvailles qui approchaient de jour en jour.

Cette lettre marqua un tournant dans la vie d'Olga et dans le cours de sa maladie. Elle la lut, la posa à côté d'elle, et demanda à Tamara sa trousse de maquillage. Elle se regarda dans son miroir de poche, poussa un soupir, et se poudra le nez. La poudre se déposa en formant une tache rose sur son visage d'un jaune cireux, et elle s'en rendit compte. Elle demanda à Tamara de lui en acheter une autre plus claire.

« Cette poudre rose, là, étant donné mon teint, elle fait trop rouge ! »

Et elle sourit de son ancien sourire, ce qui fit aussitôt surgir quatre fossettes, deux rondes au coin des lèvres, et deux longues au milieu des joues.

Elle relut la lettre encore une fois, reprit sa trousse de maquillage et rectifia quelque chose sur son visage. Avant le départ de Tamara, elle lui demanda de lui apporter une grande enveloppe le lendemain.

« Elle veut lui répondre », se dit Tamara. Mais elle se trompait. Le lendemain matin, Olga mit l'enveloppe postée de l'étranger dans la grande et la rangea au fond de sa table de nuit. Tamara s'attendait à ce qu'elle lui lise la lettre d'Ilya, mais Olga n'y songeait même pas. Finalement, n'y tenant plus, Tamara lui demanda ce qu'Ilya lui avait écrit. Olga eut un vague sourire et répondit de façon très bizarre :

« Tu sais, Brintchik, il n'écrit rien de particulier, c'est juste que tout est rentré dans l'ordre. Il est intelligent, il a tout compris. Nous ne pouvons pas vivre séparés. »

Le jour même, Olga se leva et se traîna jusqu'à la salle à manger.

On dit que ce genre de choses arrive parfois : une sorte de programme de secours se met à fonctionner dans l'organisme, un mécanisme bloqué se met en marche, quelque chose se régénère, reprend vie, le diable seul sait ce qui se passe, ou Dieu... C'est ce qui se produit lors des guérisons miraculeuses. Les saints qui accomplissent des miracles au nom de Notre Seigneur Jésus-Christ ignorent tout de la chimie biologique, mais les biochimistes, qui connaissent parfaitement les processus destructeurs liés aux maladies cancéreuses, ne savent absolument pas sur quel mystérieux bouton déclenchant ce programme de secours ont appuyé Ioann Krondstadt ou la bienheureuse Matrona.

Olga ne retourna pas à l'hôpital après le Nouvel An. Elle entreprit de se soigner toute seule, comme une chatte malade qui se réfugie dans les bois pour y manger des plantes médicinales. Elle était à présent entourée de toutes sortes de guérisseurs et de sorcières, un célèbre herboriste était venu la voir du Pamir, elle prenait des décoctions, mangeait de la terre provenant de lieux mystérieux, buvait de l'urine. Et elle recevait la visite de voyantes, de diseuses de bonne aventure. Où allait-elle les dénicher ?

Antonina Naoumovna, qui s'était résignée à l'idée de la mort prochaine de sa fille, était plongée dans le désarroi. Une mort due à un cancer était plus facile à comprendre qu'une guérison par des méthodes si arriérées que c'en était inconvenant. Le médecin qui avait prédit la fin prochaine venait voir Olga chez elle, elle l'examinait, l'auscultait, elle lui demanda de faire des analyses et des examens, mais la malade se contentait de sourire d'un air énigmatique et de secouer la tête : non, non... À quoi bon ?

Le médecin n'y comprenait rien. Ce genre de tumeur ne se résorbe pas. Elle lui tâtait les aisselles, lui appuyait sur l'aine. Les ganglions avaient diminué. Mais si c'était le stade final, il aurait dû y avoir intoxication. Or Olga avait perdu son teint jaune, elle avait même repris un peu de poids. Une rémission ? D'où venait-elle ? Pourquoi ?

Au bout de six mois, Olga commença à sortir, et les visites de son amie Tamara se firent moins fréquentes. Tamara était un peu dépitée qu'Olga n'apprécie pas suffisamment le miracle divin qui s'accomplissait sous leurs yeux. Elle ne cessait de revenir là-dessus : elle devait se faire baptiser, ne serait-ce que par reconnaissance envers Dieu pour le miracle en cours. Olga éclatait d'un rire qui était presque celui d'autrefois, un rire enfantin, agrémenté de roulades.

« Tu es une femme intelligente et instruite, Brintchik, une grande scientifique, mais pourquoi diable t'es-tu choisi une foi aussi ridicule, avec un Dieu qui exige des hommes de la reconnaissance, qui les punit comme des petits chiens ou les récompense avec du pain d'épice ? Si encore tu étais passée chez les bouddhistes... »

Tamara se vexait, elle ne disait rien, mais mettait des cierges pour la santé d'Olga et faisait dire des prières pour elle. Néanmoins, malgré ce dépit récurrent, elle ne pouvait pas ne pas remarquer un changement très important. Olga ne parlait plus d'Ilya. De façon générale. Ni en bien, ni en mal. Et quand Tamara abordait elle-même le sujet, Olga se dérobait.

« Mais tout va bien ! Il a déjà pris sa décision, ce n'est plus qu'une question de temps. Ne parlons pas de ça. »

Et cela aussi, c'était un miracle. Après tous ces mois à ne parler que de lui, rien que de lui...

Absorbée par sa résurrection, Olga n'avait pas vraiment remarqué le mariage de Kostia. Il était parti s'installer à la campagne, chez sa belle-mère, à Opalikha, et les enfants n'avaient pas tardé à avoir eux-mêmes des enfants, un garçon et une fille, des jumeaux. Olga fut émue, mais de façon ponctuelle. Elle n'avait pas assez de ressources en elle-même pour autre chose que pour sa guérison. Toutes ses forces morales y passaient.

Bien que sa maladie s'éloignât à tire-d'aile, elle ne se lassait pas de la surveiller de près. Elle faisait germer du blé sur les fenêtres de la salle à manger, ne mangeait pas de pain aigre, se fabriquait des sortes de galettes avec du son et de la poussière de paille, faisait bouillir des plantes dans de l'eau « argentée ». Il y avait sur le rebord de la fenêtre deux cruches dans lesquelles trempaient des cuillères en argent qui transmettaient leur vertu curative à l'eau du robinet.

L'ingénieuse providence avait secoué quelque chose, l'avait révisé, revissé, et en un an, Olga se rétablit presque complètement. Elle avait repris du travail et s'activait sur sa machine à écrire six heures par jour, pas moins. Sa mère et elle vivaient à présent toutes les deux dans le grand appartement.

Olga était tellement concentrée sur elle-même ou plutôt sur la promesse de son avenir avec Ilya, qu'elle n'avait pas remarqué qu'Antonina Naoumovna maigrissait et jaunissait. Sans doute avait-elle contracté la maladie qui avait délaissé sa fille. Cela commença aussi par l'estomac, puis se porta sur les intestins.

Lorsque cela se produisit, Olga se mit à soigner sa mère avec beaucoup de savoir-faire et d'attentions. C'était une impression très bizarre, comme si elle s'occupait d'elle-même. Puisque tout cela lui était arrivé peu de temps auparavant.

Jamais elles n'avaient été aussi proches ni aussi affectueuses l'une envers l'autre. Olga se réjouissait de ne pas être partie avec Ilya et de pouvoir maintenant caresser la main de sa mère, lui préparer un bouillon qu'elle ne boirait sans doute pas, lui changer ses draps, lui essuyer les coins de la bouche. Antonina Naoumovna demandait sans cesse à sa fille de la mettre à l'hôpital, mais Olga se contentait de sourire :

« Maman, seule une personne en excellente santé peut supporter l'hôpital. Tu n'es pas bien à la maison ? Si ? Alors ne pense plus à l'hôpital. »

La raison d'Antonina Naoumovna déclinait. Elle oubliait des pans entiers de son existence, alors que d'autres petits morceaux lui revenaient brusquement d'on ne sait où. Les derniers jours, elle ne se souvenait plus que d'un passé très lointain : des poules de sa grand-mère qui étaient toutes mortes le même jour, du cheval qui s'était emballé et avait renversé le traîneau où elle se trouvait avec sa mère et enfin, de sa rencontre avec Afanassi aux cours du Parti. Tout ce qu'elle avait vécu ensuite – les réunions de l'équipe de rédaction de sa revue, les séances du comité du Parti, les présidiums, les rapports, les conférences – tout cela, elle l'avait oublié. Elle se rappelait uniquement de menus détails de sa vie familiale.

« Ah, ça ne va pas dans ma tête, il y a quelque chose de détraqué... murmurait-elle en essayant de se remémorer le passé récent. C'est comme si tout avait disparu dans un gouffre... »

Elle mourut toute seule dans sa chambre éclairée par une lampe de bureau verte, facilement et sans en avoir conscience, après avoir dit assez distinctement « Maman... Maman, papa... ».

Mais personne n'entendit ces mots. Au matin, Olga trouva sa mère déjà froide et téléphona aussitôt à l'Union des écrivains. Il y avait là-bas un service de pompes funèbres spécial...

Tout fut expédié de la façon la plus digne qui soit. Elle avait déjà une place au cimetière de Vagankovo, à côté du général.

L'enterrement fut affreusement sinistre. Pas à cause des larmes et des sanglots, ni du chagrin ni de la peine, ni même, peut-être, d'un terrible sentiment de culpabilité. Au contraire. Aucun des assistants ne versa une larme, personne ne manifesta de chagrin ni même de simples regrets. Des visages un peu congelés, dignes, de circonstance. Et cela – l'indifférence totale de son entourage à la mort de cette figure du monde littéraire – frappa Arii Lvovitch Bass, qui s'occupait des funérailles au nom de l'Union des écrivains.

Après la mort de sa grand-mère, Kostia revint à Moscou. Il avait accédé à la demande d'Olga sans grand enthousiasme. Il était alors en quatrième année d'études et Léna en troisième année, elle avait pris du retard à cause de son congé maternité.

Tout fut transformé et reconverti. Sur les instances d'Olga, Kostia emménagea dans l'ancienne chambre de son grand-père. Il y avait là un grand bureau très commode et une autre table de travail, un secrétaire avec un panneau rabattable. Ce fut son cabinet. La chambre à coucher fut installée dans la chambre de sa grand-mère, « la pièce communiste », comme l'appelait Kostia à cause de son ameublement ascétique, de la lampe avec un abat-jour vert sur la table en chêne, et d'un Lénine avec un tronc d'arbre sur l'épaule accroché au mur. Léna acheta un divan à la place du canapé en cuir, introduisit des coussins à petits volants, et remplaça Lénine par les tournesols de Van Gogh.

Olga laissa sa chambre à ses petits-enfants et déménagea dans l'ancienne salle à manger. Le fameux lit à colonnes avec ses chérubins reprit sa vie nomade dans le magasin d'antiquités du quai de Smolensk. Ils mangeaient à présent dans la cuisine, comme les Soviétiques qui ont quitté un appartement communautaire pour un appartement indépendant, mais n'ont jamais entendu parler des salles à manger bourgeoises ni des cabinets de travail.

La discrète Léna prit insensiblement la maison en main, elle s'occupait de tout, faisait le ménage à la perfection et préparait des plats délicieux. Sa mère Anna Antonovna venait tous les matins, elle faisait manger les enfants, les promenait et les couchait.

Cette petite Léna était une fille héroïque. Dès qu'elle rentrait de l'institut, elle donnait congé à sa mère et prenait le relais. Olga ne s'occupait pas de ses petits-enfants, mais Léna ne lui en tenait pas du tout rigueur. Au contraire, elle était pleine de reconnaissance envers sa belle-mère. Elle avait vécu le début de sa vie de couple à Opalikha. Là-bas, ils habitaient à quatre dans une pièce avec deux fenêtres et un plancher de travers, si bien qu'il fallait mettre des cales en bois sous les berceaux des enfants pour qu'ils ne roulent pas. Il n'y avait pas l'eau chaude dans cette maison de campagne. C'était déjà bien que l'eau courante et le tout-à-l'égout aient été installés deux ans avant la naissance des enfants.

L'appartement du général était balayé par une tornade. Les meubles achetés et restaurés par le grand-père étaient impitoyablement déplacés d'un endroit à l'autre. Les petits Micha et Véra âgés de deux ans s'agrippaient de leurs pattes au bouleau de Carélie. Micha s'évertua à sculpter des têtes d'oiseau dans les meubles du salon jusqu'au jour où Kostia les transporta tous dans le magasin du quai de Smolensk. Le directeur, qui les connaissait déjà, en donna une somme bien plus importante que ce qu'on attendait.

La dévouée Tamara passait assez souvent. Mais au fur et à mesure qu'Olga reprenait des forces, leurs relations retrouvaient leur ancienne forme : Olga donnait des instructions, et Tamara les exécutait.

Son amie Galia se préparait à de grands changements dans sa vie, elle apprenait une langue étrangère aux cours du soir et on ne la voyait presque pas. D'ailleurs Guéna, son mari, était contre cette amitié. Olga n'était pas une amie convenable.

Olga semblait ne plus penser à Ilya. Tamara se réjouissait que cette obsession soit passée et s'étonnait de voir à quel point elle était liée à sa maladie.

Mais il y avait des choses que Tamara ignorait. Olga surveillait Ilya de loin. Même si, après sa lettre d'adieu, leurs relations semblaient s'être de nouveau interrompues, elle savait à présent qu'il avait pris une décision capitale, et que ce n'était plus qu'une question de temps avant la victoire finale. Elle savait que

Kostia continuait à correspondre avec son beau-père, elle voyait des signes de cette relation : les enfants recevaient d'on ne sait où des jouets fantastiques et des vêtements étrangers. Mais maintenant, cela ne l'agaçait plus, au contraire, cela ne faisait que confirmer l'imminence des changements.

Elle avait aussi un informateur secret qui lui avait appris que la femme d'Ilya buvait, qu'il avait honte d'elle, qu'il ne l'emmenait jamais nulle part, et qu'il la renvoyait de temps en temps à Paris. Elle s'accrochait à lui et lui tapait terriblement sur les nerfs.

Savoir cela était pour Olga d'un grand réconfort. Elle se faisait toute petite et s'attendait à ce qu'Ilya réapparaisse d'un jour à l'autre. Elle ne voyait pas plus loin, sa pensée s'arrêtait là. Cela suffisait.

Sa santé s'était complètement rétablie. Elle croulait de nouveau sous les commandes et passait son temps parmi ses dictionnaires et ses papiers, elle travaillait même avec plus d'entrain qu'avant. La nuit, elle captait Radio Liberté et écoutait toutes les émissions où surgissait la voix d'Ilya, elle était à présent convaincue que tout finirait bien. Cela l'intéressait toujours d'entendre critiquer le pouvoir soviétique, mais avec le départ d'Ilya, le feu de son ancienne indignation s'était sensiblement refroidi.

Elle traduisait maintenant des brevets techniques, et cela lui rapportait beaucoup d'argent. Elle avait suivi une formation spéciale avant sa maladie. De temps en temps, elle prenait la peine d'aller à la Poste centrale et demandait un numéro de téléphone à Paris. Parfois, il n'y avait personne, mais la plupart du temps, c'était une femme qui répondait et plus il était tard dans la journée, plus son « Allô ? J'écoute ! » était pâteux. Olga raccrochait immédiatement. Ce n'était jamais Ilya qui décrochait. Il était clair qu'ils étaient séparés ou, du moins, qu'ils ne vivaient pas ensemble.

C'est ainsi que, absorbée par son travail et l'attente du dénouement de son destin, Olga vivait dans la certitude absolue que tout allait bientôt se décider, et qu'Ilya et elle allaient de nouveau vivre ensemble.

Et puis un jour, Ilya téléphona lui-même de Munich. Sa voix était reconnaissable, mais un peu ratatinée.

« Olga ! Je pense tout le temps à toi. Je t'aime ! Je n'ai jamais aimé que toi. Tu sais, je t'ai rattrapée et même dépassée. On m'a trouvé un cancer du rein, je me fais opérer la semaine prochaine.

— Comment sais-tu que c'est un cancer ? Tant qu'ils n'ont pas fait de biopsie, on n'en sait rien. Je connais tout ça ! Tu sais bien que j'en ai réchappé. Toute seule ! hurlait-elle dans l'écouteur, et il ne disait rien, il n'essayait même pas de l'interrompre. L'important, c'est de ne pas les laisser aller jusqu'à l'opération ! »

Mais l'important, c'était autre chose : il l'aimait, il n'aimait qu'elle, et pour toujours.

La seconde fois, il appela de la clinique, après l'opération. Désormais, ils se parlaient presque tous les jours. Il lui lisait les résultats des analyses, et elle lui disait immédiatement quelles infusions il devait prendre. Elle achetait des plantes dans des pharmacies de Moscou et chez ses herboristes à elle, et trouvait des moyens pour les faire parvenir à Munich. Elle lui envoyait aussi des crèmes et des onguents, expliquant en détail ce qu'il fallait masser, et quand. Lorsqu'on commença à lui faire une chimiothérapie, elle se mit en colère et cria dans l'écouteur qu'il allait à la mort, qu'une chimio était plus nocive qu'un cancer.

« Pars immédiatement de cette clinique et viens ici ! Je sais tout là-dessus ! Je m'en suis sortie moi-même, et je te tirerai de là, toi aussi ! »

Il y avait quelque chose dans l'air et Olga le sentait, bien qu'elle eût pris ses distances avec leurs anciens amis dissidents : les années quatre-vingt, inertes et pesantes, touchaient à leur fin, et ses hurlements à propos de son retour en Russie ne semblaient plus relever de la folie pure. Il lui répondit ce qu'elle avait le plus envie d'entendre :

« Non, ma petite Olga, pour l'instant, c'est impossible. Si je sors vivant de cette histoire, on fera en sorte que tu puisses venir toi. »

Il continuait à lui téléphoner, sa voix devenait de plus en plus faible et ses coups de fil de plus en plus rares. Puis ce fut le dernier, comme venu du fin fond de la terre.

« Olga, je t'appelle d'un téléphone mobile. Un ami me l'a apporté dans ma chambre. Tu te rends compte où en est arrivé le progrès ! Je suis couvert de tubes et de tuyaux, comme un cosmonaute. J'ai l'impression que la mise à feu ne va plus tarder et que je vais m'envoler... »

Et il se mit à rire doucement, de son rire saccadé et un peu glapissant.

Deux jours plus tard, on téléphona à Olga de Munich pour lui annoncer sa mort.

« Ah, c'est comme ça... », dit-elle, et elle se tut.

Tamara passa la voir dans la soirée, et elles burent un petit verre de vodka sans rien dire. Kostia les servait, il mettait du fromage et du saucisson dans leurs assiettes.

Au bout de quelques jours, Olga se découvrit sur le crâne de drôles de boules, des sortes de lipomes. Elles roulaient sous la peau sans lui faire mal. Et sous les bras aussi, elle avait des boules qui roulaient, attachées à quelque chose, comme des grappes de raisin.

L'annonce de la mort d'Ilya lui avait enlevé toutes ses forces, elle se coucha et ne se releva plus. Tamara venait tous les soirs, elle restait avec elle très tard, elle essayait de la convaincre d'aller voir un médecin, mais Olga se contentait de sourire vaguement et haussait les épaules. Bien qu'elle eût étudié l'endocrinologie toute sa vie et fût déjà docteur en sciences, Tamara n'avait jamais vraiment pratiqué la médecine, elle n'avait jamais soigné personne et n'avait presque aucun contact avec des malades. Elle n'en comprenait pas moins que les métastases se développaient de façon tumultueuse et qu'il fallait commencer d'urgence une chimiothérapie. Mais Olga souriait béatement, elle lui caressait la main et murmurait d'un air radieux :

« Tu n'as toujours rien compris, Brintchik ! »

Un soir, elle lui raconta un rêve qu'elle avait fait la veille : sur une vaste prairie recouverte de tapis se dressait un grand chapiteau vert avec une immense queue qui s'étirait devant, toute une foule de gens, et Olga prenait place au bout de cette queue, parce qu'elle devait absolument pénétrer sous ce chapiteau.

Tamara, avec son sens mystique récemment éclos, resta pétrifiée.

« Un chapiteau ?

— Oui, comme un chapiteau de cirque, mais très grand. Je regarde autour de moi, et je vois que la queue est pleine de visages familiers : des filles que j'ai connues dans des camps de pionniers et que je n'ai pas revues depuis mon enfance, des professeurs de l'école, et des gens de l'université, notre chargé de cours… Un vrai défilé !

— Et Antonina Naoumovna ?

— Oui, il y avait aussi maman, bien sûr, et ma grand-mère que je n'ai jamais connue. De façon générale, rien que des visages familiers. Micha et, à côté de lui, des garçons, des petits enfants, Sania, et Galia avec son espèce d'enfoiré.

— Comment ça ? Des vivants et des morts, ensemble ?

— Oui, bien sûr. Il y avait même un chien qui se fourrait dans mes jambes, on aurait dit qu'il souriait. Et j'ai vu qu'il était au bout d'une laisse tenue par une petite fille. Je l'ai connue, cette Marina, elle était touchante. J'ai oublié comment s'appelait son chien. Ah, oui ! Guéra ! Il s'appelait Guéra, ce chien... Et il y avait encore beaucoup de gens, énormément... Et tout à coup, figure-toi qu'à l'autre bout de la queue, juste à côté de l'entrée, je vois Ilya, il me fait signe de la main. "Olga ! Viens me rejoindre ! Je t'ai gardé une place !" Et je commence à me frayer un chemin vers lui à travers la foule, les gens s'énervent : pourquoi je ne fais pas la queue comme tout le monde ? Et maman me demande pourquoi je passe avant les autres. À ce moment-là a surgi un immense vieillard avec une barbe, il avait une allure magnifique, et j'ai compris que c'était mon grand-père Naoum, il a levé la main, les gens se sont écartés, et j'ai couru vers le chapiteau. Il n'était plus vert, il avait des reflets dorés. Et je vois Ilya qui sourit, il m'attend. Il avait l'air en pleine forme, en parfaite santé, jeune, il m'a fait mettre à côté de lui, il a posé la main sur mon épaule. Et là est arrivée cette fameuse Oxana, elle essayait d'attirer son attention, mais c'était comme s'il ne la voyait pas. Et il n'y avait pas de porte, juste une étoffe épaisse, comme une tenture, si tu veux, et voilà que ce rideau s'ouvre, justement, et on entend une musique... Je ne peux pas t'expliquer comment elle était, elle avait une odeur impossible à imaginer, et on aurait dit qu'elle brillait.

— Le château des contes... chuchota Tamara du bout des lèvres.

— Mais qu'est-ce que tu racontes, Brintchik ! Quel château ? De quoi diable parles-tu ?

— Olga ! fit Tamara, horrifiée.

— Bon, d'accord, d'accord, ne te mets pas dans un état pareil ! Si tu veux appeler ça un château... De toute façon, c'est impossible à expliquer avec des mots. Bref, nous sommes entrés ensemble.

— Et à l'intérieur, qu'est-ce qu'il y avait ? murmura Tamara dans un souffle.

— Rien. Je me suis réveillée à ce moment-là. C'est un beau rêve, non ? »

Olga mourut le quarantième jour après la mort d'Ilya.

Un amour à la retraite

Une fois par mois, Afanassi Mikhaïlovitch se levait à cinq heures du matin et non à sept, comme d'habitude, il se rasait de façon particulièrement méticuleuse et mettait du linge propre. Il mangeait un morceau de pain en buvant du thé, enfilait un manteau en drap sur sa vieille vareuse, et se coiffait d'une chapka. Avec ces vêtements civils, il se sentait comme une tête couronnée à un bal masqué. Et de fait, personne ne le reconnaissait, même le gardien dans sa guérite, à la sortie du village de datchas, ne le saluait pas.

Avec la neige qui était tombée la veille, tout était propre et frais comme après un grand nettoyage. Afanassi Mikhaïlovitch arriva devant l'arrêt d'autobus. Sur l'horaire couvert de neige, il était impossible de distinguer à quelle heure passait le prochain autobus, et il entra sous l'abri. Deux femmes attendaient, une infirmière qui ne le reconnut pas et une inconnue. Mais visiblement quelqu'un du coin, elle aussi, une femme de la campagne. Il se détourna et regarda ailleurs.

Il se rendait à un rendez-vous secret avec son amie de cœur Sofotchka, pour bavarder-bafouiller, soulager son âme ou ce qui en tenait lieu (les généraux ont bien quelque chose, tout de même !) et entendre de sa bouche pourquoi il ne se sentait pas dans son assiette.

Elle avait le don de s'expliquer à sa place. Depuis le jour où elle était devenue sa secrétaire, en 1936, à l'époque où il travaillait au commissariat du peuple à la Défense dans sa partie, le génie militaire, elle savait exprimer tout ce pour quoi il était incapable de trouver les mots justes.

Pas une seule fois elle ne s'était trompée. Jamais. Ce qui devait être dit, elle le disait. Et ce qu'il ne fallait pas dire, elle ne le disait pas. Il en avait été ainsi jusqu'en 1949, avec un intermède pendant la guerre. Après la guerre, quand Afanassi Mikhaïlovitch avait été nommé directeur d'une école de génie militaire, il avait retrouvé son ancienne secrétaire et, de nouveau, elle avait été à ses côtés, comme Aaron auprès de Moïse. Dès qu'il bafouillait quelque chose d'incompréhensible, ses subordonnés couraient demander des explications à Sofotchka.

Elle avait de l'éducation et du tact. L'éducation lui venait du lycée qu'elle avait fréquenté jusqu'à l'âge de quinze ans, avant que ce lycée ne soit éradiqué pour cause de révolution. Quant au tact, elle le tenait de la nature. De même que sa plantureuse beauté. Elle portait légèrement renversée en arrière une tête avec de grands sourcils et de grands yeux, parce qu'une natte opulente enroulée en un chignon tout simple la tirait vers l'arrière, et ce jusqu'en 1949. Ensuite, la natte avait été coupée. Bien qu'elle ne fût pas très grande, elle donnait l'impression d'être une forte femme, à cause de la majesté de sa poitrine à l'intérieur de ses amples robes bleues et vertes, de ses bras bien en chair, de ses mains potelées terminées par de grands ongles rouges, et de ses larges gestes arrondis. Dieu, quelle femme forte c'était ! Et pas seulement du fait de ces remarquables attributs, mais aussi du point de vue caractère. On la surnommait « la Vache ». Et elle ressemblait vraiment à une vache. À la vache Europe. Mais le général n'en savait rien. Quoique... Le fait que c'était une déesse, ça, il le savait. Et il la vénérait. La mesquine pensée qu'il trompait sa femme ne lui était jamais venue. Sa femme, c'était une chose, et Sofotchka, c'en était une autre. Complètement différente. Et si elle n'était pas survenue dans sa vie, jamais Afanassi Mikhaïlovitch n'aurait connu les doux plaisirs de l'amour ni l'existence de la Femme, et jamais il n'aurait su quel profond repos elle procure à un homme harassé par une vie de bâtisseur.

Durant toutes les années où elle avait travaillé pour lui, jusqu'en 1949, elle ne l'avait mis dans une position embarrassante qu'une seule et unique fois, à la fin. Elle s'était agenouillée devant lui et avait enfoui son visage dans son pantalon bouffant en gabardine, laissant une trace de rouge à lèvres à un endroit peu convenable. Mais que pouvait-il faire ? Il lui avait dit : non, ne me parle pas de ton frère. « Il s'agit bien de ton frère ! avait-il pensé alors. Il faudrait déjà te protéger toi... »

Mais il n'y avait pas réussi. Il avait été convoqué à la Direction politique, et on lui avait déclaré qu'il devait se débarrasser de sa secrétaire.

Et lui, avec ses bredouillements habituels : mais c'est une employée indispensable, précieuse ! Son interlocuteur était un jeune capitaine, un blondinet avec des résidus de cheveux filasse, des yeux trop rapprochés formant un huit blanchâtre et des galons bleus... On n'avait pas pris en considération qu'il était passé par le front, qu'il était un général ayant mérité de la patrie. On aurait quand même pu lui faire l'honneur d'un colonel...

« Vous protégez votre maîtresse ! Vous savez que je sais que vous savez... »

« Oh, et puis faites comme vous voulez ! avait fini par dire Afanassi Mikhaïlovitch en cédant au bout de deux heures de conversation. Vous avez vos impératifs. Moi, mon domaine, ce sont les routes, les ponts, les voies de dégagement... »

Le blondinet avait souri sans la moindre cordialité et avait hoché la tête. Mais ce consentement ne lui suffisait pas. Le marchandage avait continué par petites touches. Cela ressemblait presque à un entretien professionnel, mais le capitaine le poussait dans ses retranchements, il savait tout, aussi bien sur les affaires de son cabinet que sur les rendez-vous secrets. Il faisait des allusions voilées, il ne disait rien de façon directe et puis brusquement : vlan ! Vous ne vous rendez jamais passage Daïev ? Et vous n'avez jamais rencontré la sœur de Sofotchka, Anna Markovna ? Vous savez bien, celle qui est professeur... Et Iossif Markovitch, son frère, un acteur du Gosset, le théâtre juif, vous ne le connaissez pas du tout ?

« Mais est-ce seulement à Sofotchka qu'ils en ont ? » avait-il fini par se demander. Et il s'était couvert de sueur.

Bon, on se quitte ? Et ils s'étaient quittés, avec juste une signature. Le lendemain, on lui avait envoyé une nouvelle secrétaire. Sofotchka n'était plus là. Elle avait disparu pendant plus de quatre ans. Elle était revenue de Karaganda au début de l'année 1954. Ils ne s'étaient revus qu'au bout d'un an. Et où s'étaient-ils rencontrés ? C'était vraiment trop drôle ! Sur le marché de Nakhabino, un matin tôt, au mois de juin. Afanassi Mikhaïlovitch était allé acheter des radis et des carottes. Des invités devaient venir ce dimanche-là, et Antonina Naoumovna était débordée, elle avait oublié d'envoyer la domestique au marché. Afanassi Mikhaïlovitch s'était proposé lui-même, pour fuir la maison et échapper à ce remue-ménage dominical et culinaire. Il y était allé tout seul, sans chauffeur, dans sa Volga personnelle.

C'était elle qui l'avait reconnu la première, et elle s'était détournée. Sa natte avait disparu, son opulence avait fondu, et elle se cachait le visage avec sa main, toujours la même main, grande, avec des fossettes à chaque doigt. Mais elle n'avait plus de vernis rouge sur les ongles, ils étaient à peine roses. Et il avait reconnu cette main. Pendant des années, elle avait caressé sa tête feutrée, ce seul geste suffisait à dissiper le trouble et l'inquiétude. Il l'avait suivie et rattrapée :

« Sofia Markovna !

— Afanassi ! avait-elle dit en se couvrant la bouche. Mon Dieu ! »

Il lui manquait une dent sur deux – ses dents blanches comme du sucre.

« Tu as été libérée ?

— Il y a onze mois, en juillet dernier.

— Pourquoi tu ne m'as pas fait signe ? »

Il n'arrivait pas à l'appeler Sofotchka ni à lui dire vous.

Elle fit vaguement un geste de sa belle main et parut vouloir poursuivre son chemin, s'éloigner. Il la rattrapa et lui toucha l'épaule. Elle s'arrêta et fondit en larmes. Il enleva son chapeau de paille et fondit en larmes lui aussi. Ce n'était plus la même, elle était complètement différente, mais au bout d'une seconde, les deux femmes n'en faisaient plus qu'une – la beauté majestueuse d'autrefois, et celle d'aujourd'hui, amaigrie, enlaidie, mais quand même mieux que toutes les femmes de la terre.

Elle vivait dans la datcha de sa sœur Anna Markovna, non loin de là. Il avait laissé sa voiture près du marché et l'avait raccompagnée à pied. Ils marchaient en silence, sans prononcer un mot, ils avaient tous les deux du mal à respirer. Il ne pensait qu'à une seule chose : était-elle au courant pour la signature ? Elle s'arrêta avant d'être arrivée.

« Disons-nous au revoir ici. Il ne faut pas qu'ils te voient. D'ailleurs cela vaut mieux pour toi aussi. Tu sais, mon frère a été exécuté. »

« Elle sait ! » se dit-il. Il sentit son cœur se décrocher et fut pris d'une nausée. « Mais que sait-elle ? Elle croit peut-être que c'est moi qui ai dénoncé son frère ? »

Sofia lui avait un jour présenté Iossif, un joyeux garçon qui travaillait dans le théâtre de Mikhoëls, il écrivait aussi des petites histoires en hébreu. Ils s'étaient vus deux fois. Mais Afanassi avait apposé une seule et unique signature. Et le frère n'avait rien à voir là-dedans.

« Tu habites toujours passage Daïev ?

— Je vis chez ma sœur. Ma pièce a été réquisitionnée. C'est le concierge qui l'habite », dit-elle avec indifférence. Et il se souvint de sa chambre imprégnée de l'odeur du parfum Moscou rouge, de la nuée de coussins, de la collection de flacons et de chats en porcelaine, en verre, en pierre... « On m'a promis de me la rendre, de reloger le concierge ailleurs. »

De fait, sa pièce lui avait été rendue assez vite. Afanassi Mikhaïlovitch appelait de temps en temps d'une cabine ce vieux numéro d'avant-guerre, il voulait passer la voir. Pendant longtemps, Sofia Markovna avait refusé.

« Il ne faut pas, je ne veux pas, je ne peux pas. »

Et un jour, elle lui avait dit : « Viens. »

Et il avait recommencé à lui rendre visite en passant par l'escalier de service, parce que la pièce de Sofia avait un mur qui donnait sur la cour. Autrefois aussi, il n'empruntait jamais l'entrée principale, une grande porte recouverte de toute une famille de sonnettes. Il frappait au mur et elle soulevait le gros crochet, remplissant de toute sa personne et de son parfum sucré l'obscurité du vestibule, elle le prenait par la main pour le conduire dans son petit nid, parmi ses coussins et ses couvertures, et il se réfugiait dans la chaleur de ce corps magnifique qui ployait sous le sien.

Toute l'intimité d'autrefois était revenue, et même encore plus fort parce que maintenant, c'était quelque chose qui avait été perdu pour toujours et retrouvé par hasard.

Commença alors la seconde partie d'un long film sur un grand amour. Une chose avait changé, il est vrai. Ils ne parlaient plus travail. Sofia Markovna, comme toujours, se comportait avec beaucoup de tact. Elle ne posait aucune question. Elle ne racontait rien sur ses années noires. Ils ne parlaient que de sujets qu'il abordait lui-même. Il était surtout question de sa famille à lui. De sa fille Olga. Sofia Markovna la connaissait depuis sa naissance, mais à distance. Uniquement en photo. Un jour, en 1949, peu avant la catastrophe, il s'était décidé à la lui montrer. Il avait acheté trois places pour *Aïbolit*, un ballet pour enfants. Il avait donné deux places au premier rang à Olga et à une de ses amies, et la troisième à Sofotchka. Assise à côté des fillettes, elle les avait regardées tandis qu'elles, elles regardaient la scène.

Depuis, il y avait des photos de la petite fille accrochées à son mur dans des cadres. Et cela avait continué, elle s'intéressait beaucoup à Olga. Peut-être qu'Afanassi lui-même n'en aurait jamais su autant sur sa fille s'il n'avait pas constitué sur elle ce dossier intime destiné à Sofia – quelle note elle avait eue à sa dictée, dans quel musée elle était allée le dimanche précédent...

Les années avaient passé, et Sofotchka avait appris son entrée à l'université, puis son premier mariage. Dès le début, elle avait désapprouvé ce mariage voué à l'échec. Elle disait : non, notre Olga lui est intellectuellement bien supérieure, elle se trouvera quelqu'un de plus intéressant, n'oublie pas ce que je te dis ! Et elle avait eu raison. D'ailleurs elle avait toujours raison. Et quand les ennuis d'Olga avaient commencé, là aussi, elle avait eu raison en lui conseillant de prendre sa retraite.

Tout seul, il ne s'y serait pas décidé, et en s'en allant, il avait préservé sa santé. Après son départ à la retraite, sa vie avait changé et, au fond, en mieux. En beaucoup mieux.

Afanassi Mikhaïlovitch ne prévenait jamais Sofotchka de sa visite mensuelle. Ce n'était pas dans leurs habitudes. Elle l'attendait toujours et ne sortait pas de chez elle avant midi. Elle gardait pour lui au congélateur de quoi farcir des crêpes. Elle préparait la pâte en vitesse, faisait frire en un tournemain des crêpes fines comme du papier et les roulait, deux fourrées à la viande et une au fromage blanc sucré. Avec celles à la viande, un petit verre de vodka au thym, et avec celle au fromage blanc, du thé. Tout ce qu'elle cuisinait était un peu sucré, la viande comme le poisson. Et cette saveur semblait émaner non du sucre lui-même, mais de toute sa personne, de même que l'odeur de son corps, de ses vêtements et de son lit.

Ce 20 mars, il ne se doutait pas qu'il se rendait chez son amie pour la dernière fois. Il savait seulement qu'un mois ne s'était pas encore écoulé depuis sa dernière visite, seulement deux semaines et des poussières, mais brusquement, il avait été saisi de vague à l'âme et il s'était mis en route plus tôt que prévu. L'autobus n'était pas en retard, et le train ne lui joua pas de mauvais tour. Il arriva à la gare de Riga conformément à l'horaire, à neuf heures cinquante. À la campagne, tout était calme, mais sur la place, une tempête de neige faisait rage. Le temps qu'il achète des fleurs, du mimosa, les rafales cessèrent brusquement et le soleil montra son nez. Il monta dans le trolley. Tout se passait normalement, mais Dieu sait pourquoi, il était inquiet. Et si elle n'était pas chez elle ? On ne sait jamais, elle avait pu aller chez le médecin, ou sortir faire des courses. Il tâta la clé dans sa poche. Elle lui avait donné depuis longtemps la clé de sa chambre, à tout hasard. Ce qui n'avait aucun sens, puisqu'il n'avait pas celle de la porte d'entrée. De toute façon, il n'aurait jamais pu pénétrer dans l'appartement sans elle, l'entrée de service était toujours fermée par un grand crochet.

Quand il approcha de son immeuble, les bourrasques reprirent de plus belle. Il remarqua qu'il y avait du monde devant l'entrée, un autobus et quelques minibus étaient garés là. Mais bon, tout ça, c'était une vie étrangère qui n'avait rien à voir avec lui. Il monta par l'escalier de service, frappa à la cloison, et attendit devant la porte qu'elle enlève le crochet. Il attendit assez longtemps. Personne n'ouvrait. Il frappa de nouveau. Il aurait dû la prévenir, téléphoner, au moins. Mais il n'était pas dans leurs habitudes de se téléphoner. Sofia Markovna nourrissait envers le téléphone une méfiance qui remontait à des temps très anciens.

« Bon, je vais entrer par la porte principale », décida-t-il, et il redescendit dans la cour.

Un fourgon était en train de manœuvrer devant l'immeuble, approchant de la porte en marche arrière. Des gens chargés de fleurs s'éparpillèrent de tous côtés.

« Tiens, un corbillard », remarqua avec indifférence Afanassi Mikhaïlovitch.

Et tout de suite après, une question foudroyante : qui enterrait-on ?

Il comprit immédiatement que c'était elle. Sofia Markovna.

Il regarda la fenêtre la plus éloignée de l'entrée et à cet instant précis, elle s'ouvrit en grand, comme pour confirmer ses soupçons. Par la porte d'entrée de l'immeuble dont les deux vantaux étaient ouverts, on sortait un immense cercueil nu. D'une façon qui n'était pas normale, la tête d'abord et non les pieds devant. Et cette tête rehaussée par un coussin, c'était la sienne, une belle tête, avec un visage d'un jaune livide et des lèvres fardées de rouge. Et il sentit une bouffée de son odeur sucrée.

Le général tituba et s'affaissa lentement. Quelqu'un le rattrapa de justesse. On lui mit des sels sous le nez et il reprit conscience. Le visage de la femme qu'il vit en face de lui lui parut familier. C'était la même race que Sofia Markovna : une grande tête, de grands yeux marron, une carrure masculine. Bien sûr, c'était sa sœur Anna Markovna, Ania.

« Vous ! Vous ! dit-elle avec colère, mais à voix basse. Que faites-vous ici ? Comment osez-vous ? Allez-vous-en ! »

Et il s'en alla. Il ne vit pas le moment où le cercueil sur mesure (il n'en existait pas de tout faits pour des gens aussi corpulents) fut introduit avec difficulté par la portière arrière du corbillard, ni les nombreux parents juifs qui montaient dans l'autobus. Il ne vit pas non plus deux de ses anciennes collègues avec lesquelles Sofia Markovna était restée en relation après son retour de Karaganda.

Elles l'avaient reconnu et avaient échangé des regards. Elles allaient se répandre encore longtemps en commérages sur lui, sur Sofotchka, et bâtir diverses hypothèses. Elles finiraient par en arriver à la conclusion que Sofotchka s'était bien payé leur tête en leur parlant de sa tension, de sa vieillesse et de sa solitude, alors qu'en fait elle voyait son amour à la retraite. Elles réfléchirent, firent des calculs. Depuis 1936, cela faisait trente-deux ans, si on ne comptait pas les intermèdes forcés.

Le général se dirigea vers le trolleybus en serrant la branche de mimosa dans sa main bleuie. Alors Sofotchka savait tout. Donc, elle lui avait pardonné.

On est tous des orphelins

L'enterrement avait été affreusement triste, mais pas à cause des larmes et des sanglots, ni du chagrin ni de la peine. Au contraire, aucun des assistants n'avait versé une larme, personne n'avait de chagrin. La totale indifférence de son entourage à la mort de cette figure du monde littéraire avait frappé Arii Lvovitch Bass, qui avait orchestré les funérailles au nom de l'Union des écrivains. Sur ses soixante-quatorze années de vie, il en avait passé soixante à organiser des obsèques. Ce métier était héréditaire. Son grand-père était déjà à la tête de la confrérie des pompes funèbres de Grodno. Arii Lvovitch connaissait son travail sur le bout des doigts. Il n'était pas seulement un fin connaisseur de la profession moribonde d'ordonnateur de pompes funèbres, il était aussi un poète de ce très vieux métier.

Que d'écrivains célèbres ce grand maître de cérémonie n'avait-il pas enterrés : Alexis Tolstoï, Alexandre Fadeïev, et même, en partie, Gorki... Les premières grandes funérailles auxquelles il avait participé, pas encore en qualité de principal ordonnateur, mais en tant que premier assistant, avaient eu lieu en 1930. C'était alors qu'il avait croisé pour la première fois

Antonina Naoumovna. Il s'en souvenait bien. Oh, oui, il s'en souvenait très bien !

Ce jour d'avril, on avait téléphoné vers midi pour lui ordonner d'aller prendre les mesures d'un suicidé. Il s'était rendu passage Hendrikov, mais ce n'était pas la bonne adresse. Le célèbre poète[1] s'était tiré une balle ailleurs, passage de la Loubianka, où se trouvait son cabinet de travail. Passage Hendrikov, au lieu du défunt, il avait trouvé trois personnes bien vivantes : deux hommes de l'OGPOU[2], et cette fameuse Antonina, une sorte d'écrivain.

Les hommes vidaient les tiroirs du bureau, et elle était en train d'écrire quelque chose. L'un des hommes, avec une grande chevelure noire, avait foudroyé Arii de ses yeux arrogants de tsigane – dégage ! Arii, terrorisé, avait dévalé l'escalier et n'avait repris ses esprits qu'une fois arrivé en bas. Fort de son expérience professionnelle, il n'avait pas peur des morts. Il avait peur des vivants. Deux heures plus tard, on avait amené le défunt, on l'avait monté au troisième étage sur une civière, et c'est seulement une fois que les trois autres étaient sortis de l'immeuble, munis de deux porte-documents, qu'Arii était remonté.

Il y avait plusieurs personnes dans le couloir, parmi lesquelles deux dames dont l'une pleurait à chaudes larmes. La porte de la chambre était grande ouverte, et deux hommes s'injuriaient. La discussion portait sur les scellés que l'un d'eux venait d'enlever de la porte, et l'autre lui faisait la leçon.

« C'est toi qui en répondras ! S'ils ont mis des scellés, c'est qu'on n'a pas le droit d'entrer. »

Le second aboya grossièrement :

« Et où tu veux qu'on mette le mort, hein ? Faut le

1. Il s'agit de Maïakovski.

2. Ancêtre du KGB.

laisser dans le couloir ? Qu'est-ce que vous avez tous à crever de trouille devant leurs scellés ? Moi, j'ai reçu l'ordre de le livrer ici. »

Arii avait pris les mesures : un mètre quatre-vingt-onze. Il allait falloir commander un cercueil sur mesure.

Cela avait été des funérailles sans précédent. Des milliers de gens avaient envahi la rue Vorovski, puis toute cette foule était allée à pied jusqu'au monastère du Don en suivant le corbillard qui transportait le cercueil et une seule et unique couronne, une monstruosité en fer constituée de détails bizarres, de faucilles et de marteaux. Et pas une seule fleur. Elles étaient étranges et majestueuses, ces funérailles. Tout à fait majestueuses. Jamais Arii n'avait vu une douleur aussi universellement partagée avant cela. Ni après, d'ailleurs. Sauf trente ans plus tard, à l'enterrement de Pasternak.

Arii s'était solidement implanté dans ses fonctions et maintenant, pas une seule personne portant le titre d'écrivain n'était enterrée sans lui. Sauf si la mort se produisait loin de Moscou. Durant les années d'après-guerre, il n'avait cessé de croiser Antonina Naoumovna dans l'escorte d'honneur des cercueils d'écrivains, et parfois parmi ceux qui prononçaient les discours.

Lui serait-il jamais venu à l'esprit, quand il était gamin, qu'il allait enterrer autant de gens ? Arii aimait ses défunts. Il ne lisait que les écrivains morts. Tant qu'ils étaient vivants, il n'arrivait pas à les lire, et encore moins à les aimer. C'était seulement à leurs funérailles que l'on pouvait déterminer leur véritable envergure.

Et il s'avérait maintenant que cette Antonina n'était rien du tout – du menu fretin. D'ailleurs il n'y avait pas grand monde à son enterrement, six personnes :

sa fille Olga et son petit-fils Kostia avec sa femme, une amie de sa fille, une voisine de palier, et la sœur de la défunte, Valentina, que la famille n'avait pas vue depuis dix ans. La fille se trouvait dans un état de profonde satisfaction. Elle s'était réconciliée avec sa mère vers la fin, elle s'était acquittée de sa dette jusqu'au dernier kopeck, et Antonina Naoumovna était partie tranquillement, sans souffrances particulières, sous morphine. Quant à l'amour, il faut avouer qu'il n'y en avait plus entre elles depuis longtemps.

Ce jour-là, Arii Lvovitch était sans doute le plus malheureux de tous. Cela faisait longtemps qu'il n'avait pas organisé des obsèques aussi insignifiantes. Antonina Naoumovna était enterrée avec tout le rituel réservé aux écrivains, bien sûr, le cercueil avait été exposé à la Maison centrale des hommes de lettres où l'on organisait de véritables services funèbres civils, pour un millier de personnes. On l'avait mise dans la Petite salle, mais même là, c'était vide. Pas d'amis ni de personnages officiels. La nouvelle directrice de la revue ne pouvait pas souffrir l'ancienne et avait empêché l'équipe de la rédaction d'aller à l'enterrement en fixant une réunion ce jour-là. Elle avait néanmoins envoyé une vieille secrétaire avec une couronne mortuaire en sapin et des rubans blancs « De la part de la rédaction... ». Arii Lvovitch prononça lui-même les formules consacrées, il savait faire cela depuis longtemps – qu'elle avait été une véritable communiste, fidèle à la cause de Lénine. Il invita à prendre congé d'elle.

Puis le cercueil fut transporté au crématorium du monastère du Don. La secrétaire de la rédaction n'y alla pas en raison de son grand âge. Le cercueil fut posé sur une estrade et là-haut, le visage grisâtre d'Antonina Naoumovna avait l'air d'être en carton, avec sa bouche creuse et son nez qui pointait vers l'avant. Elle s'enfonça en musique, et les vantaux du souterrain se refermèrent sur elle.

Kostia tenait sa mère par le bras, il sentait à travers son manteau combien son avant-bras était mince, combien elle était petite, et il se disait que le temps d'une vie humaine était bien insignifiant, même une vie aussi longue que celle de sa grand-mère. Et que les funérailles d'un être que personne n'aimait, que personne ne plaignait, était quelque chose de bien triste…

« On l'a jetée comme une vieille botte de feutre dans un vide-ordures ! » se dit-il avec amertume. Il prenait conscience que lui-même n'avait pas aimé sa grand-mère.

Une fois le cercueil descendu dans cet enfer artificiel, Arii Lvovitch serra la main d'Olga et de Kostia et leur dit que, s'ils présentaient une demande pour recevoir une aide matérielle, il s'efforcerait de la faire aboutir.

Il fallait revenir chercher l'urne deux semaines après la crémation.

« C'est quand même mieux quand on vous met tout de suite dans la terre, se dit Kostia. Sinon, on ne comprend pas très bien où elle va se retrouver pendant ces deux semaines, c'est comme si on la mettait à la consigne… »

Olga avait invité tout le monde chez elle pour un dernier hommage à la défunte. Sa belle-fille Léna était partie du crématorium pour aller s'occuper des enfants. Arii Lvovitch considérait que ses obligations se prolongeaient jusqu'à la fin de la soirée, et il ouvrit la porte de l'autobus pour laisser monter ces femmes ternes. Kostia entra le dernier. Il voulait s'asseoir auprès de sa mère, mais elle avait déjà pris place à côté de la tante qui avait refait surface. Cette tante était plus jeune qu'Antonina Naoumovna, mais elle lui ressemblait, elle avait le même visage sévère avec un grand nez. Arii Lvovitch regardait par la fenêtre. Il avait de quoi s'occuper avec ses souvenirs.

Olga avait mis la table avant de partir. Le corps de la défunte avait été emmené à la morgue tout de suite après sa mort, et elle avait fait le ménage à fond et en détail, sans se presser. Elle avait aéré l'appartement, mais même au bout de trois jours, des relents de médicaments persistaient sous l'odeur de cire et d'encaustique.

Ils prirent place autour de la grande table ovale restaurée par Afanassi Mikhaïlovitch, et Olga, en posant ses mains bien propres sur le plateau recouvert d'une nappe en lin brut, sentit soudain que son père lui manquait. Elle pensa à son nez flasque, à sa lèvre supérieure retroussée, au sérieux enfantin avec lequel il rabotait ses bouts de bois dans son atelier à la datcha, à l'odeur de vernis et de sciure qu'il dégageait. Ça, c'était à la fin de sa vie, quand il avait pris sa retraite. À cause d'elle, pauvre idiote, à cause de cette histoire à l'université… Comme sa mère avait pu être furieuse à l'époque, comme elle avait hurlé, et avec quel air sévère son père se taisait en baissant les yeux. Il s'était tu, il n'avait rien dit, et il avait pris sa retraite.

« Papa, papa… », murmura-t-elle.

Son amie Tamara, assise à côté d'elle, l'entendit. Cette âme sensible dénaturait tout à sa manière. Elle lui chuchota :

« Oui, Olga, moi aussi, je pense que tes parents sont réunis maintenant. »

Arii Lvovitch, après avoir examiné en connaissance de cause le somptueux mobilier restauré par les mains d'Afanassi Mikhaïlovitch, avait procédé à une réévaluation du statut de la famille. Le mobilier Empire était à la mode chez les gens riches, et il ne s'attendait pas à trouver de telles raretés chez cette défunte communiste plutôt simple. C'était curieux, vraiment très curieux ! Ayant un peu attendu pour voir si quelqu'un de plus important n'allait pas prendre la parole, il se leva :

« Buvons selon la vieille coutume à notre chère Antonina Naoumovna ! Sans trinquer ! »

Tout le monde but. Kostia reposa son verre après avoir avalé une goutte. Il n'aimait pas la vodka. Il aurait bien bu du vin, mais on ne lui en avait pas proposé.

Olga avala son verre cul sec, et l'effet fut immédiat. La chaleur lui monta à la tête, redescendit dans ses jambes, et elle se détendit un peu. Elle restait là, sa joue amaigrie posée au creux de sa main couverte de taches de rousseur bien visibles, toute rose, comme quand elle était petite, elle avait même rajeuni. Ses cheveux, qui étaient complètement tombés à la suite de la chimio déjà lointaine, avaient repoussé tout neufs et tout frais, ils bouclaient même sur son front, et après cette affreuse thérapie, elle avait retrouvé son teint d'autrefois, d'une joyeuse couleur pascale, pelure d'oignon.

Son amie Tamara la regardait avec émerveillement. Elle remarqua combien elle était jolie et s'en réjouit. Elle s'était remise, elle s'était relevée après cette pénible maladie ! Et elle se dit aussi : Antonina Naoumovna a pris sur elle la maladie d'Olga. Telles étaient les nouvelles pensées de Tamara, qui découlaient tout naturellement de son état de chrétienne orthodoxe. À présent, toutes les péripéties de la vie, tous les revirements du destin lui semblaient non pas dus au hasard, mais obligatoirement remplis de sens et de sagesse, et menant à un but.

Les pensées d'Olga étaient parties dans une autre

direction, elle réfléchissait à autre chose : si elle avait émigré avec Ilya à l'époque, qui aurait enterré sa mère ? Maintenant que ses parents étaient morts et que Kostia était marié, c'était le moment de rejoindre Ilya. Combien de temps allait-elle devoir attendre avant de le retrouver ?

Valentina, la sœur d'Antonina Naoumovna, était timidement assise à un coin de la table. Si elle n'avait pas tout à fait l'allure d'une paysanne, elle n'en avait pas moins l'air assez fruste. Elle vivait à Protvino, à une centaine de kilomètres de Moscou, dans une petite ville de scientifiques où elle était, non pas une femme de ménage, comme son aspect aurait pu le laisser croire, mais une chercheuse en biologie tout à fait respectée. Seulement Olga ne le savait pas. Elle se souvenait que sa mère n'était pas tendre envers sa sœur et parlait, non sans une certaine ironie, des moutons dont elle s'était occupée toute sa vie. Et c'était la vérité. Valentina avait un diplôme de vétérinaire. Mais dans la bouche de sa sœur aînée si haut placée, cela avait toujours eu quelque chose de méprisant.

Valentina, assise à la droite d'Olga, ne regardait pas autour d'elle, uniquement dans son assiette. Soudain, elle se tourna vers sa nièce et dit :

« Je vais bientôt y aller, ma petite Olga. Je passe la nuit en ville, chez une amie. Mais je t'ai apporté quelque chose. Des souvenirs de famille... »

Olga fut surprise, mais elle se leva de table et emmena sa tante dans le cabinet de sa mère. C'était là qu'Antonina Naoumovna avait travaillé toute sa vie, dormant à peine, rédigeant ses articles sur d'héroïques tisseuses, trayeuses et cardeuses, des exposés et des discours, des directives et des blâmes. Une fois, elle avait écrit un roman et avait failli recevoir le prix Staline. Sous sa housse en matière plastique, la vieille machine à écrire, qu'elle appelait affectueusement « la martyre », était posée au milieu de son bureau comme un petit cercueil. Une Underwood. À côté, une garniture de bureau en fonte avec un ouvrier musclé, un buste de Tolstoï, et une photographie d'elle-même, la meilleure de sa vie : une jeune fille en veste de cuir, les lèvres serrées.

Antonina n'avait pas laissé les antiquités de son mari pénétrer dans son cabinet. Ici, tout était stalinien, il y avait même des petites plaques métalliques dans les replis intimes des meubles massifs reçus jadis par l'intermédiaire d'un réseau spécial. L'écrivaine était morte sur un divan en cuir appartenant à l'État.

Dès qu'on avait emporté le corps, Olga avait enlevé le matelas et Kostia l'avait descendu aux ordures. Elle avait jeté les flacons et les fioles de médicaments, il ne restait plus rien, à part l'odeur.

En entrant dans le cabinet de sa sœur, Valentina Naoumovna s'étonna en son for intérieur de son aspect inhabité. Sur les murs, trois portraits officiels : un grand représentant Lénine avec un tronc d'arbre, et deux petits – Staline et Dzerjinski[1]. Elle s'assit au bord du divan en cuir et posa un petit porte-documents bien à plat sur ses genoux.

« Maman avait exactement le même ! » remarqua intérieurement Olga. Sa tante était encore plus petite que sa mère, elle aussi était maigre, elle aussi avait un grand nez. Et elle était habillée de la même façon : un chandail tricoté tout usé avec un corsage grisâtre dessous, et une jupe couverte de poils de chat.

« Il faut que je lui donne les vêtements de maman, décida Olga. Sa pelisse, son imperméable… »

« Ma petite Olga, je ne sais pas si ta maman aurait été contente… Je pense que non. Mais j'ai quand

1. Le fondateur de la Tchéka.

même décidé de te donner les photos de famille que j'ai gardées. »

« Quel début solennel… Ah, et puis aussi ses chaussures. Il y a des bottes fourrées, maman les avait rapportées de Yougoslavie il y a quinze ans, il ne faut pas que j'oublie… »

Entre-temps, Valentina avait trifouillé le fermoir et sorti d'une enveloppe un petit paquet assez mince enveloppé dans du papier journal.

« Ce sont nos archives familiales, si on peut appeler cela comme ça. C'est tout ce qui reste. »

Elle écarta avec précaution les couches de papier journal l'une après l'autre, découvrant des photographies. Elle se leva et posa sur la table une photo cartonnée provenant d'un atelier de photographe de l'ancien régime, et deux photos d'amateur délavées.

« J'ai écrit les noms et les dates derrière, au crayon… »

Elle caressa avec précaution celle qui était collée sur du carton. Les autres, les photos d'amateur un peu floues, n'arrêtaient pas de s'enrouler sur elles-mêmes, et elle les aplatissait.

« Si je ne vous les donne pas, à Kostia et à toi, il n'y aura personne pour se souvenir de nos ancêtres… »

« Quels ancêtres, quels descendants ? se demanda Olga. Maman disait qu'elle était restée orpheline très tôt, qu'elle n'avait aucun souvenir de sa famille, et que ceux dont elle se souvenait avaient été tués ou étaient morts… »

« Voilà notre père, Naoum Ignatiévitch, avec notre mère. Autrement dit, tes grands-parents. »

Elle posa un vieux doigt distordu sur le bord de la photo. Dans un fauteuil était assis un prêtre avec une crinière qui lui tombait sur les épaules, une barbe presque jusqu'à la ceinture et des sourcils noirs qui avaient l'air postiches ; derrière son fauteuil se tenait une jolie femme coiffée d'un foulard sombre noué à la paysanne et vêtue d'une robe de dame en soie avec, brodé sur le col, quelque chose qui ressemblait à du jais. À côté du père, trois adolescents, et à côté de la mère, deux petits. L'un, âgé de deux ans, assis sur ses genoux, et le second, un peu plus grand, qui tient la main d'une fillette noiraude arborant l'expression sévère d'une petite maîtresse de maison.

« Voilà notre mère, Tatiana Anissimovna, née Kamychina, elle était d'une famille de prêtres, elle aussi. Son père était proviseur au séminaire de Nijni-Novgorod. Dans la famille, ils étaient tous prêtres, les grands-pères, les arrière-grands-pères, les oncles…

— Maman ne me l'avait jamais dit… murmura Olga d'une voix sourde.

— Justement, c'est parce qu'ils étaient tous prêtres, répondit sa tante en hochant la tête, et elle continua à promener le doigt sur la photo délavée couleur sépia. Notre père Naoum Ignatiévitch ressemblait à sa mère Prascovie, c'était un brun aux yeux noirs. Elle était grecque, d'une famille de prêtres, elle aussi. Après Prascovie, la race s'est gâtée, cela a donné des bruns.

— Maman ne m'avait rien dit…

— Bien sûr qu'elle ne t'avait rien dit. Elle avait peur. Je vais te raconter tout ce que je sais. Quand elle était petite, Antonina aidait beaucoup à la maison. C'était une gentille petite fille. Elle était alors la seule fille, avec cinq frères. Trois plus âgés, et deux plus petits, c'était elle qui s'occupait d'eux. Andreï et Pantéleïmon. Ils ressemblaient tous les deux à maman, ils étaient blonds. Et ils sont morts la même année, en relégation. Antonina avait dix ans de plus que moi, je suis de 1905. Sur cette photo, je ne suis pas encore là. Je me souviens que c'était elle qui me donnait à manger, qui m'habillait. Elle était très gentille… », répéta la tante avec insistance.

Valentina caressa le portrait de famille officiel. Les autres photos étaient enroulées sur elles-mêmes.

« En 1920, notre père, Naoum Ignatiévitch, qui était prêtre dans une église de Kosmodémiansk, a été envoyé en relégation. » Elle mit le doigt sur la fillette au visage sévère dont la main était posée sur l'épaule du petit garçon. « Je n'ai pas beaucoup de souvenirs de nos parents. Je les connais surtout par les récits de tante Katia. Elle a vu papa pour la dernière fois quand il est revenu de relégation en 1925. À l'époque, maman était déjà morte. Tante Katia m'emmenait le voir.

— Quelle tante Katia ? »

Olga regarda sa tante et brusquement, elle se rendit compte qu'elle n'était pas si fruste que ça, et qu'elle n'avait absolument rien de miteux. Elle était discrète, calme, et son russe était très correct, il était même extrêmement correct.

« La sœur de maman, Ekatérina Anissimovna Kamychina. J'étais la plus jeune, et elle m'a recueillie quand nos parents ont été envoyés en relégation. Piotr et Séraphim étaient déjà grands, ils les ont immédiatement reniés, et ils n'ont pas été déportés. Nicolaï, lui, est parti avec notre père, il avait déjà terminé le séminaire à l'époque, il officiait comme diacre dans un petit village sur la Volga. Sur la photo, il porte une soutane, il était encore séminariste à ce moment-là. Il a été consacré, il était prêtre, et il a disparu dans les camps, je ne sais pas en quelle année, je ne sais rien de lui. Tante Katia avait perdu contact avec lui. Les deux plus jeunes, Andreï et Pantéleïmon, sont partis en relégation avec nos parents, ils sont morts là-bas tous les deux.

— Et maman ? »

Olga devinait déjà ce qu'elle allait entendre.

« Antonina a suivi ses frères Piotr et Séraphim. Elle avait quinze ans quand elle est partie. Ils étaient déjà à Astrakhan, et ils ont tous renié leur père là-bas. Ils ont écrit dans un journal que leur père, c'était Lénine, et leur mère, le Parti. »

Dans le cadre en bois sur le mur, la petite fille en veste de cuir les regardait, elle confirmait.

« Et qu'est-il arrivé ensuite à grand-père ?

— Au bout de cinq années de relégation dans la région d'Arkhangelsk, il est revenu à Kosmodémiansk. Il a été arrêté en 1928, on l'a relâché encore une fois et en 34, il a définitivement disparu. Tante Katia n'a pas pu retrouver sa trace. Elle et moi, nous sommes allées voir ta mère en 1937. Nous l'avons suppliée à genoux de faire des démarches, au moins pour savoir s'il était vivant. Mais Antonina a répondu qu'elle ne lèverait pas le petit doigt. »

On frappa poliment à la porte entrouverte. Arii Lvovitch venait prendre congé. Dans la grande pièce, les convives bavardaient à voix basse : Tamara et sa voisine commentaient la mystérieuse maladie qui avait délaissé Olga pour se rabattre sur Antonina Naoumova, et la voisine Zoïa interrogeait Kostia à propos d'Ilya. En dépit de leur intimité de voisinage, Olga semblait ne pas entendre les questions concernant son ex-mari.

Olga remercia le croque-mort. Il hocha respectueusement la tête. Une fois sur le seuil, sa magnifique chapka en fourrure à la main, il s'inclina de façon très mondaine et déclara avec dignité :

« Je suis à votre service, Olga Afanassievna ! Toujours à votre service ! »

« Non, mais quel crétin, celui-là ! Comme si on en avait besoin, de ses services ! » se dit-elle, et elle alla retrouver Valentina.

Tout en marchant dans le couloir, elle se préparait à entendre ce qu'elle devinait d'avance. Les déportations, les arrestations, les persécutions, les exécutions.

Mais sa tante Valia ne raconta rien de semblable. Elle aplatit les deux photos délavées. Sur l'une, un vieillard en veston distendu était debout près d'une palissade avec deux pots en argile fichés sur des piquets, et il avait un tel visage qu'Olga en eut le souffle coupé. Sur l'autre photo, c'était encore lui, à l'intérieur d'un bâtiment, vêtu d'une soutane noire, il était assis à une table au milieu de laquelle se dressait une petite pyramide blanche à côté de trois œufs sombres posés sur une assiette.

« C'est le jour de Pâques 1934. Il venait visiblement de célébrer l'office pascal. »

Elles restèrent assises sans rien dire. Puis Valentina enveloppa de nouveau tout cela dans le papier journal et le remit dans l'enveloppe marron.

« Je n'ai personne à qui laisser cela, Olga. Ton Kostia et toi, vous êtes tout ce qui reste de notre famille. Je ne sais rien de toi. Peut-être que tu ne voudras pas de ces photos. Je les ai conservées toute ma vie. Elles ont d'abord été chez tante Katia, et ensuite chez moi.

— Je vais les garder, bien sûr, tante Valia ! Je vous remercie. Quelle histoire épouvantable ! »

Elle prit l'enveloppe des mains de la vieille femme, et sa tante se leva, soudain pressée de s'en aller.

« Bon, eh bien j'y vais, je devrais être partie depuis longtemps. Il faut que j'aille jusqu'à Tioply Stan.

— Et les frères aînés, tante Valia, que sont-ils devenus ?

— Ils ont eu des destins différents. Piotr s'est mis à boire, et Séraphim a disparu pendant la guerre. Je crois que Piotr avait une famille, mais sa femme l'a quitté en emmenant sa fille. Quant à Séraphim, je ne sais pas s'il a laissé quelqu'un.

— Ça alors, quelle histoire ! Il faut que vous veniez nous voir. Je voudrais vous donner des vêtements de maman… »

Elle s'arrêta net, le visage de tante Valia avait une telle expression qu'il était impossible de parler des bottes yougoslaves.

« Je vous appellerai, je vous appellerai... bredouilla Olga en la raccompagnant dans l'entrée, après avoir raté sa joue et enfoncé le nez dans son bonnet en laine gris. Il faut absolument qu'on se revoie, vous me raconterez tout ce dont vous vous souvenez.

— Oui, oui, bien sûr, mon enfant. Mais tu sais, n'en veux pas à ta maman. C'était une époque terrible. Vraiment terrible. On était tous des orphelins. Maintenant, la vie est tellement facile... »

Kostia, debout derrière Olga, ne comprenait pas pourquoi sa mère flanchait soudain, pourquoi elle pleurait, alors qu'elle avait si bien tenu le coup tout au long de cette pénible journée. Olga retourna dans le cabinet de sa mère et étala de nouveau sur la table ces photographies surgies du fond du néant.

Sa mère était partie, depuis longtemps transformée en une coquille desséchée d'être humain, en un monceau d'habitudes hygiéniques et de paroles mécaniques. Et voilà qu'à sa place venait d'entrer un inconnu au visage magnifique, qui avait connu la trahison de ses enfants adolescents, la mort de sa femme et de ses enfants plus jeunes, la prison, et Dieu sait quoi encore. Cette photographie un peu floue avec le repas de Pâques avait ouvert des vannes. Olga, assise dans le cabinet de sa mère, laissait les larmes couler à flots, elle était en train de vivre un processus mystérieux. Telle une branche tranchée net par une lame, elle venait d'être greffée sur cet arbre familial que représentaient son grand-père Naoum et tous ces innombrables popes barbus avec leurs queues-de-cheval, des prêtres de campagne et de village, cultivés et pas très instruits, avec leurs femmes et leurs enfants – des gens bien ou pas particulièrement...

Elle n'arrivait pas à trouver les mots pour expliquer le choc qu'elle éprouvait. Ilya, lui, aurait eu les mots qu'il fallait, ceux qui remettent les choses à leur juste place, mais Ilya n'était pas là...

Le trolley B tourna au coin de la rue dans un cliquetis de câbles. Arii Lvovitch pressa le pas, le soir, les trolleys n'étaient pas très fréquents. Il avait déjà oublié la défunte d'aujourd'hui. Un des secrétaires de l'Union des écrivains était sur le point de mourir. Arii avait déjà prévu des funérailles grandioses, mais ce serait bien qu'elles aient lieu la semaine suivante, de façon à ce qu'il puisse aller à la datcha ce week-end. Il avait hâte de rentrer chez lui retrouver sa jeune épouse. Dix ans plus tôt, alors que son veuvage était encore frais, il avait rencontré à un enterrement la tendre et délicieuse Clara, il était tombé amoureux, il s'était marié, il avait eu une nouvelle fille, la petite Emma, et c'était un tel renouveau dans sa vie, un tel bonheur, qu'il n'arrivait pas à imaginer que lui aussi, il lui faudrait mourir un jour. Cela faisait si longtemps qu'il fréquentait la mort, ils avaient des relations si intimes, il la servait non par peur, mais en toute conscience. Il méritait bien un petit rabais, non ?

« Peut-être que je vivrai jusqu'à quatre-vingt-quinze ans, comme mon grand-père. Pourquoi pas ? Mes petits-enfants, les enfants de ma fille aînée Véra, de mon premier mariage, sont déjà grands, je vais bientôt être arrière-grand-père. Et si j'arrive à tenir jusqu'à quatre-vingt-quinze ans, je verrai aussi les enfants d'Emma. Pourquoi pas ? Je suis en bonne santé (touchons du bois), j'ai un travail absolument parfait, qui me vaut d'excellents revenus et du respect. Et puis c'est un travail intéressant, très satisfaisant pour l'âme. Oui, ce serait bien que ce secrétaire, un beau salaud, soit dit en passant, ne meure pas aujourd'hui ni demain ni lundi, mais qu'il tienne au moins jusqu'à mardi, comme ça j'aurai le temps de tout organiser comme il faut d'ici à vendredi prochain, sans me presser. Avec une réception dans la salle en chêne, pour une centaine de couverts. »

Les noces du Roi Arthur

Depuis son enfance, Olga éprouvait le sentiment rassurant que les gens sont toujours prévisibles. Elle savait d'avance ce qu'allaient dire ses amies, son institutrice, sa mère. Surtout sa mère. Antonina Naoumovna avait cultivé chez sa fille une rare vertu, la faculté de sacrifier ses propres intérêts au nom de la communauté. Cette petite avait, semblait-il, un sens inné de la justice sociale. Quand un enfant arrivait dans la cour avec une tartine beurrée saupoudrée de sucre, c'était Olga, et Olga seule, qui était chargée du partage pour un nombre donné de bouches et, en cas d'irrégularité particulière d'un morceau, elle était la seule dans tout le quartier à savoir rajouter le petit bout qui manquait pour obtenir une parité définitive. Du fait de son âge, elle n'avait pas connu les rations de pain (elle était née à la fin de la guerre) et ne savait rien non plus des rations des camps. Mais elle avait cela inscrit dans la moelle des os.

Antonina Naoumovna était enchantée par cette enfant tardive. Elle était vraiment très réussie ! Elle avait pris chez ses parents tout ce qu'ils avaient de meilleur : chez sa mère, les principes et la fermeté, chez son père, la bienveillance et une ravissante blondeur. Pas une goutte de l'hérédité grecque du côté maternel – des cheveux noirs et un nez d'une longueur excessive. Et pas une goutte de cette apathie propre à la lignée paternelle, qui s'était manifestée chez Afanassi Mikhaïlovitch dès son jeune âge.

Durant l'enfance d'Olga, Antonina Naoumovna dirigeait une revue pour la jeunesse. Elle donnait corps à ses théories scientifico-pédagogiques dans la pratique de sa vie privée en les appliquant sur sa fille, et utilisait dans ses articles l'expérience qu'elle tirait de ses relations avec elle. C'est ainsi que, en observant les jeux des enfants sur un tas de sable (ils arrosaient le sable avec de l'eau pour modeler un château bancal), elle en avait même tiré une métaphore artistique : le sable, ce sont les personnalités individuelles qui s'éparpillent, l'eau, c'est l'idéologie qui permet d'en faire une pâte et, à partir de ce matériau de construction, on bâtit un édifice grandiose. Elle se servait de cette image aussi bien dans ses éditoriaux que dans ses conférences. Ses interventions se distinguaient toujours par leur style fleuri, surtout quand il lui arrivait de parler devant des fonctionnaires du Parti. Elle était une littéraire, un oiseau rare dans ce milieu. Avec les écrivains, ce genre de choses ne marchait pas, ils savaient tous tourner une phrase, mais face à eux, elle disposait d'autres atouts. En revanche, dans le milieu des fonctionnaires du Parti, elle était respectée comme un maître du verbe.

Et pourtant, jamais Antonina Naoumovna ne s'était sentie aussi à l'aise en collectivité que sa fille. Elle était bien obligée de le reconnaître en toute franchise : on l'enviait ! C'était triste à admettre, mais il existait encore des gens à l'esprit mesquin qui étaient jaloux de sa position, de son autorité, et de l'estime que lui portaient les plus hautes autorités.

Tandis que la petite Olga, elle, se sentait toujours bien dans un groupe. Les collectivités d'enfants sont plus saines ! avait décrété Antonina Naoumovna, ce en quoi elle se trompait lourdement. Ici, cela tenait à autre chose : Olga était une meneuse née, et elle tirait parti de ses dons tout naturellement, sans y penser. On se pliait à sa volonté sans qu'elle ait à fournir le moindre effort, les filles comme les garçons étaient prêts à la suivre au bout du monde... Jolie, chargée d'une énergie joyeuse et bienveillante, elle traînait toujours derrière elle une nuée de petites amies. Elle aimait se fondre dans le courant général tout en le dirigeant, elle aimait ce sentiment de communion et d'unité qui atteignait son apogée dans le défilé des travailleurs du 1er Mai.

Un jour, Antonina Naoumovna l'avait emmenée sur la tribune des invités, sur le mausolée. Olga avait dévoré le spectacle des yeux de la première à la dernière minute, puis avait dit à sa mère :

« Oui, c'était super ! Mais c'est quand même mieux quand on est dans la foule, avec tout le monde ! »

Oh, la volupté que procure ce sentiment de communion et d'unité ! La parfaite égalité des grains de sable interchangeables, cette capacité à se fondre en un flot unique et puissant qui balaie tout sur son passage ! Et le bonheur d'être une infime particule de ce flot. Ce cher, cher Maïakovski !

Mais Ilya était arrivé, et il lui avait ouvert les yeux. Tout ce qu'elle connaissait, lui, il le connaissait d'une façon différente. Le Maïakovski des débuts constituait la meilleure partie de sa collection, un Maïakovski sur papier journal, jaune et friable, fragile et décati, un Maïakovski flamboyant... Que de choses lui avait racontées Ilya en plus de ce qui figurait dans les manuels scolaires ! Ce tribun de la révolution, avec sa peur d'être contaminé, ses fanfaronnades puériles et son amour éternel pour une femme liée à la police secrète, était en fait bien plus complexe et bien plus intéressant que ne l'imaginaient Olga et plusieurs millions de ses congénères. Mais le plus important, bien sûr, c'était Ilya lui-même. Auprès de lui, tout devenait différent, tout révélait des qualités nouvelles, même le temps qu'il faisait. Il avait une façon de photographier ! La pluie, par exemple… Un arbre à travers une fenêtre et les distorsions des gouttes coulant sur une vitre, un col en fourrure avec des perles d'eau accrochées dessus… Une flaque au milieu de laquelle flotte un journal, avec le mot « communiste » qui s'enfonce dans l'eau.

Avant, il ne venait pas à l'idée d'Olga qu'il existait sur terre autant de gens intéressants, et tellement différents ! Avec chacun sa philosophie, sa religion… De toute sa vie, elle n'avait rencontré qu'un seul homme spécial, peut-être même génial : ce professeur d'université, son directeur de thèse, l'écrivain clandestin qui avait publié des livres à l'étranger et à cause duquel elle avait été renvoyée de l'université. Mais autour d'Ilya, ils étaient tous comme ça, particuliers. Ils n'étaient pas tous écrivains, bien sûr. Mais chacun d'eux était une personnalité remarquable, avec des centres d'intérêt bizarres, des connaissances peu communes dans des domaines inimaginables et parfaitement inutiles dans la vie normale : une dame d'un certain âge avec des pipes en écume de mer, un spécialiste boiteux d'une forme de théâtre qui n'existait pas, un peintre de banlieue qui peignait des décharges publiques et des palissades, un chercheur enquêtant sur les objets volants non identifiés, un astrologue qui dressait des horoscopes, un traducteur du tibétain… Et tous, sauf la dame aux diamants, étaient gardiens de nuit, garçons d'ascenseur, débardeurs, secrétaires fictifs d'hommes de lettres, parasites vivant aux crochets d'épouses ou de mères qui travaillaient – des fainéants qui n'arrêtaient pas de créer quelque chose, des tire-au-flanc, des parias, dangereux et fascinants. On ne comprenait pas très bien si c'étaient eux qui refusaient de travailler pour l'État, ou si c'était l'État qui ne voulait pas avoir affaire à eux.

Le premier chez qui Ilya emmena Olga était Arthur Koroliov, surnommé le Roi Arthur[1], un marin à la retraite. Il habitait à Tarassovka, dans une grande maison de guingois avec un poêle, un puits près de la barrière, et des cabinets en planches au fond du jardin. La barrière était fermée par un cadenas rouillé, et Ilya avait frappé assez longtemps contre une plaque en fer qui bloquait la barrière de l'intérieur. Un homme immense et chauve en veste d'officier noire avait fini par surgir sur le perron. Sans se presser, d'une démarche chaloupée de marin, il s'était approché de la barrière, l'avait poussée du doigt, et elle s'était ouverte facilement. Il avait tendu à Ilya une main aussi large qu'une pelle, dont chaque doigt ressemblait à une grosse carotte d'un jaune rosé, comme s'il venait de faire une lessive. Olga n'avait jamais vu de toute son existence quelqu'un d'aussi extraordinaire. Quand on y regardait de plus près, son visage avait quelque chose de bizarre : il n'avait pas de sourcils. Il était tout rouge, un teint de paysan, même son crâne chauve était bronzé. Une voix de basse claironnante, mais un rire flûté, qui semblait sortir d'une autre gorge que la sienne. Il jeta à peine un coup d'œil à Olga, sans lui accorder la moindre attention. Il ne se présenta même pas. Olga fut interloquée. Quel manque d'éducation ! Et c'était un ancien officier de marine !

Ils étaient entrés. Le maître de maison était passé devant. Chaussé de bottes en caoutchouc vietnamiennes. Dans la neige fondue ! Un original. La mai-

1. Le nom Koroliov est formé sur la racine de *korol*, roi.

son était à l'avenant, poussiéreuse, remplie de bric-à-brac. Dans le vestibule, on entendait des bruissements, celui du feu dans le poêle, des souris à l'intérieur des murs, des vieux bouquins qui s'entassaient un peu partout, en piles, en ballots, en paquets. Il y en avait par terre, sur la table, sur l'établi qui se trouvait ici même, dans la pièce.

Ilya enleva son sac à dos et en sortit une bouteille de vodka. Le maître de maison s'assit dans un fauteuil dont un accoudoir était enveloppé de chiffons, et considéra la bouteille avec un intérêt teinté de réprobation. Ilya saisit son regard.

« On peut très bien ne pas boire, le Roi. Ce n'est pas obligatoire. »

Le Roi grogna :

« Si on la boit pas, qu'est-ce que tu veux qu'on en fasse ? Allez donc mettre la table, ma belle. Dans le vestibule, là-bas, il y a des fourchettes et des assiettes, enfin, tout ce qu'il faut… Je dois avouer que je n'aime pas m'occuper de ce genre de choses. »

Olga s'en étrangla d'indignation. Quel mufle ! Non, mais quel mufle ! « Ma belle » ! Il ne manquerait plus qu'il l'appelle « ma chérie » ! Elle décocha à Ilya un regard furibond, mais on ne comprenait pas très bien s'il riait ou s'il lui faisait un clin d'œil… Ne trouvant pas de protecteur, Olga adressa au Roi un sourire qui fit frémir ses fameuses fossettes et dit simplement, en le regardant bien en face :

« Je dois avouer que moi non plus, je n'aime pas ça ! Surtout quand je ne suis pas chez moi.

— Je vois ! » dit le maître de maison. Et il alla dans le vestibule. Le plus naturellement du monde.

« Tu es géniale, Olga ! » chuchota Ilya, et cette approbation la rendit heureuse et fière : elle s'était comportée comme il fallait.

Le Roi Arthur apporta une casserole noire avec

trois assiettes creuses en guise de couvercle et, dessus, une pyramide constituée d'un gros cornichon salé, de pain coupé en tranches épaisses et de trois petits verres. Des fourchettes sortaient de sa poche. Il se déplaçait avec la précision d'un sportif ou d'un danseur, les petits objets lui collaient aux mains comme si elles étaient aimantées. Rien ne tombait, tout tenait bien droit et se retrouvait à l'endroit voulu. Il fouilla dans sa poche et sortit de ses profondeurs un oignon et un grand canif. Il trancha le fond de l'oignon, le coupa en quatre sans l'éplucher, et les quatre morceaux s'ouvrirent au milieu de la planche en bois comme les pétales blancs d'un nénuphar. Il posa une assiette devant chaque personne. La casserole contenait des pommes de terre en robe des champs encore tièdes. Sans regarder, il tendit un long bras derrière lui et posa sur la table une petite salière en argent en forme de cygne. Tout était absolument parfait. Le levain du bonheur fit gonfler l'âme d'Olga et elle se couvrit de petites cloques, comme une pâte qui lève.

« Allez, vas-y, ouvre-la ! » dit tendrement Arthur à Ilya, et ce dernier arracha la capsule en fer-blanc de la bouteille verdâtre.

« Ah, voilà pourquoi on appelle la vodka "le vin vert" ! devina Olga. C'est parce qu'on la mettait autrefois dans des bouteilles vertes ! »

Elle couvrit légèrement son verre de la main.

« Non, je n'en veux pas.

— Du cognac, alors ? proposa le maître de maison.

— Non merci. Je ne bois pas dans la journée. »

Il hocha la tête. Il découpa le cornichon en tranches fines, prit une pomme de terre, la pela et la coupa. Ilya et lui burent un verre de vodka. Il mangeait avec les mains et salait sa pomme de terre avec les doigts, mais c'était élégant, et même aristocratique.

« Comment va Lissa ? » demanda Ilya.

Olga savait déjà qu'Arthur avait une femme ravissante qui venait de le quitter, Ilya le lui avait raconté en chemin.

« Où tu veux qu'elle aille ? Elle est encore passée ces jours-ci.

— Elle veut revenir ? demanda Ilya, curieux.

— Non, Ilya, elle ne reviendra pas. Mais elle n'arrive pas à partir. Elle a engagé une procédure de divorce, elle va se remarier, mais elle n'a pas la force de me quitter. On verra bien ! Cela fait quinze ans qu'on vit ensemble. Elle a envie de partir à l'étranger. Elle dit qu'elle s'est trouvé un Finlandais.

— Ah bon ? fit Ilya, étonné. Elle n'avait pas un Irakien ?

— Si. Richissime. Elle lui a donné congé. Elle dit qu'une femme européenne ne peut pas vivre au Moyen-Orient. Le Finlandais, lui, est originaire de Laponie. Lissa a l'habitude du froid, elle vient de Sibérie. En fait, elle avait des visées sur l'Italie, mais elle n'est pas arrivée à se trouver un Italien. »

Olga en avait les yeux qui lui sortaient de la tête. Qu'est-ce que c'était que cette fille qui se choisissait un mari parmi des étrangers ? Un peu comme une prostituée, non ? Il faudrait qu'elle se renseigne là-dessus auprès d'Ilya.

Puis ils avaient bu du thé. Arthur le préparait lentement, en élaborant tout un spectacle autour de la théière. Il faut dire qu'elle était remarquable, cette théière, en métal émaillé, couverte de dragons et de langues de feu bleu pâle.

« Elle est chinoise. » Arthur caressa amoureusement son flanc arrondi. Et il la regardait aussi amoureusement, comme un homme regarde une femme. « Je l'ai achetée à Singapour. C'est une beauté ! »

Oui, bien sûr, Ilya lui avait raconté qu'Arthur avait servi dans la marine marchande, il avait navigué sur tous les océans. L'œil d'Olga s'était à présent habitué à cette silhouette peu ordinaire, et il lui plaisait de plus en plus. Même si, à y regarder de plus près, cette absence de poil était bizarre, on aurait dit que rien n'avait jamais poussé ni sur sa tête, ni sur la peau d'enfant de son visage. Et puis il avait les mains qui tremblaient légèrement, cela ne se remarquait pas tout de suite.

Ensuite, le Roi débarrassa les assiettes, toujours selon la même technique, en érigeant tout un échafaudage sur la casserole, il essuya la table, et Ilya posa dessus un gros tas de feuilles tapées à la machine en papier pelure extrêmement fin. Et quelques très vieux livres en lambeaux. Il y eut des froissements de papier.

« Je n'ai pas le matériel qui convient, dit Arthur. Je ne peux faire ça qu'avec de la cotonnade.

— Du moment qu'elle n'est pas à petites fleurs ! dit Ilya.

— Je vais relier ça en bleu foncé », répondit le Roi en hochant la tête.

Puis, prenant un air encore plus pénétré que celui qu'il avait déjà, il alla chercher dans la pièce voisine un livre ancien relié de cuir sombre qu'il rapporta en le tenant dans ses bras comme un bébé, et il le présenta à Ilya.

« Non, mais tu te rends compte ! Il date du XVIIIe ! De 1799 ! *Le Parfait Bouilleur de cru* !

— Formidable ! s'exclama Ilya, et il éclata d'un rire joyeux. Comment fabriquer du tord-boyaux ?

— Mais non, ça, on s'en fiche ! Regarde un peu la page de titre ! Là, tu pourras t'exclamer ! »

Et le Roi Arthur souleva la reliure. Ilya émit un sifflement.

« Ben ça alors ! Ça vient de ton centre de recyclage ?

— Mmm... Avec la signature du propriétaire :

Berdiaïev. Bon, c'est vrai, il faut quand même vérifier.

— Tu vas avoir besoin d'un spécialiste. Il faut montrer ça à Sacha Gorelik, conseilla Ilya.

— Non, je ne veux pas qu'il sorte de chez moi. Arrange-toi pour faire venir Sacha ici. Il aura droit à une bouteille.

— Il t'en apportera une lui-même ! Et puis, peut-être qu'il te l'achètera.

— Il est hors de question que je le vende ! »

Olga tendit le cou par-dessus l'épaule d'Ilya. Il y avait une inscription à l'encre violette : « Nicolaï Berdiaïev ».

Un nom vaguement familier, elle l'avait déjà entendu dans des soirées. Mais elle ne posa pas de questions, afin de ne pas perdre la super classe dont on l'avait gratifiée. Il était clair qu'Ilya, bien qu'il n'ait reçu aucune éducation en bonne et due forme, connaissait l'histoire et la littérature beaucoup mieux qu'elle, qui était presque diplômée de l'université. Et ce marin à la retraite aussi était quelqu'un de cultivé, à en juger par les livres dont sa maison était remplie à craquer. Ce qu'il confirma aussitôt en sortant de sous le divan un petit Dickens en anglais grand comme la main.

« Voilà un auteur fantastique, Ilya ! Quand je pense aux âneries qu'on avalait dans notre enfance ! » Là, il fit un geste désinvolte et éclata de rire. « En fait, quand j'étais petit, je ne lisais presque pas, je crois qu'il n'y avait pas un seul livre anglais dans toute la ville d'Izioum. C'est une région de cosaques. Chez nous, on met les garçons sur un cheval avant qu'ils sachent marcher. Ils sont capables de manier un sabre, mais ils ne savent pas lire. »

Bien qu'elle se fût fermement interdit de poser des questions, Olga ne put se retenir :

« Alors vous savez aussi vous battre avec un sabre ?

— Non, mon petit, moi, j'ai toujours détesté cette sauvagerie cosaque, je me suis sauvé de la maison à l'âge de treize ans pour entrer dans une école de la Marine. J'étais un romantique. Autrement dit un imbécile. Je ne savais pas ce que c'était vraiment, l'armée. »

Le « mon petit » était vexant, bien sûr, mais l'intonation était tout à fait amicale. Et il la regardait dans les yeux, bien en face.

Ils se préparèrent à partir. Ilya fourra dans son sac à dos à présent vide une pile de livres enveloppée dans du papier journal et soigneusement ficelée, il remit au Roi Arthur une petite liasse de billets, et ils s'en allèrent au pas de course en direction de la gare. Il était près de dix heures et, à cette heure-là, les trains n'étaient pas fréquents. En chemin, Olga interrogea Ilya. Il répondait avec laconisme. Oui, c'était un ancien officier de marine, il avait survécu à une explosion. Il avait quitté la flotte en passant par l'asile psychiatrique, il était à la retraite, il travaillait comme auxiliaire dans un centre de recyclage de vieux papiers.

Au début, il ne connaissait pas grand-chose aux livres mais avec les années, il était devenu très calé. Il avait du flair. D'ailleurs il n'y avait pas besoin d'avoir un flair particulier, les gens jetaient des bouquins par sacs entiers. C'était fou ce qu'il avait pu dénicher parmi de vieux journaux et des manuels gribouillés : une édition de Karamzine publiée de son vivant, Khlebnikov… Il était tombé sur Steiner. Lui, on ne le trouvait même pas chez les bouquinistes. Une édition du début du siècle.

« Tu ne connais pas ? Ce n'est pas mon truc, mais il faut connaître. Ces derniers temps, Arthur est dans le yoga jusqu'au cou. Il a trouvé Vivekananda dans ses vieux papiers. Il pratique, il médite.

— Moi aussi, je veux lire Vivekananda... »

Elle avait envie de tout – tous les livres, toutes les conversations, et la musique, et le théâtre, et le cinéma, et Berdiaïev, et ce Vivekananda indien, et puis il fallait qu'elle lise immédiatement Dickens en anglais ! Comme quand elle était petite et qu'elle avait envie d'entrer tout de suite aux pionniers et aux komsomols pour se retrouver dans le détachement de tête, elle avait envie maintenant d'être acceptée dans le cercle assez indéfinissable d'Ilya, du Roi Arthur et de ceux qu'elle ne connaissait pas encore, mais dont elle avait déjà entendu parler. C'étaient ces gens-là qui attendaient dans la cour du tribunal quand on avait jugé son professeur, et se trouver parmi eux était bien plus intéressant que siéger au comité des komsomols de la faculté de lettres.

Ilya lui donna à lire Vivekananda, et Berdiaïev, et Orwell, qui fut pour elle un véritable choc. Elle avait à présent du temps libre à revendre, puisqu'elle avait été renvoyée de l'université. Elle passait ses journées à traîner dans sa chambre tandis que Faïna donnait à manger à Kostia, le promenait, lui faisait faire sa sieste et, vers le soir, quand sa mère rentrait du travail, elle allait retrouver Ilya. Ils avaient plusieurs lieux de prédilection pour leurs rendez-vous : devant la statue d'Ivan Fiodorov, le Premier Imprimeur russe, près du mur de Kitaï-Gorod, chez un bouquiniste, dans une vieille pharmacie de la place Pouchkine. Lorsque l'été arriva, ils se retrouvèrent dans le Potager médicinal, un petit jardin botanique créé par Pierre Ier.

Il s'écoula six mois avant qu'Ilya n'invite de nouveau Olga à Tarassovka, cette fois pour un mariage. Elle demanda avec étonnement qui donc pouvait bien se marier avec un type aussi bizarre.

Et là, ce fut au tour d'Ilya de s'étonner.

« Mais qu'est-ce que tu crois ? Avant qu'il épouse Lissa, les femmes faisaient la queue, elles rêvaient toutes de lui laver ses chaussettes ! Une actrice célèbre prenait l'avion de Moscou à Vladivostok deux fois par mois pour baiser avec lui. Quand elle arrivait, il lui disait : excuse-moi, je n'ai pas de permission... Et il filait retrouver une serveuse. Ensuite, quand Lissa est apparue, cela a été terminé. Il est devenu un mari fidèle. Il ne regardait plus les femmes. Et là, c'est Lissa qui a commencé à s'envoyer en l'air... »

Ilya éclata de rire.

Olga admirait toujours la liberté et la simplicité avec lesquelles il parlait de choses qu'avant, elle n'arrivait même pas à appeler par leur nom. Elle ne savait pas prononcer à voix haute le mot « merde », il lui restait en travers de la gorge, mais dans la bouche d'Ilya, même les jurons imprononçables paraissaient naturels et cocasses...

« Et il épouse qui, maintenant ? demanda Olga avec curiosité.

— Ça, c'est encore une drôle d'histoire, je dois dire ! Il se marie avec la sœur aînée de Lissa. C'est elle qui a manigancé tout ça. Tu verras toi-même. »

Le mariage du Roi tombait au milieu du mois de juin. L'été était encore tout frais, c'était le premier jour de soleil après des mois de pluie. La veille, la mère d'Ilya, Maria Fiodorovna, était partie chez sa sœur à Kirjatch. Olga était venue chez Ilya le soir et, pour la première fois, ils avaient passé ensemble une longue nuit qui leur appartenait entièrement, sans se presser, sans être dérangés et, pour Olga, sans la gêne qu'elle éprouvait dans les lits étrangers où Ilya l'entraînait de temps en temps. Au matin, ils étaient tous les deux apaisés, vidés, et ce vide exaltant donnait à leur âme et à leur corps une sensation proche de l'apesanteur. Tous les deux savouraient le caractère unique de ce qui venait de leur arriver : cet exploit sexuel, cette expression charnelle de leur être, à l'extrême limite du possible, avait marqué le franchissement d'une frontière commune à toute l'humanité, c'était comme si une révélation s'était produite là où l'on ne s'y attend pas. Au-delà de la suprême jouissance sexuelle avait surgi une autre félicité, impossible à exprimer par des mots, celle de la dissolution du moi et de la liberté inimaginable, inexplorée, d'une envolée et d'un vol plané.

« C'est tellement bien que ça fait peur ! chuchota Olga alors qu'ils étaient déjà dans le train.

— Non, cela n'a rien d'effrayant. On nous a montré le septième ciel. Alors on a l'impression qu'il faudrait faire quelque chose pour remercier.

— Mais quoi ? demanda Olga, étonnée. Qu'est-ce qu'on peut faire ?

— Je ne sais pas. Se marier, peut-être ? Comme ça, je te baiserai en tout bien tout honneur ! »

Et il éclata de rire, comme s'il avait dit quelque chose d'extrêmement spirituel.

Ce mot inconvenant fit à Olga l'effet d'une douche froide, mais son corps, lui, réagit par un consentement immédiat. Le rouge lui monta aux pommettes. « Je suis devenue complètement folle, ce n'est pas possible ! » Et elle dit d'un ton gêné :

« Non. Je pense qu'après ça, il faut faire un enfant. »

Ilya cessa de rire. Il avait une expérience épouvantable de la paternité, et il ne tenait pas à recommencer.

« Non, ça, surtout pas ! Pour rien au monde, jamais. Ne l'oublie pas. »

Quelque chose s'écroula et s'effondra. De vraies montagnes russes. C'était quoi ? De la cruauté ? De la bêtise ? Comment pouvait-il dire une chose pareille ? Mais il n'était ni cruel ni bête. Il comprit tout de suite qu'il l'avait blessée et, lui prenant le bras au-dessus du coude, il le serra très fort.

« Tu ne comprends pas. Je donne naissance à des monstres. Je suis moi-même un monstre. Il ne faut pas avoir d'enfant de moi. »

Olga se cramponna à sa main. La blessure s'était immédiatement transformée en une compassion lancinante. Il avait déjà fait allusion devant elle au fait que son enfant n'était pas en parfaite santé. Elle comprenait maintenant qu'il ne s'agissait pas juste d'une maladie infantile passagère, mais d'une catastrophe irrémédiable. Ils se turent et regardèrent fixement par la fenêtre. Derrière la vitre défilaient des feuillages d'un vert si frais et si bien lavé par de longues pluies que l'on pouvait parfaitement garder le silence. Cet aveu rendit leur intimité encore plus grande, si possible.

Les tables avaient été dressées sur le sentier qui menait à la maison. Le terrain était tellement envahi par la bardane, les framboisiers et les orties qu'il n'y avait pas de place ailleurs. Une quarantaine de personnes s'entassait là, et tout le monde n'était pas encore arrivé. Au fond du jardin, des bûches finissaient de brûler dans un barbecue improvisé, il y avait de la fumée, cela sentait l'herbe mouillée et le jasmin. Deux garçons aux allures de randonneurs-chanteurs s'affairaient autour du barbecue.

Bien que le centre de la table fût occupé par des écuelles et des cuvettes remplies de salades, personne n'était encore assis. Les invités étaient déjà en train de boire ici et là, dans tous les coins qui s'y prêtaient, sous une tonnelle sur le point de s'écrouler depuis longtemps, près d'un tonneau rempli d'eau de pluie, sur des troncs d'arbre derrière les cabinets. De la maison jaillissaient des vociférations proférées par une voix de commandant en chef : c'était Lissa qui dirigeait tout le monde. Et elle sortit sur le perron. Une beauté, une bombe sexuelle, une star, depuis ses fines jambes torses juchées sur des talons aiguilles jusqu'à la fontaine de cheveux crêpés sur le haut de son crâne. De grandes lunettes légèrement fumées, et un sourire découvrant des canines pointues. Un vampire ? Une sorcière ?

« La Demoiselle de Gogol ! chuchota Olga à l'oreille d'Ilya. Il faut la mettre devant une caméra ! Pour jouer la Demoiselle[1] !

— Oui, tu as raison », reconnut facilement Ilya.

Et Olga vit le Roi. Affalé sur une chaise longue, il dormait ou il méditait. Il avait les yeux fermés et son grand menton lisse était pointé vers le ciel.

« Eh, le Roi, à table ! cria Lissa, et le Roi ouvrit un œil. Qu'est-ce que tu fais couché ? On ne commence pas sans toi ! »

Un mouvement s'amorça dans les buissons et les invités émergèrent, déjà un peu éméchés, ils se dirigèrent vers la table et s'installèrent sur les bancs. Ilya, passant sa longue jambe par-dessus un banc, fut presque le premier à s'asseoir. Olga prit place à côté de lui. Elle connaissait déjà quelques personnes, mais pas toutes.

Ces têtes, Seigneur, quelles têtes ils avaient ! Il y en avait de tous les âges : des jeunes et des moins jeunes, deux tout à fait vieux, et une dame âgée très rigolote. Et tous, absolument tous, n'avaient rien de soviétique. Mieux encore, ils étaient antisoviétiques. Merveilleusement antisoviétiques ! Et bien entendu, le

1. La jeune sorcière dont est victime le héros de *Viï*, le récit de Gogol. Le film *Pannotchka* (*La Demoiselle*), d'après Gogol, était sorti en 1967. Le rôle de la sorcière était joué par Natalia Varleï. Ce film, qui connut un immense succès, est considéré comme le premier film d'épouvante soviétique.

professeur envoyé en prison faisait partie de la même bande.

« Dis-moi *who is who*... chuchota Olga.

— Qui t'intéresse en particulier ?

— Eh bien, ce rouquin, là-bas ?

— Ah ! Lui, c'est Vassia Roukhine, un philosophe, un théologien. Il a un savoir encyclopédique. C'est très intéressant de discuter avec lui. Il est vrai qu'il supporte mal l'alcool, dès qu'il a un coup dans l'aile, il ne parle plus que du complot judéo-maçon. »

Le philosophe-théologien était parfaitement à jeun, et il était clair que cela lui pesait. Il était en train de verser dans un verre un liquide alcoolisé de nature indéterminée, et la femme assise à côté de lui, qui n'arrêtait pas de rajuster sur sa nuque une grosse natte en forme de saucisse, protestait à voix basse. Un homme voûté et même presque bossu, avec un visage ciselé de Caucasien et des petites moustaches décoratives, leva la main droite en faisant un grand geste de la gauche, et prononça lentement quelque chose qui ressemblait à un poème. « À l'autel elle alla, elle le tua là... »

« Lui, c'est Damiani, un génie ! Dans le genre Khlebnikov. Tu sais, des palindromes, des acrostiches, tous ces trucs formalistes. Il écrit des vers magnifiques. C'est un vrai génie ! Il est né trop tard. S'il avait vécu au début du siècle, il aurait envoyé Khlebnikov au tapis. Pour l'instant, je ne vois pas Sacha Kouman, c'est son ennemi intime, ils sont toujours ensemble. Lui aussi est un poète, mais d'un genre complètement différent. Dès qu'ils sont en présence, il y a obligatoirement un clash – sur un terrain poétique. »

Ilya n'attendait plus les questions d'Olga, il expliquait de lui-même :

« Ces deux-là, ce sont des défenseurs des droits de

l'homme, le gros est mathématicien, il s'appelle Alik. C'est un théoricien. Il a une logique de fer. À mon avis, il est la seule personne à laquelle KGB redoute d'avoir affaire. Avec lui, il est impossible de discuter, il te démontre tout ce qu'il veut ! Personne n'arrive à le suivre, il a un de ces cerveaux, une vraie mitrailleuse ! Et celui qui est à côté, avec le chapeau de cow-boy, c'est un Juif tout ce qu'il y a de plus juif, il s'appelle Lazare, il a inventé une machine à traduire. Un linguiste et un cybernéticien. À côté, en robe bleue, c'est sa femme, Anna Reps, une poétesse, elle aussi. Pas terrible, à mon avis.

— Comment se fait-il que le Roi connaisse des gens comme ça ? demanda Olga.

— C'est un milieu très particulier. Ce qui les rapproche tous, c'est les livres. Le Roi est un excellent relieur, tout le monde le connaît et on l'aime bien. Certains cercles ne se fréquentent qu'à travers lui. C'est un milieu très particulier », répéta Ilya en insistant, comme si ces mots expliquaient tout.

À ce moment-là, Lissa se précipita vers le perron en hurlant : « Choura ! Mais où est la tourte ? » La porte s'ouvrit, et sur le seuil surgit une femme corpulente au visage écarlate, vêtue d'une robe blanche beaucoup trop petite pour elle qui menaçait de craquer de partout. Elle tenait à bout de bras un plat à four débordant d'une grosse tourte paysanne. Une brûlure rouge toute fraîche zébrait son avant-bras, et derrière son épaule se profilait une jeune fille portant deux seaux, elle aussi toute rouge et elle aussi en robe blanche. Olga tendit le cou : les seaux étaient remplis de viande découpée en morceaux. Les préposés aux brochettes accoururent, s'emparèrent des seaux et disparurent.

« Et le maigre, là, avec les yeux noirs, c'est le célèbre Sinko. On a écouté des enregistrements de ses chansons chez Bojenov, lui rappela Ilya.

— Ah oui, je me souviens, bien sûr ! Des chansons magnifiques.

— Il est venu avec sa guitare. Il va nous chanter quelque chose. »

— « Pose cette tourte, Choura, et va chercher les harengs ! cria Lissa à la grosse femme. Tu as oublié ou quoi ? »

Le bout de son nez pointu frémissait comme celui d'un petit animal, et Olga comprit que son surnom lui venait non du prénom Elisavéta, mais de ce nez mobile toujours sur le qui-vive qui menait une vie bien à lui[1]. La grosse femme retourna dans la maison au pas de course, le derrière tressautant. Lissa secoua la tête avec un sourire dédaigneux : non, mais quelle empotée ! Vraiment pas dégourdie, cette assistante ! La jeune fille en blanc s'approcha de Lissa et lui chuchota quelque chose, mais Lissa eut un geste agacé.

« C'est ton boulot d'aider ! Tu n'as même pas apporté la galantine ! »

Et la jeune fille fonça à l'intérieur, elle aussi.

Le Roi Arthur avait fini par s'extraire de sa chaise longue et avait déménagé en tête de table. On avait placé là son fauteuil à l'accoudoir bandé ainsi qu'une chaise viennoise. Une jeune fille aux cheveux courts, avec un visage oriental très expressif, de grands yeux, de grandes lèvres et de grandes narines, vêtue d'un jean et d'un tee-shirt blancs, s'assit à côté de lui sur la chaise viennoise. Il la prit par les épaules.

« La mariée a de la classe ! chuchota Olga à Ilya.

— Non, elle, c'est Léna Vavilon, elle n'a rien à voir avec Arthur. C'est une Ossète, elle est diplômée de l'Institut des langues orientales, elle parle toutes les langues du Caucase. Et le farsi. Quant à la mariée, je ne l'ai jamais vue. »

1. En russe, *lissa* signifie « renarde ».

Au même moment, Lissa s'approcha de la fille pleine de classe et lui prit la chaise.

« Dégage, Léna ! »

Léna ne se démonta pas le moins du monde.

« T'as pas d'ordres à me donner, Lissa.

— T'assieds pas là, c'est la place de la mariée ! » cria Lissa d'une voix menaçante.

Léna retourna la chaise dos contre la table et s'assit sur les genoux d'Arthur. Ce qui n'eut pas l'air de lui déplaire.

« Choura, on commence ! Viens t'asseoir ! » cria Lissa.

La porte de la maison s'ouvrit en grand, et Choura apparut, un torchon à la main.

« J'arrive, j'arrive ! »

Elle s'essuya les mains en marchant, puis s'éventa avec son torchon et dit à voix basse, mais Olga l'entendit :

« Lisa, dis à Macha de venir, tu sais bien que si on ne le lui dit pas, elle ne s'assiéra jamais ! »

Macha, les doigts en éventail, arrivait en portant des plats de harengs, un sur chaque main.

Choura s'approcha de la chaise viennoise, la retourna, posa le torchon sur le dossier, et se laissa lourdement tomber dessus. C'était elle, la mariée. Entre-temps, Léna Vavilon avait disparu des genoux d'Arthur comme par enchantement. Choura avait des problèmes avec ses cheveux. Tôt dans la matinée, elle avait fait un saut chez le coiffeur, où on lui avait concocté une mise en plis si monstrueuse que Lissa avait piqué une colère, elle avait poussé des hurlements et lui avait ordonné de se laver immédiatement les cheveux pour les débarrasser des boucles et de la laque. Choura avait vidé un flacon entier du shampoing de sa sœur, un shampoing de marque étrangère, elle avait maintenant les cheveux plus propres qu'elle ne les avait jamais eus de sa vie, et si mous qu'aucune barrette ni épingle ne pouvait les faire tenir. Elle n'arrêtait pas d'arranger ses cheveux plats et roussâtres, découvrant les dessous de bras humides de sa robe blanche. Son visage était aussi rouge et aussi moite que si elle sortait d'une étuve. À cause du four, bien sûr.

Et de nouveau retentit la voix perçante de Lissa, au timbre métallique :

« Allez, servez à boire ! Arthur, pourquoi tu t'es assis ? Debout, le marié ! Qui va dire quelque chose ? Sergueï Borissovitch, c'est vous le personnage principal, ici ! »

Un homme pas très grand à l'ossature menue qui paraissait âgé d'une cinquantaine d'années, avec des lunettes et un air à la fois concentré et contrarié, l'envoya promener.

« C'est toi qui as entraîné tout le monde dans ce cirque, Lissa, c'est à toi de te démerder !

— C'est qui ? C'est qui ? demanda Olga, tout excitée.

— Tchernopiatov. Beaucoup de choses reposent sur lui. C'est un irréductible. Il s'est retrouvé dans un camp à l'âge de quatorze ans, il allait encore à l'école quand il a été arrêté pour la première fois. Je te raconterai ça plus tard. »

Lissa s'exécuta d'un air mécontent.

« Bon, d'accord ! Après tout, il me concerne, ce mariage ! C'est mon mari qui épouse ma sœur. »

Elle fit un léger geste en direction de sa sœur – allez, pousse-toi ! Choura se leva, et Lissa grimpa d'un bond sur la chaise libérée. Elle était attifée en dépit du bon sens : une chemise en soie blanche avec un soutien-gorge en dentelle noire par-dessus, et un short très court qui dépassait à peine de sa chemise. Elle était debout en équilibre précaire sur la chaise dont les pieds vacillaient sur la terre meuble et inégale, et ses hauts talons oscillaient. Les mèches de ses cheveux en bataille voletaient dans la brise. Arthur regardait l'oratrice avec attention, prêt à la rattraper. De l'autre côté, Choura piétinait sur place, les bras écartés, préoccupée par la précarité de la situation. Elle ne se doutait pas encore à quel point elle était précaire : Lissa était complètement bourrée.

« Alors ? Où est le champagne ? »

Quelqu'un lui fourra obligeamment un verre dans la main, elle le leva et hurla d'une voix perçante :

« Un baiser ! »

Arthur la rattrapa de justesse, elle se suspendit à son cou et se mit à couvrir de baisers son crâne chauve, sa joue, son nez... Arrivée à la bouche, elle colla ses lèvres contre celles du Roi, toujours imperturbable.

« Je marie mon époux bien-aimé ! Avec ma sœur bien-aimée ! Macha ! Où est ma nièce ? Viens ici, Macha ! J'ai colorié ton papa ! »

Macha était déjà auprès de sa mère, et n'avait pas l'air d'humeur à plaisanter.

Ce n'était pas vraiment une scène de famille, mais quelque chose d'inquiétant se préparait.

Olga regardait de tous ses yeux. Elle n'avait pas remarqué qu'Ilya avait disparu. Il revint au bout de trois minutes, des brochettes plein les bras, accompagné du préposé au barbecue.

Lissa saisit une brochette et la donna au Roi.

« Choura ! Regarde, b... de m... ! Le premier morceau est toujours pour lui ! Macha ! Regarde bien, toi aussi ! Sinon, je vous arrache les yeux ! »

Mais Choura n'avait pas besoin qu'on lui arrache les yeux, ils étaient déjà pleins de larmes. Elle était prête à rentrer sous terre, mais son désarroi était si grand qu'elle restait plantée là comme une bûche. Ilya distribua les brochettes, ce qui détourna l'attention de tous du principal rituel du mariage – le baiser.

« Mais c'est une vraie peste ! dit Olga à Ilya avec indignation, quand celui-ci lui apporta une brochette.

— Oui, bien sûr, mais une peste géniale ! C'est elle qui a sorti le Roi de prison, qui l'a expédié dans un asile psychiatrique, et qui l'a démobilisé. En versant des pots-de-vin à droite et à gauche. Elle est devenue juriste. Si, si, je te jure ! Elle a suivi les cours du soir de la fac de droit. Tu ne peux pas imaginer tout ce qu'elle fait ! C'est elle que j'ai rencontrée la première, je n'ai connu le Roi qu'après. Elle vient d'Extrême-Orient, son père est un chasseur. Elle a arpenté la taïga avec lui quand elle était toute petite. Et elle boit comme un homme. Une sacrée bonne femme, un caractère d'acier, bon, c'est vrai, elle est assez portée sur la chose... Et le Roi, lui, est impuissant, mais elle va nous l'annoncer elle-même. »

Effectivement. Le bref intermède pendant lequel les invités avaient mâchonné leurs brochettes en chœur touchait à sa fin. Lorsqu'elle eut terminé la sienne, Lissa brandit la tige.

« Bon, les gars, je vous tire ma révérence ! Ça y est, je m'en vais au pays des Finnois ! Du grand silence blanc. J'en ai ras le cul de vos gueules de cons ! » Elle gloussa en levant le nez. « Mais je vous adore tous. Faites gaffe, hein ! Je reviendrai vous surveiller ! Vous ne pourrez rien me cacher ! Et je vous préviens, c'est autre chose que le KGB ! Je suis mon propre agent, moi ! Vous n'avez pas intérêt à faire du mal au Roi ! Ni à Choura ! C'est une grosse vache, mais c'est quelqu'un de bien. Un bon docteur Aïbolit[1] qui vous soi-

1. Personnage d'un célèbre conte pour enfants de Korneï Tchoukovski ayant inspiré un dessin animé extrêmement populaire (1938).

gnera et vous guérira tous ! Une infirmière. Si vous avez besoin d'une piqûre, dans le derrière ou dans une veine, c'est la meilleure ! Mais ne lui courez pas après ! Elle a horreur de ça ! Question hormones, elle, c'est zéro. C'est moi qui ai hérité de toutes celles de la famille ! Ils forment le couple idéal : deux impuissants ! »

Elle se suspendit langoureusement au cou du Roi et émit un hurlement magnifique, dans le style des lamentations populaires :

« Oï, oï, oï ! Mon seigneur et maître, mon pauvre chéri ! Mon petit impuissant adoré ! Qu'est-ce que vous avez à ricaner ? Il vaut mieux que vous tous réunis ! S'il arrivait à garder sa queue droite, il n'aurait pas de prix ! »

Le Roi subissait patiemment et avec indulgence les glapissements de son ex-femme. Il ne réagissait absolument pas à cette révélation mortellement offensante pour n'importe quel homme, il les dominait tous par la taille, par la dignité et même par le privilège d'être impuissant parmi ces gens préoccupés par le sexe, tous ces hommes et ces femmes qui souffraient, qui aimaient, qui étaient aimés ou pas.

« C'est vraiment un Roi ! » se dit Olga.

Choura et Macha s'étaient réfugiées à l'intérieur, dans la cuisine, pour échapper à cette honte. Choura sanglotait et sa fille la consolait.

« Enfin, maman, tu la connais ! Quand elle sera partie, tout se passera très bien. »

Macha n'avait strictement rien à faire de cette racaille moscovite, elle avait son plan à elle : faire sa vie à Moscou, épouser une surface habitable et étudier dans un institut. Elle était aussi ambitieuse que sa tante, mais taillée à la hache, et non ciselée avec un instrument délicat.

La noce se corsait. La grande bouteille de vodka

Absolut provenant d'une bériozka[1] avait été vidée en quelques minutes, mais il restait encore du tord-boyaux acheté à la voisine dans des bonbonnes de trois litres. L'aigre Gamza bulgare, dans de jolies bouteilles enveloppées de paille tressée, ne remportait guère de succès, à la différence du porto dont une caisse entière avait déjà été ingurgitée. Un magnétophone Ampex, un trophée rapporté par le Roi de son dernier voyage à l'étranger, était posé sur une table installée devant la fenêtre ouverte, il inondait le jardin d'un superbe et puissant be-bop, et cela avait quelque chose de déplacé et même d'insultant pour les deux : ils n'allaient pas du tout ensemble, ce magnétophone américain, une curiosité exotique, un chef-d'œuvre, un jouet pour petits garçons diffusant la musique raffinée d'une culture étrangère, et cette noce aberrante avec ces gens complètement bourrés sur fond d'une tendre verdure de juin, dans laquelle il y avait tout ce qu'on voulait, sauf l'ingrédient le plus indispensable, l'amour entre un homme et une femme... Le magnétophone se fatigua très vite, il se mit à crachoter et finit par se taire.

Sinko saisit alors sa guitare, et tout le monde se rapprocha du musicien. Il promena sur les cordes de longs doigts aux ongles mal coupés et cassés, et la guitare émit un roucoulement féminin. Il effleura de nouveau les cordes, et de nouveau, la guitare lui répondit quelque chose.

« On dirait qu'ils discutent entre eux... », fit Olga, admirative.

Ilya lui posa la main sur l'épaule, et elle se réjouit. Cela faisait plusieurs heures qu'ils étaient à table, et

1. À l'époque soviétique, magasins réservés aux étrangers et à la nomenklatura, où l'on pouvait acheter en devises des denrées impossibles à trouver dans les magasins ordinaires.

elle avait tellement envie de le toucher, d'éprouver de nouveau ce « sentiment du corps » qui commençait à s'évaporer. Elle n'avait pas osé effleurer la première sa main ou son épaule. Mais il l'avait touchée, et c'était la preuve que rien ne s'était dissipé.

« Tu ne l'avais jamais entendu en vrai ?

— Non, seulement des enregistrements.

— Ah, c'est complètement différent ! C'est un véritable artiste. Il chante les chansons de Galitch mieux que Galitch lui-même. »

Lissa partait le soir même pour Helsinki. En train. À neuf heures et demie, Sergueï Borissovitch Tchernopiatov qui, pendant toute la soirée, l'avait surveillée de loin du coin de l'œil, s'approcha d'elle, lui posa la main sur l'épaule et dit :

« C'est l'heure, Lissa. On y va. »

Elle parut se recroqueviller sur elle-même, entra dans la maison avec lui, et ils en ressortirent aussitôt avec une valise. Sergueï Borissovitch devait la conduire à la gare de Leningrad, cela avait été convenu d'avance. Tous s'éparpillèrent dans la rue en direction de la voiture. Sergueï Borissovitch était soucieux et avait l'air agacé. Quand il ouvrit le coffre de sa vieille Moskvitch bleue, Lissa se mit soudain à hurler, elle virevolta et, de nouveau, se suspendit au cou du Roi, lui reprochant de façon assez incohérente de vieux péchés et évoquant encore une fois son impuissance. Arthur lui caressait la tête de sa main rose et glabre, puis, brusquement, il essaya de la convaincre de rester.

« Mais envoie-le donc promener, ce Finlandais ! Reste avec nous, personne ne te chasse ! »

Lissa poussa soudain un rugissement et s'en prit violemment à son ex-mari.

« Personne ne me chasse ? Et Choura, alors ? C'est moi qui l'ai installée chez toi. Qu'est-ce que j'en ferais ? Elle a même vendu sa maison ! Et elle a amené sa fille avec elle ! Non, je ne suis plus ta femme ! Ça suffit ! Ta femme, c'est Choura ! »

Et elle se rabattit sur sa sœur.

« Qu'est-ce que t'as à me regarder comme ça ? Hein ? Allez, viens, tu m'accompagnes. Arthur trouvera bien quelqu'un pour lui gratter la plante des pieds ! Tiens, Léna Vavilon, par exemple ! Léna, tu veux bien t'occuper du Roi ? Qu'est-ce que tu fais plantée là, Choura ? On y va ! »

Tchernopiatov l'arrêta.

« Écoute, je ne vais pas revenir ici. Comment fera-t-elle pour rentrer depuis la gare jusqu'à Tarassovka en pleine nuit ? »

Lissa sortit de l'argent de son sac, une assez grosse liasse, et l'agita :

« Ma petite sœur va m'accompagner jusqu'à Piter[1] ! Pas vrai, Choura ? »

Choura avait l'air infiniment lasse, elle n'avait rien avalé de la journée, juste un verre de champagne, elle avait mal à la tête et des crampes dans le ventre.

« J'arrive, je vais prendre un chandail ! »

Et elle trottina vers la maison, l'échine basse.

Sergueï Borissovitch se renfrogna. Il resta un instant près de la voiture grande ouverte, puis s'assit résolument, ferma la portière du conducteur, et mit le moteur en marche. Lissa, un peu dessoûlée, poussa à l'intérieur Choura et son chandail, puis monta elle-même. Elle baissa la vitre et cria :

« Continuez à vous amuser, les gars ! Chez nous, au village, les mariages, ça se fête au moins pendant trois jours ! »

1. Appelation familière de Saint-Pétersbourg, qui était également courante du temps où la ville portait le nom de Leningrad. C'est de là que partent les trains pour la Finlande.

La voiture démarra, emportant les femmes du Roi. Ce dernier leur fit au revoir de la main d'un air débonnaire.

Olga effleura l'épaule d'Ilya.

« Rentrons à la maison. J'en ai assez de toute cette histoire. »

Ilya récupéra son sac à dos dans la maison, non sans mal, et ils filèrent comme de vrais Anglais, sans dire au revoir à personne. Ils arrivèrent à la gare juste au moment où le train allait partir et n'eurent pas à attendre. Ils s'assirent et s'endormirent aussitôt dans les bras l'un de l'autre. Ils dormirent jusqu'à Moscou.

Le lendemain matin tôt, dans sa tanière, le Roi se débattait avec son magnétophone. Les invités, terrassés par les festivités, dormaient dans les endroits les plus inattendus. Léna Vavilon se réveilla et, en sortant dans le jardin, vit un inconnu en train de pisser à côté des toilettes. Elle fut étonnée, car il était presque arrivé jusqu'aux cabinets, il aurait quand même pu entrer dedans. Puis elle y entra elle-même, et comprit pourquoi il se soulageait dehors. Elle chercha un endroit commode parmi les framboisiers, et constata qu'elle n'était pas la première à avoir écumé les lieux en quête de confort et d'intimité.

Une volée de moineaux festoyait sur la table, et deux mésanges perchées sur les branches d'un tremble se tâtaient pour savoir si elles avaient leur place parmi cette vulgaire populace. Léna débarrassa la vaisselle sale, versa dans une casserole l'eau qui restait au fond d'un seau, alluma la bouteille de gaz, et entreprit de gratter les restes de nourriture dans le seau à ordures, non sans avoir d'abord repêché les mégots – elle se préoccupait du cochon de la voisine.

Choura accompagna Lissa jusqu'à Piter. Lissa lui avait acheté un billet, pas dans un wagon-lit, il est vrai, juste une couchette. Choura en fut vexée, mais ne dit rien. Elle aida sa sœur à s'installer et retourna dans son wagon.

« Je suis une pauvre idiote sans caractère ! se dit-elle en se morigénant. Je passe ma vie à lui obéir alors que j'ai six ans de plus qu'elle ! »

Elle dormit d'un sommeil de plomb, mais fut la première à descendre sur le quai le lendemain matin. Lissa, elle, fut la dernière à sortir de son wagon. N'ayant pas encore complètement dessoûlé, elle demanda pardon à Choura, baisa ses mains rugueuses, et tout particulièrement la marque de brûlure de la veille. Choura était maladroite et faisait tout trop vite, elle se brûlait toujours à cet endroit-là quand elle sortait les plats du four. Lissa n'était pas très fraîche, mais sa blouse, elle, l'était, Choura avait pensé à la lui repasser d'avance. Cette fois, elle n'avait pas enfilé de soutien-gorge par-dessus, mais s'était mis autour du cou un monceau de boules en papier fabriquées en roulant des lambeaux de la revue *Amerika* déchirée en petits morceaux. Ses doigts aux ongles atrophiés ployaient sous le poids de l'argent bon marché et des pierres à trois kopecks. Une jupe bleu clair, courte. Les collants neufs apportés par Vinar pour le mariage (il en avait trimbalé tout un paquet, une bonne douzaine) étaient filés sur un mollet, à un endroit bien visible.

Les sœurs s'embrassèrent encore une fois, et Lissa la laissa partir en lui criant ses dernières recommandations.

Une heure et demie plus tard, elle passait la douane à la frontière soviéto-finlandaise. Elle fut d'abord contrôlée par nos douaniers qui vidèrent sa valise et son sac. Toujours un peu ivre après la soirée de la veille, elle sortit un tas de photos et leur montra son papa, sa maman, sa grande sœur, des trophées de chasse, des paysages d'Extrême-Orient... Elle n'avait pas de devises, quant à l'argent russe, elle avait tout laissé à sa sœur. Ses papiers étaient en règle : un passeport flambant neuf, un visa, un certificat de mariage. Les douaniers se moquaient gentiment d'elle. Quel drôle d'oiseau, celle-là ! Une petite pute qui s'était dégotté un mari finlandais...

L'un d'eux, moralement pas très fiable, trouva même moyen de poser la main sur son maigre derrière, et elle éclata de rire. Un autre, plus âgé, lui donna un conseil de père :

« Vas-y mollo avec l'alcool là-bas. Les Finlandais sont tous des ivrognes, même si c'est interdit chez eux. »

Le train franchit lentement la frontière, elle était imperceptible, d'un côté comme de l'autre, un bois clairsemé qui ne payait pas de mine, des plaques de terre pelées, de gros blocs de rochers.

Puis le train s'arrêta. Les douaniers finlandais montèrent et tout recommença, à cela près qu'ils ne sortirent pas ses affaires de sa valise. Et que ce fut beaucoup plus rapide. Les Finlandais descendirent et le train démarra. Lissa, faisant tournoyer son sac à main au bout de sa lanière fine, se rendit dans les toilettes en titubant. Elle suspendit son sac à un crochet. Se regarda dans le miroir. Ne se plut pas et se tira la langue. Puis elle s'assit sur le siège, sortit d'un endroit intime un tube d'une taille bien plus petite que ce qui y pénétrait d'habitude, et le débarrassa du préservatif qu'elle jeta dans les toilettes. Elle fourra le tube dans son sac sans le dérouler. Puis elle se tira la langue encore une fois. Les trois microfilms (tout un livre photographié) voyageaient en suivant un itinéraire compliqué. Mais la partie la plus importante, la plus dangereuse, était passée.

Vinar adorait sa femme russe. Il lui avait dit dès le début : « Je sais que tu vas me quitter. Mais je n'avais jamais aimé personne avant toi, et je n'aimerai plus jamais personne après toi. »

Il avait travaillé un certain temps comme journaliste en Russie et avait maintenant perdu son emploi. Cela n'avait pas d'importance. Après-demain, ils s'envoleraient pour Stockholm, puis de là pour Paris, et le manuscrit interdit, dont l'auteur était dans un camp, se retrouverait sur la table d'un éditeur qui l'attendait depuis longtemps.

Vinar détestait le communisme, il aimait la Russie, et adorait sa femme Elisavéta. Ilya, lui, aimait son travail. Le microfilm du manuscrit que la femme de l'auteur avait sorti de la zone du camp en le cachant dans un endroit encore plus intime était de toute première qualité. Sergueï Borissovitch Tchernopiatov, le maître d'œuvre de ces manipulations anales et gynécologiques en trois étapes, savait que tout se passerait bien. Lissa n'avait jamais déçu les attentes de personne.

Des bottes un peu justes

Après avoir accompagné sa sœur, Choura retourna chez son nouveau mari où l'attendaient les débris de son mariage. La plupart des invités étaient partis, bien sûr, mais les fêtards les plus acharnés faisaient encore la bringue au bout de trois jours, ayant oublié leur hôte et à plus forte raison leur hôtesse. Choura s'attaqua au ménage. Elle transforma deux vieilles chemises d'Arthur en chiffons neufs, commença par la cuisine et, tel un tracteur silencieux mais puissant, progressa à travers la maison en grattant des couches archéologiques de crasse. Macha l'aidait en silence, elle allait chercher de l'eau au puits, nettoyait les vitres et lavait les rideaux décrépits. Arthur ne les laissait pas pénétrer dans sa chambre, mais Choura savait qu'avec le temps, elle finirait aussi par arriver jusque-là. Bien qu'il eût été promu au rang de mari, elle le considérait toujours comme son beau-frère chéri.

Au bout de quatre jours, lorsque tous les invités eurent enfin vidé les lieux à grand-peine, à l'exception de Tolik qui n'arrivait toujours pas à dessoûler, Arthur la convoqua dans sa tanière, ouvrit le tiroir de son bureau et, enfonçant dedans un énorme doigt, lui dit :

« T'as qu'à prendre de l'argent là-dedans, Choura. »

Il y avait là une grosse somme. Choura, embarrassée, fit un geste de protestation.

« Donne-m'en toi-même ! »

Sans regarder, il prit autant de billets que sa main pouvait en contenir et les lui remit. Elle s'étonna : alors il était riche ! Et Lissa qui disait tout le temps qu'ils n'avaient pas un sou, qu'elle devait se débrouiller comme elle pouvait... Quelque chose ne collait pas.

Cela la gênait d'en prendre elle-même dans le tiroir, et aussi d'en recevoir comme ça, de la main à la main... Elle avait vécu des années en gagnant sa vie toute seule, son mari était mort sur un train de flottage quand Macha n'avait que deux ans.

« Je voulais en envoyer à papa, improvisa-t-elle, bien qu'elle n'y eût pas du tout pensé avant.

— Vas-y, vas-y, envoie ça à Ivan Loukianytch. Prends-en plus ! »

Il replongea la main dans le tiroir et en ressortit une autre gerbe de billets. Il trouvait ça drôle d'avoir changé de femme, mais pas de beau-père.

« Merci, Artioucha. Papa ne va pas bien ces derniers temps. »

Le lendemain, elle envoya Macha à la Poste centrale pour expédier un mandat à son père, à Ougolnoïe. En dépit de ses dix-huit ans non révolus, Macha s'orientait mieux qu'elle dans Moscou. Lissa avait invité sa nièce à deux reprises. La dernière fois, Macha était restée un mois et demi, et elle avait passé son temps à se balader toute seule du matin au soir. Elle aimait bien se promener seule et faire ainsi connaissance avec la ville.

À présent, elle était pressée d'envoyer l'argent pour aller faire un tour sur la place Rouge et, avec un peu de chance, visiter le mausolée. Mais à la Poste, le guichet des mandats était fermé, il y avait devant une pancarte mensongère de fabrication artisanale : « Pause technique de quinze minutes ». Après avoir attendu un quart d'heure, Macha partit en direction de la place Rouge. Rien n'avait changé depuis trois ans, il y avait juste un peu plus de monde, lui sembla-t-il. Et la place Rouge surgit brusquement, sans crier gare. Elle pensa aussitôt à Katia et à Léna, ses amies d'Ougolnoïe. Si seulement elles pouvaient jeter un œil sur cette splendeur !

« Dès qu'on sera bien installées ici, je les inviterai. D'abord Léna, et ensuite Katia », décida Macha.

La queue pour le mausolée était gigantesque, et Macha se dirigea vers le Goum. Là aussi, il y avait une queue, elle débordait d'une porte latérale. Une fille de l'âge de Macha avait sorti d'une longue boîte blanche des bottes qu'elle montrait à une autre fille. Cette dernière était verte d'envie. Et Macha aussi en eut le souffle coupé : elle n'avait encore jamais vu une chose pareille ! Très hautes, presque jusqu'aux genoux, avec des petits talons, dans une sorte de daim marron magnifique... Son grand-père n'aurait rien pu obtenir de semblable de toute sa vie, et pourtant il savait très bien travailler le cuir.

Jamais Macha n'éprouvait d'envies déraisonnables, mais là, brusquement, elle perdit la tête : elle aurait tout donné pour avoir des bottes comme ça ! Il est vrai qu'elle n'avait rien à donner. À ce moment-là, elle avait oublié l'argent qui se trouvait au fond de sa poche, enveloppé dans un mouchoir fermé par une épingle de nourrice.

« Vous êtes la dernière ? Je suis derrière vous ! » lui dit une jeune fille avec un grand chignon en la poussant légèrement vers l'avant.

Macha se souvint alors qu'elle avait de l'argent. Cent roubles ! Elle se trouvait déjà au bout de la file, et elle n'était plus la dernière.

Elle fit la queue pendant quatre heures. Deux fois, le bruit courut qu'il n'y avait plus de bottes. En fait, il n'y avait plus de 37, mais il restait d'autres tailles. Quand son tour arriva, il n'y avait plus rien du tout, ni petites tailles ni grandes tailles. Mais des montagnes de boîtes s'entassaient sur le comptoir : les femmes qui n'avaient pas assez d'argent sur elles s'étaient fait faire des quittances pour deux heures, le temps d'aller chercher la somme voulue. Celles qui n'étaient pas revenues à temps perdaient leurs bottes à tout jamais, car une foule surexcitée d'autres femmes serrant des billets dans leurs mains moites se bousculait dans l'attente du bonheur. Macha attendait, elle aussi. Et son attente ne fut pas déçue. Elle reçut une boîte en carton léger avec, dedans, de tendres créatures marron... Pendant tout le trajet, elle n'arrêta pas de glisser la main à l'intérieur pour tâter leurs flancs veloutés dans l'obscurité de la boîte.

« Je suis complètement folle ! » se disait-elle, mais elle n'y pouvait rien. Dans le train qui la ramenait vers sa nouvelle maison, à Tarassovka, elle pleurait. Qu'allait-elle dire à sa mère, à l'oncle Arthur ? Elle avait dépensé l'argent de son grand-père pour des bottes, quelle honte ! Qu'est-ce qu'elle allait bien pouvoir leur dire ?

Arrivée devant la maison, elle s'arrêta. Elle avait pris une décision simple, quoique nullement définitive. Elle poussa la barrière, se faufila dans un coin du jardin, derrière les toilettes, et enfouit la boîte sous un grand tas de feuilles mortes.

Choura avait eu si peur que sa fille se soit perdue dans Moscou qu'elle ne la gronda même pas. Elle lui demanda juste si elle avait envoyé l'argent. Macha hocha la tête.

« Je me suis perdue, maman. Je ne suis pas descendue au bon arrêt. Et ensuite, je suis allée visiter l'université. »

C'est ainsi que l'honnête Macha mentit à sa mère, s'étonnant elle-même de la facilité avec laquelle elle y arrivait.

Le lendemain matin, Choura et Arthur se rendirent à la quincaillerie. Choura avait décidé de faire des travaux dans la maison. Arthur n'en avait aucune envie, mais il avait accepté en raison de son caractère accommodant. D'autant que Choura allait se charger de tout elle-même : coller le papier peint, repeindre les plafonds. Sa sœur se moquait toujours d'elle, disant que Choura se servait d'un bon chiffon à poussière pour satisfaire ses besoins sexuels, alors qu'elle, Lissa, avait besoin d'une bonne... Elle n'avait pas peur des mots !

Une fois seule, Macha alla chercher la boîte sous le tas de feuilles moisies et la porta à l'intérieur en la serrant contre son cœur. Elle sortit les bottes, frotta avec sa paume la plante de ses pieds nus, et essaya de les enfiler. Mais elle n'y arriva pas. Elle trouva dans une valise des collants de sa mère, les mit, et enfonça ses pieds dans les bottes. Elles étaient un peu justes, elles la serraient. Mais comme elles étaient souples et tendres comme une peau de bébé, elle parvint quand même à les mettre.

On a toujours les pieds moites en été, se dit-elle pour se consoler, en hiver, ils sont plus secs. Elle décida néanmoins de bourrer les bottes de papier pour les agrandir un peu. Elle fit le tour de la maison : il n'y avait partout que de vieux journaux sales. Elle ne pouvait quand même pas mettre ça dans ces bottes sublimes ! En regardant sous la table, elle trouva un tas de feuilles qui convenaient très bien, elles étaient fines comme du papier à cigarette. Elle froissa chacune d'elles une par une, en fit des boules et bourra les bottes avec, jusqu'en haut. Tout le tas de feuilles y passa. Les bottes tenaient debout toutes seules, comme si elles étaient remplies par des jambes vivantes. Macha en appuya une contre sa joue… On aurait vraiment dit une peau de bébé ! Il y avait écrit « Dorndorf » sur la boîte. Où pouvait bien se trouver ce Dorndorf ? En Allemagne ? En Autriche ? Et où allait-elle les cacher maintenant ? Quand même pas sous le tas de feuilles derrière les toilettes…

Elle réfléchit longuement, mais ne put se résoudre à les laisser dans la maison. Cette fois, elle les mit à l'intérieur des toilettes. Tout en haut, sous le plafond, il y avait une planche couverte de toiles d'araignées. Personne ne regardait jamais là. Quelqu'un y avait rangé il y a très longtemps deux pots de peinture vides et les avait oubliés. Elle vérifia. Oui, c'était bien sec. Il y avait sur le toit des toilettes une plaque de tôle en bon état, qui dépassait même un peu sur les côtés.

« Je vais trouver un travail et quand j'aurais gagné de l'argent, j'en enverrai à grand-père, décida-t-elle. Personne ne saura rien. Et cet hiver, j'aurai des bottes ! Quant à l'institut, tant pis ! Je m'inscrirai l'année prochaine. »

Telle était la révolution qui s'était produite en une journée dans la tête de Macha. Elle se sentit même soulagée. Elle avait bien réussi ses examens de fin d'études secondaires, presque avec une médaille, elle avait prévu d'entrer tout de suite à l'institut, de se marier et, au bout de quelque temps, de trouver un appartement à Moscou, pour ne pas être à la charge de sa mère et de son beau-père, mais à cause de ces bottes, tous ces projets étaient reportés d'un an. Elle poussa la boîte au fond de l'étagère et mit les pots de peinture devant. Elle était bien là, très bien. Impossible de la remarquer.

Sa mère et Arthur rentrèrent assez tard. De Tarassovka, ils avaient dû se rendre à Pouchkino, où il y avait une grande quincaillerie. Ils avaient acheté du papier peint, de la colle, du plâtre pour le plafond, et de la peinture blanche pour les fenêtres. Ils arrivèrent en fin de journée, en voiture. Choura était toute contente, elle rayonnait comme une bassine en cuivre, s'activait, portait elle-même les rouleaux de papier peint. Arthur était fatigué mais, comme toujours, flegmatique et d'humeur débonnaire.

« Un seigneur et maître ! » se dit Macha avec réprobation.

Ils n'avaient pas encore fini de tout transporter dans la maison quand brusquement, toute une bande débarqua : trois hommes en uniforme, et deux en civil. Ils demandèrent Arthur Ivanovitch Koroliov. Leur chef, un type au visage blanchâtre, montra une carte au creux de sa paume, puis sortit un papier qu'il fourra sous le nez d'Arthur.

Celui-ci s'assit dans son fauteuil et sourit à la cantonade.

« Allez-y, les gars, faites votre boulot ! Choura, va nous préparer à manger. Nous allons dîner pendant que ces messieurs travaillent. »

La perquisition dura presque douze heures, de quatre heures et demie à trois heures du matin. Ils montèrent au grenier, fouillèrent sous les planchers, tapotèrent tous les murs. Ils examinèrent la tonnelle, cassèrent la table, sortirent les bûches de la remise, et mirent tout sens dessus dessous. Ils jetèrent un coup d'œil dans les toilettes avec une lampe de poche. Arthur leur montra son certificat d'invalidité et les attestations de ses décorations.

« Vous allez répondre de tout ça devant la loi ! mugit le capitaine d'un air sombre. Vous n'avez pas de patente, vous ne payez pas d'impôts. Et vous reliez toutes sortes de cochonneries antisoviétiques... »

Des piles de vieux livres, certains usés, d'autres avec des reliures neuves, s'entassaient sur l'établi.

« Cela n'a rien d'antisoviétique ! dit Arthur en écartant ses énormes mains. Hamsun, Leskov, et ça, c'est des livres de cuisine... Dites donc, les gars, vous n'avez jamais vu des livres antisoviétiques ou quoi ? »

Macha était un peu inquiète. S'ils trouvaient les bottes sur l'étagère des toilettes, et que son méfait était découvert ?

Les braves gaillards s'en allèrent alors que le ciel s'éclairait déjà à l'est. Ils emportèrent des livres et les instruments de travail.

« Va nous faire du thé, ma petite Choura ! » demanda Arthur.

Macha se faisait du souci : s'ils arrêtaient Arthur, sa mère et elle devraient retourner à Ougolnoïe, mais auraient-elles de quoi acheter des billets d'avion ? En train, il y en avait pour quatre jours...

Arthur alla regarder sous la table. Avant, il y avait là beaucoup de livres, mais maintenant, c'était vide, les « dénicheurs » avaient tout raflé. Il s'assit dans son fauteuil au bras bandé et gratta son menton rose dénué de poils.

« Alors là, on nage en plein surnaturel ! Choura, ici, sous la table, il y avait un exemplaire de *L'Archipel du Goulag*. C'est sûrement ça qu'ils venaient chercher. J'ai dû être dénoncé par un fumier quelconque. Mais où est-il passé ? Il y avait un énorme tas de feuilles ici ! Je ne suis pas fou, quand même ! »

Bon, admettons, mais Choura, elle, savait bien qu'il était fou, on n'enferme pas les gens dans un asile pour rien. Quant à Macha, elle dormait déjà, épuisée par toutes ces émotions – les bottes, la perquisition, et le bonheur d'être en possession d'un trésor secret.

Un registre trop élevé

Cette maison de la ruelle Potapov, qui avait vu se succéder des centaines d'habitants et dont les murs avaient été revêtus de tissus en soie, de style Empire, à rayures et avec des roses, d'une épaisse peinture à l'huile verte et bleue, de couches de journaux et de papiers peints granuleux bon marché, tout cela arraché plus d'une fois, cette maison qui, en un siècle et demi d'existence, avait connu la richesse et le dénuement, des naissances et des morts, des meurtres et des mariages, des réductions de surface et des partages d'appartements, des rénovations pires que des incendies, de menus incendies et des inondations, cette maison, donc, avait commencé, dans les années soixante du siècle dernier, à se garnir à l'intérieur de meubles tchèques et de petites tables triangulaires. Elle était soumise à un mouvement lent, presque tectonique, et il n'y avait qu'une seule pièce, le cagibi du concierge sous l'escalier du premier étage, qui avait entièrement conservé son aspect, son affectation et son contenu d'origine : les murs étaient en briques nues, sans même une couche de crépi, exactement comme après la construction, et on y entreposait toujours des balais en osier, des barres de mine et des seaux remplis de sable. Il y avait aussi là, lové en anneaux, un immense tuyau d'arrosage – l'objet le plus précieux.

Le cagibi était fermé à clé. Cet énorme cadenas en fer était fait pour protéger des trésors bien plus considérables, mais le concierge Ryjkov, connu dans le quartier pour son allure féroce et ses jambes exceptionnellement tordues, aimait les objets imposants, et en particulier ce cadenas de plusieurs kilos. Chaque fois qu'elle amenait un soupirant dans le cagibi, sa petite-fille Nadia passait un temps fou à trifouiller la serrure. Nadia adorait ça, les trifouillages en tout genre. C'était une demoiselle à l'allumage précoce et à la conduite répréhensible, elle n'arrivait même pas à se souvenir quand elle s'était lancée dans cette activité captivante. Vers la classe de seconde, elle était passée maître en son art et, comme tous les maîtres, elle avait son style bien à elle et ses petites marottes. Elle n'aimait pas les hommes adultes qui lui couraient après, et accordait sa préférence aux jeunes garçons. Les gamins de sa classe et ceux du quartier, souvent d'un ou deux ans plus jeunes qu'elle, l'appréciaient énormément, ils ne permettaient pas qu'on s'en prenne à elle, et personne n'en disait du mal, car elle était leur bien à tous, un bien précieux.

Le grand-père de Nadia se levait tôt et se couchait avec les poules qu'il ne possédait plus depuis longtemps, mais son organisme se souvenait encore du temps où il y avait une écurie dans la cour de cet hôtel particulier à un étage, ainsi que deux remises dont l'une servait de poulailler. C'était à ce moment-là, lorsque son grand-père émettait un ronflement prématuré à l'heure des poules, que Nadia décrochait la clé d'un clou et se retirait pour une heure ou deux dans son boudoir, sous l'escalier.

Là, dans un fauteuil de l'époque de Paul Ier en bouleau de Carélie avec un dossier endommagé, sur les anneaux du tuyau d'arrosage et parmi les balais, il se produisait une multitude de choses fort intéressantes : des gamins maigrichons, qui parfois n'avaient même pas atteint l'âge de se couvrir d'acné, éprouvaient leurs forces et affûtaient leurs armes pour l'avenir. La moitié des garçons du voisinage avaient acquis leur première expérience ici, dans le cagibi du concierge, et il faut dire que, à part une seule et unique exception, Nadia ne détourna aucun d'eux de cette simple et saine occupation.

Ilya fréquentait les lieux, il bénéficiait des faveurs de Nadia selon une liste d'attente équitable et ouverte à tous.

Nadia, comme nous l'avons dit, avait un faible pour les garçons encore innocents et, avec la franchise sans détour qui la caractérisait, elle demanda un jour à Ilya entre deux ébats : « Comment ça se fait que Steklov ne vienne pas me voir ? Amène-le-moi. »

Sania correspondait exactement à ses goûts : blond, mince, les mains propres. De tous les petits garçons, c'était le plus poli.

Ilya proposa à Sania d'y aller. Celui-ci refusa immédiatement en rougissant au moins aussi fort que Micha le rouquin. Une fois qu'il eut refusé, il commença à se torturer. Jusque-là, il n'avait éprouvé aucun intérêt pour Nadia : une grosse fille assez vulgaire d'une classe parallèle avec des yeux noirs sous sa frange, il n'y avait pas grand-chose à en dire. Mais après la proposition d'Ilya, il passa une semaine entière l'âme et le corps en bataille, Nadia ne lui sortait pas de la tête, et il décida que, si Ilya renouvelait son offre, il accepterait d'y aller. D'aller où, et pour quoi faire, c'était on ne peut plus clair.

Ilya le lui proposa et cette fois, ils se mirent d'accord. Ils arrivèrent à neuf heures et demie. Nadia les attendait, elle était en train de lire un livre, *Les Terres vierges* de Cholokhov. C'était au programme.

Ilya s'en alla immédiatement, et Nadia ferma la porte de l'intérieur avec un crochet en fer.

« Tu veux que je te montre, ou on le fait comme ça ? » demanda la jeune experte qui pouvait montrer, mais pouvait tout aussi bien sans cela.

Sania se taisait. Il mourait d'envie de voir en vrai ce qu'il n'avait vu que sur l'atlas d'anatomie d'Urban et Schwarzenberg, dans la bibliothèque de sa mère. Mais il ne disait rien.

« N'aie pas peur, c'est très agréable. »

Elle déboutonna son chandail en laine bleue. Il respira une bouffée de sueur chaude et aperçut sous le chandail la naissance de sa poitrine qui débordait d'un soutien-gorge trop serré sous une combinaison rose avec de la dentelle blanche.

Il fit un pas en arrière. Nadia découvrit ses dents blanches et la bande nacrée de sa gencive.

« N'aie pas peur ! Allez, donne-moi ta main. »

Sania tendit la main comme pour dire bonjour. Elle la retourna, la paume vers le haut, et la fourra contre ses seins. Sa poitrine était comme une miche de pain frais, compacte et chaude.

« Tu t'y prends comme si on ne se connaissait pas ! » dit Nadia en manifestant un léger désappointement, et elle éteignit la lumière afin de faire plus ample connaissance.

C'était une séductrice éprouvée, mais elle ne s'en doutait pas du fait d'une totale innocence animale. Une fois la lumière éteinte, elle s'enhardit elle-même. Il n'y avait pas de fenêtre dans le cagibi, l'obscurité était complète, absolue.

« Pourquoi tu restes là comme une bûche, Sania… Remue-toi un peu ! »

Il était effectivement de bois. Elle saisit ses mains froides entre les siennes, grandes et chaudes, et les promena sur son corps comme sur un arbre. Il avait envie de prendre ses jambes à son cou, mais pour aller où ? Quelles ténèbres pouvaient être plus absolues que celles-ci…

À côté d'eux, quelque chose remua et couina. Il se cramponna à l'épaule de Nadia. Et se rendit compte qu'elle s'était complètement déshabillée, et qu'elle était tout entière comme une miche de pain frais, pas seulement sa poitrine.

« N'aie pas peur, c'est une rate avec ses petits, elle a fait son nid ici. Je te montrerai après. »

Dieu sait pourquoi, cette rate rassura Sania. Il avait peur que Nadia lâche ses mains qu'elle promenait sur son propre corps, et s'en prenne directement à lui. Ce qui se produisit. Oh, comme il avait envie de s'enfuir ! Mais il était trop tard maintenant, beaucoup trop tard… Elle le tenait déjà entre ses paumes douces et répétait comme une litanie :

« Mon chéri, mon tout petit chéri… »

D'un point de vue formel, ces paroles étaient totalement dénuées de tact, mais elles étaient encourageantes et exprimaient la plus grande sympathie. La tentatrice était compréhensive, elle tenait sa timide virilité entre des mains caressantes et fermes.

« Tu vois comme c'est agréable ! » dit l'invisible Nadia en poussant un profond soupir.

Elle venait de remporter une victoire, voilà ce qu'elle sentait. Une fois de plus, elle avait gagné. Elle pressa la tête de Sania contre sa poitrine. Quel pouvoir elle avait, voilà comment elle arrivait à les vaincre tous !

« Je ne veux pas, je ne veux pas… », se répétait Sania en lui-même, mais cela ne fut d'aucune aide. Il était déjà à l'intérieur, il n'y avait plus moyen d'y échapper. Un petit rire doux et satisfait.

« Et voilà, l'eau trouve toujours le petit trou ! »

Ce qui aurait pu être un début fut aussi un aboutissement.

Une contraction et une décharge. Quelque chose de visqueux et de brûlant. Et un terrible sentiment de honte. Alors c'était ça ?

Les lèvres de Nadia cherchèrent sa bouche. Il la lui offrit poliment. Elle la lécha avec sa grande langue qu'elle glissa ensuite sous sa lèvre supérieure. Elle aspira de l'air. Il y eut un bruit de succion.

« Meurs plutôt que d'embrasser sans amour[1] ! » chuchota-t-elle.

Ça, c'était bien vrai. Mieux valait mourir plutôt que ça…

Dehors, il tombait une petite pluie interminable. Ilya l'attendait de l'autre côté de la ruelle. Il s'approcha.

« Ça s'est bien passé ? demanda-t-il sans sourire d'un air affairé.

— Très bien. C'est assez dégoûtant ! » répondit Sania d'un ton léger, si bien qu'Ilya ne devina pas à quel point il était dégoûté.

Ils se dirigèrent en silence vers la maison de Sania et se séparèrent devant la porte d'entrée.

Le lendemain, Sania n'alla pas en classe. Il était tombé malade. Son éternelle maladie : quarante de fièvre, et rien d'autre. Dans un demi-sommeil, il avait l'impression d'être en train de mourir, d'avoir attrapé la syphilis ou quelque chose d'encore pire. Mais il n'avait rien attrapé de semblable. Au bout de trois jours, la fièvre tomba, et il traîna encore quelques jours au lit, sa grand-mère lui préparait du jus de baies rouges, des gaufres roulées remplies de crème fouettée, et lui râpait des pommes vertes avec une râpe très fine, tandis qu'il luttait contre des accès

1. Célèbre citation tirée de *Que faire ?* de Tchernychevski, devenue proverbiale.

récurrents de dégoût envers lui-même, envers son corps qui l'avait trahi en répondant à une sollicitation étrangère, contre sa volonté à lui, Sania... Mais était-ce vraiment contre sa volonté ?

Il était couché et lisait *L'Odyssée*. Il arriva au passage où les compagnons d'Ulysse rament près du rocher des sirènes, les oreilles pleines de cire, sinon ils auraient plongé dans l'eau afin de rejoindre ces voix, tandis qu'Ulysse, attaché au mât par des courroies, se tortille et essaie de défaire les nœuds pour se jeter à la mer et nager vers ces chants qui l'attirent irrésistiblement. Il était le seul à les avoir entendus et à avoir survécu. Les rochers du rivage étaient jonchés des peaux racornies et des ossements desséchés des voyageurs qui avaient atteint ces îles : ils étaient tombés dans le piège de ces chœurs envoûtants et avaient été vidés de leur sang par les sirènes-vampires.

« Niouta, à ton avis, cette histoire avec les sirènes, ça parle du pouvoir du sexe sur les hommes ? »

Anna Alexandrovna s'immobilisa, une soucoupe entre les mains.

« Je n'y avais jamais pensé, Sania. Tu as parfaitement raison. Mais pas seulement sur les hommes, sur les femmes aussi. Sur l'être humain en général. L'amour et la faim gouvernent le monde, c'est une terrible banalité, mais apparemment, c'est comme ça.

— Et il n'y a pas moyen d'échapper à cela ? »

Anna Alexandrovna éclata de rire.

« Si, sans doute. Mais je n'y suis jamais arrivée. D'ailleurs je n'en avais pas vraiment envie. Tout le monde finit par être aspiré par ce tourbillon, tôt ou tard. »

Elle posa sur le front de Sania une main dure et fraîche, et ce contact était extrêmement pur, médical.

« Tu n'as plus de fièvre. »

Sania prit sa main osseuse couverte de bagues et la baisa.

« C'est un grand garçon, maintenant. Il est si gentil ! Mais trop tendre, trop sensible, songea Anna Alexandrovna avec tristesse. Comme les choses vont être difficiles pour lui… »

Mais les difficultés avaient commencé pour Sania bien plus tôt que ne le supposait Anna Alexandrovna. Depuis sa plus tendre enfance, déjà avant d'aller à l'école, il était tourmenté par le soupçon d'être différent des enfants de son âge et de façon générale, des autres gens, du fait d'une sorte de tare. Ou, au mieux, d'une particularité. Il ne faisait aucun doute que c'était obscurément lié à la musique. Sa mère et sa grand-mère, tels des archanges armés d'épées, le protégeaient d'un monde qui lui était étranger et, dans les trente-deux mètres carrés de leur pièce fabuleusement grande, elles avaient créé pour lui un refuge magnifique. Puis elles avaient pris peur elles-mêmes : comment allait-il faire pour vivre sans elles quand il franchirait le seuil de cette pièce et plus tard, après leur mort ? Au début, elles avaient voulu lui donner des cours à la maison, ne pas l'envoyer à l'école, mais elles ne s'étaient pas résolues à une mesure aussi radicale.

Vassili Innokentiévitch, convié à donner ses conseils afin qu'il y ait quelqu'un avec qui polémiquer, n'avait pas déçu leur attente. Il avait avancé des arguments implacables, le plus solide étant que si le petit garçon ne s'adaptait pas dès l'enfance, s'il ne se frottait pas aux autres à l'école, sa candeur sociale allait tellement taper sur les nerfs de tout le monde qu'il finirait obligatoirement en prison.

La mère et la grand-mère avaient échangé un regard et l'avaient envoyé se frotter aux autres. Il avait passé les cinq premières années d'école presque comme dans une cellule d'isolement. Étrangement, il ne se faisait pas remarquer, on aurait dit qu'il était transparent. Et il soignait cette transparence, il se protégeait des brutalités des autres garçons par un sourire poli. À part cette mise à distance, il n'avait absolument aucune relation avec le groupe.

Le miracle s'était produit au début de la sixième. La mort du chaton persécuté par le chien, puis par ses camarades de classe, avait servi de fondement à son amitié avec Ilya et Micha. Cette amitié avait été consolidée par l'aveu réciproque du plus grand secret que chacun d'eux cachait alors au fond de son cœur.

Mais vers la fin de l'école secondaire, de nouveaux secrets s'étaient formés, inavouables, ceux-là. Les trois amis étaient déjà presque adultes, et ils s'étaient résignés au fait que dans la vie, chacun a droit à un jardin secret. Le secret de Sania n'avait pas de nom, mais il avait peur d'être démasqué. Et si soudain, Ilya et Micha apprenaient cette chose que lui-même était dans l'incapacité de nommer ? Son avenir n'avait pas encore eu le temps de germer et de mûrir, il n'entraînait pas pour l'instant de souffrances lancinantes, juste une vague anxiété. Il lui semblait sentir partout des réticences muettes, même si ces réticences ne gênaient en rien leur amitié. Ils ne se disputaient jamais, ils avaient appris à transformer toute divergence d'opinion en un dialogue humoristique, en un spectacle éphémère dont les règles n'étaient connues que d'eux trois – le Trianon.

Mais quand bien même il l'aurait voulu, Sania n'aurait pas su expliquer à ses amis sa découverte, il n'avait pas les mots pour cela. Et en parler n'importe comment, avec les premiers mots qui lui tombaient sous la main, il n'aurait pu s'y résoudre à cause d'une extrême rigueur intérieure.

La seule à pouvoir le comprendre était Lisa, la petite-fille de Vassili Innokentiévitch, une âme sœur dans tous les sens du terme, une pianiste. Presque une véritable pianiste, bien qu'elle ne fût pas encore au Conservatoire. Mais elle allait y entrer. Alors que lui, Sania, jamais.

Elle était la seule à qui il faisait part de ses soupçons : ce monde dans lequel on se lave les dents le matin avec du dentifrice à la menthe, dans lequel on fait la cuisine, on mange, puis on se débarrasse de cette nourriture dans les toilettes, ce monde dans lequel on lit les journaux et on se couche le soir en posant la tête sur l'oreiller, ce monde-là n'est pas le monde véritable. La preuve la plus convaincante de l'existence d'un autre monde, c'était la musique, qui prenait naissance là-bas et s'infiltrait de façon mystérieuse dans ce monde-ci. Et pas seulement la musique qui remplissait la salle du Conservatoire ou qui hantait les couloirs de l'École de musique sous forme d'une rumeur désordonnée, ou celle qui était inscrite sur les sillons noirs des disques. Même celle qui se déversait de la radio, avec ses intermittences et ses notes flottantes, même celle-là se faufilait par une fissure entre les mondes.

Sania défaillait à la terrible pensée que le monde d'ici-bas, celui dans lequel se trouvaient sa grand-mère, le dentifrice à la menthe et les toilettes au fond du couloir, était un mirage, une illusion, et que si la fissure s'agrandissait un peu, tout ce qui existait ici éclaterait comme une bulle de savon dans une lessiveuse.

« Tu comprends, ici, tout est écœurant et insupportable, et là-bas, on ne nous laisse pas entrer. Je suis peut-être quelqu'un d'anormal ? »

Lisa se contenta de hausser les épaules et répondit :

« Mais oui, bien sûr ! Et alors ? Qu'est-ce que ça peut faire ? Bien sûr qu'il y a une frontière entre ces mondes. Il suffit de jouer, et on se retrouve là-bas. »

Elle était certaine que beaucoup de gens savaient cela. Sans doute parce qu'elle étudiait à l'École centrale de musique, que ses camarades de classe faisaient tous huit heures par jour de piano, de violon et de violoncelle, et qu'ils étaient enchaînés à leurs pupitres par d'invisibles chaînes.

Pendant la dernière année d'école, Sania n'avait presque plus touché à son instrument. Bien sûr, pour lui, tout était fini. Il avait refusé les cours particuliers, et Anna Alexandrovna n'avait pu que soupirer.

Ils allaient à des concerts.

Aller au concert avec Lisa était même mieux qu'y aller avec sa grand-mère. Ils écoutaient en se contrôlant mutuellement, ils s'envoyaient de menus signes de connivence – un demi-hochement de tête, un demi-soupir, une respiration retenue, tout au plus un frôlement de mains. Tout concordait. Ensuite, il l'accompagnait jusqu'au trolley, parfois il allait avec elle jusqu'à la rue du Nouveau-Faubourg, ils parlaient de Chopin et de Schubert et, un peu plus tard, de Prokofiev et de Stravinski, de Chostakovitch. Ils ne pouvaient pas imaginer que ces conversations sur la musique allaient durer toute leur vie, jusqu'à la mort du premier d'entre eux, des conversations sur Bach, sur Beethoven, sur Alban Berg. Et qu'ils prendraient l'avion pour assister au seul et unique concert d'un grand musicien à Paris, à Madrid, à Londres, afin de savourer ensemble d'abord la musique, puis une conversation qui durerait jusqu'au matin, jusqu'au moment où ils s'envoleraient de nouveau chacun à un bout du monde.

Comment aurait-il pu parler à Lisa du cagibi, de l'obscurité, de ce coït avec les ténèbres, de la tristesse qui l'avait envahi après ce glorieux exploit viril ? De Nadia avec sa gencive luisante ?

Peu après le Nouvel An, Nadia fut renvoyée de l'école, ce qui était injuste car elle travaillait tout à fait correctement. La nature ne l'avait pas seulement gratifiée d'un beau morceau de chair, mais également d'une tête bien faite. Et on ne pouvait pas non plus qualifier son comportement en classe de répréhensible, elle assistait aux cours en somnolant, n'était pas insolente envers les professeurs, et ses réponses lui valaient d'indéfectibles douze. La directrice l'avait convoquée, lui avait exposé tout ce qu'elle savait concernant le secret du cagibi qui avait transpiré, et lui avait proposé de quitter l'école. Nadia avait fondu en larmes et était partie, elle s'était inscrite dans une école ouvrière, ce qui était une bonne décision.

Ses anciens amis venaient toujours la voir. Il est vrai qu'elle avait moins de temps à présent : le matin, elle travaillait dans une boulangerie de la rue de l'Intercession, et le soir, elle allait à ses cours.

Ils vécurent encore bien des années dans le même quartier, mais ne se croisèrent plus qu'une seule fois, près du cinéma Uranus, rue de la Rencontre, tout à fait par hasard. Sania était avec sa grand-mère, et Nadia avec son amie Lilka. Il la salua de loin, et elle se mit à glousser en chuchotant avec animation à l'oreille de son amie.

Sania se détourna. Oublier, oublier… Ne jamais en parler à personne… Jamais… C'était comme si tout cela avait disparu, s'était déposé tout au fond de sa mémoire.

Ah, Lisa, Lisa… Tu es tellement… Comment dire ça ?

Elle était cristalline, fragile, et il était aberrant de supposer qu'elle était constituée comme cette Nadia tout en chair, qu'elle portait le même harnachement avec des élastiques – un soutien-gorge, des bas retenus par un porte-jarretelles. Il était même sacrilège d'y penser. Sania avait balayé tous ces vils soupçons. Il était évident que les anges ne mettaient pas de porte-jarretelles.

Ce en quoi il se trompait lourdement. L'ange portait bien tout cet attirail, et l'élément que Sania avait découvert dans le cagibi ne lui était nullement étranger. Lentement, mais sûrement, Lisa développait une relation amoureuse avec un jeune violoniste, un étudiant du Conservatoire issu d'une célèbre famille de musiciens. Avec son allure d'ours, son visage rougeaud, sa peau épaisse et sa tête noire ébouriffée, le gros Boris (c'était difficile à croire !) plaisait à Lisa. Peut-être le nom de son grand-père, inscrit sur une plaque en marbre dans le foyer de la Petite salle du Conservatoire, ajoutait-il à sa séduction. Sania n'apprit leur relation qu'au bout de quatre ans, un peu avant leur mariage, et il en fut extrêmement traumatisé : tout ce qui était charnel, lié à la relation homme-femme, avait pour lui l'arrière-goût répugnant du cagibi et était en totale contradiction avec l'extrême pureté de l'univers des sons. Quel rapport cela pouvait-il bien avoir avec Lisa ? Elle jouait de mieux en mieux, avait complètement dépassé le stade de l'apprentissage et avait acquis ses propres sonorités, son intonation personnelle. Elle, avec ce gros Boris ? Non, ce n'était pas de la jalousie, plutôt de l'incompréhension…

Deux semaines avant leur mariage, Lisa et Boris jouèrent en duo des sonates de Mozart pour violon et piano. Sania, assis dans la salle à moitié vide, était au supplice. Il connaissait ces sonates et souffrait de la dissonance entre les deux parties : aucun soutien réciproque, aucune harmonie entre les deux voix, et une absence d'écoute de l'autre alarmante. Il n'y avait pas de concordance profonde entre la partie du piano et celle du violon, et il haïssait Boris parce qu'il était obtus, égoïste et terriblement imbu de lui-même. Il ne fallait pas, non, il ne fallait pas que Lisa l'épouse !

Il sortit sans lui avoir remis ses fleurs. Près de la statue de Tchaïkovski, il jeta dans une poubelle les trois œillets rouges enveloppés dans du papier blanc qu'il avait fourrés dans la manche de son manteau.

Le repas de noces eut lieu dans l'intimité, il fut à la fois modeste et somptueux. Les invités n'étaient pas très nombreux – la famille et les amis proches. Vingt-quatre personnes en tout, conformément au nombre d'assiettes du service d'apparat encore au grand complet que les grands-parents de Boris avaient eux-mêmes reçu en cadeau de mariage.

Le grand-père Grigori Lvovitch, un célèbre violoniste et un pédagogue, était accroché dans un cadre à côté d'un portrait de la grand-mère Éléonora jeune peint par Léonid Pasternak. Le grand-père était mort de cosmopolitisme, et la grand-mère, qui avait été cantatrice dans un lointain passé et avait survécu au cosmopolitisme, à son mari et à son fils, dirigeait à présent d'une main de fer sa maison superbement organisée selon un cap hautement mondain, comme plus personne ici ne savait le faire.

La table resplendissait tel un iceberg sous le soleil, l'argenterie astiquée à fond étincelait, le cristal des verres clignotait, des lamelles translucides de poisson et de viande s'étalaient sur des plats ronds et ovales. Elle aussi aurait été capable, à l'instar du célèbre Maître, de nourrir une multitude de gens avec cinq pains, car elle savait couper des tranches extrêmement fines. Il est vrai qu'il ne restait jamais rien. Si la nourriture était toujours insuffisante, la vaisselle, elle, ne manquait pas. Les jeunes mariés étaient en tenue de concert, Boris en smoking et Lisa vêtue d'une robe jaune paille avec de la dentelle qui lui allait étonnamment mal.

Au nombre des invités figuraient quatre des meilleurs musiciens de cette partie du monde accompagnés de leurs épouses. La coupole chauve d'un éminent pianiste miroitait et un éminent violoniste se répandait de tout son corps mou dans un demi-fauteuil. La cinquième interprète, qui comptait elle aussi au nombre des génies de la musique, la seule qui ne fût pas accompagnée et qui ne s'était jamais mariée, avait posé sur la table, à côté de ses couverts étincelants, un cabas déchiré dont sortait le goulot vert d'une bouteille de képhir. Un éminent violoncelliste, un ami intime du défunt maître de maison, se curait les dents avec une allumette taillée. Un chef d'orchestre célèbre mais pas tout à fait éminent mâchonnait ses lèvres fines en examinant ce qui se trouvait sur les plats, et faisait mine de ne pas remarquer les regards menaçants de son épouse. Si l'on ne tenait pas compte de la nouvelle famille, la partie non musicienne de l'assistance consistait en un couple de voisins de la campagne, un chimiste académicien et son épouse. Éléonora Zorakhovna, un génie des relations mondaines, était contrariée : la femme d'un éminent compositeur venait de téléphoner pour dire qu'ils ne pourraient pas venir.

La composition du siècle qu'elle avait imaginée s'écroulait.

« *Déjà vu*… chuchota Anna Alexandrovna à son petit-fils. J'étais au mariage d'Éléonora il y a cinquante ans. Dans ce même appartement… En 1911…

— Avec les mêmes invités ? demanda Sania en souriant.

— À peu près. Il y avait Alexandre Scriabine. Il revenait d'un voyage à l'étranger.

— Scriabine ? Ici ?

— Oui. Lui, il était venu, à la différence de Chostakovitch, qui n'avait pas daigné le faire. Tout le monde aimait Grigori Lvovitch, et personne n'aimait Éléonora.

— Qui y avait-il encore ?

— Léonid et Rosalia Pasternak [1]. Une pianiste merveilleuse, Anton Rubinstein l'avait remarquée quand elle était encore toute jeune. C'est un cercle très étroit. Familial, amical, professionnel... J'ai fréquenté cette maison quand j'avais ton âge... Non, j'étais plus jeune, bien sûr. J'ai gardé toute ma vie le souvenir de ce mariage. Et toi, tu te souviendras de celui-là, dit-elle en soupirant.

— Comment t'es-tu retrouvée ici ? demanda Sania, posant une question qui lui était soudain venue à l'esprit.

— Mon premier... mari était musicien. C'était un ami du marié. Je te raconterai un jour.

— C'est bizarre que tu ne m'en aies jamais parlé ! »

Anna Alexandrovna était furieuse contre elle-même. Elle avait pourtant décidé depuis longtemps de ne pas déballer tout son passé devant ce garçon sensible. L'ami du marié en question était en ce moment même assis devant elle, en train de se curer les dents. Et voilà, elle s'était laissée aller, elle en avait trop dit.

« Les choses ne vont pas être faciles pour Lisa, ici », déclara-t-elle en changeant de sujet assez abruptement.

Lisa se comportait magnifiquement. Vassili Innokentiévitch et son fils Alexeï, le père de Lisa, n'étaient

1. Les parents de Boris Pasternak. Son père était peintre, et sa mère avait abandonné une brillante carrière de pianiste pour élever ses enfants.

pas dans leur élément ici, mais ils étaient tous deux des médecins réputés et, dans une certaine mesure, cela les mettait à égalité avec les musiciens. La mère de Lisa, en revanche, détonnait vraiment : une grosse blonde mal maquillée, elle-même se sentait déplacée dans ce salon. Elle avait été autrefois infirmière en chirurgie dans un hôpital de campagne. Ce mariage contracté sur le front, fortuit et mal assorti, s'était avéré solide, leur fille l'avait maintenu. Tout se lisait à livre ouvert sur le visage de la nouvelle belle-mère : la fierté, la vulgarité, le désarroi, l'embarras. Lisa avait fait asseoir sa mère à côté d'elle, elle lui caressait de temps en temps la main et veillait à ce qu'elle ne boive pas trop.

Anna Alexandrovna était assise à la droite de Sania, et à sa gauche, pourvu d'une crinière léonine partagée en deux, se trouvait un homme à l'allure bohème, avec un petit foulard aux taches de léopard jaunes et noires. Un chanteur ? Un acteur ? Il s'appelait Iouri Andreïevitch.

Avant l'arrivée du plat de résistance, alors qu'on en était à la moitié du repas et que l'on venait de débarrasser les tasses de bouillon ainsi qu'un plat vidé de ses minuscules pirojki au nombre de vingt-quatre, conformément à celui des convives, le voisin se leva, son verre à la main :

« Mes chers Lisa et Boba ! »

« Ah, c'est un proche, un intime, il appelle Boris Boba », remarqua Sania.

Celui qui parlait avait une bouche extraordinairement mobile, sa lèvre supérieure était fendue par une profonde crevasse, et sa lèvre inférieure avançait légèrement.

« Vous voilà engagés sur la voie dangereuse du mariage ! Elle est peut-être moins dangereuse qu'imprévisible. Je vous souhaite ce qui est, à mon avis, le plus important dans un mariage: qu'il ne vous empêche pas d'entendre la musique. C'est un grand bonheur que d'entendre à quatre oreilles, de jouer à quatre mains, de participer à la naissance de sons nouveaux qui n'existaient pas en ce monde avant vous. La musique qui sort de nos mains ne vit qu'un instant avant de s'éteindre, avant que ses ondes ne se dispersent dans l'espace. Mais sa fugacité est l'envers de son éternité. Pardonnez-moi, Maria Véniaminovna, de dire de telles bêtises en votre présence... Boba, Lisa, mes chers enfants ! Je souhaite de toute mon âme que la musique ne vous quitte jamais, qu'elle se découvre à vous encore plus profondément, avec encore plus de plénitude !

— Nora ! fit une voix grave et un peu grinçante. Tes pirojki sont délicieux ! Tu m'en mettras deux ou trois de côté, s'il te plaît. »

Éléonora répondit avec un regard mauvais :

« On vous en donnera, Maria Véniaminovna, on vous en donnera. »

« Ça, c'est à mettre dans tes Mémoires, Sania, ne l'oublie pas ! » chuchota Anna Alexandrovna.

Mais Sania, devant tant de personnalités à la fois, avait déjà l'impression d'être assis à un premier rang d'orchestre, et son voisin au foulard léopard n'était pas là juste comme ça, invité à cette table par hasard, il savait quelque chose d'important, cela se voyait sur son visage, mais qui était-il donc ? Quant à cette vieille femme qui avait demandé qu'on lui mette des pirojki de côté, Maria Youdina, elle était l'idole de Sania depuis qu'il l'avait entendue pour la première fois à un concert auquel on l'avait emmené quand il était petit.

Après le repas (sans le vieux rituel russe du baiser), on passa dans le cabinet. C'était l'un des derniers appartements bourgeois de la rue Marx-et-Engels, anciennement passage de la Vierge-du-Signe, derrière le musée Pouchkine, et cette famille était peut-être la seule de tout le pays à habiter le même appartement depuis la construction de la maison en 1906. L'arrière-grand-père, le grand-père, le père, Boris... Personne n'avait été expulsé, ni relégué dans une seule pièce, ni arrêté. Une légende familiale racontait que c'était dans cet appartement, et non dans celui de Pechkov, que Lénine avait écouté la Sonate n° 23 de Beethoven interprétée par Issaï Dobroveïne, le frère cadet d'Éléonora Zorakhovna. C'était ici, dans la pièce voisine, qu'avait été prononcée par Lénine, ou inventée par Gorki, la fameuse phrase : « Une musique merveilleuse, sublime... Mais je ne peux pas écouter de la musique trop souvent, cela agit sur mes nerfs, j'ai envie de dire des bêtises bien gentilles et de caresser la tête des hommes qui, vivant dans un enfer aussi immonde, sont capables de créer une telle beauté [1]... »

Les bêtises n'avaient pas été si gentilles que ça, et les caresses avaient fait voler les têtes par milliers...

Toutes ces légendes, qui étaient désormais celles de sa famille à elle, Lisa les avait racontées à voix basse à Sania, qu'elle avait entraîné sur le balcon. Elle lui avait aussi précisé que Dobroveïne avait joué ce soir-là non l'*Appassionata*, mais la sonate pour piano n° 14. La *Sonate au clair de lune*. Les experts avaient confondu.

Dans le cabinet, certains allumèrent une cigarette. Une domestique apporta du café sur un plateau.

« Tout cela est très *british* ! chuchota Sania à sa grand-mère.

— Non, *jewish* ! corrigea Anna Alexandrovna.

1. Cet épisode célèbre a souvent été représenté par des peintres, et la remarque prononcée à cette occasion par Lénine faisait partie du folklore ou plutôt de la mythologie soviétique. Pechkov est le véritable nom de Gorki.

— Niouta, tu parles comme une antisémite ! Je n'avais jamais remarqué ça chez toi. »

Anna Alexandrovna inspira profondément une bouffée en gonflant ses narines délicates. Elle expira la fumée et secoua la tête.

« Dans notre pays, Sania, l'antisémitisme est le privilège des boutiquiers et de l'aristocratie, or d'après tous les indices, notre famille, bien que d'origine noble, fait partie de l'intelligentsia. J'aime bien les Juifs, tu le sais.

— Je sais. Tu aimes beaucoup Micha. Moi, juif ou pas juif, cela m'est complètement égal. Seulement, je ne sais pas pourquoi, parmi mes amis proches, un et demi sur deux sont juifs !

— Justement. Peut-être une sensibilité exacerbée ? »

Anna Alexandrovna était effectivement dégoûtée par l'antisémitisme, et ses sentiments tenaient à autre chose. Autrefois, dans sa jeunesse, elle s'était refusée à Vassili, qui lui vouait un amour éternel, et à présent, la vengeance du destin s'était accomplie : Lisa, sa petite-fille, avait opposé un refus à son Sania si raffiné, lui préférant un jeune Juif avachi.

Cette vision des choses ne correspondait pas tout à fait à la réalité, étant donné que Sania n'avait jamais rien proposé à Lisa, à part une amitié loyale et une intimité spirituelle, si bien que Lisa n'avait pas eu à refuser quoi que ce soit. Mais depuis leur plus jeune âge, Anna Alexandrovna était convaincue que ces deux enfants étaient faits l'un pour l'autre. Au fond de son âme, elle condamnait le choix de Lisa, elle le considérait comme purement intéressé et lié à sa carrière. Et la judéité faisait pour ainsi dire partie des traits déplaisants de son mari.

Lisa s'approcha avec un verre. Une alliance toute neuve étincelait à son doigt. Elle tenait le voisin de table de Sania par le bras.

« Vous avez déjà été présentés ? Sania, Iouri Andreïevitch, professeur de musicologie. Voilà l'homme qui peut résoudre tous tes problèmes musicaux, Sania !

— Il n'est pas si fréquent de rencontrer des gens qui ont des problèmes musicaux ! »

Iouri Andreïevitch regardait Sania avec le plus vif intérêt.

« Mais qu'est-ce que tu racontes, Lisa ! »

Sania était gêné et en voulait à Lisa. Comment pouvait-on manquer de tact à ce point ?

Il n'eut pas le temps de dire quoi que ce soit, car quelqu'un se dirigeait vers le piano – la vieille femme corpulente avec son cabas sous le bras.

Éléonora Zorakhovna n'avait pas du tout planifié ce récital. D'après ses plans, c'était le dessert qui devait suivre : du café, des glaces et des petits gâteaux que la domestique avait déjà apportés de la cuisine. Mais l'invitée, sans remarquer le plateau de gâteaux, marchait droit vers le piano comme un boxeur vers le ring, sa tête massive légèrement baissée et les bras ballants. Elle laissa tomber avec fracas son sac pesant à droite des pédales, fouilla dedans et extirpa de sous la bouteille de képhir des partitions qu'elle posa sur le pupitre. Puis elle s'assit sur le tabouret tournant, balança un peu son grand corps et regarda en l'air, comme si elle examinait sur le plafond une information difficile à déchiffrer. Ayant manifestement reçu l'information attendue, elle ferma les yeux et plaqua un accord aussi compact qu'une pastèque. Puis un deuxième, et un troisième. Ils étaient étranges, et annonçaient quelque chose d'inhabituel.

« Asseyez-vous, chuchota Iouri Andreïevitch, ça va durer dix-huit minutes, à un bon rythme. »

Sania n'avait jamais entendu une musique pareille. Il savait qu'elle existait, une musique ennemie, en quelque sorte, rejetant la tradition romantique, bafouant les lois et les règles. Des ondes de réprobation et d'hostilité étaient parvenues jusqu'à lui, mais c'était la première fois qu'il l'entendait en vrai. Et ce qu'il entendait était quelque chose de totalement nouveau, il ne comprenait pas comment c'était construit. Son oreille était habituée à une autre musique, « normale », beaucoup plus intelligible, plus familière, il aimait ses mouvements intérieurs, ses frôlements de sons presque obsédants, il savourait d'avance les résolutions, pressentait la fin des phrases musicales...

Il savait à quel point sont stupides et inconsistantes les tentatives pour rendre le contenu d'une musique dans un langage pseudo-poétique spécialement élaboré à cet effet, cela donnait toujours quelque chose d'emphatique et d'artificiel. Les contenus de la musique ne se traduisent pas en images littéraires et visuelles. Il détestait toutes ces épouvantables annotations qu'on voit sur les programmes – comment comprendre Chopin, ou ce qu'avait voulu dire Tchaïkovski.

C'est ainsi qu'un petit garçon considère les occupations des adultes avec une immense perplexité : comme ils peuvent être bêtes !

Ce qu'il était en train d'écouter exigeait un effort et une attention extrêmes. « C'est un texte dans une langue inconnue ! » Voilà ce qui lui traversa l'esprit.

La musique qui naissait sous les mains de la vieille femme était stupéfiante. Il lui était déjà arrivé quelquefois d'éprouver une émotion aussi charnelle provoquée par la musique. Il sentait les sons remplir son crâne et le dilater. C'était comme si un processus biologique inconnu s'était enclenché dans son corps, analogue à la sécrétion de l'hémoglobine ou à l'action d'une puissante hormone dans le sang. Quelque chose qui, comme la respiration ou la photosynthèse, était lié à la nature même.

« C'est quoi ? » demanda-t-il à son voisin dans un chuchotement, oubliant les convenances.

Celui-ci sourit de sa lèvre fendue.

« Stockhausen. Personne ne le joue, chez nous.

— C'est la fin du monde... »

Il ne voulait pas dire la fin du monde au sens religieux ou scientifique. C'était juste une expression courante chez les jeunes, l'argot naissant de la décennie. Mais Kolossov considéra l'adolescent avec intérêt. Lui qui était musicologue, il estimait que cette nouvelle musique marquait la fin d'une époque et le début de quelque chose de nouveau, d'inconnu. Il attribuait à ce changement invisible, qui demeurait caché à la plupart des gens, une signification immense, et il appréciait particulièrement ceux qui, comme lui, sentaient cette rupture, qui était peut-être une rupture dans l'évolution même du monde, dans la conscience humaine. Ils n'étaient pas nombreux, ces gens exceptionnels en avance sur leur temps qui non seulement pressentaient le nouveau monde, mais étaient capables de l'analyser, de l'étudier.

« Je ne comprends pas comment elle est construite, dit Sania, se retrouvant tout à fait au diapason de Kolossov. Peut-être que ce n'est même pas un nouveau style, mais une autre façon de penser. C'est stupéfiant... »

Kolossov se sentit tout heureux.

« Vous êtes musicien, bien sûr ?

— Non, non. J'aurais dû le devenir, mais j'ai eu un accident. Une stupide histoire de gosses. Maintenant, je ne fais qu'écouter la musique. » Il leva sa main droite avec ses deux doigts repliés pour toujours. « Je termine l'Institut des langues étrangères l'année prochaine.

— Venez me voir, nous bavarderons. J'ai l'impression que nous avons des choses à nous dire. »

Tout ce qui s'était produit après Stockhausen était complètement sorti de la mémoire de Sania, même Maria Véniaminovna avait un peu perdu de son éclat. Il se souvenait juste d'avoir accompagné à la gare les jeunes mariés qui partaient en voyage de noces dans les pays baltes.

Ce qui comptait, c'était autre chose : le pressentiment d'un événement capital. Dès le lendemain, il passa voir Iouri Andreïevitch à son travail, après les cours que ce dernier donnait au Conservatoire. La conversation reprit là où elle s'était arrêtée la veille.

Puis ils se rendirent dans un quartier excentré, à une demi-heure de tramway de la station de métro Voïkovskaïa, dans un triste espace intermédiaire entre un village à l'agonie et une ville encore inexistante, une banlieue moderne et impersonnelle. Il fut convenu que Iouri Andreïevitch lui donnerait des cours.

Dans la cage à lapin humiliante de ce studio à la Zamiatine avec un numéro en fer sur la porte (la lecture de *Nous autres* était toute fraîche), il n'y avait aucun meuble, à part un piano, une bibliothèque, des étagères et des armoires remplies de livres et de partitions. Pas de table pour manger, ni de divan pour dormir, ni de portemanteau pour accrocher les vêtements. Avec son costume bien repassé, son foulard à taches de rousseur et ses chaussures au brillant théâtral, Iouri Andreïevitch avait l'air en visite dans sa propre maison. Sania crut pendant longtemps que cet appartement était son cabinet de travail et qu'il vivait ailleurs, dans un endroit plus humain. Puis il découvrit dans la cuisine une théière en terre cuite et une boîte en bois contenant du thé de Chine. Et plus tard encore, il devina que Iouri Andreïevitch, avec son costume bien repassé et ses petits foulards, presque aussi strict qu'un militaire, était en fait un ermite, et que sous ce déguisement se dissimulait un véritable ascète.

Comment parvenait-il à vivre son monachisme musical dans ce monde vulgaire et sale, dans la cohue écœurante et dangereuse de la vie soviétique ? Incroyable, vraiment incroyable…

Ce fut ce soir-là que Sania commença à préparer les examens du Conservatoire, dans le département de musicologie. Iouri Andreïevitch enseignait la musique comme un charpentier enseigne à planter un clou d'un seul coup de marteau, un cuisinier à hacher un oignon et une carotte au millimètre près, ou un chirurgien à faire d'une main légère d'artistiques incisions au scalpel. Il enseignait un artisanat. Mais l'important n'était pas tant l'explication elle-même – ce qu'il faut doubler lors de la résolution à la tonique d'un accord de septième de dominante, comment jouer exactement une modulation au triton, comment les registres correspondants des voix extrêmes se répondent au « point d'intersection parfait »… L'important, c'était que Kolossov enseignait avec autant de plaisir que Sania en éprouvait à apprendre.

« Vous ne comprenez pas encore quelle chance vous avez, avec votre main ! Le véritable musicien, ce n'est pas l'interprète, c'est le compositeur, le théoricien. Et même plus encore le théoricien. La musique est une quintessence, une information concentrée au maximum, c'est ce qui existe hors de notre ouïe, de notre perception, de notre conscience. C'est le plus haut degré du platonisme, les "idées" descendues du ciel sous leur forme la plus pure. Vous comprenez ? »

Sania ne comprenait pas tout à fait, disons plutôt qu'il sentait. Mais il soupçonnait son maître d'exagérer un peu, il se souvenait trop bien du bonheur qu'il éprouvait dans son enfance, quand la naissance de la musique s'opérait sous ses doigts.

Ce fut l'année la plus heureuse de sa vie. La coquille d'un monde brutal et sale s'était fissurée, et par les trouées s'engouffrait un air nouveau. Le seul air indispensable à la respiration de l'âme. C'était le même choc que celui qu'avaient connu les élèves de cinquième, une dizaine d'années plus tôt, quand Victor Iouliévitch était arrivé dans leur école avec des poèmes qu'il leur lançait en entrant dans la classe. La différence, c'était qu'à présent Sania était adulte, il avait connu une rupture douloureuse avec la musique, une séparation pour toujours, pour les siècles des siècles, et il s'avérait maintenant que l'amour, après cette séparation, n'en était devenu que plus profond. Son don, qui avait reposé au fond de lui, s'était réveillé après dix années de léthargie et jaillissait à la surface. Le solfège un peu ennuyeux de son enfance s'était métamorphosé en une science passionnante sur la structure de la musique. Quelques années plus tard, Sania en serait certain : c'était de la structure du monde lui-même, dans sa toute première approche, que parlait alors le solfège en mots un peu simples.

Deux fois par semaine, il passait une heure et demie chez Iouri Andreïevitch, il faisait des dictées extrêmement compliquées, des exercices sans fin qui développaient sa mémoire et ses connaissances musicales. Iouri Andreïevitch jouait au piano, et Sania déterminait à l'oreille les intervalles et les accords, leur enchaînement, avec le passage d'une tonalité à l'autre.

On fit de nouveau appel à Evguénia Danilovna et, pour Sania, elle dégagea deux heures par semaine dans son emploi du temps très serré. À l'époque, elle formait des surdoués, et au moins une dizaine de ses élèves ont fait par la suite la gloire de l'École de musique. Pour ce professeur réputé dont le but était de créer de super-interprètes, Sania, avec sa main estropiée, ne représentait qu'une perte de son précieux temps, mais chez les gens de cette génération (celle des amis d'Anna Alexandrovna), il ne pouvait être question de refuser d'aider un enfant de son milieu, même s'il n'avait absolument aucun avenir. Si bien que Sania, se débrouillant avec de nouveaux doigtés qui tenaient compte de ses deux doigts infirmes, réussit finalement à apprendre un programme mis au point de façon très ingénieuse, dont le couronnement était l'interprétation de la *Chaconne* de Bach dans une adaptation de Brahms pour la main gauche. Anna Alexandrovna vendit cette année-là le reste de ses bijoux, des boucles d'oreilles et un pendentif en diamants. Pour payer les leçons.

Sania courait à ses cours comme à des rendez-vous amoureux, et Iouri Andreïevitch lui-même était sous le charme de son nouvel élève : il comprenait tout au quart de tour, posant parfois des questions qui devançaient de loin ce qu'ils avaient étudié, et Iouri Andreïevitch s'épanouissait en sourires, mais il reprenait aussitôt un air sévère : il n'aimait pas le laxisme. Le cours se terminait généralement à la minute près, et quand un jour, Sania eut un quart d'heure de retard à cause d'une panne d'autobus, il ne lui fit pas cadeau de quinze minutes de plus.

Outre le solfège, l'harmonie et l'histoire de la musique, Sania devait également passer les examens ordinaires de culture générale : dissertation, langue étrangère, histoire de l'URSS. Ces examens-là ne le préoccupaient absolument pas. Pour lui, le plus compliqué était l'épreuve de piano. Il fallait interpréter un programme préparé à l'avance, et aussi déchiffrer un morceau. Bien sûr, on ne demandait pas à des théoriciens de savoir jouer d'un instrument à un niveau professionnel, mais il était quand même anxieux. Depuis que son tendon avait été endommagé par le cran d'arrêt de Mouryguine, il avait perdu toute assurance en public.

Il réussit très bien dans les disciplines théoriques, et l'épreuve de piano se déroula de façon tout à fait satisfaisante, Evguénia Danilovna n'avait pas dépensé ses forces en vain. Le plus formidable, c'est que personne, dans la commission, n'avait remarqué que deux doigts de sa main droite étaient invalides. C'était ça, la plus grande victoire.

En automne, alors que ses condisciples de l'Institut des langues étrangères entraient en cinquième année, il fut admis en première année dans le département de musicologie du Conservatoire. Anna Alexandrovna était heureuse. Evguénia Danilovna encore plus. À tel point qu'elle fit cadeau à Sania d'une partition avec un autographe de Scriabine. Mais à ce moment-là, il avait déjà des doutes sur Scriabine.

Victor Iouliévitch avait raison, mille fois raison, et Sania était tout à fait d'accord avec lui : un bon maître, c'est une seconde naissance. Seulement cette fois, ce n'était pas lui, mais un autre maître qui introduisait dans la vie de son élève un nouveau système de valeurs, qui lui montrait de nouvelles perspectives, qui élargissait sa vision du monde. Les élèves les plus sensibles découvraient, avec un frisson le long de la colonne vertébrale, qu'il ne s'agissait pas seulement ici de musique, mais de la structure de l'univers, des lois de la physique atomique et de la biologie moléculaire, de la chute des étoiles et du bruissement des feuilles. Outre la science, il y avait aussi là la poésie, et les arts de toutes sortes.

« La forme, c'est ce qui transforme le contenu d'une œuvre en son essence. Vous comprenez ? Le caractère de la musique se dégage de sa forme comme la vapeur de l'eau bouillante, disait Iouri Andreïevitch. Quand on a une bonne compréhension des lois générales de la forme, une fois que l'on a formulé tout ce qui se prête à la formulation, on peut, en sondant le général, saisir ce qui est individuel, caractéristique. Et c'est alors, en soustrayant ce général, que l'on peut percevoir un reliquat dans lequel, justement, se cache le miracle sous son aspect le plus pur. C'est cela, le but de l'analyse : plus ce qui est accessible est pleinement atteint, plus l'inaccessible rayonne avec pureté. Écoutez et soyez attentifs ! »

Il posa un disque noir sur l'électrophone. L'aiguille en tirait des sons qui n'étaient pas absolument parfaits, mais la lecture simultanée des partitions, l'absorption de ces partitions par les yeux et, à travers les yeux, par les oreilles et le cerveau, donnait une nouvelle vision du monde et entraînait la pensée dans des espaces inconnus.

Avec tout cela, le maître méprisait l'emphase, les grands mots et les paroles creuses, il coupait court à toute tentative de parler de la musique à l'aide des belles lettres.

« Nous ne sommes pas en train de vérifier l'harmonie par l'algèbre[1] ! Nous étudions l'harmonie ! C'est une science exacte, comme l'algèbre. Quant à la poésie, nous la laisserons de côté pour l'instant. »

Il parlait avec véhémence, comme s'il se confrontait à un adversaire invisible.

Ses élèves l'adoraient et ses supérieurs, qui avaient du flair, le considéraient avec suspicion : il y avait en lui quelque chose de potentiellement antisoviétique.

Iouri Andreïevitch Kolossov était structuraliste à une époque où ce terme n'était pas encore en vigueur.

1. Citation de Pouchkine tirée de *Mozart et Salieri*.

Or de tous temps, les autorités ont toujours eu des réactions très violentes face à ce qu'elles ne comprennent pas.

Kolossov repoussait les limites des cours d'harmonie, d'histoire de la musique et des systèmes musicaux, tantôt en plongeant ses élèves dans une Antiquité insaisissable, tantôt en leur faisant découvrir une musique nouvelle, la plus nouvelle qui soit. C'était une seconde avant-garde qui commençait à peine à s'introduire en URSS, les enfants de Webern : Pierre Boulez, Stockhausen, Luigi Nono. Et tout à côté, dans les couloirs du Conservatoire, déambulaient déjà les avant-gardistes locaux, Edison Denisov, Sofia Goubaïdoullina, Alfred Schnittke...

Tout cela n'avait pas encore trouvé sa place, c'était encore instable et totalement neuf. Même Schönberg faisait figure de nouveauté.

Sania en avait la tête qui tournait. Tout déferlait à la fois en une vague puissante – le baroque, la musique classique des premiers temps, Bach qui englobait tout, le romantisme désavoué qui revenait avec les années, Beethoven qui semblait s'être approché de l'ultime frontière de la musique classique, et tous ces nouveaux compositeurs, ces nouveaux sons, ces nouvelles idées...

Dehors, il y avait la pluie, la neige qui tombait, le duvet des peupliers qui voltigeait, et toujours cet insupportable bla-bla politique sur les réalisations et les victoires : on avait déjà rattrapé et presque dépassé. Dans les cuisines, on buvait du thé et de la vodka, on feuilletait des papiers criminels, on écoutait grésiller des bandes magnétiques avec Galitch et le jeune Vyssotski. Là aussi naissaient de nouveaux sons et de nouvelles idées. Mais cela, Sania le remarquait à peine. Ce monde était celui d'Ilya et de Micha, ses amis d'enfance dont il s'éloignait de plus en plus.

On n'avait pas encore mis fin au dégel khrouchtchévien, mais Khrouchtchev avait déjà fait machine arrière en déclarant publiquement au cours d'une grand-messe du Parti : « Cette histoire de dégel, c'est ce voyou d'Ehrenbourg qui nous a refilé ça ! »

Le signal avait été donné, le refroidissement avait commencé.

Durant cette période historique, les spécialistes officiels de l'art pictural avaient pris la relève des spécialistes de la musique. Seuls des échos de la bataille épique qui se déroulait dans les salles du Manège[1] parvenaient aux oreilles de Sania, principalement par Ilya.

Micha, lui, avait presque complètement disparu de l'horizon, il avait déménagé dans un internat en dehors de Moscou. Anna Alexandrovna était celle qui le voyait le plus souvent, c'était à elle qu'il parlait de son travail avec les enfants sourds-muets pour lesquels s'était enflammé son cœur inconsidérément ouvert à tous vents. Il est vrai que ce cœur n'appartenait pas intégralement à cette tribu balbutiante, l'autre moitié palpitait pour une Aliona qui tantôt s'abaissait jusqu'à lui, tantôt disparaissait comme la Reine des neiges sous la pluie. Il y avait effectivement en elle un élément féerique : froide comme la glace et changeante comme l'eau, avec des transports et des retombées inattendus.

Micha avait présenté Aliona à Sania. Celui-ci avait été sensible à son charme et s'en était alarmé : cette fille était dangereuse. Il n'aurait pas du tout aimé expérimenter un amour maladif comme celui de Micha. Mais les succès pleins d'assurance d'Ilya, qui lui rappelaient l'affreux cagibi du concierge, ne lui faisaient pas envie non plus. L'élément féminin le terrorisait.

1. Où des peintres « non-soviétiques » exposaient leurs œuvres.

Au Conservatoire, il fréquentait surtout des jeunes gens, bien qu'il ne fût intimement lié avec aucun d'eux. Les œillades des garçons ne lui faisaient pas moins peur que les assauts des filles qui sentaient l'odeur du cagibi de la ruelle Potapov. Or ce milieu de musiciens qui bouillonnait dans le dos en bronze de Tchaïkovski incitait au péché maudit par la Bible. Et encore davantage, il est vrai, à l'envie et à la vanité. Mais pour cela, on n'envoyait pas les gens en prison[1].

Les passions qui agitaient le Conservatoire ne touchaient pas Sania. D'ailleurs même les bourrasques de la rue parvenaient à peine jusqu'à lui. Ni le dégel ni le refroidissement ne le concernaient le moins du monde.

Quelque part tout là-haut, des autorités timorées s'affolaient, mais fort heureusement, Khrouchtchev ne s'intéressait pas à la musique « merveilleuse et sublime », et la musique « cacophonique » ne le préoccupait guère non plus. La simple mélodie *Dans le jardin, dans le potager...* le satisfaisait amplement. Primitif, sans instruction, grisé par le pouvoir, il dirigeait cet énorme pays comme il pouvait, il avait levé la main sur Staline, enlevé son cadavre du mausolée, relâché des détenus, mis en valeur des terres vierges, semé du maïs dans la région de Vologda, envoyé en prison les productrices de tricots clandestins, les raconteurs d'histoires drôles et les tire-au-flanc, étranglé la Hongrie, lancé un spoutnik et couvert l'URSS de gloire avec Gagarine. Il détruisait des églises et construisait des usines de tracteurs, associait certaines choses et en dissociait d'autres, consolidait et déconsolidait. Par mégarde, il avait fait cadeau de la Crimée à l'Ukraine... Il remettait en

1. En URSS, l'homosexualité était un crime passible d'emprisonnement.

place les idées de l'intelligentsia et des créateurs à coups de jurons orduriers, et avait presque appris à prononcer ce mot compliqué venu de l'étranger. Les speakers de la radio, eux, adoptaient ses façons de parler : « communizme, socializme ». Flairant partout la pourriture, les entourloupes et l'influence bourgeoise, il avait poussé en avant le très compréhensible Lyssenko et écarté les généticiens, les cybernéticiens, et tous ceux qui dépassaient sa compréhension. Ennemi de la culture et de la liberté, de la religion et du talent, il écrasait ceux qu'il parvenait à voir de son regard myope d'ignare... Les plus grands ennemis, il ne les voyait pas – ni la grande littérature, ni la philosophie, ni la peinture. Et bien évidemment, il n'était pas arrivé jusqu'à Beethoven et encore moins jusqu'à Bach, quant à Mozart, il avait échappé à son âme simple. Or il aurait fallu tous les interdire !

En 1964, Brejnev entra en scène. Des permutations se produisirent à l'intérieur du Parti, certains vampires furent remplacés par d'autres. Leur misérable niveau de culture donna le ton au style de vie du pays et fixa un plancher au-dessus duquel il était dangereux de s'élever. L'ordinaire littéraire et artistique était d'un ennui mortel. Une poignée de gens insignifiants à tous points de vue – des gars intelligents pas complètement brisés qui se terraient dans les mathématiques et la biologie, parmi lesquels figuraient quelques académiciens, mais surtout des marginaux végétant à des postes sans importance ou se cachant dans des instituts scientifiques de troisième catégorie, deux ou trois étudiants géniaux de la faculté de chimie, de l'institut de physique ou du Conservatoire –, tous ces invisibles dotés d'exigences spirituelles subsistaient de façon illégale.

D'ailleurs étaient-ils si nombreux, ces gens qui ne se connaissaient pas entre eux, qui se croisaient dans les halls des bibliothèques, dans le vestiaire de la Philharmonie et dans le silence des musées déserts? Ce n'était pas un parti ni un cercle ni une société secrète, pas même un groupe de gens ayant les mêmes idées. Leur seul dénominateur commun était leur aversion pour le stalinisme. Et bien sûr, la lecture. Une lecture vorace, éperdue, obsessionnelle – un hobby, une névrose, une drogue. Pour beaucoup, de maître à vivre, le livre était devenu un substitut de la vie.

Ces années-là, l'épidémie de lecture avait touché également Sania, mais il s'agissait d'une lecture d'un genre particulier: il avait découvert la lecture des partitions au plein sens du terme. Il passait tout son temps libre à la bibliothèque de Musique. Malheureusement, on ne pouvait pas toujours emporter les partitions chez soi, loin de là. Sa main infirme lui imposait de telles limitations qu'il ne se consolait que grâce à un rêve récurrent qu'il avait fait au moins cinq fois au cours des dix dernières années: il jouait, et en éprouvait un intense plaisir physiologique. Son corps se transformait en un instrument de musique. En une flûte de Pan fantastique à multiples tuyaux. Il se remplissait de musique depuis le bout des doigts, elle remontait le long des tubes de ses os et se concentrait dans le résonateur de son crâne. Ses capacités s'amplifiaient à l'infini. L'instrument sur lequel il jouait alors faisait penser à un piano, un piano particulier, plus complexe, avec un son qui n'était pas de ce monde. Il était en outre conscient à la fois que cette musique était terriblement familière, et qu'il ne l'avait jamais entendue auparavant. Une musique originelle, qui venait d'être créée, et en même temps, c'était sa musique à lui, Sania...

Le fait de lire couramment les partitions lui permettait de saisir d'emblée le texte musical et lui donnait même un certain avantage : cette lecture à vue était plus idéale, c'était comme si les difficultés techniques cessaient d'exister, la musique se déversait directement de la feuille dans sa conscience.

Sania prenait plaisir à étudier les partitions d'orchestre. Il se délectait de l'art de l'instrumentation, des immenses possibilités d'interprétation. La perception visuelle et, à travers elle, la perception mentale de la musique, lui procuraient une jouissance supplémentaire : le son et le signe ne faisaient plus qu'un, et surgissait alors un tableau bouleversant qui recelait peut-être un contenu qui lui était propre, impossible à lire. Avant même d'avoir déchiffré les notes, il saisissait vaguement une sorte de formule englobant à la fois la facture et le sens, un enchevêtrement de strates, et il avait l'impression que quelque part ici, tout près, se trouvait la clé du mystère même de la musique. Il lui semblait à l'époque que cette dernière était soumise à la loi de l'évolution, celle-là même selon laquelle le monde s'était organisé en s'élevant des formes les plus simples aux formes les plus compliquées. On pouvait suivre cette évolution non seulement dans les sonorités, mais même dans la notation, dans la façon dont la pensée musicale d'une époque se traduisait en signes. Il découvrit (ce qui n'était pas une grande découverte, étant donné qu'elle avait été faite bien avant lui) que la notation elle-même reflétait, quoique avec beaucoup de retard, les changements qui s'étaient produits dans la pensée musicale au fil des siècles. À partir de là, l'idée d'essayer de trouver les lois du développement de cette pensée, autrement dit, la loi de l'évolution des systèmes musicaux, n'était plus très loin. Lorsque Sania, avec beaucoup de précaution, voulut exposer à Kolossov ses pensées à ce propos, ce dernier interrompit ses bredouillements et, d'un geste précis, sortit d'un tas de partitions se trouvant sous la table une revue américaine qu'il ouvrit immédiatement à la page voulue. C'était un article sur le compositeur Earle Brown. La revue reproduisait la partition d'une œuvre intitulée *Décembre 1952*. Une feuille de papier blanc sur laquelle était dessinée une multitude de rectangles noirs. Tandis que Sania, médusé, examinait cette page, Kolossov l'informa en ricanant que ce n'était pas le bout du chemin. Plus tard, Earle avait écrit une œuvre intitulée *Vingt-cinq pages*, et il s'agissait effectivement de vingt-cinq pages couvertes de dessins, qui pouvaient être interprétées dans n'importe quel ordre, par n'importe quel nombre de musiciens. Le tableau qu'essayait de bâtir Sania acquérait, lui sembla-t-il, une remarquable perspective...

Si seulement Iouri Andreïevitch n'avait pas émis en même temps ces toussotements et ces ricanements sarcastiques. Comprenant alors que son maître ne le prenait pas au sérieux, Sania en fut très affecté et ne dit plus rien.

Mais ces vagues idées sur l'évolution le poursuivaient. En proie à une poussée d'audace inouïe, il se lança secrètement dans l'élaboration d'une loi unique, une sorte de théorie générale des systèmes musicaux. On ne pouvait comparer cette ambitieuse tentative qu'à l'élaboration de la théorie générale des champs. Comme un ver à soie qui ne cesse d'extraire de lui-même un précieux fil, il tissait autour de lui un cocon scintillant, et il était prêt à se transformer en chrysalide pour s'envoler enfin vers un monde abstrait, mais authentique. C'était dangereux, car au moindre faux pas, on risquait de tomber dans le monde de la folie pure.

À la fin de l'année 1967, alors que Sania terminait le Conservatoire, Kolossov, avec lequel il continuait à passer beaucoup de temps, lui fit attribuer un poste d'assistant au département d'Histoire de la musique étrangère. Il n'avait pu lui en trouver un au département de Musicologie. Sania commença à enseigner dès l'automne, mais il était toujours aussi absorbé par ses constructions théoriques. Ses relations avec Kolossov s'étaient détériorées. Il attendait de lui un soutien, mais ne rencontrait que des ricanements sceptiques. C'était blessant.

De temps en temps, une certaine angoisse s'insinuait dans le cœur d'Anna Alexandrovna : son petit garçon n'avait-il pas choisi de vivre sur un registre trop élevé ?

Des camarades de classe

Depuis leur plus tendre enfance, Galia Poloukhina, diminutif Polouchka, et Tamara Brine, dont Olga avait affectueusement étiré le nom en Brintchik, ne s'étaient jamais senties tout à fait à l'aise en présence d'Olga, la seule amie de chacune d'elles. Elles avaient toujours peur de dire ce qu'il ne fallait pas. Et il n'y avait à cela d'autre raison que l'amour : elles ne voulaient pas contrarier leur amie par des considérations insuffisamment élevées ou même tout à fait bourgeoises.

Les deux amies aimaient Olga d'un amour dévoué et, outre la composante irrationnelle de ce sentiment dont il serait absurde de débattre, elles avaient chacune une motivation personnelle, une raison parfaitement compréhensible de l'admirer.

Galia Poloukhina était d'une famille pauvre, elle vivait dans un demi-sous-sol du respectable immeuble d'Olga, n'était pas particulièrement jolie et avait tout juste la moyenne en classe. Olga avait été chargée de la faire travailler dès l'entrée en primaire et s'était prise de sympathie pour elle. La générosité d'Olga était irréprochable. Il n'y avait en elle aucune ombre de la condescendance des gens riches et beaux pour ceux qui sont pauvres et laids, et la petite chose pauvre et laide s'entortillait comme un liseron autour de cette tige solide, y implantant de minuscules racines aériennes qui la suçotaient légèrement. Mais, du fait de l'abondance de ses dons et de ses talents, Olga ne s'en apercevait même pas.

Polouchka était un cœur simple, elle ne connaissait pas l'envie, ne comprenait rien aux échanges énergétiques entre les gens, et éprouvait pour Olga une adoration pleine de gratitude.

Avec Tamara Brine, il en allait autrement. À la différence d'Olga, qui était consciencieuse et appliquée, Tamara était bonne élève « naturellement » : elle prenait la mesure des savoirs scolaires de son œil vif et marron et les absorbait en faisant papilloter les tristes ailes de ses cils. Elle avait un physique exotique, elle faisait penser à un roi assyrien du manuel d'histoire de l'Antiquité, seulement la barbe ondulée se dressait au-dessus de son front bas au lieu de pendre sous la lèvre inférieure, comme chez le roi en question. En un certain sens, c'était une beauté. Pour ceux qui aimaient ce genre-là. Étant juive, cela va de soi, elle vivait dans son cocon d'intouchable, portant avec amertume et dignité son statut de réprouvée, et vouait à Olga une reconnaissance admirative d'une nature particulière : durant l'hiver 1953, alors qu'un horrible mot bourdonnait constamment dans le dos de la petite Tamara de neuf ans, Olga avait été la seule de la classe à prendre la défense de l'internationalisme, et celle de Tamara en particulier. Ayant entendu un « sale Juive ! » lancé dans le dos de Tamara, elle avait hurlé à travers des larmes de fureur :

« Espèce de fascistes ! Vous êtes des salauds ! Des Soviétiques ne se conduisent pas comme ça ! Vous n'avez pas honte ? Dans notre pays, tous les peuples sont égaux ! »

Tamara n'avait jamais oublié cette fureur d'une pureté virginale, et la juste colère de la meilleure fille de la classe était la seule chose qui rendait supportable cette horrible école, ce monde rempli d'hostilité et d'humiliations.

Au fil des années, elle avait de plus en plus apprécié l'indépendance et le courage d'Olga. Olga ne mentait jamais, elle disait ce qu'elle pensait. Il est vrai qu'elle pensait presque toujours ce qu'il fallait, comme on le lui avait appris à la maison. En raison de ses origines, de son histoire familiale et de son éducation pas tout à fait soviétique, Tamara ne pouvait partager ni la vérité d'Olga ni son exaltation grandiloquente. Mais jamais elle n'aurait osé la contredire, de peur de perdre son amitié, et parce qu'elle ne voulait pas que qui que ce soit, et surtout pas Olga, perçoive sa tragique singularité raciale.

Cette amitié à trois avait duré ainsi toute leur scolarité. C'était une amitié solide, mais extrêmement bancale : Olga parlait, et ses amies l'écoutaient en silence, l'une avec admiration mais sans rien comprendre, l'autre en restant sur la réserve et avec un esprit critique.

Tamara se permettait d'exprimer des idées personnelles et intéressantes uniquement dans les discussions sur le théâtre et la littérature, ou lors de débats portant sur des événements de la vie scolaire, futiles mais bouleversants, comme les nouvelles chaussures de la prof d'histoire ou le comportement perfide de Zina Chtchipakhina, une menteuse et une cafteuse. Polouchka et Brintchik se supportaient mutuellement à cause d'Olga.

En sixième, Galia était passée dans une section où s'était révélé son talent personnel : un don pour le sport. Elle pratiquait la gymnastique. À partir de la cinquième, elle fut sélectionnée pour des rencontres sportives et passa très vite en deuxième, puis en première catégorie. En classe de troisième, elle suivit le programme d'entraînement des sportifs professionnels qu'elle termina à quinze ans, mais il lui fallut attendre encore six mois pour recevoir le titre de « maître ès sports », car on ne le décernait qu'à partir de seize ans. Elle devint alors une célébrité de l'école, bien que son niveau scolaire insuffisant l'empêchât d'accéder à une gloire véritable. Elle était toujours assez mauvaise élève, portée à bout de bras par Olga.

À la fin de l'école, il se produisit quelque chose d'imprévu : les trois amies furent admises dans des établissements d'études supérieures. Olga à l'université (ça, justement, cela n'avait rien d'imprévu), Tamara, avec sa médaille d'argent, fut prise aux cours du soir de l'Institut de médecine, ce qui, étant donné les circonstances de l'époque, était une réussite exceptionnelle, quant à Galia, elle intégra l'Institut de culture physique et de sport. À ce moment-là, elle avait déjà été sélectionnée pour faire partie de l'équipe de gymnastes de Moscou, mais ses relations avec la grammaire étaient toujours aussi tendues.

Afin de fêter cette triple victoire, une grande soirée fut organisée pour toute la classe chez Olga. Antonina Naoumovna avait commandé personnellement au buffet de la Maison des hommes de lettres toutes sortes d'amuse-gueules, des pirojki, des tartelettes, des canapés (qu'est-ce que ça pouvait bien être ?), et elle était généreusement partie pour la datcha. Rifat, le fidèle chevalier servant d'Olga, qui avait terminé leur école deux ans plus tôt, s'était chargé de fournir un authentique *plov*[1] qu'il livra à huit heures sonnantes dans une grande marmite empruntée au restaurant de l'Exposition des réalisations de l'économie nationale. Son père était un membre du gouverne-

1. Plat d'Asie centrale à base de riz, de légume et de viande.

ment de l'Azerbaïdjan, avec de vastes relations, du haut jusqu'au bas de l'échelle.

La soirée fut une réussite totale : deux garçons et une fille prirent une cuite monumentale, Vika Travina et Boria Ivanov s'embrassèrent tant et si bien qu'ils parvinrent à l'heureux dénouement qu'un an et demi d'exercices assidus ne leur avait pas encore permis de concrétiser, un autre couple se brouilla à mort, ce dont ils se repentirent ensuite tous les deux durant le reste de leur existence, et Raïa Kozina eut la première crise d'une urticaire avec laquelle il lui faudrait vivre jusqu'à son dernier jour.

Un grand nombre, un très grand nombre d'événements capitaux se produisirent cette nuit-là, et une seule personne ne remarqua rien : la maîtresse de maison Olga. Cette nuit-là, elle prit conscience qu'elle était une veinarde de naissance, par nature, en vertu de la disposition des étoiles dans le ciel ou des gènes dans ses chromosomes, mais elle ne s'était pas doutée jusque-là du lot exceptionnel qu'elle avait reçu en partage. Maintenant, elle était absolument certaine d'être prédestinée à une multitude de succès, de victoires et même de triomphes. Les trois plus beaux garçons – Rifat le prince persan, avec ses petites moustaches pareilles à d'artistiques parenthèses, son ami Vova qu'il avait amené avec lui, un étudiant de l'Institut d'aviation, avec une large carrure, une belle taille et une vague de cheveux clairs qui lui tombait sur les yeux, comme Essénine sur ses photos de jeunesse quand il portait encore une chemise et non un veston et une cravate, et Vitia Bodiaguine, qui avait intégré la faculté de lettres avec Olga, fraîchement démobilisé après quatre ans de service militaire à bord d'un sous-marin, vêtu d'un maillot rayé sous sa vareuse et d'un drôle de pantalon à pont comme en portent les petits enfants –, tous les trois la couvaient d'un regard viril et vorace aux nuances diverses : l'exigence, la prière, l'insistance, l'arrogance. Avec de l'amour, avec une proposition, avec une promesse.

« Tiens, ça serait drôle, ça, si je me mariais ! Avec n'importe lequel. Avec qui je veux ! » songeait Olga, grisée par le succès, et elle décida qu'elle épouserait celui qui l'inviterait pour la prochaine danse. Elle était celle qui dansait le mieux, que ce soit le rock'n'roll ou le tango. Celle qui avait la taille la plus fine et les cheveux les plus longs, bien qu'elle eût un peu raccourci sa natte dont elle avait assez, mais ce qui en restait était superbe et lui descendait presque jusqu'à la taille, avec des reflets roux et des étincelles. Elle se regardait de l'extérieur et se plaisait énormément. Du reste elle plaisait à tout le monde. Tout le monde l'aimait, les garçons, ses amies, les voisins, même les mamans du comité des parents.

On mit un nouveau disque, *Rock around the clock* de Bill Haley, c'était Rifat qui l'avait apporté. Et ce fut un déchaînement. Ils étaient emportés par la musique comme par des rafales de vent, habités par les rythmes frénétiques, et pas question de tendres effleurements, rien que des secousses, des envolées, et de nouveau des secousses. On avait l'impression que ce Vova aux larges épaules la lançait d'une main pour la rattraper de l'autre. D'ailleurs est-ce qu'il l'avait invitée à danser ? Quatre mois plus tard, elle l'épousait.

Ils dansaient et buvaient, fumaient sur le balcon et dans la cuisine. Puis ils se sentirent tous fatigués. Certains partirent en pleine nuit, d'autres au petit matin. Vika et Boria s'étaient endormis dans la chambre des parents, abasourdis par l'événement grandiose, autrement dit par le coït. Ils avaient devant eux un mariage long et heureux et ne le savaient pas encore. Dans le salon, cinq personnes qui n'avaient pas eu cette chance dormaient en vrac sur le tapis. Il y avait une vague odeur de vomi.

Puis tous s'en allèrent, sauf les fidèles Brintchik et Polouchka. Les deux amies aidèrent à nettoyer les traces de cette orgie juvénile. Olga fit du café. Elles le burent comme des adultes, dans les petites tasses du beau service, mais en jouant encore un peu à la dînette, surtout Galia. Elles se quittèrent en fin de journée avec l'intention de se revoir d'ici une semaine. Mais elles se revirent seulement au début de l'année suivante. Après la fin de l'école, la vie se mit à filer à une vitesse hallucinante.

L'immeuble de Tamara, sur la place aux Chiens qui vivait sa dernière année, fut évacué, et la famille relogée dans une banlieue éloignée, dans le Village Ouvrier, au-delà de Kountsevo. À l'époque, la station de métro Molodiojnaïa n'existait que sur les plans des architectes.

Tamara, pleine d'énergie, faisait la navette entre sa nouvelle maison, son nouveau travail et l'Institut de médecine. Sa grand-mère bien-aimée, Maria Sémionovna, mourut l'année du déménagement. C'était une amie d'Éléna Gnessine[1], elle avait vécu toute son existence auprès de l'illustre famille, travaillant comme secrétaire dans ce nid de musiciens. Cette vieille habitante de l'Arbat ne supporta pas la catastrophe du déménagement.

La cérémonie funéraire se déroula à l'institut Gnessine. Tamara, qui connaissait depuis son enfance presque tous les représentants encore vivants de cette étonnante famille, en vit alors les derniers vestiges : la grande Éléna Fabianovna dans son fau-

1. Famille de musiciens célèbres, il existe à Moscou un institut de musique portant leur nom.

teuil roulant, la fondatrice du seul empire, un empire musical, qui avait tenu bon sous le pouvoir soviétique et qui allait même lui survivre, chose que l'on ne pouvait même pas imaginer à l'époque.

C'était une assemblée de musiciens, mais il y avait aussi dans l'assistance des gens « du public », les complices d'une vie musicale qui existait pour ainsi dire par-dessus la vie soviétique, par-dessus la collectivisation et l'industrialisation, tout ce grand remue-ménage gouvernemental que l'on distinguait à peine sur fond de la musique de Beethoven, de Schubert, de Chostakovith et même de Micha Gnessine, un compositeur complètement oublié, le frère cadet des célèbres sœurs.

Médusée, Tamara, qui avait connu beaucoup des « vieilles copines » de Maria Sémionovna, comprit enfin pleinement devant son cercueil dans quel monde avait vécu sa grand-mère éternellement vêtue d'un chandail distendu avec des résidus d'œuf collé sur le col, et d'une jupe constellée de taches de toutes les couleurs.

Ces « vieilles copines », à part peut-être Anna Alexandrovna qui habitait rue de l'Intercession, étaient presque toutes du quartier, de l'Arbat, elles étaient venues à pied et s'étaient regroupées en rond, un peu à l'écart. Elles n'étaient pas vraiment « de la famille », elles n'étaient ni professeurs de musique ni interprètes, juste « des affiliées ».

Les adieux se firent en musique, on joua un morceau composé par Gnessine pour *Le Revizor* de Gogol dans une mise en scène de Meyerhold. C'était le tribut d'amour de la famille Gnessine en voie d'extinction à la défunte Maria Sémionovna.

Puis de vieux musiciens s'approchèrent de Tamara et de sa mère Raïssa Ilinitchna, ils prononcèrent des paroles chaleureuses sur Maria Sémionovna, sur la musique, sur l'amitié. Et on avait l'impression qu'ils mettaient dans ces mots ordinaires un sens complètement nouveau. Anna Alexandrovna aussi s'approcha, elle lui demanda de ne pas abandonner les amis de sa grand-mère et de passer les voir. Et elle caressa les cheveux rêches de Tamara.

Le nouvel appartement était une parfaite reconstitution de l'ancien, le piano se trouvait maintenant dans la grande pièce passante avec, à côté, le divan poussiéreux recouvert d'un tapis rouge élimé et au-dessus, les mêmes tableaux, dans le même ordre que dans leur ancienne maison de l'Arbat. Seulement sa grand-mère qui jouait du piano n'était plus là. Tamara quitta très vite le divan de la grande pièce pour emménager dans la chambre du fond, celle de sa grand-mère, la plus belle pièce de l'appartement. Et elle devint soudain la maîtresse de cette nouvelle demeure qui s'évertuait à ne différer en rien de l'ancienne.

Raïssa Ilinitchna, qui s'était efforcée toute sa vie d'occuper le moins de place possible, s'était installée dans la petite pièce, à côté de la porte d'entrée. Cette femme timide à la vie ratée n'avait accompli qu'un seul et unique acte de toute son existence : elle avait eu un enfant hors mariage, Tamara. Le déménagement et la mort de sa mère lui avaient brisé le cœur. Elle avait toujours été épuisée par la vie, mais maintenant, c'était tout juste si elle se déplaçait. Elle avait moins de cinquante ans, mais sa fille la trouvait vieille et sans intérêt. Ce qui était également l'opinion que Raïssa Ilinitchna avait d'elle-même. Dans ce nouveau logis, sans les directives de sa mère, elle avait perdu tous ses moyens. Elle mit longtemps à s'habituer à ce quartier excentré, allait acheter le pain sur l'Arbat et, en rentrant, pleurait en cachette de sa fille dans ses neuf mètres carrés.

Mais Tamara ne s'en rendait pas compte et, si elle l'avait remarqué, elle n'aurait pas accordé d'importance à ces larmes anémiques et absurdes. Sa nouvelle vie était trépidante et remplie à ras bords. La somnolence des dernières années d'école avait pris fin d'un seul coup, des rouages s'étaient mis en marche, des engrenages s'étaient enclenchés, et tout avait pris son envol, les choses défilaient à une telle allure qu'elle avait à peine le temps de reprendre son souffle. Elle avait une chance incroyable : ses études l'intéressaient et son travail encore plus. La chercheuse à laquelle elle avait été affectée, Véra Samuilovna Vinberg, était un don du ciel. Cette femme intelligente d'un certain âge, qui était passée par les camps, devint l'élément principal du tableau compliqué de la vie de Tamara. Un gouffre avait été comblé, toutes les questions avaient reçu une réponse, les peurs s'étaient dissipées.

Secouant les spirales des boucles inoxydables échappées de son gros chignon qui lui balayaient le front et les joues, Véra Samuilovna, petite et sèche comme une puce, formait sa nouvelle laborantine comme si elle savait d'avance quelle remarquable spécialiste elle allait devenir. Tout en regardant les opulents cheveux de Tamara et ses petits doigts habiles, elle notait la vivacité de son intelligence. Cette petite aurait pu être sa fille ou plutôt sa petite-fille.

Elle avait même l'intention de l'inviter chez elle, de la présenter à son mari, de l'introduire dans son foyer. Mais elle ne s'y décidait pas encore pour l'instant. Sous des apparences très sociables, son mari Edwin n'aimait pas admettre des gens nouveaux dans son intimité.

Entre-temps, le destin s'employait activement à mettre en place des voies de secours sur lesquelles Tamara pourrait rencontrer son grand amour. La maison des Vinberg était l'une de celles que fréquentait ce grand amour pas encore croisé.

Mais pour l'instant, le plus intéressant était concentré dans un vieux manuel d'endocrinologie que Véra Samuilovna avait remis à sa laborantine en lui disant :

« Ça, Tamara, il faut le savoir par cœur. Pour commencer. On s'occupera de la chimie plus tard. Il faut d'abord comprendre les liens qui existent dans ce système extraordinairement ingénieux. »

Véra Samuilovna était obsédée par son endocrinologie, elle synthétisait dans son laboratoire des hormones artificielles qu'elle associait à l'immortalité de la race humaine ou presque. Elle croyait dans les hormones comme on croit en Dieu. Elle aurait résolu tous les problèmes de l'humanité à l'aide de l'adrénaline, de la testostérone et des œstrogènes.

Le monde apparaissait à Tamara sous un jour nouveau. Maintenant, elle voyait l'homme comme une marionnette régentée par les molécules des hormones, dont dépendent non seulement la croissance, l'appétit et l'humeur, mais aussi l'activité intellectuelle, les habitudes et les obsessions. Dans ce grand spectacle de la vie, Véra Samuilovna avait dévolu le rôle de metteur en scène à l'épiphyse, une petite glande tapie dans les profondeurs du cerveau. Un tableau sublime, mystérieux, accessible seulement aux initiés. Les autres scientifiques accordaient la primauté à l'hypophyse, mais dans ce domaine, le droit à l'erreur n'était pas puni de prison.

Le système endocrinien de Tamara, lui, fonctionnait comme une horloge. L'épiphyse, ou autre chose, émettait des signaux excitants, les glandes surrénales produisaient des overdoses d'adrénaline, et la thyroïde envoyait de la sérotonine afin de compenser les pertes de toute urgence – autrement, d'où lui serait venue cette énergie débordante ? Les excès d'œstrogène fleurissaient sur son front en minuscules boutons d'acné. Il n'y en avait pas beaucoup et ils auraient très bien pu être cachés par sa frange, mais celle-ci se dressait en l'air et vers l'avant, il fallait des pinces pour la tenir. Tout était parfait. La seule chose qui manquait, c'était le temps…

Le temps manquait aussi à Polouchka. Quant à ses forces, elles passaient toutes dans les entraînements. Chez les sportifs, on n'insistait pas particulièrement sur les études, on ne formait pas des pédagogues mais des champions. Au début, tout se déroula à merveille, de petites victoires en grandes victoires. L'or olympique, ou au moins l'argent, se profilait à l'horizon. Il en fut ainsi jusqu'à un grave accident.

En quatrième année, Galia prit part au championnat de Moscou et, en sautant des barres parallèles après avoir exécuté tout le programme sans la moindre anicroche, elle atterrit si mal qu'elle se fit à la fois une fracture du genou et une luxation de l'articulation. Après cela, elle pouvait faire une croix sur la carrière olympique. Alors qu'elle avait été presque sélectionnée dans l'équipe nationale. Elle passa trois mois à l'Institut de traumatologie, où Mironova, le meilleur chirurgien, l'opéra à deux reprises. Le genou pliait, mais il n'était plus bon pour le sport, la mobilité de l'articulation était limitée.

C'était la fin d'une vie éclatante avec sélections, compétitions et promesses. Il est vrai qu'elle ne fut pas renvoyée de l'institut. Elle se plongea dans les manuels et s'étiola. Elle vivait toujours dans son demi- sous-sol, mais personne ne s'intéressait plus à elle, sa courte gloire avait pris fin et, de nouveau, elle se sentit insignifiante, laide et sans valeur. Une Polouchka.

Olga, avec son énergie habituelle, entreprit alors de s'occuper de son amie. Elle demanda même conseil à sa mère. Antonina Naoumovna, compatissant dans la mesure de ses capacités, résolut la question : Galia fut inscrite à des cours du soir de dactylographie.

« Quand elle saura bien taper, je la prendrai dans ma revue. » Mais elle fut aussitôt saisie de doutes. « Quoique… Elle est mauvaise en orthographe, non ? »

Une fois qu'elle eut son diplôme, Galia resta travailler dans l'administration de l'institut. On lui attribua un emploi peu enviable, un poste de secrétaire. Une réussite médiocre, un salaire minable. Mais grâce aux cours du soir de dactylo, elle se faisait un peu d'argent en plus. Elle tapait vite et prenait des commandes à l'extérieur. Il est vrai que, n'ayant pas de machine à écrire, elle était obligée de faire ça sur la machine du bureau et de rester tard le soir à son travail.

Une fois que la situation de Galia se fut arrangée, Olga reprit ses distances. Sa vie à elle était très chic et pleine de sens. Même ses ennuis avaient quelque chose d'exceptionnel, ils n'étaient pas comme ceux de tout le monde : elle avait été renvoyée de l'université avec perte et fracas, puis avait quitté son mari Vova, ce qui, de l'avis de Galia, était une bêtise épouvantable, mais un nouvel homme avait aussitôt surgi. Olga parlait un peu à Galia de sa vie, mais en abrégé, sans donner de détails, et le plus étonnant, c'est qu'en dépit de tous ses ennuis, elle était toujours rayonnante. Tout en elle rayonnait : les yeux, les cheveux, les fossettes de ses sourires.

Et là, pour la première fois, Galia l'envia. Elle, son malheur l'avait déboussolée, elle avait perdu tout éclat et avait même commencé à vieillir avant l'âge. Pauvre Polouchka.

Elle ne savait rien, bien entendu, des terribles secrets et des dangers dont la vie d'Olga était à présent remplie. Au goût de Galia, le nouveau mari-qui-n'en-était-pas-un ne supportait pas la comparaison avec Vova. Cet Ilya était grand, lui aussi, tout bouclé, mais sans la prestance virile de Vova. Et pourtant Kostia, le fils d'Olga, était toujours pendu à ses basques. Les relations de Vova avec son enfant étaient empreintes de discipline et d'une rigueur toute militaire, alors qu'Ilya, lui, se livrait avec Kostia à des jeux bruyants, ils caracolaient ensemble, ils faisaient des galipettes, ils étaient tout le temps en train d'inventer quelque chose, et Ilya était devenu le grand ami préféré du petit garçon. Toutes les joies que procurent les enfants, et qu'Ilya ne pouvait connaître avec son malheureux fils inhibé, il les trouvait auprès de Kostia. Celui-ci l'adorait. Son vrai père, qui s'en occupait une fois par semaine et comprenait que son fils était « sous influence », était indigné et avait de moins en moins envie de le voir. D'ailleurs Kostia non plus n'y tenait pas vraiment.

Galia ignorait tout de ces détails de leur vie familiale. Elle ne savait pas non plus qu'Olga et Ilya s'étaient mariés, discrètement et sans publicité. Quand elle l'apprit par hasard au bout de six mois, elle fut mortifiée. Cet événement lui semblait d'une portée cosmique. Et ils n'avaient même pas organisé une petite fête ! Quant à se marier elle-même, elle n'y songeait plus. Elle avait vingt-neuf ans et, depuis que sa carrière s'était écroulée, personne, pas même un collègue, un étudiant ou un passant, n'avait posé sur elle un œil intéressé. Et pourtant, par des voies détournées et par l'entremise d'Olga, le destin était en train de lui préparer un cadeau somptueux, pour toute la vie.

Il est intéressant de suivre la trajectoire des forces qui conduisent à la rencontre de deux personnes. Parfois, cette rencontre semble se produire sans préparation, conformément au cours naturel des choses, disons, des gens habitent dans le même immeuble, ils fréquentent la même école, ils se rencontrent à l'institut ou au travail. Dans d'autres cas, quelque chose d'inattendu est organisé : une confusion dans des horaires de trains, une petite catastrophe programmée par des forces supérieures sous forme d'un début d'incendie ou d'une fuite provenant de l'étage du dessus, un billet acheté par hasard dans la rue pour la dernière séance d'un film. Ou alors comme ça, une rencontre fortuite : un homme est en train de surveiller quelqu'un, il est en faction devant la maison de son protégé, et voilà que tout à coup passe une jeune fille qui n'a rien à voir. Une fois, deux fois, trois fois… Un pauvre petit sourire, et soudain, c'est comme une illumination : c'est elle, la seule, l'unique, celle qu'on va épouser…

Mais n'importe qui est-il digne de tels efforts de la part de la providence ? Olga, oui, c'est incontestable, mais Galia ?

Le destin va-t-il se mettre en quatre pour un couple insignifiant et plutôt laid – la fille d'un plombier de quartier alcoolique et le fils d'un autre plombier, de Tver, celui-là, mais déjà mort ? D'ailleurs le père de Galia, surnommé Ioura-le-Robinet, n'allait pas tarder à mourir, lui aussi. Dès qu'ils auraient reçu un nouvel appartement. Au grand regret et à la grande contrariété des habitants du gratte-ciel de la place de l'Insurrection, qui n'auraient plus jamais un maître plombier doté d'un tel savoir-faire, qui connaissait chaque soupape, chaque joint, de vue et du bout des doigts. En sa présence, les canalisations se mettaient au garde-à-vous, et les tuyaux bouchés se débouchaient tout seuls dans un raclement de gorge.

Un gamin blondasse, méfiant et rancunier, champion en matière de pissage (il était sans égal dans tout le quartier et dans toute l'école pour ce qui était de la portée de son jet), méritait-il que le destin se donnât du mal pour lui ?

Se pouvait-il que lui aussi, comme Olga, fût un élu des dieux, et que le destin s'emploie à le guider, qu'il tisse ses filets pour lui et fixe ses tours de garde les jours où une jeune fille aux cheveux filasse, comme lui, traîne dans l'entrée de l'immeuble où vit l'objet de sa surveillance ?

C'est inconcevable, invraisemblable, mais les largesses du destin s'étendent aussi aux figurants de troisième ordre.

Ilya ne parvint jamais à savoir lequel de ses péchés – la diffusion de livres, ses menus services d'agent de liaison entre divers groupes hostiles, son intimité avec Micha et Edik qui se trouvaient alors en prison – avait attiré sur lui l'attention persistante des organes. Au printemps 1971, il remarqua qu'il était surveillé.

Pour Polouchka, ce fut un événement capital.

Elle l'avait vu pour la première fois à l'entrée de son immeuble. Pas très grand, mais bien bâti et sympathique, avec une casquette grise et un manteau long. Il lui avait tenu la porte, elle avait souri. Le lendemain, elle l'avait revu dans la cour. Cette fois, il était assis sur un banc, un journal entre les mains, il attendait visiblement quelqu'un. Et de nouveau, elle lui avait souri. La troisième fois, il était debout sous le porche, ils s'étaient dit bonjour et il lui avait demandé son nom. Elle avait alors compris qu'il n'était pas là par hasard mais qu'il l'attendait, et elle en fut toute contente. Maintenant, il lui plaisait encore plus. Il s'appelait Guénnadi. Un beau nom. Physiquement, il n'avait rien de particulier. Mais rien de déplaisant non plus. Quand on y regardait de plus près, on se rendait compte qu'ils se ressemblaient tous les deux : des yeux très rapprochés, un nez un peu trop long, un petit menton. Et la couleur de poil était la même, il était d'un blond un peu plus clair, il est vrai, et n'avait pas beaucoup de cheveux, ils étaient plaqués sur son crâne. Mais il était soigné, exceptionnellement soigné. L'air très correct. Galia commençait déjà à bâtir des châteaux en Espagne quand il disparut pendant une semaine. Tous les soirs, en rentrant de son travail, elle le cherchait dans la cour, mais il n'était plus là.

« Vous parlez d'un amour ! » se disait-elle avec amertume, et elle vécut une semaine entière avec le morne sentiment qu'il ne lui arriverait jamais rien, que toute sa vie allait se dérouler comme ça, dans ce sous-sol, alors que tout le monde avait déjà été relogé ailleurs, mais leur famille était la dernière à déménager, et elle aussi, elle était la dernière, elle était née sous une mauvaise étoile, comme disait sa grand-mère.

Indifférente à tout, elle marchait le long de l'ancienne rue Kazakov, aujourd'hui rue aux Pois, allant de son institut à la gare de Koursk afin de prendre le métro pour rentrer chez elle, cinq stations. Ici, quinze minutes à pied, puis, arrivée à la station Krasnopressenskaïa, encore un peu de marche, cela prenait une bonne heure en tout. Il faisait un temps épouvantable, elle était de mauvaise humeur et avançait le dos bien droit, comme ses muscles y avaient été entraînés, levant très haut sa petite tête coiffée d'un béret bleu, vêtue d'un vieil imperméable donné par Olga, quand une main ferme lui prit le bras par-derrière. Croyant que c'était un étudiant, elle se retourna... C'était lui !

« Cela fait longtemps que je vous attends, Galia, dit-il. Venez, on va au cinéma ! »

Comment l'avait-il retrouvée ? Il devait en avoir vraiment envie ! Ensuite, tout se déroula comme dans un film. Et à la même vitesse. Mais surtout, tout se passa exactement comme Galia le voulait : d'abord le bras, avec précaution et fermement, ensuite la main, puis un baiser, convenable, sans pelotage. Une étreinte, et là encore, c'était parfait, sans rien d'inconvenant. Au bout d'un mois, il fit sa demande en mariage. Il voulait aller trouver ses parents avec un gâteau, célébrer leurs fiançailles avec une bouteille de vin. Galia avait prévenu son père :

« Si tu sors la vodka et que tu te mets à boire, je quitte la maison ! »

Son père avait agité une grosse main brune et boursouflée près de sa tempe.

« Tu me fais peur, tiens ! ... Et où t'irais, hein ? »

Il avait raison, bien sûr. Seulement il ignorait que sa Galia avait à présent un véritable rempart contre les malheurs de la vie.

Les fiançailles prévues n'eurent pas lieu. Le soir en question, sa mère fut appelée pour une garde imprévue, et la semaine d'avant, son frère s'était engueulé avec sa femme au point d'en venir aux mains, si bien que Galia expliqua franchement à Guénnadi les tenants et les aboutissants de sa vie familiale. Il se montra compréhensif.

« C'est la même chose dans ma famille, Galioucha. Qu'ils aillent tous se faire voir... Ils n'ont jamais causé que des ennuis ! On va se marier sans rien dire à personne. »

Tout en elle lui convenait parfaitement : elle ne disait rien, ne posait pas de questions, c'était une sportive et en plus, elle avait fait des études supérieures. Quant à ses antécédents familiaux, il voyait très bien de quoi il retournait. Ce genre de famille, il valait mieux l'oublier, faire comme si elle n'existait pas.

Il était pressé de se marier pour une raison bien précise dont Galia avait été informée : à son travail, on avait mis en location des appartements dans un immeuble où on lui avait promis un studio et, s'il se mariait, peut-être leur donnerait-on un deux-pièces de petit gabarit, en tant que famille potentielle.

Ils allèrent déposer leurs papiers à la mairie, et le jour du mariage fut fixé. Galia alla trouver Olga, lui annonça qu'elle se mariait et lui demanda d'être son témoin. À ce moment-là, Olga était solidement mariée à Ilya, alors que ses deux camarades de classe s'étiolaient dans la solitude. Brintchik, au moins, filait le parfait amour avec ses hormones, mais Polouchka avait une vie complètement vide.

Olga se réjouit, mais fut surprise.

« Ça alors ! Tu parles d'une amie ! Tu ne m'avais pas dit que tu avais un amoureux ! »

Elle n'avait plus qu'à marier Brintchik, et tout le monde serait casé !

Olga ne se doutait pas que, sans le vouloir, elle avait aussi joué un rôle décisif dans le destin de Brintchik : depuis déjà un an, Tamara fréquentait un vieil ami d'Ilya, le brillant Marlène.

Le jour de son anniversaire, Olga l'avait placée à côté de Marlène à table, et ils étaient partis ensemble. Il avait raccompagné Tamara jusqu'au métro Molodiojnaïa. Il se trouvait qu'ils étaient presque voisins. Tamara était tombée follement amoureuse, cette passion n'avait rien d'une plaisanterie et, pendant des années, Marlène fit la navette entre deux maisons, fort heureusement à cinq minutes l'une de l'autre. Dans chacune d'elles, il avait une brosse à dents, un rasoir, des slips et des chemises. Il passait sa vie par monts et par vaux, à voyager pour son travail, et de temps en temps, il se prescrivait un voyage d'affaires dans l'immeuble voisin, où il se réfugiait pendant quelques jours au sein du calme et de l'amour. Dans le plus grand secret, cela va de soi. Dès le jour de leur rencontre ou presque, Tamara lui avait juré de garder le silence, elle ne parlerait jamais de lui à personne, et surtout pas à Olga et Ilya. C'est ainsi qu'Olga, instigatrice sans le savoir du destin des autres, après les avoir casées toutes les deux et avoir déterminé leurs vies, n'était même pas consciente de son rôle d'organisatrice.

Galia ne fêta pas son mariage. Guénnadi avait dit que ce n'était pas la peine de jeter l'argent par les fenêtres et qu'ils avaient de grosses dépenses en perspective : il allait falloir acheter des meubles. Galina avait acquiescé. Oui, oui. Elle regrettait un peu, mais Guénnadi avait raison. À propos des meubles. Une fois leur mariage enregistré à la mairie, elle avait emménagé dans son foyer d'étudiants. La chambre était convenable. Guénnadi avait cédé son vieux lit au responsable du foyer et avait acheté un divan convertible. Le soir même, sur ce nouveau divan, il avait reçu de sa femme un cadeau inattendu avec lequel il avait dû pas mal batailler. Galia Poloukhina était une jeune fille honnête. Elle s'était gardée pour son mari. Une seule chose assombrissait ce grand jour pour Guénnadi : Olga, l'amie de Galia. Comment avait-il pu accepter que son témoin de mariage soit la femme de son protégé Ilya Brianski, qu'il surveillait de temps en temps depuis deux ans ? Un élément personnel avait surgi, dont il n'avait absolument pas besoin, mais qui était assez intéressant.

Tandis qu'ils s'activaient sur le divan tout neuf et que Guénnadi accomplissait son devoir viril en venant à bout des obstacles naturels et en se réjouissant de la molle collaboration de son épouse, il était titillé par une question : Olga l'avait-elle reconnu ?

Elle l'avait reconnu. En revenant de la mairie, elle avait annoncé à Ilya que Galia avait épousé le Rongeur. C'était le surnom qu'ils avaient donné à Guénnadi depuis qu'ils avaient découvert la surveillance dont Ilya faisait l'objet. Le Rongeur était l'un des trois collaborateurs du service de surveillance qu'Ilya connaissait de vue.

Ilya avait d'abord éclaté de rire : ils avaient trouvé chaussure à leur pied, ces deux-là ! Puis il avait gratté sa tête bouclée. Qu'est-ce que tu lui as donné à taper ?

Ces dernières années, Galia avait souvent travaillé pour eux. Elle tapait vite et soigneusement. Sans se mêler de ce qui ne la regardait pas.

« Oh ! Je n'y avais pas pensé ! Zut !

— Tu lui as donné quoi ? insista Ilya.

— Elle a ma machine Erika, et *L'Archipel* de Soljénitsyne, voilà ce qu'elle a !

— Il faut lui reprendre ça de toute urgence ! Aujourd'hui même. »

Olga fonça au sous-sol, réalisant seulement en chemin que Galia avait déménagé chez son mari. Ioura avait bu, il en voulait à sa fille de ne pas avoir fêté son mariage et d'avoir tout fait à la va-comme-je-te-pousse, et il ne fut pas très aimable. Olga lui demanda si Galia n'avait pas laissé sa machine à écrire.

« Elle a embarqué tout son barda, elle n'a rien laissé. Même pas une adresse ! » répondit Ioura d'un ton tranchant, et il lui claqua la porte au nez.

Elle revint effondrée, ne sachant plus quoi faire. Ilya dut la réconforter.

« Ne t'en fais pas, Olga, ça va s'arranger. Galia a passé sa vie à traîner chez vous, elle ne va pas courir nous dénoncer tout de suite. Encore un peu, et on se retrouvera à prendre le thé avec son petit mari ! » dit-il en ricanant.

Ilya n'avait pas complètement tort à propos du thé,

mais il allait falloir attendre encore longtemps pour cela. Un bon nombre d'années.

Brintchik fut informée du mariage précipité de Polouchka avec le Rongeur, mais les détails à propos de la machine à écrire et du travail de dactylo furent éludés. Même sans cela, elle fut horrifiée.

« Il ne faut plus que Polouchka remette les pieds ici !

— Tu es folle ! On est amies presque depuis notre naissance ! Comment pourrais-je faire une chose pareille ? fit Olga, agacée.

— C'est dangereux ! Comment tu ne comprends pas ça ? Il va y avoir un mouchard dans la maison, prédit Tamara d'un air sombre.

— Tu es ridicule ! C'est ignoble de soupçonner tout le monde. Dans ce cas, je peux très bien te soupçonner, toi aussi ! » s'écria Olga.

Brintchik devint écarlate, éclata en sanglots et s'en alla.

Le lendemain, Olga appela Galia à son travail. On lui dit qu'elle était en congé depuis la veille. C'était bizarre, elle ne lui avait pas parlé de congé. En fait, Polouchka ne le savait pas elle-même, c'était un cadeau de son mari. Une lune de miel. La mère de Galia confirma, elle ajouta même que le jeune couple était allé dans une maison de repos à Kislovodsk. Olga lui parla de la machine à écrire, elle l'avait prêtée à Galia et en avait un besoin urgent. Nina, la mère de Galia, lui demanda d'attendre, puis reprit l'écouteur : il n'y avait pas de machine à écrire dans la maison. Ce n'était pas un petit objet, elle l'aurait trouvée.

On soupçonna Ioura de l'avoir vendue pour s'acheter à boire. Allez savoir.

Cette Erika toute neuve coûtait une fortune, mais surtout, il était impossible de s'en procurer nulle part. Or Olga en avait terriblement besoin. Elle tapait bien, mais pas aussi vite qu'une professionnelle, et elle ne s'attaquait pas aux gros livres, elle les donnait à Polouchka et à d'autres dactylos.

Pourtant, dans ce cas précis, la disparition de *L'Archipel du Goulag* semblait un désastre encore plus grand.

Deux semaines plus tard, Galia débarqua elle-même, fraîche comme une rose, presque jolie, mais dans tous ses états et en larmes, en avouant franchement que la machine à écrire et le manuscrit ne se trouvaient plus chez ses parents, personne ne savait où ils étaient passés, mais elle allait la rembourser, elle lui rendrait l'argent d'ici trois mois. Tout avait disparu, sans doute pendant que les jeunes mariés passaient leur lune de miel dans la maison de repos.

« Non, avant cela ! répondit Olga. J'y ai pensé le jour où vous vous êtes mariés, Guénnadi et toi, je suis passée chez tes parents le lendemain soir.

— C'est impossible ! » s'écria Galia.

L'enquête qu'elle entreprit aussitôt de mener ne donna rien. Son père venait justement de prendre une cuite, ce qui était indirectement l'indice d'un vol domestique. D'un autre côté, il se soûlait à mort tous les trimestres, à date fixe, et l'échéance était arrivée, justement.

Son frère Nicolaï, qu'elle essaya d'interroger, fut pris d'une frénésie soudaine, il se mit à trembler et à hurler qu'elle lui foute la paix. Il avait quelque chose qui clochait dans le cerveau et était soumis à un suivi psychiatrique depuis l'école.

Si bien qu'Olga dut en plus réconforter Polouchka et lui servir une tasse de thé. Elle lui demanda négligemment comment se passait sa vie de femme mariée. Eh bien, justement, tout se passait à merveille, son mari ne buvait pas, il était sérieux, il avait un excellent travail, et avait même promis d'essayer de trouver un bon poste à Galia.

Puis Ilya et Kostia arrivèrent de la patinoire, tous les deux frigorifiés et transformés en glaçons. D'habitude, ils allaient rue Saint-Pierre, mais cette fois, ils s'étaient rendus sur un emplacement couvert de glace dans la cour voisine, où ils s'en étaient donné à cœur joie. Il est vrai que, vers la fin de cette partie de plaisir, un gamin avait envoyé une boule de neige sur le nez de Kostia, il avait un peu saigné, mais l'hémorragie avait été rapidement stoppée avec de la glace.

À la seule vue d'Ilya, Galia avait toujours envie de prendre ses jambes à son cou, et elle s'en alla aussitôt. Olga lava l'écharpe et les mouchoirs. Ils dînèrent tous les trois. C'étaient leurs jours préférés, quand sa mère restait dormir à la datcha. Puis Olga envoya Kostia se coucher, et annonça à Ilya la nouvelle alarmante :

« Ilya, la machine à écrire et le manuscrit ont disparu. On ne sait pas où ils sont passés.

— C'est sûrement un coup du Rongeur ! Il faut tout faire disparaître d'urgence dans la maison ! » décida aussitôt Ilya.

Ils se ruèrent sur les bibliothèques et les cachettes, fouillant partout pour rassembler les documents compromettants. Ilya brûla dans les cabinets certains feuillets en papier pelure retenus par des agrafes. Ils rassemblèrent ce qu'il y avait de plus dangereux, les numéros de *La Chronique des événements courants* [1]. Certaines choses avaient aussi été fourrées dans la bibliothèque de sa mère, derrière Romain Rolland et

1. Cette revue créée à l'instigation, entre autres, de Natalia Gorbanevskaïa, fut l'une des principales publications clandestines de la dissidence. Grâce à un réseau de collaborateurs, ce bulletin, qui parut de 1968 à 1982 à un rythme plus ou moins régulier (63 numéros en tout), rassemblait des informations sur les répressions, arrestations et persécutions de toutes sortes. Les exemplaires qui parvenaient en Occident y étaient imprimés, et revenaient en URSS par des voies illégales.

Maxime Gorki. Vers trois heures du matin, tous les papiers compromettants étaient regroupés dans une vieille valise glissée sous le porte-manteau, et la décision définitive – les emmener à la datcha ou, pour plus de sûreté, chez une tante d'Ilya à la campagne – fut reportée au lendemain matin.

Ils mirent longtemps à s'endormir, échafaudèrent des hypothèses fantastiques à propos d'un avenir imprévisible, discutèrent pour savoir s'ils devaient informer l'auteur, par l'intermédiaire de Rosa Vassilievna, que le manuscrit était peut-être tombé entre les mains du KGB. Ils décidèrent d'aller la voir dès le lendemain matin pour lui faire un rapport détaillé sur ce qui se passait. Puis Ilya s'aperçut qu'Olga s'était endormie au beau milieu d'une phrase. Et brusquement, il eut une illumination foudroyante : on allait les arrêter demain ! Il se couvrit même de sueur. Ils avaient laissé encore tellement de traces… Il n'avait pas fait disparaître les carnets d'adresses avec tous les numéros de téléphone, et il devait immédiatement aller chercher sa collection de photos chez sa mère pour la cacher quelque part. Les négatifs à part. Le plus sûr, c'était chez sa tante, à Kirjatch. Pourvu qu'il ait le temps ! Il fallait qu'il se lève à six heures et fonce tout de suite chez sa mère. Sur cette pensée, il sombra dans un profond sommeil.

Vers huit heures, Olga donna une pomme à Kostia et l'envoya à l'école. Ilya dormait encore. Elle mit le café en route et c'est à ce moment-là, à huit heures dix, que le trille sonore du téléphone retentit en même temps qu'un coup de sonnette. Ilya se réveilla, regarda l'heure, et comprit qu'il était trop tard.

« Vite, va dans la salle de bains ! » lui ordonna Olga.

Ilya se faufila dans la salle de bains et ferma le verrou. Olga alla ouvrir tout en réfléchissant à ce qu'elle devait dire et ne pas dire.

Elle savait depuis longtemps comment les choses se passaient, mais la première pensée qui lui vint fut : « Il faut que j'appelle maman pour qu'elle me sorte de là. » Et elle eut aussitôt honte d'elle-même.

Ils étaient six. Aucun n'était en uniforme. L'un d'eux, un grand, sans même enlever sa chapka, lui montra à la fois sa carte d'identité et un mandat de perquisition. Tout cela d'un air très sérieux, ils ne rigolaient pas. Ils ouvrirent toutes les portes, sauf celle de la salle de bains.

« Votre mari est là-dedans ? » demanda le grand en enlevant sa chapka. Elle se prit dans une mèche de sa perruque qu'il rajusta machinalement sur son crâne.

« Il ressemble à Kossyguine[1] », pensa Olga, et soudain, elle fut délivrée de la peur.

« Oui », dit-elle en hochant la tête.

Un autre, plus petit, s'approcha de la porte et frappa.

« Sortez !

— J'arrive ! » fit la voix d'Ilya.

Il sortit au bout de quelques instants, vêtu d'un vieux peignoir du général avec des pièces sur les manches. Il s'était rasé en vitesse.

« Bravo ! » approuva intérieurement Olga.

« Vous allez venir avec nous à votre domicile », déclara celui qui portait un blouson.

Il échangea un regard avec le grand. Un regard lourd de sens.

Ilya s'habilla sans se presser.

Trois hommes étaient plantés devant les étagères pleines de livres.

« C'est votre bibliothèque ? demanda le moins important.

1. Alexeï Kossyguine (1904-1980), président du Conseil des ministres de l'Union soviétique de 1964 à 1980.

— Bien sûr que non ! La plupart des livres appartiennent à ma mère. C'est un écrivain connu. Et dans l'autre pièce, là-bas, ce sont des ouvrages de génie militaire. Mon père est général, il a une grande bibliothèque sur le sujet. »

Olga avait retrouvé sa bonne humeur car elle sentait que sa voix sonnait bien, sans aucun tremblement abject. Ilya devina immédiatement que sa peur s'était transformée en un sentiment de désespoir complexe dans lequel il y avait beaucoup de choses, mais aussi une certaine allégresse.

« Bravo, ma petite Olga ! »

Cette fois, c'était lui qui l'approuvait, et il reprit courage. Il sortit, flanqué de deux sales types, en lui adressant un signe de la main.

Ils étaient maintenant trois à fouiller l'appartement, le quatrième était resté devant la porte.

« Un témoin », devina Olga.

C'était sa première expérience de confrontation directe avec des kagébistes, mais elle avait souvent entendu raconter comment cela se passait. Ils étaient bien plus polis qu'elle ne s'y attendait. L'un d'eux avait une bonne bouille, une tête de tractoriste ou de palefrenier. Il avait même un teint de campagnard, rouge vif, comme les gens qui passent beaucoup de temps dans le froid. Ils se montraient mollement les livres, ils avaient vite compris que tout avait été nettoyé. Puis ils firent une trouvaille : ils sortirent des cabinets un cendrier rempli d'allumettes calcinées et d'agrafes.

« Qu'est-ce que vous avez brûlé ? » demanda l'homme à la perruque en souriant.

Il s'était présenté : Alexandrov, juge d'instruction au Parquet, mais Olga avait immédiatement oublié son nom. Elle n'arrivait pas à comprendre qui étaient ces visiteurs. La milice, le KGB, ou le Parquet ? Elle ignorait que la composition de ces descentes variait, avec de subtiles différences : les uns s'intéressaient exclusivement aux antisoviétiques, aux signataires de pétitions, d'autres aux livres, et d'autres uniquement aux Juifs.

« Nous avons fait brûler du papier-toilette pour enlever les mauvaises odeurs, répondit Olga avec aplomb.

— Et vous vous essuyez avec des agrafes ? » riposta Alexandrov en montrant le cendrier.

Il devinait à quoi ces agrafes avaient servi : à agrafer des lettres de protestation rassemblant des signatures, et des numéros de La *Chronique des événements courants*.

« La maison est remplie de matériel de bureau... Qu'est-ce que vous voulez, ma mère est rédactrice d'une revue ! »

« Elle est arrogante, la garce ! » se dit Alexandrov, qui était un homme plein d'expérience.

Olga s'efforçait de ne pas regarder la valise usée sous le portemanteau, à moitié cachée par le vieux pardessus de son père et la pelisse de sa mère. Allaient-ils la remarquer ou non ?

Et ils la remarquèrent, justement. Cet Alexandrov qui ressemblait à Kossyguine demanda à Olga de l'ouvrir. Elle l'ouvrit, il jeta un regard négligent à l'intérieur et comprit immédiatement de quoi il retournait. Son visage s'épanouit.

« Aaah ! Maintenant, je vois que vous vous étiez bien préparés ! »

Ils continuèrent encore à fouiller pour la forme pendant une heure et demie. Outre la valise, ils prirent aussi les deux machines à écrire de sa mère, les jumelles de son père, l'appareil photo préféré d'Ilya, tous les carnets d'adresses, y compris ceux de sa mère, et même le calendrier à feuilles détachables accroché au mur. Ils confisquèrent également les photos de leur « collection d'or », des portraits des personnalités les plus éclatantes de ces années-là : Iakir, Krassine, Alik Guinzbourg, les prêtres Doudko, Gleb Iakounine et Nicolaï Eichliman, les écrivains Daniel et Siniavski, Natalia Gorbanevskaïa.

C'étaient à l'époque les seules archives photographiques de ce que l'on appellerait plus tard la dissidence. Il y avait là, entre autres, des photographies publiées dans des journaux occidentaux. Celles qu'Ilya avait vendues à Klaus, un journaliste allemand, ainsi qu'à un Américain, et celles qui étaient sorties du pays par l'intermédiaire de Pierre, son ami belge, qui en disposait à sa guise en Occident.

Lorsque Alexandrov sortit ce dossier des tréfonds du bureau de Kostia, Olga comprit qu'Ilya était dans de sales draps.

Une Volga noire était garée devant l'entrée de l'immeuble, et il y en avait encore une autre dans la rue, une grise. La valise, les machines à écrire et un sac rempli de papiers furent embarqués dans la voiture grise, et Olga dans la noire. Elle se retrouva à l'arrière, comprimée entre deux collaborateurs. On ne l'emmena pas très loin, rue de la Petite-Loubianka, dans une maison à un étage qui affichait en toute franchise : « Direction du KGB de Moscou et de la région de Moscou ».

Le véritable interrogatoire, du moins telle fut l'impression d'Olga, débuta vers deux heures. Dans le bureau se trouvait Alexandrov, qu'elle appelait en son for intérieur Kossyguine, ainsi qu'un capitaine quasiment muet. Le premier uniforme de la journée. Elle ne sut jamais que ce n'était pas un interrogatoire, juste un entretien.

Que fallait-il dire ? Que fallait-il ne pas dire ? Olga n'avait pas appris à mentir. Ilya l'avait prévenue : se conduire intelligemment, c'était ne rien dire. Seulement voilà, c'était aussi ce qu'il y avait de plus compliqué. Et malgré ses intentions, Olga se mit à parler. Une heure, deux heures, trois heures. Les questions étaient toutes insignifiantes : qui sont vos amis, qui fréquentez-vous, que lisez-vous ? Ils évoquèrent le professeur émigré, ils savaient, bien sûr, qu'elle avait signé des lettres et qu'elle avait été renvoyée de l'université en 1965. Ils se montraient même compatissants : quel besoin avez-vous de ce tas de cochonneries antisoviétiques ? Vous êtes une Soviétique, avec qui êtes-vous allée vous fourrer ?

Olga jouait un peu les idiotes, elle raconta n'importe quoi, parla de ses amies qu'elle ne voyait presque plus, elles étaient toutes mariées, alors vous savez, les enfants, le travail... Par esprit de vengeance, elle ne cita parmi ses amies proches que Galia Poloukhina, et ne donna pas un seul nom en trop, lui sembla-t-il.

À son grand étonnement, Alexandrov l'interrogea sur Tamara Brine.

« On ne se voit plus. Nous étions amies autrefois, mais maintenant, elle est plongée jusqu'au cou dans sa science, elle ne fréquente plus personne.

— Comment ça, plus personne ? Elle fréquente Marlène Kogan, par exemple. Elle étudie l'hébreu. »

Olga leva les sourcils.

« Ah bon ? C'est vrai ?

— C'est moi qui pose les questions ici. Vous, vous répondez. Visiblement, vous vous croyez très perspicace et intelligente, Olga Afanassievna ! »

Il sourit, découvrant de grandes dents, et pendant une seconde, Olga éprouva une peur panique. Elle se sentit toute nue, vulnérable aux morsures et aux piqûres, tendre comme un mollusque sans sa coquille. Elle comprit immédiatement qu'elle devait faire une pause, et demanda à aller aux toilettes.

Alexandrov sonna, une collaboratrice au gros derrière entra dans la pièce et l'accompagna jusqu'aux toilettes le long d'un couloir qui changeait de direction de façon fantasque. Dans les cabinets, des petits carrés de papier journal étaient accrochés à un clou. En s'asseyant sur le siège tout propre, sans lunette, elle se dit : « Je me demande à quoi ressemblent les toilettes du FBI... » Et elle fut prise d'un tel fou rire que la collaboratrice s'affola. Ce bref répit lui avait fait du bien, elle avait rassemblé ses esprits, et même ses forces. Elle se demanda s'il avait menti à propos de Tamara. Sans doute que non. Pourquoi cette dernière ne racontait-elle rien sur sa vie ? Bizarre, vraiment bizarre... Elle aurait une relation avec Marlène ? Elle ne lui en avait jamais parlé. Muette comme une vraie partisane, celle-là ! Et Marlène... Non, mais ça alors ! Avec sa famille qui passe-avant-tout, sa stricte observance des lois et toutes ces conneries kasher. Elle se souvint qu'il ne mangeait jamais rien chez eux, il buvait juste de la vodka. Il disait que la vodka, c'était toujours kasher... Une barbe mal soignée et hirsute, une drôle de silhouette, avec une grosse tête à la tignasse bouclée, des épaules trop larges et des jambes courtes. Mais à côté de ça, quel cerveau ! Il avait une bibliothèque entière dans la tête, bien rangée : l'histoire, la géographie, la littérature. Un type brillant, ça, c'est sûr, mais quand même... C'était bizarre que Tamara se soit laissé tenter par lui. Mais bon, tout est possible.

Puis le capitaine regarda sa montre, sortit, revint au bout de cinq minutes, regarda de nouveau sa montre, et marmonna quelque chose à Alexandrov. Celui-ci changea de ton, comme s'il y avait eu sur la montre du capitaine un ordre qui lui était destiné.

« Bon, ça suffit comme ça. Ce sont vos livres, ou ceux de votre mari ?

— Les miens, bien sûr. C'est chez moi, ce sont mes livres.

— Ils sont tous à vous ?

— Il y en a peut-être quelques-uns laissés par des gens. Mais dans l'ensemble, ils sont à moi.

— Lesquels ne sont pas à vous ?

— Ils sont tous à moi, corrigea-t-elle.

— D'où viennent-ils ? »

Olga, qui s'était justement préparée à cette question, répondit avec empressement :

« Nous les achetons. Nous sommes de grands liseurs, et nous achetons beaucoup de livres.

— Où ?

— Oh, vous savez, il y a un marché noir à Moscou, on peut acheter tout ce qu'on veut, des tas de trucs qui viennent de l'étranger, des parfums, des livres...

— Et où se trouve ce marché ?

— Cela dépend. J'en ai acheté certains rue du Pont-des-Forgerons.

— Soyez plus précise. Où exactement ?

— On vend pas mal de bouquins à Moscou. On trouve beaucoup de choses.

— Des gens se promènent, comme ça, rue du Pont-des-Forgerons, en vous proposant... » Il prit Avtorkhanov sur la pile. « ... *La Technologie du pouvoir* ?

— Oui », répondit Olga en hochant la tête.

Puis il sortit les livres les uns après les autres, jusqu'au moment où il en eut assez. Le capitaine était sorti et revenu deux fois.

« Bon, que puis-je vous dire, Olga Afanassievna ? Toute cette activité liée aux livres est qualifiée d'antisoviétique et tombe sous le coup de l'article 190 du code pénal. C'est passible de trois à cinq ans. Vous ne le saviez peut-être pas ? »

La dernière phrase avait même été prononcée d'un ton compatissant.

Olga, comblée depuis sa plus tendre enfance de la sympathie, de l'affection et de l'admiration de tout son entourage, était surtout troublée par une totale incertitude sur sa relation avec son interlocuteur. C'était un homme déplaisant, un ennemi par définition, mais elle continuait instinctivement à se fier à son charme. Sa coquetterie et sa confiance en elle transparaissaient inconsciemment à travers la réserve qu'elle s'était fixée comme ligne de conduite. Mais son interlocuteur était sourd et insensible, et elle était désorientée, elle se surprenait à faire preuve d'un manque de cohérence intérieure et en souffrait terriblement, car elle n'arrivait absolument pas à comprendre comment tout cela allait se terminer, s'ils allaient la relâcher, l'arrêter, la tuer… Non, ils ne la tueraient pas, bien sûr, mais par moments, elle était submergée par une peur animale, physiologique, qui dépassait clairement les capacités humaines. Et tout cela durait affreusement longtemps.

On lui posa beaucoup de questions sur Ilya. Sur son travail. Il était plus ou moins couvert par le certificat attestant qu'il travaillait comme secrétaire. Il en était déjà à son troisième patron. Après son beau-père agricole, un académicien, il y avait eu pendant une courte période un vieil écrivain pinailleur qui, après l'avoir engagé, avait résilié le contrat au bout de six mois. Maintenant, il était employé par quelqu'un de bien, un écrivain, lui aussi, mais qui habitait à Leningrad. Il avait été convenu qu'en cas de problème, Ilya travaillait pour lui dans les bibliothèques de Moscou.

Olga éludait toutes les questions concernant Ilya par une phrase imparable : « Je ne sais pas, mon mari ne m'en a pas parlé. » Elle se créait un personnage d'épouse docile et soumise.

« Réfléchissez, Olga Afanassievna, réfléchissez bien ! Il vaut peut-être mieux ne pas se mettre mal avec nous. Je suis sûr que vos parents aussi en seraient désolés. Aujourd'hui, nous avons bavardé, nous avons fait connaissance. Ces livres vont rester ici, cela va de soi. Il y en a plus qu'assez, ça va chercher dans les cinq ans. La liste, je vous prie. Oui, oui, c'est déjà signé. Vous allez bien réfléchir à tout ça, et nous nous reverrons d'ici peu, nous avons des choses à nous dire. Nous comprenons que c'est votre mari qui vous a entraînée dans ces activités antisoviétiques. Il faut que vous réfléchissiez, que vous décidiez de quel côté vous êtes… Tenez, signez aussi ici. C'est un engagement à ne rien divulguer de notre conversation. »

Cela avait tout l'air d'être la fin. La pendule du cabinet indiquait onze heures moins le quart.

Alexandrov signa un bout de papier et le remit à une collaboratrice qui se trouvait là depuis longtemps. Il s'avéra que c'était un laissez-passer. Le couloir était un véritable labyrinthe, il zigzaguait en formant des angles bizarres, et la longueur du chemin menant à la sortie ne correspondait pas aux dimensions plutôt modestes du bâtiment vu de l'extérieur.

En sortant, Olga voulut prendre un taxi. Aucune voiture ne s'arrêta, et elle traversa la place Dzerjinski en direction du métro.

Son foyer avait été éviscéré, déchiqueté, profané. Comment, en si peu de temps, avaient-ils réussi à anéantir ainsi la décence et la dignité de leur appartement bien tenu ? Il y avait des traces de pas sur le parquet, les livres étaient jetés en vrac, le linge si bien rangé du général (des caleçons tout simples et des chemises qui s'empilaient sur les étagères quasiment depuis la guerre) était éparpillé par terre dans le grand couloir. Heureusement que sa mère était à la datcha depuis trois jours et ne voyait rien de tout cela !

Ilya n'était pas là. Un mot de la domestique Faïna Ivanovna était posé sur la table : « Olga ! Je suis allée chercher Kostia à l'école et je l'ai emmené chez moi. Je le garde pour la nuit, je le conduirai à l'école demain. Appelle-moi dès que tu seras rentrée. Faïna. »

Ah, si elle avait pu avoir une maman comme Faïna ! Jamais une question, et elle faisait toujours exactement ce qu'il fallait. Elle l'avait élevée sans prononcer un mot de trop, et elle l'aidait avec Kostia comme personne au monde. Quelle chance qu'aujourd'hui, sa mère soit allée à la datcha sans repasser par la maison !

Elle téléphona à Faïna.

« Ma petite Faïna, tu me sauves la vie, comme toujours. Je ne sais pas quoi dire ! »

Faïna grommela quelque chose, râla un peu, et déclara que si elle continuait à se conduire comme ça, elle les laisserait tomber.

« Tu pourrais penser à ton enfant ! » siffla-t-elle en guise d'au revoir, et elle raccrocha. C'était un vrai trésor, cette femme ! De l'or en barre !

Après un instant d'hésitation, Olga se décida à appeler Maria Fiodorovna, la mère d'Ilya. Elle composa le numéro, mais on ne répondit pas tout de suite et elle raccrocha. La fatigue était plus forte que la peur. Elle s'effondra sur le divan et s'endormit sur-le-champ. Elle se réveilla au bout d'un quart d'heure, le cœur cognant au fond de la gorge. Comme si elle n'avait pas dormi une seconde.

À deux heures et demie du matin, elle se lança dans un grand ménage. Et au matin, tout était en ordre. Une pensée la taraudait : « Que va-t-il arriver à Ilya ? »

Elle appela Galia à son travail : il fallait qu'elle la voie de toute urgence. Une heure plus tard, Galia était assise dans sa cuisine.

« Nous avons eu une perquisition, Galia. Tu comprends que toute cette histoire est liée à la machine à écrire ? » commença Olga. Mais Galia tremblait déjà de tout son corps et pleurait à chaudes larmes. « Réponds-moi franchement : tu as parlé à ton mari de ce que tu tapais ? Tu lui as dit que cette machine venait de chez moi ? »

Polouchka jura que son mari ne savait rien de la machine à écrire ni du fait qu'elle arrondissait ses fins de mois en tapant à la machine. Et de façon générale, elle n'en avait jamais parlé à personne. Elle jurait avec tant de ferveur qu'il fallut bien la croire. Comment tout cela était-il arrivé au KGB, c'était toujours un mystère. Et pourquoi avaient-ils attendu si longtemps, bon sang ? Pourquoi n'étaient-ils pas venus tout de suite ?

« Il faut que tu comprennes une chose, Olga... Maintenant, justement, je dois en parler à Guéna. Je mets tout le monde dans une situation fausse, toi, Antonina Naoumovna, Guéna... Lui aussi, il pourrait avoir des ennuis. Qu'est-ce que je dois faire maintenant, me pendre ? Tu crois peut-être que je suis une ingrate, que je ne comprends pas tout ce que ta famille a toujours fait pour moi ? Seulement Guéna, lui, ne comprend pas. Cela ne le concerne pas. Il a une autre vie, une autre façon de voir les choses. C'est un communiste convaincu. Toi aussi, Olga, tu as été communiste. Qui était secrétaire des komsomols à l'école ? Moi, peut-être ? C'était toi, la plus soviétique de nous tous. Tamara, même si elle ne disait rien, était antisoviétique, quant à moi, je n'en avais rien à faire de tout ça, depuis l'âge de douze ans, tout ce qui m'intéressait, c'étaient les barres parallèles et le cheval-d'arçon ! »

La serrure cliqueta, et Ilya entra. Ils s'étreignirent comme après une longue séparation, s'effondrant dans les bras l'un de l'autre, à bout de forces.

Polouchka eut la présence d'esprit de se rhabiller en vitesse et de filer discrètement.

« Quand t'ont-ils relâchée ? demanda-t-il en la serrant toujours contre lui.

— À onze heures du soir. Et toi, ils t'ont gardé pendant tout ce temps ?

— Ils ont commencé par m'emmener chez ma mère, et ils ont tout confisqué. Tout. Je n'ai plus de laboratoire. Ensuite ils m'ont conduit rue de la Petite-Lioubianka, et ils m'ont gardé jusqu'à maintenant. »

Depuis que Kostia était scolarisé et qu'ils avaient emménagé dans l'appartement de Moscou, il avait transporté son laboratoire chez sa mère, dans le cagibi.

« Dans un bâtiment à un étage ? J'y étais, moi aussi.

— Oui, c'est le département moscovite du KGB. Oh, qu'ils aillent tous au diable ! » marmonna Ilya.

Plus rien n'avait d'importance, plus rien, sauf son Olga aux yeux clairs, sa femme, sa bien-aimée, qui comptait plus que tout, plus que n'importe quoi… Il l'avait protégée de son mieux, il avait tout pris sur lui. D'ailleurs, c'était lui qui avait apporté tous ces livres chez elle ! Il avait fait ce qu'il avait pu pour la mettre hors de cause. Lui, il se débrouillerait d'une façon ou d'une autre, l'important, c'était qu'Olga ne soit pas compromise.

Et maintenant elle était là, à lui caresser le visage, son Olga aux lèvres légèrement craquelées, avec ses taches de rousseur qui ressortaient sur sa peau blanche – ce qu'il avait de plus important dans la vie, le cœur même de son existence. Lui, il allait encore devoir s'expliquer avec eux, mais il était fermement décidé à tirer Olga de leurs griffes, à n'importe quel prix.

En arrivant de son travail, Antonina Naoumovna eut droit à un rapport complet sur ce qui s'était passé. Ce coup au cœur fut suivi d'un coup de téléphone. Elle prit rendez-vous pour le lendemain avec le général Ilenko, affecté à l'Union des écrivains par des organes d'une importance vitale. Ils entretenaient des relations amicales depuis les années trente, à l'époque où elle venait tout juste d'entamer sa carrière grandiose, ils avaient survécu à des purges, puis en avaient eux-mêmes orchestré avec succès, ils avaient soutenu des combats contre les formalistes, et avaient également travaillé ensemble sur Ehrenbourg.

Un travail compliqué et très ingrat. Mais archi-important, ça, Antonina Naoumovna en était convaincue.

Ilenko venait toujours en aide à ses amis, et cette fois, il aida Antonina Naoumovna.

Elle obtint grâce à lui une entrevue avec un autre général, ils eurent un entretien humiliant pour elle, mais finalement, les choses s'arrangèrent. On lui rendit ses machines à écrire, sa vieille Underwood et la nouvelle Optima, ses carnets d'adresses et ses manuscrits confisqués lors de la perquisition. Il se trouva même dans le lot des livres d'Ilya, des ouvrages religieux datant d'avant la révolution, le genre de choses qu'Antonina Naoumovna ne touchait même pas tant cela la dégoûtait. Ilya récupéra ses appareils et son agrandisseur. Seule l'Erika d'Olga ne leur fut rendue qu'au bout de trois mois, sur requête spéciale. Mais comment elle s'était retrouvée là-bas, et qui les avait dénoncés, ça, on ne le leur dit pas.

Antonina Naoumovna n'aimait pas les scènes, d'ailleurs depuis qu'Olga avait été renvoyée de l'université, elle connaissait toute l'amertume du fameux fossé entre les générations. Aussi ne fit-elle aucun reproche à sa fille. Elle avait déjà arraché de son cœur tout espoir de la voir partager ses idées. Elle avait pourtant élevé sa fille pour elle-même, d'après les meilleurs modèles. Qu'aurait dit Olga si elle avait eu des parents comme les siens, des fanatiques d'une religion obscurantiste, hein ?

Ses yeux brûlaient d'une flamme aride, et ses lèvres s'étaient définitivement pincées – un austère sang grec coulait dans ses veines. Quand elle était jeune, on la prenait souvent pour une Juive, ce qui l'agaçait prodigieusement. Mais à présent, elle avait acquis une certaine ressemblance avec une icône byzantine : un visage âpre et inspiré, sans miséricorde ni compassion. Parascève-du-Vendredi, ou sainte Irina… Seulement, à la place d'une auréole, elle avait un béret tricoté ou une toque d'astrakan mal taillée provenant des ateliers du Fonds littéraire.

Sa première pensée avait été d'échanger l'appartement contre deux plus petits. Pour ne plus voir sa fille ni son gendre. Puis elle s'était ravisée : après sa mort, le deuxième appartement reviendrait à l'État. Et son petit-fils ? C'était un bon petit garçon, très attaché à son grand-père. Pourquoi le priver de son héritage ? Non, il ne fallait pas faire ça. Sans compter qu'ils avaient besoin qu'on garde un œil sur eux, avait décidé la vieille écrivaine. Même si elle savait déjà bien avant cela que l'œil de l'État surveillait depuis longtemps cette crapule de mari, et Olga par la même occasion.

À partir de ce moment-là, Antonina Naoumovna changea son emploi du temps. Elle se rendait obligatoirement à la datcha le week-end et les jours fériés, et passait voir le jeune couple deux ou trois fois par semaine. Toujours à l'improviste, pour qu'ils s'attendent à la voir débarquer n'importe quand et n'organisent pas de fiestas antisoviétiques, avec débauche et tout le bataclan.

Faïna était toujours à leur service, elle laissait sortir le soir les parents insouciants et restait même dormir. Olga et Ilya passaient souvent leurs soirées dehors, ils allaient tout le temps chez des gens nouveaux et intéressants.

La vie avait séparé les camarades de classe. Elles se voyaient à présent une fois par an, le 2 juin, pour l'anniversaire d'Olga. Et se téléphonaient de temps en temps. Cet éloignement était dû à des raisons naturelles, elles avaient maintenant chacune leur vie à elles, leur secret personnel.

Tamara, en plus de son amour pour la science, avait ses amours avec Marlène, et Galia, en plus de son mari et son travail, était prise par une occupation secrète : elle soignait une stérilité récemment découverte dans tous les établissements de soins possibles et imaginables, chez des homéopathes et des herboristes, ainsi que chez des charlatans en tout genre.

Les amies n'avaient plus en commun que leur passé scolaire, qui devenait de plus en plus lointain et de moins en moins important.

Olga vivait les années les plus heureuses de sa vie. Tout glissait comme des patins sur de la glace fine : c'était dangereux et grisant. Le professeur-écrivain à l'origine de sa rencontre avec Ilya devant les portes du tribunal, en 1966, avait fini de purger sa peine de sept ans, il était sorti de prison et était parti en émigration.

Olga et Ilya ne l'avaient pas vu durant les mois qui avaient précédé son départ, et ils le regrettèrent longtemps par la suite. Mais il était inaccessible. Peut-être ne voulait-il voir personne, ou peut-être était-ce sa femme qui l'isolait derrière un rideau de fer. Et son départ était passé presque inaperçu, sans esclandre. Visiblement, les autorités avaient préféré se débarrasser de lui. Sans compter que des bruits détestables avaient commencé à courir sur ses liens avec le KGB.

Tous les résistants clandestins de ces années-là, les lecteurs et les fabricants de samizdat, furent pris de panique et se divisèrent en petits partis, en brebis et en boucs. Il est vrai qu'on n'arrivait pas très bien à savoir lesquels étaient des brebis et lesquels étaient des boucs. À l'intérieur des petits troupeaux non plus, l'entente n'était pas parfaite. Rien à voir avec les occidentalistes, les slavophiles et la « génération des années soixante » du XIXe siècle. À présent, les choses étaient beaucoup plus diversifiées. Ceux d'aujourd'hui étaient les uns pour la justice mais contre la patrie, d'autres contre le pouvoir mais pour le communisme, d'autres encore voulaient un véritable christianisme, sans parler des nationalistes qui rêvaient à l'indépendance de leur Lituanie ou de leur Ukraine occidentale, et des Juifs, qui ne parlaient que d'émigration...

Et il y avait aussi la vérité supérieure de la littérature : Soljénitsyne écrivait l'un après l'autre des livres qui se transformaient en samizdat et passaient de main en main, comme avant Gutenberg, sous forme de feuilles volantes en papier pelure, toutes molles et à peine lisibles. Il était impossible de s'opposer à ces feuillets, c'était une vérité écrasante, nue et terrible sur soi-même, sur son pays, sur le crime et le péché. Et voilà que, depuis son émigration, le professeur d'université, l'écrivain sous le manteau à la réputation souillée, paré de gloire en Occident, un homme intelligent et sarcastique à la langue fourchue comme celle d'un démon, écrivait sans vergogne des mots foudroyants, traitant la Russie de « chienne », et le grand écrivain de « patriote sans culture ».

Le thé et la vodka coulaient à flots, les vapeurs des discussions politiques s'accumulaient dans les cuisines au point que l'humidité remontait le long des murs jusqu'aux micros cachés dans les plafonds.

Ilya savait tout et connaissait tout le monde, il se montrait calme et apaisant dans les discussions, il harmonisait toujours les choses avec ses « d'un côté » et « de l'autre ». Et il disait à Olga :

« Tu comprends, Olga, n'importe quelle position rend bête. Il ne faut pas s'en tenir à un seul point de vue. Même un tabouret, ça tient sur quatre pieds ! »

Olga devinait ce qu'il voulait dire plus qu'elle ne le comprenait, mais en son for intérieur, elle était d'accord, la stabilité était une idée qui lui parlait.

Entre-temps, sous l'influence de Marlène, Brintchik était provisoirement tombée dans le sionisme, mais l'endocrinologie constituait un obstacle à son immersion complète dans le mouvement juif. Sa thèse était presque au point, et ses résultats étaient fantastiques. Les hormones étaient synthétisées, elles se comportaient à merveille dans les éprouvettes, il ne restait plus qu'à leur apprendre à fonctionner au niveau d'un organisme vivant, ne serait-ce que celui d'un lapin.

Véra Samuilovna était absolument enchantée par son ancienne étudiante qui, une fois diplômée de l'institut, après avoir été affectée au poste insignifiant de laborantine en chef avec un salaire de quatre-vingts roubles, avait fini par devenir une authentique chercheuse.

Tamara restait très tard dans son laboratoire, et Marlène la retrouvait près de la station de métro Molodiojnaïa en promenant de onze heures à minuit Robik, son cher setter, auquel il était d'autant plus attaché qu'il lui fournissait l'occasion de sortir de chez lui le soir.

Ils vivaient un grand amour secret, avec tous les symptômes d'un sentiment exceptionnel et sublime : la plénitude de l'intimité dans tous les domaines, la brûlure toute fraîche provoquée par le moindre frôlement, une compréhension qui allait bien au-delà des mots, la félicité des silences partagés et les délices de la conversation. Marlène était émerveillé par la générosité inouïe de Tamara. Même ses défauts, elle les considérait comme des mérites, ne se lassant pas d'admirer son intelligence, ses connaissances et, par la même occasion, la noblesse de son caractère.

Cette dernière qualité, elle la voyait dans son dévouement à ses enfants et à sa famille, et dans sa fidélité aux traditions juives qu'il avait introduites dans son foyer. Depuis quelque temps, sa femme russe dressait la table du shabbat le vendredi soir et lisait une prière en hébreu au-dessus de deux bougies. Les ancêtres communistes de Marlène se seraient bien retournés dans leurs tombes, mais les détenus de la Kolyma ne sont pas enterrés dans des tombes. Sa mère, qui avait échappé aux camps par miracle et que la peur avait rendue folle, était la seule à reposer dans une tombe, au cimetière de Vostriankovo.

Les parents de Lida, la jolie femme de Marlène, auraient été extrêmement surpris de la « judéisation » de leur fille. Mais premièrement, ils ignoraient tout de ces festivités familiales du vendredi, et deuxièmement, ils aimaient beaucoup Marlène pour sa gaieté, son affabilité, et le fait qu'il était toujours disposé à boire et à verser à boire à tout le monde, non à la russe, mais avec mesure. Ces Soviétiques au grand cœur, simples et sans chichis, un ingénieur et une institutrice, n'avaient pas encore été informés que Marlène s'apprêtait à emmener sa famille en Israël.

Après avoir célébré le début du shabbat le vendredi, Marlène enfilait sa laisse à Robik et l'emmenait dans un immeuble de quatre étages situé non loin de là, chez Tamara, afin de passer la journée du samedi en parfaite conformité avec les préceptes du Talmud[1]. Robik, couché sur la descente de lit, avait droit lui

1. Qui stipule que l'on doit remplir ses devoirs conjugaux le jour du shabbat.

aussi à sa part de plaisir, il rongeait un os préparé pour l'occasion. Raïssa Ilinitchna restait tapie dans ses neuf mètres carrés et n'allait même pas aux toilettes, c'était comme si elle n'était pas là.

Quant à Galia, sa vie ne faisait que s'améliorer. Son mari lui avait trouvé un emploi correspondant à sa formation, elle travaillait à présent au club sportif de l'armée, selon ses qualifications et avec un bon salaire. Guénnadi ne lui causait aucune déception : il était fidèle, honnête, et remplissait toujours ses promesses. Sa vie n'était pas facile. Il travaillait beaucoup, partait souvent en voyage et suivait des cours par correspondance. Il disait que c'était nécessaire pour avancer. Et il avait avancé comme ça pendant cinq ans. Jusqu'à un appartement à Kountsevo, dans un immeuble en briques, et jusqu'à un excellent poste. Il n'oubliait jamais la recommandation du Guide : étudier, étudier, et encore étudier. Il suivait divers cours de formation continue, et termina un second cursus à ses moments perdus.

La seule chose qu'ils n'arrivaient pas à obtenir, c'était une descendance. On aurait dit un méchant pied-de-nez du destin. Dans ce pays qui occupait la première place au monde pour le nombre d'avortements par femme, il fallait que ce soit justement chez Polouchka que les ovaires ne fonctionnent pas, que la graine ne germe pas, et ce miracle si banal ne se produisait pas.

Durant ces années, des années de bonheur pour Olga, Tamara voyait rarement son amie : les non-dits constituaient un obstacle. Ses amours cachées n'étaient plus un secret depuis longtemps, mais jamais elle ne mentionnait Marlène dans ses conversations avec Olga. C'est là une chose qui ne se fait pas entre amies, entre femmes, et Olga en était blessée. Sans conversations intimes pour huiler les rouages, cette amitié féminine s'était pour ainsi dire desséchée et avait perdu tout son charme. Même quand on avait fêté le départ inattendu de Marlène et de sa famille pour Israël, Tamara n'avait rien dit à Olga. Il y avait pourtant beaucoup à raconter.

Puis avait commencé pour Olga une période difficile. Ilya avait émigré. Sa vie avait changé du tout au tout. Ce qui la remplissait autrefois avait perdu sa raison d'être, et rien de nouveau n'était apparu. L'absence d'Ilya s'avérait encore plus forte que sa présence. Il s'était transformé en obsession, et les pensées d'Olga, comme l'aiguille affolée d'un compas, s'acharnaient à pointer en direction d'Ilya. Durant ces mois-là, alors qu'Olga ne s'était pas encore remise du premier choc, Tamara avait été à ses côtés. Au début, cela ressemblait à un ulcère de type classique. Mais Tamara décelait aussi tous les symptômes d'une dépression : le visage tourné vers le mur, le mutisme, les journées entières au lit sans manger et presque sans boire. Avec son intuition médicale, Tamara flaira quelque chose d'inquiétant.

« Olga, tu es envoûtée, il faut sauver ta peau. Tu vas devenir folle et tomber malade, arrache tout ça de ton cœur et jette-le, tu ne peux pas continuer comme ça. »

Elle essayait de tirer Olga de sa dépression. Elle avait commencé par l'emmener chez un psychologue qui recevait ses patients dans un local à la fois souterrain et clandestin. Puis elle l'avait traînée chez un psychiatre. Un pilotage automatique naturel, la sollicitude de Tamara et les antidépresseurs avaient remis Olga sur pied. Quand les hémorragies avaient commencé, peu après le départ d'Ilya, Tamara s'en était presque réjouie, elle avait eu l'impression qu'une affection physique serait salutaire pour le psychisme de son amie. Mais les idées fixes et les conversations obsessionnelles sur Ilya avaient continué. Si la maladie avait été jugulée, le feu de la blessure, de la jalousie et de la rancœur couvait toujours. Il ne restait presque plus rien de l'ancienne Olga, souriante et équilibrée. Rien que des larmes, des hurlements et des crises d'hystérie.

Les amies avaient pris en charge tous ces soins pénibles : Polouchka passait la voir régulièrement, compatissait en silence et hochait la tête. L'abandon cruel d'Ilya s'inscrivait à merveille dans sa conception du monde selon laquelle tous les hommes étaient des salauds, toutes les jolies filles des garces, les supérieurs injustes et les amies envieuses. Sa ravissante amie Olga constituait une exception. De même que son histoire personnelle. Son mari à elle était un homme bien, il ne lorgnait pas les femmes des autres et remettait l'intégralité de son salaire à son épouse. Mais à tout hasard, par superstition, elle gardait le silence sur ce bonheur qui lui était échu, de peur que ses amies ne lui portent malheur sans le vouloir.

Brintchik, elle, voyait les choses sous un autre jour. Les idées un peu simplettes de Polouchka ne suscitaient en elle que du mépris. Elle avait bien d'autres soucis en tête. Elle faisait la tournée des spécialistes avec Olga. On avait diagnostiqué un cancer qui se développait parallèlement aux examens médicaux et au même rythme. Le diagnostic avait été établi très tôt, mais les cellules étaient agressives. Il est possible que la rancœur et l'amertume d'Olga aient contribué à nourrir sa maladie. Mais la science ne disait rien là-dessus.

De temps en temps, Olga refusait de se faire soigner. Un jour, elle était même allée jusqu'à s'enfuir de l'excellente clinique où Tamara l'avait fait admettre en utilisant toutes ses relations et celles de Véra Samuilovna. Finalement, sous la pression de Tamara, Olga avait subi un lourd traitement de chimiothérapie et à présent, elle allait un peu mieux.

La configuration des relations entre les amies avait changé. Olga avait perdu le pouvoir suprême et semblait ne pas s'en rendre compte. Maintenant, c'était Tamara qui dirigeait. Polouchka feignait de ne pas voir ce transfert de forces. Elle maîtrisait à la perfection l'art de ne rien dire, de faire des pauses, de ne pas remarquer les questions et de hocher vaguement la tête. Tamara, qui l'avait toujours considérée comme une moins-que-rien, avait du mal à la supporter.

Elle était la seule à se souvenir de cette histoire de machine à écrire que tout le monde avait oubliée depuis longtemps.

La dernière fois que les amies se retrouvèrent toutes les trois, ce fut pour l'anniversaire d'Olga en 1982, dans la datcha du général. Elles avaient trente-huit ans. Polouchka et Brintchik étaient venues chacune de leur côté, l'une en autobus, l'autre, comme d'habitude, en train depuis la gare de Riga. Elles se retrouvèrent devant le portail. Ce portail en bois avait quelque chose de vétuste et le terrain, qui était immense, semblait maintenant encore plus grand. Elles franchirent la barrière déboîtée. Il y avait dans le jardin un étang qui n'avait pas été nettoyé depuis longtemps et dont les bords étaient envahis de lentilles d'eau. Une barque à moitié pourrie se reflétait au milieu de l'eau noire. La maison était délicieusement délabrée. Le général était mort, Antonina Naoumovna avait été évincée de son poste de commandement, et la datcha ressemblait à un manoir d'aristocrates en ruine. Les amies furent accueillies par Kostia, grand, avec sur le front une vague de cheveux blonds à la Essénine qu'il rejetait tout le temps en arrière. Pour ce qui était de l'allure et des traits du visage, il était le portrait de son père Vova, pour les mimiques et les façons de parler, c'était Ilya tout craché. Mais sans son esprit acéré. Ils s'embrassèrent.

« Maman est là-bas », dit-il en les conduisant sur la véranda.

Olga était assise dans le fauteuil Voltaire, la tête appuyée contre le coussin en tapisserie, ses pieds menus dans de grosses chaussettes posés sur un petit banc. Sa main, qui ressemblait à de l'ivoire ciselé plutôt qu'à une main humaine en chair et en os, était posée sur une tablette fixée au fauteuil. Son visage était débarrassé du superflu, il ne restait plus qu'une beauté nue et âpre, et la maladie. Sa petite tête était enserrée dans un foulard en soie. Puis elle l'enleva, et l'on vit surgir un adorable tapis brosse de cheveux roux. Après la chimio, des cheveux d'enfant avaient repoussé, tout neufs et tout joyeux.

Six mois s'étaient écoulés depuis qu'Olga était sortie de la clinique en refusant catégoriquement de poursuivre le traitement. La lettre d'Ilya avait fait son œuvre. Désormais, les choses suivaient leurs cours non selon la science, mais selon la magie.

Kostia apporta sur la véranda des tartines de caviar et de saucisson fumé. « Les colis alimentaires d'Antonina Naoumovna n'ont pas été supprimés », se dit Galia toujours observatrice, qui avait l'habitude de manger à ce râtelier. Ce jour-là, elle était venue faire ses adieux à Olga, pour toujours, semblait-il à l'époque. Mais elle ne trouvait pas les mots pour l'annoncer. La présence de Tamara l'intimidait, comme d'habitude.

Juste avant de partir, elle déclara qu'elle leur disait au revoir pour longtemps parce qu'elle partait à l'étranger avec son mari. Olga demanda où d'un air assez indifférent. Galia sourit.

« Pour le Moyen-Orient, figure-toi. Je ne dirai pas où exactement. Tamara serait jalouse ! »

L'allusion était on ne peut plus claire. Tamara détourna sa tête couronnée d'une coiffure afro en forme de boule. Elle avait un cou extrêmement long et même disproportionné, qui pouvait faire un tour complet sur lui-même, comme l'avait dit un jour Olga en plaisantant.

Pendant les années d'école, Brintchik considérait Polouchka comme un appendice obligatoire de sa chère Olga, une sorte de tribut payé à l'amitié. Elle la supportait avec indifférence. Et jamais elle n'aurait avoué à Olga ce qu'elle pensait de Polouchka : une âme vile et plébéienne, un pot de colle et un parasite, aucune intelligence, aucun talent, aucune bonté… Et en plus, c'était une créature dangereuse. Tamara n'avait toujours pas oublié la machine à écrire.

Elle regardait du côté de l'étang. Dire qu'ils s'étaient installés même là-bas, ces kagébistes ! Ils étaient partout, jusqu'en Israël ! Il était impossible de leur échapper, nulle part !

« Aaah ! fit Olga. Au Moyen-Orient. Il va falloir que tu apprennes le français…

— Pourquoi le français ? dit Galia étonnée. Je suis des cours d'anglais…

— Et tu pars pour longtemps ? demanda Olga.

— Sans doute pour trois ans… »

Par la suite, elle rendit encore visite à Olga à deux reprises, quand elle revenait pour les vacances, les deux fois pendant cette rémission miraculeuse qui dura quatre ans, depuis la lettre d'Ilya jusqu'à sa mort.

Elle apportait des souvenirs : des petites croix de Jérusalem, des médailles, de l'encens. Les bondieuseries n'intéressaient pas Olga, et toutes ces richesses finissaient par se retrouver chez Tamara, qui en était ravie. Olga était redevenue elle-même, gaie et pleine d'énergie.

La troisième fois que Galia revint à Moscou, Olga n'était plus de ce monde. Elle était déjà au courant de sa mort. Elle téléphona à Kostia et passa chez eux. L'appartement n'avait absolument pas changé depuis le départ d'Olga. Il y régnait juste un désordre épouvantable. Elle avait apporté aux jumeaux de Kostia des cadeaux magnifiques, des petits soldats en plastique avec une mécanique à l'intérieur, des petites voitures à piles et une poupée aux longues jambes accompagnée de vêtements.

Rentrée chez elle, elle pleura longtemps Olga, puis appela Tamara. C'était en fin de journée, elles versèrent quelques larmes ensemble au téléphone, et Galia lui demanda la permission de passer la voir.

« Quand ? Je peux venir maintenant ? »

Elle prit un taxi et arriva un quart d'heure plus tard. On ne peut pas dire qu'elles bavardèrent, non, elles passèrent toute la soirée à pleurer dans les bras l'une de l'autre devant du thé froid, sans allumer la lumière. Elles commencèrent par pleurer Olga, qu'elles avaient beaucoup aimée toutes les deux, puis elles pleurèrent sur elles-mêmes, sur tout ce que la vie leur avait promis et ne leur avait pas donné, alternant le silence et les larmes, les larmes et le silence. Après quoi elles pleurèrent l'une sur l'autre, se plaignant mutuellement pour ce qu'elles ne se disaient pas, et de nouveau, elles pleurèrent Olga. Ensuite Tamara trouva une demi-bouteille de cognac, elles en burent chacune un petit verre, et Tamara lui posa enfin la question cruciale, à propos de la machine à écrire. C'était quand même cette machine qui avait marqué le début de la trahison.

« Olga ne t'a jamais raconté ? Je le lui ai dit dès que je l'ai su. C'était mon frère Nicolaï, que Dieu l'accueille en son royaume (elle fit un large signe de croix, depuis le nombril jusqu'aux épaules), qui avait porté la machine et *L'Archipel du Goulag* au KGB. Tout seul, il n'aurait jamais fait une chose pareille. Sa femme Raïka, que Dieu l'accueille elle aussi en son royaume (elle fit un autre signe de croix, mais plus petit), me détestait, c'est elle qui lui a soufflé ça. Plus tard, on a montré sa déposition à Guénnadi. Il avait écrit "pour déjouer un complot antisoviétique d'ennemis du peuple et faire expulser de notre appartement ma sœur Galina Poloukhina". On était en train d'évacuer notre sous-sol. Et Raïka pensait qu'on leur donnerait plus de mètres carrés. Ils ont brûlé tous les deux dans l'incendie de leur nouvel appartement. Un jour où ils étaient complètement soûls. »

Et de nouveau, elle se signa solennellement.

Manifestement, ces larmes versées à l'unisson avaient ramolli l'invisible carapace du cœur de Tamara. Et elle lui avoua ce qu'elle avait tu pendant si longtemps. Une fois qu'elle eut parlé, elle se lamenta intérieurement : « Seigneur, Seigneur, pardonne-moi ! » Après le départ de Marlène pour Israël, et peut-être même avant, Tamara s'était entichée de Jésus-Christ, ce qui l'avait beaucoup transformée. « Pourquoi ai-je détesté ainsi cette pauvre gourde ? »

Polouchka aurait bien bu encore un verre, mais elle était intimidée. C'était la première fois que cette Tamara si intelligente, qui avait à peine remarqué son existence jusqu'ici, se montrait aussi chaleureuse envers elle.

« On dirait qu'Olga nous a réconciliées ! » se dit-elle avec attendrissement.

Puis Tamara fit visiter à Polouchka son nouvel appartement déjà vieux. Polouchka était venue deux ou trois fois dans son ancienne pièce, sur la place aux

Chiens, mais elle n'avait jamais été invitée ici. Tous les objets venaient de son ancienne vie : le piano, le fauteuil, les bibliothèques et les photographies. Seuls les tableaux n'étaient plus là. Galia demanda où ils étaient passés. Tamara éclata de rire.

« Tu as remarqué ? Ils sont partis !

— Je m'en souviens, il y avait un ange bleu avec une grosse tête. Tu sais, j'étais venue chez toi, Brintchik, et même deux ou trois fois, c'est Olga qui m'avait amenée. Je me souviens des tableaux, et de ta grand-mère. »

Vers une heure du matin, Tamara accompagna Galia jusqu'au taxi. Elles étaient toutes les deux pareilles à deux bouteilles de lait entre les mains d'une bonne ménagère, c'était tout juste si elles ne tintaient pas d'une propreté cristalline. De longues années d'une secrète animosité venaient de s'évaporer, elles s'étaient effacées. Elles ne savaient pas encore (elles devaient se le raconter plus tard) par quelles voies étranges elles en étaient arrivées à cette soirée – Tamara, une Juive, une ancienne sioniste qui n'avait jamais pu partir en Israël, devenue une chrétienne orthodoxe, et Galia, la femme d'un homme qui occupait auprès du patriarcat à Jérusalem un poste en apparence insignifiant, mais en réalité très important, qui s'était mise à détester ces dernières années tous les religieux du monde, popes, rabbins, et autres mollahs, et par la même occasion tout le Moyen-Orient, avec ses stratagèmes subtils, ses mystères, ses bassesses et sa fausseté. En revanche, elle s'était prise de tendresse pour Jésus-Christ personnellement…

« Israël, en soi, est un pays super. C'est dommage que tu n'aies pas émigré là-bas. Enfin, s'il n'y avait pas toutes ces religions, bien sûr… », conclut Polouchka.

Tamara éclata de rire.

« Alors pourquoi tu fais tout le temps le signe de croix sur ton front d'idiote ? Tu es une gourde, Polouchka. Tu étais une gourde et tu l'es restée. Comment peut-on vénérer le Christ et ne pas accepter le christianisme ? »

Polouchka fronça son petit minois et, pour la première fois de sa vie, répondit du tac au tac :

« Eh bien oui, on peut ! »

Après tant d'années d'hostilité, voilà que leurs rapports étaient devenus faciles, familiers. Et Polouchka, sans se vexer le moins du monde, ajouta avec pétulance :

« C'est toi la gourde, tout docteur en sciences que tu es ! C'est toi qui as le cerveau de travers. »

Son mari et elle devaient encore rester en poste trois ans là-bas, mais ils eurent un coup dur, Guénnadi tomba gravement malade, et Polouchka revint pour de bon, blanchâtre et décolorée, toute craquelée de fines rides à cause de la chaleur sèche du soleil. On n'aurait pu trouver d'amies plus proches que Polouchka et Brintchik.

Il faut néanmoins raconter cette histoire jusqu'au bout. Tamara Grigorievna Brine, docteur en sciences et membre respecté de la communauté scientifique, finit par envoyer Polouchka faire des examens endocriniens non dans une clinique ordinaire, mais dans un institut de recherches où on avait découvert une substance quelconque, hormonale ou autre, qu'on lui injecta directement dans les veines une fois, puis encore une fois, et Polouchka tomba enceinte. Pour la première fois, à quarante-six ans. Si cela avait été une fille, elle se serait appelée Olga. Mais ce fut un garçon, et on le prénomma Ioura.

Tamara l'a fait baptiser avec l'accord tacite de cette famille de kagébistes. Tous les dimanches, Tamara passe prendre son filleul chez Polouchka pour le promener. Un gentil petit garçon, le descendant de deux plombiers, tout blond, avec des yeux clairs. Tamara l'emmène tantôt à l'église, tantôt au musée. Il l'appelle « marraine ».

En rentrant de promenade, Tamara prend le thé avec Guénnadi. Comme Ilya l'avait prédit un jour. Bien sûr, c'est toujours le Rongeur. Mais quelle importance ? Après son infarctus, il a aussi subi une attaque et ne vit plus qu'à moitié. Sa moitié en bonne santé traîne lamentablement la moitié malade et paralysée. Tamara a de la peine pour Galia. Mais maintenant, dès qu'il y a quelque chose qui ne va pas, elle marmonne son éternel « Seigneur, donne-moi de voir mes péchés et de ne pas juger mon frère… » Et elle se sent l'âme légère.

Le filet de pêche

Ilya regarda sa montre en descendant du taxi : cinq heures trois.

« Trois minutes, ce n'est pas du retard, ça ! » se dit-il pour se tranquilliser.

Près de l'entrée de l'hôtel, il ralentit le pas. Il tombait une petite pluie pas très forte. Et en même temps, l'air était étouffant.

« Non, mais je débloque ! Voilà que j'ai peur d'être en retard ! Depuis quand je suis devenu aussi ponctuel ? » Il s'arrêta sous le nez d'un portier qui ressemblait à un chanteur d'opéra, avec une cage thoracique à deux places et un cou musclé. L'autre le regarda d'un air soupçonneux.

Le jour de la perquisition, ils avaient gardé Ilya rue de la Petite-Loubianka pendant dix-huit heures. Trois interlocuteurs s'étaient succédés. Les deux premiers cherchaient à lui faire peur, le dernier essayait de le recruter, sans prendre de gants mais de façon persuasive. Ils s'étaient quittés, mais ils allaient se revoir. Et maintenant, une semaine plus tard, on lui avait téléphoné pour lui fixer rendez-vous dans un bâtiment officiel. L'hôtel Moscou, sixième étage, chambre 724.

Maintenant, Ilya s'en voulait de sa stupidité. Il aurait pu ne pas répondre au téléphone, ne pas aller au rendez-vous, demander qu'on lui envoie une convocation… Et au moins, en tout cas, ne pas arriver à l'heure !

« Je ne leur dois rien ! se répétait-il. S'ils ont envie de me coffrer, ils me coffreront de toute façon. Il faut que je me libère de la peur. Il le faut ! Je suis quelqu'un d'insouciant, de futile et de léger, léger comme l'air… Et de pas très futé. "Pardon ? Je ne comprends pas… Qu'est-ce que vous avez dit ? Ah bon ? Ce n'est pas possible ! Ça alors, je n'aurais jamais cru !"" se disait-il pour se préparer à l'entrevue.

Le portier le laissa passer, mais un autre type s'approcha aussitôt, le genre qui vous file entre les doigts, en costume gris.

« Excusez-moi, vous allez où comme ça ?

— Chambre 724.

— J'vous en prie ! » dit-il avec l'intonation des laquais moscovites, et il sourit de toutes ses dents.

Ilya, qui s'entraînait à jouer les idiots, lui donna gaiement la réplique :

« Bien le bonjour ! »

Deux Françaises prirent l'ascenseur avec lui, l'une était une vraie dame revêtue d'une pelisse velue en fourrure noire inconnue parfaitement inadaptée à la saison, et l'autre une toute jeune fille au visage menu habillée d'un imperméable blanc tout aussi inadapté, en mousseline ou presque. Elles parlaient joyeusement entre elles, avec des « très bien, très bien » tous les trois mots. La plus jeune regardait Ilya du coin de l'œil avec un léger intérêt purement féminin. Il fut si distrait par cet examen attentif qu'il en oublia pourquoi il montait au sixième étage.

Devant la porte, il consulta sa montre : il avait dix minutes de retard. Maintenant, cela le mettait même en joie. « Et alors ? Je suis toujours en retard ! Pour vous aussi. En quoi êtes-vous mieux que les autres ? »

Il frappa et entra.

« Entrez, entrez... Bonjour... Ou plutôt bonsoir ! »

Un homme était assis à un bureau, il était à contre-jour et son visage était dans l'ombre.

« Vous êtes en retard, Ilya Issaïevitch, vous êtes en retard ! Comme une demoiselle à un rendez-vous ! fit remarquer l'homme avec indulgence.

— Eh oui ! répondit Ilya en souriant. C'est une mauvaise habitude que j'ai, je suis toujours en retard ! »

Et il sentit qu'il avait trouvé le ton qu'il fallait – ni peur ni servilité.

« C'est une chose que les artistes peuvent se permettre, ils sont libres comme l'air. Moi, je suis soumis à des servitudes, subordonné au temps comme aux circonstances. » Un ton ironique, une façon de parler typique des vieux Moscovites, c'était rare chez les agents du KGB. « Prenez place, s'il vous plaît. Je vous prie de vous asseoir à la petite table, sinon cela ferait trop officiel. »

Il se leva du bureau et avança l'un des fauteuils.

Ce genre de suite était qualifiée de « demi-luxe », une invention soviétique. Deux pièces contiguës. La porte de la chambre était entrouverte avec, dans l'embrasure, la boursouflure d'une tenture en tapisserie de couleur bordeaux.

Outre le bureau, il y avait dans le salon une petite table ronde, deux fauteuils et un tableau. Ilya jeta un coup d'œil dessus : de l'art soviétique bien mastoc, un plâtras de peinture à l'huile, un cadre doré. Deux petits garçons, debout dans l'eau jusqu'aux genoux, remontaient un filet de pêche.

« Je me présente, dit l'agent en tendant la main. Anatoli Alexandrovitch Tchibikov. »

Ilya serra la main tendue en sentant qu'il commençait à perdre du terrain. Il n'avait jamais eu l'intention de serrer la main à qui que ce soit, ici.

Maigre, avec un visage un peu bouffi et des poches sous les yeux. Il sortit un paquet entamé de cigarettes bulgares Soleil. Des doigts imprégnés de nicotine, avec des taches jaunes sur le majeur et sur l'index.

« C'est un fumeur, et il fume les mêmes que moi ! nota Ilya en son for intérieur. Il n'a pas une tête de Russe. Des cheveux noirs et brillants coiffés sur le côté, et un épi sur le haut du crâne. Des yeux un peu asiatiques. Un visage intéressant, délavé et distendu comme un pull en laine, et on dirait qu'il a un petit goitre sous le menton. »

« Vous et moi, Ilya Issaïevitch, commença sans préambule Anatoli Alexandrovitch d'un air grave, nous avons des centres d'intérêt communs. » Et il marqua une pause énigmatique, supposant visiblement qu'Ilya allait aussitôt lui demander quels étaient ces centres d'intérêt.

Ilya ingurgita l'hameçon et le recracha aussitôt.

« Je ne pense pas.

— Mais si, mais si. Les collections. Je ne parle pas de votre collection de futuristes, une collection tout à fait méritoire. Je pense à l'histoire. Oui, oui, l'histoire contemporaine. Je suis historien de formation, et j'ai des thèmes de prédilection, qui vont bien au-delà des limites de l'histoire contemporaine. Qui vont jusqu'à l'histoire ultramoderne ! »

Ilya sentit sa tête devenir lourde et son pouls battre dans sa nuque, quelque chose palpita même à l'intérieur de ses yeux. C'était une allusion à Micha, à la revue qu'il publiait avec Edik. Et peut-être à *La Chronique* ?

Il oublia instantanément le rôle d'idiot qu'il avait eu l'intention de jouer. Ils allumèrent une cigarette bulgare sans filtre tous les deux en même temps.

« Des centres d'intérêt communs, et aussi des goûts communs… ajouta Tchibikov avec un petit sourire en posant son paquet de cigarettes à côté de celui d'Ilya.

— Pour ce qui est des goûts, ça, c'est une grande question ! » rétorqua ce dernier, et il se sentit un peu mieux. Il était satisfait de lui-même. C'était une réplique pleine d'indépendance et même un peu insolente.

« Comment savoir... soupira le kagébiste. Vous comprenez, j'ai un grade et une fonction tels que, dans la pratique, mon travail n'entre pas dans le cadre de mes intérêts. Mais c'est néanmoins sur mon bureau que l'on a déposé les matériaux qui vous ont été confisqués. »

« Ça doit être un colonel, pas moins », décida Ilya.

« C'est avec un grand intérêt que j'ai examiné vos travaux de jeunesse. Je ne vous cache pas que l'histoire des Lurs m'a touché. Vous avez eu de la chance que les temps aient été moins rudes et que vos recherches approfondies dans le domaine littéraire ne vous aient pas conduits en des lieux où l'on manie la pioche et la pelle, et non le stylo et la plume d'oie. Mais ces comptes rendus sur les séances des Lurs de 1955 à 1957, ces photographies, ces rapports, ces études... C'est un travail d'historien et d'archiviste professionnel, et je ne peux pas ne pas apprécier le fait qu'il s'agit là de l'œuvre d'un enfant, d'un écolier. C'est un travail remarquable ! Et votre professeur, quelle brillante personnalité ! Je l'ai un peu connu autrefois. Vous continuez à les voir, lui et vos camarades de classe ?

— Pratiquement pas », dit Ilya en parant le coup, ou plutôt en renvoyant la petite balle. « Bon, là, c'est clair, il va en venir à Micha. »

« En fait, il est très intéressant de suivre la destinée des gens. De voir par exemple ce que deviennent des personnes qui étaient dans la même classe, qui habitaient le même immeuble... »

« C'est bien ça, il va me parler de Micha. Ou alors de Victor Ioulievitch ? » se demanda Ilya. Évidemment, la correspondance avec un détenu, les colis, tout cela était envoyé en son nom… Mais l'autre continuait à pérorer sans mentionner Micha.

« Votre cercle a travaillé sur les décembristes pendant toute l'année 1956. Les élèves ont écrit des dissertations magnifiques. Tout dépend du professeur, bien sûr. Ma fille est en train de terminer ses études secondaires, et son professeur de lettres est une vieille mémé qui ne comprend rien à rien. Du coup, les enfants n'éprouvent pas le moindre intérêt pour cette matière.

— Oui, c'est vrai, cela dépend beaucoup du professeur, reconnut Ilya.

— Mais vous, vous avez eu de la chance ! »

Un silence. Une pause. « Il va peut-être me parler de la machine à écrire ? De toute façon, ils ne vont pas nous la rendre ! »

Le visage du « colonel » était devenu songeur.

« Moi aussi, à une certaine époque, je me suis beaucoup intéressé aux décembristes. Surtout à leurs dossiers d'instruction. Aux notes du comité d'enquête. C'est une lecture absolument passionnante. Dans les Mémoires des décembristes, il est beaucoup question de leurs séjours dans la forteresse, des transferts, du bagne et de la déportation, mais il n'y a presque rien sur les interrogatoires. À part Troubetskoï et Bassarguine, tous les décembristes gardent le silence là-dessus. À votre avis, pourquoi, Ilya Issaïevitch ? »

Ilya ne pensait pas du tout à cela, il était préoccupé par autre chose : il n'arrivait pas à comprendre où pouvait bien mener cette conversation sur le bagne et la déportation.

« Parce qu'il reste beaucoup de témoignages de gens qui ont été interrogés dans les années trente du XXe siècle ? rétorqua-t-il.

— Nous avons une quantité énorme de matériaux

sur les procès de la période stalinienne ! Et pourtant, on ne faisait pas signer aux décembristes un engagement à ne rien divulguer, alors que cent ans plus tard, c'était devenu une pratique courante. J'ai épluché toutes les archives du comité d'enquête auxquelles j'ai pu avoir accès, et je peux vous dire pourquoi les décembristes évitaient de parler de leurs interrogatoires. »

Les poches sous ses yeux tressaillirent, et un sourire triste se dessina sur ses lèvres.

« Ils s'étaient dénoncés les uns les autres. Eh oui. Pas par peur, mais par sens de l'honneur. Cela peut paraître comique à notre époque, mais ils étaient mus par l'idée qu'il est mal de mentir. »

« Le fils de pute ! Il va me dire que c'est mal de mentir ! Il fait exprès de m'emberlificoter pour que je perde mes moyens... »

Mais Ilya était parfaitement maître de lui.

« On nous a appris à l'école que les décembristes s'étaient conduits en héros, dit-il nonchalamment. Que leur complot était voué à l'échec parce que c'était un complot d'aristocrates et qu'ils n'avaient aucun lien avec le peuple, avec la paysannerie... »

Tchibikov fronça les sourcils.

« Oh, ça, c'est ce qu'on écrit dans les manuels scolaires. Le problème n'est pas là. Malheureusement, tout cet héroïsme a conduit à des résultats totalement inverses de ce qu'ils avaient prévu. Ils ont freiné les réformes qui étaient déjà préparées par le souverain. Ceux qui ont condamné les décembristes (et c'étaient leurs parents, leurs camarades de régiment, leurs amis) travaillaient à consolider l'État, alors qu'eux, ils travaillaient à l'affaiblir. Les uns comme les autres savaient que des réformes étaient indispensables, mais ceux qui les ont mises en place, ce ne sont pas les décembristes, ce sont leurs adversaires. L'histoire est dialectique, comme la vie elle-même, et semble parfois paradoxale. Ce n'étaient pas les radicaux qui faisaient la politique de l'État, mais les conservateurs. »

« Encore une fois, où veut-il en venir ? Ils ne m'ont pas convoqué pour débattre de sujets abstraits, quand même ! Attention, attention... » Ilya ne perdait pas le contrôle.

« Jamais la Russie n'a été aussi forte qu'à notre époque. Il n'y a qu'une seule période de l'histoire russe que l'on puisse comparer à celle d'aujourd'hui : la Russie du tsar Alexandre le libérateur. Au début du XIXe siècle, la Russie a libéré l'Europe, comme au milieu du XXe. L'insurrection des décembristes a rejeté la Russie des décennies en arrière ! Mais dans l'histoire, la gloire est échue à Mouraviov-Apostol, et l'opprobre à Mouraviov-le-bourreau[1]. Or ils étaient de la même famille, du même milieu ! Savez-vous qu'une fois devenu vieux, après sa déportation et avant de partir pour l'étranger, le prince Sergueï Volkonski, le décembriste, est allé s'incliner sur la tombe de Benkendorff, le chef du Troisième département[2], qui avait été son ami et son camarade de régiment ? »

Tchibikov s'exprimait comme un homme cultivé. Le lexique, l'intonation... Se pouvait-il qu'il soit vraiment colonel ? Oh, oh ! C'était du sérieux...

« Vos amis et vous-même, vous vous faites une idée fausse tant de l'histoire que de l'État russe. »

1. Sergueï Mouraviov-Apostol (1796-1826) : un des meneurs de l'insurrection des décembristes. Mikhaïl Mouraviov-Vilenski (1796-1866), surnommé Mouraviov-le-bourreau : arrêté avec les décembristes, il fut très vite libéré et fit une brillante carrière. Son surnom est dû aux sanglantes répressions qu'il mena contre l'insurrection en Pologne en 1863.

2. Créé par Nicolas Ier en juin 1826, le Troisième département était chargé, entre autres, de la surveillance des opposants politiques et des étrangers, ainsi que de la censure.

En cet instant précis, l'histoire de l'État russe était bien le dernier des soucis d'Ilya. Il était préoccupé par autre chose. Ils avaient confisqué sa collection de portraits, or une partie de ces photographies avait été envoyée en Occident et publiée là-bas dans des journaux et des revues. Si ces publications leur tombaient entre les mains, l'identité de l'auteur serait découverte. Sur la multitude de photos qui s'étaient échappées par mer et par air, il y en avait au minimum onze parues dans la presse. Ou douze. Et là, il ne pourrait pas s'en tirer comme ça.

Il soupira. Le « colonel » parut lire dans ses pensées.

« La galerie de portraits que l'on vous a confisquée sera peut-être publiée dans les manuels d'histoire d'ici une centaine d'années. Comme les portraits de Karakozov ou de Kaliaïev[1]. Ou peut-être pas. Quoi qu'il en soit, cela appartient à l'histoire. »

Toujours impossible de comprendre s'ils avaient déjà recoupé ses archives avec les publications occidentales. « Bon, eh bien, puisque tu es si intelligent, tu vas voir... »

Ilya avait complètement oublié qu'il avait eu l'intention de jouer les imbéciles.

« L'histoire, c'est une chose, et le KGB, c'en est une autre. On ne peut pas les mettre dans le même sac. Il s'agit de ma collection personnelle, ce n'est pas pour la police secrète que j'ai fait ces portraits ! déclara-t-il.

— J'ai bien peur que vous n'ayez pas la moindre idée de la fonction que remplit la police secrète, Ilya Issaïevitch. Mais je peux vous assurer que, dans les bibliothèques, dans les archives privées et dans les musées, il y a des objets qui disparaissent. Ils sont

1. Dmitri Karakozov (1840-1866), révolutionnaire et terroriste. Ivan Kaliaïev (1877-1905), socialiste-révolutionnaire, lui aussi révolutionnaire et terroriste.

volés, vendus, remplacés, et parfois délibérément détruits. Tandis que dans les archives de la police secrète, rien ne disparaît jamais. Quant au fait que seul un nombre limité de personnes ont accès à ces archives, ça, c'est une autre histoire. Mais croyez-moi, c'est l'endroit le plus sûr pour conserver quelque chose. Là, rien ne se perd jamais ! Et c'est justement là qu'est conservée la vérité historique.

— Vous m'excuserez, mais je préférerais que ma collection reste chez moi.

— Ça, il fallait s'en préoccuper plus tôt. À présent, elle n'est plus en votre possession. »

Le « colonel » se leva de son profond fauteuil avec une grimace de douleur (une sciatique ou des hémorroïdes) et, écartant le rideau de théâtre, passa dans l'autre pièce.

Ilya regarda sa montre. L'entretien durait depuis presque deux heures, et il ne s'en était même pas rendu compte. Un demi-paquet de cigarettes avait été consommé, et un nuage de fumée flottait sous le plafond. La ventilation n'était pas très bonne. Sur le tableau, les garçons qui disparaissaient dans l'ombre étaient toujours en train de sortir leur filet de l'eau.

De l'autre pièce venaient des bruits qui n'étaient pas tout à fait des froissements de papier, et Ilya comprit, un peu tard, que quelqu'un se trouvait dans la chambre depuis le début. En embuscade. Tchibikov revint au bout d'un instant avec un dossier entre les mains.

« Vous avez monté une embuscade là-dedans ? » ne put s'empêcher de dire Ilya.

Anatoli Alexandrovitch sourit et secoua la tête.

« La police, Ilya Issaïevitch, est une plante grimpante qui s'entortille autour de toutes les parties de l'édifice gouvernemental et de son administration. Un homme intelligent en a donné cette définition. Et là-dedans, dit-il en faisant un signe de tête en direction de la chambre, il y a un petit rejet de cette plante, une petite branche, pourrait-on dire. »

Il sortit du dossier un exemplaire d'un journal russe de l'émigration. La photo d'Anatoli Martchenko se trouvait en première page[1].

« Vous voyez comme c'est intéressant ! Cette photo provient de vos archives. Une histoire parfaitement stupide, il faut bien le dire. Une jeune fille très active avait fait des reproductions d'un appel à défendre ce Martchenko que vous avez photographié. On a monté toute une campagne pour faire libérer ce vulgaire délinquant. Et imaginez-vous que cette charmante demoiselle a oublié son sac dans un taxi, avec les tracts et ses papiers d'identité ! Vous auriez mieux fait de la photographier elle ! Vous parlez d'une conspiratrice ! Mais le portrait de Martchenko est excellent. Vous le connaissez depuis longtemps ? C'est une photo assez ancienne, non ? Elle a été prise entre 1966 et 1968, c'est bien ça ? Il s'était caché quelque part après avoir purgé sa première peine de camp. C'est une très bonne photo ! Évidemment, sur la reproduction du journal, elle perd en qualité. Il y a encore plusieurs de vos œuvres, ici, elles ne sont pas toutes d'excellente qualité. Mais bon, là, on ne peut pas se montrer trop exigeant, n'est-ce pas ? La qualité est meilleure dans le magazine *Stern*. »

1. Anatoli Martchenko (1938-1986) est l'une des figures marquantes de la dissidence. Condamné une première fois à six ans de camp en 1960 pour avoir tenté de s'enfuir d'URSS, il écrivit un ouvrage sur les camps et les prisons politiques intitulé *Mon témoignage*, qui circula en samizdat et fut publié en Occident. De nouveau arrêté en 1968, il passa des années en prison, dans des camps et en relégation, sans jamais cesser de dénoncer le régime. Il mourut après une grève de la faim dans la prison de Tchistopol, au tout début de la perestroïka.

Ce n'était pas Micha qui était visé. C'était bien pire. *Russkoïe Slovo*[1] et *Stern*. Qu'est-ce qu'il avait encore là-dedans ?

La chemise était rigide et assez épaisse, on ne voyait pas si elle était pleine ou s'il n'y avait que deux papiers.

« Ces photos parviennent à des journaux occidentaux par on ne sait quelles voies mystérieuses. Peut-être votre ami belge Pierre Zand ? Un personnage très ambigu, du reste, il travaille pour les services secrets occidentaux. Et il nous aide nous aussi de temps en temps. »

« Je suis foutu ! Il ment à propos de Pierre, bien sûr. Mais ils ont fait le lien, les salauds ! Et moi, pauvre idiot, qui espérais qu'ils n'y avaient vu que du feu. Les types de la Loubianka étaient des flics primaires. Tandis que lui, c'est carrément la classe supérieure… »

« Non, non, cette question ne m'intéresse pas du tout. C'est autre chose qui me tracasse : il faut absolument que ces matériaux soient conservés. Ce qu'on vous a confisqué ne risque plus rien, c'est en sécurité pour l'éternité. Ou à peu près. Mais que va-t-il arriver à tout ce que vous allez faire demain, après-demain, dans un an ? Si on ne vous envoie pas en prison d'ici là, bien sûr. Je dois avouer que vous m'êtes sympathique, Ilya Issaïevitch. Je ne vous souhaite pas l'expérience de la prison ni celle des camps. Mais cela dépend de votre choix personnel. Cette question sera résolue d'ici peu de temps. À vrai dire, elle est déjà résolue. »

Une pause.

Ilya ne bougeait pas, il n'avait pas sourcillé, mais les palpitations avaient recommencé dans sa nuque.

1. *Novoïe Russkoïe Slovo* : hebdomadaire russe de l'émigration publié à New York. *Stern* est un magazine allemand.

Il avait l'impression que son cœur s'était arrêté net, puis s'était remis à battre avec une force terrible. « Je dois avoir une faiblesse cardiaque… songea-t-il. Ils peuvent me coller tout ce qu'ils veulent, y compris l'espionnage. Et là, ce n'est pas trois ans. Qu'est-ce qui est le plus dangereux, là-dedans ? La photo de Sakharov, peut-être ? Je ne l'avais pas chez moi. Quand il a envoyé son *Mémorandum* à l'intention du gouvernement soviétique, j'ai transmis cette photo à Klaus. Mais elle n'est pas parue dans les journaux allemands. À moins qu'on ne l'ait déjà publiée quelque part ? »

« Mais, je vous le dis franchement, je dispose de certaines possibilités. Je vais vous faire une proposition à laquelle vous allez réfléchir. Cette proposition va peut-être vous étonner. Il n'est pas exclu qu'elle vous indigne au premier abord. Mais commencez par réfléchir. »

Une pause. Pour le laisser réfléchir ?

« Vous vous faites une fausse idée de notre organisation. Elle n'est plus ce qu'elle était dans les années trente ou quarante. Nous avons de nouveaux noms, de nouvelles forces, de nouvelles personnes. De profonds changements sont en cours dans notre pays, des changements que tout le monde ne sent pas encore. Et ces changements peuvent être bien plus profonds et bien plus radicaux que vous ne l'imaginez. Tout n'est pas aussi simple que vous le croyez. Je tiens à ce que cette galerie de portraits ne s'arrête pas au dernier que vous avez fait. Je veux parler de la photo de l'académicien Sakharov. Je tiens à ce que vous poursuiviez votre travail. Je suis prêt à me porter garant pour vous. Ma condition est la suivante : tout ce que vous faites doit exister en deux exemplaires. Un pour vous, et un double pour moi. J'insiste bien : pour moi. Considérez que c'est destiné à mes archives personnelles. Je fais cela dans l'intérêt de l'histoire, si vous voulez. Et aussi dans votre intérêt à vous. »

« J'ai l'impression que je suis cuit. On n'en est plus à la machine à écrire. Et apparemment, le manuscrit de *L'Archipel* ne les intéresse pas non plus. C'est moi qu'il leur faut, en chair et en os. »

Le sang ne cognait plus à ses tempes. Maintenant, il fallait qu'il fasse fonctionner sa cervelle, qu'il cherche une porte de sortie. Ilya maîtrisait son visage, il avait l'air pensif, mais il avait les paumes moites.

« Vous jouez à un jeu dangereux, et j'ai de l'estime pour vous, bien que je vous aie exposé mon point de vue sur les mouvements radicaux à l'intérieur de notre société. Depuis la révolution de 1917, ils sont tous voués à l'échec, et surtout, ils sont dénués de sens. C'est une simple question de dialectique. Vous le comprendrez d'ici quelque temps, pas trop tard, je l'espère. Pour être franc, la façon dont vous allez disposer du travail que vous ferez à l'avenir ne me préoccupe guère. Vous avez compris que l'aspect opérationnel n'est pas de mon ressort. Si vous acceptez ma proposition, vous pourrez faire beaucoup de choses intéressantes. Et puis, je suis conscient qu'un homme qui a rassemblé des archives aussi magnifiques à l'âge de quinze ans (je veux parler de vos Lurs) est capable de travailler à un niveau beaucoup plus sérieux. »

Il jeta un coup d'œil à sa montre.

« J'espère que vous comprenez que notre conversation a un caractère tout à fait confidentiel. Dans votre intérêt comme dans le mien. »

Ilya avala sa salive et fit un geste en direction de la porte entrouverte.

« Je ne peux pas considérer notre conversation comme confidentielle, Anatoli Alexandrovitch.

— Ne vous en faites pas pour ça. Personne ne vous

a vu ici. Et personne ne vous verra. Mettez-vous face à la fenêtre, je vous prie. Oui, comme ça. » Et, haussant la voix, Anatoli Alexandrovitch dit d'un ton péremptoire : « Vous pouvez partir, Véra Alexeïevna ! »

Des talons cliquetèrent, la porte d'entrée grinça et claqua.

« Tout n'est pas aussi simple que vous le croyez, Ilya Issaïevitch », reprit tristement Tchibikov.

Ilya garda le silence.

« Il faut vous décider maintenant. Aujourd'hui, je peux encore faire quelque chose pour vous, fit remarquer le colonel d'une profonde voix de velours noir. Demain, je ne pourrai plus. »

« Bon, alors si je dis non maintenant, on ne me laissera pas sortir d'ici. De toute façon, ils ont déjà toutes mes photos. Il s'agit juste de continuer à vivre comme j'ai vécu jusqu'ici, mais en travaillant pour eux et non plus pour moi. Non, je ne peux pas imaginer une chose pareille... »

« De plus (j'ajoute cela uniquement pour que vous ayez une idée complète de la situation), si je ne m'en mêle pas maintenant et que l'affaire redescend à un niveau... »

Une pause.

« ... à un niveau ordinaire, votre femme et vous-même allez être poursuivis. Admettons que ce soit vous qui ayez introduit ces livres chez elle. La machine à écrire la concerne, elle. Et le manuscrit de Soljénitsyne aussi. Ce n'est pas seulement vous qui allez en subir les conséquences, c'est aussi elle. Entre nous soit dit, c'est vous qui l'avez entraînée dans ces activités douteuses. Et l'argument est sérieux. Pour l'instant, je dispose de la possibilité de mettre un terme à tout cela. »

« Je suis foutu. Il n'y a pas d'issue. Le coup du berger. Ma petite chérie... Je ne les laisserai pas s'en prendre à toi. »

« Ce sera un arrangement entre nous, entre gentlemen. Je vais vous donner un numéro de téléphone. Mon numéro personnel. Notre contact ne sera pas régulier, vous me téléphonerez chaque fois que vous aurez quelque chose d'intéressant. Vous tirerez les photos en autant d'exemplaires que vous le jugerez nécessaire, et vous me remettrez les négatifs.

— Ah, non, ça, c'est trop demander ! » rétorqua Ilya.

Mais le « colonel » avait déjà compris qu'il avait gagné. Il éclata de rire.

« Vous me mettez le couteau sur la gorge !

— Non ! Si nous passons un accord, je dois défendre mes intérêts. »

Tchibikov le considéra avec respect.

« Bon. Vous garderez les négatifs. Une dernière chose... Votre signature !

— Mais vous avez parlé d'un arrangement entre gentlemen ! protesta Ilya.

— Il faut bien que je défende mes intérêts, moi aussi ! » dit Anatoli Alexandrovitch en riant.

Les deux paquets de cigarettes étaient vides. Derrière le rideau de fumée, les garçons devenus flous étaient toujours en train de tirer sur leurs filets.

Quand Ilya sortit, il faisait déjà nuit. Mais il tombait toujours une pluie d'automne, fine et déprimante.

L'ange à la grosse tête

« Je n'arrive pas à y croire, c'est invraisemblable ! » se dit Tamara le lendemain matin tôt au réveil, sans ouvrir les yeux, en réfléchissant à la soirée de la veille. Dire que cela faisait tant d'années qu'elle gardait enfermé en elle-même, comme dans une boîte de conserve, son vilain petit secret sur son grand amour interdit, et voilà que, brusquement, elle avait craqué : elle avait tout raconté à une personne qu'elle avait toujours considérée comme quelqu'un d'inutile et d'étranger, associé à sa vie par hasard. Toutes ces années sans dire un mot à qui que ce soit – ni à sa mère pour ne pas lui faire de peine, ni à Olga pour ne pas transgresser une interdiction, ni à Véra Samuilovna Vinberg, son professeur et sa meilleure amie, pour que ce secret ne fasse pas irruption dans la vie d'autres personnes, ne détruise pas l'existence heureuse d'une autre famille… Et brusquement, de but en blanc, elle avait tout déballé à Polouchka, la femme d'un kagébiste. Il est vrai que maintenant, ces événements avaient perdu leur actualité.

Non, en fait, Tamara avait déjà avoué cela à un prêtre, avant son baptême. Il l'avait écoutée patiemment, sans réagir, puis avait dit en souriant :

« Tout ça, maintenant, c'est le passé. Avec le baptême, une nouvelle vie commence, vous serez pareille à un nouveau-né sans tache. En un sens, c'est un avantage de se faire baptiser à l'âge de raison, en toute conscience. Une pureté toute neuve vous est donnée, prenez-en soin. »

Cette pureté toute neuve s'était ternie assez vite. Le passé n'avait pas disparu, il projetait sur l'avenir une ombre sans fin, et même le vieux Robik, que Marlène lui avait laissé, avait vécu encore deux ans avant de rendre l'âme, couché sur la descente de lit où il avait attendu son maître tous les samedis pendant bon nombre d'années. Il ne parlait pas, et Tamara non plus ne disait rien.

Mais hier, cela l'avait prise brusquement, elle avait tout raconté. Pourquoi ? Non, les choses étaient ce qu'elles étaient. Et si c'était à refaire, elle agirait de la même façon. Elle avait de la peine pour sa mère. Raïssa Ilinitchna se désolait. Ce n'étaient pas le Korovine qu'elle regrettait, ni le Borissov-Moussatov, mais précisément cette petite esquisse négligente de Vroubel, sur laquelle il n'y avait jamais qu'une grosse tête et une aile retroussée à l'encontre de toutes les lois de l'anatomie. Même si on se demande quelle anatomie peuvent bien avoir les anges, et qui avait bien pu l'étudier... Ces tableaux avaient appartenu à sa grand-mère, ils venaient de la maison des Gnessine, ils avaient été reçus et offerts à des dates diverses. Éléna Fabianovna avait été l'amie de Maria Fiodorovna, une amie de toujours, depuis le lycée. Sa grand-mère avait consacré sa vie à cette famille et aujourd'hui encore, il restait dans l'appartement de nombreuses traces de cette amitié de jeunesse : des tasses, des cartes postales, des plumes, de petits opuscules avec des dédicaces d'une écriture menue suivies d'une signature luxuriante. Mais ces trois tableaux n'étaient plus là. Ils étaient partis. Non, non, elle ne regrettait rien. C'était autre chose qui faisait mal – cette fièvre, cette éclipse de plusieurs années, ces passions brûlantes dont il ne restait plus rien, à part le sentiment d'avoir été flouée. Non, non, il ne s'agissait pas de cela.

À l'époque, tout allait affreusement mal. Marlène avait été licencié de son travail, il essuyait refus sur refus, on n'arrêtait pas de le convoquer à la Loubianka, on lui promettait de l'envoyer en prison et, au dernier moment, tout à la fin, il lui avait avoué que sa femme était enceinte et sur le point d'accoucher. Il parlait toujours d'elle avec un tel dédain, et de ses filles avec une telle passion, que Tamara s'était imaginée qu'il n'avait aucune raison de mettre en route un autre enfant. C'était son homme à elle, le seul, l'unique. Et voilà que sa femme était enceinte...

Il avait maigri et son visage était devenu jaune, Tamara lui avait même fait faire des analyses dans son laboratoire. Mais son sang se tenait tranquille, et son foie était en pleine forme. Seulement, on ne lui donnait pas l'autorisation de quitter le pays. Les anciens obstacles avaient disparu d'eux-mêmes depuis longtemps. Sa pauvre sœur infirme était morte, suivie discrètement par sa mère, qui ne voulait pas entendre parler d'Israël. Elle détestait ce pays ennemi qui ne causait que des malheurs à tout le monde. Et on ne pouvait pas l'en faire démordre. Jamais elle n'aurait donné à son fils l'autorisation d'émigrer.

L'avant-dernier samedi de décembre, Marlène était arrivé chez Tamara avec son chien, qui avait eu du mal à se traîner jusque-là. Robik, le seul et unique témoin de leurs amours, était devenu très vieux. Ils ne se gênaient pas devant lui.

Ils n'avaient pas non plus à s'en faire à propos de Raïssa Ilinitchna. Durant toutes ces années, elle n'avait jamais vu Marlène en face. Quand il venait, elle se terrait dans ses neuf mètres carrés. Elle avait même ressuscité le pot de chambre de sa mère qu'elle avait placé sous son lit.

Plus la situation empirait, et plus leurs étreintes devenaient brûlantes. Maintenant, avec le recul des années, Tamara n'arrivait pas à comprendre comment elle avait pu être possédée ainsi au point d'oublier le monde entier, à cause de cette mécanique plutôt simple – en avant, en arrière, et on recommence. Pourquoi s'élevait-elle ainsi sur des hauteurs ineffables ? Alors que tout cela tenait uniquement aux stéroïdes, avec leurs deux anneaux collés l'un à l'autre, un troisième sur le côté supérieur droit, et encore un demi sur le côté, ainsi qu'au relatif branle-bas de combat de radicaux libres qui se déclenchait autour de ces anneaux. Personne ne connaissait mieux qu'elle, sur le bout des doigts, la formule biologique qui exerçait un pouvoir absolu sur les corps et sur les âmes…

Et voilà qu'elle éprouvait maintenant un sentiment rétrospectif de gêne et même de honte. Pour lui aussi. Pauvre Marlène, pourquoi s'était-il conduit de façon aussi moche ? Lui aussi, il était sous l'empire de ses hormones…

Cet avant-dernier samedi de décembre, alors que les battements de leurs cœurs ne s'étaient pas encore apaisés et que sa poitrine velue et moite était encore étroitement pressée contre elle, il avait dit d'un ton dégagé :

« On m'a de nouveau convoqué mercredi. Ils ont inventé une nouvelle politique maintenant : vous n'êtes pas seulement des sionistes, vous vous mêlez de défendre les droits de l'homme. C'est parce que j'ai signé la lettre à propos de l'autorisation d'émigrer. La manifestation les a rendus fous de rage, évidemment.

Et on m'a dit, toujours le même type chauve : cette fois, vous n'allez pas vous en tirer avec quinze jours ! Prenez une feuille de papier, et racontez-nous par écrit comment cette lettre est parvenue jusqu'à vous. Qui vous l'a apportée ? Peut-être l'académicien Sakharov ? Il y a une cinquantaine de signatures, là-dessus. Je lui ai répondu que je n'avais aucune intention de me dénoncer moi-même. Bref, ils ont dit qu'ils me donnaient trois jours. Si je n'écris pas qui m'a donné cette lettre, ils vont m'arrêter. Alors, ma petite Tamara, peut-être que nous n'allons pas nous revoir de sitôt... »

Le poids de ce corps d'homme à l'ossature épaisse, le sentir à l'intérieur de soi, ne faire qu'un avec lui... « Je vais tomber enceinte aujourd'hui, j'aurai un enfant... Et il arrivera ce qui arrivera... Je n'avorterai plus jamais... Aujourd'hui... et s'il est arrêté, j'arriverai à l'élever toute seule... Mon petit garçon... »

« Et là, tu comprends, il y a une nouvelle possibilité qui se présente... »

Prenant appui sur son bras, il se redressa, s'essuya avec le bord de la couette, et s'assit sur le lit en posant ses pieds poilus sur le plancher.

Tamara l'entendait à peine. Elle était en train de prêter l'oreille à autre chose : deux graines microscopiques dérivaient l'une vers l'autre, lentement et sûrement, dans un but précis. Sa grosse Lida pouvait bien lui donner encore une fille, elle, elle allait avoir un garçon, et elle l'élèverait toute seule... Maintenant, c'était certain. Et elle ne lui demanderait pas son avis !

Elle était couchée sur le dos et se caressait le ventre. « Quelle idiote, non mais quelle idiote ! Quand je pense à tout ce temps perdu ! Mon fils irait déjà à l'école si je m'étais décidée avant... », songeait-elle en fantasmant sur une existence qui ne lui était pas destinée.

« Une opportunité très intéressante. J'ai entendu dire depuis longtemps que ces salauds laissent partir des Juifs contre de l'argent. Je n'arrivais pas à y croire. Comme en Allemagne en 39. À l'époque, des gens riches payaient pour échapper aux camps de concentration. Ensuite, cela n'a plus été possible. Eh bien, figure-toi que maintenant aussi, ce mécanisme fonctionne.

— Qu'est-ce que tu racontes ? Chez nous ? s'exclama Tamara, surprise, en oubliant instantanément son rejeton imaginaire.

— Oui, chez vous ! Chez qui veux-tu que ce soit ? fit Marlène d'un air renfrogné. Figure-toi que ma tante a reçu la visite d'un gars de son village. De son shtetl. Un tailleur, comme il se doit. Et un excellent tailleur. Il travaille pour quelqu'un de très important. Un haut fonctionnaire, je ne veux pas le nommer… »

Il tapota doucement le mur, puis se pencha et murmura quelque chose à l'oreille de Tamara.

« Non, tu plaisantes ? Je ne peux pas y croire !

— Et pourtant si ! C'est bien vrai ! Ce tailleur travaillait déjà pour lui avant la guerre, et il habille toute sa famille. Il l'a même fait venir à Moscou et l'a installé dans son appartement. Enfin, pas son appartement personnel, il en a plusieurs, pour les gens dont il a besoin. Et c'est un type bien, enfin, dans un certain sens…

— Qui ? Le tailleur ? demanda Tamara.

— Mais non, je ne te parle pas du tailleur ! Ce haut fonctionnaire, ce mister X, c'est quelqu'un de bien, dans son genre. Ce n'est pas un bourreau sanguinaire, il aime l'argent, voilà tout. Ou plutôt, pas l'argent en tant que tel. Il collectionne les tableaux. Des vrais, des tableaux de peintres célèbres. Sérov, Pérov, enfin, vos Ambulants, quoi. Après la guerre, il en a ramené d'Allemagne un wagon entier, des peintres allemands. Et maintenant, il collectionne les Russes.

— Un collectionneur ? »

Tamara n'arrivait toujours pas à intégrer ces nouvelles informations sur les hauts fonctionnaires.

« Oui, si tu veux ! répondit Marlène avec une grimace. Ce tailleur est un lointain parent à nous. Il dit qu'il a ses entrées auprès de ce haut fonctionnaire. Tu comprends bien qu'il ne traite pas avec n'importe qui. Mais ce tailleur sait comment l'approcher, il a déjà fait ça une fois. Ils ont laissé sortir une famille de quatre personnes contre un tableau de Savrassov. Un tableau grand comme ça. »

Marlène écarta légèrement les bras, pas énormément, à peu près comme le lui avait montré le tailleur.

Tamara comprit immédiatement.

« Nous n'avons pas d'Ambulants, Marlène. Ce que nous avons de plus précieux, c'est un Korovine et un Borissov-Moussatov.

— Il n'a pas parlé de ceux-là. Il a dit que ces derniers temps, il cherchait des Vroubel.

— Vroubel ne faisait pas partie des Ambulants, répondit Tamara. Nous avons bien quelque chose de lui, mais pas un tableau, une esquisse.

— Quelle différence ? L'important, c'est d'agir vite. Si on m'arrête, aucun tableau n'y pourra plus rien, ça relèvera d'un autre service. »

Tamara alluma la lumière. L'ange à l'aile brisée était accroché au-dessus de son lit. Une grosse tête, un front trop bombé, un visage à peine ébauché, tout en aplats nerveux et hâtifs. En revanche, l'aile bleutée, avec ses plumes, chatoyait et scintillait. Elle, elle était très réussie.

« Prends-le ! dit Tamara d'un ton léger. Prends tout ce que tu veux.

— Mais tu comprends, il y a un risque, il est possible que ça ne marche pas… »

Il avait l'air d'hésiter, de se demander s'il fallait se

lancer dans cette aventure, mais Tamara voyait bien que son œil s'était animé et qu'il réfléchissait déjà où emporter le tableau, comment le transmettre, et ainsi de suite.

« Peut-être. Mais ils peuvent aussi t'envoyer en prison. »

Sans même couvrir leur nudité (elle n'existait plus), ils allèrent chercher les tableaux. Ils les décrochèrent tous les trois du mur, les enveloppèrent dans un drap, puis s'habillèrent.

« Tu m'excuseras, Tamara, mais c'est très pressé. Je vais attraper un taxi et déposer les tableaux chez ma tante, le tailleur a promis de passer la voir demain matin à dix heures. Il faut que tout soit chez elle d'ici là. Je te laisse Robik jusqu'à demain. »

Ensuite, les événements s'étaient succédé à une vitesse vertigineuse.

Trois jours plus tard, au lieu de l'arrestation promise, Marlène avait reçu une convocation au département régional du KGB où on lui avait remis l'arrêté lui retirant sa citoyenneté, ainsi qu'une autorisation de sortie pour lui et toute sa famille dans un délai de trois jours. Le samedi suivant, il n'était pas venu à son rendez-vous habituel avec Tamara. Il était passé en coup de vent le vendredi matin. Il avait amené Robik. Et avait annoncé qu'ils prenaient l'avion pour Vienne le lendemain.

« Je serai ton débiteur jusqu'à la fin de ma vie ! avait-il dit. Tu es la meilleure chose qui me soit jamais arrivée. Si tu décides un jour de rentrer (il disait toujours « rentrer », et non « émigrer »), contacte-moi par Ilya, je t'enverrai aussitôt une invitation. Je te laisse Robik en souvenir. »

Tamara n'était pas allée à la soirée d'adieu. Olga lui avait raconté par la suite qu'il y avait un monde fou. Les parents de Lida étaient abasourdis, c'était tellement inattendu, cette expulsion au lieu de l'arrestation promise. Une fête au lieu de funérailles. Mais c'étaient quand même un peu des funérailles.

« Toi, tu ne vas pas partir, n'est-ce pas ? Ou bien tu penses que tous les Juifs vont finir par quitter la Russie ? demanda Olga en examinant le visage figé de Tamara.

— Non. En ce qui me concerne, je ne partirai pas. Même si tout le monde s'en va. Tu peux en être sûre. »

Marlène avait émigré à la fin de l'année 1981. En novembre 1982, Brejnev était mort. Le haut fonctionnaire amateur de peinture, qui était un ami du médaillé aux gros sourcils, avait été licencié de son poste de ministre, on avait ouvert une enquête sur des détournements de fonds hallucinants, des malversations commises dans le cadre d'une charge officielle. Le tailleur avait déménagé en quatrième vitesse de l'appartement mis à sa disposition et avait disparu. Ainsi disparaissent dans les mauvais romans les personnages secondaires introduits pour faire avancer une intrigue maladroitement ficelée. Les biens de l'ancien haut fonctionnaire avaient été confisqués, et lui-même s'était tiré une balle avec un fusil Gastinne Renette à canon double. À moins qu'il n'eût été assassiné par un de ses complices, afin de clore une enquête qui aurait pu entraîner un grand nombre de désagréments inutiles.

Tamara s'était plongée dans sa science jusqu'au cou, et avait rédigé sa thèse de doctorat.

Marlène et sa famille vivent à Rekhovot, une petite ville de scientifiques non loin de Jérusalem. Tout va bien pour lui.

La seule chose qu'on ne sait pas, c'est qui a fini par récupérer l'ange à la grosse tête avec son aile bleue. De même que le petit Korovine et le Borissov-Moussatov.

La maison au chevalier

Quand Ilya sortit, la nuit était déjà tombée. Mais il pleuvait toujours. Il éprouvait un sentiment bizarre. Il avait perdu la partie de façon monstrueuse. Mais il l'avait aussi gagnée de façon indescriptible. Comment se fait-il que l'on puisse être à la fois gagnant et perdant ? Il remontait lentement la rue Gorki. En réalité, il n'y avait aucune issue. Si, il y en avait une : la nationalité de son père sur son acte de naissance. Il était à moitié juif, il serait possible de retrouver des attestations, de faire remonter son quart de sang juif à la surface, d'entamer les démarches pour émigrer. Mais là, ils ne le rateraient pas.

Il tourna en direction du restaurant Aragvi, il y avait une cabine téléphonique à côté. Il trouva deux kopecks et composa un numéro.

« Katia ? Salut ! Je peux parler à Victor Iouliévitch ? Il est passage des Bolcheviks ? Merci. Tout va bien chez vous ? Au revoir. »

Il téléphona à l'ancien numéro. Il savait que, depuis la mort de sa mère, Victor Iouliévitch passait souvent la nuit dans son ancien appartement. C'est une voisine qui décrocha. Ilya attendit longtemps que Victor prenne l'écouteur. Il lui demanda s'il pouvait venir le voir maintenant, tout de suite.

Il passa au magasin Elisseïev et acheta du cognac arménien cinq étoiles. Autrefois, leur maître leur faisait boire de l'excellent vin géorgien, à présent, c'étaient eux qui lui offraient du cognac arménien.

Il prit le trolley place Pouchkine, jusqu'aux Étangs-Purs. Puis, avec l'impression de rentrer chez lui, il continua à pied en direction du chevalier debout dans sa niche au-dessus du porche. L'homme de fer sous sa visière pseudo-gothique avait traversé ici la révolution, il avait vu son passage Goussiatnikov se transformer en passage des Bolcheviks, et ignorait qu'il devait revenir un jour à son ancienne adresse sans bouger d'un pouce.

Ilya monta au troisième. Cinq sonnettes. Sur l'une des plaques, le nom Schengueli. Il sonna. Cinq petites larves sur une immense porte, assez haut. Les gens qui vivaient ici avant étaient donc plus grands que ceux d'aujourd'hui ? Toutes les serrures étaient cassées, sauf une.

Cela faisait combien d'années qu'il venait ici ? Depuis 1956 ? Ou même 1955 ? Depuis l'âge de treize ans. Et il avait aujourd'hui l'âge que son professeur avait à l'époque. Ou à peu près. Bizarre, il mettait longtemps à ouvrir. C'est une voisine rondelette avec un tablier qui ouvrit la porte.

« Il est là, mais il ne doit pas entendre… »

Cette poignée de porte en bronze arrondie de forme asymétrique (c'était un immeuble modern style), combien de fois avait-il appuyé dessus jusqu'à déclencher ce déclic ? Il entra. Couché sur le divan dans une pose assez disgracieuse, la tête rejetée en arrière et la bouche ouverte, le maître dormait en ronflant légèrement. La manche de son chandail était cousue de l'intérieur. À quoi pouvait bien ressembler son moignon ?

L'homme endormi était âgé et pas rasé, avec un teint jaunâtre. La nappe rouge sombre était à moitié repliée sur la table, et sur la planche en bois nu couverte de taches se trouvaient un gros cahier, un stylo, et un verre de thé foncé couleur d'iode. Oui, bien sûr, il était impossible d'écrire sur cette nappe en peluche.

Ilya enleva son imperméable et s'assit à la table. Il ne pouvait quand même pas réveiller le vieil homme. Oui, il avait vraiment l'air d'un vieillard. C'était fou la vitesse à laquelle il avait décliné. Il avait quinze ans de plus qu'eux. C'était bien ça, il avait fêté ses quarante-cinq ans il n'y avait pas si longtemps. Mon Dieu, un an déjà ! Le pauvre... Lui qui était si brillant, si élégant, un mélange de don Quichotte et de Cervantès. Il traînait derrière lui des hordes de garçons. Et de filles aussi. Il leur avait purgé le cerveau à tous, et lui, il avait dépéri. Il était devenu vieux. Katia l'avait quitté. À moins que ce ne soit lui qui l'ait quittée ? Il avait été renvoyé de l'école. Ensuite, toutes ces années à travailler comme gardien au musée de l'Armée soviétique. Il disait qu'il était en train d'écrire un livre. Que dans ce musée, il y avait d'incroyables richesses, des documents sur la Deuxième Guerre mondiale. Une nouvelle idée lui était venue : l'initiation par la peur. Quand il n'y avait pas d'initiation à l'âge adulte par des impulsions positives, c'était l'initiation par la peur qui fonctionnait.

Les générations nées après la révolution avaient reçu un vaccin de peur à un âge très précoce, et ce vaccin avait été si puissant que les autres impulsions étaient sans effet, voilà la découverte qu'avait faite Victor Iouliévitch. Il en discutait avec ses amis, ses anciens élèves. Cette idée avait plongé Micha dans une véritable frénésie, et elle plaisait aussi beaucoup à Ilya. Ce serait intéressant de lire ça. Il lui avait proposé de faire passer son livre en Occident. Mais Victor Iouliévitch ne l'avait toujours pas écrit. Peut-être en avait-on parlé pendant trop longtemps, si bien qu'il s'était évaporé. Il restait en suspension dans l'air, et transformait imperceptiblement la conscience de ceux qui y pensaient…

En principe, leur maître avait raison, sur tous les points. Ilya ferma les yeux. Oui, c'était un raté génial. Micha était un poète dénué de talent, un idéaliste, Sania un musicien qui ne s'était pas réalisé. Et moi, maintenant, je suis un indic… Ah, on fait une sacrée bande !

À vrai dire, je fais juste mon travail. Pour moi, l'important, c'est que tout cela ne disparaisse pas. Si personne n'en sait rien, ce sera comme s'il n'y avait rien eu. Mes archives sont une façon de conserver cette époque médiocre infectée par une peste rampante. Quant à la peur… Elle existe, elle a toujours existé, et elle existera toujours.

Il y avait là quelque chose, seulement on ne comprenait pas ce qui était arrivé à Victor Iouliévitch lui-même. Il faudrait lui demander ce qui lui était arrivé. Pourquoi il était couché ici tout seul, à moitié ivre, parmi les meilleurs livres de la littérature russe.

Peut-être que la beauté sauverait le monde, ou la vérité, ou un truc magnifique du même genre, mais la peur était quand même plus forte que tout, elle détruirait tout, tous les germes de beauté, toutes les pousses de ce qui est magnifique, sage, éternel… Ce ne serait pas Pasternak qui resterait, mais Mandelstam, parce l'horreur de ce temps était davantage présente chez lui. Pasternak, lui, avait toujours voulu se réconcilier avec l'époque, l'expliquer de façon positive.

Il en eut assez de rester assis et tapota doucement du doigt le bois nu de la table. Le dormeur sursauta et ferma la bouche.

« Ah, Ilya, je vous attendais ! »

Ilya sortit la bouteille de la poche de son imperméable et la posa sur la table. Victor Iouliévitch se leva en titubant.

« Oui, tout de suite, tout de suite... », dit-il en s'affairant.

Il sortit deux petits verres du buffet et sourit faiblement.

« Il n'y a rien à manger ici. »

Ilya fouilla au fond de sa poche et en sortit un citron.

« Vous avez peut-être du sucre en poudre...

— Oui, ça, il y en a. »

Ils remplirent deux petits verres, des verres à cognac bedonnants. Le maître avait une belle main avec de longs doigts pâles sans nœuds et des ongles bien coupés. Il tenait le verre par le pied, d'un geste caressant.

« Alors, mon ami, vous voyez où nous en sommes arrivés ! » dit Victor Iouliévitch en souriant.

Il lui manquait deux dents à gauche. Qu'est-ce qu'Ilya voulait lui demander ? Que voulait-il lui dire ? Oh, rien. Tout ce qu'il voulait, c'était cela, justement : passer un moment avec lui, boire un verre, partager cette compassion, cette sympathie mutuelle, cette affection désintéressée. Ils burent en silence. Il se sentit mieux.

La tache de café

Ira Troïtskaïa, surnommée le Kilomètre (un mètre quatre-vingt-trois de chair et d'os, des mains et des pieds d'homme), ne disait à personne que son père était général. Et encore moins dans quelle institution. Elle s'habillait comme tout le monde. Même s'il y avait, accroché dans un placard de leur logement de général près du métro Sokol, tout ce dont pouvaient rêver les jeunes filles.

D'ailleurs de façon générale, elle possédait tout ce dont elles n'auraient même pas osé rêver, et même davantage. Mais quand elle était étudiante, personne ne voulait la fréquenter. Lorsqu'elle s'approchait, tout le monde se taisait. Pas seulement à la cafétéria, mais même dans le fumoir, et pourtant on ne se privait pas de lui taper des cigarettes. Mais sans rien dire. Enfin, tous ne la fuyaient pas, mais justement ceux avec lesquels elle aurait aimé être amie : Olga, Richard, Lialia, Alla et Voskoboïnikov. Le plus vexant, c'est qu'Olga était elle-même une fille de général, que Richard avait un père ministre en Lituanie, et Lialia un père ambassadeur en Chine. Pourquoi la traitaient-ils de haut et avec mépris ? Elle n'allait quand même pas expliquer à tout le monde que son père était peut-être un général du KGB, mais qu'il jouait dans la catégorie supérieure, il s'était occupé toute sa vie des services secrets à l'étranger.

Sa sœur aînée Léna terminait l'Institut des relations internationales et là-bas, on n'observait rien de semblable, c'était même le contraire : les enfants de hauts fonctionnaires étaient très appréciés. Et particulièrement les filles. Elles se mariaient toutes avant la fin de leurs études, et toujours avec des garçons de leur milieu. On les y encourageait. Aucune ne faisait carrière, mais une épouse bien préparée est toujours un plus pour un diplomate.

Les garçons les plus brillants de son année, et même de l'année au-dessus, faisaient presque la queue pour Léna. Leur père disait en plaisantant : chez eux, c'est comme chez les popes, on n'entre pas dans les ordres tant qu'on n'est pas marié[1]. Et de fait, les couples de ce genre recevaient d'excellentes affectations.

Son père était intelligent, c'était un bon vivant et un très bel homme. Sa mère lui était inférieure en toutes choses. Sauf pour la taille. Igor Vladimirovitch disait toujours qu'il avait épousé Nina afin d'améliorer la race et d'avoir de grands fils, mais elle lui avait donné des filles. Quel besoin avaient-elles d'une taille pareille ? Si au moins elles avaient joué au basket !

Il est vrai que ses deux filles le dépassaient d'une demi-tête et que leurs chaussures faisaient deux pointures de plus que les siennes. Elles adoraient leur petit papa. C'était toujours intéressant de parler avec lui. Quel que soit le sujet abordé, l'histoire, la géographie, la littérature, il savait tout. Quant à sa bibliothèque, on aurait dit celle d'un professeur d'université. Lui-même n'était pas professeur, mais son grand-père

1. Dans l'Église orthodoxe, les prêtres doivent se marier avant leur ordination, ou bien opter pour le célibat et le monachisme.

l'avait été, il avait enseigné le droit romain à l'université de Kazan en des temps antédiluviens, quand il n'était pas encore question du marxisme-léninisme et que le fondateur de la partie postérieure de cette future science était un étudiant assis sur un banc de l'université et ne s'intéressait guère à cette matière.

Igor Vladimirovitch poussait ses filles : « Faites des études, la vie des gens cultivés est plus intéressante que celle des ignorants. »

Il les amenait devant sa bibliothèque et leur montrait les livres.

« Si vous n'arrivez pas à les lire, retenez au moins ce qu'il y a sur les dos : Aristote, Platon, Plutarque. Toi, Ira, on t'apprendra quelque chose à l'université, mais toi, Léna, tu devrais lire des livres de temps en temps, cela ne te fera pas de mal… »

Léna et Ira laissaient leur regard glisser distraitement sur le dos de ces livres précieux. Elles savaient depuis leur enfance où se trouvait ce qui en valait la peine.

C'étaient de vieilles bibliothèques suédoises avec des placards fermés en bas et des vitres coulissantes en haut. Leur père rangeait en bas des livres très particuliers, en russe, mais de fabrication étrangère, il les rapportait de son travail.

Léna ne s'y intéressait absolument pas, mais Ira en prenait quelquefois pour les lire. Il y avait là beaucoup de choses intéressantes qu'on ne trouvait pas en bibliothèque : Goumiliov, Akhmatova, Tsvétaïeva, Mandelstam.

Ce furent justement ces livres qui changèrent son statut à la faculté. Cette poésie qui n'était plus rééditée depuis longtemps s'avéra être un hameçon auquel vint mordre toute la bande. Par la suite, elle leur apporta aussi d'autres livres provenant de la bibliothèque secrète de son père, un par un. Son père n'en était pas informé, bien évidemment. Lui-même aimait d'ailleurs beaucoup cette poésie rare, et connaissait par cœur un grand nombre de poèmes.

Le prestige d'Ira allait grandissant. Elle se comportait intelligemment, elle ne révélait pas toutes ses richesses d'un coup et nourrissait les amateurs à petites doses. Elle apportait dans le fumoir aussi bien des curiosités dangereuses que des trésors rarissimes, rien que des *tamizdats*[1] tout frais et flambant neufs. Principalement des livres des éditions Ymca-Press. C'est là qu'Olga rencontra pour la première fois le nom de Berdiaïev, mais à l'époque, elle préférait la poésie. Un jour, elle prit un volume de Khodassevitch[2] et renversa accidentellement du café dessus. La tache, sur la couverture, formait un arbre aux contours vagues et une route, on aurait presque pu lire l'avenir dedans. Olga en fut navrée et catastrophée, mais Ira se contenta de hausser les épaules : ne t'en fais pas pour ça !

Puis le premier Nabokov arriva en Russie. C'était *L'Invitation au supplice*. On le lisait « en cercle fermé ». Époustouflant. Un petit livre tout déchiré paru en russe à Berlin en 1936. Sur la page de garde, une dédicace en allemand : « À mon cher Edwin pour son anniversaire, Anna. » Il avait été confisqué au moment de son arrestation à un Juif allemand ayant émigré en Russie dans les années trente. L'Edwin en

1. Le terme *tamizdat* désignait les ouvrages publiés à l'Ouest. *Samizdat* signifie « auto-édité », *tamizdat* « édité là-bas ». Les éditions Ymca-Press dont il est question plus bas, fondées à Prague en 1921 par des émigrés, se fixèrent par la suite à Paris, et furent dirigées par Berdiaïev. Elles publiaient des ouvrages religieux et dissidents qu'elles faisaient passer en URSS par divers canaux.

2. Vladislav Khodassevitch (1886-1939), poète postsymboliste. Il émigra en 1922, vécut avec Nina Berbérova de 1921 à 1932 et mourut en France.

question avait étudié le russe dans ce livre : il y avait dans les marges la traduction de certains mots en allemand.

C'était un cadeau que le général Troïtski avait reçu d'un ami pour son anniversaire, lui aussi, mais bien des années plus tard. Les livres connaissaient des destins divers. Si certains étaient détruits, d'autres circulaient. *Le Don* passait de main en main. On avait découvert un nouvel auteur qui ne figurait dans aucune bibliothèque et dans aucun manuel.

Olga grillait d'envie de donner ce livre à son cher professeur. Elle l'interrogea avec précaution sur Nabokov. Il leva un sourcil.

« Quoi précisément ?

— *Le Don*. »

Lui-même venait tout juste de lire son premier Nabokov apporté par un étudiant, un Canadien d'origine russe.

« Oui, oui, fit-il en hochant la tête d'un air réservé. C'est un écrivain fantastique. Cela faisait longtemps qu'on n'avait rien écrit de pareil en russe. »

Mais il ne demanda pas ce qu'elle avait encore.

L'Invitation au supplice circulait parmi les jeunes étudiants de lettres. Une brèche dans le rideau de fer. On en avait les mains qui tremblaient, le cœur qui s'arrêtait. Quelle place donner à cela ? C'était toute la hiérarchie de la littérature qu'il fallait revoir. Un nouveau corps céleste s'était introduit dans la galaxie, et tous les rapports en étaient brouillés, la mécanique céleste tout entière se transformait à vue d'œil : la moitié de la littérature s'auto-consumait, il n'en restait plus que des cendres...

Un diamant brut. Et c'était Ira qui apportait tout ça.

Par un concours de circonstances fortuit, l'exemplaire du *Don* appartenant au général fut confisqué lors d'une perquisition chez le professeur, auquel ce livre était parvenu par une chaîne de gens très sûrs. Autrement dit, Ira ignorait qu'il était tombé entre des mains qui en étaient dignes. On trouva également chez le professeur des notes qu'il avait prises au cours de sa lecture. Il avait déjà commencé à écrire un article intitulé « Retour au pays », qu'il n'avait pas eu le temps de terminer. Mais à son grand chagrin, on lui confisqua même ces ébauches incomplètes et inachevées.

Le scandale éclata, le professeur et son coauteur furent envoyés en prison, pas à cause de Nabokov, bien sûr, mais à cause de leurs propres livres parus en Occident sous des pseudonymes. On lança une campagne pour rassembler des signatures, des têtes volèrent, des étudiants furent rappelés à l'ordre par diverses instances, et Olga fut renvoyée de l'université pour avoir signé une lettre prenant la défense du professeur. Personne ne toucha à Ira Troïtskaïa. Elle n'avait pas signé de lettre, et aucun des amis d'Olga ne l'avait dénoncée comme étant la source des livres antisoviétiques.

Ira raconta après coup à son père ses activités culturelles. Celui-ci n'avait pas peur de grand-chose dans la vie, mais là, il étouffa un gémissement. Par la suite, une fois qu'eurent été envoyés en prison, renvoyés et révoqués tous ceux qui devaient l'être et que les choses se furent un peu tassées, il remplaça l'exemplaire perdu. Mais cette fois, il s'agissait seulement d'une édition américaine. Le général avait une très haute opinion de Nabokov, lui aussi, comme le professeur d'université.

Ce général à l'esprit curieux avait également lu les livres des écrivains arrêtés, il avait dit à sa fille : ce n'est pas mal, mais cela ne méritait pas un tel scandale. Ira fut profondément traumatisée par cette histoire, bien qu'elle s'en fût sortie blanche comme neige. Elle ne revit plus jamais Olga et regretta sa disparition. Maintenant, tout le monde était ami avec elle, même si elle n'apportait plus de livres à l'université. Son père le lui avait interdit.

Après avoir terminé ses études, elle reçut une affectation sensationnelle : la commission étrangère de l'Union des écrivains. Un vieux camarade de son père était affecté à l'Union des écrivains, c'était par lui qu'elle avait eu le poste.

En 1970, Igor Vladimirovitch mourut subitement d'une crise cardiaque. Peu avant sa mort, il avait eu vent d'une rumeur selon laquelle Soljénitsyne aurait été proposé pour le prix Nobel, et il en avait été très contrarié.

« Mais qu'est-ce que c'est que ce comité ? Ils ne l'ont pas donné à Tolstoï, et ils le donnent à Soljénitsyne ? »

Après la mort de son père, Ira fit une dépression. Tout l'écœurait, y compris son travail sensationnel. Sa sœur Léna vivait à Stockholm. Son mari des Affaires étrangères était attaché culturel de l'ambassade d'URSS en Suède. Il va de soi que, pour lui, les intentions du comité du prix Nobel ne laissaient présager que des ennuis.

Cette année-là, il arriva à Ira quelque chose d'étonnant : une dame élégante d'un certain âge la remarqua dans la rue parmi la foule et lui proposa de passer un casting. La dame en question était une couturière très connue dans le pays. Cette proposition remonta le moral d'Ira. Elle se présenta et fut immédiatement engagée. Il n'y avait pas encore de mannequins aussi grands, elle était la première.

Grâce à ses origines sociales parfaitement fiables, Irina Troïtskaïa fut envoyée à l'étranger dès la première année. D'abord à Belgrade, puis à Paris et, pour finir, à Milan. C'est là qu'elle s'installa, après avoir reçu une fulgurante demande en mariage de la part d'un journaliste chargé de la rubrique mode dans un journal de province. Il n'était ni beau ni millionnaire, mais ils filaient le parfait amour dans le Sud, près de Naples, d'où il était originaire. Son mari italien quitta très vite le parti communiste dont il était membre et, par la même occasion, ce métier de journaliste qui ne menait à rien, il ouvrit un restaurant et fut même par la suite le maire d'une ville microscopique. Irina ne devint ni slaviste ni traductrice, et ne retourna plus jamais en Russie.

Mais l'histoire ne se termine pas là, en tout cas, pour la famille Troïtski. Étouffer le scandale lié au prix Nobel était une tâche qui dépassait tout bonnement les forces du jeune diplomate. Néanmoins, la direction du ministère des Affaires étrangères aimant déclarer coupables non les hauts fonctionnaires, mais ceux qui se trouvaient juste en dessous, on estima que le mari de Léna ne s'était pas donné assez de mal. Et voilà que s'ajoutait à cela la défection d'Ira ! Le mari diplomate se fit taper sur les doigts pour le prix Nobel dont il n'était pas coupable, pour la défection d'Ira, et pour son manque de savoir-faire. Le jeune couple aux magnifiques références fut rappelé de Suède.

Le diplomate malchanceux revint à Moscou avec sa famille. Ses enfants, des jumeaux, s'y plurent énormément. Léna préparait de la soupe pour son mari qui revenait tous les soirs de son ministère, où il travaillait comme cinquième assistant du septième collaborateur d'un service qu'on avait l'intention de démanteler depuis vingt ans. Pour des raisons financières, Léna se mit à enseigner l'anglais dans une école. La grand-mère Nina promenait les enfants dans le parc Tchapaïev, comme n'importe quelle femme de ménage, jusqu'au jour où elle prit froid et mourut d'une pneumonie. La situation était épouvantable, et Léna alla consulter une voyante. C'était une voyante d'un genre particulier, portée sur l'hindouisme. Elle enjoignit à Léna de « purifier son karma » et, pour commencer, lui prescrivit de purifier sa maison dans laquelle s'était accumulé « beaucoup de saleté ». Il fut recommandé de refaire tout l'appartement.

Son mari en fut terriblement contrarié. Ils avaient déjà assez de mal comme ça à joindre les deux bouts, on n'avait vraiment pas besoin de se lancer dans des rénovations !

Pour réduire les dépenses, ils se chargèrent eux-mêmes des travaux préliminaires. Avant de déplacer les bibliothèques pour dégager les murs, ils commencèrent par sortir tous les livres d'Igor Vladimirovitch. Les ouvrages anciens, avec des reliures en cuir, furent expédiés chez des bouquinistes et rapportèrent une somme bien plus importante que prévu. Même si les bouquinistes n'avaient pas tout pris. Le général avait pas mal de livres portant des cachets de bibliothèques et de musées, et ceux-là, personne n'en voulait.

Dans les placards du bas des bibliothèques, le mari de Léna trouva une énorme collection de livres antisoviétiques, y compris les œuvres, complètes à l'époque, du lauréat du prix Nobel qui avait fichu sa vie en l'air.

« Oui, papa faisait collection de livres, expliqua Léna. Il avait accès à ceux qui étaient confisqués pendant les perquisitions. Et des amis lui en rapportaient de l'étranger. Il collectionnait beaucoup de choses, des pièces de monnaie, des billets de banque, des timbres… »

N'occupant pas un poste aussi élevé que son défunt beau-père, le mari de Léna ne pouvait se permettre de garder chez lui ce genre de collection. Les livres dangereux furent descendus en pleine nuit et déposés dans une benne à ordures.

Le lendemain soir, ils enlevèrent le papier peint. À l'intérieur de l'un des murs porteurs, ils découvrirent un coffre-fort. Il n'y avait pas de clé. Ils ne réussirent pas à l'ouvrir avec les moyens dont ils disposaient, mais n'eurent aucun mal à le sortir du mur. Le fond était tout simplement en contreplaqué. Ils l'arrachèrent. La boîte contenait plusieurs liasses de dollars antédiluviens, qui d'ailleurs avaient toujours cours, ainsi que vingt-cinq roubles du temps des tsars.

Le mari se prit la tête entre les mains, mais ne jeta pas cela aux ordures.

Ici se termine l'histoire de la famille Troïtski. La suite n'a plus rien à voir avec eux.

Le tour de garde d'Igor Tchetvérikov dans sa chaufferie se terminait à huit heures du matin et, d'ordinaire, il faisait la tournée matinale des bennes à ordures du voisinage à partir de six heures. Le quartier de Sokol n'était pas très juteux, il restait peu de logements anciens, les habitants du coin avaient emménagé dans les immeubles avant la guerre ou juste après et, soit ils s'étaient débarrassés de leurs meubles en bouleau de Carélie et de leurs bronzes français au cours de leur déménagement précédent, soit ils n'en avaient jamais possédé.

Ici, dans ce qui était autrefois le village de Tous-les-Saints, s'il lui arrivait de trouver de temps en temps quelque chose dans les bennes à ordures, c'étaient des vêtements bourgeois. Quelque temps auparavant, on avait jeté une malle remplie de tenues féminines datant du milieu du XIXe siècle. Des petites filles en avaient déjà emporté la plus grande partie, mais Igor avait réussi à tirer un peu d'argent d'un jupon marron, d'une pèlerine en fourrure et d'un uniforme de lycéenne au grand complet.

Cette fois, il resta tout simplement bouche bée : près de la benne en bois dans laquelle les habitants de l'immeuble jetaient leurs ordures se trouvaient des piles soigneusement alignées de *tamizdat*. Sans les examiner vraiment, il les transporta dans la chaufferie et fonça jusqu'au métro pour téléphoner. Son ancien camarade de classe Ilya dormait, et sa voix n'était pas très contente.

« Non, mais t'es malade d'appeler aussi tôt !

— Viens de toute urgence à la chaufferie. En voiture. »

Ilya connaissait parfaitement cette chaufferie puisque c'était lui qui, un an plus tôt, grâce à ses relations, avait trouvé ce travail à Igor quand ce dernier s'était fait renvoyer de l'institut de physique Kourtchatov.

Ilya arriva une demi-heure plus tard. Ils chargèrent les livres dans la voiture et les transportèrent chez un autre général qui s'était jadis passionné non pour les pièces de monnaie et les livres, mais pour les meubles. Et qui vivait dans sa datcha, et non dans son appartement en ville.

Kostia était déjà parti à l'école. Olga leur fit du café et s'assit par terre pour trier les livres. Ils avaient tous été lus. Parmi les volumes impeccables, elle trouva un recueil de Khodassevitch avec une tache de café sur la couverture. Un arbre et une route.

« Igor, ta chaufferie se trouve à Sokol, dans une maison de généraux ?

— Oui, et alors ?

— Rien. J'ai lu tous ces livres quand j'étais à l'université. Leur propriétaire doit être mort. C'était un général. »

Le fugitif

L'orage éclata à deux heures et demie, et il se déroula comme un opéra ou une symphonie – avec une ouverture, des leitmotive, un duo de vent et d'eau. Les éclairs fusaient en colonnes dans des roulements de tonnerre et des miroitements ininterrompus, puis il y eut un entracte, suivi d'un deuxième acte. Maria Nicolaïevna sentit aussitôt disparaître la douleur au cœur qui l'avait tourmentée toute la journée, et le capitaine Popov fut débarrassé du mal de tête dont il souffrait depuis presque deux jours. Il réussit même à dormir quelques heures avant d'aller travailler. L'ennui, c'est qu'il n'avait pas eu le temps de faire tamponner les documents. Mais cela pouvait être remis à plus tard.

Il sonna à la porte à neuf heures pile. Personne n'ouvrit pendant un long moment, puis il entendit un remue-ménage à l'intérieur.

« Qui est là ? Qui est-ce ? »

Une voix de femme capricieuse pestait contre un interlocuteur invisible.

On finit par entrouvrir la porte, mais sans enlever la chaîne. Svintsev et Emélianenko dansaient d'un pied sur l'autre : ils avaient hâte de commencer leur travail et d'en finir au plus vite. Quels abrutis, ceux-là ! Popov montra sa carte par l'interstice. Les bruits reprirent, et la porte s'ouvrit enfin.

Le témoin s'avança, un représentant du comité de l'immeuble, un gars de chez eux.

« C'est bien le domicile de Boris Ivanovitch Mouratov ? »

Le Mouratov en question apparut aussitôt. Massif, une quarantaine d'années, avec une barbe, vêtu d'un peignoir bleu, on aurait dit du velours.

« On n'en vend pas des comme ça chez nous, se dit Popov avec animosité. Ça vient de l'étranger. Où est-ce qu'ils trouvent des trucs pareils ? »

« Vos papiers, s'il vous plaît ! » demanda Popov tout à fait poliment.

Mouratov passa dans la pièce voisine dont venait justement de sortir sa femme, une beauté, évidemment, et en peignoir bleu, elle aussi. Ça alors ! Ils avaient exactement le même !

« Veuillez prendre connaissance de ceci, je vous prie. »

Popov présenta à Mouratov son mandat de perquisition. Sans le lui donner, en le lui montrant de loin.

« Permettez ! » dit Mouratov en tendant la main pour le prendre.

Mais Popov le mit hors de sa portée.

« Qu'est-ce que vous voulez voir ? C'est un mandat de perquisition, je vous dis. Regardez-le de loin, s'il vous plaît.

— Je le vois bien, que c'est un mandat. Mais il n'y a pas de cachet.

— Bon sang ! s'écria Popov, furieux. Cela n'a aucune importance. Un mandat, c'est un mandat, quant au cachet, on le mettra, ne vous en faites pas pour ça !

— Allez d'abord le faire tamponner, et revenez après ! répondit Boris Ivanovitch avec aplomb.

— À votre place, je me montrerai plus... poli ! Vous n'avez pas intérêt à vous mettre mal avec nous. Laissez-nous faire notre travail... »

Et il pénétra à l'intérieur de l'appartement suivi de Svintsev. Emélianenko resta dans le minuscule vestibule pour surveiller la porte d'entrée et la grande pièce.

« Une minute ! » dit Boris Ivanovitch, et il se dirigea vers la pièce adjacente.

Une disposition classique, le capitaine Popov connaissait ça par cœur : un vestibule, une première pièce puis une deuxième, et dans le mur, un cagibi, c'était là qu'ils rangeaient tout. Il avait vu beaucoup d'appartements de ce genre.

Il se planta devant la porte. Mouratov devint tout rouge, l'écarta et alla fouiller dans le tiroir du haut de son bureau. Popov enrageait. Dans cette petite bataille, Mouratov était dans son droit. À strictement parler, le mandat n'était pas valide. Mais le capitaine n'arrivait pas à admettre sa défaite, et il s'écria :

« Ne touchez pas aux tiroirs ! Nous allons les inspecter. »

Mais visiblement, Mouratov avait tout de suite trouvé ce qu'il cherchait. Il aplatit un épais papier jaunâtre sur lequel figuraient la chapka rouge et le profil du « Grand Chef ».

Un diplôme honorifique.

Mouratov fourra le papier sous le nez du capitaine, mais si près qu'il était impossible de rien voir. Popov sentit sa douleur à la nuque qui recommençait.

« Comment osez-vous ? »

L'épouse en peignoir bleu, toute pâle, avec des yeux bleuâtres, regardait son mari d'un air suppliant, mais la belle-mère Maria Nicolaïevna versait du thé dans des tasses comme si de rien n'était.

Boris Ivanovitch éloigna la feuille à une distance

raisonnable : le capitaine pouvait la voir, mais pas l'attraper.

« De loin, je vous prie, on ne touche pas ! »

Le capitaine lut. Le capitaine prit bonne note. Le capitaine sortit en emmenant son équipe avec lui. Sans dire un mot.

Mouratov jeta dans un coin le document aux vertus salvatrices.

Maria Nicolaïevna, avec des gestes tout en rondeurs, posa devant lui une tasse de thé et une tartine sur une petite assiette.

Boris Ivanovitch aimait beaucoup sa belle-mère, il retrouvait Natacha en elle, à ceci près que sa belle-mère avait un caractère plus résolu. Et il retrouvait certains de ses traits dans sa femme Natacha : un léger embonpoint qui s'annonçait, de futurs plis aux coins de la bouche, des lèvres molles... Une bonne race, bien saine. Un peu de surabondance à la Koustodiev[1], mais en revanche, quelles femmes attirantes !

Natacha ramassa le diplôme.

« Mais qu'est-ce que c'est, Boria ? »

Boris esquissa du doigt un geste arrondi plein d'élégance qu'il termina par un envol vertical en direction du plafond : « On nous écoute. »

« Ce diplôme, Natacha, je l'ai reçu parce qu'un atelier m'avait confié la fabrication d'un objet dénommé S.L., et même deux exemplaires de ce magnifique objet qui consistait, mon petit, en un sarcophage destiné au Guide et Maître de tous les temps et de tous les peuples, Vladimir Ilitch Lénine. Et je te prie de remarquer la signature. Les plus hautes autorités me font part de leur reconnaissance. »

1. Boris Koustodiev, (1879-1927), a peint beaucoup de scènes de la vie russe ainsi que des portraits. Ses femmes ont généralement l'opulence des femmes de Renoir.

Après cette déclaration pompeuse, il leva vers le plafond deux énormes niques. Il avait un pouce massif qui formait une grosse protubérance entre son index et son majeur repliés.

Maria Nicolaïevna souriait. Natacha posa ses mains blanches sur sa gorge plus blanche encore.

« Que va-t-il se passer maintenant ? » demanda-t-elle à voix basse.

Boris prit une des nombreuses feuilles en fin papier gris qui traînaient dans la pièce, et écrivit au crayon « Il a disparu on ne sait où. »

Et, sur la même feuille, il se dessina lui-même de façon schématique, comme il se représentait toujours : une grosse tête enfoncée entre les épaules, une courte barbe en éventail et un front aux tempes dégarnies.

« Maria Nicolaïevna, voulez-vous me verser encore un peu de thé, je vous prie ? » dit-il en cognant sa tasse.

Natacha restait assise sur sa chaise, médusée. Maria Nicolaïevna alla remettre de l'eau à chauffer. Boris serra sa femme dans ses bras.

« Je le savais ! dit-elle. C'est épouvantable… »

Puis elle prit un crayon et écrivit sur le bord de la feuille : « Ils vont t'arrêter. »

« Je serai parti d'ici une demi-heure », écrivit-il.

Et il se dessina dévalant l'escalier quatre à quatre. Il n'y avait plus de place sur le papier. Il le déchira et y mit le feu. Il attendit qu'il soit entièrement consumé, jusqu'à ce que la flamme atteigne presque le bout de ses doigts, et le jeta dans le cendrier.

Il prit une nouvelle feuille et se dessina en train de courir dans la rue. Il écrivit en haut le mot « GARE », puis montra le papier à Natacha et à Maria Nicolaïevna qui entrait dans la pièce. Sa belle-mère comprit plus vite que sa femme et hocha la tête.

« Maintenant, dit Boris.

— Tout seul ? demanda Natacha.

— Mmm ! » acquiesça-t-il.

Puis il alla farfouiller dans le fameux cagibi que le capitaine Popov avait eu l'intention d'examiner avec la plus grande attention, et en sortit un dossier dans lequel se trouvait ce que le capitaine était venu chercher.

Il prit dedans un tas de feuilles couvertes de dessins et entra dans la cuisine. Maria Nicolaïevna le regardait faire sans rien dire, mais d'un œil compatissant. Il sortit du four la plaque métallique, posa dessus plusieurs feuilles de papier et approcha une allumette. Maria Nicolaïevna la lui prit prestement des mains.

« Combien de fois vous ai-je demandé de ne pas venir mettre le nez dans ma cuisine, Boris Ivanovitch... ! »

Il était accroupi par terre, occupant presque entièrement l'espace, et la regardait de bas en haut. Maria Nicolaïevna l'écarta, se rendit dans le couloir et, arrivée devant le seuil, souleva le bord du linoléum usé. Boris Ivanovitch se contenta de lever les bras au ciel avec admiration. Agissant de concert et avec précision, comme s'ils n'avaient fait que cela toute leur vie, ils glissèrent les dessins sous le linoléum, puis remirent la barre de seuil à sa place. Tout redevint comme avant. Comme si de rien n'était. Boris Ivanovitch embrassa Maria Nicolaïevna sur la joue, de tout son cœur : il aurait été désolé de brûler ces dessins.

Puis il sortit du tiroir du bas de la commode un pantalon en toile trop large à la taille et un peu court, et alla prendre dans le cagibi un vieux chapeau de paille – des vêtements ayant appartenu à son défunt beau-père. Tout cela sans un mot.

« Il est fou, il est complètement fou... », répétait Natacha.

Maria Nicolaïevna dit d'une voix forte en montrant le téléphone (comme Boris, elle était certaine qu'ils étaient sur écoute) :

« Voulez-vous des boulettes de viande pour le déjeuner, Boris ?

— Oui, ce sera parfait. »

Vingt-cinq minutes plus tard, il sortait de la maison. Il avait rasé sa barbe mais gardé sa moustache. Et il s'était coupé les cheveux. Il traversa la cour, qui était tellement inondée qu'on aurait pu y faire de la barque. Les flaques géantes étaient hérissées de branches cassées, comme après un déluge. Boris portait un grand cabas contenant du linge de rechange, un pull, et son petit oreiller-à-rêves, ainsi que tout l'argent qu'ils avaient pu trouver dans la maison, jusqu'au dernier kopeck.

Sivtsev et Emélianenko, qu'on avait laissés là pour monter la garde, étaient en train de fumer sous une tonnelle en se demandant s'ils n'allaient pas aller s'acheter une bière...

Le capitaine Popov arriva à dix heures et quart avec un tampon bien net sur son mandat. Cette fois, Natacha Mouratov, l'épouse et la locataire en titre de l'appartement, ouvrit tout de suite, et déclara que Mouratov était parti au travail. Popov lança un regard foudroyant à ses deux abrutis.

« Mais il ne travaille pas ! fit-il remarquer. De quel travail parlez-vous ?

— C'est un artiste, il ne va pas au bureau, mais il travaille énormément ! dit la belle-mère en mettant son grain de sel. Vous avez bien vu, c'est lui qui a fabriqué le sarcophage de Lénine !

— Il a été licencié depuis ! déclara Popov, avançant une information fraîchement acquise.

— Eh bien, il est allé chercher du travail ! intervint de nouveau Maria Nicolaïevna.

— Il ne compte pas rentrer pour le déjeuner ? demanda le capitaine.

— Bien sûr que si ! (Ils avaient gobé l'histoire des boulettes de viande, ces sales espions, cela n'avait pas traîné !) Il m'a même demandé des boulettes de viande. Nous l'attendons pour le déjeuner. »

Le capitaine se mit au travail. Il tria des montagnes de papiers divers et variés sans ménager ses forces. Le samizdat habituel, comme chez tout le monde. Mais dans ce cas précis, ce n'était pas le samizdat qui l'intéressait.

Ce qu'il cherchait se trouvait dans son bureau sous forme de photocopies de plusieurs pages du magazine *Stern*. C'étaient des caricatures : des lettres géantes formant les mots « GLOIRE AU PCUS » avec, dessous, une foule de gens et de chiens essayant de mordre dans les mots sacrés. Les lettres étaient constituées de saucissons, plus précisément de mortadelle, avec des rondelles de graisse blanche sur la tranche et des petites ficelles au bout, il y avait même l'étiquette « 2 r. 20 k. »

Sur une autre caricature, c'était le mausolée qui était en mortadelle, et le mot LÉNINE était écrit avec des chapelets de saucisses...

Sur une troisième, les fameux haleurs du tableau de Répine, revêtus de harnais, tiraient non une péniche, mais une fusée interplanétaire.

Les collaborateurs avaient longtemps cherché l'infâme caricaturiste et l'avaient découvert tout à fait par hasard. Il ne restait plus maintenant qu'un petit détail : trouver les originaux, des esquisses ou quelque chose du même genre...

Le capitaine Popov partit tard dans la soirée. Ils embarquèrent trois sacs de samizdat. Les dessins sur lesquels Popov comptait mettre la main étaient restés introuvables.

Au même moment, à Kimri, Boris Ivanovitch s'installait pour la nuit chez une paysanne qui avait essayé sans succès de vendre des oignons et du persil sur les quais, et n'avait récolté pour tout butin que ce voyageur arrivé trop tard pour embarquer sur le dernier bateau à destination de Novo-Akatovo. Pour un rouble, il dormit sur du foin dans sa grange, recouvert d'un drap, puis, à l'aube, il se lava au puits et prit le bateau à six heures du matin. Cette paysanne était une vraie sainte : elle n'alla pas le dénoncer au matin.

Le lendemain soir, il se trouvait à Danilova Gorka, un village éloigné et difficile d'accès, dans la vieille isba de son ami Nicolaï Mikhaïlovitch, un artiste lui aussi. Il lui raconta les choses telles qu'elles étaient, et lui demanda la permission de vivre quelque temps ici, dans leur maison de campagne, ou dans leur cabine de bain. En tant que cousin, ou n'importe quoi d'autre. Nicolaï Mikhaïlovitch secoua la tête, grogna, mais ne dit pas non.

C'est ainsi que débuta la cavale de Boris Ivanovitch.

Danilova Gorka n'était pas un village, mais un hameau de cinq maisons. L'une d'elles était celle de Nicolaï Mikhaïlovitch, une autre était vide depuis plus d'un an, depuis la mort du propriétaire, et attendait un acheteur, quant aux trois autres, en plus des propriétaires, elles étaient occupées par des vacanciers. Ils s'en allaient à la fin du mois d'août, rares étaient ceux qui restaient en septembre.

La mère de Nicolaï Mikhaïlovitch descendait d'une famille princière, et son père, un prêtre, avait été fusillé en 1937, aussi Nicolaï Mikhaïlovitch comprenait-il vite comment faire face à ce genre de situation. Il lui dit que jusqu'en septembre, tant qu'il y avait beaucoup d'étrangers dans le hameau, il était plus ou moins sans danger de vivre ici, mais une fois que les vacanciers seraient partis, la moindre personne serait visible à dix verstes à la ronde.

L'isba était pleine. Des enfants, des vieillards, deux tantes célibataires, et des invités qui s'incrustaient. Tout le monde travaillait énormément, mais pour ainsi dire sans obligation : ils avaient beau être occupés du matin au soir, ils semblaient libres comme l'air.

Cette vie à la campagne était une nouveauté pour Boris. C'était un citadin. Son grand-père, un paysan issu d'une famille de serfs, avait travaillé dans l'atelier de lithographie de Sytine[1] dès 1883, et son père, un imprimeur-graveur, un prolétaire de l'art, comme il se qualifiait lui-même, était devenu un véritable Moscovite et avait perdu tout lien avec sa famille de Riazan.

Boris Ivanovitch ne connaissait pas la campagne, elle lui faisait peur. Et il n'aimait pas la ville. Il avait passé toute son enfance dans le quartier de la Moskova, non loin de l'imprimerie, et quand il s'était marié, il avait déménagé chez sa femme, ruelle Saint-Khariton.

L'endroit où il se sentait le mieux, c'était sur la mer Noire, à Sotchi ou à Gagry, et il se rendait tous les ans dans une station balnéaire. Il n'avait jamais mis les pieds à la campagne. Et voilà qu'il découvrait soudain le charme d'une vie retirée dans un petit village, près d'un grand fleuve, parmi les bois et les marais. Les descendants de la famille princière lui plaisaient aussi beaucoup. Ils n'habitaient plus dans des palais, n'avaient jamais senti l'odeur du luxe et, ballottés depuis un demi-siècle entre le dénuement et la misère, entre la déportation et la prison, ceux qui

1. Ivan Sytine (1851-1934), l'un des plus grands imprimeurs-éditeurs russes.

avaient survécu s'étaient aguerris et simplifiés au point de ne plus parler aucune langue étrangère, mais ils avaient conservé quelque chose que Boris Ivanovitch avait du mal à définir.

Les filles de Nicolaï faisaient mijoter de la kacha dans un poêle russe et cuire des pâtés en croûte au four, elles travaillaient dans le potager et lavaient le linge dans la rivière, les petits-fils pêchaient, les petites-filles et les deux tantes allaient cueillir des baies et des champignons dans les bois. Tout le monde dessinait, chantait, et montait des spectacles pour enfants.

Une cousine de Nicolaï Mikhaïlovitch, une Anastasia virevoltante à la voix superbe, vint passer trois jours chez eux. Elle jeta en passant un œil sur Boris Ivanovitch et lui tourna la tête. Il était une proie facile et dégourdie, et ils ne perdirent pas de temps, mis à part la première nuit qui aurait pu être plus longue s'ils n'étaient pas restés aussi longtemps à table à chanter des chansons. Mais Anastasia chantait vraiment très bien, avec une sorte de chic tsigane, d'une voix sonore et provocante. Cette Anastasia menue, avec sa poitrine de petite fille qui pointait à peine et son long nez, n'arrivait pas à la cheville de sa femme Natacha et, par la suite, Boris Ivanovitch y repensa longtemps avec étonnement : cette fille maigrichonne et anguleuse était de l'eau vive, c'était comme si elle l'avait lavé à grande eau, l'avait démonté os par os et tendon par tendon, puis l'avait remonté. Boris ne se souvenait pas d'avoir jamais été un mari d'une puissance aussi intarissable. Anastasia s'en alla sur une barque le troisième jour de leur liaison pour prendre son tour de garde, elle était médecin et qui plus est, chef de service. Toute la famille l'accompagna sur la berge, elle leur chanta une dernière fois de sa voix extraordinairement pure « *Maroussia lavait ses pieds blancs* », puis agita longtemps son mouchoir depuis la barque qui l'amenait au grand embarcadère du ferry.

« C'est une femme cultivée, mais alors, quelle sacrée garce ! » se dit Boris Ivanovitch avec une perplexité pleine d'admiration. Il n'avait jamais rencontré de femmes pareilles.

Nicolaï Mikhaïlovitch, comme s'il avait lu dans ses pensées, dit à voix basse, uniquement à son intention :

« Nastia a ça dans le sang… Son arrière ou arrière-arrière-grand-mère a eu une liaison avec Pouchkine. »

Pour la fête de la Transfiguration, ils se rendirent tous ensemble à l'église de Kachino. D'abord en bateau, puis en autobus. Un voyage fastidieux.

Cultivés, mais croyants. Des gens comme ça non plus, il n'en avait encore jamais rencontré.

« Vous avez une façon de vivre plutôt antisoviétique ! fit-il observer avec étonnement.

— Non, Boris, a-soviétique ! » répondit Nicolaï Mikhaïlovitch en souriant.

Boris était tout yeux, il examinait les levers de soleil, l'eau sur un banc de sable où des alevins et des têtards allaient et venaient d'un air affairé comme s'ils avaient quelque chose derrière la tête, la berge sablonneuse avec des coquilles de moule vides, des herbes dentelées qu'il avait remarquées auparavant sur les icônes, mais il ignorait qu'elles existaient vraiment… Tout l'émerveillait et le mettait en joie. Il se promenait dans les bois avec les autres, il ramassait des champignons qui n'étaient pas très nombreux en juillet, mais se multiplièrent au mois d'août en même temps que de délicieuses petites pluies fines.

Il se découvrit une passion pour la cueillette des champignons et pour la pêche, et même des aptitudes pour le travail de paysan. Il avait appris facilement à se servir d'une hache et aidait Nicolaï Mikhaïlovitch à réparer la remise, à bricoler le portail.

Les journées étaient longues, les soirées passées à boire du thé agréables, et les nuits instantanées : il s'endormait et se réveillait sur-le-champ. Il était habité par une sérénité extraordinaire, comme jamais il n'en avait connu à Moscou avant cette fuite intrépide.

Un mois et demi s'était écoulé, il n'avait aucune nouvelle de chez lui, mais étrangement, il ne cherchait pas à entrer en contact avec sa femme. En surface, parce qu'il ne voulait pas lui causer d'ennuis. En profondeur – quel calme sans ses inquiétudes, ses caprices, ses angoisses et ses peurs…

Une tante de Nicolaï Mikhaïlovitch posta une carte à Moscou de sa part : « Tout va bien, ne t'en fais pas. Je t'aime, tu me manques. »

Au mois d'août arriva la femme de Nicolaï Mikhaïlovitch, la fille d'un célèbre peintre russe, avec leur fils aîné Kolia. Les deux filles étaient littéralement suspendues à leur mère, elles la traitaient comme une hôte de marque et étaient aux petits soins pour elle, c'étaient des « maman chérie » à tout bout de champ, tandis que le fils, un robuste gaillard de treize ans, suivait son père comme son ombre. Les relations de Nicolaï Mikhaïlovitch et de sa femme non plus n'avaient rien d'ordinaire. Ils étaient tendres et respectueux l'un envers l'autre, c'était tout juste s'ils ne se vouvoyaient pas. Ils se parlaient avec douceur, ils étaient polis et prévenants, on avait même du mal à croire qu'ils avaient fabriqué eux-mêmes leurs enfants.

Les enfants devenus adultes n'en restaient pas moins des enfants, et c'était drôle de voir les petits-enfants reproduire ces menues attentions envers leurs parents, leur apporter une belle pomme ou une poignée des dernières fraises des bois. Boris Ivanovitch, qui était un adversaire convaincu de la procréation, commença même à avoir des doutes sur la théorie qu'il s'était forgée : il en était arrivé depuis longtemps à la conclusion qu'il ne fallait pas engendrer de nouvelles créatures destinées à mener une vie misérable, crasseuse et dénuée de sens dans ce pays inhumain et sans vergogne. Il avait posé cela comme condition à Natacha quand il l'avait épousée.

Ils étaient mariés depuis déjà huit ans, et elle ne souffrait pas de ne pas avoir d'enfants. C'était autre chose qui s'était produit. Soit elle manquait de sens de l'humour, soit la tournure d'esprit de son mari avait fini par lui peser au bout d'un certain temps : elle faisait la grimace devant ses dessins qui devenaient de plus en plus acerbes et caustiques. Comparés à d'autres, ils menaient une vie très aisée. Il avait terminé l'Institut des métiers d'art Stroganov, dans le département artisanat, si bien qu'il n'avait pas atteint le statut d'artiste, il était un exécutant, mais il gagnait bien davantage que les vrais artistes, dans un atelier qui recevait de grosses commandes, pour des milliers de roubles.

Il lui arrivait parfois de louer ses services à des célébrités de façon privée, il les aidait à fabriquer des décors métalliques et des panneaux pour des palais d'une culture quelconque, ferroviaire ou métallurgiste, mais toujours socialiste. Ce travail le mettait hors de lui et, dans sa rage, il inventait des caricatures de plus en plus sarcastiques sur le mode de vie socialiste, qui était à deux doigts de devenir complètement communiste.

Et il s'adonnait de plus en plus à sa passion pour le dessin. Son métier consistait à réaliser des projets d'artistes en métal, et le dessin était devenu une joie, une détente et un exutoire à son irritation. On l'avait invité un jour à participer à une exposition en appartement et, dès la première fois, il avait été remarqué dans ce cercle restreint et trié sur le volet des artistes clandestins.

Son œuvre souterraine avait trouvé des admirateurs. Il avait connu son premier succès avec un ouvrier et une kolkhozienne constitués de ce fameux saucisson tant convoité, sous forme de dessin, cela va de soi. Grâce à son ami Ilya, ce saucisson s'était même retrouvé en Allemagne de l'Ouest et avait été publié dans une revue farouchement antisoviétique, comme toutes leurs revues. Après cet événement, Boris était même devenu indifférent aux gros honoraires, et passait de plus en plus de temps à griffonner sur du papier avec un crayon.

Ici, à Danilova Gorka, il avait perdu toute envie de dessiner des saucissons. Il n'y en avait pas dans les parages, et ils ne manquaient à personne. Quant à dessiner paisiblement une nature paisible, distraction à laquelle s'adonnait toute la famille de Nicolaï Mikhaïlovitch sans exception, des plus vieux aux plus jeunes, cela ne l'intéressait absolument pas. Aussi ne dessina-t-il quasiment pas de tout l'été.

Le mois de septembre approchait, et tout le monde se prépara à retourner en ville. On rangeait dans des taies d'oreiller des champignons séchés sur des fils, des framboises et des fraises des bois séchées au four. Il n'y avait pas de confitures cette année-là, on n'avait pas fait de provisions de sucre et, de toute façon, il était impossible d'emporter beaucoup de pots. On descendit à la cave les concombres marinés et les champignons salés, et on enterra les pommes de terre nouvelles.

Nicolaï Mikhaïlovitch venait toujours ici pendant l'hiver avec son fils, pour « faire une inspection », jeter un coup d'œil à la maison et rapporter des provisions à Moscou. Le trajet était plus difficile en hiver, à la différence de l'été, où l'on venait en bateau. Il fallait prendre le train, puis l'autobus, et faire encore six kilomètres à pied à travers les bois. Les voitures n'allaient pas jusqu'à Danilova Gorka, il n'y avait pas de route et on ne pouvait y parvenir qu'en tracteur.

Lorsque son départ fut imminent, Nicolaï Mikhaïlovitch demanda à Boris :

« Tu as l'intention de passer l'hiver ici, Boris Ivanovitch ? »

En dépit de la sérénité insouciante dans laquelle il vivait depuis presque deux mois, Mouratov avait quand même un peu envisagé l'avenir, aussi répondit-il aussitôt :

« J'ai peur, Nicolaï Mikhaïlovitch. Pas de la milice, mais de ton poêle et de ton isba. Il faut connaître tout ça depuis l'enfance, et il est un peu tard pour que je m'y mette.

— Oui, notre père était un prêtre de village, et nous avons passé toute notre enfance dans une isba. Ce n'est pas une science bien compliquée, mais c'est tout de même une science. »

Nicolaï Mikhaïlovitch gratta sa maigre barbe, garda le silence un instant, et fit une proposition :

« Les locataires de la vieille Nioura sont partis, et elle a beaucoup baissé depuis un an. Vous habiterez dans sa maison, Boris, je vais m'arranger avec elle. Vous l'aiderez à passer l'hiver ici. Je viendrai en décembre. Tout ira bien, si Dieu le veut. »

Tel était le mode de relation qui s'était instauré entre eux : s'ils s'appelaient Nicolaï et Boris, ils se vouvoyaient, et s'ils s'appelaient par leur patronyme, ils se tutoyaient[1].

Mouratov confia deux missions à Nicolaï Mikhaïlovitch : passer chez lui un soir sans téléphoner et

1. Cela aurait dû être l'inverse, l'emploi du patronyme étant un signe de respect, l'équivalent de « monsieur » ou « madame ».

sans prévenir pour remettre une lettre, mais ne pas révéler l'endroit où il se trouvait. Et aussi voir son ami Ilya, le saluer de sa part, et lui dire juste un mot : « Vas-y ! » Il saurait quoi faire.

Il le chargea également de revoir encore une fois Ilya avant de venir ici, de prendre l'argent, d'en remettre la moitié à sa famille et de lui apporter l'autre moitié. Combien il y en aurait, ça, il n'en savait rien, peut-être beaucoup, peut-être pas beaucoup, peut-être même rien du tout…

Nicolaï Mikhaïlovitch s'acquitta de tout cela dès la première semaine de son retour à Moscou.

Et Mouratov déménagea chez Nioura. La vieille femme était toute voûtée, avec une petite frimousse de travers, des doigts recroquevillés et d'énormes mains difformes qu'elle gardait levées devant elle, si bien qu'on avait tout le temps l'impression qu'elle tenait une tasse ou une jatte. Ses mains ne se dépliaient plus, et elle s'en servait comme de deux pinces.

Elle avait accepté de loger Mouratov non pour de l'argent, mais pour de la vodka. Il s'avéra que c'était une sacrée luronne, avec un net penchant pour la bouteille. Elle se réveillait le matin tôt, descendait de sa couche en ahanant, se signait dans le coin sacré où une grande icône complètement noire était posée sur une étagère, et avalait un premier dé à coudre. Elle en prenait un deuxième à midi, puis, en milieu de journée, à une heure indéterminée, elle mangeait de la kacha ou des patates. Quant aux graisses, protéines, glucides et autres ingrédients indispensables à un être humain normal, elle les trouvait dans trois autres dés à coudre de son philtre magique. Une bouteille lui durait une semaine, elle avait calculé ça depuis longtemps. Si le matin, elle était à peine vivante, le soir, par contre, elle était en pleine forme et vaquait même à quelques travaux domestiques, mais ses marmonnements étaient de moins en moins intelligibles.

Quelques années plus tôt, on avait installé la radio et l'électricité dans le hameau. Elle ignorait ostensiblement l'électricité, n'allumait pas la lumière, se couchait à la tombée de la nuit et se levait avec le jour. La radio, en revanche, lui plaisait énormément. Une fois que Mouratov eut appris à comprendre ces marmonnements, il y distingua des commentaires impitoyables et désopilants sur les émissions de radio qu'elle écoutait le matin. Cette année-là avait débuté une nouvelle offensive contre l'alcoolisme, un décret avait été promulgué, une campagne avait été lancée et à la radio, tout le monde s'était mis à stigmatiser l'alcoolisme d'une seule et même voix.

« Y sont contre la vodka, mais elle est où, leur vodka, je vous d'mande un peu ? Déjà qu'on n'arrive même pas à dégotter du tord-boyaux. On n'en a pas besoin, de tous vos trucs, alors laissez-nous nos trucs à nous ! Z'avez qu'à vous occuper de vos chantiers à la noix, nous, on garde notre vodka ! »

Lorsque Boris Ivanovitch commença à s'y retrouver dans son patois assez incompréhensible, il apprécia énormément la verve et le mordant de ses réflexions.

« Je vais t'dire, le locataire, ce Staline qu'on a maintenant, j'sais plus comment y s'appelle, ben, il est encore pire que l'autre ! disait-elle, partageant ses considérations avec lui.

— Pourquoi ça ?

— L'autre, il nous avait tout pris, et celui-là, il ramasse les restes. Oh, ils nous ont bien libérés, ça on peut l'dire ! Ils nous ont libérés de tout, ces mignons, d'abord de la terre, ensuite de nos maris, de nos enfants, de nos vaches, de nos poules… Maintenant, y vont nous libérer de la vodka, et on sera libres comme l'air… »

Le mari de Nioura avait péri en 1930, pendant la collectivisation. Ses trois fils, qui étaient adolescents au début de la guerre, avaient été tués l'un après l'autre, l'aîné en 41, le cadet en 42, et le plus jeune en 45.

« Et Dieu aussi, y nous ont libérés de Lui ! » Elle considéra les ténèbres du coin des icônes et bougonna : « Ou alors c'est Lui qui a décidé qu'Il en avait par-dessus la tête de nous, ça, j'peux pas dire... »

Parfois, le soir, ses deux voisines Marfa et Zinaïda passaient la voir, elles étaient toutes les deux plus jeunes, mais tout aussi caustiques. Elles buvaient le thé de Boris Ivanovitch, et Nioura se rengorgeait.

« Ah, ça, on peut dire que Dieu, y m'a envoyé un bon locataire, des fois c'est de la vodka, des fois c'est du thé... »

Boris Ivanovitch ne songeait même plus au saucisson. Dans ces contrées, il avait complètement perdu son sens symbolique, comme un objet oublié depuis longtemps et totalement tombé en désuétude. Ces petites vieilles n'avaient pas de quoi prendre le train pour aller en acheter à Moscou, quant aux oranges, elles n'en auraient jamais vu jusqu'à leur mort si la famille de Nicolaï Mikhaïlovitch ne les avait régalées de temps en temps de ces denrées exotiques.

Maintenant, Mouratov ne dessinait plus que des tablées de vieilles femmes. Ce dénuement recelait d'immenses richesses : des petites pommes de terre difformes en robe des champs, un cornichon fripé sorti d'un tonneau, des champignons – de minuscules bolets, de robustes russules, des lactaires sanguines... Et la reine de la table : une bouteille de tord-boyaux opaque fermée par un bouchon artisanal. Ou même, avec un peu de chance, de la vodka. L'hiver, il y avait parfois des interruptions dans l'approvisionnement en pain, on n'en livrait pas toujours dans le magasin du village de Kroujilino, à six kilomètres de là, et les vieilles femmes en faisaient alors elles-mêmes à tour de rôle.

Boris avait rapidement épuisé les réserves de papier qu'il avait trouvées dans la maison de Nicolaï Mikhaïlovitch. Mais, fort heureusement, il avait découvert une dizaine de rouleaux de papier peint prévu pour tapisser les combles. Les travaux traînaient depuis des années, on les avait un peu oubliés, et ce papier peint était tombé à pic. Il avait commencé par dessiner sur l'envers, qui était d'un gris poreux, puis il était passé à l'endroit – un fond jaune un peu granuleux sur lequel les visages de vieilles femmes prenaient vie.

Elles étaient les dernières habitantes du hameau. Les autres étaient tous morts, usés jusqu'à la corde comme leurs vieux vêtements, résignés comme des pommes de terre, leur seule et unique nourriture, et libres comme les nuages.

L'alcool ne les rendait pas tristes, mais les mettait de bonne humeur. Elles chantaient des chansons, se plongeaient dans les souvenirs, riaient en couvrant leurs bouches édentées de leurs doigts noirs. Elles avaient deux dents pour trois. Avant, elles soignaient leurs douleurs avec de la sauge et de l'ortie, et c'était le berger du village, Liocha, qui arrachait les dents ; ensuite, après sa mort, celles qui leur restaient encore étaient tombées toutes seules, sans aide extérieure.

Les récits des vieilles femmes étaient les mêmes d'une soirée sur l'autre, des nouveaux venaient s'y ajouter de temps en temps, et Boris Ivanovitch dessinait ces veillées de son crayon fin, avec le parler délicieux qui sortait de leurs bouches sans dents sur de longs rubans. Et ces histoires ! Elles racontaient comment, avant la guerre, les communistes avaient débarqué pour obliger les paysans à rejoindre les kolkhozes, les gens avaient protesté, râlé, et puis ils s'étaient inscrits, il n'y avait rien d'autre à faire. Et Nikola, le fils aîné de Nioura, un petit dégourdi, avait déniché des œufs pourris, ils avaient une poule qui se débrouillait toujours pour pondre dans des endroits tellement bizarres qu'on n'arrivait jamais à trouver ses œufs, et quand ils pourrissaient et qu'ils éclataient, c'était une de ces puanteurs, on pouvait pas s'en débarrasser pendant un mois ! Nikola s'était arrangé pour trouver des œufs qui n'avaient pas encore éclaté, et il les avait cachés dans la carriole des visiteurs de façon à ce que qu'en roulant, ils les écrasent avec leurs derrières de gros pleins de soupe. Et voilà-t'y pas que le premier chef qui s'était assis, il les avait écrasés. Ça avait pété un bon coup, et une de ces odeurs ! Ça puait dans tout le village. Qu'est-ce qu'ils avaient pu rigoler ! Une autre fois, Zinaïda avait eu une rage de dents, et comme Liocha-le-berger était ivre mort, elle était allée à Kachino pour se faire arracher sa dent. Quand elle s'était retrouvée dans le fauteuil du dentiste, elle avait eu si peur qu'elle s'était pissé dessus... Elle était rentrée en courant comme une dératée depuis Kachino, t'as qu'à compter, ça fait dix-huit verstes. En arrivant chez elle, elle n'avait plus mal à la dent. L'abcès avait crevé tout seul pendant le trajet !

Elles parlaient aussi de leurs maris et une fois, cela tourna même à la dispute : Marfa s'était souvenue qu'en 26, Zinaïda avait batifolé avec son mari. Du coup, Zinaïda, elle, avait raconté que Liocha-le-berger trayait tout le troupeau en douce. Or Liocha-le-berger était le frère de Marfa. De fil en aiguille, elles en étaient presque venues aux mains. C'est Nioura qui avait sauvé la situation : elle s'était mise à fredonner une chanson paillarde pleine d'à-propos sur des mains baladeuses, et elles avaient éclaté de rire toutes les deux. Puis elles avaient recommencé à évoquer de vieilles histoires pas tout à fait oubliées, comment les « coummounistes » avaient « affaminé » tout le village, comment ils avaient embarqué les hommes. Elles se taisaient un instant, buvaient un petit verre. Riaient un peu, buvaient encore. Mais entre elles, elles ne parlaient jamais de choses tristes, elles se réjouissaient d'un rien, pouffaient au moindre prétexte ou même sans aucun prétexte, s'asticotaient, se faisaient des blagues, dansaient et chantaient, un peu pour la galerie, à l'intention de Boris Ivanovitch, mais surtout pour elles-mêmes, de bon cœur.

La maison de Nicolaï Mikhaïlovitch offrit encore un autre cadeau à Boris Ivanovitch : trois boîtes de crayons de couleur pour écoliers. Il n'avait aucune estime pour les cochonneries en métal qu'il fabriquait et se considérait comme un dessinateur, mais ces crayons de couleur rudimentaires éveillèrent le peintre qui sommeillait en lui. Il faisait des croquis en superposant du bleu, du vert et du noir, faisant surgir une étrange beauté à multiples strates.

Il se sentait à présent dans la peau d'un ethnologue croquant un monde disparu. Les petites vieilles étaient là, à raconter leurs histoires tarabiscotées, à rire, avec leurs petits minois ridés et ravis, et Boris Ivanovitch, assis à la table, faisait gazouiller son crayon en griffonnant ses merveilleuses images. Une bonne partie du papier peint y était déjà passée.

Puis il neigea, à la misère de l'automne et à la morosité d'un monde brun et détrempé succéda un hiver d'une blancheur de neige qui laissa à Boris Ivanovitch le souvenir d'une tache de lumière extrêmement vive, d'une échappée de soleil sur le fond d'une vie grise.

Il passait toutes les heures du jour, qui ne sont pas très nombreuses à la fin du mois de novembre, à se balader dans le hameau. Les marais étaient gelés et il aurait pu s'éloigner davantage, mais il y avait tellement de neige qu'il enfonçait plus haut que ses bottes.

Un jour où il rentrait à la maison trempé jusqu'à l'os, il trouva les trois petites vieilles qui s'affairaient dans la cour : elles avaient décidé de se laver des pieds à la tête en l'honneur de la fête du lendemain.

« Quelle fête ? Ce n'est pas le 7 novembre, que je sache, ni le 5 décembre, jour de la Constitution soviétique ? demanda Boris Ivanovitch.

— Chez nous, c'est la fête de la Présentation ! » répondirent-elles.

Qui était présenté et où, elles étaient bien incapables de l'expliquer. Mais la décision avait été prise à l'unanimité : elles allaient se laver. D'ailleurs, le temps était venu. La dernière fois qu'elles s'étaient lavées, c'était à l'Intercession, juste après la première neige[1].

La seule cabine de bain correcte était celle de Nicolaï Mikhaïlovitch, celles des vieilles s'étaient écroulées depuis longtemps, mais beaucoup de neige s'était accumulée dans le potager de Nicolaï et il aurait fallu une journée pour déblayer. Elles avaient donc décidé de se laver dans l'isba de Nioura, comme la dernière fois. Quand elles étaient jeunes, elles entraient carrément dans le poêle et se lavaient à l'intérieur, mais maintenant, elles avaient peur de se brûler.

Boris Ivanovitch ne posa pas de questions inutiles. Il transporta une cuve depuis la remise jusqu'à l'isba. Il alla chercher de l'eau au puits. Il leur coupa du bois et le rentra à l'intérieur, tout le vestibule en était rempli. Dès le matin, elles chargèrent le poêle à fond et mirent de l'eau à chauffer. Il faisait une telle chaleur

1. La Présentation de la Vierge au temple, le 21 novembre. L'Intercession de la Vierge, le 1er octobre.

dans l'isba que toutes les fenêtres étaient couvertes de buée, les vitres pleuraient et se nettoyaient toutes seules.

Elles avaient tout préparé, et même ramolli à la vapeur les balais en branches de bouleau. Et elles se mirent à réfléchir : qu'allaient-elles bien pouvoir faire du locataire ? Dans le vestibule, il faisait froid, et dans la cour, même une chèvre gèlerait sur place, elles n'allaient pas le mettre dehors, quand même ! On ne pouvait pas le fourrer sur le poêle, il allait rôtir. L'isba n'avait pas de pièces séparées ni de cloisons intérieures. Il ne restait qu'un seul endroit : derrière le poêle. Oui, mais si jamais il les espionnait ? Puis elles partirent d'un grand éclat de rire : qu'est-ce qu'un jeune comme lui pourrait bien avoir envie de regarder, pas leurs vieux os, tout de même ?

Elles le reléguèrent donc derrière le poêle et tirèrent le rideau. Il s'installa là avec un livre, mais sans lire. Il n'y avait pas assez de lumière, l'ampoule n'était pas plus forte qu'une bougie, elle éclairait juste un peu plus loin. Et il resta assis là, à écouter ces conversations de vieilles femmes.

Elles commencèrent par glousser : elles étaient devenus drôlement maigres, la crasse ne leur collait même plus à la peau ! Ensuite, Zinaïda déclara qu'elles n'avaient même plus d'odeur, quand elles étaient jeunes, elles puaient la crevette, mais maintenant, ça ne sentait plus que la poussière et le moisi. Puis le lavage commença : elles couinaient, elles gémissaient, elles versaient de l'eau, elles cognaient les cuvettes. Ensuite, l'une d'elles glissa et s'étala par terre en poussant un cri perçant. Boris Ivanovitch s'affola, il devrait peut-être aller la relever ? Il se redressa de toute sa taille et regarda par-dessus le rideau. Zinaïda et Marfa étaient en train de relever Nioura en se tordant de rire comme des gamines.

Boris Ivanovitch resta médusé. Il était habitué à leurs visages ridés, à leurs mains foncées et difformes, à leurs pieds avachis, à tout ce qui dépassait de leurs vêtements délavés et vétustes. Mais maintenant, Seigneur Dieu ! il voyait leurs corps... Et il ne pouvait en détacher les yeux. De longs cheveux gris ruisselaient le long des colonnes vertébrales bosselées. Leurs mains et leurs pieds paraissaient encore plus énormes et encore plus monstrueux, leurs doigts, abîmés par le travail de la terre et distordus comme les racines des vieux arbres, avaient pris la couleur de la terre dans laquelle ils avaient creusé pendant des décennies. Mais leurs corps, en revanche, étaient tout blancs, d'une pâleur bleuâtre, comme du lait écrémé. Marfa avait toujours de la poitrine, des seins avec des mamelons foncés, comme les animaux, mais chez les deux autres, les seins avaient littéralement fondu, elles avaient juste des petites poches transparentes qui leur pendouillaient sur le ventre. Zinaïda avait de longues et belles jambes – ce qui en restait. Toutes, elles avaient le derrière tellement fripé qu'il en était devenu complètement plat, seuls les plis de la peau indiquaient l'endroit où se trouvaient jadis des fesses rondes.

« Je te l'avais bien dit, Nioura ! Faut pas que je soulève quelque chose de lourd, ça me fait tout de suite sortir la matrice... », déclara Marfa d'un ton de défi et même avec une sorte de fierté.

Boris Ivanovitch vit alors une petite poche grise de la taille d'une blague à tabac qui lui pendait entre les jambes. Il fronça les sourcils, mais il n'arrivait pas à détacher les yeux du spectacle de ces trois grâces-sorcières.

Marfa s'accroupit et remit la poche dans son pubis pelé et ridé, lui faisant réintégrer les profondeurs de ce qui avait été autrefois un corps de femme.

Boris Ivanovitch n'était pas un autodidacte, il avait fait des études, et il venait tout de même d'une famille d'artistes et de graveurs. Il connaissait les illustrations de *La Divine Comédie* par Gustave Doré depuis qu'il était tout petit. Il avait compulsé ce gros livre durant cette période de semi-enfance où la nudité du corps féminin suscite une ardente curiosité. Mais ces créatures difformes qui grouillaient à deux mètres de lui étaient des vestiges vivants de corps féminins, et seul un effort d'imagination permettait de déceler la féminité dans ces os tordus et cette peau pendouillante...

« Quand on est vieux, le sexe disparaît... devina Boris Ivanovitch, et il fut soudain saisi d'épouvante. Et moi ? Moi aussi, je vais devenir comme ça ? Non, non, je ne veux pas ! Je préfère m'en aller moi-même plutôt que d'en arriver à une telle décrépitude, à un tel anéantissement. »

C'est alors que retentit un éclat de rire : les vieilles l'avaient pris sur le fait !

« Dis donc, Nioura, mais il espionne les filles, ton locataire !

— Faut le fouetter avec les branches de bouleau pour lui faire passer l'envie de polissonner ! »

Nioura piailla :

« Non, avec des orties ! Ceux qui espionnaient les filles, on les fouettait avec des orties !

— Oh, ça va, les mémés ! Si vous croyez que vous me faites de l'effet ! J'ai cru qu'il fallait relever quelqu'un. Pas la peine de vous réjouir comme ça ! »

Et il se réfugia derrière son rideau. Ensuite, pendant plusieurs jours, il dessina en cachette ce « bain de cygnes blancs », ainsi qu'il appelait la scène qu'il avait surprise.

Il utilisa tout le papier peint qui restait pour ce travail étrange. Il repensait aux nus qu'ils apprenaient à dessiner à l'Institut Stroganov, mais ici, cela n'avait rien à voir avec ces hachures serviles, avec ce combat entre l'ombre et la lumière, avec l'art de maîtriser des formes à l'aide d'un crayon encore enfantin. Les dessins obtenus étaient effrayants. Mais ils avaient aussi quelque chose de cocasse.

Après en avoir dessiné deux dizaines, il se retrouva à court de papier. Et il commença à s'ennuyer. C'est justement à ce moment-là que Nicolaï Mikhaïlovitch arriva avec son fils pour inspecter sa maison. Il lui avait apporté beaucoup d'argent de la part d'Ilya. Bien plus que Boris n'en avait escompté. Ainsi qu'un bonjour de chez lui, et une lettre de sa femme.

Ils se rendirent ensemble au magasin du village voisin, à six kilomètres.

Nicolaï Mikhaïlovitch était dans les bonnes grâces de la vendeuse Véra qu'il connaissait bien, et elle leur vendit de la vodka planquée sous le comptoir. Nicolaï en avait apporté deux bouteilles de Moscou, mais Boris Ivanovitch ne pouvait pas laisser passer cette occasion de dépenser sa fortune. Il avait évité d'aller au magasin, il se méfiait des habitants du village. Si jamais ils allaient dénoncer cet inconnu qui traînait dans le coin ?

Ils rangèrent dans leurs deux sacs à dos un assortiment des maigres réserves du magasin : des biscuits, des bonbons poisseux vendus en vrac, des anchois, de l'huile, de la semoule d'orge perlé, des pois secs, du *kissel* de cerises en briquettes, du fromage à tartiner, et deux paquets de sel. Boris Ivanovitch fouillait les étagères du regard dans l'espoir d'y trouver de la vraie nourriture. Véra détaillait l'acheteur en se demandant s'il pourrait faire l'affaire. Selon toute apparence, oui, seulement c'étaient les denrées alimentaires qui faisaient briller ses yeux, et non sa beauté à elle…

Nicolaï Mikhaïlovitch enfila son sac à dos, puis secoua les épaules pour équilibrer les achats à l'intérieur, et les bouteilles émirent un léger tintement délicieux.

« Vous êtes là pour longtemps ? Faut venir nous voir ! »

Véra appuya sa joue ronde contre un poing rouge comme une betterave.

« Non merci, Véra, je ne peux pas. Je ne suis venu que pour une journée. Je n'ai même pas chauffé la maison, j'ai juste rentré le bois. On va passer la nuit chez Svistounova, et on rentre !

— Alors envoyez-nous au moins votre copain ! gloussa Véra. C'est qu'on s'embête, nous, les filles. Depuis le temps qu'il vit ici, personne le connaît… »

Ah, ah ! Alors le téléphone arabe avait fonctionné. Dans les villages voisins, on savait qu'un étranger habitait ici. Les artistes échangèrent un regard entendu.

« On s'en va demain. Vous ferez connaissance au printemps, quand on reviendra. »

Pour l'arrivée des hommes, Nioura avait fait des tourtes aux pommes de terre, et elle s'était réfugiée dans son coin, derrière le poêle. Zinaïda et Marfa ne s'étaient pas montrées, par délicatesse.

« Il faudrait peut-être les inviter ? demanda Boris Ivanovitch, qui avait déjà pris sa décision : il allait quitter cet endroit merveilleux dans lequel il ne s'était que trop attardé.

— Non, elles ne viendront pas aujourd'hui. Ce sont des paysannes bien élevées, elles ne rendent jamais visite le premier jour, je ne sais pas pourquoi. Soit pour ne pas déranger, soit pour ne pas avoir l'air d'attendre des cadeaux. Elles ont reçu une éducation raffinée, les jeunes ne sont plus comme ça. La vendeuse Véra, une voleuse et une traînée, est la nièce de Zinaïda, en principe, elle devrait rendre visite à sa tante, lui faire des petits cadeaux, mais elle ne veut pas. Le fils de Zinaïda est en prison depuis deux ans, sa belle-fille boit comme un trou et un de ses petits-fils s'est noyé l'année dernière. Il ne lui reste plus qu'une petite-fille arriérée mentale... » Nicolaï Mikhaïlovitch haussa les épaules. « Mais qu'est-ce que tu en as à faire, de nos drames rustiques... »

Kolia entra, les bras chargés de provisions qu'il était allé chercher à la cave.

« Tout va bien, papa, rien n'a gelé. Et les patates se conservent parfaitement. Seulement je crois que, par un froid pareil, on n'arrivera jamais à les transporter jusqu'à la gare, elles vont geler. J'ai pris des cornichons et des champignons, mais les patates, moi, je n'y toucherais pas...

— C'est dommage, bien sûr. Mais tu as raison, Kolia. Il fait de plus en plus froid, même dans l'autobus, elles gèleraient. »

Ils passèrent une bonne soirée entre hommes, ils mangèrent les tourtes et toutes sortes d'amuse-gueules campagnards. Pour fêter ces retrouvailles, ils épluchèrent des patates qu'ils arrosèrent d'huile, mais n'ouvrirent pas les conserves, ils les laissèrent aux vieilles pour Noël. Le carême venait de commencer, mais pour elles, c'était le carême toute l'année, à part un petit poulet de rien du tout qu'elles se faisaient cuire de temps en temps.

En pleine nuit, vers dix heures, on frappa à la porte. Nicolaï Mikhaïlovitch se leva prestement, fourra entre les mains de Boris son assiette et son verre, et le poussa derrière le poêle, avec la vieille Nioura. Il avait bien fait : sur le seuil se tenait le gendarme Nicolaï Svistounov, un lointain parent de Nioura. À vrai dire, cela faisait longtemps que personne ne tenait plus compte de ces liens de parenté, car la moitié des habitants des trois villages voisins étaient des Svistounov, et tout le reste des Erofeïev. Et un homme sur deux s'appelait Nicolaï.

Svistounov enleva sa chapka et déboutonna sa pelisse de milicien. Nicolaï Mikhaïlovitch, sans dire un mot, prit un verre propre et le remplit un peu plus qu'à moitié.

« Je suis passé chez vous, à Danilova Gorka, mais j'ai vu que vous n'aviez pas allumé le poêle et qu'il n'y avait pas de lumière, fit remarquer Svistounov.

— Il faudrait le faire marcher pendant trois jours pour réchauffer la maison. On est venus juste comme ça, pour jeter un coup d'œil, prendre des cornichons et des champignons à la cave. On va passer la nuit chez Nioura et, après, on rentre. »

Il n'y avait pas de route pour venir de Danilova Gorka, même à skis. Juste un sentier que Nicolaï et Boris avaient rafraîchi, c'était par là que le gendarme était arrivé. Il est vrai qu'une nouvelle neige avait déjà comblé leurs traces toutes fraîches.

« Ça va me prendre plus d'une heure pour rentrer ! » calcula Svistounov.

Il était pressé. La semaine précédente, on avait aperçu des loups à Troïtski. Il n'avait pas envie de tomber dessus. Si bien qu'il ne s'attarda pas chez la vieille femme. Il fallait toujours que les gens racontent des trucs, voient des choses... Il était venu, il avait contrôlé les identités : c'étaient des vacanciers du coin, il les connaissait, ils habitaient dans une maison qu'ils avaient achetée, il n'avait vu personne d'inconnu.

Mais il demanda quand même, pour la forme :

« Nicolaï Mikhaïlovitch, t'aurais pas vu des inconnus dans les parages ?

— Des inconnus ? Non, rien que des gens que je connais. »

Et le gendarme Svistounov rentra chez lui en

s'enfonçant dans les bois par l'étroit sentier. Il ne rencontra aucun inconnu, aucun loup non plus.

Boris Ivanovitch sortit de derrière le poêle où la vieille Nioura, qui ne s'était pas réveillée, dormait d'un sommeil d'enfant, d'ailleurs elle n'était pas plus grande qu'une enfant. Les hommes finirent la deuxième bouteille de vodka, puis ils burent du thé, après quoi Boris essuya la table et posa ses dessins dessus, en trois piles. Dans l'une, les veillées des vieilles femmes et leurs conversations, dans une autre, des natures mortes avec des pommes de terre et des cornichons salés au milieu d'un fatras d'objets sans nom destinés à un usage incompréhensible et tombés en désuétude – des sortes de binettes, des pinces en bois, des petites pelles, une minuscule vaisselle en argile, pour boire ou jouer à la dînette, on ne savait pas très bien. Et dans la troisième pile, la plus grande, des morceaux de papier peint découpé avec, sur l'envers et sur l'endroit, les vieilles femmes toutes nues, leurs os qui saillaient, les sacs et les poches de leur peau, leurs plis et leurs rides. Mais rien à voir avec *L'Enfer* : elles souriaient, s'esclaffaient, riaient comme des folles. L'eau chaude, le grand lavage tant attendu – tout cela les mettait en joie.

Nicolaï Mikhaïlovitch regarda longtemps, grogna, renifla, puis dit avec laconisme :

« Je ne savais pas du tout que vous dessiniez comme ça, Boris ! Bon, vous ne pouvez pas rester plus longtemps ici, ça, c'est sûr. Je ne sais pas ce que vous avez en tête pour la suite, mais moi, je vais emporter ces dessins à Moscou. Je vous les garderai jusqu'à votre retour. » Il sourit. « Si j'arrive à me garder moi-même…

— C'est vrai, vous les trouvez bons ? demanda Boris Ivanovitch. Je ne m'étais même pas posé la question. Ne les gardez pas chez vous, donnez-les à Ilya. Il arrivera peut-être à les caser quelque part… »

Il était extraordinairement content. Nicolaï Mikhaïlovitch était quelqu'un de très respecté parmi les artistes, il avait la réputation d'être sévère et avare de compliments.

Ils se quittèrent le lendemain. Nicolaï Mikhaïlovitch et son fils prirent la direction de Moscou, et Boris Ivanovitch celle de Vologda.

Il resta caché pendant quatre années entières. Il s'était fait à l'idée qu'ils finiraient par l'arrêter tôt ou tard et s'amusait à braver le danger. Il vécut d'abord dans la région de Vologda, puis trois mois dans la ville de Tver, chez la virevoltante Anastasia à la si belle voix, après quoi, s'enhardissant de plus en plus, il s'installa près de Moscou, habitant tout simplement dans la datcha d'un vague cousin, en grande banlieue. Et il commença à avoir des doutes : peut-être que personne ne le recherchait ?

Son ami Ilya l'avait bien aidé. Il lui avait gardé toute sa collection, mis à part les travaux qu'il avait réussi à vendre à l'étranger. Là-bas, les choses se passaient à merveille : à la fin de l'année 1976, on organisa à Cologne une exposition intitulée « La nature russe mise à nu ». Les trois horribles vieilles toutes nues s'amusaient comme des folles. Elles étaient ravies…

C'est à ce moment-là qu'ils le retrouvèrent. Quatre ans après sa disparition réussie.

On ne le condamna qu'à deux ans, et on lui colla un article surprenant : il fut condamné pour pornographie ! Pas pour ses saucissons antisoviétiques, ni pour son mausolée en saucisses, ni même pour le monstrueux portrait du Guide en chair à pâté, avec un morceau d'oreille au bout d'une fourchette. Mais pour pornographie ! Si l'on considère qu'en URSS, personne n'avait jamais été envoyé en prison pour pornographie, c'était une sorte de record.

Une fois ses deux ans purgés dans le camp d'Arkhangelsk, il émigra en Europe, où il vivait encore il n'y a pas longtemps en compagnie de sa nouvelle épouse Raïka, une petite Juive pétulante et svelte comme un esquif, qui avait quelque chose de l'Anastasia d'autrefois.

La belle Natacha n'avait pas perdu son temps non plus. Pendant que Boris Ivanovitch était en cavale, elle s'était trouvé un ingénieur on ne peut plus normal dont elle avait eu une fille, elle aussi de cette même race que les femmes de Koustodiev qui plaisait tant à Boris Ivanovitch autrefois. Maria Nicolaïevna s'occupait de sa petite-fille et préparait de maigres repas. Son nouveau gendre n'était pas mal du tout, c'était un homme bien, mais il n'arrivait pas à la cheville de Boris Ivanovitch !

Toutes les petites vieilles de Danilova Gorka sont mortes depuis longtemps. Tout est en ordre.

Le déluge

Selon toute apparence, la petite avait téléphoné de la cabine juste à côté de l'entrée de l'immeuble, car elle fut à la porte en deux minutes.

Ilya était allé plusieurs fois chez ses parents avant leur arrestation, mais il ne l'avait pas remarquée, elle n'était peut-être pas là, ou bien elle dormait.

Olga, elle, était sûre que c'était la première fois qu'elle la voyait. Un visage pareil, cela ne s'oublie pas : une petite frimousse maigrichonne, des yeux trois fois trop grands, clairs et plats, un nez minuscule avec un creux profond entre les sourcils. Une drôle de tête ! Ilya lui avait un peu parlé d'elle, il lui avait dit qu'elle avait un caractère épouvantable et que personne n'arrivait à la tenir. En revanche, Olga avait entendu beaucoup de choses sur son père, Valentin Koulakov, un marxiste qui se proclamait pur et dur, alors que tous les autres, retranchés derrière les murs de l'Institut du mouvement ouvrier et de celui du marxisme-léninisme, étaient soit des falsificateurs, soit des traîtres.

Elle ne se souvenait pas des détails, d'où il avait été renvoyé avant d'être arrêté, et pourquoi. Il fustigeait les ennemis de toutes les façons possibles et imaginables et avait écrit plusieurs lettres au Comité central, mais personne ne voulait l'écouter, aussi avait-il multiplié par ses propres moyens ses braillements sur la vérité à l'aide d'une photocopieuse de l'État, et il s'était mis à écrire des lettres insolentes et irresponsables à des partis communistes étrangers – aux Italiens ou aux Autrichiens, ou peut-être même aux deux.

Il faut reconnaître qu'on l'avait supporté longtemps, mais après avoir été exclu du Parti et de son institut, il s'était tout bonnement déchaîné. Il avait entrepris d'éditer une revue marxiste clandestine qu'il avait même essayé de faire passer à l'étranger, et ça, les organes ne pouvaient quand même pas le supporter. C'est alors qu'on l'avait expédié en prison. Et par la même occasion, on y avait aussi envoyé sa femme Zina qui, de ses mains malhabiles, tapait la revue à la machine et la reliait tant bien que mal, un peu de travers, mais du point de vue idéologique, elle ne le cédait en rien à son mari.

À ce qu'on disait, c'était un spécialiste remarquable tant de Marx que d'Engels et, à l'Institut, rares étaient les chercheurs de son niveau. Il avait appris l'allemand autrefois, à cause de Marx et d'Engels. Il mourait d'envie de lire *Les Manuscrits parisiens de 1844* dans le texte. Il y avait là quelque chose dont Marx n'avait plus parlé par la suite. Quand Hitler était arrivé au pouvoir, des socialistes allemands avaient réussi à apporter ces manuscrits à Moscou.

« Mais à quoi ça sert ? Ils sont sous clé, et on ne laisse personne y toucher ! », se plaignait Valentin à Ilya.

À cette époque, ils se fréquentaient surtout dans les fumoirs des bibliothèques. C'était à ce moment-là qu'Ilya était allé chez eux pour la première fois, il avait même photographié Valentin et sa femme Zina. Olga se souvenait aussi de cette photo, elle se trouvait dans les dossiers d'Ilya. Un couple plutôt cocasse : lui, il avait une abondante chevelure qui déferlait en deux grosses vagues de part et d'autre de sa tête, depuis le haut du crâne jusqu'aux oreilles, alors qu'elle, elle avait des cheveux ras et clairsemés, comme un enfant après une longue maladie, et une petite frimousse de poupée.

Sur le seuil se trouvait une gamine crasseuse vêtue d'une veste d'enfant à manches courtes avec un col élimé, flanquée d'un chien de taille moyenne docilement assis à ses pieds. Un poil gris clair très épais, une queue arrondie et un air tout à fait convenable, contrairement à sa maîtresse. Un chien nordique. Une laïka. Le collier et la laisse étaient en cuir, de bonne qualité.

« Je suis Marina. Ilya vous a prévenue ? »

Elle restait sur le seuil sans entrer.

« Oui, oui, entrez ! »

Marina émit un léger bruit, une sorte de toussotement, et le chien la précéda à l'intérieur. Elle portait un petit sac à dos. Ilya sortit dans le couloir et la salua.

« Assis ! » commanda la fillette.

Le chien s'assit et regarda sa maîtresse d'un air de dire : quel ordre allez-vous encore juger bon de me donner ?

Marina détacha la laisse et la mit entre les mains d'Ilya.

« Maintenant, elle ne sortira plus qu'avec vous. Et avec personne d'autre. Vous n'aurez qu'à dire le mot, vous savez... *Spazieren* ! Et elle vous suivra. »

À la version allemande du mot, la chienne dressa les oreilles.

« Elle a compris ! dit Olga en souriant. Elle est intelligente, cette chienne !

— Intelligente, Guéra ? Elle est géniale. C'est une

laïka. Et les laïkas sont les plus intelligents de tous les chiens. »

Olga lui proposa du thé, puis se ravisa : ce n'était pas du thé qui lui fallait, à cette petite sans famille, elle avait besoin qu'on la nourrisse. Elle lui proposa à manger.

« Seulement je vous préviens, je ne mange pas de viande ! »

« Non, mais quel culot ! » se dit Olga, mais Marina sourit, découvrant de minuscules dents de poisson, et se rattrapa par une plaisanterie :

« Guéra et moi, on a passé un accord : la viande est pour elle, et tout le reste, c'est pour moi. »

Et elle se mit à leur expliquer quels chiens remarquables étaient les laïkas, qu'ils en avaient toujours eus chez eux même avant la guerre, parce que son grand-père étudiait la vie des peuples nordiques, et il avait rapporté son premier laïka, un chiot, il y a presque quarante ans, alors depuis ce temps-là…

Olga se souvenait vaguement d'avoir entendu parler de ce grand-père philologue qui avait établi un dictionnaire de la langue d'une tribu du Grand Nord en voie de disparition… D'ailleurs il avait lui-même disparu par la suite dans les camps du Grand Nord.

Marina voulait bien manger de la kacha de sarrasin. Elle avait tartiné son pain d'une épaisse couche de beurre. Ses mains étaient couvertes d'égratignures, comme si elle avait non un chien, mais toute une portée de chatons, et ses ongles étaient rongés presque jusqu'à la lunule. Elle mangea la kacha, quatre tranches de pain beurré, tout le fromage qu'il y avait, ainsi que deux cents grammes de saucisson fumé provenant des colis spéciaux. Visiblement, elle avait oublié qu'elle ne mangeait pas de viande.

« Pauvre petite ! » se dit Olga, et elle se leva d'un bond. « Oh, tu aimes la confiture d'abricots ? »

Oui, elle aimait beaucoup ça.

Elles mangèrent à elles deux plus de la moitié du pot de confiture, puis Ilya vint mettre le nez dans la cuisine, il s'exclama avec indignation : « Comment ça ? Sans moi ? », et termina le reste du pot.

Kostia fut ravi de trouver un chien en rentrant de l'école, mais Marina l'avertit que, bon, oui, c'était peut-être un chien, seulement il ne fallait pas jouer avec lui, il le mettrait en pièces.

Kostia fut très surpris : alors pourquoi avoir un chien comme ça ?

Olga s'inquiéta un peu. C'est vrai, ça, il pourrait mordre le petit !

« Pas le mordre, le mettre en pièces ! » corrigea Marina d'une voix douce.

La chienne, imperturbable, était toujours assise là où on le lui avait ordonné.

« Olga, tu pourrais lui trouver quelque chose pour se coucher ? »

Elle était passée au tutoiement sans plus de cérémonie.

Après avoir bu son thé, Marina déclara qu'elle devait sortir une petite heure. Elle dit : « Couché ! », et la chienne s'allongea sur la vieille couverture d'enfant qu'Olga lui avait donnée.

Pendant tout le temps que dura l'absence de la fillette, Ilya parla à Olga de ce Valentin Koulakov.

« Ça peut paraître bizarre, mais il n'y a qu'un point sur lequel nous sommes d'accord, un seul, c'est Staline. Seulement lui, il le déteste non pour le sang qu'il a versé ni pour la terreur, mais pour avoir profané les idéaux. Il s'est bâti tout un système assez compliqué de trahisons à plusieurs étages : Staline a trahi Lénine, mais avant ça, Lénine avait dénaturé Marx, et il faut se souvenir que Marx avait eu un malentendu avec Hegel, qu'il ne comprenait pas non plus tout à fait correctement, pas à la Koulakov… Et pour que la vie s'écoule comme il se doit, conformément à la loi de la dialectique marxiste, il faut tout ramener à un seul dénominateur, introduire des corrections partout, et démasquer Staline en tant que criminel ayant attenté aux idéaux du socialisme. Tu comprends, là-bas, ils sont toute une communauté de gens prêts à monter sur le bûcher pour je ne sais quelles citations de *L'État et la Révolution*…

— Pas la peine de m'expliquer, ma mère est comme ça ! fit remarquer Olga.

— Cela n'a rien à voir ! C'est une espèce complètement différente. Elle, elle croit ce qu'on lui ordonne de croire. Tandis que celui-là, il fait marcher ses propres méninges, il cherche la vérité, il vérifie les textes et confronte les déclarations ! dit Ilya, mettant l'accent sur une différence capitale.

— Ma mère aussi croit en quelque chose ! » protesta Olga en essayant de défendre l'honneur maternel.

Ilya renifla d'un air méprisant.

« Elle croit aux instructions de ses supérieurs. Tout le monde sait comment elle a aboyé contre Pasternak ! »

Les relations entre le gendre et la belle-mère étaient d'une clarté absolue : ils éprouvaient l'un envers l'autre une animosité indéfectible. Ilya ne pouvait pardonner à Antonina d'avoir exclu Pasternak de l'Union des écrivains. À l'époque, on lui avait proposé d'être la secrétaire de la séance et elle avait accepté, par bêtise ou par ambition, ou peut-être par peur. Quelle honte, mais quelle honte !

De son côté, la belle-mère ne pouvait souffrir ce gendre dégingandé et mal élevé. Son rire éclatant lui était désagréable, même l'odeur qu'il laissait derrière lui dans les toilettes lui semblait particulièrement déplaisante. « Il a une odeur d'animal. Une odeur de

Juif… » Et chaque fois qu'elle entrait dans les toilettes après lui, elle faisait brûler un morceau de papier journal. « Ma petite fille s'est vraiment choisi un mâle qui pue… »

Olga, dévouée corps et âme à son mari, trouvait très contrariants les fluides de haine qui secouaient les lieux dans lesquels sa mère et Ilya se trouvaient en même temps, et elle s'efforçait de les neutraliser comme elle pouvait.

« Bon, d'accord, on ne va pas recommencer avec maman, Ilya ! On s'en fiche, de tout ça ! Comment va-t-on aider cette petite ? Peut-être que le Fonds pourrait faire quelque chose ? »

Le Fonds d'aide aux prisonniers politiques, créé par le détenu le plus célèbre, l'écrivain le plus scandaleux et l'émigré le plus intraitable, transférait déjà ses honoraires en Russie[1]. Ils étaient distribués dans les camps sous forme de colis alimentaires, et à différentes adresses à titre d'aide aux familles des détenus, pour des libérations ou des soins médicaux. Si tous les gens impliqués étaient honnêtes et loyaux, ils étaient aussi très brouillons, et les choses se faisaient à la russe, avec un grand nombre de cafouillages et d'erreurs. On mélangeait les lettres, l'argent, les colis, et tout ne tombait pas entre les bonnes mains, sans compter que les organes ne chômaient pas (la charité à la poursuite de l'hôpital), et il se jouait dans tout le pays une partie gigantesque, avec des bureaux de poste, des coursiers et des codes secrets. Une vraie pagaille.

« Ils sont là pour aider qui, sinon une petite fille comme elle ? insistait Olga.

— Non, Olga, tu ne comprends pas comment tout cela est organisé. Il y a effectivement de l'argent, et

1. Il s'agit bien sûr du Fonds Soljénitsyne, créé en 1974.

justement pour répondre aux besoins des prisonniers politiques et de ceux qui sont libérés. Mais tu comprends, il faut d'abord recevoir l'aval du Classique[1].

— Il faut demander à chaque fois, pour chaque somme que l'on donne ?

— Pas tout à fait. À ce que je sais, il y a des distributions régulières, disons, de colis alimentaires, et la liste est mise au point ici, ils n'ont pas à la ratifier là-bas, mais quand cela sort du rang, on doit demander.

— Et ici, qui décide ?

— Qu'est-ce que ça peut faire ? Slava, Andreï, Vitia… Quelle importance ? Les gens changent, mais les choses se font. En ce qui concerne les aides individuelles comme celle-là, on demande à chaque fois.

— Tu crois qu'ils n'en donneront pas à cette petite ?

— Comment veux-tu que je le sache ? Ça m'étonnerait que le Classique veuille aider un marxiste. Il déteste le communisme. D'un autre côté, c'est la fille d'un prisonnier politique, non ?

— Bien sûr. Il faudrait l'aider. Elle fait de la peine. Elle se balade en guenilles, le ventre vide, elle donne de la viande à son chien et ne s'en achète pas pour elle… »

Marina réapparut vers le soir. Elle apportait un gâteau « Prague ».

« Un reste de bonne éducation ! » apprécia Olga.

Ils prirent de nouveau du thé, et Marina alla se changer pour le voyage en train. Quand elle sortit de la salle de bains, Olga resta bouche bée. Un imperméable clair à la place de la petite veste, et des bottes à talons aiguilles. Les yeux fardés, comme pour aller faire la bringue dans un foyer d'étudiants en banlieue.

1. Surnom de Soljénitsyne.

« Vous ne me reconnaissez pas ? Eux non plus ne me reconnaîtront pas ! Je l'ai déjà vérifié bien des fois. Je fais exprès de me balader avec ces vieux machins, ils y sont tellement habitués qu'ils ne me voient même pas quand je suis habillée autrement. Je peux laisser la veste chez vous pour l'instant ? »

Elle fourra dans le sac à dos sa veste en tapon ainsi que ses sandales éculées et asexuées, puis glissa le tout sous le portemanteau.

« Tu veux que je t'accompagne à la gare, Marina ? demanda Ilya.

— Non, ce serait une erreur. Pourquoi leur faire des cadeaux pareils ? »

Elle secoua la tête et sa chevelure se sépara en deux. Elle passa la main dedans, les doigts écartés, depuis le front jusqu'à la nuque, et l'attacha avec une barrette. Sa frange lui retombait sur le nez. Elle souffla dessus et secoua la tête.

Ilya la considérait avec étonnement : ce n'était qu'un bout de chou, mais elle était loin d'être bête...

« Seulement, tu vas d'abord sortir Guéra. La première fois, il vaut mieux que ce soit en ma présence, d'accord ? »

Ça aussi, c'était intelligent, et très prévoyant. Ça alors, quelle gamine !

Ilya prit la laisse sur le portemanteau et dit : « On va se promener ! » Guéra regarda Marina. Celle-ci confirma : « Tu vas te promener ! » Et la chienne emboîta docilement le pas à ce chargé de pouvoir.

Marina se tourna vers Olga :

« Je ne suis jamais allée à Piter, tu comprends. J'ai un ami qui m'invite, il n'arrête pas de me demander de venir, il dit que c'est génial, les nuits blanches. Je connais toute une bande là-bas, j'ai des copains qui sont venus me voir. On m'a promis de m'héberger. »

Comment Marina avait-elle pu se transformer en

quelques minutes d'adolescente revêche en petite peste aux allures de traînée ? se demandait Olga avec étonnement, et cela lui fit un peu peur. Elle ne jouerait pas la comédie, par hasard ?

L'autre comprit au quart de tour.

« Je ne suis ni l'une ni l'autre, Olga, je suis une troisième personne ! dit-elle en riant d'un rire un peu rauque. Ou même une quatrième ! »

Et, sans changer de ton, elle donna ses instructions à Olga :

« Je m'en irai quand ils rentreront. Je la sors deux fois par jour, le matin tôt et le soir tard. Quand je dis tôt, c'est vers midi. Je ne me lève pas avant. Seulement, il faut la faire courir comme il faut. En principe, les laïkas ne sont pas des chiens d'appartement. Le froid est bon pour eux, et ils ont besoin d'activité. Peut-être que l'année prochaine, je m'installerai carrément à la campagne. On me l'a proposé... »

Elle prit un air mystérieux, comme si elle attendait des questions auxquelles elle n'avait pas l'intention de répondre.

Mais Olga le sentit et ne posa aucune question. L'indépendance de cette Marina lui plaisait et en même temps, l'effronterie de cette indépendance l'agaçait.

Puis la fillette partit, et tout le monde alla se coucher, Kostia dans sa petite chambre près de la cuisine, en fermant sa porte, Guéra dans l'entrée sur sa couverture, Olga et Ilya dans le lit en bouleau madré avec ses décorations abracadabrantes, qui s'était dignement acquitté de ses fonctions lors de son premier mariage, puis du deuxième.

La nuit fut mouvementée. Olga commença par avoir le nez pris, puis elle se mit à tousser. Et quand elle se réveilla au petit matin, il se passait quelque chose de bizarre : c'était comme si son visage s'était alourdi, et elle avait du mal à respirer. Elle secoua Ilya. Il mit longtemps à se réveiller, puis se frotta enfin les yeux et fit un bond sur le lit :

« Qu'est-ce qui t'arrive ?

— J'ai une crise de quelque chose. Il faut peut-être appeler les urgences ? »

Les urgences arrivèrent très vite, au bout de vingt minutes. Et ils déterminèrent aussi très vite ce qui lui arrivait : un œdème de Quincke. Ils lui firent une intraveineuse, restèrent une vingtaine de minutes pour s'assurer que l'injection faisait de l'effet et, avant de partir, déclarèrent que c'était sans doute à cause du chien, ce devait être lui qui avait provoqué cette crise d'allergie. Il fallait s'en débarrasser au plus vite.

Olga attendit sept heures du matin pour téléphoner à Tamara et lui demanda d'une voix enrhumée de venir de toute urgence. Du temps où elles étaient encore à l'école, elle pouvait accourir en cinq minutes de la place aux Chiens, mais maintenant, du métro Molodiojnaïa, elle en avait pour quarante minutes. Tamara n'hésita pas une seconde et ne posa pas de questions. Quand il faut y aller, il faut y aller. Elle s'habilla en vitesse et arriva chez Olga une heure plus tard. Elle fut accueillie dans l'entrée par un chien de taille moyenne. Enfin, pas vraiment accueillie. Il y avait dans l'entrée un chien qui ne remua même pas une oreille à son arrivée. Elle fut accueillie par Ilya. Il accrocha son imperméable et ouvrit la porte de la chambre. Le chien resta assis près de la porte, comme une statue de pierre.

Tamara poussa un cri en voyant le visage bouffi d'Olga.

« Qu'est-ce qui t'arrive ?

— Oh, c'est un œdème de Quincke ! fit négligemment Olga. Écoute, Tamara, voilà ce qui se passe. C'est le chien des Koulakov. Tu ne les connais pas ?

Tu as dû en entendre parler, non ? Quoi ? Tu n'en as jamais entendu parler ? Valentin et Zina Koulakov ! Mais non, ça n'a rien à voir avec la place Rouge ! C'est un philosophe, un marxiste, il éditait une revue. Bon, cela fait plus d'un an qu'ils sont en prison tous les deux, et leur fille de quinze ans est restée toute seule. Enfin, elle en a seize maintenant, mais tu t'imagines… Heureusement qu'ils ne l'ont pas mise dans un orphelinat ! On l'a d'abord envoyée chez une tante, mais la petite a un sacré caractère, elle s'est enfuie au bout d'une semaine et depuis, elle vit seule. On a des amis communs, pas très proches, juste comme ça. La petite est allée passer une semaine à Piter, et il n'y avait personne à qui laisser le chien, alors ils nous ont demandé de le prendre pendant quelques jours. On a accepté, évidemment. Elle a débarqué hier, elle vit pratiquement dans la rue. Avec son chien. Et il se trouve que je fais une allergie aux poils de chien, comme tu peux voir. On aurait pu l'emmener à la datcha, mais je suis sûre que ma mère ne le permettrait pas. Maman est une fille de la campagne, tu comprends ? Pour elle, un chien dans une maison, c'est un non-sens. Et dans le jardin, on n'a pas de niche. Il va s'enfuir, se perdre. Et il faut le rendre, ce chien. »

Tamara ne disait rien. Elle n'était pas une fille de la campagne et ne voyait aucun non-sens dans le fait d'avoir un chien chez soi, mais, travaillant dans un institut de biologie médicale, elle n'en avait fréquenté qu'en cage ou dans un vivarium. Ils n'avaient jamais eu d'animaux chez eux. Sa mère avait une peur panique des chiens, et elle n'aimait pas les chats. Marquis, un vieux matou, avait vécu à la maison du temps de sa grand-mère, mais depuis sa mort, il n'était plus question d'avoir un animal.

« Alors prends ce clébard chez toi, ma petite

Tamara, sa maîtresse reviendra le chercher bientôt. C'est une chienne, elle s'appelle Guéra.

— Je peux la garder tant que maman est dans sa maison de repos, mais après, ce ne sera plus possible, Olga ! dit Tamara avec une fermeté inattendue.

— Jusqu'à quand ? Quand Raïssa Ilinitchna revient-elle ?

— Dans trois jours », répondit Tamara, toujours aussi fermement.

Olga renifla et embrassa Tamara sur ses cheveux crépus.

« Tu es vraiment une amie, Tamara ! Toi et Galia, il n'y en a pas deux comme vous ! Garde-le jusqu'à l'arrivée de ta mère, ensuite on trouvera bien quelque chose.

— On pourrait demander à Galia ? Elle le prendrait peut-être ? »

Une lueur d'espoir s'était allumée dans les yeux de Tamara.

« Tu rigoles ? Ce n'est pas un chien ordinaire, c'est un chien de dissident ! On peut même dire un chien marxiste ! Envoyer un chien comme ça dans ce repaire de kagébistes ! répondit en riant Olga, qui avait presque retrouvé sa voix sonore. Et puis Galia est en vacances. »

La question du transport ne fut pas simple à résoudre. Guéra ne voulait pas entrer dans la Moskvitch d'Ilya, pour rien au monde. Elle restait assise près de la portière ouverte, l'air imperturbable, et regardait au loin de ses yeux transparents et jaunâtres. Ils étaient sur le point d'aller prendre le métro quand Tamara eut une illumination :

« Ilya, entre dans la voiture et appelle-la de l'intérieur.

— Ça, c'est drôlement malin ! » fit Ilya, appréciant l'ingéniosité de cette idée. Il s'assit au volant, posa la main sur le siège et dit : « Couché ! »

Les yeux de la chienne exprimèrent une hésitation fugitive, puis elle se leva, sauta sur le siège d'un bond léger et se coucha, les pattes devant elle. Et elle poussa un soupir humain. Elle n'avait visiblement pas assez de place, mais son visage canin affichait une soumission pleine de dignité.

Tamara monta à l'arrière, et ils partirent.

Le soir, elle appela Olga et l'informa que la chienne s'était sauvée, elle lui avait échappé et était partie à fond de train, avec la laisse qu'elle n'avait pas réussi à tenir.

Tamara avait fait le tour des cours du quartier pendant longtemps et avait interrogé les propriétaires de chiens, mais personne n'avait vu la laïka. Le lendemain, on colla des avis de recherche partout, dans les immeubles du voisinage et près de la station de métro Molodiojnaïa. Et on attendit. Personne ne réagissait aux avis de recherche.

Entre-temps, Ilya avait rencontré un représentant du Fonds et lui avait demandé s'ils ne pourraient pas aider une fillette dont les parents se trouvaient dans un camp. Ils avaient promis d'examiner le cas.

Trois jours plus tard, un matin tôt, Marina sonna à la porte.

Olga lui annonça immédiatement la disparition de la chienne. Marina s'assit par terre dans l'entrée, le visage dans les mains. Quand elle les enleva, Olga vit que son visage était couvert de pustules rouges.

« Seigneur, mais qu'est-ce que tu as ? s'exclama-t-elle. Tu fais une allergie ?

— Non. Il faut que je me lave. Je n'aurais pas dû faire cette virée à Piter. Ça ne m'a apporté que des ennuis ! » dit Marina en reniflant, et elle fonça dans la salle de bains sans enlever son imperméable.

Elle barbota longtemps à l'intérieur, jusqu'à ce que Kostia se réveille. Il fallait qu'il se lave les dents et se prépare pour l'école. Olga frappa à la porte de la salle de bains, et elle s'ouvrit immédiatement. Maigre comme une arête de poisson, couverte de bleus et de boutons rouges grattés jusqu'au sang, Marina se tenait devant elle, vêtue d'une culotte et d'un soutien-gorge mouillés. Tous ses vêtements flottaient dans la baignoire, et la surface de l'eau était couverte de minuscules petits grumeaux de couleur bordeaux. Dieu tout-puissant ! Mais c'étaient des punaises !

Olga envoya Kostia faire sa toilette dans la cuisine. Elle lui donna son petit déjeuner en vitesse et l'expédia à l'école. Puis elle sortit une chemise de nuit de sa commode et la donna à Marina.

« Viens, on va prendre un café. »

Ilya était en voyage. S'il avait été là, elles n'auraient sans doute pas pu avoir une conversation aussi intime. On aurait dit deux sœurs, Olga la grande et Marina la petite, complètement désemparée et dévorée par une armée de punaises.

« La première nuit, tout le monde était bourré. Mon ami était là, cette espèce de sale porc, c'est lui qui avait insisté pour que je vienne, et après, il s'est tiré au beau milieu de la nuit avec une fille, il m'a laissée avec des gens que je ne connaissais pas. Le lendemain matin, on est allés tous en bande se balader dans Piter, il pleuvait, il faisait froid, on buvait de la vodka dans des petits verres, je me suis acheté quelque chose à manger, on a traîné comme ça toute la journée, personne n'a offert de m'héberger, et mon copain avait disparu. Quand j'ai téléphoné chez lui, on m'a répondu qu'on ne l'avait pas vu depuis une semaine. Qu'est-ce que je pouvais faire ? Je suis allée à la gare, mais il n'y avait plus de billets. Alors j'ai encore appelé une fille, la copine d'une amie, et elle m'a proposé d'aller faire la fête avec elle. Je l'ai attendue pendant trois heures dans la gare de Moscou. Elle avait une de ces gueules ! Je suis partie avec elle.

« Elle m'a emmenée au Saïgon, un café dans le genre de notre café de la Jeunesse. C'était chouette là-bas, on a rencontré une bande de garçons. Et on est allés à la campagne, à Peterhof, on s'est baladés là-bas pendant deux jours. Je n'avais plus d'argent. Ils sont tous partis, ils ont disparu dans la nature, il ne restait plus que deux garçons, ils m'ont emmenée dans un foyer d'étudiants où il n'y avait personne, aucun étudiant, ils étaient tous en vacances, mais il y avait de drôles de types qui rôdaient, avec des têtes de bandits. Enfin, bon... Bref, on est allés dormir dans une des chambres. Là, je passe sur certains détails pour ne pas te traumatiser. Je n'ai rien compris jusqu'au dernier moment, mais je n'ai pas crié. À quoi bon gueuler ? Tout ça, c'était de ma faute. J'étais allée me fourrer dans ce merdier, c'était bien fait pour moi. Bon, je me suis un peu débattue, mais ils étaient costauds, ils m'ont coincée. Ensuite, je me suis écroulée comme une masse. Pour être honnête, j'étais ivre morte. Quand je me suis réveillée en pleine nuit, j'avais l'impression d'avoir été aspergée d'eau bouillante. Et il faisait jour, c'est les nuits blanches, chez eux. C'est très désagréable. Moi, j'aime bien la nuit, et là, il ne fait ni jour nuit, une sorte de crépuscule qui n'en finit pas... J'avais tout le corps qui me brûlait. J'ai écarquillé les yeux : les murs étaient couverts de petits pois, et ils bougeaient, ces petits pois, ils avançaient dans ma direction... Et moi aussi, j'étais couverte de punaises. Je n'en avais jamais vu autant de toute ma vie ! Des hordes de punaises, des troupeaux entiers... Et nulle part où se laver, dans les toilettes au bout du couloir, il y avait juste un lavabo. Je me suis rhabillée tant bien que mal. Là, j'ai remarqué qu'un des garçons avait filé, et que l'autre dormait à poings fermés. J'ai retourné ses poches et j'ai pris tout l'argent qu'il avait, cela devait suffire pour un billet et même deux, je pense. Ça t'étonne ? Eh ben oui, c'est comme ça. Bien fait pour eux ! Je me suis demandé lequel m'avait baisée la veille, lui ou l'autre ? Tous les deux, je crois bien. Je ne me souviens pas. De toute façon, cela ne change pas grand-chose. Et je me suis tirée. J'ai pris le train de banlieue jusqu'à Piter, et je suis allée à la gare de Moscou. Il n'y avait plus de billets, mais j'ai payé la contrôleuse, et elle m'a installée dans son compartiment. J'ai dormi pendant tout le trajet. Il est vrai que je n'arrêtais pas de me gratter comme une malade. Je viens juste de m'apercevoir que les punaises étaient toutes allées se fourrer dans la fourrure de mon imper, elles sortaient de là en douce pour me dévorer. Ne t'en fais pas, je les ai toutes noyées et arrosées d'eau bouillante. Olga, qu'est-ce que tu as ? Pourquoi tu pleures ? Ne pleure pas, je t'en prie, sinon moi aussi, je vais m'y mettre… Et maintenant, en plus de tout ça, Guéra a disparu ! »

Des flots de larmes ruisselaient sur les fossettes de ses joues et coulaient sur son petit menton. Elles tombèrent dans les bras l'une de l'autre en pleurant à chaudes larmes – des larmes épaisses et salées comme du sang.

« Ce n'est rien, ce n'est rien, tout va s'arranger ! chuchotait Olga. On va retrouver Guéra, tes parents seront libérés, et tout ira bien… »

Marina, qui était sur le point de se calmer, se mit à hurler :

« Comment tu veux que ça s'arrange ? Quand ces débiles reviendront, ils vont recommencer avec leurs conneries ! Ce sont des malades, ce n'est pas en taule qu'il faut les enfermer, c'est dans un asile de fous ! Qu'ils ne soient plus là, c'est la seule chose bien qui me soit jamais arrivée ! La première fois que je me suis enfuie de la maison, j'avais dix ans. Je ne pouvais pas expliquer pourquoi. Maintenant, je sais pourquoi. Ils n'ont pas besoin de moi, je ne fais que les gêner. Tous les autres enfants ont une vie normale, mais chez moi, c'était tout le temps des veillées dans la cuisine. Marx, Lénine, Lénine, Marx ! Je les déteste ! Déjà maintenant, je ne sais pas quoi faire de ma vie. Mais quand ils sortiront, alors là... »

Le café avait refroidi depuis longtemps.

« Réchauffe-le, demanda Marina.

— Je vais en faire du frais...

— Tu es folle ? Réchauffe-le, ça ira comme ça... Tu n'as pas de cigarettes ? »

Olga ne fumait pas, elle ne s'y était toujours pas mise au bout de toutes ces années avec Ilya. Elle alla voir dans la chambre s'il n'en avait pas laissé. Elles burent le vieux café réchauffé puis en refirent une autre cafetière. Olga aurait bien voulu la garder pour la nuit, mais ce jour-là, justement, ce n'était pas possible : sa mère devait coucher ici, il fallait qu'elle aille faire des examens le lendemain matin à la polyclinique du Fonds littéraire.

« Je vais te raccompagner », proposa Olga.

Elles prirent le trolley n° 15 jusqu'au boulevard aux Fleurs, où la famille Koulakov habitait au rez-de-chaussée d'une maison à deux étages, dans une cour de l'ancienne place des Tuyaux.

Ce jour-là, elles n'étaient pas encore au bout de leurs malheurs. Dans l'entrée de l'immeuble, il n'y avait pas d'électricité, il faisait nuit noire et cela sentait très mauvais. Le plancher était couvert de flaques. Le ressort de la porte d'entrée grinça, et elle se referma en claquant.

« Olga, tiens la porte ! On ne voit rien du tout. »

Marina examina la porte de son appartement. Elle avait été forcée, et un papier était collé sur un des chambranles.

« Ils sont revenus… »

Elles entrèrent. Marina fit fonctionner l'interrupteur. Il n'y avait pas d'électricité. L'appartement avait été inondé. On voyait que le désastre n'était pas récent, il datait de plusieurs jours. Le niveau de l'eau était descendu, mais elle était montée très haut. Des livres détrempés flottaient comme des noyés. L'odeur était épouvantable.

Et brusquement, Marina fut prise d'un fou rire. Olga s'affola : elle ne serait pas devenue folle ?

« Les quatre étagères du bas de la bibliothèque sont trempées ! Non, mais regarde un peu jusqu'où l'eau est montée, Olga ! Le divan est trempé, et les coussins, et la couverture ! Quel bonheur ! Dommage que cela n'ait pas été un incendie ! Non, une inondation, c'est mieux ! On va tout jeter immédiatement ! Tout flanquer aux ordures ! Tout ce que les kagébistes n'ont pas pris ! Platon ! Aristote ! Hegel ! Et les livres en allemand aussi ! Et Karl-Marl ! Et Engels ! »

Elle fonça vers les rayonnages et se mit à flanquer par terre aussi bien les volumes mouillés que ceux qui étaient complètement secs. Ils atterrissaient dans les flaques d'eau croupie avec des flocs pesants, et cela volait dans tous les sens – des lambeaux d'images, des morceaux de papier peint, des petits vases…

« *Au-dessus de la plaine grise de la mer, le vent rassemble les nuées. Tel un éclair noir, entre la mer et les nuées, s'élance fièrement le pétrel des tempêtes !*

« *Tantôt frôlant les vagues de son aile, tantôt fusant comme une flèche vers les nues, il crie, et les nuées entendent de la joie dans le cri hardi de l'oiseau*[1] *!* »

1. Les passages en italique sont tirés du célèbre « Chant du pétrel annonciateur de tempête », un poème en prose de Gorki écrit en 1901, appelé aussi « Hymne de bataille de la révolution », que tous les écoliers connaissaient par cœur. On dit que c'était un des poèmes préférés de Lénine.

Accoutrée des vêtements qu'on lui avait prêtés après son bain anti-punaises (une blouse noire appartenant à Olga et un pantalon retenu par une ceinture d'Ilya), Marina courait à travers la pièce en jetant les livres par terre et en hurlant :

« *Il y a dans ce cri la soif des tempêtes ! Dans ce cri, c'est la force de la colère qu'entendent les nuées, la flamme de la passion et la certitude de la victoire !* Eh bien, qu'elle éclate encore plus fort, cette tempête ! Qu'ils aillent tous se faire foutre ! Tu n'as rien compris, Olga ! Je suis une surdouée. J'ai lu tout ça ! J'ai même lu *La République* de Platon ! J'avais lu Aristote à quatorze ans. Je n'ai pas lu Hegel, mais j'ai lu le *Manifeste du Parti communiste*. Et je me torche avec ! Il y a eu une inondation chez nous ! Un déluge ! Enfin ! Enfin ! Je vais tout jeter et tout repeindre. Toute seule ! Je vais tout nettoyer, tout passer à la chaux ! Ça va être tout blanc ! »

Olga comprit que c'était effectivement ce qui allait se passer, et elle commença à trimbaler les livres trempés jusqu'à la décharge. Un Lénine bleu, un Staline rouge, tout le matérialisme historique, toute la dialectique marxiste, toute l'économie politique…

« Dehors ! Avec les punaises ! Ne va pas croire, nous aussi, on a des punaises ! criait Marina. Moins qu'à Peterhof, mais bien assez tout de même ! »

Olga se sentit soudain d'humeur joyeuse, elle aussi. Ah, le fameux conflit entre les générations ! Quand les Koulakov seraient libérés (Valentin dans deux ans, Zina dans un an, ensuite, ils auraient encore trois années de relégation) et qu'ils reviendraient, la vie serait toute propre ici, toute blanche.

Une seule chose n'était pas très claire : comment allait-elle faire pour subvenir à ses besoins pendant toutes ces années, cette sale gosse intrépide, cette petite tête brûlée couverte de piqûres de punaises et violée par deux ivrognes, sans pitié pour elle-même, sans pitié pour ses parents… Cette tendre petite fille.

Lors de son troisième voyage à la benne à ordures, une énorme caisse en planches de bois brut, Olga trouva un chien de taille moyenne assis à côté. C'était Guéra. Elle était rentrée toute seule à la maison depuis la station Molodiojnaïa jusqu'au boulevard aux Fleurs. Un vrai chien de dissidents !

L'ombre d'Hamlet

Ilya avait eu une invitation pour la générale, la veille de la première. C'était Alik, un éclairagiste du théâtre et un ami de longue date, qui la lui avait procurée. Pour la première, c'était hors de question, les places avaient toutes été distribuées depuis longtemps. L'invitation était pour une personne. Pour Olga. Elle en rayonnait de gratitude.

C'était une représentation « pour la famille », la salle était pleine à craquer, il y avait des gens assis par terre. Mais les deux premiers rangs n'étaient pas pour les spectateurs, ils étaient occupés par les créateurs : Lioubimov, superbe comme un commandant avant la bataille (il aurait pu jouer lui-même un roi d'une ampleur majestueuse ou un grand scélérat, ou même Dieu en personne), le décorateur renfrogné avec une large bouche de grenouille, le jeune compositeur efflanqué, l'assistant du metteur en scène, et encore quelques autres personnages de nature indéterminée impliqués dans cette histoire.

Dès qu'elle entra dans la salle, Olga eut un frisson d'excitation et d'anxiété, comme si elle était sur le point de passer un examen important. Tout était pour ainsi dire amplifié, avec des majuscules : le Théâtre, le Metteur en Scène, Hamlet, Shakespeare, Vyssotski lui-même[1]... Elle s'assit à l'avant-dernier rang, sur le côté, et passa encore un long moment à tourner la tête dans tous les sens, parce que le public aussi était à la hauteur de l'événement, rien que des noms avec des majuscules, et des visages presque tous magnifiques. Puis elle sentit une main se poser sur son épaule par-derrière, et une voix profonde, agréable, prononça son nom d'un ton légèrement interrogateur :

« Olga ? »

Elle se retourna. Ce gros Oriental avait quelque chose de familier.

« Karik ? Mirzoïane ? »

Elle fut toute contente de voir cet ancien camarade de classe, oubliant pendant une seconde qu'il l'avait fait exclure d'abord des komsomols, puis de l'université. Oui, précisément dans cet ordre-là.

Son visage s'épanouit, et Olga comprit : il croyait qu'elle avait oublié. D'ailleurs c'était vrai, elle avait réellement oublié. Oh, et puis quelle importance !

Le rideau d'un brun terreux palpita et glissa en soulevant un nuage de poussière, le silence se fit, et l'on vit s'avancer d'un pas léger Vyssotski-Hamlet, pas très grand, tout en noir, dans une sorte de costume de sport. Sans regarder la salle, il récita du fond de la scène, en se parlant à lui-même :

« *La rumeur s'est tue. Je suis monté sur scène*[2]... »

On en avait des fourmis partout, sur les bras, le long du dos... Et il en fut ainsi jusqu'à la fin, tout sur un

1. La première d'*Hamlet*, mis en scène par Lioubimov au théâtre de la Taganka avec Vyssotski dans le rôle principal, eut lieu le 29 novembre 1971.

2. Premier vers du poème de Pasternak intitulé « Hamlet », qui figure à la fin du *Docteur Jivago*. Dans la mise en scène de Lioubimov, qui fit beaucoup de bruit à l'époque, Vyssotski commençait le spectacle en récitant ce poème qui, à ce moment-là, n'était pas publié en URSS.

même souffle, on aurait dit que le texte était en train de naître, qu'on l'entendait pour la première fois.

Olga avait complètement oublié Karik et, en tombant sur lui dans la cohue du vestiaire, ce fut comme si elle le reconnaissait de nouveau.

« Tu n'as pas changé du tout, Olga ! » lui dit en souriant l'Oriental obèse au front chauve.

À l'époque où ils étaient étudiants, elle lui plaisait beaucoup, il avait même tenté de lui faire la cour, mais elle se trouvait alors sur des hauteurs parfaitement inaccessibles. Maintenant, il se trouvait lui aussi sur des hauteurs tout à fait convenables. Et elle lui plaisait encore plus que du temps de sa jeunesse. Avec son visage éploré et ses yeux brillants. Mince comme une jeune fille. Quand il était jeune, il était attiré par les femmes avec des formes, il s'était même choisi une épouse aussi ronde qu'un bonhomme de neige. Mais ces derniers temps, il commençait à apprécier davantage les femmes comme ça, minces et rayonnantes. Des oiseaux extrêmement rares.

Il lui prit son numéro des mains et alla lui chercher son blouson. Un blouson avec une capuche, bien trop léger pour la saison.

« Je te raccompagne. »

Ce n'était pas une proposition, mais une information. Elle hocha la tête.

« Merci. »

Il la prit par le bras.

« On y va en métro, ou on marche un peu ? Tu ne vas pas avoir froid ? Tu es habillée bien légèrement !

— Non, je n'aurai pas froid. Mon père est de Vologda, je suis une fille du Nord.

— Moi, je suis de Bakou. Cela fait des années que je vis à Moscou, mais je n'arrive toujours pas à m'habituer à l'hiver.

— Ah, ce spectacle ! C'était tout simplement

génial ! De façon générale, j'aime beaucoup le théâtre de la Taganka, bien plus que le Contemporain. Il n'y a aucune comparaison ! Mais ça, ça dépasse tout ce qu'on peut dire ! »

Ils marchèrent longtemps, d'abord depuis la Taganka jusqu'au quai des Chaudronniers, puis ils traversèrent les voies de tramway près du pont de l'Embouchure et remontèrent la rue des Greniers-à-Sel, toujours en parlant de Lioubimov, de Vyssotski et de l'art contemporain, la seule chose qui respirait et bougeait dans cette vie étouffante...

Karik acquiesçait en hochant la tête, puis il embraya sur des sujets plus personnels : comment, avec qui ?

« Oh, c'est toujours pareil, j'ai juste changé de mari.

— Et pour le travail ?

— Comment te dire ? Je cours après, bien sûr. Je ne suis pas salariée, j'écris des articles, je donne des cours, parfois, je fais des traductions.

— De quelle langue ? Du français, c'est ça ? demanda Karik.

— Mon français est très convenable, je peux faire de l'interprétariat et des traductions écrites, mon espagnol est moins bon, mais pas trop mal non plus. Mon dernier amour en date, c'est l'italien. Cette langue ne se parle pas, elle se chante ! C'est entré tout seul. Je l'ai appris pratiquement en un an. Mais je n'ai pas de travail fixe, tu comprends. Tantôt je suis débordée, tantôt je n'ai rien à faire.

— L'espagnol d'Espagne, ou l'espagnol de Cuba ? demanda-t-il.

— L'espagnol d'Espagne, soupira Olga. Mais je n'ai aucun diplôme, tu sais. J'ai été renvoyée en cinquième année, tu t'en souviens peut-être ? »

Karik éclata de rire.

« Comment pourrais-je avoir oublié, puisque c'est

moi qui t'ai fait renvoyer ? J'étais responsable des komsomols, et je venais justement de poser ma candidature pour entrer au Parti. Tu comprends bien toi-même, j'étais à deux doigts de passer mon diplôme. Je ne possède pas cinq langues, comme toi... D'ailleurs je n'ai jamais été doué pour les langues. L'arménien est ma langue maternelle, l'azerbaïdjanais, je l'ai appris dans la rue, et le russe, à l'école. Et aussi dans la rue. Mais nous, les Caucasiens, nous n'arrivons jamais à nous débarrasser de notre accent. Je te dirai franchement que j'ai fait un stage d'un an en Angleterre, mais cela n'a pas donné grand-chose. Du coup, on n'a pas pu faire de moi un espion.

— Ce n'est pas grave ! Tu es devenu un kagébiste ! dit Olga en riant.

— Mais ton père aussi est au KGB, non ? dit Karik en souriant, sans s'offenser le moins du monde.

— Non, mon père est militaire, il était dans le génie, et il est à la retraite. La communiste de la famille, c'est ma mère !

— Oui, je me souviens que tes parents sont des gens haut placés. Moi, mon grand-père était berger, mon père vendait des *lavaches* sur les marchés, et nous étions huit enfants. Tu sens la différence ? »

Olga fut soudain mal à l'aise. Elle sentait très bien la différence.

« Je pourrais t'aider à trouver du travail. Je suis conseiller à la Commission étrangère. Ce n'est pas moi qui recrute, mais je peux t'engager pour des travaux ponctuels. Justement, une de nos traductrices vient de démissionner, d'ailleurs tu la connais, elle était avec nous en fac, Ira Troïtskaïa. Et dans deux semaines, il y a un écrivain d'Amérique du Sud qui débarque, presque un classique. Bon, il faudra voyager, aller à Leningrad ou à Tachkent. Les accompagner, assister à des rencontres, enfin, tu vois ce que c'est. Tu veux que je t'engage ? Tu ne me feras pas de coup fourré ? »

Ça alors ! Finalement, il avait quand même une conscience ! Il voulait se racheter pour l'avoir fait exclure des komsomols...

Ils étaient arrivés place Dzerjinski. Olga était frigorifiée et voulut prendre le métro. Il la raccompagna jusqu'à l'entrée de son immeuble, et ils se quittèrent sans avoir échangé leurs numéros de téléphone.

Il appela deux jours plus tard, alors qu'Olga avait oublié leur conversation. Pour ce qui était d'*Hamlet* en revanche, elle se souvenait de tout et n'arrêtait pas d'en parler. Du reste, tout Moscou ne parlait que de cela, c'était la première de la saison, un grand événement théâtral. Tout le monde se dépêchait d'aller voir le spectacle car Lioubimov avait toujours des problèmes avec ses mises en scène, tantôt on fermait le théâtre où elles étaient jouées, tantôt on les interdisait pendant les répétitions.

Karik lui demanda de passer le voir dans le courant de la journée. Elle habitait à trois minutes à pied si on sortait par le porche, encore moins si on passait par la cour.

Il portait un costume à rayures provenant des ateliers du Fonds littéraire, Olga le devina tout de suite. Et sa cravate aussi était rayée. Plus tard, quand ils descendirent dans un café et qu'il s'assit en croisant les jambes, elle vit que ses chaussettes étaient rayées, elles aussi. Mais là, elle se retint, elle ne se permit aucune pique. Elle se souvenait que son grand-père était berger et que son père vendait des *lavaches* sur les marchés...

« Ils sont deux à venir. L'un est écrivain, l'autre professeur, tous les deux très connus. L'écrivain est colombien, le second espagnol, c'est un professeur réputé. Je vais te faire un contrat ponctuel, c'est moi qui te mettrai au courant de tout, et en avant la musique ! Ils arrivent le 1er février. »

Ce jour-là, c'était la panique à la Commission étrangère. On avait donné la veille une réception pour un poète d'Allemagne de l'Ouest, un jeune gauchiste couvert de gloire. C'était une soirée d'adieu, il s'envolait le soir-même pour son Allemagne de l'Ouest. En URSS, ce célèbre Allemand à la bouille blanchâtre et provocante de SS avait été emmené à Bakou, à une conférence d'écrivains, où il avait eu une aventure avec la fille de l'interprète, et maintenant, toute la commission était en effervescence.

La veille, cette jeune effrontée, qu'il avait amenée au rituel officiel des adieux, était restée collée à lui comme de la morve sur une barbe, et il avait fini par l'asseoir sur ses cuisses osseuses d'une longueur démesurée. Sa mère à elle, une poétesse et une lauréate du prix Staline qui avait traduit en russe, à partir d'un mot à mot, les poèmes « maïakovskiens » dudit Allemand, faisait mine de ne rien remarquer, mais son visage était d'un rouge betterave annonciateur d'apoplexie.

En raison de ces fâcheuses circonstances, on ne prêta aucune attention à Olga. Soit dit en passant, elle connaissait très bien la fille de cette poétesse pour l'avoir fréquentée à la colonie de vacances d'Artek, où l'on envoyait les enfants d'éminentes personnalités, puis dans les bandes de copains de Peredelkino, le village des écrivains, et pour finir, à la fac de lettres.

Karik vint la trouver accompagné d'une femme d'un certain âge à l'air mécontent.

« Olga, voici Véra Alexeïevna, la déesse en titre de notre service comptable ! Elle va te verser une avance et tout t'expliquer, tu passeras me voir après. »

Ces dix jours ébranlèrent le monde d'Olga de fond en comble. L'écrivain, un robuste gaillard barbu qui ressemblait à la fois à Hemingway et à Fidel Castro, l'accueillit avec enthousiasme par une phrase dont elle ne comprit le sens qu'après coup :

« *O Madonna !* Moi qui croyais que nous allions être escortés par une équipe de kagébistes, voilà qu'on nous a affecté un ange ! Dommage qu'il n'y en ait qu'un pour deux ! »

Elle lui tendit une petite main sérieuse, et il l'embrassa sur le haut du crâne. Le professeur regardait ce sketch d'un air réprobateur sans y prendre part.

Olga les accompagna dans une voiture officielle jusqu'à l'hôtel Métropole. Dans le hall, elle leur demanda s'ils n'avaient besoin de rien et leur fourra entre les mains deux dossiers ainsi que deux enveloppes contenant une modeste somme d'argent, pour leurs faux frais. Et elle leur demanda une signature.

L'écrivain chuchota à l'oreille du professeur, ce dernier devint verdâtre et grommela quelque chose d'inintelligible. Le seul mot qu'elle comprit fut « *merda* ».

L'écrivain éclata de rire et donna un léger coup de coude dans le ventre du professeur. Olga remplit à la réception les papiers qu'il y avait à remplir, et on leur remit leurs clés.

« Je vais vous attendre ici, ensuite nous irons dîner. »

Elle s'assit sur une banquette en velours le long d'un mur et se mit à réfléchir. Tout cela était assez intéressant, mais elle n'aurait quand même pas dû accepter ce travail. Qu'est-ce qu'elle faisait là, à les attendre comme une domestique ? De façon générale, c'était humiliant, ce travail.

Le premier à redescendre fut le barbu, et il dissipa immédiatement ces pensées. Il lui sourit amicalement et lui murmura à l'oreille d'un ton confidentiel :

« Tu as remarqué la tête qu'il a faite ? Je lui ai chuchoté que c'était des indemnités de la part du KGB. Et qu'il fallait signer qu'on avait accepté ! Il est tellement coincé, j'adore le taquiner un peu ! »

Au bout de dix minutes, le professeur descendit, lui aussi. Ils entrèrent dans le restaurant. Les visiteurs regardaient autour d'eux, examinant les moulures et les miroirs. L'écrivain fit claquer sa langue.

« Le faste communiste dans toute sa splendeur ! »

Il mangeait comme quatre. Il commanda des hors-d'œuvre, de la soupe, et deux plats de résistance. Il avala en passant une bouteille et demie de vin, et exigea des commentaires sur la cuisine locale. Le professeur se montrait réservé, il avait l'air fatigué. Après le dîner, l'écrivain demanda à Olga de les emmener immédiatement sur la place Rouge.

« Oui, je ferais bien un petit tour à pied, dit le professeur en se levant.

— C'est tout près. Nous sommes à deux minutes de la place Rouge, dit Olga en acquiesçant.

— Je ne te conseille pas d'y aller ! Je suis venu ici en 57, pour le festival. Ils ont une particularité nationale : pour approcher du mausolée, on est obligé de se mettre à genoux. »

Le professeur agita les deux bras d'un air affolé.

« Non, non, Pablo ! Je ne viens pas ! Je vais rester dans ma chambre. »

Olga comprit sur-le-champ qu'on l'entraînait dans un canular. L'écrivain lui adressa un petit clin d'œil : allez, joue le jeu !

« Ce n'est plus obligatoire, dit-elle. On peut rester debout. Seuls ceux qui le souhaitent se mettent à genoux. »

L'écrivain s'esclaffa bruyamment. Le professeur secoua la tête en riant.

« Oh, va au diable ! Il faut toujours que tu me... »

Olga ne comprit pas le mot suivant, mais en saisit le sens.

Le programme était très chargé. Deux rencontres quotidiennes avec des écrivains, les petits déjeuners, les déjeuners, les dîners, le Bolchoï, la galerie Trétiakov... Et l'écrivain se renfrognait de jour en jour, comme s'il avait attendu autre chose de son voyage.

Leningrad arriva à point nommé. Là-bas, l'écrivain retrouva toute sa bonne humeur. La dernière fois qu'il était venu, on ne l'avait emmené nulle part, et maintenant, il était enthousiasmé par la ville qui, à juste titre, lui rappelait Amsterdam et aussi, à l'extrême rigueur, Venise...

Olga ne pouvait faire aucun commentaire à ce propos car pour elle, toutes les villes situées au-delà des frontières de l'URSS relevaient plutôt du domaine de l'imagination ou de la fiction littéraire, alors que ce ressortissant d'une république bananière au fin fond de nulle part, en Amérique du Sud, était un citoyen du monde, il avait fait ses études à Paris et à New York, avait voyagé dans toute l'Europe, avait beaucoup mangé et beaucoup bu un peu partout, avait lu énormément et écrivait ce qu'il voulait... Et il appréciait la vie, il n'arrêtait pas de se réjouir à tout bout de champ. Même la neige mouillée, qui ne cessa pas une minute à Leningrad, lui procurait du plaisir. Un matin, dans le couloir de l'hôtel, Olga vit sortir de sa chambre une formidable putain taillée comme un grenadier.

« Cela ne me regarde pas ! »

Et elle se dirigea vers l'ascenseur.

La dernière partie du programme se déroulait à Tachkent. Le voyage ne fut pas une réussite, c'était un vol avec escale et il avait du retard. Ils grelottèrent dans les aéroports. Lorsqu'ils arrivèrent enfin et descendirent de l'avion, l'aube se levait, il faisait doux, et le soleil surgissait sous leurs yeux à l'horizon.

Olga n'était jamais allée en Asie centrale, et cela faisait longtemps qu'elle avait envie de voir cette partie du monde encore inconnue. Ilya aimait ces régions, ils avaient d'ailleurs l'intention d'y faire un voyage ensemble, mais ils n'y arrivaient jamais. Ils n'étaient pas allés plus loin que les pays baltes.

Mais au bout du compte, elle ne put rien voir du tout. Ils quittèrent Tachkent le lendemain soir, en catastrophe et à la suite d'un scandale.

Le matin du premier jour, on les avait conduits dans un bâtiment officiel stalinien de type baraquement, et on les avait fait entrer dans une salle tout en longueur avec des tables dressées à l'orientale. Le long de cette table de plusieurs mètres étaient assis uniquement des hommes d'âge moyen, portant tous le même costume et la même cravate, les Orientaux avec des calottes et les non-Orientaux sans calotte. On était en février, il faisait très doux, presque chaud, et il y avait dans la salle une forte odeur de sueur datant de l'année précédente. La réception était de première classe : des hauts fonctionnaires du Parti et les autorités de la ville.

Il y avait visiblement eu un malentendu. Les autorités locales avaient décidé, on ne sait trop pourquoi, qu'on recevait la délégation gouvernementale d'un pays ami.

Le Chili, le Pérou, la Colombie – pour les fonctionnaires du Parti, tout ça, c'était la même chose. Ils étaient là pour travailler. Et leur travail, c'était de prononcer des discours.

Le premier de ces discours plongea Olga dans le désespoir : il était absolument intraduisible. Elle se pencha vers Pablo et l'en informa. Il hocha la tête et lui demanda de lui réciter des poèmes en russe. Les sonorités de la langue russe lui plaisaient beaucoup, et il mémorisait tout très vite.

« D'accord, je vais te réciter *Eugène Onéguine*, un roman en vers de Pouchkine. »

Et commença une récitation à l'oreille, en stricte concordance avec les interventions des orateurs. Olga découpait les strophes de façon à ce qu'elles correspondent aux périodes des discours et aux changements d'orateurs.

Arrivé au quatrième chapitre, Pablo en eut assez. Le professeur, lui, était au bord de la syncope.

« Bon, ça suffit comme ça, il faut mettre fin à cette aberration. José, je t'en supplie, viens me soutenir, au moins pour une fois dans ta vie ! » demanda-t-il au professeur.

Lorsque l'orateur en cours, qui était loin d'être le dernier, eut terminé et que tout le monde eut applaudi, Pablo quitta sa place d'honneur en traînant derrière lui son camarade un peu réticent, suivi par Olga qui, elle, n'avait pas besoin qu'on la traîne – elle se précipita derrière lui toute seule. Il se plaça près de la tribune décorée de feutre rouge et déclara d'une puissante voix de tribun :

« Chez nous, dans mon pays, nous avons coutume de chanter quelque chose à nos amis pour les remercier. Je vais vous chanter notre chanson préférée, que Christophe Colomb nous a apportée en Amérique quand il est venu d'Espagne il y a cinq cents ans. »

Et il se mit à chanter *La Macorina*, un tube qui n'était pas encore parvenu jusqu'à Moscou, et encore moins jusqu'à Tachkent. Il sautillait et faisait de grands gestes, attirant à lui José qui cette fois, fatigué d'endosser le rôle d'aîné raisonnable en butte à d'éternelles taquineries, s'était mis entièrement à la disposition du chanteur.

Le refrain de la chanson, « *Mets-moi la main ici, Macorina !* », revenait une dizaine de fois, et Pablo s'ingéniait à poser la main de José sur diverses parties de son corps, s'approchant petit à petit de l'endroit où la virilité atteint son point maximum.

Une fois son numéro terminé, Pablo leva son poing serré en un geste démodé que personne ne connaissait dans cette partie du monde, et dit à Olga :

« Maintenant, traduis ! Vive l'enseignement de Marx-Engels-Lénine-Staline ! Prolétaires de tous les pays, unissez-vous ! »

Il s'applaudit lui-même, et les calottes complètement décontenancées se joignirent à lui dans un ensemble parfait. Le fonctionnaire responsable du bon déroulement de cette rencontre au plus haut niveau se tenait à côté d'Olga, aussi blême que peut l'être un Oriental hâlé par le soleil d'Asie, et il chuchota :

« Mais que se passe-t-il, Olga Afanassievna ? Qu'est-il en train de faire ? C'est nous qui sommes responsables ! La réception est fichue ! »

« Olga, dis-lui que nous partons aujourd'hui, ils n'ont qu'à changer nos billets d'avion. Et dis-lui d'aller se faire foutre ! Qu'on a une rencontre demain, au plus haut niveau ! » L'écrivain colombien gonfla ses joues charnues à en faire frémir ses grosses moustaches et leva les yeux au ciel : « Dis-lui ce que tu voudras ! »

Olga traduisit.

« Et l'Asie centrale ? Tu avais tellement envie de la voir !

— J'en ai assez vu, ça me suffit ! Qu'ils aillent se faire foutre !

— Il n'y a pas de chambres d'hôtel prévues à Moscou pour ce soir ! protesta Olga, avançant un argument raisonnable pour contrer ce départ précipité, mais Pablo ne voulait rien entendre.

— On passera la nuit dans ta cuisine !

— Ma cuisine ? Mais tu as perdu la tête ! »

Il regarda autour de lui. Une quinzaine de fonctionnaires de la culture plongés dans l'expectative se tenaient derrière lui, ils ne comprenaient pas un traître mot.

« Nos hôtes présentent leurs excuses, mais ils doivent prendre l'avion aujourd'hui, ils vont être reçus demain au Comité central.

— C'est un scandale ! Un véritable scandale ! Est-ce qu'il comprend ce qu'il fait ? » chuchota le responsable à l'oreille d'Olga.

La scène finale eut lieu trois jours plus tard. Alors qu'Olga remettait la liste de ses dépenses à la comptabilité, le téléphone sonna.

« Karen Avétissovitch vous demande de passer le voir », transmit la comptable.

Karik trônait majestueusement derrière son bureau.

« Tu peux m'expliquer ce qui s'est passé là-bas ? »

Olga lui raconta tout avec franchise.

« Mmm... Prends un papier et rédige un rapport.

— Comment ça, un rapport ? Mais j'en ai déjà fait un !

— C'était un rapport pour le service financier, celui-là, c'est pour le KGB, dit froidement Karik.

— De quoi tu parles ? s'écria Olga, indignée. Je n'écrirai aucun rapport ! Ce n'était pas ce qui était convenu !

— Et qu'est-ce qui était convenu ? »

Olga enfouit son visage dans ses mains. Non, mais quelle idiote ! Voilà, elle allait rédiger un rapport, et sa réputation serait perdue à jamais ! C'est comme ça qu'on devient un mouchard...

Elle sortit de son sac la grosse somme d'argent qu'elle venait de recevoir à la comptabilité. Une conscience pure, c'est plus précieux !

« On va considérer que je n'ai pas travaillé ici. Voilà mes honoraires. Le sujet est clos.

— Allons faire un petit tour dehors, il fait beau... », proposa Karik, et il esquissa un geste circulaire au-dessus de sa tête avec son gros doigt.

« Ah ! songea Olga avec une joie mauvaise. Toi aussi, tu as peur des micros ! »

Ils sortirent en silence. Olga marchait devant et lui derrière. Ils traversèrent la rue Vorovski et entrèrent dans la première cour venue, passage des Pompiers. Ils s'assirent sur un banc.

« De quoi as-tu peur ? Il existe des règles du jeu, et il faut jouer d'après ces règles. L'essentiel, c'est d'être quelqu'un de bien. Je n'ai encore jamais fait de mal à personne de toute ma vie. Et j'aide tout le monde. Mais selon les règles. »

Olga s'injuriait en son for intérieur : « Idiote ! Pauvre gourde ! Crétine ! »

« Ce Pablo, lui, il joue selon d'autres règles. Regarde, il est communiste, mais il s'est brouillé avec tous ses amis, et il ne lui arrive rien. Il n'a pas peur, parce qu'on ne l'a jamais battu ni égorgé. Moi, ma famille a dû fuir la Turquie, tous les Arméniens qui étaient là-bas se sont fait massacrer. Et tu sais quoi ? Ce sont les pauvres qui sont restés, les riches, eux, se sont enfuis. Ce qui vous sauvait la vie, c'était l'argent. Maintenant, ce n'est plus le cas. Maintenant, c'est le pouvoir qui sauve la vie. C'est quoi, ce Pablo ? Un voyou, purement et simplement ! Moralement, il n'est pas fiable. C'est un fait. Il a été marié trois fois et, à Leningrad, il a fait monter des putains dans sa chambre d'hôtel. Si tu ne l'as pas vu, n'écris rien ! Politiquement, il... Il n'y a pas de mots pour le dire ! D'ailleurs lui, il ne dit rien, il fait des grimaces, il chante des chansons. C'est bien ça, non ? Alors écris ça : il fait des grimaces et il chante des chansons.

Note bien qu'on ne te demande que la vérité. Et si tu veux savoir, peut-être pas toute la vérité. Mais il faut respecter les règles. Tu crois que je suis un communiste fanatique ? Oui, bien sûr, je suis communiste, mais je ne trahis pas mes amis. Tu ne réponds pas, tu te dis que je t'ai fait exclure des komsomols… C'était de ta faute. Quelle mouche t'avait piquée de prendre la défense de ce professeur et de signer ces lettres ? Il avait enfreint les règles, et il a fichu tout le monde dans le pétrin. Combien de gens ont perdu leur travail à cause de lui, et tout le reste… Et d'où il sortait, hein ? Tu ne le sais peut-être pas, mais il collaborait avec nous. Depuis les années cinquante ! Il écrivait des rapports. Je les ai eus moi-même entre les mains, je le jure sur ma mère ! Et où est-il maintenant ? »

Olga était au courant de cette rumeur infâme que l'on faisait courir. Elle haussa les épaules.

« Eh bien, il a été libéré, et il est à Paris ! Parce que ce sont les règles du jeu : on ne laisse pas tomber les siens. Il a été puni pour ce qu'il avait fait, à juste titre, et puis on l'a relâché. Mais combien de gens se trouvent encore en prison aujourd'hui à cause de lui ! Ce n'est pas quelqu'un de bien ! Je n'ai aucune estime pour lui ! Et tu peux dire merci qu'on t'ait stoppée à temps. D'ailleurs qu'est-ce qu'on en sait, peut-être qu'en ce moment, ton cher Pablo, lui aussi, est en train d'écrire un rapport sur la façon dont il a été reçu ici, sur ce qui a été dit et par qui. Parce que tout le monde vit selon des règles, c'est ça, la règle la plus importante : il faut vivre selon des règles. »

« Il est sincère quand il dit ça, j'en donnerais ma tête à couper ! Le pauvre, il devrait être en train de vendre des légumes ou des tapis, et voilà où le destin l'a placé ! » Olga observait son visage écarlate. Il épongea la sueur sur son front. Et pourtant il ne faisait pas chaud ici, sur ce banc couvert de neige.

« Je ne te demande rien de spécial, juste un rapport. Ils sont allés là, ils ont vu ça, ils ont dit ça. Ce José aussi, c'est un drôle de numéro ! La famille de son frère vit en Russie. Ce frère a été tué pendant la guerre civile espagnole, et ses neveux ont été amenés ici. Il les a rencontrés pendant qu'il était à Moscou. Tu ne le savais pas ? Je ne te demande pas d'écrire ce que tu n'as pas vu… Avant son départ, un type est venu le voir à l'hôtel. Tu ne l'as pas vu ? C'était un de ses neveux. Il lui a donné de l'argent et lui a laissé ses vêtements. Tu n'as rien vu ? Eh bien, je ne te demande pas de l'écrire… »

Alors comme ça, ils étaient au courant ! José n'avait pas caché à Olga qu'il avait des neveux en Russie. Il lui avait même demandé de téléphoner de sa part à l'un d'eux. De façon générale, Pablo avait organisé tout ce voyage pour que son ami espagnol puisse venir en Russie rencontrer ses neveux.

Mais Karik lui faisait clairement comprendre qu'il savait qu'elle savait, et qu'il n'exigeait pas qu'elle parle de tout dans son rapport.

« Allons-y. Tu vas écrire juste une page, les choses telles qu'elles sont. Ce que tu estimeras nécessaire. Si tu ne le souhaites pas, je ne te donnerai plus jamais de travail. Et si tu le souhaites, j'en tiendrai compte. Mais il faut écrire ce rapport. »

Ils retournèrent dans le bureau de Karik. Le couloir était vide. Tous les employés étaient déjà partis. Personne ne la vit. Et personne n'en sut jamais rien. Le plus important, bien sûr, c'était qu'Ilya ne l'apprenne pas.

Un bon billet

Vers l'âge de trente ans, Ludmila s'était résignée à son sort de vieille fille et trouvait à cette situation beaucoup d'avantages. Ses amies qui s'étaient mariées, qui avaient eu des enfants, qui avaient divorcé ou bien se coltinaient sans joie le fardeau d'une famille, ne lui inspiraient aucune envie. Aux années pendant lesquelles elle avait mollement attendu, d'abord un prince charmant, ensuite au moins un amour quel qu'il soit, et pour finir, tout simplement un homme correct, avait succédé une existence uniforme et un peu ennuyeuse mais, du coup, parfaitement sereine.

Ilya était apparu petit à petit. Elle avait commencé par repérer sa longue silhouette et sa tête bouclée parmi les quelques dizaines d'habitués de la bibliothèque. Les échanges de regards avaient été suivis par de légers signes de tête. Un jour, au moment de la fermeture, ils s'étaient retrouvés près du vestiaire et étaient sortis ensemble, sans le faire exprès. En marchant jusqu'au métro, ils avaient bavardé par pure politesse. Ils s'étaient donné leurs prénoms : Ludmila, Ilya.

Six mois plus tard, Ilya la raccompagna chez elle. Elle transportait cinq livres assez gros qu'elle avait pris pour son père à la bibliothèque. Son père était académicien, enfin, du point de vue d'Ilya, il ne l'était pas à part entière, c'était un académicien agricole. D'ailleurs Liouda[1] vivait dans le quartier de l'Académie d'agriculture Timiriazev, à une heure d'autobus de la station de métro Novoslobodskaïa. Et elle habitait, non dans un immeuble ordinaire, mais dans une grande villa ancienne construite à la fin du XIXe siècle pour les professeurs d'agronomie.

La soirée était déjà très avancée, les autobus avaient rejoint leur dépôt de banlieue pour la nuit, et Liouda proposa à Ilya de rester dormir. L'académicien, qui n'avait pas perdu l'habitude campagnarde de se coucher presque avec le soleil et de se lever à l'aube, dormait déjà depuis longtemps du sommeil du juste. Ce jour-là, la nounou Klava, qui avait élevé Liouda et remplacé sa mère disparue très tôt, était allée rendre visite à sa sœur. Si elle avait été à la maison, le scénario aurait parfaitement pu prendre une autre direction.

Après un dîner assez simple servi dans une salle à manger, avec guéridon pour le samovar, buffet décoré de petits carreaux en verre coloré, dessertes et serviettes de table, Liouda prépara le lit d'Ilya sur le divan, lui montra où se trouvaient les toilettes, et sortit en lui souhaitant bonne nuit. Elle revint au bout d'un moment avec une serviette de toilette.

« J'avais oublié ça ! » dit-elle en souriant.

Elle s'était déjà déshabillée et portait un peignoir en flanelle bleu sous lequel dépassaient les somptueux volants d'une chemise de nuit bleu pâle. Elle avait eu le temps de défaire son chignon et, quand elle se pencha pour poser la serviette sur une chaise à côté du divan, sa natte ébouriffée lui retomba sur la poitrine.

1. Diminutif de Ludmila.

La vive clarté bleutée de la pleine lune, la lueur de la neige à la fenêtre et ce confort démodé (« On se croirait dans un manoir ! » se dit Ilya en passant) suscitèrent en lui une poussée de romantisme. Il la prit dans ses bras et elle se laissa faire...

Il s'en alla au matin, sans plus se préoccuper de cette aventure nocturne. Il la revit à la fin de la semaine à la bibliothèque et la raccompagna chez elle. Et de nouveau, il resta pour la nuit. La nounou était absente, comme la fois précédente.

Il n'y avait rien de sérieux entre eux. C'était du moins ce que pensait Ilya qui s'y connaissait dans ce domaine. Il tombait souvent amoureux de jolies filles et passait même auprès de ses amis pour un grand spécialiste en matière de séduction. Mais dans ce cas précis (une fille terne et fanée qui semblait n'avoir jamais connu la floraison), cela ne lui avait coûté aucun effort et lui était tombé tout cuit entre les mains.

Il était loin d'imaginer que ces rencontres peu fréquentes, dénuées de piquant et d'éclat festif, allaient déboucher sur un mariage un peu ennuyeux, mais tout à fait supportable.

Au bout de deux ans de cette relation languissante, Liouda tomba enceinte. Elle avait trente-quatre ans, dix ans de plus qu'Ilya. Ils se marièrent un peu avant la naissance de l'enfant, et, il faut bien le dire, sans grand empressement de la part de Ludmila. Quand Ilya lui avait proposé le mariage, elle n'avait manifesté aucun enthousiasme, ce qui l'avait un peu déçu : il se sentait tout de même assez fier de la noblesse de son comportement.

À la naissance du petit garçon, qui fut prénommé Ilya soit en l'honneur de son généreux père, soit en l'honneur de son grand-père académicien Ilya Ivanovitch, lequel s'en désintéressait complètement, Ilya s'installa presque définitivement chez Liouda, il déménagea même dans la villa la partie la plus précieuse de sa collection de livres. La nounou ne céda pas au jeune époux sa chambre, contiguë à celle de Liouda. On lui attribua une pièce au premier étage, un peu froide mais spacieuse.

Liouda était à la tête d'un laboratoire de recherches sur un aspect particulier de la pédologie, elle avait soutenu sa maîtrise depuis longtemps et, sans cette grossesse, elle aurait aussi écrit une thèse de doctorat. Mais le bébé, bien qu'il fût calme, obligeant, et complètement pris en charge par la nounou Klava, fit perdre à Liouda son ancien enthousiasme pour la science, et la thèse de doctorat déjà en route s'étiola à mi-chemin.

Ilya se plaisait de plus en plus dans cette maison. D'un côté, ce petit village de datchas se trouvait en bordure de la ville, de l'autre, il était contigu à des champs expérimentaux, et non loin de là se déployait l'immense parc de Timiriazev, avec ses vieilles allées de tilleuls et de pins, ses étangs et ses antiques mangeoires destinées à des cervidés que l'on ne voyait plus depuis longtemps.

Il lui arrivait parfois de passer une semaine entière à la maison sans se rendre en ville, après quoi il s'en allait pendant plusieurs jours. Liouda ne lui demandait pas de comptes ni d'argent. Quand il arrivait, elle avait l'air contente, et quand il partait, elle ne lui faisait aucun reproche. Elle souhaitait juste qu'il la prévienne si possible.

L'enfant tenait d'Ilya, il était tout bouclé, avec un visage étroit. Il pleurait rarement et souriait peu. Ilya considérait qu'il avait hérité du tempérament de sa mère. Vers l'âge de trois ans, on commença à remarquer certaines anomalies : il parlait très bien, il savait même par cœur des petits poèmes simples qu'on lui lisait, mais quand on lui demandait : « Tu veux manger ? », il répondait : « Tu veux manger. » La nounou Klava estimait que tout était normal ; la seule anomalie, c'était qu'il était plus intelligent que les autres, il serait académicien. À l'âge de cinq ans, il récitait des volumes entiers des contes de Pouchkine, ce qui remplissait d'admiration sa nounou, mais ce léger défaut dans la façon de s'exprimer ne passait pas. On consulta un spécialiste qui établit un diagnostic d'autisme. Ce qui expliquait ses petites bizarreries ainsi que certains troubles du développement : un air renfrogné et concentré, un comportement peu sociable, une incapacité à dialoguer avec autrui... Le docteur ne promettait rien de bon.

L'année où le petit Ilya aurait dû entrer à l'école, son père ne vivait déjà plus dans la villa de Timiriazev. Il avait quitté la maison peu à peu, aussi progressivement qu'il s'était marié.

La même année, le père de Ludmila, l'académicien Ilya Ivanovitch, mourut, et on vit apparaître un nouvel académicien qui souhaitait occuper la villa du défunt. Bien que Ludmila fût chef de laboratoire, son rang ne lui donnait pas droit à une maison et, après une brève action en justice, elle reçut, en échange de la villa confisquée, un appartement de trois pièces situé non loin de là, passage des Étudiants-Rouges. Ilya l'aida beaucoup pour le déménagement, il empaqueta les livres, rangea la vaisselle dans des caisses et chargea la camionnette.

Mais il ne passa même pas une journée dans le nouvel appartement. Il mit sa collection dans une valise pour l'emporter chez sa nouvelle femme, dont Liouda soupçonnait vaguement l'existence.

Au moment de partir, il embrassa son fils sur la tête.

« Sois sage ! Et obéis bien à ta maman, dit-il en partant.

— Obéis bien à ta maman ! » répondit son fils.

Une fois de plus, Ilya réprima un haut-le-corps. Cette façon pitoyable de répéter ce qu'on disait, ce faible écho des paroles d'autrui, cela ressemblait trop souvent à de la dérision.

La grosse Ludmila aux cheveux empoussiérés par le déménagement et par l'âge était debout sur le seuil, et le petit Ilya, qui était grand pour son âge, se blottissait contre elle.

« La prochaine fois que tu viendras, tu voudras bien fixer les étagères ? demanda Ludmila.

— Fixer les étagères, fixer les étagères… », répéta son fils.

Ah, Olga, ce petit bulbe jaune et rose avec un rire tapi aux coins des lèvres et au creux des fossettes de ses joues d'enfant… D'abord l'autobus jusqu'à la station Novoslobodskaïa, puis le métro jusqu'à la gare de Riga, le train jusqu'à Nakhabino, ensuite un autobus bondé, et il serait à la datcha, où l'attendaient des piaillements joyeux, la neige, les skis, la colline, cette petite pipelette de Kostia… Et la machine à écrire qui crépitait toute la nuit, et le cagibi avec sa lumière rouge et ses bacs noirs, et Olga riant aux éclats, les chatouillis, la fièvre, l'amour…

Ilya passait voir son fils de temps en temps. Il apportait des livres et des jeux de construction. Et chaque fois, c'était la même chose, sauf que c'était pire : la grosse Ludmila silencieuse, la nounou hargneuse et desséchée, et Ilioucha avec sa tête bouclée juchée sur un corps mince et maladif, on aurait dit une plante qui poussait à l'étroit. Il répétait toujours lamentablement la fin des phrases prononcées par les autres. Son jouet préféré était un magnétophone, il écoutait des poèmes et sa mémoire les engrangeait aisément. Que pouvait-il bien y comprendre ? Personne n'en savait rien. Mais si on le lui demandait, il pouvait déclamer des vers pendant des heures en imitant l'intonation d'un présentateur de radio. Il n'avait pas appris à lire. En revanche, il calculait de tête à toute vitesse. Il écoutait volontiers de la musique et aimait les émissions sur les animaux. Mais il avait peur du vrai chat qui vivait chez eux. Et aussi des chiens qu'il voyait dans la rue quand il se promenait avec la nounou.

Ilya avait divorcé de Ludmila. Peu après le divorce, la nounou était morte et, au bout de six mois, ce qui avait correspondu à deux visites d'Ilya à son fils, Ludmila lui demanda l'autorisation d'emmener l'enfant en Israël. C'était à une époque où tout l'entourage d'Ilya était préoccupé par la question de l'émigration, mais dans la bouche de Ludmila, cette demande le stupéfia.

« Qu'est-ce qu'Israël vient faire ici, Liouda ?

— Tu sais, ma défunte mère était quelqu'un d'extraordinairement soigneux, elle n'a jamais perdu un seul papier. Après sa mort, j'ai trouvé le certificat de décès de ma grand-mère maternelle, elle est morte en 1922. Elle s'appelait Barbanel. Alta Pinkhassovna Barbanel. C'est une célèbre lignée de rabbins. Maman avait gardé tous les papiers, le certificat de naissance de grand-mère, l'attestation de changement de nom… Grand-mère a pris le nom de Kitaïeva lorsqu'elle s'est mariée. Quand ils entendent le nom de Barbanel, les Juifs hochent la tête et gloussent de ravissement. »

Comme d'habitude, elle parlait d'une voix morne et sans expression, seul son visage était charmant, avec son éternel petit sourire. Un visage tout ce qu'il y avait de slave, avec une bouche ronde et des sourcils ronds…

« C'est quoi, ce nom de Barbanel ? Ça vient d'où ?

— En fait, c'est la déformation d'Abrabanel, je le sais maintenant. C'est une lignée de séfarades très célèbre, ils ont eu des savants, des talmudistes…

— Nom d'une pipe ! Je n'arrive pas à y croire ! Toi, en Israël ? C'est du délire ! Mais qu'est-ce que tu vas faire là-bas ? »

Ilya n'en revenait tout simplement pas.

« Oh, cela m'est bien égal ! Peut-être que je n'irai pas en Israël. L'invitation vient de là-bas, mais je ne sais pas où je vais me retrouver. Peut-être en Amérique…

— Bon, bon, d'accord… Seulement, explique-moi d'où t'est venue cette idée, bon sang ! »

Ilya n'arrivait pas à se calmer.

« Qu'est-ce qu'il y a à comprendre, Ilya ? J'approche des cinquante ans, et j'ai le cœur malade. Ma mère est morte à quarante-trois ans d'une crise cardiaque. Je n'ai personne à qui laisser Ilioucha. Ils ont de bons établissements de soins là-bas, ils ne le laisseront pas mourir. Alors qu'ici, qu'est-ce qu'il fera sans moi ? »

Le petit Ilioucha entra dans la pièce. Il était d'une taille démesurément grande, et déformé par la maladie : des mains immenses avec des doigts fins qui pendaient, un minuscule menton et des yeux creux… Le pauvre, le pauvre… En plus de l'autisme, on lui avait trouvé on ne sait trop quel syndrome rarissime, et pourtant l'autisme aurait amplement suffi !

« … sans moi, sans moi… », dit-il, et cela sonnait comme une menace.

Liouda le fit asseoir et lui mit une pomme entre les mains.

« Ils ont de bonnes cliniques, on les traite de façon humaine, on s'occupe d'eux… Il n'y a pas d'autre solution, dit Liouda très calmement.

— … pas d'autre solution… », répéta Ilioucha d'un ton stupidement joyeux.

Le soi-même, Ilya signa le papier que Liouda avait préparé. Il ne s'opposait pas à leur départ.

Il revit son fils encore plusieurs fois. La dernière, lorsqu'il les accompagna à l'aéroport.

Avant son départ, Olga lui avait fourré dans les bras un énorme ours en peluche.

« Donne ça à ton fils, cela lui fera un souvenir !

— Dis donc, c'est un sacré gaillard, ton ours ! avait dit Ilya en le soupesant.

— Comme ton fils, si j'ai bien compris ! »

Ilya n'avait jamais offert de jouets en peluche au garçon, d'ailleurs ce dernier avait passé l'âge. Ilioucha rayonna de bonheur à la vue de l'ours, il le sortit de son emballage en cellophane et pressa le ventre mou contre son visage d'adulte.

« C'est de la part d'Olga et de Kostia, ce sont eux qui m'ont demandé de te donner ce petit ours ! marmonna Ilya, étonné lui-même de prononcer ces noms que son malheureux fils ne connaissait même pas.

— Petit ours, petit ours ! » dit Ilioucha ravi.

Et Ilya-le-père fit une grimace de gêne et de souffrance.

Il approchait déjà de la gare de Riga quand Ludmila demanda à l'hôtesse de les changer de sièges pour les mettre dans la rangée de devant, où il y avait davantage de place pour les longues jambes du garçon, et Ilioucha s'installa en répétant les derniers mots qu'il avait entendus dans son pays natal :

« ... un bon billet, un bon billet... »

Une fois en Amérique, Ludmila hésita longtemps avant de se décider à placer Ilioucha dans un établissement de soins. Elle ne l'aurait peut-être jamais fait s'il n'était pas devenu agressif en vieillissant, elle n'arrivait plus à le contrôler. On le garda deux ans dans cet établissement, puis on le transféra dans un autre, une sorte d'internat, où il suivit des cours spéciaux, à la suite desquels il fut capable d'accomplir des petits travaux simples.

Liouda lui rendait visite tous les dimanches. Elle lui apportait du chocolat blanc, il adorait cela, et de grandes bouteilles de coca. Le trajet pour y aller lui prenait plus de deux heures, depuis Brighton Beach, où elle était logée dans un immeuble pour indigents, jusqu'à ce quartier excentré du Queens. Elle rendit visite à son fils tous les dimanches pendant six ans et chaque fois, en rentrant chez elle, elle s'effondrait sur le lit à deux places donné par une organisation caritative, elle fermait les yeux, et remerciait Dieu que son enfant ait de quoi manger, qu'il soit au chaud, et qu'il reçoive des soins médicaux. Un dimanche, elle ne vint pas, mais apparemment, il ne le remarqua même pas.

Le programme de socialisation donnait de bons résultats et au bout d'un an, on lui trouva un travail, le premier de sa vie : deux fois par semaine, il vendait des journaux dans un kiosque, à un arrêt d'autobus de l'établissement. Il était payé dix dollars. Il se rendait ensuite dans un petit magasin où on le connaissait et s'achetait des cadeaux : une tablette de chocolat blanc, une bouteille de coca-cola, et un billet de loterie.

Il montrait la plaque de chocolat du doigt, et le vendeur noir disait :

« Du chocolat ?

— Du chocolat, du chocolat ! » répondait Ilya.

Puis il montrait un billet de loterie, et le vendeur lui donnait le papier scellé en disant :

« Tiens, c'est un bon billet…

— Un bon billet… », répétait-il.

Sa vie était bien organisée maintenant, il avait des amis avec lesquels il regardait la télévision. Depuis que Liouda ne venait plus, les mots russes semblaient être complètement sortis de son étrange mémoire qui avait emmagasiné beaucoup de poèmes dans une langue devenue étrangère avec les années.

La dernière semaine du mois de mai, Ilya travailla au kiosque jusqu'à midi puis, ayant reçu ses dix dollars, il s'acheta une tablette de chocolat, du coca, et un billet de loterie. Ce billet était plus que bon : il remporta le gros lot, quatre millions deux cent mille dollars.

L'internat dans lequel il vivait était réservé aux indigents. On n'y gardait pas les millionnaires.

Le millionnaire en question n'avait pas la moindre idée du problème complexe auquel il était confronté. Juridiquement, il était considéré comme un incapable majeur. Sa mère était morte. On essaya de retrouver son père, Ilya Brianski. Après un échange de lettres prolongé et de multiples enquêtes, il fut établi que son père vivait à Munich. Quand on retrouva sa trace, on apprit qu'il venait de mourir. Des avocats se mirent à la recherche de son demi-frère Constantin.

Kostia fut contacté, et il prit l'avion pour New York. Il se souvenait vaguement qu'Ilya avait eu un fils d'un premier mariage. Les médecins l'avaient prévenu que ce frère récemment découvert était malade. En le voyant, Kostia fut épouvanté, mais il n'en montra rien. Il tapa sur l'épaule de ce géant maigre et dit en russe :

« Salut, frérot ! »

L'autre s'illumina d'un grand sourire.

« Salut, frérot ! »

Kostia sortit de son portefeuille une photo d'Ilya.

« Voilà Ilya. »

Ilya prit la photo et son visage s'éclaira.

« Ilya.

— Je m'appelle Kostia. »

Ilya réfléchit un peu, et dit en se concentrant :

« Petit ours ! »

Mais Kostia ignorait tout du dernier cadeau d'Olga.

Ilya répéta encore plusieurs fois « petit ours », puis se mit à réciter un poème :

Lorsque j'erre, songeur, au-delà des faubourgs,
Au cimetière urbain je passe faire un tour,
Les grilles des enclos, colonnettes et dalles,
Qui abritent les morts de notre capitale[1]...

Il le récita jusqu'à la fin.

« Encore ! » demanda Kostia.

Et Ilya, plissant le front, repêcha un autre poème dans sa mémoire malade, mais incommensurable.

Il récita longtemps, tous les poèmes préférés du défunt Ilya, toujours avec la même intonation et la même voix.

Kostia regardait ce petit garçon malade et plus tout jeune, et il pensait à son beau-père, si spirituel, si pétulant, si doué, tout en se disant qu'il allait maintenant falloir lui trouver un établissement analogue, non public, mais privé, destiné aux riches, remplir les formalités pour la tutelle, s'y retrouver dans les comptes, et remettre sur des rails cette vie plutôt bizarroïde.

Puis il emmena son nouveau frère dans un café. Il lui montra du doigt une grosse tarte aux fruits rouges.

« Tu en veux une part, ou tu veux tout ? demanda-t-il.

— Tout », répondit Ilya en baissant timidement les yeux.

1. Poème de Pouchkine, traduction d'André Markowicz, *Le Soleil d'Alexandre*, Actes Sud, 2011.

Kostia réfléchit un instant, puis posa de nouveau la question :

« Tu veux tout le gâteau, ou juste une part ? »

Ilya fixa ses gigantesques baskets d'un air encore plus timide, et ne dit rien.

« Bon, d'accord. Il y a une certaine logique ! fit Kostia en hochant la tête.

— Une certaine logique ! » acquiesça joyeusement Ilya, et il s'assit à la table, comme un enfant obéissant.

La serveuse apporta la tarte et du coca pour Ilya, et de l'eau minérale avec de la glace pour Kostia. On n'était qu'à la mi-juin, mais les chaleurs new-yorkaises avaient déjà commencé et bien sûr, il n'y avait pas l'air conditionné dans cet endroit miteux.

Ilya mangeait avec sa fourchette en plastique, savourant chaque bouchée l'une après l'autre avec une gravité enfantine. Sa tête était la réplique exacte de celle de son défunt père : châtain foncé, bouclée, avec des cheveux blancs précoces. Et sur le visage aussi, il y avait une ressemblance qui affleurait, mais un peu caricaturale.

Kostia revoyait tout avec une netteté cinématographique : ils sont assis tous les trois (il a huit ans) au bord d'un lac (le lac Valdaï ? Ilmène ? Plechtcheïevo ?) au crépuscule, autour d'un feu de camp, son beau-père essuie de ses longs doigts sales la cendre collée sur une pomme de terre, le soleil couchant fait danser sur le lac des rayons de lumière roses, rouges et jaunes, et sa mère, étincelant de toute la rousseur de ses cheveux, rit aux éclats, et son beau-père rit aux éclats, et lui, Kostia, est heureux, et il les aime, pour les siècles des siècles.

Pauvre Ilya ! Pauvre Olga !

Un pauvre petit lapin

Quand il avait le temps de réfléchir sur sa vie, le docteur Dmitri Stépanovitch Douline la considérait comme une réussite, et même une réussite imméritée. Mais il lui arrivait rarement d'avoir des pensées abstraites. En revanche, quand, tous les samedis, sous les yeux de sa fille Marina sautillant d'impatience, il sortait de sa serviette, en le tenant par les oreilles, un petit lapin emmailloté dans un vieux torchon, il éprouvait une satisfaction pleine de gratitude. Sa fille ressemblait à un petit lapin, toute douce, toute grise, avec une lèvre supérieure retroussée, un peu comme celle des lapins, mais là où ils ont des oreilles blanches qui se dressent, elle avait des rubans bleus qui pendaient. Dommage qu'il n'ait pas pris ça en photo ! Marina avec un lapin...

Dmitri Stépanovitch remettait le lapin à sa fille, et le torchon plein de petites crottes sèches à sa femme Nina, qui secouait les crottes dans la poubelle et allait laver le torchon dans la baignoire. C'était un torchon spécial réservé au lapin qui faisait le voyage jusqu'à la maison tous les samedis, et retournait au laboratoire tous les lundis.

Il s'agissait chaque fois d'un lapin différent, le premier qui lui tombait sous la main dans la cage où vivaient les animaux de laboratoire. Bien entendu, Douline ne le prenait pas parmi ceux qui servaient pour les expériences, mais parmi les animaux « témoins ». Ceux qui étaient soumis aux expériences étaient plus ou moins sains, eux aussi, mais ils étaient nés de lapins alcooliques que le docteur avait abreuvés d'alcool dilué depuis leur plus jeune âge, et qu'il accouplait ensuite avec d'autres lapins alcooliques pour observer leur descendance. C'était le sujet de sa thèse : l'influence de l'alcool sur la descendance des lapins. Car pour ce qui était de l'influence de l'alcool sur la descendance des êtres humains, là-dessus, la science en savait déjà beaucoup. La laborantine Macha Verchkova, dont la moitié du temps de travail était à la disposition de Douline, était justement issue de cette partie de la population : ses globes oculaires frémissaient souvent légèrement (un nystgamus), et elle avait les doigts qui tremblaient (un tremblement essentiel). Elle était née à sept mois de parents qui buvaient, mais (elle avait eu de la chance) sans lésions cérébrales. Ce qui prouve que même les ivrognes peuvent parfois réussir quelque chose.

Marina, elle, n'avait jamais rien eu à craindre de ce côté-là : son père ne supportait tout simplement pas l'alcool, il ne buvait même pas de bière, ne fumait pas non plus, et menait une vie saine à tous points de vue. Quant à sa mère, elle buvait trois petits verres de vodka par an, à l'occasion des fêtes.

Marina emmenait le lapin hebdomadaire dans son petit coin, le couchait sur un lit de poupée, faisait semblant de le laver, le câlinait, l'embrassait et lui donnait des carottes.

Dmitri Stépanovitch avait l'habitude des animaux, il était né à la campagne et était resté un petit campagnard jusqu'à ce que la ville de Podolsk, en grandissant, ait englouti son village assez miteux, détruisant peu à peu toute vie rurale. La vie citadine n'avait du reste pas commencé tout de suite pour lui. La construction des immeubles de quatre étages s'était déroulée selon un plan fantaisiste, toutes les fermes n'avaient pas été rasées en même temps, seulement celles qui se trouvaient aux emplacements prévus pour les nouvelles constructions. À l'époque, la maison des Douline n'avait pas été démolie, mais leur ferme n'avait pas survécu, il n'en était resté que des poules, un chat et un chien. La chèvre et le cochon avaient été donnés à la sœur de sa grand-mère qui vivait à la campagne. À ce moment-là, ils n'avaient déjà plus de vache.

Pour on ne sait quelle raison, le puits qui se trouvait près de chez eux avait été comblé, mais on ne leur avait pas mis l'eau courante. Ils allaient en chercher à la pompe, à un kilomètre et demi de là. Le petit Mitia[1] avait donc vécu à cheval entre la ville et la campagne. Il allait à l'école de la ville vêtu de misérables hardes de paysan, travaillait assez mal en classe, et constituait une minorité rurale méprisée parmi une majorité citadine.

Sa mère le punissait pour ses mauvaises notes. Quand elle en avait la force, elle le cognait un peu partout de ses petits poings maigres en braillant d'une voix perçante et entrecoupée, jusqu'au moment où elle s'écroulait. Bien des années plus tard, une fois devenu médecin, Mitia avait établi un diagnostic rétrospectif : l'hystérie. Et sa thyroïde avait quelque chose à voir là-dedans. Mais lorsque Mitia sut établir des diagnostics, sa mère n'était déjà plus de ce monde.

Il en avait aussi vu de toutes les couleurs avec l'oncle Kolia. Il est vrai que lui, il ne le frappait pas,

1. Diminutif de Dmitri.

mais le traînait en le tirant par le haut de l'oreille, qu'il pinçait adroitement entre le pouce et l'index. Le plus vexant, c'était que sa mère le laissait faire. Sa grand-mère, en revanche, prenait sa défense. Kolia, un moujik rongé par l'alcool, fréquentait beaucoup de femmes seules. La grand-mère l'appelait « le fréquenteur », elle le méprisait, mais il lui faisait peur. Ils étaient morts presque en même temps, Kolia d'alcoolisme et la grand-mère de vieillesse. Contrairement à Mitia, sa mère n'avait jamais de chance. Quand arriva le moment de démolir son isba et que ce fut son tour de recevoir un appartement dans un immeuble neuf (ce studio avec le gaz et l'eau chaude lui apparaissait comme un lieu paradisiaque), elle s'effondra et mourut d'un seul coup, comme sa mère. Et elle obtint le paradis auquel elle avait droit, non en fonction de toutes les attestations qu'elle avait rassemblées (en tant que veuve de soldat, en tant qu'invalide d'une troisième petite catégorie de rien du tout, et en tant que travailleuse de choc communiste), mais juste comme ça. Pour rien. Si bien que le rêve de Mitia était tombé à l'eau : il comptait faire venir sa mère à Moscou après avoir astucieusement échangé ce nouvel appartement de Podolsk, qu'il ne reçut jamais, contre une pièce à Moscou. L'éternel manque de chance de sa mère l'avait délivré des tracas d'un échange et d'un déménagement.

Il l'avait toujours plainte, cette pauvre femme. Mais très tôt, il avait pris la décision qu'il n'aurait pas la même vie qu'elle. Il partirait d'ici, il s'en sortirait d'une façon ou d'une autre, il couperait les ponts avec cette détestable existence de bouseux. Après le brevet, il était entré dans une école d'infirmiers. Les garçons y étaient peu nombreux, on tenait à lui, et il travaillait assidûment. Ensuite, il y avait eu l'armée, où il avait fait son service dans le corps médical. Après l'armée, il n'était pas resté à Podolsk, il était parti faire des études dans un institut de médecine à Moscou, où il avait été admis avec une dispense, sans concours. Depuis, il était devenu un véritable citadin.

Douline avait gardé de cette enfance paysanne l'habitude du contact avec les animaux. Cela lui manquait même un peu de ne pas avoir de chat à la maison, et s'il rapportait à Marina ce petit lapin hebdomadaire, c'est parce qu'il était sensible à l'agrément d'une chaleur animale. Mais Nina ne voulait pas d'animaux à la maison, même pas de chat. Et Douline ne faisait jamais ce que Nina ne voulait pas.

Ils s'étaient mariés en troisième année de médecine. Dmitri avait six ans de plus qu'elle, et cette petite gringalette avait été séduite par sa grande taille, son sérieux et sa discrétion. Il n'avait pas déçu ses attentes, ni elle les siennes. Il lui devait tout : sa domiciliation à Moscou, son internat en neurologie, puis son poste de chercheur. Ses rêves n'auraient jamais été jusque-là, mais grâce à ses relations, Nina lui avait trouvé une place dans un institut de recherches. Elle-même travaillait comme médecin de quartier dans une polyclinique, raison pour laquelle ils avaient reçu un appartement sans passer par une liste d'attente.

Au début, Douline s'était insurgé contre le poste de chercheur, il ne comprenait pas pourquoi sa femme le poussait dans cette direction. Puisque c'était comme ça, elle n'avait qu'à soutenir une thèse elle-même. Mais Nina en avait décidé autrement. Étant donné que cet institut était un institut psychiatrique et que sa spécialité était la neurologie, il avait dû se convertir à la psychiatrie. Il avait bûché des manuels et réussi l'examen. On lui avait imposé pour thème l'alcoolisme, et il avait étudié tout ce qu'il était possible d'étudier à l'époque : les transformations psychiques des alcooliques et leurs réactions comportementales, le delirium tremens, et autres sujets fort intéressants.

Marina avait joué avec des lapins tous les week-ends pendant les trois années durant lesquelles Douline les avait abreuvés d'alcool dilué qu'il versait par un entonnoir, car les cobayes refusaient d'ingérer volontairement de l'alcool. Puis il avait soutenu sa thèse et était devenu chercheur. Il ne rapportait plus de lapins à la maison mais désormais, Marina allait parfois avec son père visiter les vivariums de l'institut, il y avait là des lapins, des rats blancs, des chats et des chiens. Et même, à un certain moment, des singes.

Pendant qu'il terminait sa thèse, Douline avait été soudain pris de doutes : les résultats étaient exactement ceux que l'on attendait, et son travail ne comportait aucune découverte, absolument aucune. Karpov, son chef de laboratoire, qui était aussi son directeur de thèse, l'avait rassuré :

« L'exigence envers soi-même est une excellente qualité chez un scientifique. Je vous assure que l'on peut consacrer toute une vie digne de ce nom à la science sans faire aucune découverte. Nous sommes les chevaux de trait de la science, c'est nous qui la faisons avancer, et non ceux qui font des découvertes, souvent fort douteuses, d'ailleurs. Quant aux génies… On les connaît, ces génies ! »

Douline comprenait parfaitement à qui son chef de laboratoire faisait allusion. À Vinberg. Douline s'était rapproché de lui par hasard, grâce à un incendie survenu dans le laboratoire de Vinberg. Deux ans plus tôt, alors que Douline se trouvait seul à l'étage à vérifier ses chiffres, un fil électrique avait pris feu. C'était lui qui avait détecté l'incendie avec son odorat sensible, il avait appelé les pompiers, mais il avait eu le temps de couper l'électricité et de tout éteindre lui-même avant leur arrivée. Et il n'avait pas permis aux pompiers d'entrer dans le laboratoire de Vinberg, il savait bien que cela ne pouvait déboucher que sur des catastrophes et des vols. Il avait discuté fermement avec le chef des pompiers, l'avait laissé tout examiner, et avait signé le procès-verbal. Vinberg avait beaucoup apprécié. Depuis, Douline lui rendait régulièrement visite.

Vinberg, lui, était un vrai professeur, avec une culture brillante. Et il était très bizarre : il adorait parler de la science. Il ne demandait que cela, il suffisait de lui poser une question pour qu'il vous fasse toute une conférence. Du fait de sa position modeste et de son innocence intellectuelle, jamais Douline n'aurait pu envisager de fréquenter un jour une star aussi réputée. Mais l'épisode de l'incendie lui avait donné le droit de passer le voir le soir pour prendre « un petit thé ».

Et par Vinberg, le docteur Douline avait entendu parler de bien des choses qui ne figuraient pas dans les manuels soviétiques : du docteur Freud, des archétypes, de la psychologie des foules. Vinberg était lui-même spécialisé en gérontologie, il travaillait sur les psychoses des vieillards, mais il savait absolument tout, et avait des théories extrêmement intéressantes sur tout. Y compris sur l'alcoolisme.

Aux yeux de beaucoup de gens, Vinberg était quelqu'un de suspect. Il avait fui l'Allemagne fasciste avant la guerre pour se réfugier en URSS. En Russie, on l'avait arrêté au bout d'un mois, puis, pour le protéger des fascistes, on l'avait enfermé dans un camp pendant presque vingt ans, et on l'avait réhabilité après la mort de Staline : en fait, il avait été arrêté par erreur. Une fois sorti du camp, très vite, en quelques années, il avait retrouvé la place qui lui revenait – pas du point de vue carrière, bien sûr, mais du point de vue scientifique. Il avait passé tant d'années dans les camps ! On aurait pu croire que là-bas, en tant que médecin dans un hôpital de camp, il n'avait pas pu se consacrer à la recherche, or il s'avéra qu'il était, non pas à la hauteur de la science contemporaine, mais en avance sur elle. Il avait écrit coup sur coup deux monographies, et on lui avait décerné le titre de docteur sans qu'il ait eu à défendre de thèse. Les psychiatres venaient de tout le pays pour le consulter. Une autorité absolue. Mais pas pour tous. Il ne manquait pas non plus d'ennemis. Cela ne plaisait pas à tout le monde que cet hurluberlu, qui était non seulement juif mais en plus allemand, dispense ses enseignements fabuleux et se comporte avec un sens de sa dignité typiquement européen, comme on n'en rencontre guère dans les vastes espaces de notre patrie.

« Dmitri Stépanovitch ! Personne n'a encore étudié la nature sociale de l'alcoolisme ni les particularités du comportement social de l'alcoolique ! disait-il à Douline avec son accent allemand à couper au couteau, mais dans un russe grammaticalement irréprochable. Il n'y a pas de meilleur endroit que la Russie pour étudier cela. Ici, le pays tout entier est un terrain de recherches idéal. Mais où sont les statistiques sur les interactions entre l'alcool et l'agressivité ? Elles n'existent pas ! Si j'étais plus jeune, je m'attellerais obligatoirement à ce thème. Travaillez, il y a là des perspectives extrêmement intéressantes ! L'aspect physiologique n'est pas aussi intéressant. Ce qui a un sens, ici, c'est de travailler au niveau génétique. Mais vos lapins ne sont pas de bons sujets d'études. Ce ne sont pas des drosophiles ! D'un autre côté, l'alcool déshydrogénase est un enzyme simple, c'est le même pour tout le monde. Non, à votre place, je m'occuperais de l'agressivité due à l'alcool. »

Mais Douline n'observait aucune agressivité due à l'alcool. Les lapins ivres commençaient par être secoués de menus tremblements, puis s'endormaient. Leur appétit diminuait, leur poids aussi, mais ils restaient des créatures placides, ils ne mordaient pas et ne se jetaient pas sur les gens. Bref, aucune protestation active. Mieux encore, le lapin en chef, le père de ce harem d'alcooliques, à l'encontre des considérations du professeur, non seulement ne devenait pas plus agressif, mais au contraire, perdait son fameux potentiel de reproduction. Tous les trois mois, on remplaçait le reproducteur par l'un de ses fils devenu adulte.

Lorsque Douline avait osé dire au professeur Vinberg que ses expériences ne confirmaient nullement l'agressivité des alcooliques, celui-ci s'était contenté de rire.

« Et que faites-vous de l'activité nerveuse supérieure, Dmitri Stépanovitch ? L'être humain est tout de même une créature extrêmement complexe, ce n'est pas un lapin ! De plus, j'attire votre attention sur le fait que les lapins sont végétariens, alors que les hommes sont plutôt des carnivores. Du point de vue de l'alimentation, les animaux les plus proches de l'homme sont les ours, qui sont omnivores. Vous remarquerez une chose : sur ce point (je parle de l'alimentation), aucune espèce ne peut être comparée à l'*Homo sapiens*. Les peuples nordiques sont carnivores, alors qu'en Inde, par exemple, on rencontre d'immenses populations exclusivement végétariennes. Ni les unes ni les autres, pour autant qu'on puisse en juger sans une expérimentation scientifique, ne manifestent un haut degré d'agressivité. »

Le professeur était enchanté par ses propres réflexions, il frottait ses paumes bien propres et desquamées en un geste médical, comme avant d'examiner un patient :

« C'est drôle, très drôle ! Je crois qu'il faut commencer par la biochimie. *Der Mensch ist was er isst*. Et ce qu'il boit ! »

Et il partit soudain d'un grand éclat de rire, ouvrant une bouche entièrement remplie de dents métalliques posées à Vorkouta par un dentiste local originaire de Vienne. Douline devina ce que cela voulait dire, ou bien il s'en souvint, car il avait fait de l'allemand à l'école : « L'homme est ce qu'il mange. »

Vinberg savait tout sur tout, quel que soit le domaine abordé : l'anthropologie, le latin, et aussi la génétique. Mais ses dents, ça, il n'avait pas le temps de s'en occuper. Il se dépêchait de vivre, de lire, de penser, il se dépêchait d'écrire toutes les idées farfelues et extrêmement déplacées qui lui étaient venues à l'esprit dans les vastes espaces nordiques.

Il racontait beaucoup de choses à n'importe qui sans distinction, y compris à Douline. Mais il y en avait certaines qu'il gardait pour lui devant les étrangers.

« C'est un pays infantile ! disait-il à l'épouse qu'il s'était trouvée dans un hôpital de camp. Un pays d'enfants ! La culture bloque les réactions naturelles chez les adultes, mais pas chez les enfants. Et quand il n'y a aucune culture, ces blocages n'existent pas. On a le culte du père et l'obéissance, et en même temps, une agressivité infantile incontrôlable. »

Véra Samuilovna lui rabattait son caquet avec dédain, elle était la seule personne qui pouvait se le permettre.

« Tu dis des bêtises, Edwin ! Et les Allemands ? C'était la nation la plus cultivée d'Europe, non ? Alors pourquoi cette culture n'a-t-elle pas bloqué leurs réactions primitives ? »

Véra Samuilovna s'en prenait à son mari avec la

fougue de la jeunesse, et Edwin Iakovlévitch se frottait machinalement le nez, comme si c'était précisément dans cet organe qu'était concentrée son incomparable intelligence.

« C'est un autre mécanisme qui a fonctionné, Véra, un autre mécanisme ! *Das ist klar. Selbstverständlich.* On peut trouver des arguments. Les niveaux de conscience, voilà sur quoi il faut réfléchir ! »

Et il se taisait un long moment afin de trouver des arguments théoriques.

Ils n'avaient pas d'enfant. Autrefois, au camp, ils avaient eu un petit garçon, mais ils n'avaient pas réussi à le garder. Et toute la puissance, toute la charge explosive de leurs talents qui avaient accidentellement survécu, ils les mettaient dans leur profession. Véra Samuilovna était obsédée par son endocrinologie, elle synthétisait des hormones artificielles qu'elle associait presque à l'immortalité de la race humaine. Edwin Iakovlévitch n'approuvait pas son épouse. L'immortalité ne l'intéressait absolument pas. Leurs intérêts scientifiques se rejoignaient ici de façon conflictuelle : la gérontologie refusait catégoriquement toute rencontre avec l'immortalité. Vinberg en était convaincu. Mais Véra, elle, croyait dans les hormones.

Les époux avaient de quoi discuter pendant leurs longues soirées. Pour eux qui avaient perdu tout ce qui faisait leur vie avant la guerre (les conservatoires, les bibliothèques, les sciences et les littératures), qui avaient connu les baraques et les hôpitaux des camps, soigné avec rien, tout et n'importe quoi – c'était cela, le bonheur : se retrouver la nuit tous les deux tout seuls, dans le silence d'un minuscule appartement bien à eux encombré de livres et de disques, au chaud et le ventre plein.

Maintenant, Douline continuait à étudier l'alcoolisme, plus seulement sous l'angle de la recherche, mais aussi de façon appliquée. On dispensait des soins dans son service, même si cela ne donnait pas vraiment de résultats. Le salaire était excellent : cent soixante-dix roubles, plus les primes.

Au bout de trois ans, la chance lui sourit de nouveau, cette fois sans le concours de Nina. Une vieille collaboratrice prit sa retraite, libérant un poste de chargé de recherches, et la personne la mieux placée, le médecin Rouzaïev, qui avait presque terminé sa thèse, s'en alla de façon inopinée, cédant à la tentation de diriger une chaire à l'institut de médecine de Kazan.

On annonça un concours destiné à pourvoir deux postes à la fois. Il n'était même pas venu à l'esprit de Douline de se présenter, mais son chef de service lui recommanda de déposer sa candidature. Et en automne 1972, il devint chargé de recherches. C'était une carrière époustouflante, et il mit tout un hiver à s'y habituer. Le matin, quand il se rasait dans la salle de bains, ratissant avec une lame inoffensive les petits tas de poils mousseux depuis ses joues jusqu'à son menton, il se regardait dans le miroir et se disait en son for intérieur : « Dmitri Stépanovitch Douline, chargé de recherches ! » Lui qui pensait qu'il en avait encore pour dix ou quinze ans avant d'arriver là... Et voilà qu'il y était !

Il se sentait fier et en même temps, pas très sûr de lui...

Tout marchait comme sur des roulettes dans le service. Il avait maintenant un nouveau thème, la paranoïa alcoolique, ainsi que deux salles de malades à étudier et à soigner. Tous ces gens en proie au délire de la jalousie, dévorés par des hallucinations, tourmentés par la manie de la persécution, surexcités ou au contraire prostrés, ayant perdu toute dignité, violents ou bien abrutis par les neuroleptiques, n'avaient pas grand-chose à voir avec les lapins doux et chauds aux longues oreilles. Ici, l'agressivité, ce n'était pas cela qui manquait. Certains étaient attachés à leur lit, d'autres matés par des camisoles chimiques, mais il arrivait qu'un malade agité casse une vitre pour échapper à sa maladie en se jetant dehors, directement dans les bras du Seigneur. Il n'y avait que deux fenêtres non grillagées dans le service, une dans le bureau du chef de service et une autre, une petite, dans la salle de consultation. C'est de celle-là qu'un malade de ce genre fit le grand saut au début du printemps. Heureusement, ce n'était pas très haut, juste un étage. Mais il se cassa le bras. Une sacrée tuile pour tout le monde. Le patient était un artiste du Peuple méritant adoré par la nation tout entière. Et son délire aussi était profondément enraciné dans l'histoire nationale : il était poursuivi par des petites créatures qui lui grimpaient dessus, il n'arrêtait pas de s'en débarrasser avec horreur et de secouer les mains d'un air dégoûté.

Douline chassa les petites créatures à l'aide d'amytal et d'halopéridol.

Puis l'artiste se rétablit, et une très belle femme, une artiste elle aussi, vint le chercher. Elle offrit aux infirmières six boîtes de chocolats, et au chef de service un portrait du patient qui était à présent accroché dans son cabinet, décoré d'une ample signature. Douline, qui ne buvait jamais, reçut une bouteille de cognac. Il était ravi, pas du cognac, bien sûr, mais du fait qu'il n'y avait pas eu de scandale : l'artiste était arrivé en parfait état, et il était reparti avec un plâtre. Ils avaient manqué de vigilance.

C'est peu dire que Douline n'aimait pas ses paranoïaques – il les méprisait. Il estimait qu'ils étaient tous fichus et, au fond de son âme, il considérait l'alcoolisme non comme une véritable maladie, mais comme une dépravation humaine des plus ordinaires. Sa femme Nina arpentait le quartier du matin au soir, elle auscultait des malades avec son stéthoscope, savait palper les ventres, rédigeait des arrêts maladie et des ordonnances... Ça, c'était un vrai travail de médecin ! Alors qu'ici, Douline soupçonnait que l'on ne faisait que « brasser du vent » de façon scientifique. Mais dans l'ensemble, il était satisfait de son travail. C'était un excellent poste.

Un jour, en été, au beau milieu des vacances, il fut convoqué à la direction. La secrétaire Éléonora Victorovna, une beauté mûre avec une chevelure noire, de somptueux sourcils immobiles et un pouvoir incommensurable à l'intérieur des limites de l'institut, le salua d'un signe de tête et lui adressa un sourire aigrelet :

« Dmitri Stépanovitch, on vous demande de donner une consultation au département spécial. »

Douline devint nerveux. En réalité, cette demande était un ordre. Le département spécial, c'était là où on enfermait les « politiques », tout le monde le savait, et ceux qui y travaillaient étaient tous des « habilités », des gens particuliers et peu loquaces. D'ailleurs personne de l'extérieur n'avait envie d'y mettre le nez. D'habitude, s'ils avaient besoin d'une consultation, ils convoquaient Karpov, le chef de service, mais cette fois, il était en congé. Koultchenko, le chargé de recherches le plus ancien, était parti, lui aussi, donner une conférence à Leningrad. Douline tenta de se défiler.

« Bien sûr, ce serait avec plaisir, Éléonora Victorovna ! Mais je ne peux pas. Je n'ai pas d'habilitation. »

Éléonora Victorovna tapota sa coiffure, un chignon

à la mode qui lui grossissait la tête sur le haut et par-derrière, et sourit :

« Nous allons vous en délivrer une. Tenez, signez ici. »

Et elle lui tendit le stylo en malachite planté dans un nécessaire à écriture en malachite. Douline le prit tout en continuant à résister.

« Mais je n'ai jamais pris part à des expertises ! Karpov sera de retour dans deux semaines, et Koultchenko reprend son travail lundi prochain. »

La bouche d'Éléonora Victorovna exprima une certaine contrariété.

« Vous ne savez donc pas que n'importe quel spécialiste diplômé peut être convié à faire une expertise ? Qu'il y est obligé ! C'est la loi, chez nous. D'ailleurs, ici, il ne s'agit que d'une consultation. »

Éléonora marqua une pause qui dura très exactement le temps qu'il fallait pour que Douline comprenne que toute résistance était inutile. Il apposa sa signature sur le papier.

« Jeudi à onze heures, je vous prie, au département spécial ! On vous délivrera un laissez-passer. Pour l'instant, le responsable du département spécial, le professeur Dymchitz, voudrait avoir un entretien avec vous. Attendez-le ici, il va sortir du bureau du directeur.

— Bien sûr, bien sûr », acquiesça Douline avec un funeste pressentiment.

Il s'assit sur une chaise, remarquant au passage que la tapisserie était d'un rouge angoissant. Il avait déjà entendu dire des choses déplaisantes sur ce Dymchitz, mais il n'arrivait pas à se souvenir quoi précisément.

Il attendit assez longtemps. La porte s'ouvrit enfin, et on vit sortir du cabinet du directeur un petit homme rondouillard avec quelques maigres cheveux gris rabattus de droite à gauche sur son crâne chauve et blanc.

« Efim Sémionovitch, le docteur Douline vous attend, vous vouliez le voir ! » dit Éléonora en se levant pour aller à la rencontre de Dymchitz.

Comme elle avait une tête de plus que lui, elle devait se pencher et il avait l'air d'un nain devant cette beauté sur le retour, mais elle dégageait des ondes de peur, et lui des ondes de menace. L'angoisse de Douline allait croissant. Il y avait dans ce qui se passait quelque chose qu'il ne comprenait pas, il avait l'impression d'assister à un spectacle dans une langue étrangère.

Personne ne lui avait raconté qu'Éléonora avait été mariée à Dymchitz, qu'elle l'avait quitté avant la guerre pour un tout jeune homme qui avait été porté disparu, qu'elle était lui revenue en 1946, et qu'après avoir vécu avec lui quelque temps, elle l'avait de nouveau quitté. Si bien que Douline se retrouvait par hasard témoin de relations étranges et embrouillées.

Dymchitz posa les yeux sur Douline.

« Oui, oui, très bien ! Vous avez déjà pris part à une expertise psychiatrique ? »

Douline avait effectué des centaines d'expertises, sur des alcooliques, cela va de soi. Mais brusquement, il se troubla et fut saisi d'une telle peur qu'il en transpira sous les bras, dans le dos et sur la poitrine.

« Oui, bien sûr. »

Le nain le jaugea. Le résultat ne fut pas fameux.

« Je voulais m'entretenir avec vous au préalable, mais je suis pressé. Venez jeudi à dix heures et demie, vous passerez me voir avant d'examiner le patient. »

Et Dymchitz s'engagea dans l'escalier qui menait au deuxième étage en faisant claquer ses petites bottines.

« Il doit acheter ses chaussures au rayon enfants ! » se dit Douline avec agacement. Et il ne se trompait pas. Le professeur chaussait du 38.

En sortant de l'institut à huit heures du soir, couvert de transpiration séchée et enrobé d'un nuage de peur, Douline tomba sur Vinberg. Bien droit, maigre, avec un costume gris usé et une cravate en soie à rayures, enveloppé d'un fumet d'eau de Cologne, élégant, comme toujours…

« Cela ne tient pas à la cravate, bien sûr, songea Douline. C'est une question de nature. Il est sec comme un coup de trique. »

Douline, lui, s'était laissé aller ces derniers temps, il mangeait beaucoup – pour sa mère, pour sa grand-mère, pour toute la famine de son enfance qui s'était déposée dans on ne sait quelles profondeurs connues des seuls psychiatres.

Ils allèrent jusqu'au métro ensemble.

« J'ai été convoqué pour donner une consultation au département spécial », lui raconta Douline tout de go.

Vinberg leva un sourcil bien taillé :

« Ah bon ? C'est une marque de confiance. Vous êtes membre du Parti, Dmitri Stépanovitch ?

— Bien sûr. J'ai servi dans l'armée après mes études. Ils acceptaient tout le monde, à l'époque.

— Oui, oui, la discipline du Parti… Il faut y aller, grommela Vinberg.

— D'habitude, c'est Karpov. Mais il est en congé. » Douline avait l'air de se justifier, ce qui l'étonnait lui-même. « Ils doivent avoir un alcoolique là-bas, ou alors il y a un épisode d'alcoolisme dans un dossier. Dans notre pays, Edwin Iakovlévitch, tout le monde boit – les artistes, les académiciens, les cosmonautes… Il n'y a pas longtemps, chez nous… »

Et il lui raconta l'incident avec l'artiste du Peuple.

« Au camp, je me suis retrouvé avec un homme de lettres d'un très grand talent, dit Vinberg. Quelqu'un d'exceptionnellement cultivé, il avait traduit Rilke en prison pour ne pas se dégrader. Mais j'imagine que vous ne savez pas qui est Rilke. Cet écrivain avait été soumis à une expertise ici même, à l'Institut Serbski, au début des années trente. Il rêvait d'être reconnu alcoolique. Et c'est ce qui est arrivé. Du coup, on ne l'avait pas envoyé dans un camp, mais dans un établissement médical. Il avait passé trois ans là-bas. À remercier Dieu et à lire des livres. Mais ensuite, il s'est quand même retrouvé dans un camp… Eh oui, Rilke, Rilke… Voilà bien les paradoxes de notre temps : avant la guerre, on échappait aux persécutions en se réfugiant dans des asiles psychiatriques, et aujourd'hui, c'est justement dans les asiles psychiatriques que…

— Dymchitz m'a convoqué pour un entretien… », murmura Douline d'une voix plaintive.

Mais Vinberg sembla ne pas avoir entendu. Il se détourna soudain brusquement :

« Excusez-moi, il faut que je passe à la librairie, j'avais complètement oublié ! »

Et il partit en direction de la rue des Chantiers-du-Métro.

Vinberg était très embarrassé. Ce jeune homme résolu qui avait maîtrisé un incendie tout seul, ce garçon un peu borné et pas très évolué, mais consciencieux et honnête à sa façon, semblait attendre de lui un conseil.

Mais que dire à cet imbécile candide et de bonne foi ? Même un homme intelligent ne pouvait pas se sortir d'une situation pareille. Vinberg passa devant la librairie. Il n'avait aucun besoin d'y aller.

Après l'arrivée d'Hitler au pouvoir, son père, le

célèbre avocat berlinois Iakov Vinberg, avait dit : « En tant qu'avocat, je cherche toujours une issue, je sais que dans chaque affaire, il y en a au minimum une. Et la plupart du temps, il y en a plusieurs. Ce pouvoir, lui, n'en laisse pas une seule. » Iakov Vinberg était mort sans savoir à quel point il avait raison. « Ce pouvoir-ci non plus ne laisse aucune issue. Pas une seule. Il l'emporte toujours sur ceux qui ont un honneur et une conscience », songeait tristement Vinberg.

Le département spécial se trouvait dans un autre bâtiment, à trois arrêts de trolley de l'institut. Le jeudi à dix heures et demie, Douline sonna à une porte d'allure sévère. Une préposée en blouse blanche lui ouvrit.

« Que voulez-vous ? »

Douline montra son laissez-passer.

« C'est pour une consultation. Je viens voir le professeur Dymchitz.

— Une minute ! » fit la femme, et elle lui claqua la porte au nez.

Quelques instants plus tard, une autre femme rouvrit la porte, grande, avec un chignon. Et pas en blouse, mais en robe rose.

« Du jersey... remarqua Douline. Nina adore ça. C'est un peu gênant de lui demander où elle l'a trouvée. »

« Bonjour, nous vous attendions ! dit-elle en lui tendant une main vigoureuse. Je suis Margarita Glébovna, le médecin traitant. Efim Sémionovitch vous attend. Ensuite, je vous montrerai le malade. »

Des couloirs, des portes... En apparence, tout était comme dans un établissement ordinaire. Sauf qu'il n'y avait personne dans les couloirs.

Une porte à doubles battants, massive, avec une

plaque en cuivre. Douline fut impressionné par la taille du cabinet et par son aspect totalement stérile. Sur la table impeccable, pas un papier, pas un grain de poussière. Cette fois, le nain, assis à son bureau, se montra presque aimable.

« Je vous en prie, Dmitri Stépanovitch. »

Douline s'assit à une table inconfortable qui se trouvait au beau milieu de la pièce. Il était séparé du chef de laboratoire par l'océan d'un parquet étincelant. Au moins trois mètres.

« On se croirait chez un juge d'instruction ! » se dit Douline. Il lui était arrivé une fois de se retrouver comme ça, assis sur une chaise solitaire, dans le service régional du KGB. Un de ses camarades de classe avait fait une bêtise, et Douline avait été convoqué, mais ils étaient loin d'être idiots, ils avaient vite compris qu'il était à mille lieues de ce genre de choses et ils l'avaient relâché.

Dymchitz aussi s'était déjà retrouvé sur ce genre de chaise à divers moments de son existence. Il n'avait pas aimé ça du tout. Mais cela avait produit sur lui une forte impression.

« Bon ! dit Dymchitz presque sans desserrer les lèvres. Nous avons un malade très intéressant. »

Et un dossier cartonné apparut, surgi d'on ne sait où. Dymchitz l'agita de loin d'un geste racoleur.

« Il joue au chat et à la souris ! » se dit Douline avec agacement.

« Un homme tout à fait honorable. Il était général de brigade, déclara Dymchitz d'un ton pénétré et lourd de sous-entendus. Il a combattu sur le front. Et notez bien, deux blessures, une commotion… Il a rendu de grands services au pays. Couvert de décorations. Il a tout perdu. Un comportement inadapté. Il boit… Mentalement dérangé. Surestimation de soi-même, folie des grandeurs. Il y a là les conclusions de la commission ambulatoire. Je pense qu'ils n'ont pas tout à fait compris de quoi il retournait. Mais vous, vous allez y arriver, je l'espère ! »

Il avait prononcé ces derniers mots en insistant lourdement et en accentuant chaque syllabe.

La panique s'empara de Douline, une panique si profonde qu'il en avait la nausée.

« Qu'est-ce que j'ai, pourquoi je me mets dans un état pareil ? » se demanda-t-il. Mais il n'avait pas le temps de réfléchir à la question.

« Voici le dossier médical, et voici l'analyse de la maladie. Et un projet de conclusion de la commission. Afin que l'on établisse le diagnostic, vous allez devoir évaluer le rôle de l'épisode alcoolique. Et rédiger une note destinée à figurer dans le dossier. » Dymchitz ouvrit le dossier et commença à le feuilleter. « Il y a aussi une ancienne expertise effectuée dans des conditions ambulatoires. Des conclusions établies en 1968. Elles nous semblent douteuses. Nous aimerions que vous examiniez le malade et que vous étayiez votre avis. Nous avons déjà une impression préalable... Enfin, bref, vous allez voir tout ça... »

Il s'approcha de Douline. Celui-ci se leva et prit le dossier.

« L'avis de la commission est défavorable... Certains traits paranoïaques... N'y a-t-il pas là une paranoïa alcoolique ? C'est vous qui aurez le dernier mot, vous êtes le spécialiste. Mais il y a un avis préalable. Bref, allez examiner le malade ! Margarita Glébovna ! »

Margarita Glébovna surgit comme par enchantement.

« Y a-t-il déjà eu des épisodes alcooliques ? demanda timidement Douline.

— Mmm.. Oui... répondit vaguement Dymchitz.

En tout cas, il y en a au moins un qui est incontestable : il était ivre au moment où on l'a appréhendé. »

Dymchitz se leva. C'était la fin de l'audience.

Margarita Glébovna fit sortir Douline dans le couloir. Elle s'essuya les coins de la bouche avec le pouce et le majeur, comme pour enlever un excès de rouge à lèvres.

« Vous pouvez prendre connaissance des documents ici, dans la salle des internes, ensuite je vous montrerai le malade. »

Douline ouvrit la chemise et se mit à étudier les papiers. Le malade s'appelait Piotr Pétrovitch Nitchiporouk [1], soixante-deux ans. Il avait eu deux blessures et une commotion, des lésions organiques... Qui n'en avait pas ? Le compte rendu d'un entretien avec un psychiatre... Le procès-verbal... Douline n'en croyait pas ses yeux : rien qu'à lire ce que disait ce général, on en avait des frissons ! C'était de la folie pure, tout simplement ! « Dans quel but avez-vous mis sur pied une organisation clandestine ? » Mais c'était un antisoviétique, un véritable antisoviétique ! Bon, ensuite... L'organisation s'appelle UVL : « Union des Vrais Léninistes »... Alors il n'était pas antisoviétique, c'était même le contraire... Mais le contraire, c'était quoi ? « Vous étiez payé combien, Piotr Pétrovitch ? » Quelle drôle de question pour un psychiatre. Aaah ! D'accord... Sept cents roubles. Dounine ne savait même pas que cela existait, des salaires pareils... Continuons... « Alors qu'est-ce qui vous manquait, Piotr Pétrovitch, avec un salaire comme ça ? L'État vous a tout donné. » Oui, on avait du mal à comprendre. C'est vrai, ça, avec un salaire pareil, qu'est-ce qu'il lui trouvait de mal, au pouvoir ? Ah, voilà...

1. L'auteur s'inspire ici d'un personnage ayant réellement existé, Piotr Grigorenko, un général devenu dissident.

Voilà... L'entrée des troupes soviétiques en Tchécoslovaquie ne lui avait pas plu... Il était intervenu en public... Des calomnies... Bon, d'accord, c'était clair. Seulement pourquoi disait-il ce genre de choses à un psychiatre, dans quel but ?

Des mots soulignés au crayon rouge lui sautaient aux yeux : « fraternité spirituelle », « perfectionnement moral », « le pouvoir antipopulaire de la partocratie » et enfin « la cause sacrée du socialisme ». « Quel type bizarre, il n'est pas fou, il a juste un petit grain », se dit Douline en guise de conclusion préliminaire. Il avait passé quarante minutes plongé dans les notes.

Et on lui amena le malade, un homme grand et maigre vêtu d'un pyjama d'hôpital et chaussé de pantoufles de feutre. Il entra et resta debout près de la porte, les mains dans le dos et la tête légèrement baissée. Un autre homme, un peu moins grand, était entré avec lui et s'était assis sur une chaise près de la porte.

« Bonjour, Piotr Pétrovitch, je m'appelle Dmitri Stépanovitch Douline, je suis psychiatre et chercheur en médecine. Je souhaiterais vous examiner et m'entretenir avec vous. Veuillez avancer par ici, je vous prie. » Et Douline lui indiqua une chaise devant lui. « Comment vous sentez-vous ? Avez-vous des plaintes à formuler ? »

L'ex-général sourit et dévisagea Douline. Son regard était trop soutenu et trop attentif.

« Je me sens aussi bien qu'on peut l'être à mon âge. Et je n'ai aucune plainte à formuler. » Il croisa sur ses genoux de grandes mains couvertes de plaques rougeâtres.

« Vous souffrez de psoriasis ? remarqua Douline.

— Depuis ma jeunesse. Cela a commencé après la guerre. Pendant la guerre, les gens souffraient rarement de maladics ordinaires. On avait autre chose à faire. Mais après, on a commencé à tomber malade, du cœur, de l'estomac, du foie… »

Il avait prononcé le mot « foie » d'une voix traînante, avec une intonation moqueuse. Douline l'ausculta comme on lui avait appris à le faire à l'institut : les sclérotiques, l'état de l'épiderme, des muqueuses… Une mauvaise alimentation, il devait avoir de l'anémie… Voyons les analyses de sang… Oui, bien sûr, il avait de l'anémie…

« Quel jour sommes-nous, Piotr Pétrovitch ? demanda Douline d'une voix douce.

— Un jour pourri ! répondit le patient avec laconisme.

— Vous connaissez la date ? demanda Douline, reprenant la question.

— Aaah ! dit le patient en riant. Vous voulez parler de marsobre… Nous sommes le 22 juillet 1973. Exactement trente-deux ans et un mois depuis l'entrée des troupes fascistes sur le territoire de l'URSS. »

On aurait dit qu'il se payait sa tête, cet ex-général. Non, c'était plutôt de l'esprit mal placé, l'humour des alcooliques ! En fait, Douline le trouvait plutôt sympathique. Il le fit allonger sur le divan et lui palpa le ventre. Le foie était hypertrophié. Admettons que c'était une dégénérescence graisseuse due à l'alcool. Accompagné d'un épuisement considérable.

« Votre taille ? Votre poids ?

— Exactement six pieds. Pour le poids, je ne sais pas. »

Margarita Glébovna et l'homme assis près de la porte ne bougeaient pas. Ils étaient aussi immobiles que des statues de pierre.

« Bien ! Fermez les yeux, s'il vous plaît, et posez l'index de votre main droite sur le bout de votre nez. Maintenant, le gauche… Vous êtes de quelle année ? Donnez-moi votre date de naissance.

L'autre sourit :

« Le 10 septembre 1910 après la naissance du Christ. Selon le calendrier julien, cela va de soi.

— Je vois ! répondit Douline avec entrain. Et vous utilisez toujours ce calendrier ?

— Non, bien sûr. L'URSS est passée au calendrier grégorien en février 1918, il est donc raisonnable que toutes les dates postérieures à ce 14 février soient données d'après le calendrier grégorien, et les dates antérieures d'après le calendrier julien. C'est logique, non ?

— Oui, tout à fait », reconnut Douline.

Il faudrait qu'il regarde dans une encyclopédie ce que c'était que ces calendriers. Bon, ce monsieur était très instruit, c'était évident, et avec les gens instruits, il y avait toujours des complications supplémentaires... On était bien sûr en présence d'un élargissement de la zone réflexogène, ce qui pouvait être interprété de diverses façons. Cela pouvait très bien être une conséquence de l'alcoolisme, mais aussi le développement d'une paranoïa alcoolique. Tout dépendait de la façon dont on considérait les choses.

« Et votre lieu de naissance, Piotr Pétrovitch ?

— Le village de Vélikie Topoli, dans le district de Gadiatch, gouvernement de Poltava. Mon père faisait partie de l'intelligentsia du village, il était instituteur dans une école populaire.

— Je comprends, je comprends... Et pour ce qui est de l'hérédité, Piotr Pétrovitch ? Votre père buvait-il ? demanda Douline en abordant le thème principal.

— Moi aussi, je comprends, docteur... Oui, il buvait. Mon père buvait, et mon grand-père aussi. Et mon arrière-grand-père. Et moi aussi je buvais, quand on me le proposait. »

Et il sourit, d'un sourire tout simplement radieux.

C'était un bon sourire, sans rien de moqueur et sans une goutte de fiel.

« Et quand avez-vous commencé à consommer de l'alcool, Piotr Pétrovitch ? demanda poliment Douline.

— Alors ça, je ne m'en souviens pas ! Les jours de fête, tout le monde y avait droit, les enfants aussi. Mon père en prenait à chaque repas, c'était sacro-saint – un petit coup avant de manger ! Et moi aussi, je dois dire que c'est une coutume que j'observe.

— Et en ce moment, vous en consommez ? »

Piotr Pétrovitch devint hilare.

« Mon pauvre petit ! Mais on ne nous en donne pas, ici ! Je dois vous avouer, docteur, que depuis le début de la guerre, il ne s'est pas passé un seul jour sans que je boive de l'alcool, de la vodka ou tout ce que Dieu voulait bien m'envoyer. Et ça me manque beaucoup ! »

Douline sentit naître en lui quelque chose comme de la gêne. Ce Piotr Pétrovitch se comportait de façon vraiment trop confiante !

« C'est un besoin ? Je veux dire, une addiction ? demanda-t-il en creusant plus avant.

— Je n'ai aucune addiction. Un besoin, oui. Un besoin raisonnable. »

« Selon le patient soumis à expertise, abus d'alcool régulier depuis des années, sans excès… », nota Douline avec une conscience pure.

Margarita Glébovna, qui était restée assise sans rien dire près de la porte, était visiblement contrariée, elle se mit à chuchoter avec l'homme assis sur la chaise.

« Un Russe ne peut pas vivre sans cela, docteur. La vodka apaise l'âme et rend la vie plus douce. Vous devez bien savoir ça, non ? »

C'est alors que Douline comprit : Piotr Pétrovitch

voulait qu'on l'envoie dans un établissement médical. Oui, c'était ce qu'il voulait ! Il feuilleta encore une fois le dossier avec attention. D'après les notes des médecins, il était clair que Piotr Pétrovitch avait passé quatre années en détention, de 1968 à 1972, et en cet instant précis, son état physique était déplorable. Il y avait là une ancienne expertise faite en ambulatoire, à Riga, dans laquelle il était écrit noir sur blanc : « La conscience est claire, s'oriente correctement, se comporte de façon tout à fait conséquente pendant les entretiens, a un discours cohérent et sensé. » Il avait été reconnu sain d'esprit. Alors que le nouveau document déjà rempli qu'il devait signer constatait une paranoïa alcoolique. Avec un grand point d'interrogation.

Et ça, en toute conscience, Douline ne pouvait pas l'entériner. Il se concentra de toutes ses forces comme un écolier à un contrôle et, plongeant la tête la première, trouva la bonne décision : après l'expression « paranoïa alcoolique », il écrivit le mot « atypique ». Et ce mot remit tout à sa place. C'était un cas atypique ! Ce Piotr Pétrovitch n'était pas un fou, mais un original. Néanmoins, ce ne serait pas une mauvaise chose de le faire soigner. Dans un établissement médical, au moins, il serait nourri correctement. Douline comprenait maintenant pourquoi il était si content de lui parler de ses pratiques alcooliques. Il voulait lui faire comprendre qu'il était d'accord pour se faire soigner. D'ailleurs Vinberg n'avait-il pas parlé lui aussi d'un certain Rilke dont le plus grand rêve était d'être reconnu irresponsable pour qu'on l'envoie suivre un traitement ?

Ils bavardèrent encore un instant, et Douline rédigea sa conclusion d'un cœur léger : « On observe des lésions d'organes internes dues à l'alcool. Ainsi qu'une série de modifications du système nerveux central.

Nous sommes en présence d'une encéphalopathie due à l'alcool et d'une amnésie rétrograde. DS. Paranoïa alcoolique atypique… »

Il apposa sa belle signature. Et il regarda sa montre : il était deux heures et demie.

« Deux heures et demie. À cause de cet Esculape à la con, j'ai raté le déjeuner. Peut-être que l'infirmière me l'aura gardé ? » se demanda le général affamé avec une indifférence un peu agacée.

Une fois de retour dans son service, Douline sortit de sa serviette le sandwich préparé par Nina et se versa un verre de lait. La cuisinière de l'institut lui en mettait toujours un demi-litre de côté. Il mangea en feuilletant deux revues qui traînaient depuis longtemps sur son bureau et qu'il était temps de rapporter à la bibliothèque. Puis il alla voir Vinberg. L'ancienne lingerie, transformée en quelque chose qui tenait à la fois du cabinet et du débarras, était bourrée de livres, pour la plupart en langues étrangères.

« Voilà où Vinberg va chercher tout ce qu'il sait ! Il a l'avantage de connaître des langues », songea le candide Douline.

On était en début de soirée, la journée de travail des médecins était terminée depuis longtemps. Sur le bureau de Vinberg, un disque dans une pochette en papier blanc était posé sur un tas de revues, de lettres et de feuilles grisâtres couvertes d'une écriture acérée à l'accent gothique.

« C'est Daniil Shafran, on vient de me l'apporter. Un enregistrement unique : la sonate pour violoncelle de Chostakovitch composée en 46, dans sa première interprétation. Chostakovitch en personne joue dedans… » Le professeur caressa tendrement le disque de sa main brune aux ongles longs. « À l'époque, Daniil Shafran n'avait que vingt-trois ans. Un violoncelliste génial, absolument génial… »

« Quel peuple, quand même ! Ils ont vraiment un faible pour les gens de leur race ! songea Douline non sans malveillance, mais il se ravisa aussitôt. Oh, et puis où est le mal, en fin de compte ? On est tous comme ça, après tout ! »

« J'ai donné la consultation ! » annonça-t-il à Vinberg. Mais ce dernier semblait ne pas se souvenir de leur conversation. Il avait l'air distrait. « Je l'ai déclaré alcoolique. Maintenant, il va sans doute être soigné.

— Quoi ? s'écria Vinberg. Qu'est-ce que vous avez dit ? Vous l'avez envoyé dans un hôpital spécial ?

— Et alors, Edwin Iakovlévitch ? Il est à bout de forces, je me suis dit que dans un hôpital, au moins, il serait bien nourri. C'est tout de même mieux que le camp. »

Douline sentait retomber l'euphorie qu'il éprouvait à l'idée d'avoir bien agi.

« Non, mais vous le faites exprès, Douline, ou vous êtes vraiment un crétin ? » s'écria ce professeur si bien élevé.

Douline fut complètement désarçonné. Il avait toujours considéré comme un honneur que Vinberg lui adresse la parole, qu'il s'entretienne avec lui sur des sujets scientifiques, et voilà que, brusquement, il le traitait de crétin ! Il en fut terriblement mortifié.

« Mais enfin, Edwin Iakovlévitch, c'est vous-même qui m'avez parlé de ce Rilke qui rêvait d'être déclaré irresponsable pour ne pas être envoyé dans un camp… C'est vous-même qui… balbutia Douline en essayant de se justifier.

— Quoi ? C'est nous-même qui quoi ?… Dans les années trente, il n'y avait pas d'halopéridol ! Ni d'aminazine ! Ni de stélazine ! Cela n'existait pas ! Vous l'avez envoyé dans une chambre de tortures, Dmitri Stépanovitch ! Et vous pouvez aller me dénoncer de ce pas, si vous voulez ! »

Il baissa la tête et se tut, les lèvres pincées, en regardant fixement le disque « Daniil Shafran interprète... ». Quelle ignominie... Quelle infamie... Partout, partout...

« Mais qu'est-ce que j'aurais dû faire, alors ? demanda Douline avec un désespoir tranquille. C'est qu'il était vraiment... Enfin, pas complètement... Que fallait-il faire ? »

Après avoir examiné le disque sous toutes ses coutures, Vinberg posa ses deux mains à plat sur la table.

« Partir d'ici ! Il faut que je quitte ce pays le plus vite possible ! » se dit-il. Et aussi : « Non, mais quel peuple ! Comment peut-on se haïr soi-même à ce point ! »

Puis il sourit d'un petit sourire caustique et dit quelque chose de totalement incompréhensible :

« Je ne sais pas. Un sage chinois a dit que chaque question possède sept réponses. Cette question-là est une question à laquelle chacun doit répondre tout seul. Pardonnez-moi d'avoir été grossier, Dmitri Stépanovitch. »

Véra Samuilovna comprit tout de suite que son mari était irrité et déprimé, au geste brusque qu'il eut pour enlever son manteau, à son air maussade et au « *Danke !* » glacial qu'il lui adressa quand elle posa une assiette de soupe devant lui. Elle était intelligente, elle ne dit rien et ne posa aucune question. Après coup, il lui était toujours reconnaissant de ce silence aristocratique.

Edwin Iakovlévitch s'en voulait de son éclat, et il éprouvait des remords rétrospectifs. Comment avait-il pu se permettre d'humilier ainsi cet homme gentil, bête et consciencieux ? Lui qui était si intègre, n'avait-il pas participé lui-même à une expertise psychiatrique quelques années plus tôt, dans ce même département spécial, et déclaré mentalement dérangé un détenu dont il partageait tout à fait l'opinion sur la nature de ce pouvoir ? Mais d'un point de vue clinique, la maladie mentale était indubitable. Le tableau clinique exhaustif et précis d'une psychose maniaco-dépressive. Et l'ex-détenu Vinberg ne pouvait rien y faire : ici, les gens qui pensaient autrement, les signataires de pétitions, les révoltés « faits maison », étaient presque tous des fous au sens ordinaire, mais aussi en partie au sens médical du terme. « Le radicalisme russe, bien sûr. C'est dans sa nature, il ne s'appuie jamais sur le bon sens ! » se disait Vinberg en réfléchissant, et il se calmait peu à peu.

Il ne se rendit même pas compte qu'il était passé de la réflexion au monologue.

« Quand Hitler est arrivé au pouvoir, les gens cultivés qui étaient sains d'esprit ont émigré, alors que les gens loyaux... Il n'y a pas d'issue, il n'y en a pas ! Mais un médecin est dans une situation particulière, il se contente de soigner. L'issue, pour lui, c'est son métier. Les hôpitaux de camp. Les traumatismes, les ulcères, la tuberculose, les infarctus... L'honneur de la profession passe avant tout. Avant la politique. Cela ne fait aucun doute. Cela ne fait aucun doute, mais, mais... Véra, ah, Véra ! Tous ceux que j'ai rencontrés qui luttent aujourd'hui contre le régime se trouvent à la frontière entre la santé et la maladie, une frontière très mince. Tu te souviens de cette femme qui est allée sur la place Rouge avec son bébé dans une poussette ? L'instinct de conservation, cela existe. Et aussi l'instinct maternel, qui pousse une mère à défendre son enfant. Mais l'instinct de la justice sociale, cela n'existe pas dans la nature ! La conscience travaille contre la survie, Véra ! »

Sa femme était assise devant lui sur un tabouret, dans leur cuisine de cinq mètres carrés où il n'y avait pas de place pour une seconde chaise, mais ils avaient une table, une cuisinière à deux feux, des radiateurs qui chauffaient l'hiver, et en été, de somptueux buissons d'herbes folles qui poussaient sous la fenêtre.

Véra fixait la vitre noire dans laquelle elle ne voyait que son propre reflet flou. Elle aussi, elle savait que la conscience travaille contre la survie. Oui, l'évolution biologique de l'espèce balaie ceux qui possèdent une conscience vivante. Ce sont les plus forts qui survivent. Elle n'avait aucune envie de revenir sur ce thème – le camp, la faim, les humiliations, l'enfer...

« Dis-moi, Edwin, Gratchevski t'a apporté le disque ? »

Edwin s'arrêta net, éclata de rire et sortit de la cuisine. Oui, assez parlé de ça !

Il prit dans sa serviette la sonate pour violoncelle et la posa sur le tourne-disque. Véra était déjà assise sur le fauteuil, dans ce qu'ils appelaient « la grande pièce ».

C'était la toute première interprétation. Par la suite, en 1950, Chostakovitch avait enregistré cette sonate avec Rostropovitch et l'avait même un peu transformée par rapport à la version originale.

Les grandes oreilles de Vinberg, envahies par des broussailles de poils hérités de lointains ancêtres, semblaient même en frémir de concentration. Véra Samuilovna, qui était une auditrice qualifiée, trouvait déjà avant cela que Daniil Shafran était plus riche et plus coloré que Rostropovitch. Mais là, il y avait Chostakovitch, qu'elle trouvait trop sec et trop dur. Son mari, lui, entendait autre chose dans cette musique : l'absence de compromis, le drame d'une confrontation intérieure. La cadence du piano, dans la troisième partie, faisait penser aux dernières sonates de Beethoven.

« L'absence d'issue. Une absence d'issue à l'échelle cosmique. Tu ne trouves pas, Véra ? »

En quittant Vinberg, Douline se rendit directement au vivarium. Il y avait là un petit placard fermé à clé où l'on gardait une réserve secrète d'alcool. Il sortit un flacon rond d'un demi-litre, dilua de l'alcool avec de l'eau du robinet dans un verre mesureur – une moitié d'eau, une moitié d'alcool, comme pour les lapins – et avala les deux cents grammes avec répulsion. Il fourra le flacon dans sa serviette. Il ne tenait pas droit, mais le bouchon était solidement enfoncé, on pouvait le coucher. Et il alla prendre le trolley.

L'effet de l'alcool ne se fit sentir qu'une fois dans le trolleybus. Il n'y avait personne chez lui, Nina était partie chercher Marina à son club de biologie, à la Maison des pionniers, où la fillette avait été admise en raison de sa passion pour la biologie et en dépit de son jeune âge, car elle n'était pas encore aux pionniers.

À la maison, Douline dilua encore de l'alcool et en avala de nouveau deux cents grammes. Quelle cochonnerie, c'était vraiment infect ! Comment faisaient-ils pour boire ça ? Maintenant, il tenait à peine debout, et la pièce tournoyait affreusement autour de sa pauvre tête. Mais il n'arrivait pas à s'endormir. Il était taraudé par une seule et unique pensée fichée dans son cerveau comme une écharde : pourquoi sept réponses ? Qu'y avait-il encore, à part oui et non ?

Quand Nina rentra, elle mit longtemps à comprendre ce qui arrivait à son mari. Puis elle devina qu'il était complètement soûl. Elle commença par en rire : « Pauvre petit lapin bourré ! »

Elle tenta de lui donner du thé très fort et de le coucher, mais il ne voulait pas dormir, il balbutia longtemps quelque chose d'incohérent à propos de sept réponses ou de sept questions, et ce fut seulement tard dans la nuit qu'elle comprit enfin la raison de ses tourments.

Entre-temps, il avait dilué le reste de l'alcool, mais il n'avait pas pu le boire, il avait été pris de vomissements suivis de spasmes violents. Et il s'était allongé, secoué de frissons.

Nina, qui en avait assez de s'occuper de lui, s'assit sur une chaise en bougonnant à voix basse quelque chose de méchant. Elle ne se coucha pas dans le lit. Sur quoi Marina arriva en chemise de nuit et se plaignit d'avoir mal à la tête. C'est alors que tous les malheurs qu'il avait connus dans sa vie lui étaient revenus d'un seul coup : les moqueries des petits citadins à l'école, les hurlements de Kamzolkina, l'institutrice, les raclées que lui flanquait sa mère, Kolia, son « fréquenteur » ivrogne qui le traînait par les oreilles... Et il fondit en larmes.

Douline pleurait parce qu'il était un petit lapin, et non un homme.

C'était ce que lui avait dit Nina.

Aller simple

Ilya avait autour du cou son appareil photo bringuebalant, sans pellicule (les douaniers l'avaient sortie et exposée à la lumière), et sur l'épaule un petit sac à dos à moitié vide contenant du linge de rechange et le manuel d'anglais qu'il trimbalait partout depuis deux ans. Il portait une veste molletonnée toute neuve et un vieux jean. Il s'était enroulé autour du cou une écharpe tricotée par Olga en fil gris et noir, exactement de la même nuance que sa chevelure grisonnante.

Il y avait une queue au pied de la passerelle et les ex-Soviétiques, qui en constituaient plus de la moitié, se distinguaient des non-Soviétiques par leurs vêtements pesants et laids, ainsi que par divers degrés de stupeur : à côté d'Ilya, un vieillard coiffé d'une chapka en astrakan avait le hoquet, et une femme invisible au milieu de la cohue gloussait nerveusement. Ilya attendait fiévreusement l'instant où il se retrouverait enfin assis sur son siège et où l'avion décollerait. Même s'il était clair que la frontière avait déjà été franchie sans retour, il avait envie de quitter définitivement cette terre au plus vite. Et aussi d'aller aux toilettes.

Il savait que, quelque part derrière une vitre, Olga, Kostia et tous ceux qui étaient venus l'accompagner lui faisaient signe de la main, attendant sans doute qu'il leur réponde en montant la passerelle, mais il n'essaya même pas de chercher des yeux le couloir vitré où ils pouvaient se trouver. De toute façon, il n'aurait pas pu les distinguer à cette distance. Pourtant, lorsqu'il arriva en haut, il se retourna et agita la main dans une direction indéfinie, comme Brejnev sur la tribune, en un geste typiquement communiste.

« C'est un de ces moments de la vie où on se croirait dans un film ! » songea-t-il en souriant. Et il recouvra son calme. Sa place se trouvait à l'avant-dernier rang, près d'une fenêtre. L'avion était bondé.

Quand il décolla pesamment, Ilya se dit en son for intérieur : « Je suis libre ! Libéré de tout ! » L'avion prit de l'altitude, tout le monde eut une sensation d'écrasement, et Ilya se sentit plus léger, il avait l'impression qu'il aurait pu s'envoler tout seul, sans aucun moteur, uniquement grâce à cette sensation de liberté illimitée.

La femme qui avait gloussé nerveusement au pied de la passerelle et qui était assise devant lui se mit à rire aux éclats et à sangloter. Une hôtesse de l'air à la carrure de basketteuse passa dans le couloir avec un verre d'eau.

« Oui, oui, les grandes femmes… C'est bien, les grandes femmes… » Mais il n'alla pas jusqu'au bout la pensée qui lui avait traversé l'esprit.

Les ténèbres grisâtres s'éclaircirent derrière le hublot et l'avion gagna enfin le ciel bleu. Les gros nuages blancs étaient restés en bas, compacts comme du riz bien cuit et rudimentaires comme un décor de théâtre. L'avion prenait toujours de l'altitude et fonçait vers l'ouest, laissant derrière lui les décombres d'une vie maudite, tout un fatras visqueux, la peur, la honte, le mensonge, et Ilya inspira à pleins poumons l'air artificiel de l'avion, l'air de la liberté et des hauteurs. Devant lui se déployait un vide exaltant, la vie commençait sur une page blanche, toutes les taches étaient effacées comme par une gomme.

Sa voisine, une vieille Juive avec des dents en or toutes neuves, le tira par la manche.

« Excusez-moi, s'il vous plaît, vous ne pourriez pas changer de place avec moi ? »

Sûre d'avance de la réponse, elle essaya de défaire sa ceinture en tirant dans le mauvais sens.

« Non, répondit Ilya avec laconisme.

— Mais pourquoi ? demanda-t-elle, mortifiée.

— Je n'en ai pas envie, répondit-il sans tourner la tête.

— Mais pourquoi ? » répéta-t-elle, n'en croyant pas ses oreilles.

Il ne daigna pas lui répondre. Elle était un morceau de ce passé auquel il avait tourné le dos.

« Je me sens coincée, au milieu ! dit-elle d'un air affolé, et elle se tourna vers son voisin assis du côté du couloir. Excusez-moi, s'il vous plaît, vous ne pourriez pas changer de place avec moi ?

— Veuillez m'excuser, je n'ai pas compris. Que voulez-vous ? » demanda l'homme avec un fort accent.

Ilya lui jeta un coup d'œil. Un vieux monsieur grisonnant avec un journal allemand entre ses mains osseuses. Curieux. C'était ce qu'Ilya aimait par-dessus tout : une question, une énigme, et puis les détails, les détails… La cravate rayée en soie qui venait de l'étranger, la chemise blanche dans un tissu strié de nature inconnue, le veston défraîchi et surtout le journal allemand, tout cela avait immédiatement accroché son regard.

« Je voulais me mettre à côté de la fenêtre, mais le citoyen, là, il ne veut pas, alors j'aimerais au moins être sur le couloir. »

Elle continuait à tirer furieusement sur sa ceinture, mais Ilya ne lui vint pas en aide. Il l'observait avec un intérêt dénué de bienveillance. Non, mais quel culot, cette bonne femme !

Le vieux monsieur se leva, il était très grand et très maigre, il avait tout à fait l'allure d'un étranger. Quoique, le veston…

« Attendez un instant, je vais vous aider à défaire votre ceinture. »

Le voisin libéra la bonne femme de la souricière et se leva. Elle s'affala aussitôt sur son siège.

« On voit tout de suite que vous êtes quelqu'un de bien élevé ! dit-elle, approuvant son geste d'une voix forte, avec une pointe de reproche à l'égard d'Ilya.

— Pardonnez-moi, mais laissez-moi d'abord me mettre à votre place, vous vous assiérez ensuite. »

Il attendait debout dans le couloir, la tête penchée.

« Ah oui ! » dit-elle, et elle souleva son derrière.

Ilya sourit et ses yeux croisèrent ceux du vieux monsieur : un léger frôlement muet de regards – c'est drôle, non ? Quelle gourde mal élevée ! Mais il ne rencontra aucun écho dans les yeux du voisin.

Ils échangèrent leurs places. Le vieux monsieur s'assit et salua Ilya d'un signe de tête. Il ouvrit le journal. Impossible de voir le titre.

La bonne femme ne le laissait pas en paix.

« Oh, mais vous lisez en langue étrangère ?

— Oui », dit-il.

Ilya se tourna vers le hublot. Le ciel resplendissait, mais son exaltation était retombée. Il avait envie de bavarder avec ce voisin peu ordinaire, mais maintenant, après les importunités de cette bonne femme, c'était gênant.

L'autre ne lâchait toujours pas prise.

« Vous parlez quoi, comme langue ?

— Dans ce cas précis, l'allemand », dit le vieux

monsieur en souriant, mais sans détacher les yeux de son journal.

Après une petite pause, elle lui posa une autre question, en murmurant d'une voix forte :

« Excusez-moi, mais vous êtes juif ?

— Oui, dit-il en souriant.

— Et vous allez où, en Israël ou en Amérique ? »

« Non, mais quelle sale Juive ! » songea Ilya. Cette scène le plongeait dans le ravissement.

« J'ai vécu en Allemagne jusqu'en 33. Je retourne dans ma patrie. J'ai passé beaucoup de temps en Russie.

— Alors vous êtes un étranger ? » s'exclama la bonne femme.

Il sourit :

« Maintenant oui.

— Je me disais bien aussi, vous n'avez pas l'air de quelqu'un de chez nous ! Moi, je vais jusqu'à Vienne et ensuite en Amérique. Mon fils est déjà là-bas. Au début, je ne voulais pas y aller, et puis je me suis dit, bon, j'y vais ! C'est dommage, bien sûr, il a fallu tout laisser. »

Elle avait envie de bavarder, et cet interlocuteur lui convenait parfaitement.

L'Allemand était un homme bien élevé, il répondait aux questions stupides de cette enquiquineuse. Ilya avait aussitôt fait le calcul : il était parti en 33, au moment où Hitler était arrivé au pouvoir. Il était sans doute communiste. En Russie, il s'était sûrement retrouvé dans un camp. Une sacrée vie. Il avait dû récupérer sa citoyenneté d'Allemand de l'Ouest. Cela aurait vraiment été intéressant de discuter avec lui.

Ilya se tourna vers la fenêtre, mais la sensation fabuleuse qui s'était abattue sur lui au décollage s'était dissipée, il était déjà redescendu sur terre. Il se demandait si Pierre, qui avait promis de venir à

Vienne, serait là pour l'accueillir, ou s'il allait devoir aller dans un camp de transit, un centre bourré d'émigrants.

Non, non, il se débrouillerait. Il connaissait des gens là-bas, il avait même des amis, il les appellerait, peut-être qu'ils lui enverraient de l'argent, et puis Pierre allait l'aider, bien sûr. Il pourrait faire un tour en Italie, ou en France… Là-bas, il y avait Nicole, une amie. Il avait quand même des gens vers qui se tourner. Et peut-être qu'il vendrait une partie de sa collection. L'exaltation fraîche du début revenait peu à peu.

On leur servit un repas d'avion – délicieux. Il s'écoula encore une heure.

Par le hublot, on voyait des montagnes. Se pouvait-il que ce soient les Alpes ?

Il prononça même le mot à voix haute : « les Alpes ».

Le vieux monsieur à côté de lui, qui avait l'air de somnoler, redressa soudain la tête et s'adressa à Ilya :

« Vous voulez bien appeler l'hôtesse, s'il vous plaît. Je me sens mal. »

Ilya appuya sur le bouton. Le vieux monsieur ferma les yeux. Il était d'un jaune cireux et respirait la bouche ouverte.

« Vite… Un médecin… », râla-t-il.

Il inspirait l'air par saccades, avec un bruit rauque, puis retomba contre le dossier et resta immobile, la bouche grande ouverte.

La bonne femme considérait son voisin avec horreur.

L'hôtesse arriva. Elle saisit la main du vieillard et chercha son pouls.

La femme debout dans le couloir fut la première à comprendre et se mit à hurler d'une voix puissante de femme du peuple : « Aaaah… »

Ilya réalisa alors que son voisin était mort.

L'émigration d'Edwin Iakovlévitch Vinberg était terminée.

Les démons sourds-muets

Dans la vie de chaque personne, ou presque, il y a une année charnière, cela peut être une saison, qui voit éclore les bourgeons des éventualités potentielles, il se produit des rencontres fatidiques, des fils s'entrecroisent et le cours de la vie change, elle passe d'un niveau à un autre, s'élevant depuis le ras du sol jusqu'aux plus hauts sommets. À l'âge de vingt-deux ans, Micha rencontra Aliona, et il se prit pour elle d'un amour si irréversible et si définitif que toute sa vie d'avant, avec ses charmantes jeunes filles, ses rendez-vous légers et sans conséquence, et ses nuits mouvementées dans son foyer d'étudiants, tout cela se brisa comme un verre, et il ne resta plus de ses anciennes amourettes que des débris sans importance.

Le second événement, non moins capital, qui s'était produit un peu avant cela et avait eu sur lui un impact très profond, était lié à ses intérêts professionnels. Non que Micha eût trahi sa foi dans la littérature russe, mais au début de sa quatrième année d'études, il s'était mis à faire des incursions presque quotidiennes du côté de la faculté des pathologies de la parole, afin d'assister aux cours de pédagogie des sourds-muets dispensés par un grand spécialiste,

Iakov Pétrovitch Rink, le représentant de toute une dynastie de pédagogues qui, depuis presque cent ans, avait mis au point des méthodes de développement du langage chez les sourds, les sourds-muets et les malentendants.

C'était une amie qui l'avait amené la première fois à un cours de Rink. Au bout de quelques semaines, Micha s'était pris de passion pour la pédagogie des sourds-muets et avait décidé de s'y consacrer sans arrêter ses études de lettres. Muni d'une autorisation spéciale du professeur Rink, il avait passé des examens dans plusieurs disciplines bien particulières, si bien qu'il suivait un double cursus. La littérature se conciliait parfaitement avec la pédagogie des sourds-muets.

Il faisait la navette d'une faculté à l'autre, penchant de plus en plus du côté des pathologies de la parole.

Un psychanalyste méticuleux aurait peut-être pu déterminer la véritable motivation de cette nouvelle passion, mais l'occasion ne se présenta pas. Le fantôme de Minna-la-bègue ne le tourmentait nullement et, dans ce cas précis, son éternel sentiment de culpabilité envers le monde entier le laissait en paix. L'apparition d'Aliona avait effacé ce traumatisme d'adolescence en même temps que les menus succès amoureux des trois années précédentes. D'ailleurs il n'y avait pas grand-chose à se rappeler.

Minna, la petite attardée mentale qui savait à peine prononcer trois mots, avait passé les vingt-sept années de son existence sans se faire remarquer ni représenter un fardeau pour personne, et elle s'en était allée tout aussi discrètement. Tante Guénia avait vécu la mort de sa fille un peu comme celle d'un animal familier. Quant aux autres, ils n'avaient même pas remarqué la disparition de cette petite chose timide au faible sourire qui n'avait jamais fait de mal à qui que ce soit. Et Micha pensa au moineau de Catulle pleuré par... Comment s'appelait-elle déjà ? Lesbie ?

Une fois que l'on eut emporté le divan et la petite chaise d'enfant sur laquelle Minna pliait ses vêtements avant de se coucher, la tante Guénia, à présent délivrée de tout souci, répétait de temps en temps comme une incantation, avec une profonde satisfaction et une ombre de fierté pathologique : « C'est fou le nombre de malheurs que le destin m'a envoyé, il faut vraiment le faire, quand même ! »

Elle avait la belle vie avec Micha. Depuis qu'il avait emménagé chez elle à l'âge de douze ans, il entrait dans ses obligations de s'occuper des courses, du ménage de leur pièce, du nettoyage des parties communes et de la cuisine quand c'était leur tour, sans compter (et pour Micha, c'était le plus désagréable) les menues commissions qu'elle inventait à son intention, l'envoyant trois fois par jour à la pharmacie, porter la moitié d'un pâté à sa sœur Fania ou chercher de la galantine chez son autre sœur Raïa.

Cela faisait presque dix ans qu'il s'acquittait de ses devoirs de neveu avec une facilité étonnante, sans se plaindre et joyeusement. La tante s'était prise d'affection pour cet enfant adoptif, du moins autant qu'elle en était capable, et n'avait pas l'intention de s'en séparer. Néanmoins, obéissant à l'instinct juif de marier les gens (réunir deux électrons libres afin qu'ils ne traînent pas n'importe où), elle lui présentait de temps en temps des jeunes filles juives convenables provenant du vaste cercle familial. Dans ce domaine précis, justement, elle avait connu un énorme déboire : son fils Marlène lui avait échappé, il avait épousé une Russe. Et elle n'arrivait toujours pas à s'y résigner, même si « cette Lida était finalement quelqu'un d'assez convenable ».

Au début du mois d'octobre, Guénia invita à déjeuner Ella, une lointaine nièce. Silencieuse, ronde et fuselée comme bouteille, juchée sur des jambes en forme de bouteille, elles aussi, Ella était arrivée avec une grande boîte ovale de chocolats auxquels Guénia ne touchait jamais par peur du diabète – parmi ses innombrables préjugés figurait la conviction que le diabète s'attrape en consommant du chocolat. Elle posa sur le buffet la boîte décorée d'un élan au galop, et apporta le bouillon.

Micha subit docilement les trois plats, rendant justice à chacun d'eux, tandis que la morne Ella, muette et les yeux baissés, remuait sa cuillère sans enthousiasme gastronomique. Il était visible qu'elle aussi, elle trouvait pénibles ces rencontres sans résultat et prétendument fortuites avec des jeunes gens de la famille, ces tentatives toujours ratées de mariages arrangés. Ensuite, une fois le repas avalé, sur un mouvement de sourcils de tante Guénia, Micha avait raccompagné Ella jusqu'au métro. À son retour, sa tante, contrariée, lui déclara en secouant sa tête de poupée divisée en deux par une raie très fine :

« Tu ferais bien de t'intéresser à cette Ella. Elle a de l'instruction, c'est une fille unique, et ses parents ont un de ces appartements du côté du Bosquet-de-Marie, je ne te dis que ça ! Bon, elle est un peu vieille, je ne te le cache pas. Mais c'est une des nôtres. »

Elle n'avait pourtant pas la moindre envie de rester seule dans cet appartement communautaire, parmi des voisins qui, autrefois, étaient des gens corrects, mais maintenant, c'étaient tous des voleurs plus antisémites les uns que les autres.

En cet instant précis, la seule chose qui intéressait Micha était la boîte de chocolats. Il se trouvait qu'Aliona, une ravissante jeune fille étudiante à la faculté des arts graphiques, l'avait invité à son anniversaire. Elle venait tout juste d'entrer à l'institut, mais s'était fait immédiatement remarquer. Elle se distinguait non tant par sa beauté (un visage du genre de ceux qu'aimait Botticelli, un calme radieux et une silhouette asexuée d'adolescente) que par son air distant et hautain. Tout le monde voulait être ami avec elle, mais elle était comme de l'eau, elle vous coulait entre les mains. Or la veille, elle était venue elle-même trouver Micha pour l'inviter à son anniversaire.

Micha n'était pas le garçon le plus couru de la faculté car à l'époque, il y avait là plusieurs jeunes gens munis de guitares dont la popularité en tant que bardes ne faisait que commencer. Micha ne pouvait leur faire concurrence, même s'il écrivait des poèmes, lui aussi. Mais il ne savait pas les chanter sur des accords de guitare. En revanche, il sortait du lot par sa rousseur et une nature exceptionnellement bienveillante, aussi avait-il du succès auprès des filles, surtout celles qui venaient de province, et aucune soirée d'étudiants n'avait lieu sans lui.

Il serait bien allé à l'anniversaire d'Aliona, et plutôt deux fois qu'une, mais il n'avait pas de quoi acheter ne fût-ce que le plus insignifiant des cadeaux, et, par orgueil de pauvre, il avait décidé de ne pas s'y rendre. Il n'avait personne à qui emprunter de l'argent : Ilya était en voyage, il devait quinze roubles à Anna Alexandrovna depuis un mois, et maintenant qu'il recevait une bourse, il ne demandait plus jamais un sou à tante Guénia. Mais cette fois, il avait déjà tout dépensé.

Cette boîte élégante, sur le buffet, ferait parfaitement l'affaire. Ce n'était pas un cadeau très original, bien sûr, mais il n'arriverait pas les mains vides…

Il écouta patiemment les sermons de sa tante sur les mariages entre Juifs. Après avoir supporté jusqu'au bout cette vieille rengaine, il demanda s'il pouvait prendre la boîte pour faire un cadeau. Sa tante avait d'autres projets concernant les chocolats, mais Micha eut recours à ses petits moyens de pression, il lui rappela négligemment :

« Je n'ai pas oublié qu'après-demain, je vous emmène au cimetière. »

Les excursions au cimetière de Vostriankovo remplaçaient pour Guénia toutes les distractions possibles – le théâtre, le cinéma, les conversations avec les parents encore vivants. Mais elle n'allait jamais aussi loin toute seule.

La tante saisissait parfaitement l'arithmétique d'un calcul. Micha reçut la boîte de chocolats et fonça en compagnie de l'élan au galop jusqu'à la rue de la Pravda, où habitait Aliona. Une fois là-bas, tout s'accomplit. Il tomba amoureux. D'un amour irrémédiable et absolu, comme cela lui était déjà arrivé dans son enfance, quand il s'était retrouvé chez Sania. Cette fois, il tomba amoureux de la maison, du maître de maison, le père d'Aliona, Victor Borissovitch Tchernopiatov, de sa femme Valentina, du pâté aux choux, de la salade, de la musique « sur os » (le stimulant Gershwin gravé sur une articulation de la hanche[1]), une musique comme il n'en avait jamais entendu auparavant. Et surtout, bien sûr, d'Aliona qui, chez elle, n'était absolument pas hautaine ni condescendante, mais au contraire douce et gentille, et qui concentrait dans sa personne tout le charme féminin qui existe en ce monde.

Ils s'embrassèrent comme des fous sur le balcon, et une tendresse éperdue venait tempérer le désir tout

1. À l'époque, on utilisait les pellicules en plastique ayant servi pour des radios du corps afin de graver de la musique, comme sur des disques.

aussi éperdu qui avait enflammé Micha dès l'instant où il avait frôlé pour la première fois l'os fin de cet avant-bras, cette main délicate, et ces doigts d'enfant un peu mous.

Il arrive que des gens soient doués d'un talent aussi simple qu'une pomme et aussi évident qu'un œuf, pour les mathématiques, la musique, le dessin, ou même la cueillette des champignons ou le ping-pong. Chez Micha, les choses étaient plus compliquées. À première vue, il n'avait pas de talent, mais en revanche, il avait d'excellentes dispositions pour la poésie, pour la musique et pour le dessin.

Son véritable talent, celui qu'il avait reçu à la naissance, n'était pas visible à l'œil nu. Il était doué d'une telle faculté d'empathie, d'une capacité de compassion si immense et si élastique, que toutes ses autres qualités se trouvaient subordonnées à cette « pitié universelle ».

Il poursuivait des études de lettres avec facilité et plaisir, mais son intérêt pour la pédagogie des sourds-muets venait du plus profond de son être, il venait de son don d'empathie. Dès le début, il s'était destiné à l'enseignement de la littérature, il avait hâte de poursuivre les traditions et se voyait déjà, comme autrefois Victor Iouliévitch, entrer dans la classe en récitant les plus beaux poèmes russes, en les lançant dans l'espace, dans l'air, dans le cosmos… Et certains des garçons et des filles assis là – certains ! – saisiraient au vol ces sonorités, ces germes de pensée.

Au moment des affectations, Micha prit rendez-vous avec Rink afin qu'il l'aide à se faire nommer dans une école pour les sourds. Sinon, qui allait porter jusqu'à eux les trésors de la poésie et de la prose ?

Iakov Pétrovitch examina Micha avec attention par-dessus ses lunettes, lui posa des questions plus personnelles que professionnelles, et en arriva à la conclusion que c'était bien la première fois, en des années de pratique, qu'un étudiant en lettres avait envie d'enseigner à des sourds-muets.

« Il existe une excellente école-internat pour sourds et sourds-muets, où vous pourriez à la fois être utile et approfondir votre formation. C'est une magnifique institution. Elle est située dans un petit bourg de la région de Moscou, et il faut s'installer là-bas. Ils ont besoin d'un professeur de langue et de littérature russes. Allez les voir. Si cela vous convient, nous en reparlerons », proposa Iakov Pétrovitch.

Micha mit près de trois heures pour arriver là-bas – d'abord le train jusqu'à Zagorsk, puis un autobus qu'il attendit assez longtemps et, pour finir, une demi-heure de marche à travers bois.

C'était le début du printemps, il tombait une petite pluie à travers laquelle le bois rayonnait d'une verdure pâle. La pluie bruissait doucement sur l'herbe de l'année passée, des brins d'herbe fraîche jaillissaient déjà sous les feuilles mortes, et on avait l'impression qu'ils produisaient un très léger bruit en poussant. Un oiseau émettait des cris spasmodiques à intervalles réguliers. Ce n'était peut-être pas un oiseau, mais un animal. Micha se dit que les enfants qui vivaient ici n'entendaient pas ces bruits de la vie. D'un autre côté, les citadins non plus ne les entendaient pas, car ils étaient couverts par la rumeur de la ville. Et un poème commençait déjà à grandir en lui :

Du silence, de la pluie et des herbes qui poussent
Naissent des sons, des bruits et même des musiques,
Ta-ra-ta-ta, ta-ra-ta-ta, ta-ra-ta-ta…
Magnifique… magique… énigmatique…

Non, ça n'allait pas...

Du silence, de la pluie, et des herbes qui poussent,
Naissent les doux accords d'une symphonie,
Ta-ra-ta-ta, ta-ra-ta-ta, ta-ra-ta-ta,
Agonie... harmonie...

Bon, ça allait à peu près... Il aimait les rimes exactes, et se désolait qu'elles aient toutes été utilisées très souvent avant lui. C'est ainsi qu'il caracolait sur les traverses posées depuis longtemps à l'intérieur de la langue, il en tirait un grand plaisir, mais devinait déjà qu'il n'irait pas très loin sur cette voie. Et puis Brodsky n'avait pas encore entamé sa conquête triomphale du monde et ne l'avait pas encore obligé, par son vers au long souffle et son absolu mépris pour ces tic-tac et ces boum-boum, à mettre un terme aux pauvres petites intrigues artificielles, mais inspirées.

La forêt prit fin, et il vit surgir une propriété. Une maison en bois à un étage se dressait sur une hauteur, entourée d'une dizaine de petites bâtisses plus ou moins rustiques. Il ne restait pas grand-chose de l'ancienne clôture, des piliers trapus surmontés de boules fripées par le temps alternaient avec des morceaux de palissade grise. Le portail avait disparu depuis longtemps. De gros tilleuls plantés à intervalles irréguliers, voilà tout ce qui restait de l'ancienne allée. C'était l'heure de la sieste et on ne voyait personne. Foulant une terre détrempée encore chauve, il arriva jusqu'au perron et frappa à la porte. Au bout d'un moment, elle s'ouvrit en grand. Devant lui se tenait une bonne femme avec un seau dans lequel nageait une serpillière.

Il éclata de rire et lui dit bonjour. Tante Guénia, une esclave des présages et des signes mystérieux, aurait considéré ce début comme extrêmement prometteur : le seau était plein, même si l'eau était sale[1].

De fait, tout se passa ensuite on ne peut mieux. Dans le cabinet du directeur, trois dames et un homme âgé avec une petite moustache étaient en train de boire du thé accompagné de confiture. Il savait que le directeur était une femme, et décida que ce devait être l'Arménienne, qui avait une petite moustache elle aussi.

« Bonjour, j'aimerais parler à Margarita Avétissovna. Je viens de la part de Iakov Pétrovitch Rink... »

À peine eut-il prononcé ce nom qu'ils lui adressèrent tous de grands sourires et s'empressèrent de lui servir du thé, ainsi que de la confiture dans une coupelle.

On frappa à la porte. Un garçon d'une douzaine d'années entra et leur expliqua quelque chose en langage des signes.

« Que se passe-t-il, Sacha ? demandèrent-ils presque en chœur. Allez, vas-y, dis-le, tu sais le faire. Parle, parle, tu y arrives très bien.

— Eu-ien-est-au-ui », prononça-t-il avec effort.

Ils l'entourèrent tous les quatre, et une femme de petite taille avec une fine natte enroulée autour de la tête lui demanda en articulant très nettement chaque syllabe :

« Quel chien ? Notchka ou Ryjik ?

— O-tka, dit le gamin, radieux.

— Notch-ka. Ne t'inquiète pas, Sacha, elle va revenir. »

Le garçon fit de nouveau un geste : il frotta une de ses mains contre l'autre et la leva en l'air. C'était une question.

1. Rencontrer quelqu'un portant un seau plein d'eau est considéré comme un très bon présage (si le seau est vide, le présage est mauvais).

« Elle rentrera quand elle aura faim », dit la femme à la moustache.

« Oui, c'est sûrement elle la directrice » décida Micha.

Le garçon dit encore quelque chose avec ses mains.

« Écoute-moi, Sacha : elle rentrera quand elle aura faim. »

Elle avançait énormément les lèvres en prononçant le « ou ».

Le garçon hocha la tête et sortit.

« Cela fait à peine six mois qu'il est chez nous. Et il a commencé très tard ! déclara la femme à la natte avec fierté.

— Oui, cela ne fait que six mois ! confirma la moustachue.

— Cinq, Margarita Avétissovna, cinq ! » précisa Gleb Ivanovitch. Avec le plus grand respect, si bien que Micha comprit qu'il ne s'était pas trompé et que c'était bien elle la directrice.

Au bout de dix minutes passées à boire du thé, Micha avait décidé que s'ils ne l'engageaient pas comme enseignant, il resterait travailler ici en tant que n'importe quoi – balayeur, chauffagiste, professeur de gymnastique...

On lui fit visiter les classes. Il y en avait quatre. Et les enfants étaient quarante-deux en tout.

Dans l'une des classes, une fillette était au tableau et racontait quelque chose avec les mains. Les autres écoutaient-regardaient.

« En principe, nous ne renonçons pas au langage des signes. Mais nous estimons que si l'enseignement selon nos méthodes est commencé assez tôt, la plupart de nos enfants peuvent apprendre à parler.

— J'aimerais travailler ici. J'ai vécu dans un orphelinat de deux à sept ans, jusqu'à ce que ma famille me reprenne. Je ne vous conviens sans doute pas... Je ne sais pas... J'ai commencé à apprendre le langage des signes, mais pour l'instant, je ne... Si vous m'acceptez... »

On l'accepta à bras ouverts.

Il signa pour un poste que n'importe quel jeune diplômé aurait trouvé épouvantable, et commença à travailler sans même avoir pris le congé auquel il avait droit après l'institut.

Tout le monde fut contrarié de le voir partir vivre dans cet internat : la tante Guénia, qui pleura le jour de son départ comme à un enterrement bien qu'il eût l'intention de revenir le dimanche suivant ; Marlène, sur lequel retombait désormais la charge de s'occuper de sa mère ; Aliona, avec laquelle il vivait une relation amoureuse en pointillés qui connaissait périodiquement des flambées et des retombées et se trouvait justement à son point le plus bas, mais même elle avait haussé ses épaules minces : un internat ? Qu'est-ce qu'il allait faire là-bas ? Tchernopiatov, le père d'Aliona, une intelligence supérieure, estimait que plus un travail était près du centre, mieux c'était, et que, de façon générale, la province n'était pas un endroit pour vivre.

Anna Alexandrovna aussi manifesta une certaine inquiétude, non d'un point de vue professionnel, mais d'un point de vue hygiénique. Elle considérait que Micha n'allait pas tarder à se couvrir de saleté et de poux. Sania, lui, songea au temps que l'on mettait pour venir au Conservatoire quand on habitait un trou aussi perdu, mais il ne dit rien. Quant à Ilya, il était navré de perdre un ami à un moment où ils auraient si bien pu travailler ensemble.

Micha enseignait à présent la langue et la littérature russes à des enfants sourds et sourds-muets. Il travaillait en tandem avec une orthophoniste et, dès le début, tout se passa à merveille. Il inventa quelque chose qui lui valut même les éloges de Iakov Pétrovitch : il introduisit dans son enseignement des exercices rythmiques, marquant la longueur des vers par des claquements de mains, et ses enfants ânonnaient des iambes et des trochées. Comme les louanges de leur maître les rendaient heureux, et avec quelle générosité Micha les leur dispensait !

C'était une institution unique en son genre par sa pauvreté et par son luxe. Le budget était misérable, les salaires des employés (avec une prime spéciale) étaient eux aussi tout à fait disproportionnés tant à leurs qualifications qu'au temps qu'ils passaient avec les enfants, l'équipement était totalement insuffisant, mais tout cela était compensé par le désintéressement absolu des pédagogues, par leur dévouement à leur métier, et par la fierté qu'ils tiraient des résultats de leur travail, lesquels étaient remarquables. Et aussi par une ambiance créative et chaleureuse.

Près d'un tiers des enfants venait d'orphelinats, les autres avaient été placés là par leurs parents qui espéraient faciliter ainsi leur contact avec le monde extérieur. Soit dit en passant, les enfants des orphelinats faisaient plus de progrès que les autres car on les gardait pendant des années, tandis que ceux qui avaient une famille étaient récupérés par leurs parents au bout d'un an, deux dans le meilleur des cas.

Micha passait presque tous ses dimanches à Moscou. Il allait voir la tante Guénia, s'acquittait de toutes les obligations qui s'étaient accumulées pendant la semaine, depuis le nettoyage du parquet et des vitres jusqu'aux courses. Depuis qu'il était entré à l'institut, ce qui avait mis fin aux subsides que la famille lui avait versés pendant des années, sa tante était devenue radine et capricieuse. Le saucisson devait obligatoirement provenir de la fabrique

Mikoyan, le fromage de Pochekhon, le lait d'Ostankino, et le poisson, que ce soit une carpe vivante ou du sandre congelé, d'un magasin qui était fermé le dimanche, si bien que de temps en temps, Micha venait le samedi afin de mettre la main sur cette carpe, quand il y en avait.

Une fois libéré de ces soucis domestiques, il fonçait chez Aliona, qui l'attendait soit les cils couverts de rimmel, ce qui signifiait que ce jour-là, elle daignait se tourner vers lui, soit sans rimmel, et il devinait qu'elle n'était pas branchée sur sa longueur d'onde. Pourquoi était-elle aussi changeante ? Il n'en savait rien, il essayait bien de lui tirer les vers du nez, mais elle se contentait de hausser les épaules, sa chevelure glissait dessus, et elle lui glissait elle aussi entre les mains sans rien expliquer.

Il s'installait alors avec Sergueï Borissovitch dans la cuisine devant un verre de thé ou de vodka, selon le moment de la journée, la présence ou l'absence d'invités, et l'humeur du maître de maison.

« Quel homme ! Et quel destin ! » se disait Micha, plein d'admiration pour Tchernopiatov.

Le père de Sergueï Borissovitch, natif de Batoumi, avait été l'un des vieux compagnons d'armes de Staline, et il avait été assassiné plus tard que tous les autres, en 1937, alors que le Guide s'était déjà débarrassé de la plupart de ses amis de jeunesse. Sergueï Borissovitch lui-même avait été arrêté pour la première fois alors qu'il n'était encore qu'un écolier, une semaine après l'arrestation de son père. Ce n'était là qu'un coup d'essai, juste une colonie pour enfants. À l'âge de dix-huit ans, il avait été transféré dans un camp. En 1942, il avait été libéré et envoyé en relégation. À Karaganda, il avait rencontré Valentina, une « Aljirienne ». C'était à cette occasion qu'il avait découvert cette diabolique abréviation géographique :

ALJIR, Camp d'Akmolinsk pour Épouses de Traîtres à la Patrie[1]. Parmi ces milliers d'épouses, il y avait la mère de Maïa Plissetskaïa, celle de Vassili Axionov, celle de Boulat Okoudjava… La grand-mère maternelle d'Aliona était la veuve d'un membre éminent du Parti de la ville de Riazan.

Valentina, elle, faisait partie de la catégorie des TSIR, les Membres de la Famille de Traîtres à la Patrie[2]. Elle avait dix-sept ans lorsque son père avait été fusillé et sa mère arrêtée, et elle avait réussi à échapper au sort des vingt-cinq mille TSIR mineurs expédiés dans des orphelinats. Elle avait suivi sa mère et s'était retrouvée dans une colonie de travail, dans le village de Malinovka. Sa mère était morte au bout d'un an.

C'était là que le destin les avait réunis, Sergueï et elle. Ils avaient tous les deux vingt ans, ils rêvaient tous les deux d'une famille. Ils s'étaient mariés très jeunes, chacun servant à l'autre de planche de salut. Aliona était née en 1943. En 1947, ils avaient été autorisés à revenir en Russie et s'étaient installés à Rostov-sur-le-Don, où Valentina avait de la famille. Sergueï Borissovitch avait passé les examens de fin d'études secondaires et avait été admis dans un institut. La vie dont il rêvait commençait enfin. En 1949, on l'avait de nouveau arrêté. La main de Staline ne voulait pas le lâcher. Il avait été libéré en 1954, et avait recommencé sa vie pour la troisième fois…

Aliona en avait par-dessus la tête de ces histoires. Elle s'enfermait dans sa chambre et mettait de la musique. Elle y restait parfois pendant des heures, à faire grincer son crayon sur du papier brouillon en dessinant des cascades d'ornements alambiqués, ou

1. *Akmolinski Laguer Jon Izmennikov Rodiny.*
2. *Tchlen Semi Izmennikov Rodiny.*

bien elle sortait tout simplement de la maison, sans dire un mot et sans prêter aucune attention à Micha.

Celui-ci restait avec Sergueï Borissovitch, à faire provision de sagesse. Cet homme avait un tel talent ! Il suffisait de lui dire quelque chose, il trempait aussitôt ce que vous aviez dit dans de l'eau, comme des décalcomanies, et tout s'éclaircissait... Et quelle profonde compréhension de la vie, de son caractère inhumain, de son absurdité et de sa cruauté !

Et puis il y avait les gens... Les gens qui venaient voir Sergueï Borissovitch, en dépit de leur diversité, se ressemblaient tous sur un point : ils étaient des ennemis convaincus et irréductibles du pouvoir, ils comprenaient sa nature et sa profonde injustice. L'un était généticien, un autre philosophe, un troisième mathématicien. Et au centre de tout cela, il y avait Sergueï Borissovitch, dur, précis, intelligent, un véritable homme d'action.

Micha l'aimait aussi parce qu'il trouvait en lui, sous une forme masculine, tout ce qui l'attirait chez Aliona : ces minuscules rides presque imperceptibles au coin des paupières étirées vers le haut, ces petits plis qui descendaient au coin des lèvres, cette fine ossature caucasienne, cette façon si légère de se mouvoir. Il est vrai qu'Aliona avait hérité de sa mère un teint d'une pâleur délicate alors que Sergueï Borissovitch, grâce à une goutte de sang tcherkesse, avait la peau mate et les cheveux foncés. Un homme véritable, un père, un frère, un ami. Les souffrances liées à l'absence de père, que Micha n'avait jamais surmontées. Sergueï Borissovitch le traitait affectueusement, mais avec un peu trop de condescendance. D'ailleurs il était comme ça avec tout le monde, il regardait toujours les gens de haut.

Parfois, Aliona se maquillait les yeux et se montrait bien disposée envers Micha. Dans ce cas, il l'accompagnait là où elle le jugeait bon, et ils se promenaient dans Moscou en se tenant par la main – la sienne, un peu molle dans celle de Micha – le bonheur absolu ! Et il effleurait ses cheveux, il respirait leur odeur d'oiseau. Il disait tout ce qui lui passait par la tête, il lui récitait des vers. Il avait dépassé le stade de Maïakovski, absorbé Pasternak, et nageait à l'époque en plein Mandelstam. Brodsky, lui, commencerait un peu plus tard. Elle écoutait sans rien dire, réagissant à peine. D'un air condescendant, elle aussi.

De temps en temps, au cours de ces périodes fastes (il y en eut trois durant le temps que Micha vécut à Miliaïevo, en hiver 1962, alors qu'il venait d'emménager à l'internat, au printemps 1963 et à la fin de l'année 1964), elle débarquait soudain au milieu de la semaine et passait la nuit avec lui dans la chambre de service qu'on lui avait attribuée. Et ce bonheur qui lui tombait dessus le rendait fou de joie.

Les périodes de refroidissement et d'éloignement n'en étaient que plus amères et plus inexplicables. Il se plongeait alors tout entier dans le travail, et les enfants sourds remplissaient complètement sa vie, ne lui laissant presque pas de temps pour se désoler.

Les élèves de l'internat étaient en manque de père, eux aussi, et les deux hommes de l'équipe pédagogique, Gleb Ivanovitch et Micha, croulaient sous des grappes de marmots. Les grands se montraient plus réservés, mais eux aussi étaient tous collés à leurs professeurs.

Une fois par mois, Iakov Pétrovitch Rink conviait Micha à un séminaire, il faisait tout pour l'impliquer dans l'entreprise la plus importante de sa vie : il se battait depuis presque une décennie pour créer à Moscou un centre d'études sur la surdité, soit auprès d'un institut pédagogique, soit auprès de l'Académie de médecine. Ce projet était approuvé et soutenu par les autorités, mais l'inertie de la machine étatique était si grande qu'une seule vie humaine pouvait tout simplement ne pas suffire pour fonder quelque chose de nouveau, si ce n'était pas lié à l'industrie militaire ou à l'espace. Rink voyait dans Micha l'une des personnes formées par ses soins susceptibles de poursuivre son œuvre.

Il l'avait pris sous son aile, lui donnait à lire des études de chercheurs contemporains français et américains, et finit par lui conseiller d'écrire un article, ce que Micha fit avec beaucoup d'enthousiasme. Iakov Pétrovitch lut avec attention ce qu'il avait pondu : ce garçon savait écrire.

Il mettait des dizaines d'années à sélectionner ses disciples et ses assistants. Il les mordillait, les goûtait, les soupesait… Lorsque Micha eut purgé trois années d'esclavage volontaire dans cet internat, Rink évoqua l'idée qu'il pourrait passer une thèse, par correspondance, il est vrai. Mais Micha lui-même préférait cela, il n'avait aucune intention de quitter ses élèves.

Il avait passé avec succès les examens d'entrée en troisième cycle et attendait à présent la confirmation de son intégration. En réalité, ce n'était qu'une simple formalité. Il voyait miroiter à l'horizon un véritable travail de chercheur, non pas abstrait et théorique, mais de ceux dont les résultats sont immédiatement perceptibles au bout de quelques années d'un travail mené selon des méthodes correctes. Pour l'instant, les aveugles ne recouvraient pas encore la vue, les sourds n'entendaient pas et les muets ne parlaient pas, mais certains d'entre eux apprenaient petit à petit à prononcer des mots et pénétraient dans un monde qui leur était fermé. Quel bonheur c'était de les y conduire par la main !

À l'encontre de toute logique, au mépris des traditions et en dépit des attentes, Micha semblait être le membre du Trianon qui réussissait le mieux. Sania avait laissé tomber l'Institut des langues étrangères pour reprendre des études au Conservatoire. Ilya avait complètement renoncé à l'Institut des techniques du cinéma de Leningrad, il s'estimait parfaitement capable d'enseigner lui-même la photo à qui on voulait et n'avait aucune intention de poursuivre des études. Il s'était fait une foule d'amis et de relations fort intéressantes, surtout dans le nouveau mouvement démocratique de défense des droits de l'homme. Ilya et Micha partageaient toujours le même intérêt pour la poésie. Ilya continuait ses incursions chez les bouquinistes, et il était en train de rassembler une collection fort intéressante.

Ce fut donc lui que Micha alla trouver pour lui faire part de ses succès fantastiques. Ilya réagit mollement. Ce jour-là, il avait lui aussi réussi un assez beau coup : il venait de faire une nouvelle acquisition. Une rareté rarissime, un des quelques exemplaires encore existants du recueil *Allélouia* de Vladimir Narbout[1], paru en 1912 à Saint-Pétersbourg, et immédiatement condamné par le Saint Synode à la destruction « par lacération ».

Micha l'ouvrit au hasard, et tomba effectivement sur un *Allélouia*, celui du psaume 148.

« Louez l'Éternel du bas de la terre, monstres marins et vous tous abîmes, feu et grêle, neige et brouillards, vents impétueux qui exécutez ses ordres, montagnes et toutes collines, arbres fruitiers et tous les cèdres, animaux et tout le bétail, reptiles et oiseaux ailés[2]… »

1. Vladimir Narbout (1888-1938). Poète ayant fait partie du groupe des Odessites (avec entre autres Olecha, Bagritski, Ilf et Pétrov), arrêté en 1936 et fusillé en 1938.

2. Traduction de Louis Segond.

Ilya lui prit le recueil des mains d'un geste caressant.

« Oh, ça, c'est un psaume très connu, je vais te montrer autre chose... Tiens, voilà :

C'est le marais stagnant qui chante
Et non la rivière figée !
La rouille l'a recouvert
D'une dorure ancienne

Et rouge. Légère est sur les risées la course
De l'araignée aux longues pattes.
Voguent les routes vertes
Le sang ne s'en ira nulle part.

« Qui connaît Narbout, de nos jours ? Il s'en est allé ! Combien de choses s'en sont allées ! Et toi, là-bas, chez tes sourdingues, tu es au courant de ce qui se passe, au moins ?

— De quoi tu parles ? demanda Micha, un peu affolé à l'idée d'avoir raté quelque chose d'important.

— Deux écrivains ont été arrêtés. »

Micha, qui était un garçon à l'esprit curieux, avait déjà appris cette arrestation par des émissions de radio nocturnes. Il avait oublié les noms. Ilya lui rafraîchit la mémoire. Ils avaient fait passer les manuscrits de leurs livres en Occident, et ils avaient été publiés là-bas.

Micha émit le désir de les lire. Ilya répondit qu'il ne les avait pas, mais qu'un de ses amis en possédait des photocopies. C'était d'ailleurs lui-même qui les avait faites, mais il n'en dit rien à Micha. On ne sait jamais. Il était assis sur un tonneau de poudre, il avait vidé son appartement de tout ce qu'il possédait et avait réparti cela chez des amis.

« Seulement, il faut que tu ailles les chercher chez

lui. Et tu les garderas. Je passerai les reprendre plus tard, quand les choses se seront tassées. »

Ils sortirent dans la rue avec des mines de conspirateurs et téléphonèrent d'une cabine, rue de l'Intercession, à un ami prénommé Edik. Ilya dit négligemment dans l'écouteur, d'une voix forte :

« Dis donc, Edik, hier, j'ai laissé un saucisson chez toi. Un de mes amis doit passer dans ton quartier, il va venir le prendre. Merci. Salut ! »

L'auteur démasqué, qui se camouflait sous le pseudonyme de Nicolaï Arjak, était Iouli Daniel, et il enseignait la littérature dans une école de Moscou. Ça alors, un prof de russe, comme notre Victor Iouliévitch ! Lui aussi, il avait fait la guerre sur le front, lui aussi, il avait été blessé, et lui aussi, il était professeur de lettres !

Cette pensée lui était venue à l'esprit avant même de le lire. Il passa chez Edik, un grand escogriffe assez rigolo. En fait, il y avait non pas un saucisson, mais deux. L'un s'intitulait *Ici Moscou*, et l'autre *L'Expiation*.

Micha emporta les deux grosses enveloppes en papier kraft. Il se mit à lire.

Ce fut comme si le ciel lui tombait sur la tête. Et pourtant, il avait déjà lu *1984* d'Orwell. Un livre génial, terrible. Mais c'était une fiction sur un monde étranger, tandis qu'ici, chez Daniel, tout se passait dans un contexte russe, cela vous touchait de près, intimement. Et pour cette raison, *Ici Moscou* était encore plus terrible.

On ne savait pas ce qui était le pire : que le droit de tuer tout le monde soit accordé à tout le monde par décret pendant une journée, ou bien que l'État s'arroge le droit de tuer n'importe quel citoyen tous les jours de la semaine, tous les mois, et ce pour des années.

L'Expiation était un livre encore plus terrible. Il s'avérait que l'on pouvait non pas juste tuer une personne, mais l'anéantir par le moyen le plus raffiné qui soit : en faisant passer un homme honnête pour un mouchard et un délateur, et en lui faisant perdre la raison. Le plus affreux, c'est qu'il ne pouvait rien prouver à personne, et qu'il n'avait aucun moyen de se justifier.

Victor Volski, cet homme si sympathique et si compréhensible, était victime de calomnies, c'étaient ses propres amis qui l'avaient rendu fou en croyant à de fausses accusations. Dans son asile psychiatrique, il avait dû songer aux vers de Pouchkine :

Tout, mais ne pas devenir fou.
Plutôt errer, plutôt les loups,
Les coups, la faim, le froid […]

Mais non ! Dès que tu deviens fou,
Ils viennent te jeter au trou
Tu fais trop peur et, tiens !

Mais comment savait-il cela, Pouchkine ? Est-ce qu'en ce temps-là aussi… Mais oui, bien sûr, les décembristes ! À l'époque, tout cela existait déjà, les dénonciations, les trahisons. Maïboroda, le délateur. Il s'était suicidé longtemps après le procès. Il avait dû souffrir pendant toutes ces années. Mais il avait réellement écrit une dénonciation, alors que Victor Volski, lui, n'avait rien commis de semblable. Non, mieux valait pardonner à un traître que de ruiner ainsi la vie d'un innocent !

Micha passa toute la nuit à lire, si éperdument, en oubliant si complètement le monde entier qu'au matin, il ne réalisa pas tout de suite qu'il aurait dû partir pour l'internat à huit heures.

La joie causée par ses récents succès était même un peu retombée. Les examens si brillamment réussis étaient oubliés, les fascinantes perspectives d'avenir s'étaient estompées. Tout cela était soudain devenu sans importance. Il avait même un peu honte. Oui. On avait honte de vivre parce que ce Daniel, cet écrivain fantastique qui avait pénétré l'essence même de la vie d'aujourd'hui, était enfermé dans une prison préventive, et Dieu seul savait ce qui l'attendait.

Lorsqu'il émergea de cet éblouissement livresque, Micha comprit qu'il était en retard à son travail. S'il fonçait comme un fou, il arriverait peut-être à temps pour la quatrième heure de cours, mais il y aurait bientôt un intervalle de deux heures entre les trains, et il risquait ne pas attraper le dernier, si bien qu'il était probable que toute la journée était fichue. Il essaya de téléphoner pour prévenir, mais la ligne était coupée.

Ils formaient une équipe très soudée, et l'orthophoniste Katia annula ses leçons particulières pour assurer deux des cours de Micha, tandis que les deux autres étaient pris en charge par Gleb Ivanovitch. Lorsque Micha arriva, tous les cours étaient déjà terminés, les enfants avaient déjeuné, ils avaient fait la sieste et venaient de finir leur goûter. Gleb Ivanovitch était dans le réfectoire en train de manger de la compote de fruits secs accompagnée de pain blanc, son dessert préféré.

Micha le remercia avec effusion. Gleb Ivanovitch ne considérait pas son acte comme un exploit : c'était bien normal. Mais Micha se justifiait avec insistance, il lui raconta qu'il avait passé toute la nuit à lire et que, lorsqu'il avait terminé, il s'était rendu compte qu'il était plus de dix heures du matin.

« Mais ces livres ! Ah, ces livres, si vous saviez !

— Et c'étaient quoi, ces livres ? » demanda Gleb Ivanovitch entre deux verres de compote.

Micha s'empressa de sortir les deux enveloppes en papier kraft contenant les photocopies. En format réduit.

Les enfants étaient en train de faire leurs devoirs en étude. Ils étaient surveillés par une jeune enseignante dont c'était la première année dans cet établissement, et que Gleb Ivanovitch suivait de près, à tout hasard. Une femme sympathique. Il jeta un coup d'œil dans la classe, puis s'assit à une table du fond et sortit ses lunettes.

Au bout d'un quart d'heure, il vint réveiller Micha qui, n'ayant pas assez dormi dans le train, terminait sa nuit dans un local de service. Il s'assit sur un tabouret et cria en chuchotant :

« Non, mais est-ce que tu comprends ce que tu m'as refilé ? »

Là, Micha se sentit parfaitement stupide, il essaya de se tirer d'affaire en baragouinant quelque chose de parfaitement ridicule sur la profonde vérité qu'il avait découverte dans ces écrits, tout en s'excusant maladroitement d'avoir alarmé Gleb Ivanovitch avec une littérature aussi dangereuse.

Celui-ci passa du chuchotement à de véritables hurlements. Il accusait Micha de tous les péchés du monde : d'ingratitude envers un pouvoir qui avait sauvé du fascisme sa sale gueule de Juif, de trahison, d'hostilité et d'un antisoviétisme criminel.

Tout cela était absurde et tellement stupide que c'en était ridicule. Au bout de cinq minutes, ils étaient tous les deux en train de brailler et de flanquer sur la table des coups de poing qu'ils auraient préféré s'envoyer dans la figure. Non seulement toute la sympathie qu'ils éprouvaient l'un pour l'autre s'était évaporée, mais c'était même le contraire, chacun d'eux s'estimait floué pour avoir dilapidé tant de bons sentiments à l'égard d'un minable pareil. En une seconde, leurs projets communs, les joies et les déboires qu'ils avaient partagés en amis, tout cela avait disparu. Au bout d'un quart d'heure, Micha, qui était de nature débonnaire, avait épuisé toute sa colère en cris et en gesticulations, il était prêt à revenir à l'étape initiale d'incompréhension réciproque pour reprendre, cette fois calmement, tous les arguments aberrants que Gleb Ivanovitch avait avancés. Mais ce dernier n'était pas d'accord là-dessus, il brûlait d'envie de se battre et assénait maintenant à Micha la longue liste de ses erreurs et de ses égarements qui frisaient même le crime.

Gleb Ivanovitch s'avéra plus endurant et plus robuste que Micha dans cet affrontement vocal. La voix qui s'échappait de son cou mince avait une puissance et un diapason correspondant davantage à un gros homme bedonnant qu'à une demi-portion telle que lui.

Micha, épuisé, le laissa s'égosiller un moment, puis voulut reprendre ses deux enveloppes de photocopies.

« Vous allez me laisser ces documents pernicieux ! Vous ne sortirez rien d'ici, pas une seule ligne ! » s'écria Gleb Ivanovitch en le voyant faire, et il attrapa un coin du papier kraft.

Chacun tirait de son côté. En d'autres circonstances, Micha aurait éclaté de rire depuis longtemps, mais pour rire, il faut être d'humeur à ça, et là, il se produisait quelque chose d'aberrant. Gleb Ivanovitch éructait des mots isolés qui n'avaient plus rien à voir avec ce qui se passait :

« Dos au mur ! En avant, Kossatchev ! Dehors, Kossatchev ! Bandes de fumiers ! »

Le plus étonnant était ces vociférations concernant un certain Kossatchev. Car Kossatchev, c'était Gleb Ivanovitch lui-même.

Ces hurlements attirèrent la femme de ménage Polina Matveïevna, elle jeta un coup d'œil dans la pièce et repartit aussitôt, puis revint un instant plus tard avec une petite tasse blanche qu'elle fourra sous le nez de Gleb Ivanovitch. Se saisissant tendrement de sa tête dégarnie par endroits, elle le fit boire en répétant :

« Doucement, doucement, Gleb Ivanovitch ! Sinon vous allez tout renverser. »

Micha finit par comprendre qu'il se trouvait en présence d'un fou, et que c'était lui qui avait provoqué cette crise en marchant sur un cor invisible de son âme.

Polina Matveïevna, par des signes très expressifs bien connus de tous les employés de l'internat, lui indiqua qu'il devait filer d'ici en vitesse. Et Micha s'éclipsa en emportant les enveloppes.

Volski ! C'était Volski, le héros du roman de Daniel qui croupissait dans un asile psychiatrique ! Mais celui-là aussi était une victime ! Gleb Ivanovitch aussi, c'étaient les mêmes forces qui l'avaient rendu fou. Des démons, des démons... Comment disait Volochine[1], déjà ? « *Et les voilà qui nous hantent, aveugles et sourds-muets, dans les ténèbres béantes, traçant des signes enflammés...* », se récita-t-il en son for intérieur. Il nota une erreur dans le nombre de pieds du quatrième vers. Mais c'était quand même génial. Et il repensa à Gleb Ivanovitch. Lui non plus n'était coupable de rien.

Telles étaient les tristes réflexions de Micha sur le chemin du retour, dans l'autobus qui le conduisait à la gare.

Gleb Ivanovitch était suivi de façon régulière dans un dispensaire psychiatrique. L'histoire de sa vie était

1. Voir note p. 381.

un peu tortueuse. Il avait été renvoyé du SMERCH[1] pendant la guerre. À l'internat, il avait un poste d'économe et non d'enseignant, et ce pour une bonne raison : étant donné la maladie dont il souffrait, il n'avait pas le droit de travailler avec des enfants. C'était un homme bon, il aimait les enfants et était d'une honnêteté hystérique, presque allemande. Peut-être est-ce justement à cause de cette dernière qualité qu'il envoya un rapport dénonçant Micha dès le lendemain, sans remettre les choses à plus tard.

Il ne vint même pas à l'idée de Micha que la dénonciation de Gleb Ivanovitch progressait déjà lentement mais sûrement vers un lieu où l'on ferme tous les robinets et toutes les routes.

En raison d'un laisser-aller général dans la vie soviétique, mais aussi de cette loi qui veut que les ennuis n'arrivent jamais seuls, il se trouva que l'arrivée à l'institut du dossier d'inscription de Micha à sa thèse par correspondance coïncida avec la fin du lent cheminement de la dénonciation en direction de ce même institut. Lorsque, au bout de quinze jours, les deux documents se rejoignirent sur le bureau du camarade Korobtsov, le chef du premier département, ce dernier téléphona à Iakov Pétrovitch Rink et le convoqua. Le correspondant de l'Académie des sciences pédagogiques âgé de soixante-dix-huit ans fonça à toutes jambes chez le camarade Korobtsov, un capitaine de trente-six ans, et celui-ci lui remonta vigoureusement les bretelles.

En dépit des apparences, Iakov Pétrovitch n'était plus tout jeune, et ses bretelles avaient déjà été remontées plus d'une fois. Il avait consacré toute sa vie à la

1. SMERCH, acronyme de Mort aux Espions, police politique de l'armée.

pédagogie des sourds-muets et avait passé son existence à aider les gens à l'ouïe déficiente, mais les sourds l'avaient sauvé, lui aussi : dans les bureaux où des lieutenants à moitié illettrés et des capitaines sans instruction décidaient des destins de la science, le travail de ce professeur paraissait absurde et inoffensif, si bien qu'on le laissait vivre. C'était un Allemand, mais un Allemand russe. Son aïeul avait été invité cent cinquante ans plus tôt par l'Académie des sciences de Russie et depuis, sa famille s'était solidement implantée ici. Par chance, sur ses papiers d'identité, il était enregistré comme russe, raison pour laquelle il n'avait pas été victime de répressions, à la différence de ses cousins, déportés au Kazakhstan au début de la guerre. Il comprenait parfaitement que c'était un cadeau du destin. Chaque fois qu'il se retrouvait dans les bureaux de ces lieutenants et de ces capitaines, il s'attendait à être démasqué. Même aujourd'hui, vingt ans après la guerre.

Étirant ses lèvres pincées en un fil très mince, ce qui représentait chez lui un sourire, il disait à Maria Moïsseïevna Bris, son assistante et amie intime : « Vous avez de la chance, Maria Moïsseïevna ! Vous, on n'a pas besoin de vous démasquer, vous êtes une bonne Juive ! Moi, j'ai passé la moitié de mon existence à avoir peur d'être pris par erreur pour un Juif, et maintenant, je vis dans la terreur d'être démasqué en tant qu'Allemand. Alors qu'au fond, vous et moi, nous ne sommes rien d'autre que des intellectuels russes. »

« Dites donc, Iakov Pétrovitch, c'est qui, ces étudiants qui font leur thèse sous votre direction ? » demanda Korobtsov sans lui proposer de s'asseoir.

« Ce que je peux en avoir assez de ces gens, mais ce que je peux en avoir assez... », se dit Rink.

« Il manque quelque chose dans leurs dossiers, Igor Stépanovitch ? L'un d'eux est Sacha Rubine, et l'autre Mikheï Melamid, il fait des études par correspondance. Ce sont de bons garçons, ils ont tous les deux passé leur diplôme chez nous.

— Asseyez-vous donc, Iakov Pétrovitch. Il va falloir que nous discutions un peu. Pour Rubine, ça va, il a d'excellentes recommandations et il est responsable des komsomols. Mais ce Melamid, vous le connaissez bien ? »

Bon, pas la peine de chercher plus loin. Melamid ne leur convenait pas. Il avait quelque chose qui clochait. Maria Moïsseïevna avait raison, ses appréhensions étaient justifiées. Il ne fallait pas prendre deux Juifs pour les deux places de thésards, ils allaient tiquer. Il y avait bien aussi un candidat originaire de Moldavie, mais son niveau était très faible. Lui, il leur aurait convenu, seulement il n'avait pas réussi les examens...

« Il a publié un article très intéressant. Il travaille déjà selon sa spécialité. Il est érudit. Passionné par son sujet. Il possède toutes les qualités d'un chercheur.

— Mmm... » Korobtsov fit une pause. « Et pourquoi lui particulièrement ? Il y avait d'autres candidats... Tenez... » Il fouilla dans ses papiers et lut en détachant les syllabes : « Ce Pe-re-po-pes-cu, ou Ne-do-po-pes-cu, quelque chose comme ça... Un Moldave, un gars simple. Vous en raffolez, de ces Melamid et de ces Rabinovitch... »

« Ce que je peux vous détester, mais ce que je peux vous détester... »

« Melamid a passé son diplôme chez nous, et il a déjà un travail. C'est un jeune homme doué et sérieux.

— Mmm... Eh bien, vous direz à ce jeune homme sérieux que le premier département n'a pas accepté sa candidature. S'il a des questions, il n'a qu'à venir ici, je lui expliquerai pourquoi.

— Vous voulez dire que vous ne donnez pas votre aval pour son inscription en troisième cycle ?

— Exactement. Pourquoi me regardez-vous comme ça ? Nous veillons sur vos intérêts, sur ceux de l'institut, et sur ceux du pays tout entier. Vous êtes prêt à répondre du fait que votre Melamid ne va pas nous jouer un sale tour ? À engager votre responsabilité personnelle ? »

« Vous pouvez tous crever, vous pouvez tous crever… »

« Je vais y réfléchir, Igor Stépanovitch, je vais y réfléchir. »

En fait, c'était tout réfléchi : le financement du laboratoire, la thèse de doctorat de Maria Moïsseïevna, qu'elle n'arrivait pas à soutenir depuis 1953, l'ouverture du centre, ses collaborateurs, ses étudiants… Iakov Pétrovitch ne pouvait pas se permettre de se cogner la tête contre les murs.

Cet automne-là, un si grand nombre d'événements heureux et malheureux se produisirent presque simultanément dans la vie de Micha qu'ils se confondirent tous en une période marquante. Aliona changea subitement d'attitude à son égard et leur relation électrique, avec ses refroidissements et ses réchauffements, ponctuée des crises d'hystérie d'Aliona, devint paisible et très intime. Micha ne comprenait pas ce qui s'était passé, et Aliona n'estima pas nécessaire de l'informer qu'elle avait rompu avec l'homme marié dont elle était amoureuse depuis l'âge de seize ans, qu'elle l'avait définitivement congédié, et qu'elle avait décidé d'épouser Micha. Ce dernier nageait dans le bonheur.

Il n'avait pas encore eu le temps de s'habituer à ce bouleversement imminent de son existence ni de réfléchir à une foule de questions matérielles dont Aliona se désintéressait complètement, que tous ses problèmes furent résolus d'une façon inattendue : la tante Guénia mourut du jour au lendemain et sans douleur.

Elle avait l'intention de vivre encore longtemps et de souffrir comme il se doit de diverses maladies dont elle avait déjà dressé une liste considérable, mais elle en fut pour ses frais : un soir, elle alla se coucher et mourut dans son sommeil, résolvant avec une générosité qui n'était pas du tout dans sa nature le plus grand problème de Micha – celui du logement.

Il se trouva que le jour de sa mort, Micha n'était pas à la maison. Aliona et lui étaient allés voir une amie d'Ilya dans sa datcha. Une petite soirée entre copains dans un cadre champêtre. Lorsqu'il rentra le lendemain tard dans la soirée, la tante Guénia ne l'accueillit ni par des reproches ni par des plaintes Elle était froide et sereine.

Il était désormais la seule personne domiciliée ici, le maître d'une pièce de quatorze mètres carrés dans le centre de Moscou. Marlène, le fils de Guénia, était domicilié depuis longtemps chez sa femme. D'après la stratégie familiale, cette pièce aurait dû revenir à Minna, tandis que Micha, toujours selon cette même stratégie familiale, aurait dû partir habiter sur son lieu de travail et commencer à vivre ailleurs.

Trois ans plus tôt, Marlène, qui était un homme pragmatique, aurait pu être contrarié d'avoir perdu cette pièce pour n'avoir pas fait l'échange en temps voulu, mais entre-temps, sa vie avait changé du tout au tout : il s'était piqué de judaïsme, avait commencé à apprendre l'hébreu, lisait la Torah, s'était engagé dans le sionisme et s'apprêtait à mener un long combat pour son rapatriement. Sa mère avait représenté sur cette voie un obstacle sérieux. Tante Guénia détestait Israël, dans lequel elle voyait la cause de toutes les souffrances des Juifs, elle avait déclaré d'avance à son fils qu'elle ne quitterait pas sa patrie et ne lui donnerait jamais l'autorisation d'émigrer.

La mort de sa mère rapprochait Marlène de Sion.

Quand Micha lui demanda ce qu'il fallait faire des affaires de tante Guénia, il haussa les épaules.

« Demande aux autres tantes, elles n'ont qu'à prendre ce qu'elles veulent, et tu jetteras le reste. »

Mais les tantes avaient déjà pris tout ce qui pouvait encore servir à quelque chose.

Aliona pénétra pour la première fois dans la chambre de Micha après la mort de tante Guénia. Elle s'arrêta sur le seuil et embrassa la pièce du regard. Un lustre en cristal avec des pendeloques, une richesse de pauvres : des vases fêlés, deux tableaux dans de gros cadres en plâtre doré, un pot de géraniums, un aloès et, sur le rebord de la fenêtre, un bocal de trois litres contenant un champignon japonais excellent pour la digestion. La photo d'une femme assez belle avec un accroche-cœur sur le front et deux enfants, un adolescent aux yeux intelligents et une grosse fillette souriante. La petite fille avait trois ans et le bout de sa langue lui sortait de la bouche.

« Ta tante Guénia avec ses enfants ? » demanda Aliona.

Micha hocha la tête. Il avait soudain honte de l'aspect sordide de cette pièce dans laquelle il avait vécu tant d'années et en même temps, il avait la désagréable sensation que cette honte était une trahison envers sa pauvre tante.

« Sa fille était malade ? demanda-t-elle en désignant la petite Minna du regard.

— Oui, elle était trisomique. Je ne m'en suis rendu compte qu'une fois à l'institut. On considérait qu'elle avait une maladie endocrinienne. Elle est morte. »

Aliona hocha la tête. Elle resta un instant sans rien dire.

« Quelle pièce affreuse et triste ! C'est tout à fait comme ça que je me la représentais. Enfin, pas exactement, mais dans ce genre-là. »

Elle s'avança, s'assit à la table recouverte d'un tissu pelucheux de couleur bordeaux, passa la main sur le lainage poussiéreux, et dit d'une voix plaintive :

« On ne peut pas vivre ici, Micha !

— Si, on peut, Aliona, on peut très bien. Je vais tout repeindre. Les copains vont m'aider.

— Ce n'est pas une question de peinture… », soupira Aliona, et elle fut accablée par une tristesse lourde comme un nuage de pluie.

Son amant marié la recevait dans une pièce qui ressemblait beaucoup à celle-ci. C'était la même table ronde couverte d'une nappe pelucheuse, surmontée du même lustre en cristal déplumé, et il y avait aussi la photo d'une jolie femme avec un accroche-cœur sur le front, il lui manquait juste l'éventail à la main. Elle regarda les deux étagères de livres. Les livres aussi étaient les mêmes, seulement là-bas, il y en avait beaucoup plus. Et la pièce était trois fois plus grande, elle était divisée en deux par un rideau…

Micha sentait de toute son âme et de tout son corps comment réconforter son Aliona si déprimée, mais il avait peur de la toucher. Il n'osait pas, il attendait un signe de sa part. Elle s'approcha elle-même et lui caressa la tête en enfonçant profondément les doigts dans ses boucles rousses. Et il reprit courage, parce qu'une seconde plus tôt, il était sûr d'être un moins-que-rien, un *schlimazel* si bourré de défauts qu'il était indigne d'elle, et qu'elle ne pouvait même pas poser les yeux sur une nullité comme lui, sans parler de l'épouser.

Elle ressentait elle aussi quelque chose d'analogue, mais elle lui caressait les cheveux en disant :

« Micha, tu es un amour ! Tu es beaucoup trop bien pour moi. »

Elle savait déjà que toutes ces pensées allaient se dissiper, que Micha n'était pas seulement un garçon gentil et pur, mais aussi le plus sûr, le plus fidèle, et le meilleur des quelques amants qu'elle avait connus. Seulement l'autre, l'homme marié, toujours un peu ivre et nonchalant, ne la lâchait pas… Comment la tenait-il ? Elle s'en doutait bien, mais n'arrivait pas à le mettre en mots.

Le divan bosselé, grinçant de tous ses ressorts, endura stoïquement la nuit et la moitié du jour suivant. Toutes les pensées pénibles et accessoires s'envolèrent de leurs jeunes têtes, et quand ils revinrent à eux, ils se sentaient tous les deux remplis d'un vide sonore, légers, et vainqueurs de cette bataille.

Le bonheur de Micha était immense, de quoi remplir une vie entière, semblait-il. Pendant la journée, quand elle était avec lui, Aliona se sentait bien, mais elle attendait le soir avec terreur. Elle s'endormait facilement et d'un seul coup, et au bout d'une heure, elle était réveillée par d'intolérables tourments nocturnes. Elle se rendormait au petit matin et, au réveil, elle n'en finissait pas de s'étonner de la force et de la profondeur de cette souffrance qui la laissait en paix pendant la journée.

Il fallait faire quelque chose et, un jour, après une de ces nuits exténuantes, elle se rendit à la mairie avec

Micha afin de remplir les formalités pour le mariage. Puis ils allèrent chez Micha, boulevard des Étangs-Purs, et jetèrent les derniers vestiges du bric-à-brac de tante Guénia qui n'avaient pas été confisqués par ses diligentes sœurs. Les tristes cendres d'une vie insignifiante : des assiettes rafistolées avec de la colle jaune, d'ex-casseroles démunies de manche, des tubes de rouge à lèvres vides, des vieux journaux, des torchons, des chiffons, des bouts de tissu, la moitié d'un ours en porcelaine, et un fanion du 1er Mai.

Le soir, Ilya et Sania vinrent aider Micha à sortir les gros meubles – le buffet, l'armoire, et le divan de tante Guénia.

Aliona lava le plancher à grande eau et sentit qu'elle pourrait habiter dans cette pièce vide. Ils passèrent plusieurs nuits sur un sac de couchage étalé par terre, et Aliona dormit dans ses bras d'un profond sommeil sans rêves, elle avait tout le temps l'impression qu'on la portait.

Ensuite, pendant qu'ils refaisaient eux-mêmes les peintures, ils s'installèrent quelques jours chez les Tchernopiatov. Sergueï Borissovitch, qui adorait sa fille, était triste qu'elle quitte la maison, et Valentina parla même d'échanger leur deux-pièces et la chambre de Micha contre un appartement de trois pièces, mais Aliona ne voulait pas.

Elle avait envie d'emménager au plus vite dans leur logement rénové. Dès que les odeurs de peinture se furent dissipées, ils s'installèrent dans la pièce vide et propre qui semblait n'avoir jamais eu de passé, à part la vue de la fenêtre, une cour jonchée de détritus et transfigurée depuis le cinquième étage.

Il ne restait plus de la vie d'autrefois que deux cartons, une pile de livres, et un paquet de vieilles lettres retrouvées au fond de l'armoire bancale. Marlène leur avait demandé de les garder, il avait l'intention de passer les prendre. Aliona apporta un chevalet qui, posé en biais devant la fenêtre, donnait à la pièce un petit côté artiste, ainsi qu'une table de travail avec un plan incliné, une production personnelle de Sergueï Borissovitch, et cinq cartons à dessins avec des travaux anciens (c'est-à-dire vieux de trois ans) qui étaient presque tous des motifs ornementaux alambiqués.

Les jeunes mariés ne fêtèrent pas leurs noces, mais reçurent des cadeaux, de Marlène, des parents d'Aliona, et d'une tante, sous une forme méprisable mais utile : de l'argent. En sortant de l'institut, Aliona faisait les magasins, elle achetait des assiettes et des oreillers neufs, et se réjouissait sans rien dire du renouveau de son existence. La plaie de son cœur, si elle ne cicatrisait pas vraiment, disparaissait dans le lointain sous la pression de l'intarissable tendresse de Micha et de sa passion pleine d'énergie.

Et c'est là que sa chance prit fin. Iakov Pétrovitch le convoqua et lui dit que sa thèse tombait à l'eau, que le service du personnel avait mis son veto. Mais leur collaboration n'en allait pas moins se poursuivre.

« Nous allons discuter d'un sujet de maîtrise, mais je vous préviens tout de suite que cela ne va pas être facile. »

Ce qui mettait à sa carrière, sinon un point final, du moins des points de suspension.

À la fin du mois, à la demande de la directrice, Micha démissionna de l'internat. Elle lui demanda pardon, pleura, se justifia en évoquant ce qu'il y avait de plus important pour elle : protéger son établissement, ne pas mettre en péril l'avenir de ses quarante élèves.

Micha, qui avait mûri, ne posa qu'une seule question :

« Vous avez reçu un coup de fil ? »

Margarita Avétissovna hocha la tête.

Il n'y avait qu'une seule explication : il était maintenant dans leur ligne de mire. Il donna sa démission « pour raisons personnelles ». On lui proposa de passer ses deux semaines de préavis obligatoires à se reposer et à chercher un nouvel emploi. Au bout de deux semaines, il revint chercher son livret de travail et prendre congé de ses collègues. Tous avaient l'air embarrassé. Gleb Ivanovitch était absent.

Micha demanda de ses nouvelles, et apprit qu'il était interné dans un asile psychiatrique.

Il ressentait un vide énorme, et le sentiment bizarre que sa vie allait changer du tout au tout. Quelque chose de nouveau devait maintenant surgir dans ce vide absolu.

Le jardin Milioutine

Nul ne connaît le secret ni la loi de l'attirance irrésistible qui pousse un homme donné vers une femme donnée. En tout cas, l'Ecclésiaste ne les connaissait pas. Une légende du Moyen Âge fournit une certaine explication : un philtre d'amour. Autrement dit un poison. Probablement celui-là même dans lequel le tout-puissant Éros trempait ses flèches d'opérette. Les hommes modernes, eux, expliquent cela par des hormones au service de l'instinct qui nous incite à perpétuer l'espèce. Bien entendu, il existe entre cette tâche pratique et l'amour platonique une certaine rupture et même, pour employer un langage contemporain, une dissonance cognitive. Cette idée sérieuse de la perpétuation de l'espèce est camouflée par toutes sortes de fioritures rituelles, fleurs d'oranger, prêtres, tampons agrémentés d'aigles, et ainsi de suite, jusqu'au drap taché de sang qu'on suspend dans la cour. Dans ce sens, en ce qui concerne l'amour, les choses sont plus ou moins claires.

Mais que faire de l'amitié ? Elle ne s'appuie sur aucun instinct fondamental. Tous les philosophes du monde (des hommes, cela va de soi, il n'y avait pas de philosophes femmes avant Piama Gaïdenko, si l'on ne tient pas compte de la légendaire Hypatie) placent l'amitié au sommet de l'échelle des valeurs. Aristote en donne une magnifique définition qui semble aujourd'hui encore irréprochable, contrairement à bon nombre de ses idées qui ont vieilli au point d'en devenir ridicules. La voici : « L'amitié est un fait spécifiquement humain dont il faut chercher l'explication et le but sans se référer aux lois de la nature ni du Bien transcendantal sortant du cadre de l'existence empirique. »

L'amitié n'est donc pas déterminée par la nature, elle n'a aucun but, et consiste tout entière dans la recherche d'une âme sœur avec laquelle partager ses émotions, ses pensées et ses sentiments, et ce, jusqu'à « donner sa vie pour ses amis ». Mais pour connaître ce bonheur, il convient de nourrir l'amitié avec du temps prélevé sur la seule vie dont on dispose : par exemple, se promener avec son ami sur le boulevard de la Résurrection, boire une bière avec lui, même si on préfère d'autres breuvages, mais votre ami, lui, aime la bière, aller à l'anniversaire de sa grand-mère, lire les mêmes livres et écouter la même musique, si bien que finit par se constituer un petit espace clos et chaleureux dans lequel les plaisanteries sont comprises à demi-mot, les échanges de points de vue se font par des regards, et l'interaction entre les amis atteint ainsi une intimité impossible avec une créature de l'autre sexe. À de très rares exceptions près.

Mais du temps pour les amis, il leur en restait de moins en moins. Il n'y avait plus les récréations ni les promenades du mercredi dans Moscou avec un maître bien-aimé. Les merveilleuses relations de l'école, quotidiennes et obligées, avaient pris fin. Ils se voyaient bien de temps en temps, poussés par une vieille inertie, mais il leur arrivait de plus en plus rarement de s'immerger dans cet espace amical. Et il s'avéra soudain que la vie les avait séparés, d'ailleurs le besoin de partager les événements quotidiens, grands, petits et minuscules, s'était épuisé, il leur suffisait de se parler au téléphone une fois par semaine, une fois par mois, les jours de fête...

Bien sûr, cette débandade ne s'était pas produite en un an, l'histoire des relations entre les trois amis pesait d'un poids que rien ne pouvait abolir, mais au bout de cinq ou six ans après la fin de l'école, il était possible de déterminer rétrospectivement à quels points précis leurs chemins avaient commencé à diverger.

Prenons Micha, par exemple. Ilya se souvenait de la façon dont il avait évolué, passant successivement par une passion pour le Maïakovski révolutionnaire, pour Blok l'enchanteur, et pour le Pasternak de *Dix-neuf cent cinq*[1], chez lequel :

Sur la Neva, huit salves.
La neuvième
Épuisée, glorieuse.
Voici
(Et de partout
Déjà on accourt au grand trot)
Voici
(Les lointains crient :
Pour la tuerie : Vengeance !)
Qu'éclatent les tendons
Des serments...

Ilya avait supporté les sympathies révolutionnaires de Micha. Sania en souriait avec tendresse. Leur amitié avait aisément surmonté de légers désaccords et certaines différences dans la répartition des accents. Pierre Zand, leur ami de passage du festival, le Belge

1. Traduction d'Hélène Henry, La Pléiade.

russe, avait troublé Micha au plus profond de son âme avec sa haine délibérée envers la révolution. Il avait décidé de se forger un avis personnel et impartial sur le communisme. Cela lui avait pris un peu plus de deux ans. Il avait commencé par lire Marx, puis était remonté jusqu'aux premiers socialistes, avec lesquels tout était assez simple, il avait ensuite trébuché sur Hegel et, effectuant une pirouette, avait progressé en direction de Lénine.

Son cousin Marlène (en vieillissant, ils devenaient de plus en plus proches) considérait ces occupations avec suspicion.

« Tu ne lis pas les bons livres, Micha. Il y a eu beaucoup de révolutionnaires dans la famille, et ils ont tous été fusillés, à part Mark Naoumovitch. Lui, il s'en est sorti d'abord parce qu'il s'est engagé dans le NKVD, et ensuite parce qu'il en est parti à temps pour se réfugier en province, où il a été consultant en je ne sais quoi. C'était un type super intelligent, et un salaud comme on en fait peu.

— Je veux comprendre ! disait candidement Micha pour se justifier.

— Eh bien, cherche, cherche ! concédait Marlène. Tu as envie d'inventer le vélo toi-même, vas-y, tu as les cartes en main ! »

Tante Guénia posa devant chacun d'eux une assiette de borchtch, puis apporta le plat de résistance, des boulettes de viande accompagnées de pommes de terre : trois boulettes pour son fils, deux pour Micha, et une pour elle.

Marlène éclata de rire en montrant les boulettes.

« Tiens, regarde, c'est ça, la justice sociale ! Et c'est la même chose pour tout ! »

Micha en avait la tête qui éclatait. Il lisait, il lisait sans arrêt, rencontrant de plus en plus de questions et de moins en moins de réponses satisfaisantes. Il essayait de discuter du socialisme avec Victor Iouliévitch, mais celui-ci fronçait les sourcils et déclarait qu'il n'avait aucun goût pour les sciences sociales.

Ilya, l'une des personnes les plus curieuses d'esprit et les mieux informées, ne cessait de jeter des bûches fraîches dans le feu. La meilleure d'entre elles fut *1984* d'Orwell, en samizdat. Ce livre, qu'ils avaient perdu sans le savoir en 1957 en même temps que le porte-documents d'Orlov, le diplomate français et l'oncle de Pierre, produisit sur Micha une impression extrêmement forte – il était plus sensible aux fictions littéraires qu'à la scolastique sociale et économique.

Ilya pouvait se targuer d'une petite victoire : l'élan révolutionnaire de Micha était retombé. Leurs relations n'en avaient pas moins connu un ralentissement. Quant à Sania, ce n'était pas la peine d'en parler, il était empêtré dans ses systèmes musicaux, et ses vieux amis ne pouvaient en aucun cas lui servir d'interlocuteurs.

C'est cette extrême sensibilité à la littérature qui avait conduit Micha à la triste situation dans laquelle il se retrouva à la fin de l'automne 1966, sans thèse de doctorat et sans travail.

Iakov Pétrovitch Rink, le directeur de cette thèse avortée, était désolé, et il essayait de l'aider. Dans les limites du possible. Ce Iakov Pétrovitch était sans conteste un homme honnête mais souple. Et assez intelligent pour comprendre combien il était compliqué de concilier honnêteté et souplesse face à un pouvoir avec lequel, toute sa vie, il était toujours arrivé à s'entendre d'une façon ou d'une autre. Dans le cas de Micha Melamid, il n'y était pas parvenu. C'était navrant mais, somme toute, cela ne nuisait pas à leur activité commune si importante et si utile.

Il fit plusieurs tentatives pour aider le jeune homme à trouver du travail. Ses relations dans le monde pédagogique avaient beau être universelles, même lui ne réussit pas à trouver un emploi dans lequel Micha aurait pu poursuivre ses recherches expérimentales – la mise en œuvre de nouvelles méthodes d'apprentissage du langage.

Si bien que Micha se voyait refuser toute possibilité de mener un travail de recherche.

La seule chose que l'académicien put faire fut de trouver à son étudiant malchanceux un poste d'enseignant de russe dans une école du soir, et encore, à mi-temps. Ces huit heures par semaine lui assuraient une maigre subsistance pour très exactement huit jours. Or dans un mois, il y en a trente – dans le meilleur des cas. Aliona était encore à l'institut, et les études épuisaient complètement les maigres réserves de ses faibles forces.

Micha avait déjà compris qu'il ne pourrait pas trouver un travail tout seul. Au département municipal de l'Instruction publique, où il avait postulé un poste de professeur de langue et de littérature russes, on lui avait dit qu'il n'y avait aucun emploi vacant à Moscou et qu'il devrait s'adresser au ministère, on lui trouverait peut-être quelque chose en province. On lui avait néanmoins demandé de laisser ses coordonnées, car il y avait parfois des remplacements provisoires.

Micha ne se présenta pas au ministère. Sa femme était toute jeune et encore étudiante, pour rien au monde il n'aurait quitté Moscou.

Victor Iouliévitch, qui s'était retiré de l'enseignement, estimait que Micha pouvait oublier l'idée de faire carrière comme professeur dans une école. Il n'y avait plus que les cours particuliers. Et il lui envoya immédiatement un élève. Mais tout cela – un mi-temps, des cours particuliers –, ce n'était pas ce dont il avait rêvé… Les enfants de l'internat lui manquaient.

À ce moment-là, il avait recours au moyen le plus stupide qui soit de gagner de l'argent : il allait la nuit charger et décharger des caisses à la gare de marchandises de Moscou. Ce travail ne lui paraissait pas particulièrement pénible, mais Aliona était contre. Il avait une myopie progressive, et ce genre d'effort était mauvais pour ses yeux… Elle avait raison.

Une autre source de revenus régulière était le don de sang. Les donneurs étaient rémunérés, mais là aussi, il y avait des limites, pas plus d'une fois par mois.

Et il finit par se résoudre à discuter avec Ilya de solutions hors normes. Ils se donnèrent rendez-vous près des Portes de l'Intercession, dans le jardin Milioutine battu par les vents qui avait appartenu autrefois à la chancellerie du cadastre, sur un banc public avec deux planches cassées. Ils avaient chacun une bouteille de bière à la main, et un porte-documents à leurs pieds. Sania n'était pas là. On avait décidé de ne pas le convier.

Ilya avait été le premier d'entre eux, peu après la fin de leurs études secondaires, à prendre conscience qu'il ne voulait pas travailler pour l'État, ni de neuf heures à cinq heures, ni de huit heures à huit heures, ni sous le régime des trois-huit. Et qu'il ne voulait pas non plus faire des études, dans aucun établissement, parce que tout ce qui l'intéressait, il pouvait l'apprendre sans contraintes ni discipline ni dressage en tout genre. Il connaissait mieux que personne toutes les façons de fuir, de s'esquiver, de se fondre dans la nature. La meilleure solution était un emploi fictif de secrétaire pour des savants ou des écrivains. Une variante rare, presque exceptionnelle, qui procurait une relative indépendance vis-à-vis de l'État. D'autres solutions plus sûres, mais moins séduisantes, impliquaient la perte effective d'un temps personnel précieux : les emplois dans des chaufferies, des halls d'immeubles, ou un travail de vigile. Quant au « fric », Ilya connaissait de nombreuses façons de s'en procurer.

Il fit à Micha un exposé inoubliable, démontrant une fois de plus une supériorité intellectuelle reconnue depuis longtemps.

« Tu comprends, Micha, faire quelque chose qui t'intéresse et gagner de l'argent, ce sont deux choses différentes. Et pourtant, j'estime qu'il faut savoir concilier les deux. Examinons le samizdat. En soi, c'est un phénomène époustouflant, du jamais-vu ! Une énergie vivante qui se répand d'une source vers une autre, des fils qui se tendent, et tout cela forme une sorte de toile d'araignée entre les gens. Des canalisations d'air le long desquelles l'information circule sous forme de livres, de revues, de poèmes recopiés, des très vieux et des tout neufs, des derniers numéros de *La Chronique des événements courants*. Il y a tout un courant de littérature sioniste imprimée à Odessa avant la révolution ou à Jérusalem l'année dernière, il y a une littérature religieuse, une littérature de l'émigration, et une autre de fabrication domestique... C'est un processus en partie spontané, mais pas complètement. Moi, justement, je m'en occupe de façon consciente et, dans un certain sens, professionnelle. C'est ce travail qui me procure de l'argent. Et puis, il en faut aussi pour développer tout ça. »

Micha l'écoutait bouche bée, au premier sens du terme. Il avait même un filet de bave qui coulait au coin de la bouche, comme un bébé qui dort. Ilya pérorait d'une voix on ne peut plus sérieuse, et Micha était abasourdi tant par le contenu de cet exposé que par un sentiment extrêmement fort de fierté et d'admiration : Ah, cet Ilya, quel type !

« C'est une cause sacrée ! » murmura-t-il, écrasé par la sublime grandeur qu'il découvrait chez son ami.

Ilya lui-même, en cet instant, se rengorgeait à l'idée du rôle qu'il jouait dans le progrès du monde. La majesté du tableau qu'il avait dressé ne correspondait pas tout à fait à la réalité, mais elle n'était pas complètement imaginaire. Les menus démons de la révolution russe (ces fameux démons du roman de Dostoïevski) tourbillonnaient dans les recoins obscurs du jardin en déshérence. L'ombre de Tchékhov, qui n'était pour rien dans tout ça, s'allongeait en direction de la graineterie Immer où l'écrivain allait jadis acheter des graines tandis que, dans l'aile voisine, à peu près à la même époque, le tendre Lévitan, un chantre juif de la nature russe, mourait sous la protection d'un Savva Morozov[1] pas tout à fait innocent...

À deux pas de là, au coin de cette même rue, vingt ans plus tôt, dans un couinement et un crissement, un tramway... Eh oui, Mouryguine.

Mais en gros, le progrès avançait, il allait quelque part, c'était indubitable !

Ilya eut aussitôt une proposition intéressante à lui faire. Le samizdat était devenu un phénomène de société, et le besoin de nouveaux matériaux ne faisait que croître. Au milieu des années soixante, la province s'était animée. Tout le samizdat était loin d'être produit par des idéalistes enthousiastes. Un véritable marché était en train de se constituer avec pour acteurs les gens les plus divers, dont certains intéressés par l'aspect commercial. À côté des publications, dont le prix était déterminé uniquement par le coût du papier ou de la photocopie, on voyait

1. Isaac Lévitan (1860-1900), célèbre peintre russe, membre du mouvement des Ambulants, auteur de très nombreux paysages. Il était un ami de Tchékhov. Il fut également très proche de Savva Morozov (1862-1905), un industriel et un mécène, qui s'engagea résolument dans la lutte contre l'autocratie et finança des journaux révolutionnaires.

surgir de véritables marchandises fabriquées pour la vente. On assistait également à l'apparition de quelque chose qui ressemblait à un réseau de distribution. Ilya était l'un des acteurs de ce marché. Micha pourrait aider à la distribution des marchandises.

Bon, il ne ferait jamais un distributeur très doué, ça, Ilya le comprenait bien, il se faisait trop remarquer, il était trop sociable et trop imprudent. Mais il était loyal, responsable, et on pouvait compter sur lui. Ilya ne lui aurait peut-être pas fait une telle proposition si Micha ne s'était vraiment retrouvé sans rien pour vivre. Et en plus, il avait une femme !

Micha se mit à remplir la fonction de commis voyageur.

Ses premières expéditions ne le conduisirent pas très loin. Muni d'un sac à dos bourré de samizdat, il se rendait en train ou en autobus dans des gares pas très éloignées, à Obninsk, à Doubno, à Tchernogolovka. Là-bas, il avait rendez-vous avec de jeunes chercheurs, il leur remettait de la littérature, recevait de l'argent, et revenait à Moscou le jour même.

Il lui était interdit de faire leur connaissance. Il se présentait sous le nom d'Andreï, et celui d'en face ne se présentait pas du tout. En général, il disait : « de la part d'Alexandre Ivanovitch », ou « de la part de Lev Sémionovitch ».

Chaque fois, Micha touchait un billet de cinq roubles sur cet argent honnêtement gagné. Il lui brûlait légèrement les mains.

Ah, son travail avec les sourds-muets, c'était quand même autre chose ! L'internat était en quelque sorte l'idéal, il lui donnait tout ce dont il avait besoin : un salaire modeste mais amplement suffisant, la satisfaction absolue que procure un travail créatif et utile, le sentiment très rare de vivre en accord avec soi-même. Cet argent-là ne lui brûlait pas les mains !

Au bout de deux mois, Micha avoua à Ilya qu'il aimerait un travail plus intelligent que jouer les facteurs avec un sac à dos. Il s'était familiarisé avec le samizdat existant, et estimait qu'il pouvait faire quelque chose de plus créatif.

« Bon, d'accord. Je savais bien que ça finirait comme ça. » Ilya avait l'air plutôt contrarié, alors que d'habitude, il frétillait de plaisir quand il résolvait les problèmes des autres. « Ce qu'il te faut, c'est Edik. Tu te souviens, un grand type… »

Micha s'en souvenait. Il était déjà passé prendre des livres chez lui. Et puis, il avait effectivement un physique qui ne s'oublie pas : presque deux mètres de haut, et un visage de bébé tout rose sur lequel rien ne poussait, à part d'épais sourcils.

Ilya amena Micha chez Edik. Ce dernier vivait dans un deux-pièces avec sa mère et sa femme Génia. En regardant autour de lui, Micha tomba une fois de plus sous le charme d'une maison étrangère qui ne ressemblait à aucune autre. La mère d'Edik était une spécialiste du bouddhisme, et les murs étaient couverts de tableaux orientaux, des icônes bouddhistes, comme le lui expliqua Edik. Sa femme, une archéologue, avait elle aussi disséminé dans l'appartement des traces de sa profession sous forme de trois poteries fort laides. Les femmes n'étaient pas à la maison ce jour-là.

Edik publiait une revue de samizdat, *Gamaïoun*, qui consistait en deux dizaines de pages en papier pelure cousues avec du gros fil, entre deux cartons bleu foncé. C'était une revue de littérature et de société, et pour l'instant, il n'existait qu'un seul exemplaire du premier numéro. Micha s'en empara aussitôt et l'examina du début à la fin.

« Intéressant ! Mais pourquoi *Gamaïoun* ? demanda-t-il.

— Il y a déjà eu *L'Alkonost* et *Le Phénix*, et *Le Sirine*, cela ne me plaît pas. À mon avis, *Gamaïoun*, c'est parfait[1] !

— Encore un oiseau de la mythologie slave ? »

Edik entreprit aussitôt d'éclairer sa lanterne :

« Oui, bien sûr. Mais notre oiseau à nous, premièrement, c'est un grand intellectuel, il connaît tous les secrets de l'univers, et deuxièmement, il a un don de prophétie. Au début, on avait pensé appeler ça *Projet historique*. Mais on a décidé que c'était trop aride. C'est une revue à but culturel. Et il y a de la poésie contemporaine, bien sûr. »

Participer à une revue qui ouvrait les yeux et les oreilles de l'humanité plongée dans les ténèbres de l'ignorance, ça, Micha y était tout à fait prêt.

Ilya le laissa chez Edik, et les nouveaux amis dînèrent en tête à tête d'un plat de pâtes grisâtres. Après les pâtes, ils s'entendirent assez vite sur le fait que la revue continuerait à parler de littérature et de sociologie, et pas de politique. Ou plutôt, qu'il n'y aurait dedans qu'un minimum de politique. Edik s'intéressait surtout aux pronostics historiques, à l'analyse des goûts de la société et de ses préférences, en fait, à des sujets de sociologie.

« Pour en venir à la littérature, personnellement, ce qui m'intéresse le plus, c'est la poésie et la science-fiction. La science-fiction se sert de la fiction artistique pour donner une portée générale aux processus qui se produisent dans le monde et fait des pronostics intéressants. Aujourd'hui, la science-fiction moderne occidentale, c'est de la futurologie, la philosophie du

1. L'Alkonost, le Sirine et le Gamaïoun sont des créatures de la mythologie russe ayant un corps d'oiseau, un buste et une tête de femme. Alkonost et Sirine sont également les noms de deux maisons d'édition ayant publié entre autres des symbolistes.

futur. Mais je n'ai absolument pas assez de temps pour ça. Si tu t'occupais aussi de la science-fiction, ce serait génial. »

Micha réfléchit. Il n'avait jamais eu de contact avec la science-fiction. Il promit d'y réfléchir.

Et ils décidèrent de mettre au point, sur-le-champ et ici même, la composition de la rubrique poésie du numéro suivant. La structure en fut aussitôt définie : un grand choix de vers d'un auteur, et cinq à huit poètes représentés par un ou deux poèmes. Micha proposa un choix de poèmes de Brodsky et se mit aussitôt à marmonner avec enthousiasme :

Général ! Nos cartes, c'est de la merde. Je passe.
Le nord n'est pas ici, mais sur le cercle polaire.
Et l'équateur est plus large que la bande de votre pantalon.
Car le front, général, est au sud.
À une telle distance, la radio transforme
N'importe quel ordre en boogie-woogie.

« Tu n'impressionneras personne avec Brodsky ! Il y a de nouveaux poètes sacrément bons que presque personne ne connaît, tiens, écoute :

Mémoire, statue équestre sans bras,
Tu galopes avec pétulance, mais
Tu ne possèdes pas de mains.
Aujourd'hui tu cries dans un couloir vide,
Au bout du couloir tu te profiles magnifique.
C'était le soir, les thés bouillonnaient de parfums
Des arbres de vapeur très vieux poussaient dans les tasses,
Chacun admirait sa vie en silence,
Une fille en jaune plus encore que les autres…

— C'est vrai que c'est super. C'est qui ?

— C'est qui, c'est qui... C'est du riquiqui, mon kiki ! Un jeune gars de Kharkov[1]. Il vient de débarquer à Moscou. Personne ne le connaît. Mais dans cinq ans, tout le monde le connaîtra. Comme Brodsky maintenant... Je suis prêt à le parier ! C'est lui qu'il faut publier.

— Je ne sais pas... À mon avis, il vaudrait mieux prendre Khvostenko[2], proposa Micha.

— Oui, je l'aime bien, mais sans guitare, il ne donne rien. Ce gars-là, ce sera beaucoup plus fort...

— Et comment il s'appelle, ce gars-là ?

— Pourquoi tu veux le savoir ? Je te dis que dans cinq ans, tout le monde le connaîtra ! Et toi, tu veux du Khvostenko ! »

Edik s'énervait, et le placide Micha se sentit mal à l'aise.

« C'est ridicule ! On n'a pas encore commencé à travailler, et on est déjà en train de s'engueuler ! »

Edik éclata de rire.

« C'est toujours comme ça avec moi. Je suis sans arrêt en train de me crêper le chignon avec un ami ou un autre. J'ai un caractère de cochon !

— Non, mais on est complètement idiots ! s'écria Micha. Gorbanevskaïa ! Natalia Gorbanevskaïa ! C'est elle qu'il nous faut ! C'est l'idéal ! »

Et il déclama avec énergie, en hurlant :

Un jour notre heure viendra –
La fumée monte de l'herbe sèche.
Un jour notre heure viendra –
Les meules de foin se figent.

1. Il s'agit d'Édouard Limonov.

2. Alexeï Khvostenko (1940-2004), poète, peintre et barde, il émigra en 1977 à Paris où il publia la revue *Écho* avec Vladimir Maramzine.

Pas un pas, pas un soupir,
Ni la sueur, ni le sang,
Ni le devoir lourd et sanglant
Ne se perdront, notre heure viendra.
La flamme lèchera l'herbe,
Aux arbres viendra s'appuyer,
À ceux qui gisent dans le feuillage,
Et viendra le temps de payer…

— Je suis d'accord ! acquiesça aussitôt Edik. Aucune objection contre Gorbanevskaïa ! Il faut juste lui demander.

— Mais c'est du samizdat ! Il n'y a rien à demander ! On va prendre les trois poèmes adressés à Brodsky. »

Emporté par sa passion pour les classiques (la correspondance en vers entre Pouchkine et Viazemski, ou celles en prose entre Herzen et Tourguéniev, entre Tourguéniev et Dostoïevski ou encore entre Gogol et ses amis « choisis »), Micha eut aussitôt envie de développer ce thème :

« Ce serait bien de trouver aussi des poèmes de Brodsky adressés à Gorbanevskaïa, ou alors des poèmes de Gorbanevskaïa à d'autres personnes.

— À Pouchkine, par exemple ! T'as qu'à lui commander ça ! » conseilla Edik.

Mais Micha était on ne peut plus sérieux.

« Non, non ! Tu sais, c'est une bonne idée, il faut prendre des poèmes adressés à des amis. Une conversation poétique entre amis. Par exemple ça :

Dans un asile de fous
Se briser le cou,
Enfoncer son front dur
Dans la neige d'un mur.

— Oui, je me souviens, dit Edik. C'est adressé à Galanskov[1].

— Et aussi ça, écoute :

Efface de tes joues cette douce torpeur,
Ouvre les yeux à t'en briser les paupières,
La crasse de l'hôpital et sa blancheur,
Tel l'étendard de ton esclavage volontaire.

Edik haussa les épaules.

« Ça aussi, je connais. C'est adressé à Dima Borissov. Comment ça se fait que tu connaisses si bien ses vers ?

— Elle est venue deux fois réciter des poèmes chez mon beau-père, et je les ai retenus. Elle est plutôt revêche et pas très aimable, mais il y a une telle tendresse dans ses vers ! Je ne peux pas dire qu'elle m'ait beaucoup plu. Mais elle écrit des vers que j'aurais aimé écrire. »

Il fut décidé que Micha irait la voir et lui demanderait de nouveaux poèmes.

Puis Edik pensa à un ami super intelligent de la faculté de philosophie de l'université de Moscou. Il pourrait écrire un article sur la science-fiction américaine contemporaine.

Le troisième volet de la revue était la vaste rubrique des « Nouvelles ». Et les nouvelles, ce n'était pas cela qui manquait. Une multitude de gens aux idées diverses et variées commençaient par chuchoter dans leur coin, puis parlaient à mi-voix, et finissaient par aller manifester, protestant de plus en

1. Iouri Galanskov (1939-1972). Dissident très actif, arrêté en 1967 et condamné à sept ans de camp, il fit la grève de la faim pour prendre la défense d'Alexandre Guinzbourg. Il mourut dans un hôpital de camp.

plus hardiment et de façon de plus en plus consciente. Ils étaient arrêtés, jugés, emprisonnés, relâchés, et la vie était remplie à craquer d'événements quotidiens qu'on apprenait par le bouche-à-oreille, ou par les radios occidentales que l'on parvenait à capter.

Outre les défenseurs des droits de l'homme, il y avait aussi les Tatars de Crimée, qui souhaitaient rentrer dans leur Crimée quittée vingt ans plus tôt, les Juifs, qui exigeaient qu'on les laisse partir dans leur Israël dont ils avaient été expulsés il y a près de deux mille ans, des croyants en tout genre, des nationalistes, depuis les Russes jusqu'aux Lituaniens, et encore bien d'autres personnes qui nourrissaient des griefs contre le pouvoir soviétique. Sur tous les fronts, il se produisait quelque chose.

Edik n'appartenait à aucune coterie, il se considérait comme un journaliste objectif et partait du principe que la société devait savoir ce qui se passait. Micha était prêt à faire tout ce qu'il pouvait pour y contribuer.

Ils s'aperçurent brusquement qu'il était plus d'une heure du matin.

« Eh, mais où est donc passée Génia ? » se demanda soudain Edik.

Il n'était pas dans leurs habitudes conjugales de se livrer à des contrôles mesquins, mais en général, ils se prévenaient.

Micha poussa un cri, bondit sur ses pieds, et fonça chez lui. Il n'y avait plus de transports. Un trolley attardé l'amena jusqu'au passage Rakhmanov où les troupeaux de trolleybus se regroupaient pour la nuit. De là, il en avait encore pour vingt minutes à pied, d'un bon pas. Aliona dormait, et il n'eut à subir aucun reproche.

Et la vie reprit de plus belle, gaie et intéressante. Après la mort de tante Guénia, l'ancienne pièce bourrée d'un bric-à-brac poussiéreux semblait avoir disparu dans le néant. Dans leur nouveau logement, tout était blanc, propre et neuf. Près de la fenêtre se trouvait la table à dessin d'Aliona, sur laquelle étaient punaisées des feuilles de papier Whatman. Elle terminait des études de graphiste et préparait son diplôme, des illustrations pour des contes d'Hoffman. Sur chaque feuille s'entortillaient de grosses frises ornementales laborieuses avec des motifs maçonniques. Au lieu de longues semaines de travail intensif avec les sourds-muets, Micha avait à présent une multitude d'occupations diverses, ses journées étaient remplies de rendez-vous du matin au soir, et une foule de gens nouveaux tourbillonnaient autour de lui. Ceux qui passaient le plus souvent étaient Edik et Génia. Laide, avec des dents clairsemées et une bouche débordant d'un rire en cascade, Génia était une personne extraordinairement sympathique. À la grande joie de Micha, Aliona réagissait par de faibles sourires à ses plaisanteries plutôt faciles. C'était une amitié à quatre, ils se rendaient visite, buvaient ensemble du thé et du vin.

Aliona s'était animée, elle était sortie de sa somnolence, et son éternelle expression, celle d'un enfant qui vient de se réveiller et ne s'est pas encore décidé entre le rire et les larmes, s'était un peu précisée : elle ne riait pas encore, mais elle n'allait pas pleurer. Elle devint même plus sensible aux prétentions conjugales de Micha. Depuis qu'ils étaient mariés, elle était peut-être encore plus inaccessible qu'avant, du temps où elle venait parfois le voir à Miliaïevo sans qu'il le lui ait demandé et restait pour la nuit, se montrant docile et complaisante au lit.

L'état de mariage faisait naître une multitude d'obstacles divers, tous plus stupides les uns que les autres.

Tantôt les relations conjugales l'excitaient trop et elle n'arrivait pas à s'endormir, tantôt, au contraire, elles l'épuisaient tellement qu'après, elle dormait toute la journée et n'arrivait pas à se lever.

Sans doute y avait-il là une légère pathologie sexuelle, peut-être des séquelles d'une expérience prénuptiale malheureuse. Se sentir désirée, convoitée, être un objet inaccessible, voilà en quoi consistait pour elle la plus grande joie des relations charnelles. Elle avait besoin de s'assurer constamment que Micha était à sa disposition, et maîtrisait à merveille la technique assez simple permettant de maintenir son mari sur le pied de guerre tout en se dérobant aux relations elles-mêmes. Moins Micha parvenait à accomplir jusqu'au bout le rite conjugal élémentaire, plus ses émotions étaient intenses et vertigineuses.

Au fur et à mesure qu'Aliona devenait de plus en plus inaccessible, l'amour transportait son jeune mari sur les sommets de sublimes tourments. Un processus de versification était continuellement en cours dans un recoin caché de sa conscience. Il avait cessé depuis longtemps de lui soumettre cette poésie lyrique amoureuse devant laquelle elle faisait la moue. Mais il ne pouvait pas ne pas écrire.

L'amour est un travail de l'Esprit.
Mais la chair
n'est pas sans y prendre part.
Mettre sa main dans une main –
Quel bonheur !
La chaleur de l'âme
et la fièvre du désir charnel
Se mesurent pareillement en degrés.

Parmi les nouveaux amis qui n'arrêtaient pas de débarquer dans leur « maison de grands », sans parents et qui plus est, en plein centre de Moscou, Aliona avait des soupirants. Dès qu'il y avait des hommes, elle s'animait, se mettait en frais et souriait d'un sourire un peu flou. Ce qui plongeait Micha dans les affres tout neufs de la jalousie, et lui procurait à elle une satisfaction complexe. Tout cela créait une atmosphère de salon littéraire, avec hommages obligés à la maîtresse de maison, thé accompagné de biscuits, conversations sur l'art, lectures de poèmes dernier cri, et intellectuels invités à donner des conférences. Aliona reproduisait ainsi le style de la maison paternelle, dans un goût plus subtil et en l'ajustant à sa génération.

À l'époque, c'était la grande mode des randonnées à travers le pays. Les sacs à dos, les kayaks, les wagons de troisième classe, l'auto-stop à ses risques et périls, les nuits sous la tente dans des villages abandonnés – tout cela, Ilya fut bien entendu le premier à l'expérimenter. Il adorait ce genre d'expéditions. Il se passait souvent de compagnons de voyage, rapportait de ses excursions des curiosités muséographiques (livres, icônes, objets quotidiens de la vie paysanne), et se fit des amis dans le Grand Nord russe, en Asie centrale et dans l'Altaï.

Micha n'avait jamais voyagé avec Ilya. Tant que sa tante était en vie, il ne la laissait pas longtemps seule. Au début du printemps 1967, les deux jeunes couples, Micha et Aliona, et Edik et Génia, mus par une passion toute fraîche pour les voyages, décidèrent de se rendre pour la première fois en Crimée, à Koktebel. L'expédition relevait du genre pèlerinage – sur la tombe d'un poète que Micha adorait.

Ils mirent un jour et deux nuits pour parvenir jusqu'à Féodossia. À Moscou, il y avait encore de la neige. Au matin, au fur et à mesure qu'ils progressaient vers le sud, ils traversèrent une pluie tiède dans laquelle se noyaient des restes de neige, laissèrent derrière eux des brumes et des brouillards, et l'après-midi, après avoir pénétré dans un autre fuseau horaire, ils observaient depuis les fenêtres de leur wagon des saules aux articulations enflées et aux branches tendues, debout dans l'eau jusqu'aux genoux. À Féodossia, ils se retrouvèrent de nouveau sous la pluie, une pluie grisâtre et chatoyante. Ils prirent un autobus et partirent en cahotant en direction de Planernoïe, du côté de chez Maximilian Volochine[1]. Il était impossible de détacher les yeux du paysage tressautant, d'un gris cendré et d'une opalescence laiteuse. Des files de camions passaient en sens inverse : on transportait un million et demi de tonnes du sable de Koktebel, dont on avait un besoin urgent pour l'agriculture nationale. Mais les voyageurs ne comprenaient pas que l'on était en train de détruire sous leurs yeux le trésor sableux d'un rivage antique. Quant aux gens qui le savaient, il n'en restait presque plus sur cette côte.

En descendant de l'autobus, ils entendirent pour la première fois de leur vie les rugissements de la mer Noire et se dirigèrent vers ce bruit ensorcelant. La mer était déchaînée depuis deux semaines, conformément à ses habitudes saisonnières. À l'œil, elle était encore plus incommensurable qu'à l'oreille.

1. Maximilian Volochine (1877-1932), poète, traducteur, peintre. C'est une figure extrêmement importante de la vie artistique et littéraire russe. Il vécut plusieurs années à Paris entre 1901 et 1906, s'efforçant de faire connaître la culture russe, s'intéressa à l'anthroposophie et aux philosophies orientales. Après 1917, il réussit à conserver en Crimée, à Koktebel, sa maison dans laquelle il accueillit plusieurs générations d'artistes. Sa veuve, qui lui survécut longtemps et dont il est question plus bas, maintint cette tradition d'hospitalité jusqu'à sa mort.

Micha et Génia vivaient leur première rencontre avec elle. Aliona était déjà allée dans le Caucase avec ses parents, et la mer qu'Edik connaissait, la Baltique, était complètement différente.

Ils longèrent le rivage en direction de la maison de Volochine. Ils ne demandèrent pas leur chemin, le sentier les y menait tout seul. Ils la reconnurent immédiatement, à l'expression de son visage, à la tourelle, au fait qu'elle ne ressemblait pas à tout ce qui avait été construit ici après la révolution, après la guerre. Ils s'assirent sur des pierres en contrebas, et sortirent une bouteille de vin ainsi que des restes de la nourriture apportée de Moscou.

Et Micha explosa : il se mit à réciter des vers. Cela l'avait déjà pris dans le train, mais on l'avait fait taire.

De même que la grande rumeur de l'océan
Respire dans un petit coquillage,
Que sa chair scintille et brille
Des chatoiements argentés de la brume,
Que les courbures se répètent
Dans les volutes de ses vagues,
Ainsi mon âme dans tes golfes,
Sombre contrée de Cimmérie,
Est enserrée, transfigurée…

Le vent arrachait les vestes et emportait les mots. Ils se serrèrent étroitement les uns contre les autres, Micha n'arrivait pas à s'arrêter. Ils n'avaient pas remarqué une vieille femme bouffie qui s'était approchée, une canne pittoresque à la main. Vêtue d'un immense imperméable ébouriffé, le nez chaussé de lunettes en écaille aux verres troubles et à la monture rafistolée, elle était debout à côté d'eux et écoutait avec attention.

« Venez dans la maison ! »

L'hospitalité de cette invitation était contredite par la sévérité maussade de son expression. Et elle les fit entrer dans la maison, chose dont ils n'avaient même pas osé rêver...

C'est ainsi que Maria Stépanovna, la veuve de Max, leur ouvrit elle-même la demeure de Volochine. Le rez-de-chaussée, que l'on appelait à l'époque « le corps de bâtiment nº 1 », était ordinairement occupé par des mineurs du Donbass mais, pour l'instant, ils n'avaient pas encore débarqué pour passer ici leurs vacances payées par le comité local. La veuve se battait contre ces invasions comme elle pouvait, mais elle ne pouvait grand-chose. Elle ouvrit deux chambres du rez-de-chaussée pour la petite bande.

« Vous pouvez habiter ici tant que les hordes d'intrus ne sont pas encore arrivées. »

Les jeunes gens vécurent plusieurs jours merveilleux sous l'aile de Maria Stépanovna. Micha et Edik s'acquittaient des tâches domestiques élémentaires, qui étaient fort nombreuses. Génia et Aliona lavaient par terre et époussetaient les livres en haut des étagères. Ils consacrèrent une journée entière au nettoyage de la tombe de Volochine. Micha et Edik consolidèrent le sentier à un endroit où il s'était éboulé pendant l'hiver.

Le soir, ils prenaient le thé dans le cabinet glacial de Max et bavardaient sous l'énorme statue de la reine Tiyi, décrite dans tous les souvenirs sur Volochine. Ils recevaient parfois la visite de villageoises d'un âge canonique, de vieilles femmes-enfants et de vieilles femmes-lézards, ainsi que celle de jeunes écrivains contemporains séjournant dans la « Maison des créateurs ». Un jour, un célèbre poète pour la jeunesse arriva avec un bidon de vin du terroir, un autre jour, ce fut son rival. Ils se détestaient cordialement mais, conformément aux traditions de la maison, ils ne se disputaient jamais lorsqu'ils se retrouvaient autour de cette table.

Aux yeux de Micha et d'Edik, ils étaient trop soviétiques, trop officiels. Mais en réalité, ils n'étaient ni pires ni meilleurs que ceux qui se bousculaient autour de la statue de Maïakovski[1].

Vers la fin, alors qu'ils s'apprêtaient déjà à repartir, Maria Stépanovna recommanda à toute la petite bande d'aller voir Stary Krym. Ce n'était pas tout près, dix-sept kilomètres à pied, mais on les informa que, sans cette expédition, ils ne seraient jamais complètement adoptés ici.

« Vous vous reposerez là-bas, et vous déjeunerez chez une de mes amies. »

Maria Stépanovna se demandait si elle n'allait pas envoyer ces jeunes chez une veuve concurrente. À l'époque, Assol avait fini de purger sa peine et était revenue à Stary Krym assurer ses obligations de veuve d'Alexandre Grine[2]. « Non, il vaut mieux que je les envoie chez Faïna Lvovna ! » décida Maria Stépanovna, et elle leur donna un petit mot pour une dame dont le mari, un dentiste, réparait les dents de tous les vieux habitants de la région.

Ils résolurent de rentrer à Moscou par Simféropol, avec un crochet par Bakhtchissaraï. Maria Stépanovna leur avait expliqué que c'était absolument incontournable, le cœur même de la Crimée orientale. L'itinéraire était un peu alambiqué : ils iraient de Stary Krym à Bakhtchissaraï sans repasser par

1. Lieu de rassemblement des contestataires à Moscou.

2. Alexandre Grine (1880-1932), ami de Volochine, écrivain célèbre pour ses romans d'aventures, dont le plus connu est *Les Voiles écarlates*.

Koktebel, passeraient une nuit là-bas et, le lendemain matin, se rendraient directement à la gare de Simféropol.

À Stary Krym, le vrai printemps avait déjà commencé, les arbres étaient couverts d'un soupçon de verdure et les habitants étaient tous dans leurs potagers, à préparer leurs plates-bandes et à s'occuper de leurs semis. Les amandiers étaient en fleur.

Pendant tout le trajet, Micha et Edik discutèrent de la nature du pouvoir soviétique qui, d'après Micha, était plus faible à la périphérie qu'au centre, et aussi plus humain. Edik n'était pas d'accord. Il était même d'avis que dans certains endroits, il était plus dur et plus obtus.

Génia et Aliona marchaient derrière leurs maris comme des femmes orientales, et s'étaient lancées dans une discussion sur l'art. Aliona n'avait pas beaucoup aimé les aquarelles de Volochine dont toute la maison était remplie, tandis que Génia soutenait avec passion qu'il ne fallait pas juger cet artiste sur le résultat concret de son activité (ses tableaux ou ses poèmes), que sa grandeur se situait sur un plan spirituel, et que lorsque les bilans mesquins seraient remplacés par des vrais, on distinguerait clairement l'envergure de sa personnalité. Génia était une jeune femme cultivée, elle lisait le français et l'anglais, elle avait même quelques notions d'anthroposophie, et cela agaçait un peu Aliona.

À Stary Krym, ils déjeunèrent chez Faïna Lvovna qui les accueillit comme des émissaires d'un royaume ami, d'une façon extrêmement cérémonieuse. Elle était couverte de très longs colliers, portait une robe à taille basse qui datait de l'époque de la NEP[1], de

1. Nouvelle Politique Économique, instaurée par Lénine en 1921 pour redresser l'économie du pays, à laquelle Staline mit fin en 1929.

même que la boucle sémillante plaquée sur son front. Elle leur servit un repas modeste, mais stylé : une soupe aux haricots verts et des boulettes fabriquées avec des céréales indéfinissables, nappées d'un coulis de fruits rouges.

Ils firent une promenade dans le cimetière local et flânèrent près de la maison d'Alexandre Grine. Elle était fermée, mais on avait l'impression que les propriétaires ne s'étaient absentés que pour un instant.

Ils arrivèrent à Bakhtchissaraï dans l'après-midi, une voiture les avait pris en stop. Et ils se rendirent chez une collaboratrice du musée local, cette fois encore sur la recommandation de Maria Stépanovna. Ils se sentirent tout de suite en terrain familier avec elle, comme s'il la connaissait depuis toujours. Ici, en Crimée, il existait une sorte de société secrète de ci-devants. Ils détenaient le secret indicible de la Crimée, mais ils avaient beau en révéler un peu, ils n'en gardaient pas moins par-devers eux leur mystérieux savoir. Cette femme n'était même pas originaire de Crimée, elle était pétersbourgeoise, mais on aurait dit la gardienne d'un temple. Elle leur montra des femmes de harem et des eunuques en cire, des jarres à miel, la fontaine qui se souvenait de Pouchkine, « *Les sépultures des khans, dernière demeure des seigneurs*[1]... » Elle leur dit qu'elle les emmènerait le lendemain à Tchoufout-Kale, mais qu'elle ne pouvait les loger cette nuit car sa tante de Piter était en visite chez elle.

En fin de journée, ils passèrent à l'hôtel, un banal hôtel de province miteux. Ils déposèrent leurs sacs à dos dans un petit cagibi à côté de la réception et s'entendirent avec l'employée pour qu'on leur garde des chambres, ils se feraient enregistrer le soir. Puis

1. Pouchkine, *La Fontaine de Bakhtchissaraï*.

ils partirent se balader à travers la ville plongée dans l'obscurité, avec l'intention de dîner dans une taverne. Ils ne trouvèrent pas de taverne, mais découvrirent un magasin dans lequel ils s'engouffrèrent cinq minutes avant la fermeture.

Micha sortit les sacs à dos du cagibi et farfouilla dedans à la recherche des passeports. Il les trouva et les posa devant la bonne femme. Celle-ci se plongea dans la lecture des dernières pages pour voir où ils étaient domiciliés et vérifier s'ils étaient bien mariés[1].

C'est à ce moment-là qu'une famille entra dans l'hôtel, un mari et une femme plus très jeunes accompagnés de leur fille de quatorze ans. Des Tatars venant d'Asie centrale, cela se voyait à la calotte ouzbek de l'homme, au foulard rayé de la femme, à leurs pommettes saillantes, aux gros bracelets d'argent ornés de cornaline rousse aux poignets minces de la fillette, et à la tension inscrite sur leurs visages. L'homme sortit deux passeports de la poche intérieure de sa veste et les posa devant l'employée.

Son veston, décoloré dans le dos, n'était plus de la première jeunesse. Mais il était recouvert de médailles et de décorations de guerre depuis l'épaule jusqu'à la taille, ou presque.

La bonne femme renfrognée écarta les passeports des Moscovites, ouvrit les autres, et secoua la tête :

« Il n'y a pas de place.

— Comment ça, il n'y a pas de place ? C'est faux ! Vous avez des chambres ! s'écria Micha. Il y a les deux nôtres, alors ayez l'amabilité de donner l'une d'elles à ces gens.

— Pour vous non plus, il n'y a pas de place ! dit-

1. En Union soviétique, les couples non mariés ne pouvaient prendre une chambre d'hôtel ensemble.

elle en poussant la pile de passeports en direction de Micha.

— Comment cela ? Mais on s'était mis d'accord !

— Nos chambres sont réservées en priorité aux gens en mission, et ensuite aux voyageurs individuels. Nous n'avons pas de place.

— Nous avons fait deux mille kilomètres pour voir les tombes de nos ancêtres ! dit l'homme, qui n'avait pas perdu tout espoir. Tenez, voilà nos billets de retour, nous prenons l'avion pour Tachkent dans deux jours…

— Vous ne comprenez pas le russe ? Il n'y a pas de place !

— Je comprends le russe. Nous pouvons peut-être passer au moins une nuit chez des particuliers ?

— Vous pouvez passer la nuit où vous voulez, ce n'est pas mon affaire. Mais vous aurez à répondre d'infraction au régime des passeports [1]. »

Micha bouillait intérieurement. Il réagissait très violemment aux injustices, c'était même physiologique, il sentait le sang cogner à ses tempes et ses poings se serraient tout seuls.

« Quels salauds, non mais quels salauds ! chuchota Edik. Tu comprends ce qui se passe ? C'est une famille de Tatars déportés… »

Quelques jours auparavant, des amies de Maria Stépanovna leur avaient justement raconté ce qui s'était produit en mai 1944 [2], et ces informations n'avaient pas encore perdu leur fraîcheur, le sentiment d'une injustice universelle était toujours brûlant.

1. En Union soviétique, toute personne qui passait plus de vingt-quatre heures dans un lieu où elle n'était pas domiciliée devait se faire enregistrer auprès de la milice. Les hôtels se chargeaient de cette formalité pour leurs clients. Les autorités pouvaient ainsi surveiller les déplacements des citoyens.

2. C'est-à-dire la déportation des Tatars de Crimée par Staline.

« Cet homme s'est battu sur le front, et on a déporté sa famille !

— Ne fais pas d'esclandre, chuchota Edik. On va trouver quelque chose. »

Sans se presser, le Tatar couvert de médailles enveloppa les passeports dans un bout de tissu en soie et les rangea soigneusement dans sa poche intérieure.

« Venez, fichons le camp d'ici ! Elle va appeler la milice ! » murmura Edik, presque plié en deux, à l'oreille du petit Tatar.

Ce dernier acquiesça d'un air entendu, et ils se dirigèrent tous vers la porte, vers la rue, dehors, où il faisait déjà nuit noire, et les ténèbres leur parurent réconfortantes et sans danger, contrairement à l'infâme atmosphère de cet endroit officiel, bien qu'il fût éclairé par l'électricité.

La réceptionniste Natacha Khlopenko était déjà en train de composer le numéro de téléphone de la milice : il entrait dans ses obligations de signaler les Tatars venant à Bakhtchissaraï. Mais au poste de milice, personne ne répondit, et elle raccrocha, soulagée. Sa mère était une Karaïme et son père venait d'Ukraine. Si elle n'éprouvait pas de sympathie particulière pour les Tatars déportés, elle n'avait guère envie de prendre part à cette vieille guerre entre les peuples qui la concernait un peu, elle aussi. Mais vraiment très peu.

Ils sortirent de l'hôtel tous les sept, le Tatar prenant en silence la tête de cet exode.

« Venez, je connais un endroit où s'abriter pour la nuit. Vous n'avez pas peur des cimetières ?

— Allons-y ! » répondit Edik.

Bien qu'il fît noir comme dans un four, le Tatar se dirigeait d'un pas assuré vers l'ouest, du côté de la montagne.

Au bout de deux kilomètres, ils arrivèrent dans un ancien cimetière tatar.

Les ruines du petit mausolée semblaient plus accueillantes qu'inquiétantes. Ou alors la confiance du Tatar dans ces lieux était peut-être si grande qu'elle s'était transmise aux jeunes gens. Ils s'assirent sur un talus, ou plutôt s'y allongèrent, car c'était en pente douce, et aussi confortable qu'un lit. Edik sortit de son sac à dos une bouteille de porto de Crimée, et la diligente Génia disposa par terre la *brynza*[1], les tomates salées et le pain achetés dans le magasin. Ils avaient eu l'intention de dîner à l'hôtel.

Ils ne firent pas de feu. La lune ronde, surgie inopinément dans le ciel, se mit à briller à pleine puissance, et le moindre caillou, la moindre branche devinrent visibles. Même les deux grosses nattes de la petite Tatare chatoyaient au clair de lune d'un éclat onctueux, et ses bracelets argentés pétillaient de reflets. Sa mère déplia un chiffon de toile dont elle sortit des pirojki tatars tout secs, et ils mangèrent ensemble, dans un silence solennel et une harmonie parfaite.

La conversation s'engagea peu à peu après le repas, étrange, entrecoupée, elle ne suivait pas de cours bien défini, il était question de tout à la fois : de cet incident bizarre qui avait réuni des gens que rien ne reliait les uns aux autres, ni le passé, ni l'avenir, ni le sang, ni le destin... De cette beauté qui semblait tombée du ciel...

La lune disparut après avoir rapidement glissé vers l'horizon. Après une heure de ténèbres absolues et réconfortantes, l'orient s'illumina d'une bande rose et Mustapha dit :

« J'ai pensé à cette aube pendant tant d'années ! Quand j'étais petit, je faisais paître le bétail ici, j'ai regardé ces montagnes des milliers de fois, j'attendais toujours le premier rayon de soleil. Parfois, on aurait

1. Fromage au lait de brebis, ressemblant à la féta.

dit une explosion… Je pensais que jamais plus je ne reverrais cela ! »

Quand le jour fut levé, ils se séparèrent, les jeunes gens partirent en direction de Tchoufouk-Kale, et la famille tatare resta dans le vieux cimetière, Mustapha voulait retrouver la tombe de son grand-père.

Ils se donnèrent rendez-vous à deux heures à l'arrêt d'autobus pour faire le voyage ensemble jusqu'à Moscou.

À l'arrêt d'autobus, ils ne purent éviter la milice. Les jeunes gens firent cercle autour de leurs Tatars en poussant des cris joyeux, Génia déploya ses charmes auprès des deux miliciens, ils parlèrent beaucoup et pour ne rien dire, et Edik finit par sortir une carte de journaliste périmée depuis longtemps qu'il brandit sous le nez du lieutenant. Les miliciens de province se laissaient intimider plus facilement que ceux de Moscou, à moins qu'ils n'aient été impressionnés par la taille démesurée d'Edik et ses lunettes en écaille, toujours est-il que, dès que l'autobus ouvrit ses portes en éternuant, ils s'y engouffrèrent tous les sept et s'en allèrent. Mais peut-être ces petits fonctionnaires avaient-ils eu envie de s'éviter des tracas inutiles.

Ensuite, tout marcha comme sur des roulettes. L'équipe du train était constituée de Kazakhs qui installèrent les passagers « clandestins » à des places « au noir », ils les protégèrent des contrôleurs pendant tout le trajet et, au bout de deux jours, les voyageurs débarquèrent sur la place des Komsomols. Une demi-heure plus tard, Micha, Aliona et leurs invités tatars se retrouvaient dans la pièce de tante Guénia qui en avait vu de toutes les couleurs. Et deux jours après, s'étant envolé de la capitale de notre patrie pour rejoindre celle de l'Ouzbékistan, l'ex-capitaine Ousmanov, ex-héros de l'Union soviétique et l'un des initiateurs du mouvement pour le retour des Tatars de Crimée, se retrouvait avec sa femme Alié et sa fille Aïcha dans sa maison de Tachkent, où ils étaient attendus par leur famille et leurs amis. Le héros communiste Ousmanov posa sur un plateau une poignée de cailloux provenant du vieux cimetière musulman d'Eski-Yourt.

« Voilà. Regardez ! Nos pierres sont venues jusqu'à nous, et un jour, c'est nous qui irons jusqu'à nos pierres. »

À dater de cette année-là, Micha reçut régulièrement chez lui de jeunes Tatars. Ils arrivaient avec des pétitions, des protestations, des requêtes et des réclamations. Ils couchaient par terre, sur un matelas gonflable... Micha prenait les soucis des Tatars, qui ne lui étaient rien, bien plus à cœur que les démarches de ses congénères juifs pour leur rapatriement en Israël. Après tout, l'exil des Juifs durait depuis deux mille ans, c'était déjà de l'histoire ancienne, alors que celle des Tatars était toute fraîche, leurs maisons et leurs puits, en Crimée, n'étaient pas tous détruits, ils se souvenaient encore des soldats soviétiques qui les avaient déportés et des voisins qui s'étaient installés chez eux.

Micha, avec son grand cœur habituel, s'impliquait à fond dans cette cause qui ne le concernait pas. Il aidait à rédiger des lettres, à les diffuser, à maintenir les contacts. Il se rendit plusieurs fois en Crimée pour remplir des missions confiées par ses Tatars et, avec son nouvel ami Ravil, rassembla des souvenirs sur les déportations de 1944.

Edik et lui continuaient à éditer leur revue, mais la partie littéraire s'était amenuisée de façon imprévisible, tandis que la partie politique, elle, s'était étoffée. Une nouvelle rubrique fut ajoutée, « La périphérie », dans laquelle étaient abordés les problèmes des nationalités, des minorités en voie de disparition, et de l'assimilation forcée. Edik, avec l'esprit académique qui le caractérisait, s'efforçait de rester dans le cadre de l'anthropologie et de la démographie, ce qui donnait à la revue une tonalité scientifique, mais ne diminuait en rien sa tendance anti-impérialiste.

Ilya avait fait des photocopies des huit numéros. Le tirage était généralement de quarante exemplaires. La collection complète n'a pas été conservée, mais aujourd'hui encore, on peut trouver des numéros dépareillés dans plusieurs archives occidentales, ainsi que dans celles du KGB.

Cela faisait presque un an que Micha n'avait pas revu Sania, quant à Ilya, il ne le fréquentait que pour le travail.

Dans la nuit du 1er août 1968, il se produisit un événement qui changea absolument tout : les troupes soviétiques entrèrent en Tchécoslovaquie. En réalité, il s'agissait des troupes de cinq pays alliés. Mais l'initiative venait sans conteste des Soviétiques. On appelait cela « l'opération Dounaï ». Des tanks russes sillonnaient les rues de Prague, portant ainsi un coup énorme au mouvement communiste mondial.

Micha avait passé toute la nuit à tourner les boutons à nervures de son vieux Telefunken, le seul héritage de tante Guénia, et à écouter les radios occidentales. Le socialisme à visage humain de Dubcek s'écroulait, les dernières illusions s'effondraient.

Il avait passé tant d'années à étudier le marxisme, à essayer de comprendre pourquoi les magnifiques idées de justice sociale s'incarnaient de façon si bancale ! Mais là, tout devenait d'une clarté glaciale : un mensonge grandiose et cynique, une cruauté inconcevable, une manipulation éhontée opérée par des hommes qui avaient perdu tout visage humain et toute dignité à cause de cette peur qui enveloppait le pays tout entier d'un nuage noir. Ce nuage, on pouvait l'appeler « stalinisme », mais Micha devinait déjà que le stalinisme n'était qu'un cas particulier d'un mal gigantesque, international, intemporel, celui du despotisme politique.

Il était prêt à se précipiter dans la rue pour partager immédiatement ses émotions. Il commença par prendre un crayon. Il avait envie d'écrire des vers, mais à la place, cela donna un pamphlet plein de colère. Il passa trois jours à se colleter avec les mots et à s'y empêtrer, mais il n'arrivait pas à quelque chose d'aussi construit et d'aussi convainquant que ce qu'il avait sur le cœur. Il avait pourtant l'impression que s'il pouvait trouver les mots justes et les prononcer, tout le monde comprendrait, tout le monde serait d'accord...

Le dimanche 25 août, Sergueï Borissovitch leur téléphona et leur demanda de venir tout de suite. C'est de sa bouche qu'ils apprirent la dernière nouvelle : il y avait eu une manifestation contre l'entrée des troupes soviétiques en Tchécoslovaquie sur la place Rouge, devant le Golgotha [1]. Les noms des sept personnes qui y avaient participé étaient connus. Tous avaient déjà été arrêtés, sauf une femme qui s'était installée près de l'ancien lieu des supplices avec son bébé de trois mois et un drapeau tchèque.

« C'est Gorbanevskaïa ! » devina Micha.

Tchernopiatov confirma. Il y avait énormément de monde chez lui. On était déjà en train de discuter

1. Tribune sur laquelle étaient lus les oukazes des tsars et qui, selon la légende, était un lieu de supplices.

pour savoir qui allait signer la lettre de protestation, et à qui il fallait l'adresser. Micha s'enferma dans l'ancienne chambre d'Aliona et mit la dernière main au texte dont il n'avait pas réussi à venir à bout les jours précédents. Maintenant, après la manifestation, il avait tout remanié, déplacé certains accents, et avait intitulé ça « Les cinq minutes d'un magnifique septuor sur le Golgotha ». Il le proposa à Tchernopiatov, qui fronça les sourcils.

« C'est trop grandiloquent, Micha ! Comme toujours. »

Le soir même, il montra ce texte à deux autres personnes. Edik et Ilya.

Edik trouva ça trop verbeux et trop délayé. Ilya prit les feuillets sans rien dire.

Deux jours plus tard, la Voix de l'Amérique transmettait des informations à propos de la manifestation sur la place Rouge, évoquant les cinq minutes du magnifique septuor. Le texte avait été légèrement corrigé et abrégé. C'était celui de Micha !

Il avait donc été transmis à l'Ouest. Par l'un des deux, Ilya ou Edik. C'était incroyable !

Tout le monde était sur le qui-vive et retenait son souffle. Des perquisitions et des arrestations avaient lieu dans toute la ville. On comptait les victimes. À l'échelle du siècle, les pertes humaines étaient minimes, environ une centaine de morts chez les citoyens tchèques et une vingtaine parmi les soldats soviétiques. En Tchécoslovaquie, une fois l'opération menée à bien, environ deux mille personnes furent arrêtées, et en Russie, presque rien : les sept manifestants de la place Rouge et une dizaine d'obscurs inconnus en province.

Le grand procès des participants à la manifestation se préparait. Tchernopiatov les connaissait tous, et c'était vers lui qu'affluaient les informations.

Micha et Edik s'apprêtaient à publier pour le Nouvel An un numéro de *Gamaïoun* entièrement consacré au mouvement des Tatars de Crimée. Le point le plus faible était la rubrique littérature, mais Micha, qui avait mené des recherches littéraires avec l'aide de ses amis tatars, avait découvert un poète tatar originaire de Crimée qui vivait en Ouzbékistan, Emfér Chémizadè. Des Tatars lui avaient fait un mot-à-mot, et il avait traduit des fragments d'un long poème à moitié disparu. Ils étaient écrits avec du sang, et Micha s'était décarcassé pour les rendre tant bien que mal :

Ce n'est pas un chien qui hurle d'une voix terrible
Dans les nuits glaciales de Moscou,
C'est le Maître du Kremlin assoiffé de sang,
Qui hurle et rugit, le ventre vide…

Juste avant le Nouvel An, Micha reçut son baptême du feu : on fit une perquisition chez lui.

Quatre gaillards fouillèrent longuement la pièce nue et, découragés par sa totale transparence, allèrent jusqu'à tapoter les murs. Ils trouvèrent parmi les livres de la bibliothèque un gros paquet de lettres ayant appartenu à la défunte tante Guénia. Elles étaient enveloppées dans du papier gris, réparties par années en petites liasses attachées par de la ficelle, et sur chacune d'elles figurait une date allant de 1915 à 1955. Il y en avait très exactement quarante. C'était une correspondance de famille, avec des lettres de parents de la région d'Arkhangelsk, de Karaganda et de l'Oural. Micha les avait trouvées peu de temps auparavant quand il s'était débarrassé de l'armoire, et les avait gardées à la demande de Marlène, mais, par délicatesse, il ne lui était même pas venu à l'idée de les lire. Les collaborateurs du KGB, eux, s'empressèrent de dénouer les ficelles, mais en voyant des dates aussi anciennes, ils perdirent tout intérêt pour elles. Et ils avaient bien tort : il y avait là, entre autres, la correspondance du légendaire oncle Samuel avec Lénine d'une part, et avec Trotski d'autre part. Ainsi qu'une lettre extrêmement intéressante dans laquelle Lénine suggérait à Samuel qu'il était indispensable de créer une source de financement secrète, indépendante du gouvernement, pour développer le mouvement communiste mondial.

« Ce sont des lettres de ma tante, son fils voulait passer les prendre pour les examiner, expliqua Micha en reprenant le paquet.

— Eh bien, il aurait dû faire ça avant ! » dit brutalement le chef en lui arrachant les lettres des mains.

Toute cette procédure prit environ deux heures. Il n'y avait rien à fouiller, et rien à trouver.

Ils emportèrent la correspondance familiale, plutôt par devoir professionnel, ainsi qu'une dizaine de recueils de poésie datant d'avant la révolution, presque tous des cadeaux d'Ilya, un livre photographié de Berdiaïev, que Micha avait l'intention de lire mais il ne trouvait jamais le temps de le faire, et un exemplaire du *Docteur Jivago* en deux tomes, de petit format, envoyé par Pierre Zand.

Quant aux matériaux destinés à la revue, Micha les emportait toujours immédiatement chez Edik. Il n'avait donc rien chez lui. Et pourtant... Pourtant, quand il vit les deux petits tomes de Pasternak entre les mains de ces hommes, il eut un coup au cœur. Il venait de se souvenir d'un papier couvert d'une écriture minuscule. Et il se souvenait aussi de l'endroit où il avait fourré ce papier : dans le premier livre qui lui était tombé sous la main au moment où la voisine l'avait appelé pour répondre au téléphone vissé au mur, dans le couloir de l'appartement communautaire.

Une fois la conversation terminée, il l'avait cherché et, ne l'ayant pas retrouvé, il avait renoncé à mettre la main dessus et reconstitué le texte de mémoire. Mais il se souvenait maintenant qu'il avait glissé cette feuille justement dans l'un des tomes du *Docteur Jivago*.

C'était un papier très précieux. Il préparait pour le prochain numéro de la revue un compte rendu démographique sur la déportation des Tatars de Crimée pendant la guerre. Des Tatars avaient mené une enquête en Asie centrale auprès de déportés et de leurs descendants, ajoutant des données nouvelles à d'autres, plus anciennes et oubliées depuis longtemps. Un énorme travail, auquel avaient pris part des centaines de Tatars déportés.

Voici ce qui était écrit sur la feuille, d'une petite écriture calligraphique, sous le titre TATARS en rouge :

1783 : population tatare au moment de l'annexion de la Crimée par la Russie : environ 4 millions.

1917 : population tatare : 120 000 personnes.

1941 : population des Tatars de Crimée : 560 000 personnes.

1941-1942 : 137 000 hommes mobilisés, dont 57 000 tués.

1944 : population civile : 420 000 personnes (dont 200 000 enfants).

18-20 mai 1944 : 32 000 hommes du NKVD ont pris part à la déportation.

18 mai 1944 : 200 000 personnes déportées en Asie centrale (chiffre officiel).

1945 : mort de 187 000 déportés (d'après les chiffres officiels, 80 000).

1956 : les Tatars d'Asie centrale ne sont plus soumis au régime de la déportation, mais le retour en Crimée leur est interdit.

En bas, il y avait une note à l'encre bleue :

Eh, le Rouquin ! Note bien que tous les chiffres officiels (concernant par exemple les déportations) ont été revus à la baisse. D'après nos renseignements, environ 42 % des déportés ont péri durant les dix-huit premiers mois. Cela ne correspond pas aux chiffres officiels. Ils ont tout revu à la baisse. Ravil te prépare un bulletin pour les années 1945-1968. Moussa.

Il restait encore l'espoir qu'ils n'ouvriraient pas le livre et ne trouveraient pas le papier. Par ailleurs, Micha se réjouissait qu'Aliona ait été retenue tard à l'institut ce jour-là, et qu'elle n'ait pas trouvé les kagébistes en rentrant chez elle.

Il téléphona immédiatement à Edik, mais son téléphone ne répondait pas.

Le lendemain matin, il se rendit chez lui avec Aliona. Éléna Alexeïevna, en larmes, leur raconta que chez eux aussi, il y avait eu une perquisition la veille, au même moment. Mais les choses s'étaient beaucoup moins bien passées. Ils avaient emmené Edik, et il n'était toujours pas rentré. Ils avaient trouvé un grand nombre de brouillons, les matériaux du dernier numéro de la revue avec des corrections au crayon, et en plus, ils avaient pris cinq numéros du *Messager du RKhD*[1], ainsi que tout un tas de samizdat. Ils avaient confisqué plusieurs photocopies d'un livre qui était peut-être le plus antisoviétique de tous, imprimé pour l'élite du Parti à tirage réduit avec la mention « ultra-secret », *La Technologie du pouvoir*, d'Avtorkhanov.

1. *Vestnik RKhD, Le Messager du Mouvement des Chrétiens Russes*, revue religieuse, philosophique et littéraire de l'émigration russe, qui paraissait à Paris depuis 1925, dans laquelle ont écrit des personnalités célèbres comme Berdiaïev et Chestov.

La chambre d'Éléna Alexeïevna avait subi elle aussi une « opération sanitaire » : ils avaient pris les deux exemplaires de la Bible, la statuette de Bouddha, un chapelet et des photocopies de textes bouddhistes. Ils avaient demandé à la maîtresse de maison en quelle langue étaient écrites ces cochonneries antisoviétiques. Elle avait essayé de leur expliquer qu'elle était une orientaliste, une spécialiste du bouddhisme, que les deux langues avec lesquelles elle travaillait le plus étaient le sanscrit et le tibétain. Et que le papier qu'ils avaient entre les mains était la copie d'un document rédigé au VIIe siècle.

Leur fabuleuse ignorance avait même un certain charme : quand l'un des visiteurs l'avait informée en chuchotant qu'il était au courant des sacrifices sanglants des bouddhistes, Éléna Alexeïevna, malgré sa peur, n'avait pu s'empêcher d'éclater de rire. Même maintenant, en le racontant, elle en souriait encore. Elle savait qu'on lui rendrait les copies et dans le cas contraire, eh bien, tant pis ! Mais elle regrettait la Bible familiale, avec les noms de ses premiers possesseurs inscrits sur la dernière page.

On décida d'aller voir Sergueï Borissovitch et de prendre conseil auprès de lui, en tant qu'homme d'expérience. Il y avait un monde fou chez lui, comme toujours : un ex-détenu d'hier qui s'était arrêté en allant à Rostov, un Oriental d'Asie centrale, une dame âgée avec un prénom de fleur, Mauve, que Micha avait déjà rencontrée, et Youli Kim[1] en personne avec sa guitare. Les uns carburaient au thé et au café, les autres à la vodka et au vin. Aliona fronça les sourcils : elle était toujours agacée par cette ambiance d'auberge espagnole, de gare, d'asile de nuit. Micha entraîna son beau-père dans un coin et lui raconta ce

1. Youli Kim (né en 1936), poète, compositeur et barde.

qui était arrivé à Edik. Ne fallait-il pas se rendre au département régional du KGB ? Ou peut-être aller carrément au siège du KGB ?

« De toute façon, ils ont le droit de garder quelqu'un soixante-douze heures sans chef d'accusation. » Sergueï Borissovitch avait depuis l'enfance une connaissance pratique de toute cette procédure. « Il est probable qu'ils ne diront rien maintenant. Mais il faut agir, pour qu'ils comprennent qu'il y a des gens qui se sentent concernés. On sera fixés d'ici trois jours. »

Micha alla voir Ilya, tandis qu'Éléna Alexeïevna et Génia se rendaient dans les bureaux du KGB, rue du Pont-des-Forgerons.

Ilya lui apprit qu'il y avait eu cette nuit-là sept ou huit perquisitions chez différentes personnes. Quatre avaient été appréhendées, mais deux d'entre elles avaient été relâchées tout de suite. Il ne savait rien à propos d'Edik.

Edik Tolmatchev ne fut pas relâché au bout de trois jours. Il était accusé, selon l'article 190 du code pénal, de « diffusion d'élucubrations mensongères dénigrant le système social et gouvernemental de l'URSS ».

Et Micha retourna demander conseil à son beau-père plein d'expérience, cette fois à propos de la revue. Il voulait poursuivre la publication, mais il n'était pas sûr d'être capable de prendre en charge quelque chose d'aussi complexe et d'aussi important. Sans compter que tous les matériaux du prochain numéro avaient été confisqués. Mais il savait comment les reconstituer.

Sergueï Borissovitch fut catégorique : non, ce n'était pas le moment. Micha fonçait droit dans le mur, c'était couru d'avance.

Quant à Micha, il avait pris goût à ce curieux travail. De même qu'autrefois, il s'était donné corps et âme aux méthodes d'apprentissage du langage par les sourds, il avait à présent le sentiment que ce qu'il faisait était la chose la plus importante qui soit au monde. Il lui semblait que le destin de toute la poésie à venir se trouvait entre ses mains. Comme si quelqu'un, là-haut, lui avait confié la mission de préserver pour le futur un trésor dont l'existence était due au hasard, à la négligence des autorités.

Ilya lui donna un sage conseil :

« Au lieu de continuer cette revue, tu devrais en faire une nouvelle, Micha. Change le nom. Ce serait même marrant si tu lui trouvais un nom d'oiseau... Pour la poésie, tu te débrouilleras tout seul, et moi, je te présenterai des peintres. J'ai des amis spécialisés en peinture, des gens vraiment top. C'est une nouvelle avant-garde. Je t'aiderai à nouer des contacts, je connais beaucoup de gens super. Et la politique, ça viendra tout seul. »

Trois mois s'écoulèrent. Alors que Micha s'était déjà lassé d'attendre une convocation pour l'affaire de la revue, il trouva dans sa boîte aux lettres une sommation à comparaître venant du KGB.

Aliona ne se sentait pas bien depuis quelques jours, elle subodorait une grossesse, mais n'en avait encore rien dit à Micha. Elle restait des journées entières sans ouvrir la bouche, comme cela lui arrivait de temps en temps. Lui, en revanche, n'arrêtait pas de parler : d'Edik, de l'avocat que des amis avaient trouvé, de la revue, l'ancienne et la nouvelle, de Sania Steklov, qui les avait brusquement invités au Conservatoire alors qu'il n'avait pas téléphoné depuis six mois...

Il parlait de tout et de n'importe quoi, mais il gardait le silence sur la convocation du KGB qui se trouvait dans la poche de sa chemise à carreaux.

Il pouvait y avoir deux raisons à cette convocation. Soit ils avaient fini par secouer le livre comme il fallait et avaient trouvé le papier avec les informations sur les Tatars, soit Edik l'avait cité dans sa déposition en tant qu'assistant. La seconde hypothèse lui paraissait peu vraisemblable.

Il n'éprouvait aucune contrariété. Plutôt un sentiment de gêne pour en avoir si peu fait : trois fois rien ! Il avait juste eu le temps d'écrire quelques articles et de choisir quelques poèmes.

Ilya, à qui il avait parlé de la convocation, en fut terriblement affecté :

« Il fallait s'y attendre ! Cela m'étonnait vraiment beaucoup qu'ils te laissent tranquille. C'est de ma faute, c'est moi qui t'ai entraîné dans cette histoire de revue. Maintenant, il va falloir te sortir de là. Edik est solide, je ne crois pas qu'il t'ait donné. On va te cuisiner à propos des statistiques sur les Tatars. Il faut que tu prépares une bonne version des faits : tu as acheté *Jivago* il y a longtemps, dans la rue, parce que tu en avais beaucoup entendu parler, mais tu n'as pas eu le temps de l'ouvrir. Tu ne sais rien de ce papier. À Moscou, on peut acheter tout ce qu'on veut près des bouquinistes, rue du Pont-des-Forgerons, et il y a un marché noir devant la statue du Premier Imprimeur, ou encore mieux, au marché aux Oiseaux, près de l'entrée. Et décris-leur le vendeur en détail. Dis par exemple qu'il avait les cheveux longs avec des mèches sales qui pendaient, un nez immense qui lui descendait jusqu'aux lèvres, des yeux marron, et qu'il parlait avec un accent ukrainien. Et il portait un gilet pied-de-poule… » Ilya examina le visage de son ami d'un regard scrutateur. « Ou alors, il était tout petit, frisé, avec des rouflaquettes frisées, elles aussi, un nez un peu flasque, des yeux clairs, et des petites mains, des mains de femme… Et il zozotait. Ou bien prends autre chose : un type genre nerveux, maigre, assez grand, avec un teint jaunâtre, un front chauve, une barbe clairsemée, et une sorte de tic au visage… »

Micha saisit la balle au bond :

« Non, c'était un gars assez corpulent, barbu, habillé comme un paysan, il avait une barbe en éventail et des moustaches. Je dirais un vieux, l'air plutôt crasseux. Il trimbalait ses livres dans un sac, et il avait des bottes de feutre avec des caoutchoucs. Un bonhomme avec une tête de dur à cuir. »

Ils se tordaient de rire tous les deux.

« Non, il vaudrait mieux une dame, une vraie, grande, d'un certain âge, assez forte, d'allure aristocratique. Avec un chapeau sur la tête et un parapluie, elle a sorti le livre de son sac à main, elle portait des gants, et vous savez quoi ? C'était bizarre, on aurait dit qu'elle les avait mis à l'envers… Je me souviens d'elle à cause de ces gants… poursuivit Micha, se prenant au jeu.

— Bon, qu'est-ce que je peux te dire, Micha ? Réponds non à tout, c'est ce qu'il y a de plus sûr. Je le sais par expérience.

— Tu as déjà été là-bas ? demanda Micha avec respect.

— Oui. Mais j'ai tenu le coup. Le mieux, c'est de ne rien dire. Souviens-toi que chaque mot que tu prononces se retournera contre toi. Quoi que tu puisses dire… Tu comprends, nous, nous sommes tous des dilettantes, alors qu'eux, ce sont des professionnels. Ils ont des méthodes éprouvées, ils savent très bien à quel hameçon les gens se font prendre. Le mieux, c'est de ne rien dire du tout. Mais il paraît que c'est ce qu'il y a de plus difficile. Ils savent faire parler même les sourds-muets. »

Cette allusion aux sourds-muets fit à Micha l'effet d'une douche glacée. On était au mois de janvier.

Pendant trois années d'affilée, il avait passé cette plus belle période de l'hiver avec les enfants de l'internat, avec ses petits sourds-muets. Ils franchissaient le portail de l'institut à skis et faisaient une centaine de mètres jusqu'à la forêt. La piste s'était couverte de neige pendant la nuit, généralement, il avançait le premier, suivi par les enfants, et Gleb Ivanovitch fermait la marche. Depuis combien de temps ne leur avait-il pas rendu visite ? Un an ? Deux ans ? Et il eut soudain envie d'aller les voir. Tout de suite. Il fit machinalement avec ses mains le geste signifiant « de toute urgence ».

Il n'en dit rien à Ilya. Il restait deux jours d'ici au lundi. Il décida de se lever tôt le dimanche matin et d'aller passer la journée à l'internat avec les enfants. On laissait bien les parents leur rendre visite, non ? Et puis, il avait quand même travaillé trois ans avec eux... Qui oserait l'empêcher d'entrer ?

Ils le cueillirent à la gare de Iaroslav, au moment où il montait dans le train. Il avait déjà un pied dans le wagon quand deux hommes l'en firent descendre si prestement qu'il crut d'abord avoir trébuché et raté la marche.

« Doucement, du calme ! aboya celui qui portait une chapka en lapin.

— Restez calme, cela vaudra mieux ! » assura le deuxième, coiffé de ragondin.

Par malchance, Micha avait un rhume, il voulut mettre la main dans sa poche pour prendre son mouchoir et tressaillit. Il avait ressenti une violente douleur au poignet.

C'est seulement alors qu'il comprit ce qui se passait : ils ne l'avaient pas laissé venir de lui-même, ils l'avaient pris de vitesse... Donc, ils le surveillaient. Ils avaient eu peur qu'il leur échappe.

« Mais laissez-moi au moins essuyer ma morve ! dit-il en reniflant.

— T'es très bien comme ça ! aboya de nouveau la chapka de lapin.

— À quoi ça peut vous servir qu'on soit couvert de morve ? »

Et il éprouva soudain un calme absolu et même un certain détachement : il était arrêté.

Les premiers jours furent les plus durs. Il se concentrait pour suivre le plus scrupuleusement possible la recommandation d'Ilya. Le troisième jour, on lui lut l'acte d'accusation. Il comprit alors que le piège s'était refermé et qu'il ne serait pas relâché. Lorsqu'il en prit conscience, il sombra dans le désespoir. Maintenant, il ne pensait plus qu'à Aliona, et il était submergé par un énorme sentiment de culpabilité qui lui était familier depuis l'enfance. Il n'avait aucune nouvelle d'elle, aucun lien avec sa vie d'avant, et le premier visage familier qu'il vit au bout de deux semaines fut celui, livide et défait, d'Edik Tolmatchev.

Ils ne s'étaient pas entendus sur la stratégie à suivre mais, par chance, leurs comportements concordaient. Edik niait toute participation de Micha à l'édition de la revue, et Micha, de façon générale, refusait de répondre aux questions. La seule preuve contre lui était le papier trouvé dans *Le Docteur Jivago*, ou plus exactement, le post-scriptum de Moussa adressé au Rouquin.

Et il s'avéra que c'était suffisant. Outre Edik Tolmatchev furent impliquées dans l'affaire de la revue *Gamaïoun*, publiée sans autorisation de la censure, deux autres personnes que Micha ne connaissait réellement pas. En dépit des erreurs qu'il avait commises, Edik avait quand même assimilé les rudiments du métier de conspirateur : les collaborateurs de la revue ne se connaissaient pas tous entre eux.

L'enquête et l'instruction durèrent plus de trois mois. Micha passa tout ce temps dans la prison de Lefortovo, dans l'endroit le plus fermé et le plus secret qui soit, un isolateur préventif du KGB, une cellule individuelle passée à la chaux avec une fenêtre protégée de la lumière et du monde. Chaque jour, accompagné par les cliquetis métalliques échangés par les gardiens [1], il était conduit le long d'immenses couloirs enchevêtrés, dans des escaliers si étroits que deux personnes ne pouvaient s'y croiser (à deux reprises, alors qu'un gardien arrivait à leur rencontre avec un autre détenu, on l'avait poussé dans une sorte de renfoncement), puis, de nouveau, on le faisait monter, descendre, marcher le long d'immenses couloirs enchevêtrés, comme dans un mauvais rêve, avant de le pousser dans le cabinet de l'enquêteur. À présent, les gens qui l'interrogeaient avaient cessé de se relayer, il n'y avait plus qu'un seul homme, pesant et renfrogné, qui entamait ces conversations de plusieurs heures par les mots :

« Alors, on est toujours muet comme une carpe ? »

Il n'avait pas pour deux sous d'imagination et lui répétait chaque fois, d'une voix sourde et enrouée :

« On n'a rien contre toi, tu pourrais très bien sortir demain. Tu es en train de te couler tout seul. On va te faire crever à petit feu, ici. »

Et Micha répétait d'une voix morne la même réponse monotone :

« Je vous prie de me vouvoyer. Même mes élèves, qui sont des enfants, je leur dis vous. »

1. Lors des transferts à l'intérieur des prisons, pour éviter que les détenus se voient et sachent ainsi qui avait été arrêté, les gardiens se prévenaient mutuellement en cognant leurs clés contre leur ceinturon, et obligeaient leur prisonnier à se détourner (voir plus bas).

L'enquêteur s'appelait Meloïedov. Micha, qui était sensible aux sonorités, avait aussitôt apprécié ces assonances : Meloïedov et Melamid. À part les trois premières lettres de leurs noms, ils n'avaient absolument rien en commun. Meloïedov, il faut lui rendre cette justice, n'était pas un ogre. Dans son milieu, il passait même presque pour un libéral (parmi ceux qui connaissaient ce genre de mots). Et ce rouquin lui avait d'abord paru être un personnage accessoire dans une pièce qui ne le concernait pas. Son dossier contenait la dénonciation déjà assez ancienne de Gleb Ivanovitch, et de vagues notes témoignant de ses relations avec le mouvement des Tatars. Il n'y avait manifestement pas là matière à appliquer l'article 70 (propagande et militantisme), quant à l'article 190 (diffusion d'élucubrations notoirement mensongères calomniant le pouvoir soviétique), encore fallait-il arriver à le lui coller. Une seule et unique dénonciation rédigée par un malade mental, c'était un peu léger, d'autant que la défense de ces gars-là n'était pas mauvaise du tout.

Micha ne pouvait pas savoir que la décision de l'incarcérer était déjà prise, et que les autorités étaient en train de chercher tranquillement dans quelle affaire l'impliquer.

Une fois les choses mises au point en haut lieu, le but des interrogatoires se fit plus précis, et Micha comprit que son affaire n'était pas « instruite » en fonction de la revue, mais qu'elle était traitée à part et qu'on l'avait reliée au mouvement des Tatars de Crimée. À ce moment-là, Edik avait déjà été condamné.

Micha n'avouait rien et ne signait rien, il répondait à des questions banales et sans importance uniquement « hors procès-verbal ». Il se montrait même aimable, mais niait avec fermeté sa participation au mouvement et insistait sur le fait qu'il ne connaissait pas le papier avec les chiffres concernant les Tatars.

Meloïedov, qui avait été sûr de faire parler ce Melamid en moins de deux heures, était de plus en plus agacé par sa ténacité et avait recours à des menaces de plus en plus sérieuses. Cette obstination le mettait hors de lui, mais il ne parvint à lui soutirer aucun aveu. Et pourtant, au début, il avait eu l'impression qu'il suffirait d'effrayer un peu ce prévenu, et qu'on pourrait l'expédier d'un bon coup de pied dans le derrière.

Bref, vers la fin du mois, Meloïedov le laissa tranquille, il cessa de le convoquer, et l'intérêt de l'équipe d'enquêteurs se reporta sur les Tatars. L'un d'eux avait avoué que Micha les avait aidés à rédiger des lettres.

Mais ce dernier ne savait rien de tout cela. Il se trouvait à présent dans une cellule avec deux autres hommes. L'un était complètement fou et n'arrêtait pas de marmonner dans sa barbe des prières ou des jurons, l'autre était un ancien militaire du service du ravitaillement accusé de détournements. Des compagnons qui n'incitaient guère à la conversation.

Puis il fut transféré dans une autre cellule avec un Tatar impliqué dans le mouvement des Tatars de Crimée. Un ami de Ravil et Moussa, à ce qu'il disait, et c'est seulement au bout de trois jours, quand on l'emmena, que Micha réalisa que ce type était une balance. Il n'en fut que plus déterminé à ne pas dire un seul mot à l'enquêteur. Et lorsque les interrogatoires de Meloïedov reprirent quelque temps après, il resta aussi silencieux qu'un sourd-muet.

Au milieu du mois de février, on lui signifia son acte d'accusation et on permit à un avocat de venir le voir. C'était une avocate, quelqu'un qui était « de leur côté », et non mandaté par l'État, Sergueï Borissovitch y avait veillé. Elle s'appelait Dina

Arkadievna, et c'était le premier visage beau et distingué qu'il ait vu depuis longtemps. Elle sortit de la poche de sa veste une tablette de chocolat et lui dit :

« Aliona vous transmet son bonjour. Et aussi une grande nouvelle : elle est enceinte. Tout se passe bien. Maintenant, nous allons réfléchir à ce que nous pouvons faire pour que vous soyez chez vous à la naissance de l'enfant… Mangez le chocolat maintenant, je n'ai pas le droit de vous transmettre quoi que ce soit. »

Elle appartenait à un « magnifique quintette » d'avocats qui acceptaient les dossiers politiques. C'était le troisième procès de ce genre, et elle commit à cette occasion un acte qui lui valut d'être exclue de l'ordre des avocats de Moscou. Son audace consista en ceci qu'après le réquisitoire du procureur, qui avait réclamé l'application de l'article 190.1, « diffusion d'informations notoirement mensongères calomniant le pouvoir soviétique », elle n'avait pas demandé dans sa plaidoirie une réduction de peine, mais avait insisté sur l'absence de corps du délit. En d'autres termes, elle avait plaidé l'innocence de son client.

Aliona, dont le visage avait réduit et le ventre augmenté, était assise au dernier rang de la petite salle bondée, avec à sa droite sa mère Valentina et, à sa gauche, Igor Tchetvérikov, un camarade de classe de Micha, mais pas des plus proches. Ilya et Sania, comme beaucoup d'autres, n'avaient pas été admis dans la salle, ils étaient restés derrière la porte.

Marlène, qui se trouvait lui aussi dans la cour du tribunal, chuchotait en hurlant à l'oreille d'Ilya, le visage décomposé par la colère :

« Il est fou, tout simplement fou ! Cela dépasse mon entendement ! Qu'est-ce qu'on en a à faire, des Tatars et de la Crimée ! Si, au moins, il s'était occupé de nous ! Un Juif, faire de la prison pour le retour des

Tatars en Crimée ! Il aurait mieux fait de se faire envoyer en prison pour son propre retour en Israël ! »

Micha fut condamné à trois ans de privation de liberté dans un camp à régime général, après quoi la parole fut donnée à l'accusé. Il s'exprima mieux que les juges, le procureur et l'avocate réunis. D'une voix claire et assez pointue, il parla avec calme et assurance de la justice ultime de la vie, de ceux qui auraient honte d'eux-mêmes plus tard, des petits-enfants des gens d'aujourd'hui qui auraient du mal à comprendre la cruauté et l'absurdité de ce qui était en train de se passer. Ah, quel remarquable professeur de littérature avaient perdu les enfants de l'époque !

Après le procès, les parents d'Aliona ramenèrent leur fille à la maison. Elle passa deux jours chez eux, se disputa avec son père et retourna boulevard des Étangs-Purs.

Sania, qui était allé voir Aliona dès qu'il avait appris l'arrestation de Micha, lui rendait à présent visite tous les jours. Les années de refroidissement dans ses relations avec Micha avaient été comme effacées d'un coup de gomme. Il s'avéra que leur amitié était toujours vivante et fraîche, et n'avait aucun besoin d'être dopée à l'aide de fréquentes conversations téléphoniques, de confidences mutuelles et de bières avalées ensemble.

Un soir, une semaine après l'arrestation de Micha, Ilya et Sania se retrouvèrent tous les deux sur le banc aux planches cassées du jardin Milioutine. Sania examinait le bout de ses chaussures : fallait-il ou non le dire ? Dans les deux cas, c'était stupide, mais se taire, ce ne serait vraiment pas bien. Et il dit sans le regarder dans les yeux :

« Tu sais, Ilya, c'est toi qui as envoyé Micha en prison. »

Ilya bondit :

« Non, mais tu es fou ? Qu'est-ce que tu veux dire par là ?

— C'est toi qui l'as induit en tentation. Tu te souviens de ce que disent les Écritures à propos d'un seul de ces petits enfants ?

— Non ! protesta fermement Ilya. Nous sommes tous majeurs et vaccinés. Quoi, je n'ai pas raison ? »

Mais il ne se sentait pas l'âme en paix. C'était effectivement lui qui avait présenté Micha à Edik, et indirectement, il était responsable de ce qui s'était passé. Mais indirectement !

Meloïedov était rancunier, et il fit tout ce qui était en son pouvoir pour que Micha n'ait pas d'entrevue avec sa femme avant son départ pour le camp. Ses manigances furent déjouées uniquement grâce à l'obstination de son beau-père, un vieux *zek* plein d'expérience qui extorqua une autorisation au responsable de la prison.

Micha reçut la visite de sa femme la veille de son départ pour le camp. Elle avait enlaidi, comme c'est parfois le cas chez des femmes enceintes, surtout (d'après les préjugés populaires) celles qui attendent une fille. Micha la trouva d'une beauté angélique, mais fut incapable de prononcer aucun des mots qui bouillonnaient et jaillissaient en lui. À cause de son éternel sentiment de culpabilité envers tout le monde, un sentiment inné encore accentué par les circonstances de sa vie. Il trouva juste le temps de lui dire une bêtise dans le genre Dostoïevski : « Je suis coupable de tout envers tout le monde… »

C'est avec ce sentiment qu'il partit purger sa peine de camp. Tout était de sa faute, il était coupable de tout… Envers Aliona, parce qu'il la laissait toute seule, envers ses amis parce qu'il n'avait pas été capable de quoi que ce soit qui aurait amélioré les choses... Envers le monde entier, auquel il était redevable...

C'est quand même étrange et incompréhensible, ça ! Ce sont toujours les plus innocents qui ont tendance à se sentir coupables...

En première ligne

Il est tout à fait naturel que, sur le fond des formidables idées musicales qui l'occupaient, les événements politiques domestiques, grands et petits, aient complètement échappé à l'attention de Sania. Ils ne le concernaient pas, pas plus que les révolutions en Amérique latine, les mauvaises récoltes en Afrique, ou les tsunamis au Japon. Même Anna Alexandrovna, si encline à admirer son petit-fils, faisait parfois remarquer avec une note de perplexité :

« Nous vivons ici, Sania. C'est tout de même notre pays ! On dirait vraiment que tu es un étranger. »

Un matin de janvier 1969, Aliona avait débarqué chez lui très tôt, échevelée, pour l'informer de l'arrestation de Micha. C'était le premier contact personnel de Sania avec la politique. Il en fut stupéfait et accablé. Micha lui avait montré sa petite revue. C'était intéressant. Mais il était impossible d'imaginer qu'un homme puisse être envoyé en prison pour ce petit recueil auto-édité sur du papier fin, constitué pour moitié d'informations que l'on apprenait d'ordinaire par des radios occidentales, et pour moitié de poèmes – qu'ils soient bons ou mauvais, ce n'était jamais que des poèmes. Rien à voir avec *La*

Cloche[1]. Le genre purement artisanal. Il faut dire que Sania n'était pas au courant de tout ce que faisait Micha. Il ignorait complètement le côté tatar de son existence.

Ilya était parfaitement informé du déroulement de l'instruction et du procès, il avait été convoqué au KGB pour l'affaire d'Edik Tolmatchev. On ne lui avait pas posé une seule question sur Micha, ce qui l'avait plutôt étonné. Et il avait été encore plus étonné quand Micha avait été arrêté trois mois après Edik.

Tout de suite après l'arrestation de Micha, Aliona avait attrapé une angine, et elle s'était aussitôt choisi Sania pour « amie intime ». C'est donc tout naturellement sur lui que retomba la charge de s'occuper d'elle. Quant à Ilya, Aliona avait toujours eu une dent contre lui et n'avait pas envie de le voir.

Elle avait presque rompu toute relation avec son père, elle le suspectait de quelque chose de louche, elle avait même laissé échapper un jour que c'était lui la cause de tous leurs malheurs. Elle ne permettait que rarement à sa mère de l'approcher, on aurait dit qu'elle la punissait de quelque chose. Les premiers temps, elle pleurait beaucoup et ne voulait voir personne, à part Sania.

Il fut le premier à apprendre sa grossesse. Il l'accompagna chez le gynécologue qui devait lui faire subir l'intervention préférée des femmes soviétiques, la dissuada d'avorter et lui fit rebrousser chemin alors qu'ils se rendaient chez le médecin prêt à offrir ses services. Aliona s'en prenait souvent à lui, elle le flanquait à la porte, lui faisait des scènes, et il supportait tout. Elle ne mit presque pas les pieds dehors de tout l'hiver, tantôt elle était malade, tantôt elle se sentait mal, tout simplement.

1. Premier journal révolutionnaire fondé par Herzen et Ogariov en émigration.

« Quelle enquiquineuse ! » râlait-il, mais il était incapable de résister à son charme fantasque. Jusqu'à une certaine limite.

Ilya apportait régulièrement de l'argent à Sania afin qu'il le transmette à Aliona. Celle-ci ne refusait pas, mais elle n'en avait pas particulièrement besoin, c'était Anna Alexandrovna qui s'occupait des colis, et Ilya qui les transmettait. Aliona passa toute sa grossesse allongée, ou à dessiner ses motifs ornementaux tarabiscotés. Les derniers mois, elle avait appris à dessiner couchée.

Ce fut Sania qui, le moment venu, emmena Aliona à la maternité, puis alla l'y chercher avec sa fille. Muni d'un bouquet d'œillets, il joua au mari et au père devant les infirmières. Et il continua ensuite à assumer ce rôle : il accompagnait Aliona et sa fille chez le médecin, donnait le bain, faisait manger… Ces petits soins intimes prodigués au bébé lui plaisaient même beaucoup, mais il se sentait inquiet pour sa sécurité personnelle. Pendant tout le temps que Micha passa en détention, Aliona se livra sur lui à une opération de séduction à demi inconsciente. Tantôt il avait recours à des parades bloquées, comme un boxeur, tantôt il se laissait traverser par ces signaux féminins comme par de la vapeur ou de l'air, ou alors il s'écoulait lui-même à toute vitesse, comme de l'eau au fond d'un évier. Aliona lui faisait de temps en temps des scènes hystériques, ou bien elle boudait, elle le flanqua même plusieurs fois à la porte. Puis il lui manquait et elle lui téléphonait, ou bien c'était lui qui passait sans prévenir avec un jouet pour la petite ou des éclairs, les seuls gâteaux qu'Aliona mangeait. De façon générale, pendant les trois années où Micha fut absent, elle ne mangea presque rien. C'était une sorte de grève de la faim physiologique : elle pouvait prendre du thé avec du pain ou des biscuits, mais elle était incapable d'avaler de la viande, du fromage ou de la soupe. Étrangement, au fur et à mesure de ce processus d'épuisement par inanition, elle devenait de plus en plus belle et de plus en plus éthérée. Sania le sentait, et il redoutait un peu cette séduction maladive. Ce fut lui qui l'emmena voir son mari avant son départ pour le camp. Et il était le seul à écrire de longues lettres à Micha. Aliona en écrivait des courtes, très belles, parfois même avec des dessins. Une fois par mois, Micha répondait à Aliona par une lettre générale destinée à tout le monde, mais avec quelque chose pour chacun de ses amis en particulier. Tous ses correspondants se réunissaient alors chez Aliona pour assister à la lecture. Généralement, Aliona restait assise dans un fauteuil à somnoler, le bébé dans les bras, tandis que Sania s'occupait du thé et disposait les biscuits. Il avait l'air d'être le remplaçant de Micha, et c'était ambigu, cela fit naître des rumeurs sur une liaison entre Aliona et l'ami de son mari détenu. Il n'y avait aucune liaison. Mais il y avait une tension dans l'air.

Sania attendait le retour de Micha peut-être encore davantage qu'Aliona. Il sentait l'instabilité psychologique de la jeune femme, et il avait peur : et si jamais les forces d'Aliona s'épuisaient avant le retour de Micha ? Ou si c'était sa résistance à lui qui s'épuisait ? Aliona était certainement la plus attirante de toutes les femmes qu'il connaissait. Presque désincarnée, avec de longs mouvements alanguis du cou et de la tête, ponctués d'un point final apposé par son menton pointé en l'air, vers le haut. Ou alors ce geste lent de ses doigts qui effleuraient ses tempes, s'enfonçaient à l'orée de sa chevelure, étiraient légèrement ses yeux à la chinoise, et sa tête s'immobilisait dans les airs, comme suspendue à ces doigts…

La famille de Micha lui prenait beaucoup de temps et supplantait ses études musicales. Il en souffrait, il n'arrivait pas à se concentrer sur ses pensées et, débordé par les soucis domestiques, il était obligé de chercher des endroits et des moments pour s'isoler avec sa chère musique et échapper à ces obligations familiales imposées.

Il donnait des cours au Conservatoire. La charge de travail n'était pas particulièrement lourde, elle ne dépassait jamais douze heures par semaine.

Grâce à Aliona, il cessa d'être un étranger dans son propre pays. En tout cas, maintenant, il connaissait l'adresse de la crèmerie ainsi que l'emplacement de toutes les pharmacies et polycliniques du quartier. Il commençait sa journée par un saut à la crèmerie, et la terminait le soir par une visite de contrôle chez Aliona. Il savait qu'il devait l'obliger à avaler ne serait-ce qu'une cuillerée de quelque chose – sans lui, elle ne se mettait même pas à table. Elle passait la plus grande partie de la journée au lit avec sa fille. Une fois que Maïa fut un peu plus grande, elle la promenait dans la cour. Elle avait peur des rues, des attroupements, des bruits stridents, et ne sortait qu'accompagnée par Sania.

Tard dans la nuit, Sania prenait une des partitions qui traînaient par terre à côté de son lit. Il s'allongeait. Il la feuilletait. Une merveille, une splendeur. Mozart, son *Concerto pour piano et orchestre n° 23*. Éléna Danilovna lui avait raconté un jour une histoire à propos de ce concerto : Staline l'avait entendu à la radio interprété par Youdina et avait réclamé le disque. Ce disque n'existait pas. La nuit même, on avait réveillé Youdina, le chef d'orchestre et la douzaine de musiciens, on les avait emmenés dans un studio d'enregistrement, on les avait enregistrés et, au matin, le seul et unique exemplaire du disque était prêt. Staline avait généreusement récompensé la pianiste. On raconte qu'il lui avait envoyé une enveloppe contenant vingt mille roubles. Elle avait répondu par une lettre disant qu'elle avait donné l'argent à l'Église, et qu'elle allait prier Dieu qu'il lui remette ses crimes. Staline lui avait pardonné. Il avait dit : c'est une illuminée...

Sania lisait Mozart, et le bonheur déferlait sur lui comme une vague qui le submergeait tout entier. Staline n'était pas le seul à être subjugué par ce passage... Il sourit. Ferma la partition. Éteignit la lumière. Mozart en personne s'entretenait avec lui. Que pouvait-on rêver de mieux ? Quel meilleur interlocuteur, ami, confesseur, pouvait-on avoir ? Au bout du compte, il pouvait bien supporter Aliona.

Si triste que ce soit, les relations de Sania avec sa grand-mère s'étaient détériorées. Elle ne posait pas de questions directes, et Sania n'estimait pas nécessaire de se lancer dans des explications. Anna Alexandrovna était absolument convaincue qu'Aliona avait entraîné son petit garçon dans une liaison inconvenante, et elle était déçue par son petit-fils adoré. Elle voyait néanmoins de quel fardeau s'était chargé son Sania si gâté, et par moments, elle admirait son héroïsme. Elle souffrait de le voir de plus en plus accaparé par les soins qu'il prodiguait à la famille de Micha, et elle éprouvait une amère jalousie envers cette malheureuse Aliona qui lui était si peu sympathique. Et, ce qui était tout à fait ridicule, elle était jalouse pour Micha, qu'elle considérait comme un mari trompé...

Prenant sur elle une part des péchés qu'elle imputait à Sania, elle se sentait mal à l'aise vis-à-vis de Micha et, en trois ans, elle ne lui écrivit pas une seule lettre, elle se contentait de lui envoyer de la nourriture et de le saluer par l'intermédiaire d'Ilya. En revanche, elle savait très exactement ce qu'il fallait envoyer dans un camp, elle faisait même cuire des biscuits spéciaux à l'intérieur desquels elle mettait du beurre et du bouillon cube, et qu'elle rangeait ensuite soigneusement dans des emballages de biscuits Privet. On ne laissait passer aucune nourriture préparée à la maison, et ces faux Privet contenaient une quantité fabuleuse de calories. De temps en temps, elle donnait de l'argent pour Aliona.

Elle se souvenait fort bien d'avoir délicatement tenté de dissuader Micha d'épouser cette femme. Et elle était la seule à redouter son retour – le scandale, les révélations, toutes ces choses indécentes. Non, pire encore, elle redoutait une catastrophe. Que savait-elle, que pressentait-elle ?

Micha s'interdisait de compter les jours qui le séparaient de sa libération. Mais il ne pouvait s'en empêcher. Moins il en restait, et plus il avait peur de ne pas être relâché. Ses amis aussi comptaient les jours.

C'était stupide, bien sûr, comment avait-il pu leur venir à l'idée que Micha serait libéré au bout de trois ans exactement, et qui plus est, très précisément à minuit, le jour prévu pour sa libération ? Ils savaient déjà qu'il avait été transféré à Moscou et se trouvait dans la prison de Lefortovo. Ils avaient associé cela, non sans raison, à l'arrestation de Sergueï Borissovitch, le père d'Aliona, dont on savait qu'il se trouvait lui aussi à Lefortovo.

Ils arrivèrent devant la prison un peu après onze heures du soir, à trois : Ilya, Sania et Victor Ioulievitch. Ilya avait dans son sac à dos un vieux blouson et des jeans neufs. Il avait aussi acheté des chaussures, d'une taille trop grande, il est vrai. Mais elles étaient superbes.

Il y avait trois sorties par lesquelles Micha pouvait être relâché : la sortie centrale, une autre dans le bâtiment de détention préventive, et une porte de service. Les trois amis surveillèrent ces portes toute la nuit et le lendemain matin jusqu'à midi. Puis ils allèrent se renseigner, et une mémère militarisée derrière un guichet leur déclara que Melamid était déjà sorti.

Ils foncèrent téléphoner chez lui. Ce fut Aliona qui décrocha, elle leur dit d'une voix très basse et très lointaine :

« Il est là. Venez. »

En fait, Micha avait été relâché à huit heures du matin par la sortie du bâtiment de détention préventive, et ses amis l'avaient raté. Ils prirent un taxi et débarquèrent chez lui vingt minutes plus tard. L'ascenseur était en panne. Sania et Ilya grimpèrent jusqu'au cinquième quatre à quatre tandis que Victor Iouliévitch, qui avait beaucoup baissé, haletait deux étages plus bas. Ils attendirent leur professeur pour sonner, et c'est Micha en personne qui ouvrit la porte. Ou plutôt, son ombre terne et émaciée. Ce qu'Ilya s'empressa de commenter afin d'éviter un éventuel débordement d'émotions :

« Mais tu es l'ombre de toi-même ! »

Micha éclata de rire, redevenant aussitôt lui-même :

« Non, je ne suis pas une ombre... Je suis les reliques d'une ombre ! »

Victor Iouliévitch leva alors la main en un geste qui leur était à tous familier depuis l'enfance, et cita Hamlet :

Alors sous la forme et à l'heure
Que tous deux m'avaient indiquée
Sans qu'il manque un seul détail
L'apparition est revenue[1]...

1. Hamlet, acte I, scène 2.

Et tout rentra aussitôt dans l'ordre. Ils se tapèrent mutuellement sur l'épaule, se mirent à asticoter Micha, et s'engouffrèrent tous ensemble dans la pièce qui, en dépit des idéaux d'austérité et d'ascétisme d'antan, s'était remplie de tout un bric-à-brac (une table, un lit d'enfant et même un rideau pour isoler le coin de la fillette) et, de façon générale, était résolument partie pour reprendre sa physionomie du temps de la tante Guénia.

Maïa, que l'on venait de coucher pour sa sieste, se réveilla en hurlant. Aliona se précipita derrière le rideau pour la consoler puis revint avec elle, et la petite tendit aussitôt les bras vers Sania, le seul qu'elle connût parmi l'assistance. Sania la prit, la secoua très légèrement, et elle lui mit les bras autour du cou.

« Qu'est-ce que tu m'as apporté ? » demanda-t-elle d'une voix encore voilée par le sommeil.

Il lui murmura à l'oreille quelque chose qui la fit sourire :

« Où ça ? »

Sania sortit de sa poche une bille en verre de toutes les couleurs et la fit rouler sur sa paume. La fillette s'en empara avec la vivacité d'un petit singe.

Micha regardait ce couple enlacé d'un œil jaloux. Sa fille n'avait pas accueilli son père intimidé. Il la voyait pour la première fois de sa vie et n'arrivait pas à concevoir que cette petite créature, cet être humain vivant, avec ses bouclettes, ses yeux, ses petits doigts qui remuaient, était sortie de lui, de son grand amour pour Aliona, et il ne comprenait pas très bien le lien qu'il y avait entre ces deux choses primordiales de sa vie.

Il avait déjà pris un bain. Il avait débarrassé sa peau de la crasse immonde de ces trois années. Il aurait voulu se récurer aussi à l'intérieur, nettoyer son nez, sa gorge et ses poumons de l'air de la prison, nettoyer sa bouche, son tube digestif, son estomac et ses intestins de cette nourriture et de cette eau immondes...

Sept ans ! Il fallait sept ans pour ça, le temps que mettent toutes les cellules d'un organisme humain pour se renouveler. Qui avait dit cela, déjà ? Et une âme, combien d'années lui faut-il pour se purifier de la crasse des prisons ? Ah, s'il avait pu se laver le cerveau à l'azote liquide, au chlore, à l'ammoniaque, pour libérer sa mémoire de ce qu'il avait vécu pendant ces trois années ! Et tant pis si cela avait tout effacé, tant pis s'il avait oublié tout ce qu'il avait aimé et connu, tout ce qu'il avait vénéré... Ces trois années seraient sorties de sa mémoire.

Ses amis restèrent peu de temps, moins d'une heure, puis s'en allèrent. Et ils se retrouvèrent tous les trois, en famille. Ils avaient beaucoup de choses à se dire. La petite fille se blottissait contre sa mère et repoussait son père. Micha fronça les sourcils : il lui faisait peur, elle se détournait de lui.

« Quel prix élevé ! Mon enfant ne m'a pas reconnu, et elle ne me reconnaîtra jamais... » Micha ne sentait pas les demi-tons, et il souffrait de ce rejet.

« Si on allait se promener ensemble ? Maïa, tu veux aller faire de la balançoire ?

— Oui. Avec toi ! dit la petite fille en prenant sa mère par la main.

— On va emmener papa avec nous. »

Et ils sortirent tous les trois. Maïa s'assit sur la balançoire. Aliona la poussa légèrement.

« J'ai été transféré à Moscou cinq semaines avant ma libération, et j'ai compris qu'ils allaient me coller quelque chose de nouveau, reprit Micha, poursuivant son récit sans cesse interrompu. En fait, c'était lié à l'affaire de Tchernopiatov et de Kouchtchenko. Pendant longtemps, on ne nous a pas confrontés, mais on m'avait fait lire leurs dépositions. Elles étaient terribles, je n'en ai pas cru un seul mot, je me suis dit qu'ils m'avaient tout simplement refilé un faux concocté à partir de données recueillies par les services secrets. Il y avait plus de trente noms cités, dont celui d'Edik Tolmatchev. Mais il s'agissait moins de *Gamaïoun* que de *La Chronique* et de toutes les affaires de défenseurs des droits de l'homme. Il y avait de tout dans ces procès-verbaux, des aveux sincères, du repentir…

— Je sais tout ça ! fit sèchement Aliona en hochant la tête.

— Je n'y ai pas cru jusqu'au dernier moment. D'ailleurs même maintenant, je n'arrive pas à y croire. Mais ils ont organisé une confrontation. Tout était vrai. Je ne sais pas ce qu'on leur a fait. Peut-être que ces dépositions leur ont été extorquées. J'ai tout nié. À part le fait que Sergueï Borissovitch est ton père et mon beau-père. J'étais sûr qu'on allait m'impliquer moi aussi dans cette affaire. Jusqu'au dernier jour, je n'arrivais pas à croire qu'ils allaient me relâcher. Même maintenant, je n'y crois pas. »

Aliona ne levait pas les yeux sur lui, à voir l'expression de son visage, on aurait dit que Micha n'était pas là. Il posa la main sur la sienne.

« J'ai l'impression d'avoir le cerveau coupé en deux : Sergueï Borissovitch n'a pas pu dire tout cela, c'est impossible. Et pourtant je l'ai entendu, de mes propres oreilles. Surtout, Aliona, ne va pas croire que je n'ai plus d'affection pour lui. Je le plains terriblement.

— Je ne sais pas, Micha… Moi, je ne le plains pas. J'ai toujours su, depuis que j'étais toute petite, que mon père était un héros. » Aliona ne levait toujours pas les yeux, elle fixait l'ombre dansante du siège sur lequel se balançait sa fille.

« Tu pousses mal, maman ! » dit la petite d'un ton sévère.

Micha prit le levier de la balançoire.

« N'y touche pas, toi ! » ajouta-t-elle encore plus sévèrement.

En fin de journée, Génia Tolmatchev et une vague amie d'Aliona passèrent et restèrent longtemps. Ils les mirent dehors vers neuf heures en disant qu'ils devaient donner le bain à la petite.

Ils installèrent la bassine dans la salle de bains, la remplirent d'eau tiède et assirent Maïa dedans. Elle lava consciencieusement un baigneur et un chien en caoutchouc, puis s'amusa tout simplement à taper dans l'eau. Micha, debout sur le seuil, la regardait en défaillant d'un nouvel amour sans précédent pour ce bébé mouillé avec ses boucles sombres collées sur le front.

« Prends la serviette ! » demanda Aliona.

Et il reçut le petit dos mince dans une grande serviette. C'était la première fois qu'il tenait son enfant dans ses bras. Elle était très légère, mais son poids était énorme. Elle était petite et pourtant immense, plus grande que Micha, plus grande que l'univers tout entier. Elle était l'univers tout entier.

Mon petit univers, mon immense univers,
Univers aux grands yeux, tout blond et tout mouillé,
Voilà que lentement se ferment tes yeux verts,
Ta-ra-ta-ta-ra-ta-ta-ta-ra-ta-té…

Une fois la fillette endormie, Micha prit sa femme dans ses bras. Elle le fit taire en posant la main sur ses lèvres et dit :

« Tu ne m'as rien appris de nouveau. Je sais déjà tout. J'ai parlé avec son avocat. C'est une avocate, Natalia Kirillovna, tu ne la connais pas. Une femme remarquable. Je lui ai demandé de transmettre à cet homme que je ne veux plus jamais le revoir. »

Elle n'avait pas prononcé le mot « père ». Micha écarta sa main.

« Tu es folle, Aliona. Tu ne peux pas faire ça. Il est terriblement à plaindre... »

Tout était toujours pareil, le quartier, les voisins, la lame de parquet cassée dans le couloir, les peupliers dans la cour, la vieille bordure en pierre qui entourait autrefois un parterre de fleurs, l'ancienne patinoire... Les vendeuses de la boulangerie et celles de la poissonnerie, le gérant de l'immeuble. Mais c'était comme si trente ans s'étaient écoulés et non trois. Micha avait toujours l'impression qu'un mouvement inconsidéré pourrait tout faire voler en éclats dans un tintement de verre brisé – la maison, le quartier, sa fille, sa femme, la ville entière, et ce mois d'avril, si doux et si avenant cette année-là.

Anna Alexandrovna fut la première personne qu'il alla voir après sa libération, dès le lendemain. Et c'est à elle qu'il raconta ce jour-là que le père d'Aliona avait déposé contre lui et qu'il avait peur de retourner en camp à cause de lui.

Anna Alexandrovna s'était préparée à sa visite, elle avait passé toute la journée de la veille dans la cuisine.

« Tu sais, Micha, tout ce qu'il y a de nouveau ici-bas est vieux comme le monde. Mon mari a été envoyé en prison par son propre frère. Ils ont péri tous les deux. C'est le destin qui décide et non notre conduite, qu'elle soit bonne ou mauvaise. Mange, s'il te plaît. »

En trois ans, il avait changé au point d'être méconnaissable : son visage s'était creusé et était devenu plus foncé, ses cheveux étaient moins épais, ses yeux avaient éclairci, ils étaient devenus presque jaunes. Et sa façon de voir les choses aussi avait changé.

Anna Alexandrovna, elle, n'avait pas changé du tout : le réseau léger et touffu de rides qui s'était déposé très tôt sur son visage, comme si un graveur avait dessiné dessus avec un burin très fin, n'avait plus bougé depuis, et il ne l'enlaidissait absolument pas. Justement, à présent qu'elle approchait des quatre-vingts ans, elle avait l'air plus jeune que son âge. En la regardant et en réfléchissant sur ses paroles incompréhensibles, Micha comprit que c'était une femme d'une beauté exceptionnelle. Elle était même plus que belle. À travers le voile de ses rides et par-delà le gouffre des années, il voyait soudain la beauté rayonnante de ce visage.

« Anna Alexandrovna, votre maison m'a tellement manqué... Si vous saviez comme je vous aime... »

Elle éclata de rire.

« Enfin ! Ce n'est pas trop tôt ! Je t'ai préparé un brochet à la juive, Micha. C'est ainsi que s'appelle cette recette dans le fameux livre de cuisine de Molokhovets. J'ai cuisiné ça en vitesse, je n'en avais jamais fait. Goûte, tu vas me dire si c'est réussi... »

Et elle posa devant lui un plat ovale avec des morceaux de poisson blafards.

« C'est très réussi ! Surtout si l'on tient compte du fait que je n'ai jamais rien mangé d'aussi raffiné de toute ma vie ! »

Et il comprit qu'il était rentré chez lui pour de bon. Il rayonnait, il souriait, il parlait la bouche pleine, ayant oublié un instant ses éternels maux de ventre.

De son côté, Anna Alexandrovna se sentait soulagée : peut-être que tout allait rentrer dans l'ordre, que Micha allait reprendre sa place de mari et de père dans sa famille et que Sania allait revenir, qu'il allait être délivré des soucis que lui causait Aliona, que tout allait redevenir comme avant, et que toutes les complications, réelles et imaginaires, allaient se résorber d'elles-mêmes.

Durant les deux semaines suivantes, Micha revint souvent chez les Steklov. Apparemment, les choses se passaient à merveille avec Aliona, et sa fille était pour lui un miracle tombé du ciel. Pour le reste, en revanche, tout allait mal, c'était bien pire qu'avant son arrestation.

Mais ici, chez Anna Alexandrovna, il se sentait bien. Sania, comme autrefois, était rarement à la maison, mais cette absence était réconfortante, cela voulait dire qu'il retournait peu à peu à son élément. Il passait de nouveau toutes ses soirées à des concerts et dans le foyer d'étudiants du Conservatoire, où il comptait beaucoup d'amis, et la bombe qui avait failli exploser pendant les années que Micha avait passées en camp semblait désamorcée. Les deux amis eurent l'occasion de se voir longuement à deux reprises, et ils se retrouvèrent d'emblée enveloppés par ce nuage d'intimité venu de leur enfance, de leur adolescence. Quand tout, chez votre ami, vous est compréhensible, et que ce qui ne l'est pas suscite intérêt et sympathie.

Micha était également heureux de sentir qu'Anna Alexandrovna était toujours une adulte, comme avant, et qu'il était toujours un enfant. Et, comme un enfant au retour d'une promenade, il lui rapportait ce qu'il avait trouvé sur son chemin : une pomme de pin sur sa branche, un dessin amusant fait par Maïa.

Ce jour-là, il passa chez elle en revenant de Tarassovka, où il était allé voir son vieil ami relieur Arthur Koroliov. Ils avaient bu un verre de vodka, mais n'étaient pas restés longtemps ensemble. Micha était rentré à Moscou avant la tombée de la nuit, et il avait décidé de rendre visite à Anna Alexandrovna. N'ayant rien trouvé de mieux, il avait acheté des sucettes à des tsiganes qui en vendaient sur le quai. Et il offrit à sa vieille amie, comme un bouquet, une poignée de bâtonnets surmontés de coqs flamboyants.

Elle les mit dans un verre. Ils étincelaient d'un éclat joyeux, et Micha remarqua soudain que toute la maison avait un air vieillot et décati…

Le cœur est de retour. Il se réjouit, mais de quoi ?
De l'ombre de la maison ? Du jardin ? Je ne sais pas.
C'est un très vieux jardin, les trembles sont si nus pourtant,
La maison est en ruine, et cette vase dans les étangs…

Que de pertes ! Le frère contre le frère… Que de blessures !
Ça penche, mais ça tient bon… Poussière et pourriture…
À qui est cette demeure ? Et les décombres de cet incendie ?
La tanière sans poêle d'une mendiante sans vie…

De ses mains fragiles comme de la porcelaine, la vieille dame versa un thé clair dans des tasses presque translucides.

« Tu te souviens encore de ce poème d'Annenski[1]… Mais c'est un peu triste ! Tu as vu, c'est le grand luxe, aujourd'hui : du thé avec du sucre et des sucettes ! Sania ne va pas tarder. Il a promis de passer au Gastronome en revenant. Tu l'attends ? »

Se levant avec légèreté, elle sortit du buffet un sucrier bedonnant et une pince, pour le sucre en morceaux.

Anna Alexandrovna et Micha s'assirent devant ce thé trop clair. Il n'y avait ni biscuits, ni pain d'épice, ni craquelins. Depuis plus d'une semaine, Anna Alexandrovna ne sortait plus de chez elle à cause d'une lassitude inhabituelle qui s'était soudain abat-

1. Innokenti Annenski (1856-1909).

tue sur elle. Elle n'avait pas pris d'arrêt maladie et s'était entendue pour qu'un autre professeur, qui enseignait à mi-temps à l'Académie, se charge de ses cours. Mais une semaine s'était écoulée, elle ne se sentait toujours pas mieux et se plaignait à Micha d'être devenue terriblement paresseuse : elle n'allait pas travailler, elle négligeait sa maison... La preuve, il n'y avait rien pour accompagner le thé.

« Demain, je secouerai mes vieux os et je sortirai ! Mais Sania exagère, lui aussi, il n'a même pas acheté de pain ! C'est inimaginable !... Et je ne parle pas de Nadiejda. Ah, mais tu n'es pas au courant des dernières nouvelles ! Ma fille a une liaison depuis bientôt deux ans, elle ne couche plus ici, tu te rends compte ? C'est inimaginable ! »

Elle éclata de rire, comme si elle parlait de la conduite scandaleuse d'une jeune fille de quinze ans, et ajouta avec son franc-parler coutumier :

« Elle veut se marier. Non, mais quelle bêtise... »

Et elle fronça les sourcils.

« Elle doit vraiment aller mal ! » se dit Micha, habitué à ce qu'elle serve toujours du thé fraîchement infusé. Le vieux, même s'il avait été fait quelques heures plus tôt, était toujours impitoyablement jeté.

« Alors, comment vas-tu, toi ? » lui demanda-t-elle.

Et Micha se mit à lui parler de ce qui était pour lui le plus douloureux : il n'avait pas de travail, il avait cherché dans tous les recoins possibles. Personne ne voulait de lui. Le milicien du quartier passait régulièrement, il demandait quand il allait trouver un emploi...

Elle écoutait avec attention en froissant machinalement une cigarette et en tapotant son fume-cigarettes vide contre la table. Puis, brusquement, elle laissa tomber la cigarette, s'appuya contre le dossier de sa chaise et, regardant au loin, derrière lui, dit :

« Micha, je me sens mal… Très mal. »

Elle respira convulsivement, la bouche ouverte et les lèvres crispées, et sa main glissa sur la table, balayant les sucettes rouges. Ses yeux devinrent immobiles, fixant quelque chose derrière Micha avec tant d'insistance qu'il se retourna. Il n'y avait personne, juste les dorures de l'encyclopédie Brockhaus et Efron qui chatoyaient dans la bibliothèque.

Il la prit dans ses bras et la porta sur le divan. Elle était légère et toute molle, comme une couverture en duvet. Il l'allongea en lui calant le dos avec des coussins. Elle regardait toujours fixement devant elle. Il tâta son poignet, à un endroit où on ne sent pas le pouls, même chez les vivants.

« Une seconde…! Je vais vous donner votre médicament… Juste une seconde… J'appelle les urgences… », balbutiait-il, devinant déjà qu'il était trop tard.

Il se précipita sur le téléphone. Les Steklov étaient les seuls de l'appartement à avoir un poste chez eux. Il décrocha et entendit les bribes d'une conversation de la voisine.

« Je lui ai déjà dit cent fois de faire attention, avec lui ! Cela la faisait rire, eh bien, maintenant, elle ne rit plus… C'est un homme sérieux, et de nos jours, c'est rare… »

Micha bondit dans le couloir.

« Vite ! Anna Alexandrovna a un malaise ! Il faut appeler les urgences… »

La voisine Maria Solomonovna, une pharmacienne avec des dents en or tachées de rouge à lèvres, avait un grand respect pour Anna Alexandrovna.

« Bon, je raccroche, les voisins ont un besoin urgent du téléphone. Mais répète-le-lui bien : je le lui ai déjà dit cent fois… »

La serrure de la porte d'entrée cliqueta. Sania s'avança dans le couloir avec un sac. En rentrant, il était passé au Gastronome n° 100, il avait acheté tout ce qu'il fallait, même un poulet, et rapportait fièrement ses achats à sa grand-mère. Sans doute pour la première fois de sa vie.

« Anna Alexandrovna a eu un malaise… Il faut appeler les urgences… Je crois qu'elle va très mal… », bredouilla Micha.

Sania se précipita dans la chambre suivi par Maria Solomonovna qui se dandinait comme un canard.

Un quart d'heure plus tard, avant l'arrivée des médecins, Vassili Innokentiévitch téléphona. Son coup de fil quotidien, avec son « comment vas-tu ? » qui agaçait un peu Anna Alexandrovna. Il accourut immédiatement. C'était la fin de l'amour de toute une vie, d'une relation qui avait duré soixante ans, avec des interruptions à l'occasion des mariages et des liaisons de Niouta. Lui qui avait été repoussé un nombre incalculable de fois et qui lui était toujours revenu dans les moments les plus durs (quand on avait arrêté et assassiné ses maris et ses amants), voilà qu'il enterrait maintenant son grand amour, cette fois sans espoir d'une nouvelle renaissance. Définitivement.

Ilya, qui passait rarement, débarqua en même temps que lui. Si bien qu'avant même la venue des médecins qui constatèrent le décès, toutes les personnes qu'elle aimait le plus au monde se retrouvèrent auprès de son corps encore tiède. Il ne manquait ce soir-là que sa fille Nadiejda, qui passait la nuit dans une datcha de location où il n'y avait pas le téléphone. Elle n'apprit la mort de sa mère que le lendemain matin.

Le corps fut emporté vers le soir, et les garçons devenus grands restèrent seuls tous les trois, ne formant plus qu'un seul être ou presque, avec les mêmes pensées, les mêmes sentiments, les mêmes souvenirs, tous aussi bouleversés et tous aussi inconsolables. En présence de Sania et de Micha, c'était comme si s'ouvrait chez Ilya un œil généralement fermé, le troisième ou le quatrième, ou autre chose, l'organe de la chaleur humaine et de la compassion, et ils respiraient d'un seul et même souffle, ressentaient un seul et même chagrin.

Les funérailles furent étranges par leur caractère hétéroclite. On avait trouvé un testament dans lequel Anna Alexandrovna donnait des instructions très précises sur la façon de l'enterrer, et l'endroit. Elle avait demandé que soit célébré un service funéraire dans l'église Saint-Pierre-et-Saint-Paul, près des Portes de la Yaouza.

Il y avait beaucoup de monde, et ces gens détournèrent l'attention de Sania de sa grand-mère qui reposait, telle une île blanche, au milieu de noires vagues humaines.

Outre les proches était venue la direction de l'Académie – des uniformes perplexes avec des galons bleus. Et aussi ses élèves. Ces années-là, ce n'étaient plus des Chinois, mais des Cubains et des Africains. Anna Alexandrovna était un très bon professeur de russe. Ils avaient apporté une couronne en pin avec des rubans rouge et noir, et cette couronne blessait les yeux de Sania.

Auprès du cercueil se tenait Vassili Innokentiévitch, le visage crispé, avec sa chevelure blanche étincelante. Lisa n'était pas à ses côtés, elle se trouvait en tournée en Allemagne. Une dizaine de vieilles amies (Evguénia Danilovna, deux ou trois camarades de lycée, Éléonora Zorakhovna avec deux roses blanches très aristocratiques) se mélangeaient avec d'anciennes collègues de diverses périodes de sa vie et avec les amis de Sania. Ilya était venu avec Olga, et auprès d'eux se trouvait Tamara Brine, la petite-fille d'une défunte amie de Niouta. Cette Tamara avait un visage levantin d'une espèce si rare que Sania la reconnut immédiatement. Autrefois, quand il était petit, elle venait à ses anniversaires.

Micha, livide, se tenait auprès de Sania et trempait de larmes silencieuses une écharpe en mohair qu'Anna Alexandrovna lui avait offerte il y a très longtemps, pour l'un de ses anniversaires. De temps en temps, le regard de Sania achoppait désagréablement sur un homme corpulent au large visage et aux gros sourcils. Il tenait Nadiejda par le bras d'un air autoritaire. C'était l'élu de son cœur, et Sania le voyait pour la première fois. Pourquoi sa mère l'avait-elle amené ?

Il observait tout ce qui se passait avec détachement, comme à travers une vitre épaisse. Le visage mort de sa grand-mère avait l'air faux, artificiel, sa beauté avait pour ainsi dire acquis une forme définitive, et cette beauté parfaitement inutile inspirait des doutes sur le monde des vivants, si agité et si dénué de beauté.

Un prêtre entra par une porte latérale, et le service commença. Evguénia Danilovna fourra un cierge allumé dans la main de Sania. La voix du prêtre s'entrelaçait avec des chants que Sania n'avait jamais entendus auparavant. Ils réclamaient de l'attention car ils recelaient quelque chose d'important, mais de difficile à déchiffrer.

Le prêtre, qui avait une tête de Grec, officiait avec une profonde concentration et sans rien abréger. L'office complet des « funérailles pour un laïc » n'en finissait pas. Sania remarqua que la voix du prêtre se superposait magnifiquement aux chants et que les menus bruits, le crépitement des cierges, les toussotements, les raclements de gorge, s'y inséraient aussi de façon extrêmement subtile : l'orchestration était excellente. Puis on éteignit les cierges, et Sania crut que l'office était terminé. Mais le prêtre recommença à réciter quelque chose, les choristes se remirent à chanter, et Sania, avec ces bruits, ces odeurs et le reflet des lumières sur les parures des icônes, fut emporté là où la musique l'emportait toujours.

Le service funéraire se termina, et le prêtre déclara que les proches pouvaient faire leurs adieux à la défunte. Tout le monde s'avança aussitôt, et une queue se forma.

Anna Alexandrovna détestait les queues. Elle disait qu'elle avait passé la moitié de sa vie à faire la queue, pour acheter du pain, du lait, des pommes de terre, du savon, des billets, pour recevoir des lettres, et elle avait même mis au point une façon de se protéger : elle se récitait des vers. Elle disait en riant qu'avec ces files d'attente incontournables, le système soviétique lui avait permis d'entraîner sa mémoire. Elle n'avait sans doute jamais pensé que lors de son dernier jour sur cette terre, on ferait une telle queue pour la voir.

Elle avait pris ses dispositions pour être enterrée dans le monastère du Don, dans la tombe de son grand-père. La crémation eut lieu dans le crématoire du monastère. Le cimetière était fermé depuis longtemps, et on ne pouvait y enterrer que des urnes, au bout de deux semaines.

En réalité, ce n'était pas une tombe mais un caveau, et il s'était effondré depuis si longtemps que l'on ne pouvait enterrer qu'en surface, près du monument à présent de guingois. Son grand-père avait un nom aristocratique, mais sans éclat particulier.

Il y avait très peu de monde à la crémation. Uniquement les intimes. Vassili Innokentiévitch se tenait aux côtés de Sania, il voulait lui dire quelque chose, mais n'arrivait pas à trouver le moment opportun. Une fois que tout fut terminé, alors qu'ils franchissaient les portes du monastère, il prit Sania par le bras et lui chuchota de façon très distincte :

« Nous avons perdu Lisa pour toujours, Sania. Elle n'est pas revenue de sa tournée, elle est restée en Autriche. Elle a téléphoné, elle a dit que nous comprendrions avec le temps, que tout allait très bien, qu'elle était heureuse et qu'elle demandait pardon à tout le monde. Et qu'elle nous aimait beaucoup. Quand je lui ai annoncé que Niouta était morte, elle a fondu en larmes et a demandé si elle pouvait t'appeler. J'ai répondu qu'il fallait que je te demande d'abord.

— Oh, mon Dieu ! »

Ce fut tout ce que Sania put articuler.

« Elle va épouser un chef d'orchestre de là-bas, elle avait fait sa connaissance lors de ses premières tournées, ils ont joué ensemble… Un vieux. C'est une perte épouvantable. Les gens qui nous sont les plus proches nous quittent. Nous ne reverrons plus jamais Lisa. Toi peut-être, mais moi non.

— Comme c'est triste, Basile ! Je ne sais pas pourquoi les femmes tiennent tellement à se marier… Tiens, regarde ! » Et il désigna du regard sa mère au bras d'un homme avec un gâteau en rat musqué posé sur sa grosse tête. « Ton gendre est autrichien, il n'est pas allemand ? »

Vassili Innokentiévitch hocha la tête.

« Je détestais tellement le gros Bob ! J'ai été si content lorsqu'ils ont divorcé. Quant à ton nouveau gendre, soit dit en passant, il est très bel homme. Il a un visage magnifique. J'ai un disque avec sa photo. Qu'est-ce que les femmes ont dans la tête ? Non, mais regarde celui-là… Ce gérant d'immeuble… Niouta, elle, savait tout ça… », ajouta-t-il en regardant du côté de sa mère et de son promis

Micha s'approcha. Il prit la main estropiée de Sania et se pencha contre son oreille.

« Toi, ta mère est vivante. Moi, je n'ai personne. Anna Alexandrovna était la seule famille que j'avais. Je viens juste de le comprendre. Elle est partie, et je me retrouve en première ligne.

« Quoi ? Qu'est-ce que tu dis ? demanda Sania sans comprendre.

— Il n'y a plus aucun adulte devant moi. C'est moi, le prochain », expliqua Micha.

Deux semaines après la mort d'Anna Alexandrovna, le gros monsieur coiffé d'un gâteau qui tenait sa mère par le bras emménagea dans l'appartement. Il s'appelait Lastotchkine, et ce nom lui allait étonnamment mal[1]. On bougea des meubles, on enleva le paravent, on sépara la pièce en deux avec une armoire et une bibliothèque. Sania fut légèrement déplacé et privé de sa géométrie familière.

La mort d'Anna Alexandrovna, douce, subite et à laquelle rien ne l'avait préparé, refusait de se concilier avec la vie. Le matin, à son réveil, en entendant les bruits d'une existence qui lui était étrangère, Sania rêvait de se rendormir pour se réveiller cette fois dans une maison normale et familière.

Mais son ancienne maison n'existait plus, sa grand-mère n'était plus là, et il arrivait à sa mère quelque chose qui relevait du sortilège, comme dans les contes de fées sur des enfants ensorcelés. Du jour au lendemain, elle s'était métamorphosée en l'inverse d'elle-même : sa douceur et ses rondeurs s'étaient transformées en dureté, de blonde grisonnante elle était devenue brune, elle se mettait du rouge à lèvres et portait un nouveau manteau en astrakan, noir et crépitant, au lieu de la vieille pelisse grise en lapin dont on recouvrait Sania quand il était petit.

1. *Lastotchka* signifie hirondelle.

Mais le plus insupportable, c'était sa nouvelle voix – sonore, mielleuse, avec des roucoulements de rire à la fin de chaque phrase. Non, il y avait plus insupportable encore : les nouveaux bruits de leurs accouplements nocturnes, les tressautements des ressorts, les halètements, les gémissements...

Le cagibi du concierge, ce maudit cagibi de la ruelle Potapov, se trouvait maintenant ici, à l'endroit où autrefois, pendant ses insomnies, Niouta lisait ses chers Flaubert et Proust.

Il n'arrivait plus à dormir. Juste de brèves plongées dans le sommeil, puis il remontait à la surface avec toujours cette pensée : Niouta n'est plus là. Niouta ne sera plus jamais là. Niouta n'est plus nulle part.

Il se rendormait un instant. Et dès qu'il était définitivement réveillé, il sombrait dans la dépression. Il faisait sa toilette et quittait cette maison souillée. S'il n'avait pas cours, il allait voir Micha.

Micha non plus n'avait guère le moral, il n'avait toujours pas de travail, personne ne voulait engager un ancien détenu, et il n'avait pas d'argent non plus. Aliona essayait de trouver des leçons particulières. Des amis leur donnaient quelque chose de temps en temps, et Micha se forçait à accepter ces subventions. Marlène avait fini par émigrer en Israël, dans l'urgence, de façon brusque et incompréhensible. Il lui écrivait et l'invitait à le rejoindre. Mais Micha refusait d'envisager l'émigration.

« Tout le monde ne parle que de ça, émigrer, émigrer... Et tout le monde a ses raisons – pour ou contre. Moi, c'est une solution que je n'envisage même pas, Sania. Je mourrais, là-bas. »

Maïa, qui adorait Sania et ne se fiait pas encore tout à fait à ce père qu'elle connaissait mal, grimpait sur ses genoux et le chatouillait derrière l'oreille. C'était un de leurs jeux.

« On va tous mourir, de toute façon ! La musique et la poésie, cela existe partout, pas seulement en Russie ! faisait remarquer Sania.

— La musique, oui, mais pas la poésie. La poésie a une langue, et cette langue, c'est le russe. Je suis un poète, peut-être pas très bon, mais un poète ! s'écriait le modeste Micha. Je ne peux pas vivre sans la Russie ! »

Sania n'avait rien à répondre. Il n'allait pas lui dire : oui, tu es un mauvais poète, mais les bons, ils ont fait comment ? Tu crois qu'ils pouvaient, eux ? Khodassevitch... Tsvétaïeva... Et Nabokov, nom de nom !

Mais Micha, comme un balancier, en revenait toujours au point le plus bas : la Russie, la langue russe, la métaphysique russe... La Russie, le Léthé, la Lorelei...

Sania fit une tentative pour descendre d'un cran :

« Eh bien, tu n'as qu'à quitter la Russie avec ta Lorelei, mon vieux, sinon tu vas disparaître avant l'heure dans notre Léthé national... » La maladresse de sa plaisanterie le fit grimacer. « Pars, Micha. Tout est fichu ici. Et Niouta est morte... »

Il pensait à Lisa. Elle était restée là-bas, elle avait abandonné son grand-père qui l'aimait à la folie et vivait à présent de l'autre côté du miroir. Pourquoi de l'autre côté du miroir, d'ailleurs ? À Vienne, il y avait Mozart, Schubert... Et toute l'École de Vienne se promenait sur le Ring.

En descendant l'escalier, Sania commença à prononcer mentalement une longue phrase qui reposait tout entière sur la musique : les cordes souffraient, les cuivres tintaient, le saxophone alto roucoulait d'une voix nègre, et les mots sourdaient à peine, indistincts mais nécessaires.

« Niouta est partie, elle est morte, la pauvre, elle s'est envolée, ses doigts maigres, ses bagues ne tintent plus... Même son odeur a disparu... »

Traverser la cour de Micha au pas de course, passer devant l'immeuble du coin, puis le boulevard des Étangs-Purs, la rue de la Petite-Russie...

« Micha, l'orphelin, la famille, une enfance épouvantable, cette Aliona transparente, Seigneur, ça sent la folie, ça sent les mugissements des sourds-muets, les pauvres, les pauvres, pauvres tous... »

À vous, les instruments à vent ! La clarinette sanglote et la flûte pleure...

Franchir les rails du tramway, là où se dresse un monument invisible aux yeux de tous, un monument à un jeune voyou mort ici même il y a vingt ans.

Fortissimo, les percussions !

Les cuivres, les cuivres... Et le crissement des freins.

« Un pauvre petit garçon en manteau ouatiné, avec une chapka militaire, il court, il fonce comme un dératé, serrant dans son poing le métal froid... »

Tourner à gauche, rue de l'Intercession, vers la maison-commode.

« Pauvres doigts, pauvres doigts, ils sont morts pour les siècles des siècles. Morts pour le violon et pour l'alto, morts pour la clarinette et pour le tambour, morts pour l'accordéon et pour cette vilaine balalaïka. Oh, piano ! »

Un duo au piano ! À quatre mains ! Le côté droit pour Lisa, le gauche pour moi ! Lisa entame le motif, j'entre en scène.

Ensuite, tourner à droite, vers l'aile latérale. Les cordes. Ce sont les violons qui commencent. Piano, pianissimo. Le motif du piano se déploie, il s'affine dans l'interprétation des cordes. Il monte. Et tout s'achève par la voix triste et profonde du violoncelle.

« Ils trimbalent des patins, des cabas, des cartables, des partitions, des chaussures cent fois ressemelées par le cordonnier. Ils trimbalent des maladies, des malheurs, des nouvelles, des analyses, des ordures, un chien, une bouteille. »

Et devant la porte, les doigts déjà posés sur la seule poignée en bronze qui restait encore dans la maison, il éleva toute cette musique très haut dans les airs, puis la flanqua par terre de toutes ses forces, pour qu'elle se brise et s'éparpille.

« Si Tu existes quand même, Seigneur, emporte-moi loin d'ici et dépose-moi ailleurs. Je ne peux plus vivre ici. Je ne peux plus vivre ici sans Niouta... »

Il pénétra dans la maison. Il monta au premier. Il entra dans l'appartement et s'arrêta. Lastotchkine, tenant une énorme poêle dont le manche était enveloppé dans ce qui restait d'une blouse de Niouta, sortait de la cuisine communautaire avec des pommes de terre sautées au lard, et il empestait.

La culotte décorée

En 1961, Piotr Pétrovitch Nitchiporouk était intervenu lors d'une réunion du Parti, et il avait dit ce qu'il avait sur le cœur : le culte de Staline avait été dénoncé, mais un nouveau culte était en train de s'installer peu à peu, celui de Khrouchtchev. Les préceptes de Lénine étaient oubliés, or il aurait fallu y revenir, renforcer la démocratie et la responsabilité des élus devant le peuple et pour cela, on devait supprimer les hauts salaires et les autorités inamovibles. Il avait exposé tout ce qu'il pensait.

Avant cela, il avait « rodé » ces considérations sur son ami Afanassi Mikhaïlovitch, Fécha, un camarade de l'Académie militaire où ils avaient fait tous les deux de brèves études avant la guerre. Fécha ne l'avait pas approuvé, bien qu'il fût d'accord sur tout. En fait, ce qu'il n'avait pas approuvé, c'était son intention d'exposer ses considérations à une réunion du Parti.

« Cela ne servira à rien, Petro, et tu ne vas récolter que des ennuis ! » avait-il dit à propos de ce projet déraisonnable.

Petro avait accusé Fécha de lâcheté. Ce dernier, qui faisait ordinairement preuve de retenue, était brusquement devenu fou furieux et avait envoyé son ami là où il n'était pas dans leurs habitudes de s'envoyer.

Piotr Pétrovitch lui avait alors déclaré une chose extrêmement désagréable, à savoir qu'il n'y a pas plus lâches que les militaires. Et plus ils ont un grade élevé, plus ils sont lâches. Des professionnels qui sont passés par la guerre, qui ne craignent ni le feu ni l'ennemi et ne se sont jamais cachés derrière le dos de personne, tremblent de peur devant les autorités, ce n'est plus la Patrie qu'ils défendent désormais, mais leurs derrières de gros pleins de soupe et leurs fauteuils.

Étant donné que tout cela se passait dans la datcha d'Afanassi Mikhaïlovitch, ce dernier avait montré la porte à son ami, et il s'était produit entre les deux généraux une brouille du genre de celle décrite par Gogol[1]. Même si aucune truie et aucun jars ne figuraient dans cette histoire, le mot « lâche » avait blessé Afanassi Mikhaïlovitch au plus profond de son âme.

Piotr Pétrovitch avait été puni pour son intervention scandaleuse : il avait été muté à un autre poste, en Extrême-Orient. Autrement dit, on l'avait envoyé en relégation le plus loin possible des autorités. Là-bas, il avait commencé par se morfondre dans cette vie de province, puis s'était lancé dans des activités, il avait fondé une association de gens ayant les mêmes idées que lui et qui auraient voulu, eux aussi, remettre sur les rails du léninisme le pays qui avait dévié du droit chemin. Ces activités clandestines, avec des rendez-vous secrets et même des tracts, n'avaient pas duré longtemps. Piotr Pétrovitch avait été arrêté. On avait commencé par l'exclure du Parti, puis on l'avait jugé lors d'un procès à huis clos, et on lui avait collé en tout et pour tout trois malheureuses petites années de rien

1. Allusion à la nouvelle de Gogol « La brouille des deux Ivan » (in *Mirgorod*), dans laquelle deux amis se brouillent à mort, au point de se traîner en justice, parce que l'un a traité l'autre de « jars ». Une truie appartenant au second mange ensuite la plainte déposée par le premier.

du tout. À titre de châtiment subsidiaire, on l'avait rétrogradé au rang de simple soldat, et le général condamné s'était vu retirer son grade militaire, ses décorations de guerre, sa pension, ainsi que tous les privilèges que lui avaient valu ses mérites passés désormais annulés.

Cela avait été le début d'une nouvelle existence pour Piotr Pétrovitch. Il s'était peu à peu débarrassé de ses conceptions de la vie anachroniques en même temps que de ses kilos en trop. Il avait purgé ses trois ans, il était sorti, puis était retourné en prison. Quand il évoquait sa vie d'autrefois, sa vie « académique », comme il disait maintenant en se moquant de lui-même, il la qualifiait de « petite enfance ».

Le général avait la tête bien faite. Ce n'était pas un hasard s'il avait dirigé la chaire de tactique à l'Académie. Mais il s'était engagé dans un combat inégal contre un pouvoir qui s'y prenait non par l'intelligence, mais par la force. Que pouvait y faire ici la tactique, ou même la stratégie ? Quel que soit l'endroit où l'envoyait le pouvoir outragé – la prison, le camp, la relégation ou l'asile psychiatrique –, dès qu'il en sortait, il reprenait ses activités.

Au printemps 1972, il eut droit à un peu de vacances : il se retrouva en liberté. À ce moment-là, il n'était déjà plus un simple soldat, mais le véritable général d'une petite armée de dissidents. Il y a des gens comme ça, qui sont des généraux de naissance.

Nitchiporouk savait que le pouvoir ne pardonnait pas aux ennemis intérieurs, aussi comprenait-il qu'il n'allait pas rester longtemps enliberté. Il savourait le plaisir d'être chez lui, de bavarder avec des gens et même de se promener à pied dans la ville, tout simplement. Ah, la liberté ! La liberté !

Mais c'était une impression trompeuse. Son téléphone était sur écoute, et il était toujours sous surveillance. Piotr Pétrovitch décida de se rendre à Minsk, il avait à faire là-bas. Même à sa femme Zoïa, il n'avait pas dit de quoi il s'agissait. Mais c'était une amie pleine d'expérience, elle ne lui avait rien demandé.

Il prit un billet pour le train de nuit, rentra chez lui, rassembla quelques petites affaires de rien du tout, oh, pas grand-chose, du linge de rechange, de quoi se raser, les deux derniers numéros de la revue *Novy Mir* déjà passablement décatis, et un chien en peluche pour le petit-fils de son camarade.

Ils se mettaient à table lorsqu'on sonna à la porte. C'était Svetlana, une amie de Zoïa, une proche. Elle apportait une nouvelle : la veille, il y avait eu des perquisitions chez Khartchenko et chez Vassilissa Travnikova. Ils avaient emmené Khartchenko, mais pas Vassilissa.

Piotr Pétrovitch haussa les épaules. Chez eux, tout était nickel.

« Oui, mais eux, ils ne le savent pas. Ils vont venir fouiller partout ! protesta Svetlana.

— Aaah ! songea soudain Piotr Pétrovitch. Mes décorations ! Formellement, ils me les ont enlevées, mais la ferraille est toujours ici. Je ne veux pas les leur rendre. Il faut les faire disparaître. Vous ne voulez pas les emporter, Svetlana ?

— D'accord. Mais je préfère vous envoyer les filles. Ce sera moins risqué. Ce soir. »

Et de fait, ce soir-là, après le départ de Piotr Pétrovitch, deux petites étudiantes auxquelles on aurait donné une quinzaine d'années se présentèrent, une Tonia grassouillette aux joues rebondies et une deuxième très laide, Sima, avec toutes les deux le même bonnet et la même écharpe en tricot. Des élèves de Svetlana Sergueïevna.

Elles restaient sur le pas de la porte, l'air embarrassées. Zoïa Vassilievna leur fit enlever leurs manteaux et leur servit du thé avec des biscuits. Elles le burent sans rien dire, coiffées de leurs bonnets bleus. Zoïa Vassilievna posa sur la table un petit paquet assez lourd enveloppé dans du papier journal et attaché par une ficelle. Elle fourra le paquet dans un cabas cousu main, comme ceux dans lesquels on transporte les provisions. Puis elle leur montra un papier : « Décorations militaires, à conserver ». Les jeunes filles hochèrent la tête en chœur. Zoïa Vassilievna frotta une allumette, brûla le papier, fit couler un filet d'eau sur ce qui en restait, et le jeta à la poubelle.

Les jeunes filles échangèrent un coup d'œil. C'était du sérieux.

Elles sortirent de l'immeuble en regardant autour d'elles. Tout était calme et désert, un temps d'avril, instable et incertain. Elles se dirigèrent vers le métro en silence et descendirent à la station Biélorousskaïa. Tonia raccompagna Sima jusqu'à son immeuble. Arrivée devant l'entrée, Sima donna le cabas à son amie :

« Tu sais, j'ai peur que maman le trouve. Si tu le prenais chez toi ?

— Bon, accepta Tonia sans murmurer. Mais je vais le cacher où ? Si je le mettais dans le cagibi ? Il y en a un sous l'escalier. Il est vrai que les gens forcent souvent le cadenas pour prendre du bois.

— Pourquoi avez-vous du bois ? demanda Sima étonnée.

— Oh, pour rien. Cela fait longtemps qu'il n'y a plus de poêles, mais il y a du bois. Les gens viennent se servir.

— Mais on est presque en été, maintenant...

— Tu as raison... »

Devant la gare de Biélorussie, Tonia prit un tramway qui l'amena presque jusqu'à chez elle, place Dzerjinski.

À la maison, comme par un fait exprès, il n'y avait personne. Vitia, son neveu, était chez des voisins, sa belle-sœur Valka était partie faire la bringue, et son frère aîné Toliane était en train de purger une peine de prison.

Sa mère non plus n'était pas là, elle travaillait ce jour-là dans l'équipe de nuit.

Tonia fit le tour de l'appartement en serrant le paquet contre son ventre. Si elle le mettait dans une boîte en haut de l'armoire ? Il n'y avait pas de boîte vide, les trois qui étaient là étaient pleines à craquer. Dans le tiroir du bas de l'armoire se trouvaient des outils, sa mère l'ouvrait de temps en temps pour y prendre un marteau ou des clous qui dataient de l'époque de son père. Le linge était rangé en piles, il n'était en vrac que sur l'étagère du bas. Il y avait là de vieilles culottes en mohair, autrefois bleues et couleur pêche, à l'entrejambe usé et délavé. Sa mère découpait les morceaux les plus solides et en cousait plusieurs épaisseurs, à gros points, à l'intérieur de celles qui pouvaient encore servir. Tonia prit la plus déchirée, enveloppa soigneusement dedans le paquet en toile, et le posa dans le fond. Il prenait presque toute la place. Elle ouvrit alors le paquet et en sortit onze écrins magnifiques. Ils contenaient des décorations militaires couvertes d'émaux et de dorures, d'une grande beauté et d'un poids surprenant. Tonia décida de se débarrasser des écrins, ils prenaient beaucoup trop de place. Elle sortit les décorations, les agrafa ou les épingla une par une sur la culotte, puis la roula et la plaça contre la cloison. Quant aux écrins, elle les rangea à part, dans son coin à elle, sur l'étagère du haut. Des boîtes vides, qu'est-ce que cela pouvait faire ? L'important, c'étaient les décorations.

Le matin du 9 mai [1], très tôt, le rouleau de chiffon fut découvert dans l'armoire par Vitia, le neveu de Tonia, un sale gosse. Des copains lui avaient dit que les mamans cachaient leur argent dans les armoires, sous le linge. Il suffisait de bien chercher. Il avait commencé par l'étagère du bas. Il n'y avait pas d'argent, mais il était tombé tout de suite sur un rouleau de tissu assez lourd posé contre la cloison. Il le sortit et le déroula. Il y avait là des décorations et des médailles épinglées sur une vieille culotte de sa grand-mère. Et quelles médailles ! C'était le jour rêvé pour des décorations, la fête de la Victoire. Il déplia complètement la culotte : quelle splendeur ! Il y en avait beaucoup, il en compta cinq, puis encore cinq, et il en restait encore une. Elles se vissaient et s'épinglaient toutes de façons différentes et, lentement, en tirant la langue, il les décrocha du chiffon usé, puis, sans aucune pitié pour sa chemise, les accrocha toutes dessus, des deux côtés, depuis l'épaule jusqu'en bas. Elles distendaient le tissu, étincelantes d'or, d'argent et d'étoiles du Kremlin. Et Vitia descendit dans la cour retrouver ses copains, ne songeant plus à l'argent qu'il avait promis de chercher dans l'armoire sous les piles de linge. Mais ses copains l'avaient oublié, ils étaient partis. Tandis qu'il était là, à se demander où ils pouvaient bien être, des grands arrivèrent, Arthur l'Arménien, Sevka et Timka la Souche. Ils se jetèrent immédiatement sur lui et commencèrent à arracher les médailles. Vitia poussa un hurlement et fonça vers le porche.

1. Les Russes fêtent la victoire sur l'Allemagne nazie non le 8 mai, mais le 9.

Le quarantième jour après la mort d'Anna Alexandrovna tomba le 9 mai [1] et, au lieu d'aller retrouver ses compagnons d'armes, le médecin-colonel à la retraite Vassili Innokentiévitch se mit en route pour assister au service religieux qui devait avoir lieu dans l'église Saint-Pierre-et-Saint-Paul, près des portes de la Yaouza. Il restait encore une bonne heure avant l'office, et il décida de faire le trajet à pied depuis la place Dzerjinski. Il longeait le mur ouest du musée Polytechnique, mais de l'autre côté de la voie Sérov, quand toute une bande de galopins surgit soudain en trombe de sous un porche et vint rouler à ses pieds en un amas grouillant. Celui qui était poursuivi, le plus petit, hurlait de toutes ses forces. Le vieillard le releva. Le garçon avait environ sept ans, et des dents qui poussaient de travers dans une bouche pleine de trous. Les trois autres se replièrent sous le porche, mais continuèrent à regarder. Le garçon se débattait entre ses mains comme un poisson pris à l'hameçon, et sa chemise cliquetait de bouts de métal bariolés. Des décorations de guerre…

Vassili Innokentiévitch posa le garçon par terre et, le tenant par les épaules, examina cette iconostase militaire. Outre les décorations ordinaires arborées ce jour-là en grande quantité par des vétérans d'âge canonique sur de vieilles vareuses et des vestons neufs, Vassili Innokentiévitch vit des médailles très rares : « Pour la défense des régions polaires soviétiques », « Pour la prise de Königsberg », et une tout à fait particulière, américaine, sur laquelle figuraient une couronne de laurier, des étoiles et des rayons. C'était l'ordre de la Légion du Mérite. Les Alliés avaient accordé cette décoration à des offi-

1. Les orthodoxes célèbrent un office funéraire quarante jours après la mort.

ciers supérieurs soviétiques après la prise de Berlin, en 1945.

Vassili Innokentiévitch connaissait quelqu'un qui l'avait reçue. Le général Nitchiporouk s'était retrouvé dans son hôpital en 45. Il passait le voir tous les soirs, et il leur était arrivé plus d'une fois de boire un coup en bavardant. Le général avait reçu sa médaille alors qu'il était encore hospitalisé, et ils avaient arrosé cela le soir même. Il ne faisait aucun doute que ces décorations étaient celles du général Nitchiporouk, deux autres médailles, beaucoup plus connues, celle pour Königsberg et celle pour les régions polaires, étaient là pour en témoigner. Cette géographie correspondait exactement à la carrière militaire de Piotr Pétrovitch.

« On a dû les lui voler... », songea Vassili Innokentiévitch, et il se souvint aussitôt avoir entendu dire que le général Nitchiporouk était devenu fou, ou bien se trouvait en prison pour on ne sait trop quelle activité antisoviétique. Mais il ne se rappelait pas les détails.

« Comment s'appelle ton grand-père ? demanda-t-il à tout hasard d'un ton menaçant en serrant les petites épaules fluettes.

— Je n'ai pas de grand-père ! Lâche-moi ! hurla le garçon.

— Où as-tu pris ces médailles ? demanda-t-il en le secouant par le col.

— Je les ai prises dans l'armoire ! C'est grand-mère qui me les a données ! »

Il ne se laissait pas intimider, ce gosse, il gigotait en essayant de s'échapper. Il se retourna et mordit Vassili Innokentiévitch à la main.

« Petite peste ! s'écria le vieillard, furieux. Viens, on va aller voir ta grand-mère !

— Elle n'est pas là ! Elle n'est pas à la maison ! hurla le garçon en se tortillant.

— Allez, on y va ! Emmène-moi chez ta mère ! insista le vieillard en tenant le garçon par le collet d'une main de fer.

— Je n'irai pas ! Je ne vous emmènerai pas ! » braillait le petit Vitia.

Puis il se tut un instant et, d'une voix sérieuse d'adulte, proposa un marché :

« Vous n'avez qu'à les prendre, de toute façon, les autres vont me les piquer ! Seulement, on ne va pas chez moi. »

Il imaginait déjà les hurlements de sa grand-mère et la raclée que sa mère allait lui flanquer. Mieux valait se rendre tout de suite.

« Enlève ta chemise ! » ordonna le vieillard.

Il avait l'intention de dévisser les médailles et les décorations et de rendre la chemise bleue délavée à son propriétaire, mais dès que la chemise se retrouva entre ses mains, le gamin lui glissa entre les doigts comme un morceau de savon et disparut sous le porche.

« Elles ont été volées, cela ne fait aucun doute ! » se dit Vassili Innokentiévitch. Il enveloppa les morceaux de métal dans la chemise sans les dévisser et fourra tant bien que mal le tout dans sa poche. Son veston pencha aussitôt fortement d'un côté.

« C'est vraiment bizarre ! Quelle drôle d'histoire ! »

Il n'avait pas revu le général Nitchiporouk depuis la guerre. Par la suite, il avait entendu dire qu'il enseignait à l'Académie militaire. Il n'était pas resté en contact avec lui. Mais il pourrait le retrouver par Néfédov ou par Goloubev.

Tout en réfléchissant, il arriva à l'église. Devant la porte se tenait Nadiejda, on aurait dit Niouta quand elle avait quarante ans, mais une Niouta tout à fait ordinaire, alors que la vraie, elle, était majestueuse, incomparable et unique.

Nadiejda s'entretenait avec deux vieilles dames inconnues et deux jeunes gens, Sania et son ami Micha, un roux avec une barbe.

Ils furent rejoints par Éléna, une amie d'Anna, cramoisie et asthmatique. Un témoin, une femme de confiance, qui faisait presque partie de leur vie.

« Elle a de la tension », nota Vassili Innokentiévitch en son for intérieur. Il l'embrassa, et ne dit pas un mot de la tension. À quoi bon ?

Une dame de la paroisse sortit de l'église.

« Le prêtre vous invite à entrer. »

Vassili Innokentiévitch se plaça entre Nadiejda et Éléna, les vieilles dames inconnues se mirent sur les côtés et Sania derrière, avec son ami.

Un petit prêtre décharné entra par une porte latérale en agitant un encensoir fumant.

C'était la seconde fois en un mois et demi que Vassili Innokentiévitch pénétrait dans une église. La première fois pour les funérailles d'Anna Alexandrovna, et maintenant pour ce service funéraire. Avant cela, il n'y avait pas mis les pieds pendant quarante ans. Il devait reconnaître que son âme avait frémi d'une émotion depuis longtemps oubliée qui remontait à l'enfance. C'était bizarre... Peut-être un effet de l'âge. Le chœur des vieilles femmes chantait merveilleusement bien, et les mots lui revenaient. Des voix d'homme reprenaient le chant derrière lui. Il se retourna. Sania, le petit-fils de Niouta, un garçon absolument charmant, entonnait : « Abîme de sagesse qui aimes les hommes et diriges toutes choses en vue du salut, unique Créateur dont chacun reçoit ce qui lui convient[1]... »

« Comment se fait-il qu'il connaisse ça ? » se demanda Vassili Innokentiévitch, étonné.

1. Tropaire chanté à l'office de commémoration des défunts.

En fait, quarante jours plus tôt, Sania ne connaissait rien de tout cela. Mais maintenant, oui.

L'ami roux de Sania pleurait à chaudes larmes, comme un enfant. Les deux garçons tenaient à la main des cierges allumés.

Vassili Innokentiévitch éprouvait un vague sentiment de culpabilité, de la nostalgie, et du chagrin. Niouta, sa cousine au second degré, son premier et son seul amour, un amour qui durait depuis l'enfance, avec des interruptions, toute une vie en parallèle, en pointillés, extrêmement précieuse... Quel destin impitoyable... Elle s'était débattue pendant toute son existence contre l'amour qu'il lui vouait, et il s'était obstiné à tout faire pour l'atteindre, pour l'obtenir, presque de force. Elle répondait comme à contrecœur... et disait avec ce sourire énigmatique et mélancolique qui était de mise au début du XXe siècle :

« Basile, tu surgis toujours dans ma vie aux moments où tout s'écroule, tu es mon sauveur, seulement, pardonne-moi, mais tu es toujours pour moi le signe et l'incarnation de mes échecs... »

Voilà à quoi pensait Vassili Innokentiévitch au son de ces chants magnifiques, quant aux décorations militaires qui distendaient sa poche, il les avait complètement oubliées.

Piotr Pétrovitch fut arrêté à Minsk le lendemain de son départ et, le même jour, une perquisition eut lieu chez lui. Il n'y avait rien, mais ils mirent tout sens dessus dessous et emportèrent quelques reliques : des ouvrages professionnels parus avant la guerre avec des autographes, et des notes de cours.

Zoïa Vassilievna était contente que les médailles ne soient plus là. En réalité, ces décorations militaires n'existaient pour ainsi dire pas. Tout s'était enchaîné : la dégradation, le retrait des décorations, le camp et la maladie mentale. Mais elle savait avec certitude que Piotr avait toute sa tête, c'était le pays qui était mentalement dérangé.

Quant à Tonia Moutioukine, elle ignora encore longtemps qu'il n'y avait plus chez eux que des écrins vides et que les décorations avaient disparu. Elle s'en aperçut après que son frère aîné Toliane fut sorti de prison. Il gagna une grosse somme, offrit des cadeaux à tout le monde et donna de l'argent à sa mère. Celle-ci s'empressa d'acheter une armoire neuve. On jeta la vieille, et c'est alors que Tonia découvrit la disparition des médailles. Elle fut catastrophée. Elle pensa d'abord à Toliane, car elle savait que ces décorations valaient très cher.

Mais Toliane n'y était pour rien.

D'ailleurs à quoi bon parler de lui ? Deux mois plus tard, il était de nouveau arrêté, car l'argent des cadeaux provenait d'un cambriolage.

Le plus navré de tous fut Vitia. Il n'avait presque aucun souvenir de son père, ils venaient tout juste de faire connaissance, et voilà qu'il disparaissait de nouveau.

Les décorations retournèrent chez le général grâce à une chaîne de gens qui se connaissaient plus ou moins. « Toutes nues », privées de leur écrins-cercueils fabriqués à la main, mais enveloppées dans de la cellophane et placées pour plus de sûreté dans une casserole en fer, elles reposaient dans la terre, enfouies dans le jardin de la datcha d'une nièce de Zoïa, à la station Kratovo sur la ligne de Kazan, derrière deux pins auxquels était fixée une balançoire. En attendant des temps meilleurs.

Et les temps meilleurs finirent par arriver. Le général et ses décorations se retrouvèrent enfin. Le général habitait un pays dans lequel on a intérêt à vivre longtemps. Et comme il vécut jusqu'à quatre-vingt-dix ans, il eut l'honneur de mourir en héros. Il fut enterré en 1991, et toutes ses décorations autrefois enveloppées dans une culotte râpée en mohair à longs poils furent portées devant son cercueil sur un coussin, y compris la médaille américaine. Et le coussin était rouge, comme il se doit.

Imago

Tout était toujours pareil : le quartier, les voisins, la lame de parquet cassée dans le couloir, les vendeuses de la boulangerie et de la poissonnerie, le gérant de l'immeuble… Mais c'était comme si trente ans s'étaient écoulés et non trois. Micha avait toujours l'impression qu'un mouvement inconsidéré pourrait tout faire voler en éclats dans un tintement de verre brisé – la maison, le quartier, sa fille, sa femme, la ville entière, et ce mois d'avril, si doux et si avenant cette année-là. C'est avec précaution qu'il opérait les déplacements indispensables dans la pièce, dans l'appartement et dans le voisinage.

Sa première visite avait été pour Anna Alexandrovna. Puis il était allé à la milice faire tamponner son passeport. On lui avait dit qu'il devait trouver un travail dans les trente jours.

Il s'était ensuite rendu à la bibliothèque d'Histoire, persuadé qu'on ne le laisserait pas entrer. Mais on se contenta de lui dire qu'il devait renouveler sa carte de lecteur périmée.

Quelques semaines plus tard, après la mort d'Anna Alexandrovna, il passa voir Ilya et Olga. Il se rendait rarement dans cet appartement monstrueux de la rue

Vorovski, un mélange d'ascétisme communiste et de style Empire russe. Olga n'avait jamais éprouvé de sympathie particulière pour Aliona, mais elle adorait Micha.

Elle le couvrit de baisers, sortit du frigidaire des sacs en papier sulfurisé contenant des petits pâtés, des tartelettes garnies de salade roumaine, du jambon, des harengs et encore Dieu sait quelles merveilles provenant du traiteur Prague, elle disposa tout cela sur des soucoupes translucides et, concluant son activité par un baiser sonore, courut terminer une traduction urgente qu'elle devait rendre le lendemain matin. Ilya alla chercher une bouteille de cognac arménien. Micha ne pouvait presque pas boire, il appréhendait même de manger tant il redoutait les maux de ventre.

Ils s'assirent en se regardant fixement. Ilya avait peur d'en dire trop. Ce n'était pas un sentimental, mais là, il éprouvait à l'égard de Micha un sentiment que seul son fils arriéré mental lui inspirait de temps en temps. Il en avait même des picotements dans le nez.

« Tu as regardé, hier ? » demanda Micha.

Ilya hocha la tête.

« Bien sûr. Tout Moscou a regardé ça. On s'attendait à quelque chose de ce genre.

— Ah bon ? Eh bien, moi, je ne pouvais même pas imaginer qu'il allait dire des choses pareilles...

— En un sens, c'était génial », fit remarquer Ilya.

Le procès de Tchernopiatov et de deux de ses amis proches s'était terminé la veille. On avait montré à la télévision quelque chose d'inouï : une conférence de presse donnée par Tchernopiatov. Pendant une heure et demie, Sergueï Borissovitch s'était repenti devant des journalistes de tous ses péchés envers le pouvoir soviétique. Et il l'avait fait avec beaucoup de talent, si tant est que l'on puisse commettre une bassesse avec talent. Le plus ahurissant, c'est qu'il avait déclaré être le chef d'un mouvement démocratique, son leader et son principal idéologue, et, en qualité de guide autoproclamé, il avait appelé à remettre ce mouvement en question. Il était clair, pour tous ceux qui étaient un tant soit peu concernés, qu'il n'existait aucun mouvement unifié, mais des groupes divers de gens possédant les mêmes intérêts et n'ayant parfois absolument aucun lien entre eux, ils n'étaient unis que par leur hostilité envers le pouvoir en place et par une soif de changements. Des changements de toutes sortes, différents pour chacun.

Depuis l'émission de la veille, des centaines de gens discutaient de l'événement. Il y avait des *Démons* dans l'air. Les esprits pratiques redoutaient des répressions à grande échelle contre tous ceux qui pensaient différemment, les plus philosophes se posaient des questions abstraites : le grand Dostoïevski avait-il découvert un élément particulier propre à la possession révolutionnaire russe, ou bien l'avait-il créé sans le vouloir, en même temps que ses personnages de Stavroguine et de Verkhovenski ?

C'est de cela que Micha et Ilya discutèrent toute la soirée. Mais ils n'aboutirent à aucune conclusion définitive. Il y avait beaucoup trop d'inconnues dans cette histoire.

Il était impossible de comprendre ce qui était arrivé à Tchernopiatov. Lui qui était le plus fort, le plus intelligent, le plus expérimenté de tous – la colonie de redressement, les camps staliniens, les relégations… Et son ennemi était nettement défini : le pouvoir soviétique, le stalinisme. Qu'avait-il bien pu se produire pour provoquer une pareille volte-face ?

« Tu sais, Ilya, j'ai été confronté à lui un mois et demi avant ma libération. Je ne savais même pas qu'on l'avait arrêté et qu'il avait fait une déposition. On appelle ça des aveux spontanés. Il y avait des dizaines de noms. Il a livré pratiquement toute *La Chronique*, les rédacteurs, les auteurs. Je m'attendais à tout ce qu'on veut, mais pas à ça. Il m'a dit que je faisais une erreur, qu'il fallait du courage pour reconnaître ses erreurs et chercher de nouvelles voies. Ensuite, on m'a soumis à de fortes pressions pour que je marche avec lui. J'ai refusé. On m'a menacé d'une deuxième peine, cette fois liée à leur affaire. J'étais sûr qu'on ne me relâcherait pas. Mais ils m'ont relâché. Ils m'ont fait signer un papier certifiant que je ne mènerais plus d'activités antisoviétiques, et ils m'ont relâché. Je ne comprends pas ce qui lui est arrivé. Il y a peut-être quelque chose que nous ignorons. Ils ont tellement de moyens, à part les passages à tabac.

— On m'a dit qu'ils avaient une sorte de "sérum de vérité" dont ils saupoudrent la nourriture, ou qu'ils mélangent à la boisson… précisa Ilya.

— Oui. Je veux bien le croire. Tu sais toi-même que ce sont des professionnels, nous sommes tous démunis face à eux. Et face aux criminels de droit commun aussi. Au camp, je pensais souvent à Mandelstam. À ce que cela a dû être pour lui… de mourir là-bas. Oh, ne va pas croire qu'ils ne sont pas sensibles à la force morale. Ils y sont même très sensibles. Mais écraser quelqu'un qui a des convictions leur procure une volupté particulière. Pour eux, nous avons tous le même visage, comme les Chinois. Non, nous sommes des binoclards, voilà ce que nous sommes. Avant le départ pour le camp, un petit chef a piétiné mes lunettes. Avec quel plaisir il les a fait craquer sous ses bottes ! Moi, tu sais bien, sans lunettes, je ne vois presque rien. Je n'en ai reçu de la maison qu'au bout de trois mois, c'est Anna Alexandrovna qui me les a envoyées. À propos, Tchernopiatov porte des lunettes, lui aussi.

— Oui, je l'avais photographié il y a quelques années. Un excellent portrait, d'ailleurs. »

Ilya ne se sentait absolument pas coupable envers lui. « Ah, on est bien, tous autant qu'on est ! » Voilà quelles étaient les pensées qui lui traversaient l'esprit.

« Ce que je veux dire, c'est qu'il existe des degrés dans la vulnérabilité, reprit Micha, expliquant à Ilya ce que celui-ci savait parfaitement. Peut-être qu'on lui a fait boire quelque chose, ou qu'on l'a brisé d'une autre façon… Tout ce que je te demande, c'est de ne pas dire du mal de lui. Il fait pitié, en plus de tout le reste. Il n'a pas pensé à Aliona. Comment a-t-il pu lui faire ça ? Et à tous ceux qui ont gravité autour de lui pendant des années. Je pense qu'il a payé un tel prix que maintenant, c'est pour lui que c'est le pire. Comment fait-on pour survivre à ça ? Tu m'as beaucoup aidé à l'époque, Ilya, avant mon arrestation. Je n'arrêtais pas de penser à ce que tu m'avais dit : “Tout ce que tu diras se retournera contre toi. Tais-toi. Le mieux, c'est de ne rien dire.” Et je m'en suis tenu à ça. Mais Sergueï Borissovitch, tu le sais bien toi-même, c'est un orateur, et même un beau parleur. Il en a trop dit, du coup, il ne pouvait plus faire machine arrière. Ou peut-être qu'il est arrivé au bout de ses forces. Je ne me sens pas le droit de le juger. »

La tirade de Micha était passionnée et embrouillée, mais Ilya avait tout compris. Après un instant de silence, il servit encore deux verres de vodka et avala le sien.

« Moi non plus.

— Je ne sais plus quoi faire de ma vie, maintenant. Finalement, ce qui me correspondait le mieux, c'était ce travail avec les sourds-muets.

— On va te trouver quelque chose. » Ilya ne parlait pas avec autant d'assurance que d'habitude. « Tu n'as jamais pensé à émigrer ? »

C'était la première fois qu'il lui posait directement la question.

« L'émigration, c'est uniquement pour sauver sa peau. Pour moi, ce qu'il peut y avoir de plus terrible, c'est le camp. Je ne tiendrai pas une seconde fois. Mais émigrer… Je suis quelqu'un d'ici, c'est ici que se trouve tout ce que j'ai. Mes amis, la langue russe, ce que j'ai à faire.

— Ce que tu as à faire ? Mais de quoi tu parles ? »

Micha se rembrunit.

« Comment peut-on vivre sans une œuvre à accomplir ? »

Ilya ne le savait pas non plus. Mais lui, il n'avait pas d'œuvre à accomplir, il avait des choses à faire. Une multitude de choses diverses et variées.

« Tu sais, on va agir au fur et à mesure. Tu vas commencer par trouver un emploi, tu reprendras tes repères, et ensuite, on réfléchira. J'ai déjà demandé à des amis. Ils sont en train de chercher. Commence par ta vie personnelle.

— Au bout du compte, il faut faire un choix. En gros, un choix entre la vie privée et la vie sociale.

— Tu as la tête pleine de bêtises romantiques ! Pourquoi faire un choix ? Quel choix ? On se croirait au jardin d'enfants, ma parole ! Il n'y a aucun choix à faire : tu te lèves le matin, tu te laves les dents, tu bois du thé, tu lis un livre, tu écris tes poèmes, tu gagnes de l'argent, tu bavardes avec tes amis – où est-ce que tu fais un choix, là-dedans ? À un certain moment, tu sens que là, c'est dangereux. Donc, il ne faut pas s'en mêler pour l'instant. La frontière est toujours évidente. À ce moment-là, on se débrouille. On ne fait pas exprès de se mettre dans la panade. Des fois, cela arrive. Mais on va un peu à droite, un peu à gauche, pour garer ses fesses. Oh, bien sûr, il y en a qui aiment la gloire, qui aiment qu'on parle d'eux. Sergueï Borissovitch est un ambitieux. Il voulait la gloire, exercer une influence. Jouer un rôle. Mais il y en a d'autres, Volodia Boukovski, Tania Vélikanova, Sakharov. Valéra, Andreï, Alik, Arina... Il y en a plein ! Ils ne font aucun choix, simplement ils vivent comme ça, du matin jusqu'au soir. Ils ne cherchent pas à tirer la couverture à eux... »

Ce que disait Ilya avait l'air intelligent. Il était difficile de le contester. Mais quelque chose clochait dans ses considérations. Et Micha l'avait senti.

« Tu parles ! Tous ceux que tu as cités, ils ont fait un choix, justement, et ceux d'entre eux qui n'ont pas encore été en prison s'y retrouveront un jour. Seulement moi, je ne peux plus retourner dans un camp. Je ne le supporterai pas. »

Mais Micha n'eut aucun choix à faire. Les choses arrivaient toutes seules.

Vint le temps des mauvais jours et des bonnes nuits, des nuits si radieuses que les jours maussades étaient illuminés par l'amour d'Aliona pour son mari, un amour sans précédent qui avait enfin éclaté. C'était seulement maintenant que Micha la sentait répondre à ses efforts amoureux, et il y avait à présent entre eux un dialogue dont il n'était même pas question auparavant. Quelque chose avait bougé dans les profondeurs de son organisme, ou de son âme. À moins que la naissance d'un enfant n'ait débloqué on ne sait quelles écluses, rétablissant l'attirance naturelle d'une femme pour son mari. Leur fille endormie les réchauffait de sa présence, conférant à ce bonheur un sens encore plus grand.

Leur relation intime connaissait un tel épanouissement qu'elle remplissait à ras bord cette misérable existence quotidienne. Mais tout ce qui était à l'extérieur n'inspirait aucun espoir. Il n'avait ni emploi ni argent, rien qui donne un sens à sa vie, comme l'œuvre à laquelle il se consacrait avant son arrestation. Leur maison, autrefois toujours remplie d'amis de Moscou et d'Asie centrale, était vide à présent. Soit les gens voulaient se protéger, soit ils avaient peur pour eux.

Même Sania ne passait presque plus. Il se sentait soulagé, et blessé. Aliona semblait l'avoir laissé tomber comme une vieille chaussette. Il se demandait maintenant s'il n'avait pas inventé cette tension sentimentale qu'il avait cru percevoir dans leurs relations. Il trouvait aussi blessant que Maïa se soit si vite déshabituée de lui, elle ne se jetait plus à son cou et ne lui tripotait plus les oreilles. Ou bien les femmes seraient-elles toutes liées entre elles par une forme de solidarité ?

Il avait même bâti une vague théorie sur le grand combat des femmes contre les hommes. Une sorte de lutte des classes. Niouta était la seule à ne pas prendre part à cette guerre : elle aimait les garçons. Surtout son petit-fils, bien sûr, mais elle aimait aussi Micha, et Ilya... Il aurait bien voulu savoir comment elle se comportait avec ses maris et ses amants. Elle ne devait sûrement pas leur faire la guerre...

Mais c'était peut-être une question d'âge ? On se fait la guerre quand on est jeune, ensuite on baisse les armes et, une fois vieux, les hommes et les femmes cessent d'être vulnérables les uns aux autres ?

« Il aurait fallu parler de cela avec Niouta », songea Sania, emporté par l'habitude, mais cette pensée venait buter contre sa rancune envers Aliona et Maïa qui, toutes les deux, l'avaient aimé pendant trois années entières d'un amour si accablant et si exigeant, et ensuite, une fois Micha revenu, en deux semaines, tout cet amour avait brusquement disparu, c'était comme s'il n'avait pas existé...

Jamais, jamais Sania ne connaîtrait l'avis de Niouta là-dessus. Et jamais Micha ne saurait qu'Anna Alexandrovna ne pouvait pas souffrir Aliona, ni le type de femmes dont elle était l'incarnation parfaite : faibles, exigeantes, despotiques, démunies, douées d'un immense talent pour inspirer la tendresse, la passion et l'amour, mais presque incapables d'y répondre par de la gratitude et de l'empathie.

À présent qu'Anna Alexandrovna était morte, tous ses proches essayaient de deviner comment elle aurait réagi à tel ou tel événement, de reconstituer les paroles qu'elle aurait prononcées à tel ou tel propos.

Nadiejda Borissovna, elle, se gardait bien de penser à l'aversion que l'élu de son cœur aurait suscité chez sa mère. C'est seulement six ans plus tard, quand Lastotchkine entreprendrait d'échanger leur grande pièce dans l'appartement communautaire de la rue Tchernychevski contre deux petites et que, dans le but d'établir un partage équitable, il ferait l'inventaire des biens de Niouta, depuis les petites cuillères jusqu'aux draps, qu'elle serait saisie d'horreur : quel bonheur que sa mère n'ait pas vécu jusque-là, et que Sania ait émigré…

Mais il faut dire qu'Anna Alexandrovna avait accompli un acte extrêmement cruel auquel on ne se serait jamais attendu de sa part : elle était partie, elle les avait tous abandonnés, Sania, Micha, Vassili Innokentiévitch, sa fille Nadia, qui n'avait jamais appris à évoluer toute seule dans l'existence, et elle n'avait laissé à personne d'instructions détaillées sur la façon dont il fallait vivre maintenant. Elle avait spécifié comment on devait l'enterrer, mais après l'enterrement ? Le lendemain ? Un mois, un an plus tard ?

Tous les garçons et toutes les filles qu'elle avait guidés sans relâche au long de sa vie comme si de rien n'était avaient perdu cette tutelle légère et gaie dans laquelle se conjuguaient harmonieusement la frivolité et la sagesse, le bon sens et le mépris du bon sens, la confiance dans la vie et un regard perçant sachant instantanément apprécier à sa juste valeur une personne nouvelle et éphémère.

Tandis que Sania sombrait dans la dépression après la mort de sa grand-mère, Micha, comme les insectes, passait par la dernière phase d'une métamorphose : la mort d'Anna Alexandrovna l'obligeait à entrer définitivement dans l'âge adulte.

À présent qu'elle n'était plus là, il essayait de comprendre pourquoi c'était lui qui avait été choisi pour être le témoin de ses derniers instants, et il attendait que la solution surgisse, que le rébus soit déchiffré. Il saurait alors comment vivre dans un monde où, semblait-il, il était désormais devenu un grand, où plus personne n'était habilité à lui donner les réponses aux questions difficiles.

Anna Alexandrovna n'avait pas eu le temps de lui dire quelque chose d'important et maintenant, il fallait qu'il le trouve tout seul.

Tout doucement, de peur d'effaroucher son bonheur précaire, il se réjouissait de l'épanouissement de sa vie de couple, il profitait de sa fille et faisait sans succès le tour de diverses institutions dans l'espoir de trouver du travail. Les délais étaient écoulés, et le « parasitisme » puni de l'expulsion de Moscou se profilait à l'horizon.

Koussikov, le milicien du quartier, était venu le voir pour le presser de trouver un emploi. C'était un gars de la campagne avec, sur le visage, les vestiges d'un teint vermeil et rustique, et de vagues lueurs d'humanité. Il regarda autour de lui. Il examina longuement les feuilles couvertes de dessins d'Aliona. Des dessins bizarres. Étranges. Ayant remarqué son regard intrigué, Micha l'informa que sa femme était une artiste. Cela l'impressionna beaucoup. Il fut pénétré de respect envers cette fillette maigrichonne. De façon générale, ils avaient beau être pauvres, c'étaient des gens cultivés. Cela donnait même envie de les aider. Et Koussikov fut soudain pris de pitié pour Micha et pour sa femme toute fluette.

Il proposa de lui trouver un travail de débardeur dans une poissonnerie dont il connaissait la gérante. Micha écarta les bras d'un air désolé : il avait déjà travaillé comme débardeur, mais sa myopie avait atteint un tel seuil que s'il trimbalait des sacs, il perdrait complètement la vue. Il effleura machinalement la monture de ses lunettes. Aliona proposa du thé. Le milicien s'assit, posant ses robustes pieds chaussés de bottes de part et d'autre de la chaise. Maïa était fascinée par sa casquette posée sur la table. Aliona mit deux gâteaux dans son assiette. Il n'en mangea qu'un seul, faisant ainsi preuve d'une excellente éducation paysanne.

En partant, il ajouta avec regret qu'il pensait encore à un autre bon boulot, mais c'était un poste de vigile et, avec son casier judiciaire, le service du personnel ne le prendrait pas.

« La vie soviétique a vraiment quelque chose d'étonnant, à moins que ce ne soit russe, ça... On ne peut jamais savoir d'où viendra la trahison et d'où viendra l'aide. Les rôles peuvent être intervertis en un clin d'œil. Pas vrai, Aliona ? »

Elle hocha la tête, laissant ses cheveux s'écouler sur son visage.

« Oui, oui, cela fait longtemps que je pense à ça. Tout est tellement fluctuant, il y a tellement de cordialité et de chaleur humaine, mais cela ne mène à rien, cela ne donne rien de bon !

— Ce n'est pas du tout de cela que je parle, répondit Micha.

— Eh bien, moi, si ! » dit Aliona avec un petit sourire malin.

C'était un nouveau sourire qu'elle avait depuis quelque temps, un sourire bien plus malin qu'elle.

Koussikov revint deux jours plus tard et emmena Micha dans un établissement bizarre, où il fut embauché comme expéditeur. Il devait trier et expédier dans plusieurs institutions des spécimens envoyés par des équipes de géologues.

Après son travail à l'internat qui lui prenait toute son énergie intérieure, après les travaux forcés du camp qui ne lui laissaient plus une seule goutte de force, ce boulot presque dénué de sens avait une qualité surprenante : il durait de huit heures à quatre heures, il lui arrivait même de pouvoir partir plus tôt, et chaque fois, il en avait définitivement terminé jusqu'au lendemain, il n'y pensait plus, il avait l'esprit libre, il lui restait encore des forces, et cette énorme plage de temps jusqu'au soir, il la passait avec Aliona, avec sa fille ; parfois, il allait en bibliothèque, il lisait sans aucune ligne directrice et sans la voracité d'autrefois, laissant les mots d'autrui s'écouler librement en lui – Montaigne, Blavatskaïa, Lao-Tseu...

Quand il rentrait tard à la maison pour le dîner, Maïa dormait, et Aliona, vêtue d'une robe d'un vert chromé, étroite mais à larges manches, lui apportait des pommes de terre sautées de la cuisine, tenant à grand-peine la poêle en fonte au bout de ses bras frêles.

Leur chambre sentait l'huile de tournesol, le sommeil d'enfant, le plancher bien propre et le parfum si particulier d'Aliona, un peu sucré et frais. C'était l'odeur de la vie privée, l'odeur de la famille et de l'amour.

Micha mangeait les pommes de terre à toute allure tandis qu'Aliona sirotait sa tisane, et ils faisaient traîner en longueur la journée qui s'achevait, attendant tranquillement l'arrivée de la nuit.

Et Micha sentait se détacher de lui toute sa vie d'autrefois, avec ses fautes et ses injustices, avec ses idées éculées et ses projets de réorganisation de la société. Le repentir de Sergueï Borissovitch, s'il avait désormais embrouillé tous les fils de ses idées, justifiait jusqu'à un certain point sa capitulation. Sa vie végétait maintenant dans un interstice tranquille et un peu déshonorant entre l'héroïsme des uns et la trahison des autres. Ce qui, quelques mois auparavant, le hantait comme une défaite et un reniement – l'engagement humiliant qu'il avait signé de ne plus se livrer à des activités militantes – lui apparaissait à présent comme la seule façon de survivre et de protéger sa famille.

Et de nouveau, les choses s'arrangèrent, il trouvait même un certain attrait à ce travail d'expéditeur, à cette tâche stupide qui ne le concernait pas. Il lui arrivait de trier le contenu de colis contenant divers spécimens de roches, de l'argile multicolore, des cristaux acérés et translucides, des pierres toutes chatoyantes de métal, et les noms merveilleux figurant sur les colis, ceux des lointaines contrées d'où provenaient ces nouveautés géologiques vieilles de millions d'années (Maly Storojok, sur un affluent de la Léna, la montagne Matioukovka dans les gisements de Vsévolodo-Vilva, le bassin de la Choudia, en Oural du Nord), ces noms étaient une caresse pour la langue. Il écrivit même un jour un poème constitué uniquement de ces noms géographiques enchanteurs.

La vie marchait au ralenti, tout doucement, comme dans la pénombre et sur la pointe des pieds, et en dépit du manque d'argent et du dénuement, en dépit de la honte profondément enfouie d'avoir renoncé à la vie d'autrefois, si audacieuse et si brillante, ce bonheur domestique illuminait leur pièce de quatorze mètres carrés, et tout était en gros plan, comme dans les meilleurs films, comme dans ses vers préférés :

Sur le plafond des ombres courent,
Ombres croisées
Jambes et mains qui se recouvrent,
Destins mêlés.

Sur le parquet sonne le choc
De deux bottines,
Sur la robe une larme tombe,
Larme de cire[1]...

À côté, à trois minutes à pied, il y avait la ruelle Potapov, encore hantée par une femme plus très jeune aux chairs molles, le dernier amour de Pasternak, qui s'était retrouvée dans un camp à cause de cet amour. Et sa fille, qui avait elle aussi connu les camps pour y avoir pris part et l'avoir su, allait dans la même boulangerie, dans le même magasin de fruits et légumes que Micha. En les croisant dans la rue, il chuchotait à l'oreille d'Aliona : « Regarde, c'est Ivinskaïa, et voilà Irina Emélianovna, elle était dans notre école[2]. »

Aliona se retournait et suivait des yeux la femme corpulente et maquillée, sans aucune trace de sa

1. Pasternak, « La nuit d'hiver », vers de Iouri Jivago, traduction de Louis Martinez, La Pléiade.

2. Olga Ivinskaïa, qui a servi en partie de modèle à Lara, l'héroïne du *Docteur Jivago*, avait été condamnée, ainsi que sa fille Irina, à une peine de camp, ce qui était une façon d'atteindre son amant, Boris Pasternak.

beauté d'autrefois, qui s'éloignait vêtue d'un manteau râpé. Alors c'était elle ? Dire qu'à une époque, elle ressemblait à Simone Signoret !

Aliona et Micha échangeaient un regard : on ne vit pas sur le pas de la porte, on vit dans l'histoire ! Pasternak aussi s'était promené dans cette ruelle quelque vingt ans plus tôt. Et cent cinquante ans avant cela, Pouchkine… Et nous, nous marchons ici, en contournant les éternelles flaques…

Au printemps, à la mi-mai, il se produisit un événement imprévu. Vers une heure du matin, la porte de l'ascenseur claqua et la sonnette retentit quatre fois. C'était pour les Melamid. Micha et Aliona dormaient dans les bras l'un de l'autre et, en se réveillant en même temps, ils se dirent, non avec leur esprit diurne et clair, mais avec des impressions nocturnes et embrouillés : ce sont eux !

Ils s'étreignirent encore plus fort, avec leurs joues, avec leurs poitrines et leurs genoux, se disant adieu de tout leur corps, et se levèrent en même temps pour enfiler leurs vêtements. La sonnette – quatre coups – retentit de nouveau, mais un peu trop timidement. Ils s'étreignirent de nouveau, cette fois différemment, non pour se dire adieu, mais avec l'espoir d'en réchapper.

Ils s'approchèrent de la porte en se tenant par la main. Micha ouvrit sans demander qui était là. Au lieu de trois, quatre ou cinq grands gaillards, ils virent une petite jeune fille coiffée d'un foulard en soie verte, avec une natte de cheveux rêches, presque des crins de cheval, posée sur la poitrine. Ils la reconnurent immédiatement.

« Aïcha ! »

La jeune Tatare qu'ils avaient rencontrée autrefois à Bakhtchissaraï, la fille de Mustapha Ousmanov, le héros et le leader des Tatars déportés, se tenait sur le seuil. Seulement ce n'était plus une petite fille, mais une jeune femme. « Entre, entre, pourquoi tu n'as pas téléphoné, on serait allés te chercher... »

Une petite valise, un panier garni d'un linge, des gants qui tombent, non, non, n'enlève pas tes chaussures, viens, entre, tu te déshabilleras dans la chambre... Pourquoi tu n'as pas téléphoné, mon Dieu, cela fait combien d'années ?... Quatre, cinq... J'ai une fille... Nous aussi, nous aussi, on a une fille ! Je suis mariée, oui, oui, je vais tout vous raconter...

« Je ne pouvais pas téléphoner. J'avais peur. Mon père est en prison. On a un bon avocat, il m'a conseillé d'aller à Moscou. Il a dit que je devais trouver l'académicien Sakharov pour qu'il écrive une lettre. Mais comment je peux le trouver, ce Sakharov ? L'avocat a dit qu'il faudrait que des étrangers fassent du bruit autour de ça, à la radio ou je ne sais où. En Amérique ! Et il faut faire vite, parce que papa a un éclat d'obus dans la poitrine, s'il bouge trop, il en mourra. Seulement nos Tatars, ils se disputent, papa est communiste, même s'il a été exclu du Parti depuis longtemps, mais il n'arrête pas de leur parler de Lénine. Et eux, ces maudits chiens, ils vont le laisser crever en prison. Alors l'avocat m'a envoyée ici, il m'a dit : vas-y le plus vite possible, sinon il ne vivra pas jusqu'au procès... »

Elle fondit en larmes au milieu de cette tirade débitée à toute allure, ses larmes étaient bleues, comme ses yeux, et c'étaient de grosses larmes, comme chez les petits enfants.

« Aïcha ! Voyons, Aïcha, ne pleure pas comme ça... »

Il y avait juste assez de place dans la pièce pour un lit pliant, à condition de coller la tête contre le mur, sous le rebord de la fenêtre, de pousser la table de vingt centimètres et de plier la chaise de bébé. Ils burent du thé, envoyèrent Aïcha se coucher, et dormirent encore deux heures. Micha se levait à sept heures pour aller prendre son poste vers huit heures.

Il appela Ilya de son travail. Il fallait qu'ils se voient. Où ? comme toujours. Cela voulait dire dans le jardin Milioutine.

« Elle est chez vous ? » Ilya fronça les sourcils. « C'est dangereux. Ils doivent lui coller aux fesses. Il faut l'installer ailleurs.

— Non, c'est impossible. Cette nuit-là dans le cimetière, à Bakhtchissaraï... Et puis Mustapha est quelqu'un d'extraordinaire. Il arrivera ce qui arrivera. Trouve-moi l'académicien Sakharov, Ilya. Tu peux faire ça ?

— Donne-moi une journée », demanda Ilya.

Le cercle de ses amis et connaissances était immense. Ilya tirait même une certaine vanité de ses relations hétéroclites, il disait en plaisantant que si on ne comptait pas les Chinois, les ouvriers et les paysans, dans le monde, une personne sur deux se connaissait par quelqu'un. C'était justement le cas avec l'académicien Sakharov : un certain Valéry, une vieille connaissance d'Ilya, était étroitement lié à Sakharov, ils faisaient tous les deux partie du Comité des droits de l'homme. Des téléphones sonnèrent ici et là, et Sakharov promit de recevoir Aïcha.

Trois jours plus tard, Micha l'emmena rue Tchkalov. À pied. Il y en avait pour vingt minutes. Aïcha ne put s'empêcher de trembler pendant tout le trajet, l'anxiété lui donnait la migraine et, une fois devant la porte, elle fondit en larmes. Tandis que Micha la réconfortait, la porte s'ouvrit sur un adolescent avec une poubelle. Après leur avoir demandé chez qui ils allaient, il les laissa entrer en les priant de ne pas claquer la porte.

Ce qui se passa ensuite parut complètement invraisemblable tant à Micha qu'à Aïcha. Il vint même à l'esprit de cette dernière qu'on leur jouait une comédie. : un homme maigre et quelconque vêtu d'un vieux chandail, qui n'avait absolument rien d'un académicien, les reçut assis sur un lit dans une petite pièce terriblement encombrée. Aïcha bégayait tellement que Micha dut raconter lui-même toute l'histoire de Mustapha, en commençant par leur rencontre dans l'hôtel de Bakhtchissaraï.

L'académicien, ou l'imposteur qui se prétendait tel, écoutait attentivement, hochait d'un air entendu sa tête penchée en avant et plaçait un mot ici et là, faisant preuve d'une parfaite connaissance du sujet, puis il nota le nom et le prénom sur un bout de papier, et leur proposa du thé.

Ils passèrent dans la cuisine, où une femme d'un certain âge avec de grosses lunettes vaquait à des occupations domestiques.

Une petite vieille avec un bonnet en laine était assise dans un coin. L'adolescent qui avait descendu la poubelle prit un verre de thé et quelques biscuits, et se retira dans les profondeurs du couloir.

Aïcha effleura la tasse bon marché décorée de pois et dit à voix haute ce qui la préoccupait le plus depuis une demi-heure :

« Je n'aurais jamais imaginé que les académiciens vivaient aussi modestement, Andreï Dmitriévitch ! »

Micha en rougit de confusion. Une vraie bécasse sortie tout droit de sa province !

La dame à lunettes d'un certain âge éclata de rire.

« Seuls les académiciens qui écrivent des lettres pour prendre la défense des Tatars vivent aussi modestement, mon enfant. »

Aïcha réalisa alors la bêtise qu'elle venait de proférer, ses joues s'empourprèrent et son visage se couvrit de sueur.

« Excusez-moi, je vous en prie ! Je comprends, bien sûr, seulement on ne m'avait pas prévenue. »

Puis un jeune couple arriva, la fille de la maîtresse de maison et son mari, et comme tout le monde ne pouvait pas tenir dans la cuisine, Micha et Aïcha s'en allèrent en libérant leurs tabourets.

L'académicien avait promis d'écrire une lettre à propos de Mustapha Ousmanov, et il avait également conseillé à Aïcha de donner une interview au correspondant d'un journal américain vivant à Moscou. Il avait promis d'organiser cela.

Le plus étonnant, dans toute cette histoire, c'est que Sakharov écrivit effectivement une lettre, non au Congrès américain ou à des journaux occidentaux, mais au ministère de l'Intérieur, et deux semaines plus tard, il fut convoqué rue Ogariov, où il eut un entretien avec deux officiers à propos du capitaine Ousmanov. C'était du temps où on s'entretenait encore avec lui, où on ne l'envoyait pas promener, et où on prenait des airs respectueux. Il réussissait effectivement à obtenir certaines choses : peu de temps auparavant, grâce à une de ses lettres, une famille tatare avait pu retourner en Crimée. Une sur de nombreux milliers. Il faisait des démarches, demandait, écrivait.

Mais dans le cas de Mustapha, il fut impossible de vérifier si ses paroles avaient du poids ou non, car Mustapha Ousmanov mourut dans la prison préventive de Tachkent un mois et demi plus tard. Peut-être la lettre de l'académicien n'avait-elle pas eu le temps de sauver le héros tatar, défenseur de sa patrie et déporté, parce que chez nous, la poste n'est pas très rapide.

Mais pour l'instant, Aïcha était contente d'avoir réussi à obtenir cette entrevue capitale, et elle était pleine d'espoir. Micha la prit par le bras, elle tenait à peine debout tant elle était bouleversée, et elle passa tout le trajet du retour à le remercier avec des mots un peu trop directs et conventionnels. C'est seulement une fois devant son immeuble que Micha se rendit compte qu'ils avaient été constamment suivis par un homme au visage si anodin qu'il n'y avait aucun doute sur sa provenance.

Deux jours après, tard dans la soirée, Micha reçut la visite d'un journaliste étranger prénommé Robert. De la part de l'académicien Sakharov. Il portait un long manteau soviétique, une chapka fripée et ressemblait plus à un débardeur russe qu'à un slaviste antisoviétique de Washington affligé d'origines polonaises. Ils bavardèrent en buvant du thé tandis qu'un petit magnétophone posé sur la table, un miracle de la technologie occidentale, enregistrait le récit d'Aïcha. L'ex-Polonais était un coureur de jupons, il faisait les yeux doux à Aïcha en lui débitant des compliments, et elle s'épanouissait, souriait, tortillait des épaules, parlait librement et même avec aplomb, elle n'était pas du tout aussi intimidée que dans la cuisine de Sakharov.

Puis Robert s'en alla, remonta dans le taxi qu'il avait gardé, rentra chez lui sur la perspective Lénine, descendit de voiture, et là, il fut agressé par deux jeunes voyous. Il se bagarra avec eux, bien qu'il comprît parfaitement qu'il n'aurait pas dû et que le plus raisonnable aurait été de courir droit vers l'entrée de son immeuble. Le résultat de cette rixe stupide, c'est qu'ils se firent embarquer tous les trois par la milice pour trouble sur la voie publique. Même si tout se termina plutôt bien pour Robert (on le garda une nuit au poste et, au matin, le consul américain vint sortir cet imbécile de là), il n'en demeure pas moins qu'à la suite de toutes ces péripéties, le petit magnétophone avait disparu, et personne ne le revit jamais.

Le lendemain, en fin de journée, pendant qu'Aïcha était allée faire des courses au Monde des enfants, Slava Koussikov, le milicien du quartier, passa voir Micha. Il jeta un coup d'œil autour de lui, vit la valise en carton ainsi que le panier dans lequel Aïcha avait apporté des melons et du raisin, hésita une seconde, puis fit délicatement sortir Micha sur le palier et lui dit :

« Tu sais, Micha, tu ferais mieux de… Ils sont venus me voir et ils m'ont demandé qui habitait chez toi. Je me suis fait secouer les puces. Vaudrait mieux qu'elle s'en aille le plus vite possible… »

Le soir même, Micha accompagna Aïcha à la gare de Kazan et la renvoya à Tachkent par le train de nuit, après l'avoir installée dans le compartiment du contrôleur, sans billet, contre de l'argent liquide.

Deux jours plus tard, il trouva une convocation dans sa boîte aux lettres : il était invité à se présenter à la Loubianka pour un entretien avec le capitaine Safianov.

Il n'en parla pas à Aliona, mais montra le papier grisâtre à Ilya, auquel il avait fixé rendez-vous à l'endroit habituel.

« Je t'avais prévenu : il ne fallait pas la garder chez toi. Tu es surveillé. »

Micha prit la mouche de façon inattendue.

« Qu'est-ce que tu voulais que je fasse ? Que je flanque cette petite dehors au beau milieu de la nuit ? Il y a des situations où il est impossible de dire non !

— Micha, tu es un vrai bébé, ma parole ! Seulement là, on ne pouvait pas non plus dire oui ! Je t'avais prévenu ! Et je t'avais dit qu'elle devait aller voir Sakharov sans toi ! Et puis qu'est-ce qui t'a pris de recevoir un journaliste chez toi ? Tu as commis tellement de bourdes que maintenant, tu vas devoir payer les pots cassés ! On est dans une sale période, on n'a jamais connu pire. Presque tout le monde s'est fait balayer. Les Tatars, les Juifs. Même *La Chronique* ne paraît plus, il n'y a plus personne pour s'en charger. Tu as choisi le mauvais moment pour faire preuve de noblesse ! »

Micha baissa la tête.

« Oui, oui, bien sûr. Mais il était impossible de faire autrement… Je ne pouvais pas la mettre dehors, je ne pouvais pas l'envoyer chez toi, et je ne pouvais pas la laisser aller là-bas toute seule, quant au fait que Robert est venu chez moi, là, c'est vrai, j'aurais pu l'éviter. Mais pour tout le reste, je ne pouvais pas faire autrement, Ilya. Je ne pouvais pas ! »

Ilya se rembrunit et garda le silence. Que pouvait-il faire pour son ami ?

« Écoute, je connais un type, un géologue. Si tu filais dans le Grand Nord avec une de leurs équipes ? Les conditions sont difficiles, évidemment. C'est sacrément loin, la Yakoutie…

— Non. Je ne peux pas. Il y a Aliona, Maïa. Et puis, de toute façon, on ne peut leur échapper nulle part.

— Tu veux que je parte en Yakoutie avec toi ? »

Ilya ne pouvait rien proposer de plus. Personne ne pouvait rien proposer de plus. Mais Ilya avait reconnu une main familière et sentait que cette fois, Micha n'arriverait pas à se tirer d'affaire.

Le capitaine Safianov ne convenait pas pour les filatures, il avait un gros grain de beauté rouge foncé sur la joue droite, ou plutôt une excroissance. Qui se voyait à cent mètres. Mais une excroissance n'est nullement un obstacle dans le travail d'enquêteur, et Safianov avait gravi les échelons administratifs tranquillement, sans couper l'herbe sous les pieds de personne. Il était pleinement satisfait de son salaire, de ses supérieurs, et de sa vie personnelle.

L'aspect le plus déplaisant de son travail, c'étaient les gens sur lesquels il enquêtait, mais même avec eux, Safianov essayait de garder les meilleures relations possibles. Il n'y arrivait pas toujours, loin de là.

Le citoyen Melamid, qui était convoqué ce jour-là, lui avait été légué par un collaborateur qui venait d'avoir une promotion. Le capitaine avait étudié à l'avance le lourd dossier de ce Mikheï Matveïevitch, et il avait été fort contrarié. À en juger par ces documents, c'était un homme averti avec lequel il allait devoir se débattre longtemps.

L'homme averti arriva à l'heure, sans une minute de retard, et il avait tout d'un moineau : un cou mince, des cheveux d'un roux jaunâtre hérissés comme des plumes, et des joues couvertes d'un paillasson assez considérable qui se prenait déjà pour un embryon de barbe. Sur les photographies, aucune barbe n'avait été enregistrée.

« Bon, il va falloir faire une nouvelle photo pour le dossier », décida Safianov.

Le capitaine entama la conversation en remontant assez loin, il lui rappela sa signature, lui posa des questions sur son travail, sur ses projets d'avenir, puis décocha adroitement une botte inattendue :

« Vous connaissez Aïcha Ousmanov ? »

Mais ce Melamid se braqua, il se mit à nier, il refusa de répondre. Il s'était comporté exactement comme ça lors de son dernier interrogatoire, quand il avait été confronté à Tchernopiatov, ainsi qu'en témoignait son dossier. Ils tournèrent autour du pot pendant une heure et demie, puis Safianov, se lassant le premier de cette conversation vaseuse, sortit d'une chemise à part une feuille enluminée de tampons étrangers et dit en feignant d'être chagriné :

« Eh bien, Mikheï Matveïevitch, je ne vois chez vous aucun intérêt, aucun désir de nous aider dans notre travail, et c'est bien triste. Nous avons discuté de votre cas, nous avons réfléchi à votre situation, et nous avons décidé que, de notre côté, nous ne mettrions aucun obstacle si, de votre côté, vous décidez de quitter les frontières de notre pays. Vous n'êtes pas des nôtres, Mikheï Matveïevitch. Ce qui est même étonnant : votre père est mort sur le front, et vous n'avez pas le moindre respect... » Safianov avait du mal à trouver ses mots. « Bref, je ne vais pas vous cacher qu'une invitation est arrivée pour vous et votre famille d'un pays... » Là, il marqua une pause lourde de sous-entendus, s'éclaircit la gorge et prononça avec dégoût : « ... d'Israël. » Il accentua le mot sur le « a », ce qui lui donnait quelque chose de sinistre. « Vous avez un cousin qui se démène pour vous, Marlène Kogan, vous le connaissez ? Il vous invite avec votre femme et votre fille dans le cadre du regroupement familial. Tenez, veuillez prendre connaissance. »

Il lui tendit le superbe papier. Micha le prit et l'approcha de son nez. L'invitation datait de trois mois. Elle avait donc dû traîner quelque part, à l'OVIR[1] ou au KGB, et maintenant, ils avaient décidé de s'en servir.

« Elle est périmée, camarade capitaine, fit remarquer Micha.

— Ça, cela dépend de nous. Nous pouvons très bien la prolonger... » Il tapota le téléphone. « Cela dépend de nous. Nous ne nous y opposerons pas. Mais réfléchissez bien. Vous avez de quoi réfléchir. Vous ne

1. Service des visas et de l'enregistrement des citoyens étrangers, qui traitait également les dossiers des citoyens soviétiques voulant voyager.

tenez pas votre parole : vous vous étiez engagé à ne vous livrer à aucune de ces activités, et que voyons-nous ? Vous hébergez des personnes indésirables qui ne sont pas domiciliées à Moscou ni dûment enregistrées, vous fréquentez l'académicien Sakharov, qui écrit toutes sortes de calomnies en Occident, vous recevez des correspondants étrangers, et qui vous a permis de vous livrer à ce genre d'activités ? Partez, c'est ce que vous avez de mieux à faire. Si nous vous traduisons en justice, cette fois, vous ne vous en tirerez pas avec trois ans, Mikheï Matveïevitch. Qu'est-ce que vous avez à hésiter ? Tous vos pareils rêvent d'aller en Israël ! Ils nous baiseraient les mains pour une proposition comme celle-là ! Bon, bon, réfléchissez. Nous n'allons pas vous laisser réfléchir longtemps, nous vous donnons trois jours. Si vous ne partez pas, nous vous expédierons dans un camp. Bien qu'il y ait une solution… Je vous en prie, prenez un stylo, un papier, et écrivez des aveux spontanés, sur vos relations avec les Tatars, sur Mustapha Ousmanov et sur cette Aïcha, racontez-nous comment vous êtes allés chez Sakharov, ce que vous y avez fait, et aussi ce qu'a fait chez vous Robert Koulavik, ce pseudo-Américain, ce sale Polack. Écrivez tout cela en détail, sans vous presser, et nous nous quitterons sans doute en bons termes. Mais je ne peux pas vous le promettre. Nous ferons de notre mieux. Si vous faites de votre mieux, nous aussi, nous ferons de notre mieux. »

Il frotta du dos de la main sa grosseur rouge foncé, et Micha se dit que ce capitaine était un homme nerveux. « Moi, en revanche, on dirait que je n'ai pas de nerfs. »

Il sourit et posa l'invitation sur la table. Il appliqua sa main dessus, comme si elle pouvait s'envoler.

« Je vous ai compris, camarade capitaine. Je vais y réfléchir. Je peux m'en aller ?

— Allez-y, allez-y ! Je vous attends lundi, venez me voir à trois heures. » Il signa son laissez-passer. « Personnellement, je vous conseille de bien réfléchir. On ne vous fera pas une telle proposition deux fois. »

Il sortit. Était-ce l'hiver ? Le printemps ? Quelle heure était-il ? La fin de matinée ? Le début de soirée ? C'était quoi, Kitaï-Gorod ? Les boulevards ? La place de la Loubianka ?

Tout, mais ne pas devenir fou[1]...

Non, non, c'était autre chose...

Quand donc disparaîtra cette nuée
Qui assombrit mon âme douloureuse,
Quand donc enfin serai-je délivré
De tous ces filets qui m'entravent ?
Quand donc ce démon qui plonge
Mon esprit dans le sommeil...

Il avait oublié. Il avait oublié la suite de ce poème de Baratynski[2]...

Il tournait en rond, tantôt il s'éloignait de chez lui, tantôt il s'en rapprochait, n'arrivant toujours pas à trouver la force de rentrer et de prononcer devant Aliona le mot « émigration »...

Il finit par prendre son courage à deux mains et lui raconta tout : la convocation, et la proposition inattendue. Aliona l'écouta jusqu'au bout. Une pensée mauvaise embruma son visage. Elle détourna les yeux, baissa les cils, inclina la tête si bas que ses cheveux retombèrent sur son visage, et chuchota :

1. Poème de Pouchkine déjà cité p. 358.
2. Evguéni Baratynski (1800-1844).

« C'est ce que tu as toujours voulu. J'en suis sûre maintenant, c'est ce que tu as toujours voulu. Et il faut que tu saches une chose : Maïa et moi, nous ne partirons jamais d'ici. »

Mais l'important, ce n'étaient pas les mots, c'était son visage qui s'était fermé, qui avait changé brusquement, devenant d'un seul coup soupçonneux et distant. On aurait dit que ses sourcils s'étaient allongés, ses lèvres ne formaient plus qu'une ligne droite, et la goutte de sang caucasien qui lui venait de son père, une goutte d'orgueil ou de sauvagerie, colora son visage comme un hâle. Elle s'allongea sur le divan et se tourna vers le mur.

À partir de cet instant, elle cessa de se laver, de manger, de s'habiller, de parler, c'était à peine si elle se traînait jusqu'aux toilettes, puis elle revenait à pas menus et mal assurés vers le divan et se tournait de nouveau vers le mur. Sa dépression était si évidente et si exemplaire que Micha établit le diagnostic tout seul. Même les pleurnicheries de Maïa ne pouvaient l'arracher à son divan. Micha était au comble du désarroi et du désespoir. Pendant plusieurs jours, il courut comme un fou entre son travail, l'enfant et les tâches domestiques. Génia Tolmachev vint les voir. Aliona refusa de lui parler à elle aussi, mais elle accepta son aide, comme si elle ne se rendait compte de rien. Sania réapparut, il était accouru à l'appel de Micha.

Ilya regarda autour de lui, leva les yeux au ciel, chercha quelque chose dans un espace invisible, et amena Arkacha, un psychiatre. Arkacha faisait lui aussi partie du même cercle, c'était un dissident, un rédacteur de lettres de protestation et un pourfendeur du système judiciaire et psychiatrique, il avait perdu son emploi depuis un an et travaillait à présent comme infirmier dans un hôpital de banlieue. Il suggéra une hospitalisation immédiate et, s'étant heurté à un refus catégorique, prescrivit de puissants psychotropes.

Maïa houspillait sa mère, mais celle-ci se montrait indifférente à tout le monde, y compris à sa fille. Pendant deux semaines, Micha emmena la petite avec lui à son travail. Il n'était pas allé au rendez-vous fixé par Safianov et n'ouvrait pas la boîte aux lettres dans laquelle, il le savait, se trouvait une nouvelle convocation.

Au bout de deux semaines de cet alitement muet, la mère d'Aliona, Valentina Ivanovna, arriva soudain du village de la région de Riazan où Sergueï Borissovitch était en relégation. Qu'est-ce qui avait bien pu la faire soudain bouger, c'était un mystère. Sans doute l'instinct maternel. Elle fut horrifiée par ce qui se passait et demanda à Aliona ce qui l'avait mise dans cet état, mais celle-ci ne lui adressa même pas la parole.

Valentina Ivanovna se souvenait de certains épisodes bizarres de l'enfance de sa fille et n'insista pas outre mesure, elle fit ce qu'elle pouvait : elle emmena la petite Maïa. Micha s'attendait à des pleurs et à des hurlements, mais sa belle-mère se comporta de façon intelligente, elle chuchota à l'oreille de la petite fille que chez elle, à la campagne, elle avait une vraie chèvre, un chat blanc et une poule tachetée. Et Maïa, séduite par cette ménagerie domestique, s'en alla facilement et volontiers avec sa grand-mère. Aliona leur dit au revoir d'un air somnolent et se remit à fixer le mur.

Micha ne se retrouva devant Safianov que deux semaines après le lundi fixé, il lui dit que sa femme était malade, et Safianov le crut, il avait l'air complètement épuisé. Micha lui déclara qu'il ne pouvait accepter la proposition d'émigrer, que sa femme ne voulait pas partir, d'ailleurs lui-même n'y était pas prêt.

Safianov fut étonné, il se renfrogna et frotta sa joue défigurée en réfléchissant très fort. Puis il téléphona pour faire venir son assistant et sortit. Il revint quarante minutes plus tard, d'une humeur massacrante, renvoya son assistant, et reprit l'entretien sur un nouveau mode. À présent, les menaces n'étaient plus voilées, mais tout à fait précises :

« Nous avons des preuves contre vous, Mikheï Matveïevitch, une montagne de preuves. Et je ne parle même pas des Tatars. La dernière fois, nous nous sommes montrés conciliants. Cette fois, vous n'allez pas vous en tirer aussi facilement. »

Il posa devant lui une pile de papiers grisâtres.

« L'entretien est terminé. Nous avons discuté. Désormais, ce seront des interrogatoires. Avec procès-verbaux.

— Je ne dirai rien. Qu'est-ce que je pourrais bien vous dire, puisque vous avez des preuves contre moi ? » répondit tranquillement Micha sans le regarder en face.

Il resta silencieux pendant deux heures et demie.

Sur le chemin du retour, par deux fois, il crut apercevoir la tache familière sur la joue. Safianov le suivrait-il lui-même ? C'était impossible, mais il avait l'impression de voir son visage, il surgissait quelque part à la périphérie de son champ de vision.

Il arriva chez lui tard. Il apporta du thé à Aliona et lui fit un sandwich. Elle se redressa et but le thé, adossée contre les oreillers. Elle ne voulut rien manger et ne prononça pas un mot.

À minuit, Ilya et Sania débarquèrent. Et ils se retrouvèrent tous les trois, comme autrefois. Micha leur dit qu'il était suivi depuis plusieurs jours, et qu'il avait peur d'être arrêté d'un instant à l'autre. Son téléphone était sans doute sur écoute.

Il enfonça ses doigts dans ses boucles touffues, la seule chose en lui qui avait du volume, pour le reste, il n'était constitué que de plat, juste un profil, du carton. Depuis qu'Aliona était alitée, il ne se rasait plus.

Il gratta d'une main osseuse sa barbe d'un roux tendre.

« Qu'est-ce que vous en dites ?

— Comment ça, ce qu'on en dit ? On t'a proposé d'émigrer, non ? Je pense qu'il faut que tu partes. Ici, tu ne survivras pas. »

Sania était persuadé que lui non plus, il ne survivrait pas ici. Mais il était russe, et personne ne lui proposait d'émigrer.

« Oui, c'est la seule solution ! » renchérit Ilya.

Micha désigna du regard Aliona allongée qui leur tournait le dos.

« Vous ne comprenez donc pas ? Je ne peux pas, c'est impossible. Et Aliona non plus ne peut pas. »

Il avait une expression de bête traquée.

« Tu sais quoi ? dit Ilya. Seulement, écoute-moi sans pousser des hauts cris, sérieusement. Pars seul.

— Tu as perdu la tête ? Abandonner ma famille ? Non, mais tu réalises ce que tu es en train de dire ?

— Aliona va reprendre ses esprits et elle te rejoindra plus tard, déclara Ilya avec assurance, comme toujours.

— Nous la remettrons sur pied et nous te l'enverrons, ajouta Sania d'une voix mal assurée.

— Allez tous au diable ! Vous dites n'importe quoi ! La situation est absolument sans issue. Cela ne pourrait pas être pire. »

Sania le serra dans ses bras comme un enfant, pressa sa joue contre sa barbe piquante et dit d'un ton implorant :

« Micha, on t'en supplie ! Si tu n'as pas pitié de toi-même, pense à Aliona et à Maïa. Aliona va se reprendre et elle te suivra. C'est une chance ! Ah, si on me proposait une chose pareille ! Je partirais immédiatement ! À la seconde ! Je t'en prie, pars. C'est ce que Niouta t'aurait dit, elle aussi. »

Ils s'en allèrent vers deux heures du matin. Si Sania était un peu éméché, Ilya avait l'esprit très clair.

« Écoute, Sania. Tu m'as fait des reproches un jour, tu m'as dit que c'était de ma faute. Je veux parler de son arrestation. Eh bien, c'est vrai, je suis coupable, mais pas de ce que tu m'imputes. »

Sania s'arrêta et secoua la tête pour se débarrasser de son ivresse. Il ne buvait jamais, uniquement dans des cas exceptionnels, quand c'était indispensable.

« Je ne suis pas blanc comme neige, bien sûr. Mais sache que Micha et toi, vous êtes comme ma famille. Et même davantage. Tu comprends que jamais je ne vous trahirai, dans aucune circonstance ? »

— Cela ne m'était même pas venu à l'esprit, Ilya ! Je voulais dire que c'était toi qui l'avais entraîné là-dedans – la revue, toutes ces rencontres… Seigneur, mais comment vous faites pour boire, les gars ? C'est vraiment épouvantable ! »

Sania enfouit son visage dans le cou d'Ilya, celui-ci le prit tendrement par les épaules et, traversant la place des Portes-de-l'Intercession, il le raccompagna jusqu'à chez lui. Ils se sentaient tous mal. Très mal.

Micha se trompait sur un point. Quand il pensait que cela ne pouvait pas être pire. Le lendemain, les choses devinrent encore pires. Quand il arriva à son travail, il fut convoqué par le responsable du service du personnel qui lui déclara que plusieurs colis avaient disparu, et il brandit une liasse de quittances.

« Vous voyez, il y a votre signature là-dessus, vous les avez envoyés, et aucun n'est arrivé. Ce sont des spécimens précieux, leur valeur est inscrite ici ! »

Il avait commencé à parler d'une voix calme, mais

s'échauffa très vite et au bout de trois minutes, il braillait des injures.

Micha comprit immédiatement ce qui allait suivre. Il allait lui demander de donner sa démission. Et c'est ce qui se produisit : ou vous démissionnez, ou on porte plainte contre vous.

Micha écrivit une lettre de démission et ne passa même pas à la comptabilité se faire régler son dû. Ça, c'était la patte de Safianov, il n'y avait aucun doute.

C'était le mardi, et le jeudi, il devait se rendre à une nouvelle convocation de Safianov. Mais le mercredi, il se produisit un événement imprévisible. Et les choses devinrent encore pires. Valentina Ivanovna débarqua de Riazan sans prévenir et sans téléphoner. Elle arriva en voiture, et c'était elle qui conduisait. Ce qui était étonnant, car elle n'avait jamais conduit auparavant. Cela voulait dire qu'elle avait passé son permis. Elle avait amené Maïa, mais pas du tout pour la laisser à ses parents. Elle était venue chercher Aliona.

C'était vraiment bizarre. Aliona, qui n'avait pas voulu revoir son père depuis le procès, se leva et fit docilement ses bagages. Jamais Micha ne l'avait vue aussi docile. Elle avait toujours fait preuve vis-à-vis de ses parents d'une indépendance frisant l'insolence. Valentina Ivanovna l'aida en lui répétant d'une voix douce :

« On t'a préparé une chambre avec vue sur le jardin. Lisa Efimovna m'a envoyé du mohair pour faire un bonnet. Toute une boîte, il y en a vingt pelotes. On pourra aussi tricoter un chandail. Regarde, j'ai déjà tricoté un bonnet bleu pour Maïa.

— Ah oui, un bonnet bleu… », répondit Aliona en hochant la tête.

Micha regardait ces préparatifs sans parvenir à

prononcer un mot. Il avait la gorge serrée. Valentina Ivanovna ne tourna même pas la tête vers lui, on aurait dit qu'il n'était pas là.

« Si tu savais comme papa s'entend bien avec Maïa ! Elle ne le quitte pas d'une semelle.

— Oui, oui », disait lentement Aliona d'une voix douce et inconnue qui ne lui ressemblait pas du tout.

Micha descendit les bagages et les mit dans le coffre de la Moskvitch bleue. Maïa lui dit au revoir de la main avec allégresse, et Aliona lui adressa un signe de tête, comme à une vague connaissance. Micha n'osa même pas l'embrasser.

Le lendemain, il devait retourner voir Safianov et entendre de nouveau ces menaces, toutes ces ignominies. Il comprenait qu'il était au bord du gouffre.

Le lendemain, il se leva tôt, par habitude, mais il n'avait pas besoin d'aller au travail. Le vide était si grand qu'il en avait les oreilles qui bourdonnaient. Il avait peut-être de la tension ? Il passa deux heures à trier ses vieux poèmes.

« Ce qu'ils peuvent être mauvais ! » nota-t-il sans en éprouver de chagrin particulier. Il eut envie d'en jeter une partie. Et il fit une pile « à jeter ». Mais il ne se décida pas à le faire pour l'instant.

Il arriva à l'heure chez le capitaine Safianov. Ce dernier avait un air solennel, comme un jour de fête. C'était peut-être une de leurs fêtes ? songea Micha. Pourtant non, il restait encore deux semaines avant les fêtes de novembre[1].

« Nous avons essayé de faire tout ce que nous pouvions pour vous, Mikheï Matveïevitch. Nous vous

1. Commémorant la révolution.

avons même proposé ce que nous ne proposons que dans des cas exceptionnels : le départ à l'étranger. »

Micha secoua la tête, tout en exprimant son refus avec ses doigts : non, non. Sans même s'en rendre compte.

« Regardez ça. » Safianov lui montra un papier de loin, sans le lui donner. Micha eut le temps de lire « Mandat d'arrêt ». « Il n'y a pas de date. On peut mettre celle d'aujourd'hui, ou de demain. Et ça, ajouta-t-il en brandissant des feuilles couvertes d'écriture, ce sont vos aveux... Vous n'en avez pas fait... Non, vous n'en avez pas fait... D'ailleurs vous pouvez en prendre connaissance. »

Micha prit le procès-verbal de l'interrogatoire. C'était un formulaire d'un nouveau modèle, imprimé sur une feuille grand format pliée en deux. Une dénonciation mettant en cause des gens que, pour la plupart, il n'avait jamais vus, rédigée dans un style rocailleux, avec des fautes d'orthographe, d'une écriture féminine de secrétaire, les hampes de chaque lettre marquées par des pleins bien gras.

« C'est la dernière proposition que je peux vous faire. Vous apposez votre signature ici, et je déchire cela devant vous », dit-il en agitant le mandat d'arrêt sous le nez de Micha.

« Il y a un risque, mais je pourrais peut-être gagner un jour... », se dit Micha.

Qu'est-ce qu'Ilya lui avait raconté à propos de cet hypnotiseur, comment s'appelait-il, déjà ? Ah oui, Messing[1]... Il faisait croire tout ce qu'il voulait. Il avait même influencé Béria... Il avait signé quelque chose, non ? Ou plutôt il n'avait pas signé, il leur avait

1. Wolf Messing, surnommé le Voyant de Staline. Fuyant l'Allemagne nazie, il s'était réfugié en URSS où il donnait des séances publiques d'hypnose.

par une craquelure de la membrane chitineuse. L'aile se déploie en un long mouvement fluide, elle s'étire en séchant à l'air, et la voilà prête pour son premier battement. Nervurée, comme chez les libellules, ou membraneuse, comme chez les papillons, avec un dessin de nervation complexe et parfait, très ancienne et incapable de plier, ou bien nouvelle et pouvant se replier de façon économique et sûre... La créature ailée s'envole, laissant sur terre sa carapace de chitine, le cercueil vide d'un être volant, et un air nouveau remplit ses poumons neufs, et une nouvelle musique résonne dans son organe auditif tout neuf et parfait.

Ses lunettes étaient restées sur la table, ainsi qu'une feuille de papier avec son dernier poème :

Un jour viendra où la lumière éclatera
Et mon credo éclairera l'avenir :
Je suis un homme moi aussi, je n'ai trahi
Personne. Amis, priez pour moi.

Les amis croyants du poète incroyant lui firent leurs adieux chacun à sa façon. À Tachkent, les Tatars lui rendirent honneur en célébrant un office des morts selon le rite musulman. À Jérusalem, les coreligionnaires de Marlène firent dire un kaddish, et dix Juifs récitèrent en hébreu des mots incompréhensibles, tandis qu'à Moscou, Tamara, l'amie d'Olga, avait commandé un service pour les défunts dans l'église de la Transfiguration, où officiait un prêtre libre-penseur qui osa prier pour un suicidé.

Le visage du défunt était recouvert d'un linge. Il y avait beaucoup de monde, et tous pleuraient. Victor Iouliévitch était debout, tête basse, et les larmes ruisselaient sur le visage mal rasé et négligé de l'ancien maître.

« Pauvre garçon ! Pauvre Micha ! C'est de ma faute à moi aussi... »

Le professeur défroqué était accompagné par Mikhaïl Kolesnik, son ami d'enfance. Ils se tenaient l'un à côté de l'autre, « Trois-bras-trois-jambes », comme ils se surnommaient.

Sania pleurait, il avait toujours eu la larme facile. Ilya était venu avec son appareil, il photographiait les adieux. Tous se retrouvèrent sur la photo, même Safianov avec son excroissance sur la joue. Il avait essuyé un échec. Un énorme échec.

Aliona n'assista pas aux funérailles. Ses parents avaient décidé que, pour l'instant, tant qu'elle était dans un état aussi critique, il ne fallait pas lui apprendre la mort de son mari. Un jour, plus tard...

Une histoire russe

Cet hiver-là, au plus fort des grands froids de Noël, les enfants de Kostia attrapèrent la rougeole et sa femme Léna eut une crise de pyélonéphrite. Anna Antonovna, la mère de Léna, une couturière à la retraite qui arrivait toujours de son Opalikha au premier appel, ne pouvait pas venir à cause du froid, il fallait qu'elle chauffe continuellement sa maison pour que les canalisations ne gèlent pas.

Si bien que, tant que la vague de froid ne fut pas retombée, Kostia se retrouva tout seul à courir d'un lit à l'autre avec des médicaments, des pots de chambre, des tasses et des assiettes. Léna avait refusé d'aller à l'hôpital, elle restait clouée au lit et pleurait de faiblesse en silence, se désolant pour ses enfants et pour Kostia.

Puis Anna Antonovna arriva, elle retroussa ses manches et Kostia put retourner travailler. Il regagna son laboratoire où, en son absence, tout était resté au point mort. Et ce fut de nouveau la course contre la montre, cette fois à cause d'une longue synthèse qui n'avait pas réussi sans lui. On avait négligé de surveiller la température, et cela n'avait pas du tout donné le résultat voulu. Mais cela avait quand même produit quelque chose d'intéressant. La chimie est une science mystérieuse, et les erreurs dans les expérimentations donnent parfois naissance à d'intéressantes découvertes.

Au milieu de la journée, il reçut un coup de téléphone de chez lui. Sa belle-mère catastrophée lui annonça qu'une vieille femme en bottes de feutre d'allure extrêmement bizarre avait débarqué, elle avait apporté quelque chose d'important pour Kostia mais ne voulait pas le laisser. Elle disait qu'elle allait attendre son retour pour le lui remettre en main propre. Elle était assise dans le salon, n'avait pas enlevé son manteau, refusait de manger et de boire quoi que ce soit, et sentait affreusement mauvais. Il fallait qu'il rentre le plus vite possible.

Kostia demanda où en était la fièvre des enfants et reçut une réponse satisfaisante : elle était tombée. Après être restée à plus de 40° pendant cinq jours. L'influence bénéfique d'Anna Antonovna, bien sûr. Depuis longtemps, Kostia surnommait sa belle-mère « Valériane » en raison de son action apaisante sur tous les êtres vivants, depuis les voisins hargneux jusqu'aux chiens du quartier, sans parler des enfants et des plantes. Une femme au grand cœur.

Kostia s'activa encore pendant une heure dans son laboratoire et rentra à la maison pour s'expliquer avec cette vieille femme qui sentait si mauvais.

Il n'y avait aucune mauvaise odeur dans la maison. Cela sentait la peau de mouton mal tannée, et ces aigres relents campagnards n'avaient rien de particulièrement déplaisant. Apparemment, la visiteuse avait accepté d'enlever son manteau et de prendre du thé, à en juger par la vieille pelisse gigantesque posée sous le portemanteau. Kostia voulut la suspendre, mais elle était dénuée d'attributs inutiles du genre bride pour l'accrocher. Il y avait aussi d'épaisses bottes de feutre recousues. Qui sentaient très fort, elles aussi, une odeur de laine mouillée. La vieille femme n'était plus dans le salon, elle s'était transportée dans la cuisine. Elle était en train de boire du thé, un thé très fort, noir.

Elle avait une allure tout à fait rustique avec ses quatre foulards, deux sur la tête – un noir en coton dessous et un gris en laine par-dessus –, un troisième noué autour des reins, et le quatrième sur les épaules.

« Bonjour, grand-mère ! » lui dit Kostia, en souriant du caractère absurde de la situation.

Sa belle-mère, debout derrière lui, confirma encore cette absurdité :

« Voilà le maître de maison, grand-mère, Constantin Vladimirovitch !

— Oï, oï, oï ! Mon garçon ! Tu ne ressembles pas du tout à ton grand-père, mais alors pas du tout ! » baragouina-t-elle d'un air attendri, et elle fondit en larmes, comme si, justement, il ressemblait à on ne sait trop quel grand-père inconnu.

Mais Kostia ne se lança pas dans un interrogatoire. Autant que cette comédie se dénoue toute seule. Car il s'agissait d'une comédie, cela ne faisait aucun doute. La vieille paysanne toute rose, avec des yeux bleus comme des billes de turquoise, hochait sa tête emmitouflée dans tous les sens à la fois, d'avant en arrière et de gauche à droite, on aurait dit un magot chinois. Et elle tapait dans ses paumes rouges et sèches :

« Aïe ! Kostia, Constantin ! Alors comme ça, la voilà notre dernière petite branche… Quand on pense de quel arbre elle est sortie, cette petite branche, nul ne le sait, nul ne le voit… »

Kostia se mit au diapason de cette entrée en matière folklorique et répondit sur le même ton :

« Et comment vous nomme-t-on, grand-mère ?

— Mon nom, c'est Parascève, mais appelle-moi mère Pacha. Ton grand-père m'appelait comme ça.

— Et quel est le prénom de votre père ? demanda Kostia en continuant à jouer le jeu, mais il se sentait déjà un peu mal à l'aise et se demandait ce que cette drôle de bonne femme pouvait bien avoir de commun avec ses grands-pères, tant le père de sa mère, le défunt général Afanassi Mikhaïlovitch, que, du côté de son père, l'aviateur Victor Grigoriévitch, mort à la guerre.

— Personne ne m'a jamais appelée par mon patronyme de toute ma vie. Je suis Pacha, voilà tout.

— Mais de quel grand-père parlez-vous ? demanda Kostia allant droit au but.

— Ah, quelle vieille sotte je fais ! Ce n'est pas de ton grand-père que je parle, mais de ton arrière-grand-père, Naoum Ignatiévicth dans le monde, mais pour nous, il était monseigneur Nicodime. » La vieille femme chercha quelque chose des yeux et, n'ayant pas trouvé l'objet voulu, fit le signe de croix tournée vers la fenêtre. « Aujourd'hui notre intercesseur et notre protecteur dans les cieux, ça, c'est sûr et certain ! »

Il y avait de cela très, très longtemps, à la mort de sa grand-mère, la sœur cadette de cette dernière, Valentina, était venue chez eux et avait apporté des photos de famille extrêmement anciennes. À l'époque, Olga avait fait faire une reproduction de la mieux conservée. On l'avait agrandie, et ce portrait lui avait tellement plu qu'elle l'avait accroché au mur dans sa chambre. Il y était encore aujourd'hui.

« Venez, dit Kostia en adressant un signe de tête à la vieille femme. Je vais vous montrer quelque chose. »

Il l'emmena dans la chambre où Léna somnolait avec sa pyélonéphrite sur le déclin.

« Ne faites pas de bruit... »

Il ouvrit la porte avec précaution pour ne pas la faire grincer, et montra du doigt le tableau au mur.

La vieille femme tomba à genoux en le voyant.

« C'est lui, c'est notre saint père ! Comme il est jeune ! Quel bel homme ! Et bien bâti ! Avec sa femme et ses enfants ! Quand on pense à tout ce qu'il a dû endurer, ça vous met la mort dans l'âme... Il a tout supporté, tout, et il a été sauvé, et il prie pour nous, pour notre salut... »

Elle chuchotait en chantonnant, et Kostia se sentait mal à l'aise, il n'arrivait pas à partager son émotion, c'était une histoire trop confuse, rien que des bribes, des non-dits. Oui, sa grand-mère avait renié son père prêtre et il était mort dans les camps, apparemment, c'était comme ça que cela s'était passé. Sa mère lui en avait parlé, mais on ne savait rien de précis.

Entre-temps, la vieille femme s'était emparée de la main de Kostia et la couvrait de baisers.

Léna se réveilla et se souleva sur ses oreillers. Véra et Micha se mirent à pleurnicher dans la chambre d'enfants.

« C'est du délire, elle est complètement gâteuse ! » songea Kostia, furieux, en arrachant son énorme battoir à ces pattes rouges et tenaces.

La vieille femme retomba à genoux, cette fois devant Kostia.

« Il faut que tu nous aides, mon garçon ! Tu es le seul espoir qui nous reste. Personne ne veut nous écouter, ils disent qu'il n'y a que la famille qui peut faire la demande. Et nous, il faut qu'on le réenterre ! La maison, elle est à moi, et maintenant, ils vont la démolir, et sa tombe consacrée, elle est là, juste sous l'autel. Ils vont tout démolir, ça fait des années qu'ils en parlent... Et au patriarcat, ils ont dit : pour rien au monde ! C'était un prêtre des catacombes, ils l'ont rattaché à l'Église Vivante[1]. Ils disent que pour eux il n'était pas un évêque, que c'est une sorte d'imposteur ! »

Léna regardait en se demandant si toute cette histoire sans queue ni tête n'était pas un rêve.

Ils retournèrent dans la cuisine, et Anna Antonovna mit la table. La mère Pacha mangea une assiette de soupe, remercia, et déclara qu'elle n'avait plus faim, qu'il ne fallait plus rien lui donner.

Puis ils prirent du thé, et ce thé se prolongea jusqu'à deux heures du matin. Kostia ne comprenait pas tout ce que disait Pacha. Il la faisait répéter, comme une étrangère : répétez, mère Pacha, répétez, je n'ai pas compris ce que vous voulez dire, expliquez-moi…

Et elle racontait, expliquait, montrait, chantait, pleurait, tandis qu'Anna Antonovna restait discrètement plantée sur le pas de la porte en ouvrant des yeux ronds.

Pacha n'était pas en très bons termes avec les dates et, d'après son récit, il était impossible de comprendre quand le grand-père avait été arrêté, et quand il avait été relâché. Il avait d'abord été envoyé en relégation, il avait vécu dans la région d'Arkhangelsk, il était devenu veuf, il était retourné chez lui, et on l'avait arrêté.

« Et quand il s'est retrouvé aux Solovki[2], il était déjà moine ! dit la vieille femme en plissant les yeux de respect.

— Mais qu'est-ce qu'on lui a fait, mère Pacha ? interrompit Kostia.

1. L'Église Vivante : nom donné à un mouvement réformateur à l'intérieur de l'Église orthodoxe dans les années vingt et trente, qui se distinguait d'un courant plus conformiste. Les tenants de ce mouvement rentrèrent dans le sein de l'Église officielle après la guerre.

2. Le camp des Solovki, sur la mer Blanche, est le premier camp ouvert par Lénine. Beaucoup de membres du clergé y ont été détenus.

— On l'a sacré sacré évêque, en secret, bien sûr. » Et elle sourit de son ignorance, il ne comprenait pas les choses les plus simples. « Ensuite, monseigneur a été libéré juste avant la guerre, mais il n'a pas pu rentrer chez lui, il a été de nouveau arrêté. Il s'est évadé du camp pendant la guerre et il s'est caché des années dans la forêt de Mourom, il vivait dans un ermitage. C'est à cette époque que maman m'a emmenée le voir pour la première fois, et après ça, je l'ai servi jusqu'à la fin de sa vie. Ma mère l'avait servi, et elle m'a commandé de le faire, moi aussi. Il permettait qu'on vienne le voir deux fois par an. Les gens arrivaient de toute la Russie. Des religieux et des laïcs. Une fois, des ennemis l'ont attaqué, il avait un chat, c'est lui qui les a conduits, ils l'avaient suivi. Ils ont trouvé l'ermitage et ils l'ont saccagé, mais lui, il n'était pas là. Il y avait un autre starets qui se cachait à dix kilomètres de là, il était très malade et monseigneur était allé lui donner la communion. Il n'est pas rentré chez lui, on l'avait prévenu, alors il a quitté son lieu saint et il est allé encore plus profond dans la forêt. Ce sont de bonnes âmes qui m'ont conduite à lui. Ma mère était déjà morte à ce moment-là. Des fois je restais là-bas, je vivais avec lui pendant quelques semaines.

— C'était en quelle année ? demanda Kostia, car il avait l'impression que cette histoire parlait de temps très anciens et remontait à des siècles.

— Je ne me souviens pas. Il a vécu là-bas après la guerre, pendant beaucoup d'années. Et en 1956, ça je m'en souviens bien, j'étais là, il est tombé gravement malade, une hernie étranglée, il allait mourir. Mais on a tous prié, ma mère était encore vivante alors, seulement elle n'arrivait plus à marcher, elle ne pouvait pas aller le voir. Il y avait avec lui sœur Alevtina et sœur Evdokia, Anna Léonidovna de Nijni-Novgorod, sa fille spirituelle, et moi.

« Il nous avait dit adieu et il se préparait à la mort, mais Anna Léonidovna, elle était autoritaire, elle a dit qu'elle allait chercher un médecin. Il y en avait un à Mourom. Et on lui a amené un médecin chirurgien, un croyant. C'était un bon docteur, que Dieu l'accueille en son royaume ! Il est mort jeune. Il s'appelait Ivan, et pourtant il était arménien. Au début il pleurait, il jurait qu'il ne pouvait rien faire pour un malade dans des conditions pareilles et qu'il fallait l'emmener à l'hôpital.

« Ça se passait en hiver, monseigneur habitait un abri creusé dans la terre, dans une colline. L'entrée, c'était un trou de terrier. Il n'y avait pas de fenêtre, il faisait sombre là-dedans, le jour comme la nuit, il a vécu là pendant des années. Et il faisait aussi froid dedans que dehors. Il y avait bien un petit poêle, mais la fumée restait à l'intérieur, c'était trop risqué de faire sortir un tuyau.

« Mais comment le transporter ? Sans papiers, sans rien, et puis il y avait au moins vingt kilomètres à pied jusqu'à la route. D'ailleurs il ne voulait pas qu'on l'opère. Il n'avait plus de forces, il attendait la mort. Le médecin allait partir, et voilà que brusquement, la hernie a éclaté, c'était plein de sang et de pus... Le médecin a nettoyé la plaie, pendant trois heures il l'a nettoyée. À la fin, on pensait déjà que monseigneur avait trépassé. Il était tout blanc, plus blanc que la neige, et le médecin n'arrêtait pas de lui prendre le pouls, il avait peur qu'il meure. Il nous a dit : "Que quelqu'un me raccompagne jusqu'à chez moi. Je vous donnerai des médicaments, mais il va falloir lui faire des piqûres."

« Sœur Alevtina l'a ramené, elle est allée jusqu'à Mourom avec lui, et elle est revenue au bout de deux jours et demi. Elle avait apporté tout ce qu'il fallait, une seringue, des aiguilles, de la pénicilline. Ivan avait aussi envoyé un poulet et de la semoule. Il y avait aussi du pain, mais il avait dit de ne pas lui en donner. Et il avait demandé qu'on lui rapporte la seringue et les aiguilles. Peut-être que le froid allait le sauver, il avait dit. Ça a été un miracle ! C'est Dieu qui l'a sauvé, pas le froid. Sœur Alevtina et moi, on est restées, on a renvoyé toutes les autres. Oh, il nous est arrivé une drôle d'histoire ! On avait fait cuire la moitié du poulet, et l'autre moitié, un renard est venu nous la prendre dans l'abri, pffft ! Ce qu'on a pu rire, ce qu'on a pu pleurer !

« Pendant trois jours, il était à peine vivant. Et puis il a ouvert les yeux et il a dit : "J'étais prêt à partir, et voilà qu'on m'a laissé avec vous." Et il est allé de mieux en mieux, il s'est remis.

« En avril, on l'a pris chez nous. Il s'est installé dans notre maison et il nous a apporté le paradis. Il disait l'office tous les jours. La première année, il sortait un peu, en été, pendant la nuit, pour regarder le ciel. Après il restait enfermé dans sa cellule, il ne sortait que pour célébrer les offices. Il avait une toute petite table, minuscule. Il disait qu'on n'a pas besoin d'antimension[1], que toute notre terre est imbibée du sang de justes et de ceux qui ont souffert pour la foi. On peut prier n'importe où, on est toujours sur des ossements de martyrs.

« Il officiait dans les règles, d'après le rite des monastères. Souvent, il priait la nuit, il ne se couchait pas. À la fin, ses jambes se sont mises à enfler énormément, il ne pouvait plus rester debout, on le tenait sous les bras. Le nombre de gens qui venaient le voir !

1. Linge consacré par un évêque, que l'on pose sur l'autel avant de célébrer un office, sur lequel est représenté l'ensevelissement du Christ et dans lequel sont cousus des fragments de reliques. À l'origine, l'antimension servait d'autel portatif.

Oh, des fois, qu'est-ce qu'on tremblait de peur ! Et s'ils nous attrapaient ? Mais lui, il nous rassurait : "Ils ne nous attraperont pas, Pacha. Je resterai ici avec vous, pour les siècles des siècles." Il a vécu huit ans chez nous. Il a rendu son âme à Dieu en 1964. »

Pacha se signa. Son visage était radieux, comme si elle se réjouissait.

« Il avait quel âge ? demanda Kostia.

— Quatre-vingt-dix ans. Peut-être quatre-vingt-onze. »

« J'étais déjà né. Grand-mère était encore vivante. Il aurait pu vivre avec nous, dans notre famille. » Kostia se représenta un évêque en soutane noire, avec une croix, et à côté, sa défunte grand-mère Antonina Naoumovna... Ah, les conflits de générations... Non, c'était impossible !

Le récit était terminé. Il était plus d'une heure du matin, mais la raison pour laquelle Pacha était venue était toujours incompréhensible..

« Je ne serais jamais venue, Kostia, mais tout le monde dit que notre rue va être démolie. On va nous donner des appartements. Et commenton va faire pour la tombe ? Elle est sous notre maison ! Il faut l'enterrer ailleurs. J'ai dit aux nôtres : on va déterrer les ossements et les emporter dans la forêt de Mourom, là où il s'était caché. Mais eux, ils disent qu'on doit faire un enterrement religieux, un enterrement d'évêque, parce que maintenant, on est à une époque où on peut recevoir les papiers qu'il faut. Pour qu'on lui enlève qu'il a été en prison. J'ai écrit le mot quelque part... »

Elle creusa un petit terrier sous ses châles, en sortit un gros paquet enveloppé de papier journal, et lui montra une feuille avec le mot « réhabilitation » écrit d'une écriture de vieillard.

Kostia avait fini par comprendre ce qu'il devait

faire : réclamer le dossier de son arrière-grand-père (manifestement au KGB, songea-t-il aussitôt) et obtenir un certificat de réhabilitation. Il promit d'essayer de le faire sans faute. Il allait tenter de se renseigner et présenter une demande.

Pacha farfouilla dans son baluchon.

« Tiens, il nous reste un papier de lui, c'est pour toi. Les nôtres ont décidé de te le remettre. Peut-être qu'ils vont le demander, là-bas... » Elle sortit une fine feuille de papier jauni, le diplôme d'un séminaire de diocèse daté de 1892, au nom de Naoum Ignatiévitch Derjavine.

« C'est qui, "les nôtres", mère Pacha ? Il avait encore de la famille ? demanda Kostia à la fin de la conversation.

— De la famille ? Un de ses fils était prêtre, il a été fusillé, les autres, ceux qui l'avaient renié, ils sont morts, eux aussi, et les plus jeunes sont morts quand ils étaient encore petits. Et ses filles... Tu sais bien toi-même...

« Notre communauté, c'était une communauté spéciale, ils reconnaissaient pas le patriarche, mais après la guerre, monseigneur nous a dit d'aller à l'Église normale, parce qu'il n'y en aurait plus jamais d'autre. Mais il était toujours notre guide, il ne refusait pas. Et il a officié jusqu'à sa mort. Ceux qui ne pouvaient pas sans lui, ils allaient le voir. Même aujourd'hui, il y en a encore plusieurs comme ça, qui le vénèrent. Quand je dis "les nôtres", c'est eux que je veux dire. »

La vieille femme passa la nuit sur un lit pliant et repartit le lendemain matin tôt, laissant derrière elle une odeur de mouton que Kostia trouvait plutôt agréable.

Il était en dernière année de doctorat. Apparemment, ce n'était pas seulement sa thèse qui était en bonne voie, mais quelque chose de bien plus important. Son directeur faisait la grimace et freinait son intention de rédiger son mémoire au plus vite.

« La synthèse, la synthèse ! Ne t'arrête pas ! Peut-être que tu ne connaîtras plus jamais une chance pareille dans ta vie ! Que tu passes ta thèse cette année ou l'année prochaine, quelle importance ? Il y a déjà un poste qui t'attend. Allez, continue ! »

Son chef lui mettait la pression, et Kostia multipliait les expériences, les résultats étaient inattendus et très prometteurs. Et surtout, ils se reproduisaient avec une grande exactitude.

Au milieu de toutes ces occupations, Kostia prit des renseignements et apprit qu'il devait s'adresser non au KGB mais au Parquet. Les connaisseurs disaient que le moment était sans doute déjà passé, le temps des réhabilitations était terminé depuis la fin des années soixante, et les membres du clergé ne figuraient pas au nombre des victimes des répressions politiques. Kostia ne trouva le temps de déposer la demande de réhabilitation pour son arrière-grand-père qu'au début du printemps. L'employé rondouillard du Parquet s'appelait Arkadi Ivanovitch, il se montra aimable, promit de s'informer auprès des archives et de lui téléphoner. Son coup de fil arriva deux semaines plus tard.

Kostia se présenta à l'heure fixée. L'autre le reçut avec une courtoisie inhabituelle. Il avait sur son bureau un dossier assez mince.

« Plus de deux mille dossiers me sont passés entre les mains, Constantin Vladimirovitch, et j'ai vu pas mal de choses. Le dossier de votre arrière-grand-père est tout à fait étonnant : il s'est évadé d'un camp au début de l'année 1945, et depuis, formellement, il fait l'objet d'un avis de recherche. Juridiquement, c'est un cas très particulier, je n'avais jamais rencontré cela. Je vais en parler avec des spécialistes, mais je pense que cette évasion, associée au fait que le prêtre Naoum Ignatiévitch Derjavine n'a jamais été retrouvé, constitue un obstacle important à sa réhabilitation. Sans parler du fait que, pour l'instant, nous ne travaillons pas sur cette catégorie d'individus. Cette affaire m'intéresse énormément, je vais essayer de me renseigner par mes propres canaux. Mais il y a peu d'espoir. »

Kostia hochait la tête en signe de totale compréhension, et se réjouissait de ne pas lui avoir révélé qu'il savait où son arrière-grand-père s'était caché pendant vingt ans, jusqu'à sa mort. Il le savait mais n'avait rien dit.

En rentrant chez lui, il trouva une lettre de la mère Pacha. Justement ce jour-là, comme par un fait exprès ! Elle lui demandait de venir d'urgence parce que la démolition de la maison approchait, et qu'est-ce qu'on allait faire pour la tombe…

Une semaine s'écoula, puis deux, et Kostia n'arrivait toujours pas à se mettre en route, il était débordé par tout ce qu'il avait à faire, y compris déménager sa famille pour l'été chez sa belle-mère, à Opalikha. Léna était sur les nerfs, comme toujours quand elle devait faire sesbagages et se déplacer. Elle éprouvait des angoisses inexplicables avant n'importe quel voyage, même le plus insignifiant.

C'est seulement début juin, après avoir transporté sa petite famille à la datcha, qu'il partit enfin voir la mère Pacha. Il arriva à Zagorsk, admira les coupoles du monastère, puis se rendit à l'adresse indiquée, de l'autre côté de la voie ferrée.

C'était un village intégré depuis longtemps à la ville, la rue s'appelait Podvoïski, ou Voïkov. De futurs immeubles de quatre étages, qui pour l'instant n'avaient pas encore dépassé le premier, se dressaient depuis les fosses de leurs fondations d'un côté de la rue. Du côté impair, un excavateur était en train d'opérer. Les bicoques étaient si délabrées qu'il suffisait d'un seul coup de pelleteuse pour les réduire en miettes. La maison nº 19 était encore intacte et attendait son tour. Le conducteur de l'excavateur et son coéquipier s'activaient sur la 17. Un camion rempli de gravats venait de s'en aller.

La maison nº 7, l'adresse de l'expéditeur qui figurait sur l'enveloppe, n'existait plus.

Kostia s'assit juste en face, sur la souche d'un arbre récemment abattu. Dans ce nouveau quartier, on coupait les arbres pour qu'ils ne bouchent pas la vue et ne gênent pas les travaux.

« J'arrive trop tard ! Hier ou avant-hier, cet excavateur a retourné la terre, il a déterré les ossements de mon arrière-grand-père, il les a flanqués dans une benne, et maintenant, ils reposent dans la décharge de la ville. Quelle honte... Et cette fois, c'est pour toujours. Jamais je ne me le pardonnerai ! Pourquoi ai-je attendu si longtemps ? Et maman qui m'avait demandé avant sa mort de la brûler et de répandre ses cendres sur la tombe d'Ilya... Ça non plus, je ne l'ai pas fait. Mais il est où, ce satané Munich ? Et elle est où, cette tombe ? Ah, l'amour pour les sépultures de ses ancêtres... Les ossements de mon arrière-grand-père se retrouvent dans une décharge... C'est bien une histoire russe, ça... Oui, voilà comment on est... »

Il fut tiré de ses pensées par des jappements derrière lui. Il s'empressa de se retourner, car il en avait déjà assez d'un chagrin auquel son âme n'était pas habituée. Deux chiots presque adultes faisaient les fous sur l'herbe nouvelle, mais gentiment, en jouant. L'un d'eux avait un os énorme qui tenait à peine dans sa gueule, l'autre essayait de le lui arracher et lui flanquait des coups de museau dans l'épaule.

L'os avait été entièrement rongé depuis longtemps, ce n'était plus de la nourriture, juste un jouet.

Kostia, assis sur la souche, pleurait de honte et de rage contre lui-même.

Quand il releva la tête, deux petites vieilles coiffées de fichus se trouvaient devant lui.

« Ne pleurez pas ! Vous êtes le petit-fils ? Pacha a déterré tous les os de sa cave, elle les a lavés, elle les a enveloppés dans des linges sanctifiés et elle les a emportés à Mourom. Elle a dit qu'elle allait retrouver l'ermitage et qu'elle les enterrerait là-bas. Alexacha Grigoriev est allé avec elle, elle ne pouvait pas porter ça toute seule. Nous, on habite dans la maison là-bas, tout au bout. Pacha nous a dit de rester là et de vous attendre. Alors on vous a attendu. »

Ende Gut

Au début des années soixante apparut une nouvelle race d'étrangers follement amoureux de la Russie. Ils se comptaient non par centaines, mais par dizaines. À Moscou et à Pétersbourg, ils étaient bien connus.

Les premiers à débarquer avaient été les communistes italiens. Ils furent suivis par toutes sortes de Suédois, d'Américains et autres. Ils se laissaient prendre à des hameçons avec pour appâts Dostoïevski et Tolstoï, Malévitch ou Khlebnikov, en fonction de leur orientation professionnelle. Les uns comme les autres étaient attirés par la mystérieuse âme slave, tendre et virile, irrationnelle et passionnée, agrémentée d'une note de folie sublime et d'une cruauté capable de tous les sacrifices.

Ayant secoué de leurs impeccables chaussures italiennes la poussière de l'esprit bourgeois, ils s'éprenaient de beautés russes encore non corrompues par le féminisme, les épousaient en surmontant d'innombrables obstacles, les emmenaient à Rome et à Stockholm, à Paris et à Bruxelles, puis revenaient rue Sivtsev Vrajek ou sur la Polianka, quand ce n'était pas à Konkovo-Derevlevo. Ces étrangers se trouvaient des amis de cœur russes, s'attachaient à leurs parents et à leurs enfants, leur apportaient des livres, des médicaments, des tubes de peinture, des tétines, des manteaux fourrés, des cigarettes… Ils recevaient en échange des livres d'art introuvables sur les icônes d'Andreï Roublev et les fresques de Dionisi, du caviar noir, et une affection exaltée, mais pas tout à fait désintéressée.

Depuis le festival de 1957, Pierre Zand avait envoyé et fait parvenir à ses amis moscovites, par la poste et par des intermédiaires, une multitude de denrées diverses : des jeans, de la dentelle, des disques… Les disques pour Sania, les collerettes en dentelle de Bruxelles pour Anna Alexandrovna, et les jeans pour les trois amis. Il concrétisait ainsi partiellement son amour pour la patrie quittée par ses ancêtres.

Parmi les étrangers amoureux de la Russie, il occupait une place particulière : bien qu'issu d'Allemands de la Baltique, il était russe, et sa nostalgie de la Russie avait un caractère existentiel, incurable. Ce qui le dépitait le plus, c'était que son sentiment rare et complexe avait été décrit depuis longtemps, il avait été épinglé et disséqué trente ans plus tôt par l'écrivain Sirine et, à titre de preuve, il avait envoyé à ses amis des livres de cet auteur inconnu en Russie, qui avait entre-temps abandonné son pseudonyme pour reprendre son véritable nom [1].

Comme le héros du roman de Sirine, Pierre accomplissait son exploit personnel en introduisant en Russie des livres d'un petit éditeur bruxellois. Principalement des ouvrages religieux. C'était un travail de militant, un peu comme celui des komsomols. En 1963, il passa cinq mois à l'université de Moscou, où l'on enseignait le russe aux étrangers. Il était logé dans un foyer d'étudiants rue Volguine et passait son temps à sillon-

1. Il s'agit bien sûr de Nabokov, qui écrivit ses premiers romans sous le pseudonyme de Sirine. Le roman auquel il est fait allusion plus bas s'intitule *L'Exploit*.

ner la ville, il se faufilait dans toutes sortes de tanières suspectes avec son ami Ilya, il allait à de magnifiques concerts avec son ami Sania, et une fois, il se rendit même dans un internat pour sourds-muets avec son ami Micha… Il étudiait de près sa chère Russie.

Au bout de cinq mois, quelqu'un le dénonça à cause des livres qu'il recevait par la valise diplomatique pour ses amis moscovites, et il fut expulsé du pays en tant qu'espion. À l'université de Moscou, on ne plaisantait pas avec ces choses-là.

Le scandale fut assez important : un article dans un journal national, avec des accusations d'espionnage, d'activité subversive et de diffusion de littérature antisoviétique. Visiblement, à part la dénonciation, ils n'avaient rien, juste des soupçons montés en épingle.

Pendant ces cinq mois, Pierre avait eu le temps de s'amouracher d'Alla, une jolie fille aux yeux nordiques et aux cheveux jaune paille, mais il ne leur fut pas donné d'unir leurs destins, ce qu'Alla regretta jusqu'à la fin de ses jours : elle avait fait une bêtise. Si elle n'avait pas écrit cette dénonciation, cela aurait peut-être fini par un mariage. Mais on avait fait pression sur elle, on avait menacé de lui retirer sa place dans son foyer d'étudiantes, de l'accuser de prostitution et, de façon générale, de lui pourrir la vie. La jeune fille ne faisait généralement pas confiance au pouvoir soviétique, mais là, elle avait cru à ces menaces.

Au bout du compte, une expulsion, c'était quand même beaucoup mieux que la perspective envisagée par Nabokov : « *Et l'on me mène vers un ravin, vers un ravin pour me tuer*[1]… »

1. Vers d'un poème de Nabokov, « L'exécution », sur un rêve récurrent dans lequel l'auteur émigré se retrouve en Russie et se fait exécuter.

Après avoir dû quitter dans les trois jours son obligeante patrie spirituelle, Pétia avait dès lors aspiré de toute son âme à revenir en Russie, comme des milliers d'autres aspiraient à en partir. Mais on ne laissait pas entrer les uns, et on ne laissait pas sortir les autres.

Pourtant, durant ces années-là, la vie l'emporta dans une direction géographiquement opposée. Il fit son trou en tant que slaviste et fut engagé par une université californienne. Ses liens avec ses amis moscovites ne furent pas rompus, mais devinrent de plus en plus ponctuels. Ce qui ne l'empêcha pas de recevoir de Russie en 1970, peu après sa sortie en samizdat, l'étrange poème *Moscou-sur-Vodka* de Vénédikt Erofeïev, un auteur parfaitement inconnu.

Ilya s'était donné beaucoup de mal. C'était lui qui avait écrit la lettre qui l'accompagnait, dans laquelle il expliquait à Pétia que ce roman était ce que l'on avait fait de meilleur en Russie depuis la révolution. Pierre tomba entièrement d'accord avec son ami et se lança avec ardeur dans la traduction. Au bout de trois mois, il comprit qu'il n'y arriverait pas. C'était au-dessus de ses forces. Plus il s'enfonçait dans le roman, plus les strates qu'il y découvrait se multipliaient.

Une énorme dimension de la culture reposait sur un procédé renvoyant le roman au « sentimentalisme romantique ». C'étaient les notes d'un voyageur russe. Mais ce nouvel auteur s'éloignait de Radichtchev et de Griboïedov pour partir Dieu sait où, tantôt du côté de Dostoïevski et de Blok, tantôt dans les tréfonds de la langue populaire, brute et incorruptible. Le texte était truffé de citations – fausses, authentiques, dénaturées ou tournées en dérision. Dans ce livre se côtoyaient la parodie et la mystification, une véritable souffrance et un authentique talent.

Pierre écrivit un grand article qu'il envoya à une revue spécialisée où il fut refusé. Personne ne connaissait cet auteur, et l'article avait paru trop audacieux au rédacteur.

Il en fut terriblement mortifié et prit une cuite monumentale. Une fois complètement soûl, il se mit à téléphoner à ses amis russes. Ilya et Micha n'étaient pas chez eux. Mais il parvint à joindre Sania, qui lui raconta le malheur qui venait d'arriver : Micha était mort. Il ajouta à cela quelques phrases confuses, du genre : la vie a perdu tout son sens, d'ailleurs quel sens peut-elle bien avoir quand ce sont les meilleurs et ceux qu'on aime le plus qui s'en vont. Et puis le sens lui-même n'avait aucun sens…

Pierre dessoûla immédiatement. Il dit à Sania qu'il allait trouver une solution pour lui. Quelque chose de constructif. Qu'il avait déjà dépensé deux semaines de salaire en téléphone. Qu'il fallait absolument qu'il termine la bouteille. Et que Sania devait attendre le coup de fil de son ami Evguéni.

Sania oublia cette conversation sur-le-champ, comme si c'était lui qui avait trop bu et non Pierre. La tristesse s'était abattue sur lui telle une poussée de fièvre. Tout ce qu'il était capable de faire, c'était de rester allongé sur le divan de Niouta à fixer sans rien voir, d'un regard complètement absent, la tapisserie râpée du coussin, et à capter des sortes d'échos visuels des entrelacements de fils de toutes les couleurs – bleu, jaune paille, mauve – qui n'avaient strictement rien à voir avec les dessins tissés représentant une corbeille de fleurs, un bouquet, et un ruban qui ondulait comme un serpentin.

Quand était-il sorti de chez lui pour la dernière fois ? Pour l'enterrement de Niouta ? Pour le quarantième jour à l'église ? Oui, à l'église, Micha était là, ils étaient l'un à côté de l'autre et Micha pleurait alors que lui, Sania, n'y arrivait plus. Parce que ses capacités de réaction étaient épuisées, il ne ressentait plus rien, à part le caractère affreusement étranger de tout ce qui l'entourait. D'abord Niouta, et ensuite Micha. Il ne restait plus que sa mère, qu'il lui fallait reconnaître à nouveau chaque fois. Ou plutôt, il devinait que c'était elle. Tous les matins, avant de partir au travail, une Nadiejda Borissovna colorée en brune s'approchait avec tendresse et précaution de son fils endormi et posait près de lui du thé et un sandwich au fromage. Le soir, c'était une assiette de soupe.

Sania mangeait de temps en temps, sans même s'en rendre compte. Une gorgée, une bouchée. C'était tout. Il avait envie de thé sucré très fort avec du citron. Comme celui que lui apportait sa grand-mère quand il était malade.

Il comprenait maintenant que Niouta avait eu une belle mort et qu'elle avait laissé un beau souvenir. Alors que la mort de Micha avait été horrible, contre nature. En sortant du métro Kirovskaïa pour rentrer chez lui, Sania avait voulu passer chez Micha, comme il en avait pris l'habitude ces dernières années, et il avait été l'un des premiers à le voir par terre, la tête fracassée sur le rebord en pierre d'une plate-bande disparue depuis longtemps. Vêtu d'une chemise à carreaux que Niouta lui avait achetée des années auparavant. Sania avait la même... Dieu sait pourquoi, il n'avait pas de chaussures, il était en chaussettes. Une foule clairsemée s'était déjà attroupée autour du corps. Il fallait l'emporter au plus vite.

On l'avait recouvert d'un drap. Un vieux drap avec une grande pièce en plein milieu, qu'on avait pris sur une corde à linge.

Sania savait déjà qu'Aliona et Maïa étaient parties

dans un village près de Riazan, Micha lui en avait parlé avec amertume et incompréhension. À présent, il allait devoir retrouver Aliona. Comment lui annoncer ça ?

Il s'était alité tout de suite après l'enterrement de Micha. Il dormait, il se réveillait, il entendait tantôt la voix de Lastotchkine et ses éructations, tantôt les gargouillis vomis par la télévision... Du temps de Niouta, il n'y avait pas la télévision ! À six heures du matin, l'hymne national lui écorchait les oreilles, puis arrivait une vague de café, sa mère le préparait dans leur chambre sur un réchaud à alcool, comme Niouta l'avait toujours fait. Ensuite, le calme revenait et Sania se rendormait, il se réveillait, se levait quand il avait besoin d'aller aux toilettes et se recouchait. Nadiejda Borissovna était inquiète, elle lui demandait quelque chose, il ne comprenait pas quoi, et il se tournait vers le mur.

Des amis du Conservatoire passaient de temps en temps. Et encore quelqu'un d'autre. Ilya ? Vassili Innokentiévitch ? Puis Kolossov vint le voir. Il resta assis un moment dans le fauteuil de Niouta. Cette visite était le signe d'une réconciliation après plusieurs conflits. Avec les années, Sania perdait de plus en plus le soutien de son maître, il s'éloignait de lui. Mais maintenant, au lieu d'éprouver de la joie, il ne ressentait que de l'indifférence.

Il avait du mal à soutenir une conversation.

Kolossov laissa sur la table une boîte de guimauve provenant de la confiserie en face du Conservatoire, et un vieux livre magnifique, une édition allemande. Avant de partir, il déclara qu'il s'était arrangé pour qu'on lui donne un congé d'un mois, il n'avait qu'à se soigner. Et il n'y avait rien de mieux que *Le Clavier bien tempéré* pour se purifier l'âme et le corps, et pour guérir toutes les maladies.

« Ce que je vous ai apporté est quelque chose d'extrêmement rare. Mais vous apprécierez vous-même... »

Sania avait apprécié deux jours plus tard, quand il avait ouvert le livre et qu'il avait compris qu'il avait devant lui *Le Clavier bien tempéré, ou préludes et fugues dans tous les tons et demi-tons, tous deux avec la tierce majeure ou* ut, ré, mi *et avec la tierce mineure ou* ré, mi, fa... *Pour la pratique et le profit des jeunes musiciens désireux de s'instruire et pour la jouissance de ceux qui sont déjà rompus à cet art. Composé par Jean-Sébastien Bach, maître de chapelle du prince d'Anhalt-Köthen et directeur de la musique de chambre.*

Niouta avait eu raison d'insister pour qu'il apprenne l'allemand. Il était capable de lire ce titre ancien...

Dès qu'il eut ouvert le livre, Sania se remit à vivre. C'était une merveille : *Urtext*, le texte original de l'auteur, le quatorzième tome de la première édition des œuvres complètes de Bach publiées à la fin du XIXe. Toutes les éditions qu'il avait vues jusque-là avaient été corrigées. On y avait ajouté des détails, des tempos et même des doigtés. Cette fois, il avait devant lui le texte « nu », et c'était une impression fantastique, comme s'il se retrouvait brusquement en tête à tête avec le génial compositeur. Sans intermédiaires. Comme tous les musicologues, il avait étudié *Le Clavier bien tempéré*, il avait admiré la simplicité limpide avec laquelle tout était construit, sur la progression des tonalités, *do* majeur, *do* mineur, *do* dièse majeur... Il se souvenait que le troisième prélude avait d'abord été écrit en *do* majeur, puis Bach avait corrigé, il avait introduit sept dièses, et voilà ! Et comme ça pour les vingt-quatre tonalités utilisées. C'était si simple ! Un exercice pour écoliers. D'ailleurs il avait écrit cela pour son fils adolescent. Un abécédaire musical. Aucune remarque, aucune indication : joue comme tu veux, musicien ! La liberté totale !

Les partitions modernes, corrigées par les rédacteurs, supprimaient cette liberté.

Sania fut emballé. Il connaissait pas mal d'interprétations du *Clavier*, et il avait hâte maintenant de les réécouter et de les comparer.

Il avait des disques chez lui. Le sublime enregistrement de Samuel Feinberg, acheté par Niouta il y a très longtemps. Un enregistrement complet, les quarante-huit préludes et fugues. Et aussi celui de Richter. Il était magnifique, mais les disques étaient affreusement rayés.

Il chercha le disque de Feinberg et le mit. Kolossov avait raison : ces sons vous purifiaient. Il plongea de tout son être à travers cette musique. Ou il se laissa traverser par elle.

Il passa une semaine à écouter et à lire les partitions. Finalement, Feinberg était une pure merveille. Les avis différaient, certains portaient aux nues l'interprétation des *Préludes et fugues* par Glenn Gould, pour d'autres, le maître et le dieu, c'était Richter. Mais il y avait chez Feinberg une telle tristesse, une telle fragilité, une telle élégance... Comme si la vie tout entière s'était déjà écoulée et qu'il n'en restait plus que ces modulations, des battements d'ailes de papillon, non la chair, mais l'âme de la musique.

Ce n'était pas un homme majestueux, mais quelqu'un d'ordinaire, avec un petit bouc, il n'y a pas si longtemps encore, il déambulait dans les couloirs du Conservatoire, et personne ne chuchotait dans son dos : « Vous avez vu ? C'est Feinberg ! »

Neuhaus ou Richter, eux, c'était autre chose. Toute leur vie, ils avaient entendu chuchoter dans leur dos : « Vous avez vu qui passe ? »

Sania écouta Bach, il le réécouta, encore et encore, et au bout de deux semaines, il était complètement guéri.

Le dernier prélude, la dernière fugue en *si* mineur. Bach avait écrit : « *Ende Gut – Alles Gut* »

« Bon », se dit Sania. Il faisait confiance à Bach.

Il nettoya la baignoire, fit couler l'eau la plus brûlante qu'on puisse supporter, resta dedans longtemps, se coupa les ongles, rasa des poils que l'on pouvait déjà qualifier de barbe, et enfila une chemise neuve, sans savoir lui-même où il avait l'intention d'aller. Il s'examina dans le miroir de Niouta : il avait maigri. Une pâleur intéressante, deux coupures sur le menton. Le téléphone sonna.

« Je suis Evguéni, un ami de Piotr. J'arrive enfin à vous joindre ! Je voudrais vous voir. À l'endroit habituel. »

Sania avait presque oublié cet endroit habituel où Pierre dépêchait ses émissaires munis de livres, de jeans et de disques.

Ils se retrouvèrent près du bar à bières du Parc de la Culture. Evguéni s'appelait en réalité Eugene, et il était le correspondant d'un journal américain à Moscou. Il lui proposa, au nom de Pierre, de contracter un mariage fictif. Sania, qui venait à peine de remonter du fin fond de sa dépression, réagit mollement : Ah bon ? C'était possible ? Eugene l'assura qu'il fallait essayer, et que Pierre s'occupait déjà du choix d'une candidature.

« Une blonde ou une brune ? »

Et Sania éclata de rire, pour la première fois depuis la mort de Micha.

Les grands froids de janvier, censés être ceux de Noël ou de l'Épiphanie, s'abattirent sur Moscou précisément dans l'intervalle entre les deux fêtes. Eugene Michaels et Sania Steklov se rendirent à l'aéroport par des moyens différents : Eugene en métro jusqu'à

Retchnoï vokzal puis en taxi, et Sania en autobus. Les gens venus accueillir les passagers en provenance de New York n'étaient guère nombreux, et Sania et Eugene firent de leur mieux pour ne pas se faire remarquer.

L'avion avait une heure de retard. Lorsqu'on annonça enfin qu'il avait atterri, les gens qui attendaient se dirigèrent tous ensemble vers l'endroit sacro-saint où la frontière de l'État allait se disjoindre et laisser s'écouler par un étroit goulot des citoyens étrangers et quelques rares passagers russes appartenant aux confréries des diplomates et des kagébistes.

Ils s'étaient précipités un peu tôt, et durent attendre encore une heure avant de voir surgir les voyageurs ayant franchi toutes sortes de contrôles et récupéré leurs bagages.

Les Soviétiques se distinguaient des Américains avant tout par la quantité de leurs valises et leur air de chien battu. Les Américains se distinguaient des Soviétiques par leur taille plus grande, leur curiosité un peu bébête et leurs vêtements. Même si, quand on y regardait de plus près, ceux des Américains et ceux des fonctionnaires soviétiques et de leurs épouses étaient les mêmes : des manteaux en tweed pour les hommes ayant un bon poste, des anoraks à capuchon et des duffel-coats pour les plus modestes. Les uns comme les autres, dans des tonalités circonspectes et hivernales. Sur les Soviétiques, les vêtements avaient une expression différente.

Au milieu de ce groupe compassé fatigué par le vol se détachait une tache colorée : un bonnet rouge de lutin qui se dressait au-dessus de la foule avec pétulance et arrogance. Sous le bonnet, des yeux lourdement maquillés, des joues roses et une bouche fardée d'un rouge éperdu. Une matriochka typique, mais de fabrication étrangère. Petit détail pour les initiés : elle portait un somptueux manteau de vison et des chaussures de sport. Et tenait à la main, outre un petit réticule d'opérette, un énorme tournesol en plastique. C'était le signe de reconnaissance.

Un jeune homme blond en veste noire se détacha du groupe des personnes qui attendaient. Une chapka lui sortait de la poche. Le voilà qui se dirige vers le tournesol ainsi qu'il convient à un tournesol de se diriger vers le soleil. Il s'arrête devant la femme coiffée du bonnet rouge de lutin et tend la main vers le tournesol...

« Debby ! *You are... I'm glad...* »

Debby, la fiancée, n'avait rien d'une beauté, mais son sourire était absolument radieux.

« Sa-nié-tchka ! *Ia-tibia-loublou* ! »

La fiancée trouvée par les soins de Pierre était idéale. C'était une journaliste, une féministe et une sacrée luronne, elle était venue à Moscou l'année précédente en qualité de militante de la section américaine de la Ligue internationale des femmes, à un séminaire de bonnes femmes organisé par le Comité des femmes soviétiques. C'était là qu'ils s'étaient rencontrés et qu'ils étaient tombés amoureux. Une légende sans faille.

Ils s'embrassent. Clic-clac ! Le correspondant d'un journal progressiste américain immortalise les retrouvailles de Debby O'Hara, militante progressiste du mouvement américain de libération des femmes, avec un jeune musicologue. Debby saisit les joues de Sania entre ses mains potelées et l'embrasse en plein sur la bouche. Un goût savonneux de rouge à lèvres. Sania lui passe mollement le bras autour du cou. Elle le dépasse en taille d'une demi-tête, et en poids d'une trentaine de kilos.

Encore un baiser. Encore un clic-clac d'appareil

photo. Encore un baiser, encore un clic-clac. Eugene Michaels s'en va, il s'est acquitté de sa tâche. Deux espions en gris parfaitement fondus dans la foule échangent un regard d'un bout à l'autre de la salle. Ils se rejoignent près de la sortie, comme des somnambules, chuchotent entre eux, et se séparent à nouveau.

Un gazouillis :

« Tu parles un anglais magnifique !

— Toi aussi !

— Ce que tu peux être mignon !

— Et toi, tu es la femme de mes rêves ! »

Les deux fiancés éclatent de rire. Sania est couvert de rouge à lèvres. Debby essuie tendrement ces marques sanglantes avec son mouchoir.

Sania veut se saisir de la valise, mais elle le repousse légèrement en défendant son bagage :

« Mais d'où tu sors, Sania ? Je suis une féministe ! Je ne t'autorise ni à me laisser passer devant ni à porter mes valises, je suis une femme indépendante ! »

Sania doit légèrement lever les yeux pour la regarder.

« Je me suis dit qu'elle était lourde... »

Elle a déjà jeté son manteau marron foncé aux poils piquants sur son bras gauche et lève le droit en l'air en pliant le coude.

« Regarde un peu les muscles que j'ai ! Je fais de l'athlétisme ! »

Sania tâte son bras nu.

« Debby ! Tu es tout simplement la femme de mes rêves ! Quand je serai fatigué, tu pourras m'élever dans tes bras ! »

Un anglais magnifique, fluide.

« Oh ! Tu as fait une faute ! On ne dit pas "élever dans ses bras", on dit "porter dans ses bras". »

Elle posa sa valise et appliqua ses deux paumes à plat sur sa volumineuse poitrine.

Là, Sania commença à avoir un peu peur.

Il emmena sa fiancée à l'hôtel Berlin. Avant que Debby ne s'écroule sur son lit pour douze heures, compte tenu du décalage horaire, de la beuverie monumentale à laquelle elle s'était livrée la veille à New York avec ses amis, et d'un excellent système nerveux, ils burent une vodka au bar du rez-de-chaussée. Ils bavardèrent un peu, puis s'embrassèrent et se quittèrent jusqu'au lendemain matin.

Sania avait l'intention de faire visiter Moscou à sa fiancée le matin, et de l'emmener au Conservatoire le soir. Il n'avait pas prévu d'autres cadeaux. Ils avaient une chose obligatoire à faire ensemble : déposer tous les papiers pour leur mariage au Palais des mariages, le seul endroit où l'on acceptait les passeports étrangers.

La promenade matinale dans Moscou débuta après le déjeuner. Le programme avait été mis au point par Sania.

On avait montré le Kremlin à Debby lors de son précédent séjour et maintenant, elle avait envie de voir *the real life*.

Ils sortirent de l'hôtel. Le temps était tout ce qu'il y avait de plus enchanteur : soleil et neige, pure grâce[1], un ciel et une neige d'un bleu inimaginable. Le froid revigorant et le soleil glacé suscitèrent chez cette Irlandaise native du Texas une bouffée de bonheur physiologique, et elle tomba dans une telle extase que Sania, qui n'aimait pas l'hiver, regarda autour de lui et reconnut que c'était génial.

Mais, n'éprouvant lui-même aucune extase hivernale, il chercha inconsciemment à couper court à l'exaltation euphorique de sa fiancée en l'emmenant sur les lieux les plus terrifiants qui soient : la place

1. Début d'un célèbre poème de Pouchkine, « Matin d'hiver ».

Dzerjinski, au centre de laquelle se dressait le sanguinaire chevalier de la révolution [1].

Il montra du doigt le bâtiment auquel la statue tournait le dos.

« C'est la Loubianka. Notre enfer national.

— Oui, oui, je sais, l'année 37 ! »

Il la prit par le bras.

« Pourquoi l'année 37 ? Cette monstruosité se porte encore très bien aujourd'hui. Maintenant que j'ai un peu gâché ta bonne humeur, viens, on va se promener ! »

Il maniait bien l'anglais qu'on lui avait appris et, avec son oreille fine, avait immédiatement saisi l'intonation texane, traînante et légèrement zézayante.

Ils allèrent jusqu'à la place Pouchkine et s'arrêtèrent au début du boulevard de Tver. Que de fois les Lurs avaient jadis commencé ici leurs promenades littéraires ! Victor Iouliévitch leur donnait rendez-vous près de la statue de Pouchkine et, de là, ils partaient en excursion dans le passé, Ilya avec son appareil photo, Micha avec son carnet, et encore une dizaine d'adolescents à l'esprit curieux...

Debby s'avéra d'une ignorance virginale en ce qui concernait la culture russe. Il n'était pas facile de commencer à partir de rien.

« Tu as lu Tolstoï ? demanda Sania.

— Oui, oui ! J'ai vu le film *Guerre et Paix*. Deux films. J'adore ! Audrey Hepburn est absolument ravissante ! Votre Pierre Bezoukhov... Et Bondartchouk, bien sûr... Il a reçu un oscar. J'ai écrit un article là-dessus.

— Bon. Je vais te montrer la maison dans laquelle habitait la famille du comte Rostov... », soupira Sania.

1. La statue de Dzerjinski, le fondateur de la Tchéka (ancêtre du KGB).

« C'est fou ce qu'elle peut être simplette ! » se dit-il, et il l'emmena voir le célèbre hôtel particulier.

Ce temps radieux dura quatre jours et, pendant quatre jours, ils se promenèrent dans Moscou. En dépit de sa simplicité, la fiancée s'avéra capable de sensibilité et de réactivité, c'était une excellente compagne de promenade, une marcheuse infatigable, elle était avide de s'instruire, et son absence de connaissances hallucinante en tout ce qui concernait la culture russe était compensée par l'ardeur de l'intérêt qui s'était soudain éveillé sur le vide de cette ignorance crasse. Et d'une certaine façon, cet intérêt se communiquait à Sania.

Ils se promenèrent dans un Moscou glacé, par des journées ensoleillées et des soirs mal éclairés, ils étaient frigorifiés, s'arrêtaient dans des cafés et des bistrots, qui n'étaient guère nombreux à l'époque. Pour Debby, c'était le plus romantique de tous ses voyages. Elle ne pouvait comparer cela qu'à l'Espagne, où elle avait passé un mois dix ans plus tôt. Elle s'était trouvé un magnifique Espagnol qui lui avait fait visiter Madrid et Barcelone, et qui avait filé ensuite avec tout son argent. Il est vrai qu'elle n'en avait pas beaucoup…

Après une visite au musée Tolstoï, où Debby avait presque fondu en larmes d'attendrissement (« Sa-niétchka ! Votre Tolstoï est aussi grand que Voltaire ! »), ils étaient tellement gelés qu'ils entrèrent dans un vieil immeuble et s'installèrent sur le rebord d'une fenêtre du deuxième étage, près d'un radiateur. Sania sortit une flasque de sa poche (l'école d'Ilya !) et ils burent tous les deux au goulot.

De façon générale, Debby n'arrêtait pas de jacasser. Mais cette fois, elle resta silencieuse pendant tout le trajet du retour et, arrivée devant l'hôtel, elle lui dit en le quittant :

« Sa-nié-tchka ! Je ne sais pas comment j'ai fait pour vivre sans cela avant ! Dès que je serai rentrée, je vais me mettre à apprendre le russe !

— Mais pour quoi faire ? »

Debby explosa. Elle avait un tempérament moins irlandais (même si cela aurait suffi) que carrément italien.

« *Ia loublou ! Ia loublou* la langue russe ! Tu es quelqu'un de très cultivé, bien sûr, je le vois bien ! Mais moi, je suis douée, j'apprends vite ! J'ai appris l'espagnol. Et le portugais. J'apprendrai le russe ! Tu verras ! »

Sania, un peu effrayé, embraya habilement sur un nouveau thème secondaire.

« Debby, tu connais Isadora Duncan ?

— Bien sûr ! Évidemment ! Je suis une féministe, tu sais ! Je connais toutes les femmes qui ont réussi ! "La danse du futur" ! Un nouveau style de danse, pieds nus et en tunique. Elle a eu pour amants Gordon Craig et un poète russe, j'ai oublié son nom...

— Eh bien, Debby, elle est descendue dans cet hôtel en 1922, et c'est ici qu'ont débuté ses amours avec le poète Sergueï Essénine. »

Debby joignit les mains en un geste de prière et les leva vers le ciel.

« *My God !* C'est incroyable ! Dire que j'habite ici ! Et je ne suis amoureuse de personne ! » Elle éclata de rire. « Ah, si, je suis amoureuse de la Russie ! »

Le lendemain, accompagnés par Olga et Ilya pour plus de sûreté, ils se rendirent au Palais des mariages rue Griboïedov, l'endroit où l'on centralisait les formalités destinées à unir par les chaînes du mariage des étrangers et des jeunes filles russes. Un Russe qui épousait une Américaine était un cas assez rare. Les papiers de Debby avaient été si bien préparés qu'il y en avait même quelques-uns en trop. Sania n'avait pas son acte de naissance sur lui, si bien qu'il dut prendre un taxi pour aller le chercher, sans aucun espoir de le trouver. Mais cette fois encore, Anna Alexandrovna s'était montrée à la hauteur. Tous les papiers de Sania, depuis son acte de naissance jusqu'à son diplôme du Conservatoire et ses certificats de vaccination, étaient rangés dans un ordre impeccable à l'intérieur d'une chemise qu'il connaissait bien, parmi des romans français, sur l'étagère où se trouvaient les livres préférés de sa grand-mère.

Tous les papiers furent déposés. Le mariage fut fixé au mois de mai.

« Notre Faïna disait toujours qu'il ne faut pas se marier au mois de mai, cela porte malheur », fit remarquer Olga.

Ilya et elle s'étaient associés avec ardeur à cet aventure matrimoniale. Olga avait pris une part enthousiaste aux préparatifs : elle avait fait du borchtch et des raviolis sibériens.

Debby était emballée par Moscou, par le borchtch, et par les Russes qu'elle rencontrait. Tout lui plaisait en Union soviétique, tout, sauf la condition des femmes. Elle avait tiré ses conclusions en se fondant sur le fait que c'était Olga qui préparait les repas, lavait la vaisselle et s'occupait de leur fils adolescent sans qu'Ilya lève jamais le petit doigt pour l'aider. Quand elle avait essayé d'exprimer son effarement, Olga n'avait tout simplement pas compris de quoi elle parlait.

Debby ne vit l'appartement de Sania que le dernier jour de son voyage à Moscou. Cette visite n'était pas prévue, mais leurs pas les avaient conduits par hasard dans Kitaï-Gorod, et elle avait été prise d'une envie pressante. Les toilettes les plus proches étaient celles qui se trouvaient chez Sania. Sa mère et son beau-père n'étaient pas là. Debby jeta son manteau de vison sur le fauteuil de Niouta, fonça dans le couloir de l'appartement communautaire jusqu'aux toilettes communes et, une fois ses besoins satisfaits, prit le temps de jeter un coup d'œil dans la cuisine commune.

Pour cette native du Texas, ce fut un choc. Déjà avant, elle n'était pas une sympathisante du communisme, mais un seul et unique cabinet pour vingt-sept habitants, cela ne fit rien pour accroître sa sympathie envers ce système social. Elle éprouva encore une autre impression bouleversante quand elle s'assit dans le fauteuil d'Anna Alexandrovna et regarda autour d'elle : un piano ancien, une commode bedonnante posée sur pattes et décorée de fleurs et d'oiseaux, des bibliothèques bourrées à craquer de livres en trois langues, des partitions, des tableaux, un lustre précieux tout miroitant de cristal bleu... Son esprit avait du mal à concilier ces deux choses incompatibles – la misère sordide de l'appartement communautaire, et le luxe de la pièce où vivait Sania.

« Il faut que tu te réchauffes. Tu veux du thé ? Je vais mettre de la musique...

— Si tu jouais quelque chose toi-même ? »

Elle enleva son ridicule bonnet rouge, et ses cheveux roux d'Irlandaise crépitèrent.

Sania s'assit sur le tabouret tournant. Il réfléchit un instant, et se mit à jouer le premier prélude en *do* majeur.

Debby, assise les mains croisées sur le ventre à la façon des paysannes, analysait la situation telle qu'elle se présentait. Elle n'était pas du tout aussi sotte que le pensait Sania. Ce garçon russe (il avait plus de trente ans, trois ans de moins qu'elle) lui plaisait beaucoup.

Il était plus jeune qu'elle, plus cultivé, et en outre, il appartenait manifestement à une élite avec laquelle elle n'avait elle-même rien à voir.

Lorsque Sania eut fini de jouer, elle avait pris une décision. Puisque le destin lui faisait cette proposition bizarre et aberrante, il devait bien y avoir une raison. Elle allait épouser ce garçon pour de vrai.

Sania était loin de se douter que les choses étaient en train de prendre une tournure aussi dangereuse.

Le dernier soir, le temps se gâta. Comme si Moscou en avait eu assez de se mettre en quatre pour Debby. Un vent humide se leva, l'air se fit plus doux, et une neige piquante se mit à tomber. Sania voulait emmener Debby écouter Richter, mais le concert avait été annulé. Et ils allèrent rendre visite à Olga et Ilya.

Olga leur servit un repas « prénuptial », comme elle disait. À ce moment-là, Sania en avait par-dessus la tête de promener sa fiancée, et l'idée même du mariage ne lui disait plus rien. Et puis d'ailleurs, ce n'était pas son idée !

Olga servit des pâtés en croûte et des salades, et Ilya sortit de la vodka d'un placard sous la fenêtre – le réfrigérateur datant de l'époque de la construction de l'immeuble, du temps où rares étaient ceux qui pouvaient rêver d'en posséder un vrai.

Debby mangea et but énormément. Elle était assise à côté de Sania et n'arrêtait pas de le tripoter, de le caresser, mais en s'amusant, comme pour rire. Alors qu'elle approchait de lui son visage hilare, il remarqua soudain la petite bande rose qui luisait au-dessus de ses dents. La mémoire acérée de son adolescence lui souffla aussitôt : la gencive de Nadia ! La ruelle Potapov !

« Sa-nié-tchka, pourquoi tu résistes comme ça ? Si tu te montres aussi froid, je ne vais pas t'épouser ! Mais si tu te conduis bien, je te fourrerai dans mon soutien-gorge et je te ferai sortir en contrebande !

— Ce n'est pas ce qui était convenu, Debby ! Quand

nous serons mariés, je serai le mari idéal : tu ne me verras jamais !

— Non, non, j'ai changé d'avis ! Je crois que tu pourras me servir, à la cuisine et au lit ! »

Le lendemain, il la conduisit à l'aéroport en taxi. Ils s'embrassèrent en se quittant. Avant de disparaître dans le couloir, elle lui fit au revoir de la main qui tenait le bonnet rouge. Sania rentra en autobus. Dehors, des bourrasques barbouillaient les vitres d'une bouillie neigeuse.

« Je ne vais pas rentrer à la maison. Et je n'ai pas envie d'aller chez Ilya. Je vais passer voir Micha… », se dit Sania. Et juste après : Micha n'est plus là. Anna Alexandrovna n'est plus là. Et maman n'est presque plus là.

Il y avait cette malheureuse Aliona, et Maïa, et sa mère qui n'était plus elle-même, et cet épouvantable Lastotchkine. Et il restait encore un peu la musique, dont il avait été séparé par des circonstances stupides. Pierre aurait-il raison, n'y avait-il vraiment plus que la fuite ? Ou bien se coucher le nez dans un coussin en tapisserie ? Ou alors, comme Micha…

Un léger frisson courut le long de son dos. La dépression n'était pas loin.

Debby débarqua à Palo Alto sans prévenir.

L'hiver californien ne ressemblait guère à l'hiver russe : 59 degrés Fahrenheit. Ce qui faisait 15 degrés Celsius. Tandis qu'elle montait au deuxième en traînant derrière elle son manteau de vison, elle essayait de se souvenir combien il fallait soustraire, et par combien il fallait multiplier. À Moscou, il faisait moins 25°, ça, elle en était sûre.

Elle poussa la porte. C'était ouvert. Elle cria depuis le seuil :

« Pétia ! Moins 25 degrés russes, ça fait combien, en degrés américains ? »

Pétia connaissait la formule de conversion.

« À peu près 19°. »

Debby lança son manteau sur un fauteuil. Il tomba par terre.

« Non, mais tu es folle ! Tu aurais pu téléphoner ! Je viens juste d'arriver ! J'aurais très bien pu ne pas être là ! fit Pierre, mécontent.

— Moi aussi, je viens d'arriver ! Je n'en ai pas besoin, de ce manteau ! Avec notre climat, on n'a pas besoin de manteau de fourrure ! C'est insultant, à la fin !

— Eh, attends ! Tu as changé d'avis ? Qu'est-ce qui est insultant ? On avait passé un accord, non ? »

Une bouteille de whisky entamée se trouvait sur la table. Debby se précipita dessus. Pierre la lui prit des mains et lui servit le tiers d'un verre.

Debby avala le whisky et flanqua le verre humide sur la table vitrée, ce qui produisit un bruit épouvantable et alarmant.

« Il pourrait m'épouser juste comme ça ! Pourquoi, hein ? Pourquoi il ne veut pas m'épouser ? »

Pierre alla chercher de la glace dans le réfrigérateur et lui resservit un whisky.

« Attends, attends ! On a passé un accord ! Le manteau de vison comme avance, et l'argent une fois le mariage conclu. Qu'est-ce que tu veux de plus ? »

Debby passa aussitôt à un autre stade et fondit presque en larmes.

« Mais rien du tout ! Je veux juste que tu m'expliques une chose : en quoi je ne suis pas assez bien ? C'est lui qui n'est pas assez bien pour moi ! Il est petit, et il doit sûrement avoir un pénis minuscule ! Il ne peut me servir à rien, et puis il a un drôle de métier !

— Debby, mais qu'est-ce que son pénis vient faire là-dedans ? Et son métier ? On avait un accord...

— Je m'en fous, de notre accord ! explosa Debby. Qu'est-ce que j'ai, Pierre, pourquoi est-ce que personne ne veut m'épouser ? Même ton petit Saniétchka ! Je suis une femme indépendante, et qui se respecte ! Je n'en ai rien à faire, des hommes ! Mais pourquoi ils ne veulent pas m'épouser ? Peut-être que je n'ai pas besoin de ça, mais pourquoi, hein, pourquoi ? J'aimerais bien le savoir, quand même ! Pourquoi ? »

Pierre sentit que tout son plan était en train de s'écrouler. Il ramassa le manteau et le flanqua sur le divan. Il resservit deux verres de whisky. Il s'assit à côté de la grosse femme et lui mit un verre entre les mains.

« Je ne peux pas répondre pour tous les hommes, Debby. Tu es une femme super, tu le sais très bien. Mais tout le monde a ses raisons. En ce qui concerne Sania, je peux te dire pourquoi. Il fait une dépression. Je te l'ai dit, c'est quelqu'un de follement doué, quelqu'un de spécial. Cela t'est déjà arrivé de perdre des gens qui te sont proches ? En l'espace d'un mois, sa grand-mère qui l'avait élevé est morte, et son meilleur ami s'est suicidé. Il est au bord du gouffre... Il n'a tout simplement pas la tête à ça. Cela n'a rien à voir avec toi. C'est sa vie qui est en jeu.

— Eh bien il pourrait m'épouser, je lui sauverais la vie, moi ! Pourquoi il ne veut pas d'un mariage normal ? Pas fictif, normal ! »

Bon, maintenant, c'était vraiment la dernière chance qui restait.

« Debby... Il ne t'est pas venu à l'esprit... Ilya a toujours eu beaucoup de femmes, Micha, celui qui est mort, était amoureux de la sienne, il n'a jamais eu personne d'autre. Mais Sania, lui, je ne l'ai jamais vu avec une femme. »

Une lueur compatissante s'alluma dans les yeux de Debby.

« Tu crois qu'il est gay ?

— Je ne sais pas. Je ne dis pas ça. Je dis juste que je ne l'ai jamais vu avec une fille. »

Debby prit sur-le-champ une nouvelle décision.

— Cela change tout. Dans ce cas, ce n'est pas aussi blessant pour moi. Et s'il n'est pas gay, c'est qu'il y a autre chose : les femmes lui font peur, tout simplement. Peut-être qu'il est vierge ?

— Ce n'est pas exclu. Mais cela n'a rien à voir avec notre accord. »

Debby s'était radoucie. Elle réfléchissait à l'avenir. Elle se retrouvait devant un problème intéressant à résoudre.

« Bon, allez, raconte-moi comment s'est passé ton voyage. Comment va Eugene ? »

Debby sortit un tas de photographies de son sac.

— Tiens, voilà des photos, c'est Eugene qui les a prises. Elles sont rigolotes. Cette ville est géniale, Pierre ! Et ces gens sont absolument géniaux ! Je n'ai passé que quatre jours là-bas, et c'est comme si j'y avais passé trois mois ! Ah, oui, je t'ai dit que la date du mariage était fixée ? Dans quatre mois. C'est affreusement long ! Il y a une liste d'attente. Ensuite, il faudra déposer tous les papiers de Sania à l'ambassade. Pour le visa. Ça prend du temps, ils me l'ont expliqué là-bas. »

Debby était un peu pompette.

« Écoute, Pierre, je veux apprendre le russe. Tu pourrais me donner des cours ?

— Pour quoi faire ? Et puis ça te coûterait cher en essence de venir jusqu'ici. Une heure et demie rien que pour l'aller. Je vais te trouver un professeur à San Francisco.

— Il m'en faut un bon ! pleurnicha Debby, en amorçant une approche par le flanc.

— Je t'en trouverai un bon. »

Pierre comprit que son honneur masculin serait sauf s'il lui faisait prendre une bonne cuite, et elle était bien partie pour ça.

Il la resservit.

« Je veux Sania. Si je finis par l'épouser, je ne te prendrai pas un sou.

— Mais on avait passé un accord dès le début pour un mariage fictif ! dit Pierre, essayant de défendre la liberté de son ami.

— J'en ai rien à faire, de l'argent ! J'en ai assez comme ça ! Je veux ce petit Sania pour mari ! » s'écria Debby d'une voix hystérique, et elle fondit en larmes

« Il n'y a pas d'autre solution... », comprit Pierre, et il la prit par les épaules. Elle se détendit aussitôt et se pendit à son cou.

Pierre n'approuvait pas les infidélités conjugales. Il avait pas mal bourlingué avant son mariage et respectait sa famille. Mais sa femme se trouvait avec sa fille à Milan depuis trois semaines, chez ses parents, et il justifiait cet écart uniquement par son dévouement envers son ami russe et ses intérêts. Du reste, les contraintes de cette situation n'enlevaient rien à son agrément.

« Si tu te maries avec Sania pour de vrai, c'est toi qui me devras de l'argent, pour les billets et pour l'hôtel !

— Va te faire voir ! Ce qui est dépensé est dépensé ! Je te paierai les cours. »

Elle leva les mains à la hauteur de son opulente poitrine et, croisant soigneusement les doigts, lui fit deux belles figues. Elle avait appris ça en Russie.

« Bon, d'accord, si tout se passe bien et qu'on arrive à faire sortir Sania, les billets d'avion et l'hôtel seront pour moi ! »

Ils continuèrent à s'embrasser mollement, mettant fin à la séance.

« Cela va me donner encore un motif supplémentaire pour le débloquer ! » déclara Debby avec un sourire satisfait.

Le mariage eut lieu en mai, à la date prévue, par une journée pluvieuse, ce qui promettait la richesse aux jeunes mariés, ainsi que le prétend mensongèrement le présage populaire.

Debby O'hara est vêtue d'une somptueuse robe blanche. Elle a dans les mains un bouquet rond en fleurs artificielles venu tout droit d'Amérique. Et des souliers blancs à talons aiguilles. Sania est en blouson de velours à fermeture éclair et en vieux jean.

Eugene, avec son veston en tweed et sa cravate, convient beaucoup mieux pour le rôle du marié. Olga, Ilya et Tamara sont là, discrètement endimanchés dans ce qu'ils ont de plus chic.

Les fiancés sont debout l'un à côté de l'autre, Eugene les prend en photo. Ilya les photographie sous un autre angle.

Ils pénètrent dans un petit hall, un réservoir à mariés. Il y a déjà là plusieurs couples : deux Africains avec des blondes, un Arabe avec une jeune fille de type oriental, et plusieurs couples indéterminés d'Europe de l'Est, des Tchèques ou des Polonais. Ils font la queue.

Ils sont assis sans rien dire. Sania examine les visages des futurs époux. Les Africains viennent sans doute de l'université Patrice- Lumumba. L'un d'eux, un beau Noir aux reflets violines, sort un jeu de cartes de sa poche et propose à sa fiancée de jouer. Elle refuse. Il commence à faire une réussite. Un autre, petit et laid, tient sa fiancée par la main : la blancheur de sa peau le ravit. Il caresse son poignet du doigt. L'Arabe est plus vieux, on ne comprend pas d'où il sort, il a les mains couvertes de bagues en or, sa fiancée aussi est couverte d'or, et on voit qu'ils sont follement attirés l'un par l'autre. Il pose la main tantôt sur sa taille, tantôt sur son épaule. Elle en défaille. Un Tchèque ou un Polonais lit un journal.

« C'est du tchèque », remarque Sania.

Debby est nerveuse. Sania bavarde pour la distraire. Ils sont enfin conviés à entrer dans une salle tout en longueur. Un étroit tapis rouge conduit jusqu'à une table à laquelle est assise une femme imposante qui ressemble à l'actrice Alla Larionova, avec une grosse écharpe rouge en travers de l'épaule, une sorte de tapis rouge en miniature. On fait entrer les témoins par une autre porte : Olga avec Ilya et Tamara, Eugene avec son appareil photo. En chemin, ils refusent le photographe officiel. Ils ont déjà refusé la marche de Mendelssohn.

Puis commence une scène hallucinante. La femme au ruban se lève et déclare :

« La citoyenne des États-Unis d'Amérique Deborah O'Hara et le citoyen de l'Union des républiques socialistes soviétiques Alexandre Steklov ont rempli les formalités pour contracter un mariage conformément aux lois de notre pays... »

Debby aurait voulu une belle cérémonie. Sania aurait voulu disparaître. Debby aurait voulu un voyage de noces. Sania aurait voulu disparaître de la surface de la terre. Debby aurait voulu une nuit de noces. Sania aurait voulu disparaître de la surface de la terre pour toujours.

Olga improvise un repas de noces chez elle.

Durant les six derniers mois, Debby a appris un peu de russe. Elle parle sans arrêt. Sania se tait, en anglais et en russe. En fin de journée, il a de la fièvre et un mal de tête épouvantable.

Ilya l'emmène rue Tchernychevski. Nadiejda Borissovna fait tout ce qu'Ania Alexandrovna faisait dans des cas pareils : elle pose une serviette brûlante sur la tête de Sania, lui prépare du thé sucré avec du citron, et lui donne deux cachets d'antalgique. Comme toujours, il a quarante de fièvre. Et Nadiejda Borissona continue à faire tout ce qu'Anna Alexandrovna faisait dans ces cas-là : elle lui frotte les épaules et la poitrine avec de la vodka, puis les essuie longuement avec un linge en laine. Non, Anna Alexandrovna faisait quand même tout cela beaucoup mieux.

La maladie de Sania dure trois jours, comme d'habitude. Debby passe ces trois jours chez Olga. Le premier jour, elle sanglote, le deuxième, elle papote avec animation du matin au soir. Le troisième jour, Ilya l'accompagne à Chérémétiévo. Sania, brûlant de fièvre, somnole béatement sur le divan de Niouta.

La comédie intitulée *Un mariage* touche à sa fin. Il ne reste plus grand- chose à faire : juste déposer les papiers à l'ambassade américaine et attendre, attendre, attendre...

Huit mois plus tard, Alexandre Steklov atterrissait à New York. Pétia Zand l'accueillait à l'aéroport Kennedy.

À ce moment-là, Debby parlait déjà très bien russe. Elle revit Sania six mois plus tard en présence d'un avocat, lorsqu'elle se fut trouvé un vrai fiancé (il était russe, d'ailleurs), et qu'elle eut besoin d'un vrai divorce pour conclure un vrai mariage.

Elle avait refusé les cinq mille dollars qu'elle aurait dû recevoir pour cette opération. Elle avait également refusé le manteau de fourrure. Mais elle finit quand même par l'avoir. Pierre, qui l'avait entreposé plusieurs années dans la glacière d'un professionnel à Palo Alto, lui en fit cadeau pour son deuxième mariage. Entre-temps, elle avait déménagé à New

York et là-bas, il arrive qu'en hiver, il fasse une température convenable pour un manteau de fourrure.

Sania aussi vit à New York, il enseigne la musicologie dans une école de musique de renommée mondiale. *Ende Gut !*

Épilogue

La fin d'une époque merveilleuse

Ils se retrouvèrent. S'embrassèrent, joue droite contre joue droite, joue gauche contre joue gauche. C'était commode, ils avaient la même taille. Un visage de femme menu avec un nez busqué, un visage d'homme aux pommettes saillantes avec un nez retroussé. La pluie devint soudain blanche et se transforma en neige. Le vent se mit à souffler en même temps de l'est et de l'ouest, s'enroulant en déferlante juste au-dessus de la place où ils avaient rendez-vous. Un froid humide venait du golfe et, de l'autre côté, du fleuve, montaient de vagues relents d'eau croupie.

« Tu sens cette odeur, Steklov ? Ça sent comme les Étangs-Purs.

— Absolument pas, Lisa. Cela ne sent rien du tout. »

Il passa la main sur ses cheveux. Au toucher, ils étaient très froids.

« On y va. Tu n'es pas gelée ?

— Pas encore. Mais il fait un froid de loup.

— Je t'ai enregistré la *Sonate n° 32*, le concert d'Eschenbach à Madrid, en 1986. Tu vas comprendre ce que je voulais dire… »

Il sortit de sa poche une cassette recouverte de cellophane et la lui mit dans la main.

« Merci, Sania. Je ne discute pas avec toi, tu sais. Mais Eschenbach est toujours un peu trop volubile. Richter, lui, a une autre façon d'articuler. Beaucoup plus distincte... »

Ils s'étaient quittés un an et demi plus tôt à Vienne, où Steklov était venu assister à un concert de Lisa. À présent, tout en se rendant chez les gens qui les avaient invités, ils reprenaient leur conversation là où elle s'était interrompue à Vienne.

Ce fut Maria qui leur ouvrit.

Le baiser rituel, dans les airs.

« Bonsoir ! Anna est malade. Je l'ai couchée en bas. Laissez vos manteaux ici, et montez tout de suite là-haut. Je vous rejoins dans une minute. »

Un peu sèche et assez distante, comme toujours. Enfin, bon, la petite était malade, elle avait des raisons d'être soucieuse.

Des clavicules qui saillent dans l'échancrure d'une robe bleue. De précieuses verroteries vénitiennes qui bringuebalent au moindre mouvement.

« Quel temps épouvantable, hein ?

— Le pire qui soit. Froid et humide, avec du vent... répondit Steklov.

— Ce genre de temps me poursuit partout, cette année, on dirait que l'itinéraire de ma tournée coïncide avec un cyclone. Que ce soit à Milan, à Athènes, et ensuite à Stockholm et à Rio, partout, j'ai eu de la pluie avec de la neige. Depuis la mi-novembre ! »

Le maître de maison avait entendu leurs voix et était sorti pour les accueillir[1]. L'escalier était assez étroit, il était debout en haut, sur le seuil et souriait.

Ils montèrent. Sania jeta un coup d'œil sur la table : il y avait une anthologie de poésie latine grande

1. Il s'agit de Joseph (Iossif) Brodsky.

ouverte. Une coïncidence, comme cela arrive souvent. Chez lui, c'était Ovide.

« Entrez, entrez ! Vous voyez, Lizavéta, nous avons l'occasion de nous revoir encore une fois ! »

Ils s'embrassèrent.

« Cela fait vingt ans que je vous entends prononcer cette phrase. Vous dites cela pour que j'apprécie davantage nos rencontres ? Je les apprécie déjà sans cela !

— Non, c'est une façon de faire comprendre que nous n'avons plus vingt autres années devant nous ! » rétorqua le maître de maison du tac au tac.

Il tenait à la main une cigarette qu'il avait allumée tout de suite après le baiser.

« Vous n'avez pas arrêté de fumer ?

— Non, et je ne laisserai pas tomber les cigarettes. Ce sont plutôt elles qui vont bientôt me laisser tomber !

— Mais vous aviez l'intention d'arrêter ! dit Lisa d'une voix plaintive de vieille tante. Vous êtes en train d'abréger vos vingt dernières années ! »

L'hôte éclata de rire.

« Je les abrège par l'autre bout, Lisa, pas par celui-là ! Et peut-être que ce n'est pas plus mal ! D'ailleurs ces années sont des cadeaux.

— Comment cela ?

— Si j'étais resté dans mon pays natal, je serais mort depuis longtemps de misère, de stress, et à cause des soins médicaux épouvantables. »

Sania se détourna et fixa le lourd rideau comme si c'était une fenêtre.

« Moi, même avec de bons soins médicaux, je ne vais pas tarder à passer l'arme à gauche », se dit-il.

Il savait bien que sa maladie à lui, présente dans son sang depuis déjà huit ans, était incurable.

Il y avait sur la table des boîtes en carton provenant d'un restaurant chinois. De la nourriture à emporter.

La porte s'entrouvrit. Maria surgit de la pénombre comme une photo qui se révèle peu à peu.

« Anna fait un caprice. Avant de s'endormir, elle veut que Sania passe la voir.

— Je peux ? demanda Sania en se levant.

— Oui, oui ! fit Maria en hochant la tête.

— Je descends aussi », dit le maître de maison.

Maria passa devant, et ils descendirent tous l'escalier à la queue leu leu, s'engagèrent dans le couloir et s'arrêtèrent devant une porte entrebâillée. La fillette était assise sur son lit et diffusait des ondes de fièvre. La lumière de l'applique, au chevet du lit, dorait ses cheveux ébouriffés qui scintillaient comme une guirlande de Noël.

« Papa, tu m'avais promis...

— Quoi, mon chaton ? »

« Seigneur ! Son enfant ne parle pas russe ! » se dit Lisa avec horreur.

« Je ne sais plus, mais tu m'avais promis... dit-elle au bord des larmes, les lèvres tordues par une grimace.

— Tiens, regarde... »

Sania tenait quelque chose dans sa main fermée.

La fillette essaya de déplier ses doigts, mais Sania, par jeu, refusait de les ouvrir.

« Attention, Anna, c'est très fragile ! »

Il ouvrit la main. Il y avait une souris en verre posée sur sa paume.

« Tu te souviens maintenant de ce que je t'avais promis ? Je t'avais dit que Sania allait venir et qu'il t'apporterait une souris en verre !

— Ce n'est pas vrai, ce n'est pas ce que tu avais promis ! Ce n'est pas une souris promise, c'est juste une souris. Merci, Sania ! Personne ne m'avait jamais donné une souris comme ça !

— Bon, alors, tu vas dormir avec ta souris, maintenant ? demanda Maria.

— Oui ! acquiesça paisiblement la fillette. Mais n'éteins pas la lumière, maman.

— Je laisse la petite, mais je vais éteindre la grande.

— La souris va avoir peur.

— Allez, dis bonsoir à tout le monde et ferme les yeux… »

La petite fille rousse au visage rouge de fièvre et aux lèvres gercées, vêtue d'un pyjama blanc brodé de petites fraises, s'installa dans son lit en repliant légèrement les bras et les jambes, froissant l'oreiller et la couverture pour se bâtir une sorte de nid. Une drôle d'impression, comme s'il avait déjà vécu tout cela : la fillette d'un blond roux, la souris en verre, les larmes…

Lisa était restée sur le seuil sans s'approcher.

« Quelle merveille ! Sur ses vieux jours, quand on a l'âge d'être grand-père… Il a de la chance… Non, non, moi, je n'ai pas besoin de ça, je n'en ai jamais eu besoin… Ni avant, ni maintenant. »

L'amour auquel elle s'était vouée depuis l'enfance n'était pas de ceux qui donnent naissance à des enfants.

Maria resta encore un instant dans la chambre d'enfant, puis monta rejoindre les invités. Les restes de la nourriture chinoise étaient posés sur un plateau par terre, près de la porte. On ne servit pas de thé après le dîner, cette habitude russe s'était dissipée au bout d'un quart de siècle d'émigration. On buvait du vin italien.

Le maître de maison mangeait des gâteaux directement dans le carton. Il s'essuya la bouche avec la plus grande simplicité.

« Alors ? Vous nous récitez quelque chose ? »

Elle était comme ça, très spontanée et très bien élevée, mais la spontanéité l'emportait sur l'éducation. Aussi était-elle confuse, mais à tort. Le poète disait ses vers sans qu'on le lui demande, lui-même avait besoin de les prononcer à voix haute – de sentir l'air bouger, c'était une preuve de vie :

Les petites villes où l'on ne vous dira pas la vérité
D'ailleurs à quoi bon ? De toute façon c'était hier…

Il récita ce poème, qui était tout nouveau, puis encore un autre.

Sania remarqua que Lisa formait avec ses doigts une sorte de mudra. Elle était sujette depuis l'enfance à de terribles migraines contre lesquelles elle luttait tantôt avec des cachets, tantôt avec des petites billes homéopathiques et, ces dernières années, avec des positions tarabiscotées des doigts. De la magie indienne. D'habitude, elle avait des maux de tête après une représentation, parfois après des vols longue distance. Cette fois, c'était à cause des poèmes. Apparemment, comprendre cette poésie était un travail pénible.

Les doigts toujours entrecroisés, Lisa pressa ses paumes contre ses tempes.

Le maître de maison interrompit sa récitation. Il termina son vin.

« Elle a mal à la tête », devina Sania.

« Sania peut mettre un peu de musique ? demanda Lisa. Pas trop fort.

— Tu veux un cachet ? demanda le maître de maison.

— Non, mais si c'est possible, je m'allongerais bien un peu ici. »

Et elle s'allongea sur le divan.

Sania mit une cassette. C'était la dernière sonate de Beethoven interprétée par Eschenbach. De façon générale, il ne supportait pas que l'on mélange la musique et les conversations.

« Tenez, c'est Eschenbach », dit-il en appuyant sur la touche.

Dès les premières notes, Lisa et lui échangèrent un coup d'œil. Le poète surprit leur regard et dit à sa femme :

« Ils entendent ce que les simples mortels n'entendent pas. »

Elle acquiesça d'un mouvement du menton.

« Un magnifique visage, empreint de sérénité... La Madone de Lippi ? Non. Mais c'est la même race... D'où sort-elle ? Ah ! Nathalie Gontcharova, bien sûr[1] ! »

Sania sourit de cette découverte tardive.

Au bout d'un moment, Maria descendit voir sa fille. Elle revint, resta encore dix minutes, puis sortit définitivement.

Ils terminèrent la seconde bouteille. Le vin était excellent.

Puis le maître de maison accompagna ses invités jusqu'à la porte d'entrée et sortit avec eux sur le perron.

Dehors, il n'y avait plus ni pluie, ni neige, ni vent. Tout s'était calmé. La température était descendue. L'asphalte sous leurs pieds, les murs des immeubles, les troncs et les branches des arbres, tout était recouvert d'une fine couche de glace et scintillait à la lueur des réverbères.

« Comme c'est bien que nous soyons passés le voir. Et de façon générale... »

Sania fit un geste vague du côté des arbres givrés. La porte se referma avec un claquement particulièrement fort. Lisa sourit :

« Tu es la seule personne au monde à sentir quand j'ai la migraine !

— Et toi, la seule à sentir... de façon générale. »

1. La femme de Pouchkine.

Et soudain, il posa une question qu'il aurait pu lui poser trente ou vingt ans plus tôt :

« Dis-moi, Lisa, pourquoi on ne s'est pas mariés, toi et moi ? Je veux dire à l'époque, quand on était jeunes.

— Vraiment, tu ne le sais pas ?

— Je devine... Le gros Boris...

— Je ne m'attendais pas à ça de toi ! Qu'est-ce que Boris vient faire là-dedans ? Au bout de deux ans, il m'a quittée pour une amie, et tout s'est terminé là. Mais avec toi, cela aurait été une union consanguine. C'était permis chez les Égyptiens, mais dans notre monde, les frères et les sœurs ne se marient pas. Même pas les cousins ! Et, bien que nous ne le soyons qu'au troisième degré, nous sommes du même sang. Anna Alexandrovna et mon grand-père étaient cousins germains. C'est beaucoup trop proche.

— Non, Lisa, non. Ce n'est pas à cause de ça. Grand-mère aimait beaucoup son deuxième mari, un acteur qui est mort dans un camp. Je crois que c'était un mariage heureux. Sinon, je n'ai jamais vu de mariage heureux. Tu te souviens d'Ilya et d'Olga ? Cela s'est terminé de façon épouvantable. Et Micha et Aliona... Cela a été encore pire. C'était un garçon lumineux.

— Le régime soviétique les a tous tués. C'est horrible... dit-elle avec une grimace.

— Pourquoi tous ? Aliona est encore vivante, il me semble. Elle a épousé un peintre quelconque, un Lituanien ou un Letton. Elle mène une vie tranquille quelque part dans les pays baltes. Et puis, tout ne tenait pas au régime soviétique. Les gens meurent sous n'importe quel régime. Oh, à quoi bon penser à ça ? Il y a de plus en plus de passé et de moins en moins d'avenir... »

Il sourit. Au passé ou à l'avenir ?

Lisa sourit, elle aussi.

« Ah oui, je voulais te dire pourquoi je n'aime pas Eschenbach. Ce n'est pas parce qu'il a un autre rythme, ou que son énergie est d'une nature étrangère. Il y a en germe chez lui, comprends-moi bien, le désir de garder le public dans sa ligne de mire. Il joue pour plaire. Jamais Youdina ne s'est abaissée à cela. »

Lisa tripotait la manche de Sania, comme quand elle était petite.

« Et alors ? Rachmaninov est bien descendu jusque-là, et même plus encore. Il faisait des coupures quand le public s'ennuyait. Et Richter ? C'est un génie, un artiste ! Mais c'est aussi un peu un clown ! Il se plie aux caprices du public.

— Je te répète quand même que Youdina, elle, ne dépendait absolument pas du public. Elle l'élevait à son niveau.

— Cette époque est terminée, Lisa, c'est évident. Et c'est justement dans la musique que cela se voit le plus. La musique tout entière est devenue différente.

— Et pourtant, personne n'a supprimé Beethoven ni Bach. Regarde les répertoires des jeunes interprètes. Tu y vois beaucoup de John Milton Cage ?

— Il y en a pas mal. Mais ce n'est pas tout à fait ce dont je parle, Lisa. Bien sûr que personne ne supprime Beethoven et Bach. Même si on le voulait, on ne pourrait pas. Il n'en reste pas moins que cette culture est parvenue à son terme, et qu'une autre est arrivée. La culture est devenue fragmentaire, c'est un pot-pourri de citations. L'ancienne façon de mesurer le temps a pris fin, la culture tout entière ressemble à une sphère parfaite. Une deuxième avant-garde a fait son entrée dans la culture, dans la partie de la culture qui n'a pas vieilli. Les innovations vieillissent plus vite que tout. Stravinski, Chostakovitch, même Schnittke, qui avait trahi l'avant-garde, sont devenus des classiques. Le temps cyclique tourne sur lui-même en absorbant ce qui est nouveau, il n'y a plus de différence entre le nouveau et l'ancien, et l'idée d'avant-garde s'est éliminée elle-même, parce qu'il n'y a pas de progrès dans la culture, c'est un phénomène qui possède une forme achevée, définitive…

— Sania, cela fait longtemps que je voulais te poser la question… Quand il dit : *Le piano s'envole loin de la terre dans la tempête qu'il soulève, dressant sa voile de bois poli…* Tu crois qu'il ne comprend pas ?

— Apparemment, le fait que la tempête n'est pas soulevée par le piano, ça, il ne le comprend pas… répondit Sania. Mais ne t'en fais pas pour lui ! En revanche, il y a beaucoup de choses qu'il comprend et que toi et moi, nous ne savons pas.

— Bien sûr. Mais toi, tu sais bien que toutes les tempêtes d'ici-bas ne sont que des reflets, de pâles ombres de celles qu'il dit soulevées par le piano ? »

Ils bavardaient debout au milieu de la rue déserte, à quelques mètres de la maison.

« Oui, bien sûr, nous, nous le savons. Mais dis-moi, comment tu l'as trouvé ?

— Il a l'air heureux, répondit mollement Lisa.

— Ah, les femmes ! renifla Sania.

— Quoi ? Qu'est-ce que j'ai dit de mal ? demanda Lisa, inquiète.

— Tu n'as rien dit de mal. Moi, je trouve qu'il a l'air fatigué. Et aujourd'hui, il était anormalement silencieux. »

Sania lui mit le bras sur les épaules.

C'était très glissant. Lisa prit Sania par le bras et ils se dirigèrent avec précaution vers le *subway*.

« Maintenant, il est clair pour tout le monde que c'est un génie. Enfin, au sens russe du terme, pas au sens européen.

— Je ne comprends pas ce que tu veux dire, dit Lisa d'un ton alarmé, car elle était habituée à saisir sa pensée à demi-mot.

— Eh bien, ce n'est pas simplement un homme qui possède un don divin pour la poésie ou la musique, mais quelqu'un qui avance comme un brise-glace, au-devant de son temps, qui brise un mur, qui brise la glace, qui ouvre une nouvelle route, et tous les petits vaisseaux, toutes les barques peuvent voguer derrière lui. Ce sont les gens les plus sensibles et les plus talentueux qui marchent sur les traces d'un génie, la foule, elle, vient après, et la découverte devient un lieu commun. Et nous, les gens moyens (je parle de moi, pas de toi), grâce aux génies et grâce au temps qui passe, nous comprenons de plus en plus de choses. Mais eux, ils sont en avance sur leur temps.

— Oui, oui, bien sûr ! La *Sonate n° 32* en est justement une preuve magnifique. Elle est en avance sur toutes les époques, celle de Beethoven et la nôtre.

— Oui, Beethoven est un génie. Il a porté la musique classique jusqu'à la perfection, il a créé des règles, et il les a démolies lui-même. La structure classique est arrivée à son terme, il n'y a plus que des thèmes et des variations. Il a franchi la frontière des frontières. Il écrit comme il en a envie. Plus de rondos ni de scherzos ni de toutes ces danses. » Sania fit un geste d'impuissance. « Il n'y a pas de mot pour dire ça. »

Lisa s'arrêta :

« Je ne suis pas d'accord sur tout ! Premièrement, les rondos, les scherzos et toutes les danses, il y en a eu chez Beethoven jusqu'à la fin. Deuxièmement, c'est quoi, l'*arietta*, dans la dernière sonate ? Rien d'autre que l'ombre d'un menuet ! Justement l'ombre d'un menuet qui s'est élevé très haut dans les cieux, et si quelqu'un danse dessus, ce sont les anges. S'ils existent ! Ce n'est plus une danse, c'est juste le symbole d'une danse, un idéogramme. C'est déjà au-delà des limites de la vie, hors du temps, dans un monde désincarné. »

Lisa tenait Sania par le bras, le sol était terriblement glissant, les arbres illuminés et recouverts de glace chatoyaient à la lueur des réverbères. Elle serra son avant-bras à travers son blouson, comme dans leur adolescence, quand ils échangeaient des signes de connivence secrets assis l'un à côté de l'autre au Conservatoire.

« Bien sûr, bien sûr... Mais le temps a ses propres complications... disait Sania qui n'arrivait plus à s'arrêter. Il est constitué de strates, il ne part pas d'un point A pour aller à un point B... C'est un oignon dans lequel tout se produit au même moment... On approche de la fin... C'est pour ça qu'il y a toutes ces citations. Apparemment, ce qui a vraiment de la valeur ne vieillit pas. Parce que dans le monde, il y a une immense multitude de tout, et une immense multitude de mondes. C'est l'impression que cela donne. Le monde de Beethoven, le monde de Dante, celui d'Alfred, celui de Joseph... Le secret, c'est...

— Bon, assez, ça suffit, arrête ! coupa Lisa. Encore une citation... Tu te souviens ? »

Elle ralentit le pas :

Ce mystère, ta-ta-ta, ta-ta-ta, ta-ta-ta,
Et je n'ai pas le droit de me montrer plus clair...

« Oui, bien sûr. Nabokov n'était pas très bon, comme poète. Mais il a effleuré le secret. Dans sa prose. Qu'est-ce que tu en penses ?

— Je ne sais pas, Sania. Apparemment, nous sommes devenus adultes, mais j'en sais moins aujourd'hui que quand j'étais jeune. »

Puis ils marchèrent sans rien dire, dans un équilibre instable. Ils avaient peur de glisser, c'était une véritable patinoire.

« Regarde, on n'a pas croisé un seul taxi. On aurait dû en commander un par téléphone. »

Et brusquement, elle se souvint de ce qu'elle voulait lui dire depuis longtemps.

« J'ai vu Véra à Paris, l'année dernière, elle dirigeait une master class. Au début, je me suis dit : quel dommage qu'elle ne donne plus de concerts ! Et puis j'ai assisté à ses cours... Et je ne trouve plus cela dommage : il y a tellement d'interprètes, tandis qu'elle, elle est en train de créer une école de piano. Ou de la continuer. Une école russe. Toi aussi, tu appartiens à l'école russe. Tu es un élève de Kolossov.

— Dans un certain sens. Tu sais que jusqu'à sa mort, il ne m'a jamais pardonné d'avoir émigré ?

— C'était quelqu'un de spécial. Un patriote, à sa façon. Tandis que nous, nous sommes des cosmopolites. Notre patrie, c'est la musique.

— Alors pourquoi tu parles de l'école russe ? Non, tu n'as rien d'une cosmopolite. Avec ton Tchaïkovski, toi aussi, tu es une musicienne de l'école russe.

— Mais qu'est-ce que vous avez tous à détester Tchaïkovski comme ça ?

— Oh, moi, cela m'a passé depuis longtemps. C'est notre ami Joseph qui ne l'aime pas, pour ses émotions débridées et son emphase.

— Entre nous soit dit, lui aussi, même s'il n'a rien d'emphatique, il est bien russe !

— Non, lui, il est universel.

— Tu m'excuseras, mon cher ami, mais il écrit quand même en russe !

— Oui. C'est vrai. »

Un taxi s'arrêta auprès d'eux en frôlant presque Lisa. Il en sortit un homme grand et complètement ivre. Sania fit un signe au chauffeur, caressa les cheveux de Lisa et l'embrassa. Elle passa la main sur son visage, depuis la tempe jusqu'au menton. De loin, on aurait pu les prendre pour des amants se disant au revoir.

« Je peux peut-être te déposer d'abord ?

— Non, j'habite tout près. Je vais marcher un peu.

— À bientôt.

— À bientôt. »

C'était le 28 janvier 1996. Il était plus d'une heure du matin. Le poète mourut cette nuit-là.

REMERCIEMENTS

Je remercie mes très chers amis qui m'ont si bien entourée que je me suis sentie comme une nageuse portée par une bouée de sauvetage.

Je remercie Éléna Kostioukovitch pour le soutien quotidien qu'elle m'apporte depuis de nombreuses années, pour ses remarquables conversations, pour ses critiques acérées, pour son énorme travail de rédactrice et, de façon générale, pour son amitié.

Je remercie Aliona Smorgounova et Youri Freïdin pour avoir participé au processus d'écriture de ce livre.

Je remercie mes amis les Alexandre, Smolianski, Okoul et Bondarev, pour leurs lectures attentives et fructueuses, pour leurs nombreuses remarques, et pour l'intérêt qu'ils ont porté à mon travail.

Je remercie Sania Daniel, Vitia Dziadko, Igor Kogan, Éléna Mourina, des témoins de cette époque, des gens sans peur et sans reproche (mais peut-être avaient-ils peur, ce qui ne fait que les grandir à mes yeux), pour nos longues conversations à Moscou sur notre passé commun.

Je remercie infiniment mes chers amis israéliens qui m'ont apporté leur aide affectueuse et indéfectible durant le brûlant été 2010, mon ange gardien Lika Noutkevitch, Sérioja Rouzer, Liouba et Sandrik Kaminski, Igor et Tata Gouberman, et Lussia Gorkouchenko, pour leur chaleur humaine, leur sollicitude et leur constante attention.

Je remercie mes chères et courageuses amies Léna

Kechman, Tania Safarova, Ira Yassina et Véra Millionchtchikova, pour nos correspondances et nos conversations qui ont tant compté pour moi pendant l'été 2010, alors que j'arrivais au bout de ce livre et au bout de mes forces.

Je remercie mes amis musiciens qui m'ont aidée à me frayer un chemin dans la forêt enchantée de la musique, Véra Gornostaïeva, Olessia Dvoskina, Volodia Klimov, et Olga Schnittke-Meyerson.

Je demande pardon à ceux que j'oublie en cet instant, je m'en voudrai ensuite de ne pas avoir pensé à les remercier.

Avec ma gratitude, à la mémoire de tous les gens réels aujourd'hui disparus qui se tenaient derrière mes personnages, ceux qui ont été irréprochables et ceux qui ont trébuché en ces temps meurtriers, ceux qui ont tenu bon et ceux qui n'y sont pas parvenus, les témoins, les héros et les victimes, dont le souvenir restera pour les siècles des siècles.

LUDMILA OULITSKAÏA
novembre 2010

Glossaire des noms de lieux

BOLCHEVIKS, passage des : Bolchevistski pereoulok
BOSQUET-DE-MARIE : Mariina rochtcha
BOUCHERS, rue des : oulitsa Miasnitskaïa
CHANTIERS-DU-MÉTRO, rue des : Metrostroïevskaïa oulitsa
CHAUDRONNIERS, quartier des : Kotelniki
CHIENS, place aux : Sobatchia plochtchad
COUDÉ, passage : Krivokolienny pereoulok
ÉTANGS-PURS, boulevard des : Tchistoproudny boulevar
ÉTUDIANTS-ROUGES, passage des : Krasnostoudentcheski proezd
ÉVANGÉLISTE, ruelle de l' : Bogoslovski pereoulok
FLEURS, boulevard aux : Tsvetnoï boulevar
GRENIERS-À-SEL, rue des : oulitsa Solianka
INTERCESSION, Portes de l' : Pokrovskie vorota
INTERCESSION, rue de l' : oulitsa Pokrovka
MOUSSES, rue des : oulitsa Mokhovaïa
NOUVEAU-FAUBOURG, rue du : oulitsa Novoslobodskaïa
OCTOBRE, place d' : Oktiabrskaïa plochtchad
ORTIES, ruelle aux : Krapivenski pereoulok
PETITE-LOUBIANKA, rue de la : oulitsa Malaïa Loubianka
PETITE-RUSSIE, rue de la : oulitsa Marosseïka
POIS, rue aux : oulitsa Gorokhovskaïa
POMPIERS, passage des : Troubnikovski pereoulok
PONT-DES-FORGERONS, rue du : Kouznetski most
POTIERS, quartier des : Gontchary
RENCONTRE, Portes de la : Stretienskie vorota

RENCONTRE, rue de la : oulitsa Stretienka
RÉSURRECTION, boulevard de la : Rojdestvenski boulevar
SAINT-PIERRE, boulevard : Petrovski boulevar
SAINT-PIERRE, rue : oulitsa Petrovka
TROIS-ÉTANGS, passage des : Triokhproudny pereoulok
TUYAUX, place des : Troubnaïa plochtchad

Quelques repères chronologiques

5 mars 1953 : Mort de Staline.

1956 : XXe congrès du PCUS, rapport de Khrouchtchev dénonçant certains crimes de Staline. Début du dégel khrouchtchévien.

1957 : Festival mondial de la jeunesse et des étudiants à Moscou.

1958 : Boris Pasternak reçoit le prix Nobel en octobre. Il est exclu de l'Union des écrivains et menacé d'expulsion.

1960 : Mort de Boris Pasternak.

1961 : Décret du Soviet suprême sur la lutte contre le parasitisme.

1962 : Condamnation de Vladimir Ossipov, Édouard Kouznetsov et Ilya Bokstein.

Publication d'*Une journée d'Ivan Denissovitch* de Soljénitsyne dans la revue *Novy Mir*.

Crise de Cuba en octobre.

1963 : Khrouchtchev rencontre des représentants de l'intelligentsia. Coup d'arrêt du dégel.

1964 : Arrestation de Piotr Grigorenko (modèle du personnage de Nitchiporouk) pour avoir fondé l'Union pour la défense du léninisme. Il est interné dans un asile psychiatrique.

Arrestation de Joseph Brodsky, condamné à cinq ans de relégation pour parasitisme.

Khrouchtchev est démis de ses fonctions en octobre.

1965 : Arrestation en septembre d'Andreï Siniavski et de Iouli Daniel pour avoir publié des livres en Occident sous des pseudonymes.

Manifestation place Pouchkine en décembre.

1966 : Condamnation de Siniavski et de Daniel à sept et cinq ans de camp. Ce procès, qui marque le retour d'une politique répressive, est aussi un des actes fondateurs de la dissidence. Mort d'Anna Akhmatova.

Léonid Brejnev devient secrétaire général du PCUS.

1967 : Arrestations de Iouri Galanskov, Véra Lachkova, Alexeï Dobrovolski et Alexandre Guinzbourg.

1968 : Procès de Galanskov, Lachkova, Dobrovolski et Guinzbourg. Deuxième événement fondamental dans l'histoire de la dissidence, qui a un grand écho en URSS et soulève des vagues de protestations.

Premier numéro de *La Chronique des événements courants*, à l'initiative de Natalia Gorbanevskaïa. Ce bulletin qui, grâce à un réseau de collaborateurs, rassemble toutes les informations sur les répressions et les mouvements de protestation, paraîtra de 1968 à 1982. Ce fut l'une des principales publications clandestines.

Nouvelle arrestation de Grigorenko, déclaré irresponsable par l'Institut Serbski.

Condamnation d'Anatoli Martchenko.

Intervention des troupes du pacte de Varsovie en Tchécoslovaquie en août.

Manifestation de protestation contre cette invasion sur la place Rouge. Cinq des manifestants sont arrêtés et jugés.

1969 : Soljénitsyne est exclu de l'Union des écrivains en novembre.

1970 : Création de la 5e direction du KGB chargée de lutter contre les dissidents.

Lettre de Sakharov, Tourtchine et Roy Medvedev aux dirigeants du Parti.

Arrestation d'Andreï Amalrik.

Soljénitsyne reçoit le prix Nobel de littérature.

1971 : Sakharov envoie un mémorandum à Brejnev.

Arrestation de Vladimir Boukovski.

1972 : Procès et condamnation de Vladimir Boukovski. Arrestations de Léonid Pliouchtch, de Piotr Iakir, de Victor Krassine. Mort dans un camp de Iouri Galanskov.

Joseph Brodsky émigre.

1973 : Arrestation d'Irina Belogorodskaïa dans le cadre de l'enquête sur *La Chronique des événements courants*. Elle accepte de collaborer. Les responsables de *La Chronique* cèdent à des chantages et annoncent la fin de la publication.
Siniavski émigre en France avec sa famille.
Campagne contre Sakharov et Soljénitsyne. Élizavéta Voronianskaïa, après cinq jours d'interrogatoire, révèle la cachette de *L'Archipel du Goulag* et se pend.
Procès de Piotr Iakir et de Victor Krassine, qui reconnaissent leur culpabilité et se repentent publiquement.
Parution de *L'Archipel du Goulag* en Occident.

1974 : Expulsion de Soljénitsyne.
Émigration de Vladimir Maximov, de Pavel Litvinov.
Alexandre Guinzbourg devient administrateur du Fonds Soljénitsyne.

1975 : Émigration de Victor Krassine.
Sakharov reçoit le prix Nobel de la paix.
Émigration de Vadim Delaunay, Irina Belogorodskaïa, Natalia Gorbanev-skaïa.

1976 : Émigration de Léonid Pliouchtch, d'Andreï Amalrik.
Boukovski est échangé contre Luis Corvalán.

1977 : Arrestation d'Alexandre Guinzbourg, de Iouri Orlov, d'Anatoli Chtcharanski.
Émigration de Piotr Grigorenko.

1978 : Condamnation de Iouri Orlov, de Chtcharanski et d'Ogorodnikov.

1979 : Arrestation de Gleb Iakounine et de Tatiana Vélikanova.
Départ de Guinzbourg, Kouznetsov, Dymchitz.
Invasion de l'Afghanistan.

1980 : Arrestation du père Doudko.
Sakharov est exilé à Gorki.
Jeux Olympiques à Moscou.

1981 : Nouvelle condamnation d'Anatoli Martchenko.
Instauration de la loi martiale en Pologne.

1982 : Mort de Brejnev en novembre, remplacé par Iouri Andropov.
Parution du dernier numéro de *La Chronique des événements courants*.

1983 : Arrestation du gestionnaire du Fonds Soljénitsyne.

1984 : Mort de Iouri Andropov, remplacé par Tchernenko.
Éléna Bonner, la femme de Sakharov, condamnée à cinq ans de relégation.

1985 : Mort de Tchernenko, remplacé par Gorbatchev.

1986 : Mort de Martchenko.
Le XXVIIe congrès du Parti adopte un nouveau programme et annonce des réformes.
Gorbatchev fait revenir Sakharov à Moscou.
Apparition des premiers journaux libres.
Catastrophe de Tchernobyl.

1987 : Libération de nombreux dissidents. Début de la *glasnost* et de la liberté d'expression.
Encouragement des investissements étrangers.
Joseph Brodsky reçoit le prix Nobel de littérature.

1989 : Fin du communisme dans les démocraties populaires. Chute du mur de Berlin.
Retrait des troupes soviétiques d'Afghanistan.

1990 : Gorbatchev reçoit le prix Nobel de la paix.

1991 : Eltsine élu président de la RSFSR.
Dissolution du pacte de Varsovie.
En août tentative de putsch. Dissolution du Parti communiste d'URSS.
Démission de Gorbatchev.

1992 : Mise en place de réformes économiques radicales.

1994 : Début de la première guerre de Tchétchénie.

28 janvier 1996 : Mort de Joseph Brodsky.

DE LA MÊME AUTRICE

Aux Éditions Gallimard

LES PAUVRES PARENTS (« Folio », *n° 4172*).

SONIETCHKA (« Folio », *n° 3071*). Prix Médicis étranger 1996.

MÉDÉE ET SES ENFANTS (« Folio », *n° 6899*).

DE JOYEUSES FUNÉRAILLES (« Folio », *n° 3489*).

UN SI BEL AMOUR et autres nouvelles (« Folio », *n° 3921*).

LE CAS DU DOCTEUR KOUKOTSKI.

LA MAISON DE LIALIA et autres nouvelles (« Folio », *n° 4045*).

SINCÈREMENT VÔTRE, CHOURIK (« Folio », *n° 4421*).

SONIETCHKA (« Folio Bilingue », *n° 145*).

MENSONGES DE FEMMES (« Folio », *n° 4814*).

DANIEL STEIN, INTERPRÈTE.

LES SUJETS DE NOTRE TSAR.

LE CHAPITEAU VERT (« Folio », *n° 6175*).

À CONSERVER PRÉCIEUSEMENT.

CONFITURE RUSSE, *théâtre*.

L'ÉCHELLE DE JACOB (« Folio », *n° 6674*).

MON PETIT-FILS BENJAMIN, *théâtre*.

LA SOUPE D'ORGE PERLÉ et autres nouvelles (« Folio », *n° 6694*).

CE N'ÉTAIT QUE LA PESTE. SCÉNARIO (« Folio », *n° 7165*).

LE CORPS DE L'ÂME. NOUVEAUX RÉCITS (« Folio », *n° 7330*).

LE LIVRE DES ANGES.

Dans la collection « Quarto »

FRAGMENTS D'UN TOUT. Œuvres choisies.

Aux Éditions Gallimard Jeunesse

LE MIRACLE DES CHOUX et autres histoires russes, *illustré par Vladimir Lubarov*, 2005.

CONTES RUSSES POUR ENFANTS, *illustré par Svetlana Filippova*, 2006.

COLLECTION FOLIO

Dernières parutions

7291. Douglas Coupland — *Génération X*
7292. Colette Fellous — *Le petit foulard de Marguerite D.*
7293. Mahamat-Saleh Haroun — *Les culs-reptiles*
7294. Stefan Hertmans — *Une ascension*
7295. Raphaël Confiant — *Le bal de la rue Blomet*
7296. Mario Vargas Llosa — *Temps sauvages*
7297. Ruchika Tomar — *Prière pour les voyageurs*
7298. Yukio Mishima — *Vie à vendre*
7299. Anonymes — *Légendes bouddhiques* et autres contes surprenants
7300. Amaru — *La Centurie. Poèmes amoureux de l'Inde ancienne*
7301. Honoré de Balzac — *Honorine*
7302. Alexandre Dumas — *Les Trois Mousquetaires. II, Milady*
7303. Sempé — *Un peu de la France*
7304. Jean-François Beauchemin — *Le roitelet*
7305. Hemley Boum — *Les jours viennent et passent*
7306. Giuliano da Empoli — *Le mage du Kremlin*
7307. Pauline Delabroy-Allard — *Qui sait*
7308. Gabrielle Filteau-Chiba — *Bivouac*
7309. Hélène Gestern — *555*
7310. Yannick Haenel — *Le Trésorier-payeur*
7311. Christophe Ono-dit-Biot — *Trouver refuge*
7312. Olivier Rolin — *Vider les lieux*
7313. Jean-Marie Rouart — *Mes révoltes*
7314. Boualem Sansal — *Abraham*
7315. Rachel Cusk — *La dépendance*
7316. Jack London — *Une odyssée du Grand Nord* précédé du *Silence blanc*
7317. Léon Tolstoï — *La Matinée d'un gentilhomme rural*

7318. Charles Baudelaire	*Le Peintre de la vie moderne*
7319. Rachilde	*Monsieur Vénus* suivi de *Madame Adonis*
7320. Lucas Belvaux	*Les tourmentés*
7321. Christian Bobin	*Le muguet rouge*
7322. Christophe Boltanski	*King Kasaï*
7323. Iegor Gran	*Z comme zombie*
7324. Caroline Lamarche	*La fin des abeilles*
7325. Monica Sabolo	*La vie clandestine*
7326. Lisa Balavoine	*Ceux qui s'aiment se laissent partir*
7327. Rumena Bužarovska	*Mon cher mari*
7328. Alba de Céspedes	*Elles*
7329. Jenny Lecoat	*La clandestine de Jersey*
7330. Ludmila Oulitskaïa	*Le corps de l'âme*
7331. Hélène Dorion	*Pas même le bruit d'un fleuve*
7332. John Muir	*Juin dans la Sierra*
7333. Isabelle Amonou	*L'enfant rivière*
7334. Denis Diderot	*Paradoxe sur le comédien*
7335. François-René de Chateaubriand	*Voyage en Italie*
7336. Patrick Chamoiseau	*Une enfance créole*
7337. Anne Akrich	*Le sexe des femmes*
7338. Jonathan Coe	*Le royaume désuni*
7339. Roy Jacobsen	*Les vainqueurs*
7340. Virginia Woolf	*Des heures à lire* et autres courts essais
7341. Blaise Cendrars	*Prose du Transsibérien* et autres poèmes du monde entier
7342. Margaret Kennedy	*Divorce à l'anglaise*
7343. John Steinbeck	*Les raisins de la colère*
7344. Giosuè Calaciura	*Le silence de la mère*
7345. Laura Kasischke	*La vie devant ses yeux*
7346. Nathan Harris	*La douceur de l'eau*
7347. Franz Kafka	*Amerika*
7348. Salman Rushdie	*Essais. 1981-2002*
7349. Alexandre Dumas	*Création et Rédemption*
7350. Philibert Humm	*Roman fleuve*
7351. Danièle Sallenave	*Rue de la Justice*
7352. François Sureau	*L'or du temps*

7353. Marie Nimier — *Petite sœur*
7354. Emmanuel Carrère — *V13. Chronique judiciaire*
7355. Collectif — *Le goût du zen*
7356. Henry David Thoreau — *Sur la Concord River*
7357. Jean-Christophe Rufin — *Les Flammes de Pierre*
7358. Dominique Scali — *Les marins ne savent pas nager, I*
7359. Dominique Scali — *Les marins ne savent pas nager, II*
7360. Laurine Roux — *Sur l'épaule des géants*
7361. Marie NDiaye — *La sorcière*
7362. Perrine Tripier — *Les guerres précieuses*
7363. Carole Fives — *Quelque chose à te dire*
7364. Tristan Jordis — *Le pays des ombres*
7365. Martin Winckler — *Franz en Amérique*
7366. Gilles Kepel — *Enfant de Bohême*
7367. Franz Kafka — *Le Procès*
7368. Franz Kafka — *La sentence – Dans la colonie pénitentiaire*
7369. Jean-Paul Didierlaurent — *Le vieux* et autres nouvelles
7370. Franz Kafka — *Kafka justicier ?* Morceaux choisis
7371. Pierre Adrian — *Que reviennent ceux qui sont loin*
7372. Isabelle Sorente — *L'instruction*
7373. Xavier Le Clerc — *Un homme sans titre*
7374. Amélie de Bourbon Parme — *L'ambition. Les trafiquants d'éternité, I*
7375. Stéphane Carlier — *Clara lit Proust*
7376. Jessie Burton — *La maison dorée*
7377. Naomi Krupitsky — *La Famille*
7378. Nastassja Martin — *Croire aux fauves*
7379. Maylis Adhémar — *La grande ourse*
7380. Lucie Rico — *GPS*
7381. Camille Froidevaux-Metterie — *Pleine et douce*
7382. Éric Reinhardt — *Le moral des ménages*
7383. Guéorgui Gospodinov — *Le pays du passé*
7384. Franz-Olivier Giesbert — *Le sursaut. Histoire intime de la Ve République, I*

7385. Daniel Pennac — *Terminus Malaussène. Le cas Malaussène, 2*
7386. Scholastique Mukasonga — *Sister Deborah*
7387. Anonymes — *Évangiles*
7388. Pierre Assouline — *Le nageur*
7389. Louise Kennedy — *Troubles*
7390. Ron Rash — *Plus bas dans la vallée*
7391. Bénédicte Belpois — *Gonzalo et les autres*
7392. Erik Orsenna — *Histoire d'un ogre*
7393. Jean-Noël Pancrazi — *Les années manquantes*
7394. James Baldwin — *Chroniques d'un enfant du pays*
7395. Elizabeth Jane Howard — *La fin d'une ère. La saga des Cazalet V*
7396. Ruta Sepetys — *Si je dois te trahir*
7397. Brice Matthieussent — *Petit éloge de l'Amérique*
7398. James Baldwin — *Blues pour Sonny*
7399. Honoré de Balzac — *La Maison du Chat-qui-pelote, Le Bal de Sceaux, La Bourse*
7400. Sylvain Tesson — *Blanc*
7401. Aurélien Bellanger — *Le vingtième siècle*
7402. Christophe Bigot — *Le château des trompe-l'œil*
7403. Delphine de Girardin — *La Canne de M. de Balzac*
7404. Emmanuelle Bayamack-Tam — *La Treizième Heure*
7405. Adèle Van Reeth — *Inconsolable*
7406. Mattia Filice — *Mécano*
7407. Anne Serre — *Notre si chère vieille dame auteur*
7408. Bernhard Schlink — *La petite-fille*
7409. James Joyce — *Pénélope*
7410. Joseph Kessel — *Les juges*
7411. Aliyeh Ataei — *La frontière des oubliés*
7412. Julian Barnes — *Elizabeth Finch*
7413. Abdulrazak Gurnah — *Près de la mer*
7414. Bernardo Zannoni — *Mes désirs futiles*
7415. Claude Grange et Régis Debray — *Le dernier souffle*

7416. François-Henri Désérable — *L'usure d'un monde*
7417. Négar Djavadi — *La dernière place*
7418. Élise Costa — *Les nuits que l'on choisit*
7419. Joffrine Donnadieu — *Chienne et louve*
7420. Louis-Ferdinand Céline — *Londres*
7421. Étienne de Montety — *La douceur*
7422. Edgar Morin — *Encore un moment...*
7423. Maylis de Kerangal et Joy Sorman — *Seyvoz*
7424. Dominique Bona — *Les Partisans*
7425. Jérôme Garcin — *Mes fragiles*
7426. Raphaël Haroche — *Avalanche*
7427. Philippe Forest — *Je reste roi de mes chagrins*
7428. Juliana Léveillé-Trudel — *On a tout l'automne*
7429. Bruno Le Maire — *Fugue américaine*
7430. Joris-Karl Huysmans — *Marthe* et *Les Sœurs Vatard*
7431. Fabrice Caro — *Journal d'un scénario*
7432. Julie Otsuka — *La ligne de nage*
7433. Kristina Sabaliauskaitė — *L'impératrice de Pierre, tome I*
7434. Franz-Olivier Giesbert — *La Belle Époque. Histoire intime de la Ve République, II*
7435. Laurence Cossé — *Le secret de Sybil*
7436. Olivier Liron — *Danse d'atomes d'or*
7437. Paula Jacques — *Mon oncle de Brooklyn*
7438. Mathieu Lindon — *Une archive*
7439. Denis Podalydès — *Célidan disparu*
7440. Erri De Luca — *Grandeur nature*
7441. Javier Marías — *Tomás Nevinson*
7442. Arturo Pérez-Reverte — *Le maître d'escrime*
7443. Anonymes — *Les Folies Tristan*
7444. Germaine de Staël — *Dix années d'exil*
7445. Michel Zink — *Trois professeurs à la dérive*
7446. Victor Hugo — *Les Misérables. Version abrégée*
7447. Hunter S. Thompson — *Gonzo Highway*
7448. Collectif — *Haikus d'automne et d'hiver*
7449. Liu An — *Du monde des hommes*
7450. Collectif — *Dire le deuil*
7451. Jean Giono — *Noël* suivi de *La Belle Hôtesse*

Tous les papiers utilisés pour les ouvrages des collections Folio sont certifiés et proviennent de forêts gérées durablement.

Composition : IGS-CP
Impression Grafica Veneta
à Trebaseleghe, le 2 mars 2025
Dépôt légal : mars 2025
1er dépôt légal dans la collection: juillet 2016.

ISBN : 978-2-07-079337-2./Imprimé en Italie

660343